任乃强◎著

任乃强全集【第六卷】

华阳国志校补图注（下）

主 编 任新建
副主编 何 洁

四川人民出版社

图书在版编目（CIP）数据

华阳国志校补图注. 下 / 任乃强著. —成都：四川人民出版社，2021.12
（任乃强全集；第六卷）
ISBN 978-7-220-12479-2

Ⅰ. ①华… Ⅱ. ①任… Ⅲ. ①西南地区-地方志-东晋时代 Ⅳ. ①K297

中国版本图书馆CIP数据核字（2021）第249284号

HUAYANGGUOZHI JIAOBU TUZHU XIA
华阳国志校补图注（下）
任乃强　著

主　　编　　任新建
副主编　　何　洁

总策划	罗桑道吉
出版人	黄立新
组稿统筹	喻　磊
项目执行	邹　近　章　涛
责任编辑	张东升
装帧设计	戴雨虹
封面画像	蒋骊霄
责任印制	祝　健
出版发行	四川人民出版社（成都三色路238号）
网　　址	http://www.scpph.com
E-mail	scrmcbs@sina.com
新浪微博	@四川人民出版社
微信公众号	四川人民出版社
发行部业务电话	（028）86361653　86361656
防盗版举报电话	（028）86361653
照　　排	四川胜翔数码印务设计有限公司
印　　刷	成都东江印务有限公司
成品尺寸	185mm×260mm
印　　张	22.75
字　　数	600千
版　　次	2021年12月第1版
印　　次	2021年12月第1次印刷
书　　号	ISBN 978-7-220-12479-2
定　　价	2500.00元（全十五卷）

■版权所有·侵权必究
本书若出现印装质量问题，请与我社发行部联系调换
电话：（028）86361656

目 录

[华阳国志校补图注（下）]

李特雄期寿势志（卷九） ···（635）

先贤士女总赞论（卷十上） ···（681）

广汉士女（卷十中） ···（729）

汉中士女（卷十下） ···（773）

后贤志（卷十一） ··（803）

原附　益梁宁三州先汉以来士女目录 ······························（859）

序　志（卷十二） ··（925）

　　附录一　旧刊序跋 ···（947）

　　附录二　莫与俦著作两篇 ······································（985）

跋 ··（991）

李特雄期寿势志[①](卷九)

任乃强全集·第六卷

---

① 元丰与钱、张、吴、《函》、浙本无期字。刘、李本无期势二字。何、王、石本作《李志》。此依廖本。

一

李特，字玄休，略阳临渭人也。祖世本巴西宕渠賨民，种党劲勇，俗好鬼巫①。汉末，刘本作求。张鲁居汉中，以鬼道教百姓，賨人敬信；值天下大乱，自巴西之宕渠移入汉中。魏武定汉中，曾祖父虎顾广圻校稿云："曾当作特。"廖本注云："曾字不当有。"皆缘《晋书载记》有"魏武帝克汉中，特祖将五百家归之"句而疑之也。今按：魏武北徙巴氐距李特入蜀，已阅八十四年，应历三世。又后文李雄追尊三代，至曾祖庸，不及虎，则虎为其父特之曾祖明矣。是此文不误。《晋书》称"特祖"乃误。与杜濩、旧各本有脱字。顾广圻稿云："杜下当有濩字。约上当有袁字。见前。"廖本注同。兹补入二字。朴胡、袁、杨车、李黑等移于略阳北土，复号曰巴【人】氐廖本注云，"当作氐"，亦依《晋书》也。本书《大同志》亦称"巴氐"。兹据改。特父慕，为东羌猎将②。特兄弟五人：长兄辅，字玄政。次特。特弟庠，字玄序。庠弟流，字玄通。流弟骧，字玄龙。皆锐骁有武干。特长子荡，字仲平，好学，有容观③。少子雄，仲俊。初，特妻罗氏顾观光本补"妊雄"二字，注云："依《初学记》二，《书钞》百五十一，《御览》十四补。"今按：汇书引文，每意为增省，不足尽据。设双虹果应荡雄，则不当妊雄时独梦之。此易辨也。梦双虹自门同上《初学记》等三书引作"自地"。升旧各本作昇。廖本作升。天，一虹中断。罗曰："吾二儿，若有先亡，在者必大贵。"雄少时，辛冉相当贵。有刘化者，道术士也，言："关陇民皆当南移。元丰本倒作"南移当"。李氏子中惟仲俊天资奇异，终为人主。"【乡里人多善之】与叔父庠并以烈气闻，乡里人多善之。六字旧倒在上，兹移正。庠死，旧无此二字。于文当有。人多归之④。既克成都，众皆飢元丰与钱、《函》、廖本作飢。他各本作饑。饿，骧乃将民入郪王城食谷、芋⑤。顾广圻校稿于此句上批改三次：初云"王当作五。郪县、五城县皆属广汉。癸亥十月，千里校"。次云："《通鉴》太安二年注，引宋白曰：郪王城基址见在。然则，郪旧有此名耳。癸酉三月。"其下又云："郪、五城又见《蜀后主志》。意以前说为长。宋白恐未足据。"廖本取其后说，注王字下云"当作王"。今按，郪王城为秦汉郪县故治，已详《蜀志·广汉郡》郪县注。其地僻远，故当时犹有野谷野芋可采。若五城县与五城水口之郫县新治，则属接近涪与绵竹之河原孔道，人粮早绝矣。郫王城字不误。雄遣信奉迎范贤，欲推戴之。贤不许，更劝雄自立⑥。

永兴元年，冬十月，杨褒、元丰与钱、刘、李、《函》、廖本作褒或襃。张本讹作骧。吴、何、王、浙、石本沿误。下文"褒为仆射"、张、吴诸本亦作骧。《通鉴》作"杨褒"。杨珪共劝雄称王⑦。雄遂称成都王。母罗曰王太后。旧刻作"母曰太后"并移在"父特"句下。兹改正。追尊曾祖【虎】庸元丰以下各旧本皆作庸。廖本与顾观光本改作虎，非是。曰巴郡张、吴、何、王、浙、石本此下有桓字。公，祖父张、吴诸本删父字。而于公上加桓字。并非。慕陇西王。追谥父特景王，景上省成都二字。【母曰太后。追谥】追谥二字旧钞误移。世父辅齐烈王，仲父庠梁武王，仲父流秦文王，兄荡广汉壮文公⑧。以叔父骧为太傅，庶兄始为太保，外兄李国为太宰，国弟离为太尉，从弟云为司徒，璜为司空，阎式为尚书令，褒张、吴诸本作骧。为仆射，发为侍中，珪为尚书，【洪】溥旧误作洪，兹改溥字。说在注释。为益州刺史，徐舆镇南，王达军师，并将军⑨。按前后文例当有此三字。具置百官。下赦，【建】改元【大武】建兴⑩。顾广圻校稿云："《通鉴考异》载《十六国春秋》目录，雄年号建兴二，晏平五，与《华阳国志》同。则不应如《晋书·载记》有大武之元也。"廖本注云："按，建元大武，当作改元建兴国号大成。（《通鉴考异》引，见注释）……诸书雄改元晏平，无大武年号。惟《晋·载记》改元大武，无晏平年号。按雄国号大成。《魏书·雄传》云：雄称帝，号大成，改年晏平。故《三十国春秋》误云改年大成。《载记》转写误为大武。今从诸书。李玺校刊此书，转依《载记》误改。甚非。"今按：雄初称成都王，不得云已国号大成。但当云"改元建兴"耳。关于李雄年号考订，另详注释。迎范贤为丞相。从弟置，流子也，以不陪列，诛之⑪。贤既至，当作见。尊为四时八节顾广圻校稿云："《（通鉴考异》）又载：《国志》天地上有四时八节四字。则此本非温公所见之旧明矣。"廖本据以入注。兹补四字。天地太师，封西山侯，复其部曲，军征不预，租税皆入贤家。贤名长生，一名延久，又名九重。一曰支，字元。涪陵丹兴人也⑫。

光熙元年，雄称皇帝，改元晏平，国号大成，追尊父特曰景帝，庙号始祖。母罗为皇太后⑬。依《十六国春秋》与《晋·载记》补。

永嘉三年，罗羡、訇琦等杀李离于梓潼。时阎式去雄依离，并见杀。骧攻不克，【时】旧各本有。当衍。李云、李璜皆战死⑭。

【明】四年，旧各本作明年，承上文也。兹用本纪体，当作"四年"。文硕杀李国，以巴西【梓潼】廖本注云："当衍此二字。"为晋⑮。平寇将军李凤在晋寿⑯。梁州先以元丰、钱、刘、张、吴、《函》本作已。为雄所破，不守⑰。而谯登在涪，平西参军向奋屯【安】汉安旧各本皆作汉安，廖本误倒作安汉。之宜福，张罗屯平无张、吴、何、王、浙、石本并有小注云："《后汉书》，越嶲郡有会无城。"盖张佳胤不明地理，妄以会无拟平无也。顾广圻校稿云："平无已见《公孙述志》。"谓彭亡聚。参看卷三12章之注⑧。逼雄⑱。雄将张宝，元丰本作贤。弟全在訇琦中。雄遣宝反为奸，许以代离。宝素凶勇，先杀人，而后奔梓潼，密结心腹。会罗尚遣使慰劳琦。琦等出送其使，宝从后闭城门。琦等奔巴西。雄得梓潼，拜宝为太尉⑲。雄自攻奋。奋走。遣骧攻登。登初将骧子寿，欲以诱骧；被攻急，救援不至，还骧寿⑳。

五年春，骧获登。遣李始督李凤攻巴西，杀文硕㉑。是岁，雄姨弟任小受张罗募，手刃雄头，雄几死。改元玉衡㉒。是【后】时，扶风邓【芝】定、后当作时，"芝"当作定，并详注释。杨虎等各率流民前后数千家入蜀㉓。以凤为征北、梁州，任回镇南、南夷、宁州，李恭征东、南蛮、荆州，皆大将军、校尉、刺史。雄、骧勤恤百姓于内，凤、回、恭招流民于外，【称】并有功称㉔。氐符成、隗文既降复叛，手伤雄母；及其来也，咸释其罪，厚加待纳，皆以为将。天水陈安举陇右来降。武都氐王杨茂搜奉贡称臣。杜弢自湘州使使求援。晋凉州刺史张骏遣信交好。汉嘉夷王冲顾广圻校稿云："《通鉴》建兴二年云冲归，当再考。"遣子入质。张、吴、何、王本脱入字，浙本挤补。顷之，朱提【审】雷旧各本作审，依《南中志》改。炤率民归降，建宁爨【量】量旧本皆作量。廖本作量。顾校稿云："《通鉴》量作量。"兹依《南中志》作量。蒙险旧各本作崄。廖本改。字通。委诚。其余附者日月而至㉕。雄乃虚己受钱写作爱。人，宽和政役。远至迩安。年丰谷登，乃兴文教，立学官㉖。其赋，男丁一岁谷三斛，女丁一斛五斗，元丰、钱、刘、张、吴、何、《函》、王、浙石本作斗。刘、廖二本作斜。疾病半之。户调刘本作绸。绢不过数丈，绵不过数两。事少役稀，民多富实。至乃闾门不闭，路无张、吴、何、王、浙石本作不。拾遗，狱无滞囚，刑不滥及㉗。但为国威仪无则，官无秩禄，职署委积，班序无别，君子小人，服章不殊，货贿分行，惩劝不明。行军无号令，用兵无部伍。其战，胜不相让，败不相救；攻城破邑，动以虏获为先。故纲纪莫称㉘。

案：以上，志李雄家世及雄统一蜀巴过程，与《大同志》同属西晋时事，但分别晋军与李氏两面述之。常璩旧撰《蜀汉书》，本以《景帝（李特）本纪》上承蜀汉后主，其下为武帝雄，哀帝班纪。下接李寿，称"今上"。入东左，改写为《华阳国志》，乃分割成此两篇。兹故即就西晋年代分章作注。

【注释】

①本书《巴志》屡言賨民。范目为汉高帝"募发賨民、要与共定秦地"。秦地既定，范目封侯，"賨民皆思归……复除民罗、朴、昝、鄂、度、夕、龚七姓不供租赋。"而程包《对策》云："板楯七姓，以射白虎为业，立功先汉，本为义民，复除徭役，但出賨钱口四十。"是七姓皆賨民也。"汉兴，亦从高祖定乱有功，高祖因复之，专以射白虎为事。户岁出賨钱口四十。"更足为賨与板楯为一个民族之证，不过巴郡、巴东

人称之为板楯，巴西人称之为賨耳。"阆中有渝水，賨民多居水左右，天性劲勇。初为汉前锋，锐气喜舞，……今所谓《巴渝舞》"。此范目募发賨民之主要地区在渝水左右也。渝水即今巴中河，后为汉昌县地。汉末，汉昌县犹为供给"賨兵"之主要县区，见《二牧志》。渝水下游入宕渠水，"宕渠盖为故賨国，有賨城，卢城。秦始皇时，有长人二十五丈见宕渠……及雄之王，祖世出自宕渠，有识者皆以为应之"（《巴志·宕渠郡序》）。此言"祖世本巴西宕渠賨民"是也。汉末，三巴有三夷王，杜濩、朴胡、袁约，信奉张脩与张鲁之教，随鲁降曹操。操以三夷王为三巴太守。杜濩巴西，汉昌人也。朴胡巴东，朐䏰人也。袁约巴郡，宕渠人也。三夷王即三賨王，说详《汉中志》与《二牧志》注。后为刘备所逐，还汉中，复随曹操（再征汉中时）内徙，居略阳、天水、始平诸郡。晋时，关中乱，此辈流民子孙又复流还蜀地，则已不称賨民而称"巴氏"。《大同志》"巴氏那得前"，是蜀人称流民军为巴氏也。《晋书·李特载记》："魏武帝克汉中，特祖将五百余家归之，魏武帝拜为将军，迁于略阳北土，复号之为巴氏。"其所据者亦当是常璩之书。旧刻《常志》此处，各本皆作"巴人"，当是巴氏之讹。今按，曹操两入汉中，皆曾徙民。第二次所徙尤多。此辈徙民，在晋世，大都因关中之乱，徙还汉中，复流入蜀，固为就谷，盖亦由故土之恋也，流民中分"六郡大姓"与"氏叟"（见《大同志》永宁元年九月）。所谓六郡大姓，皆巴氏也。其可验者，如李特参佐中有"略阳夕斌"（见《大同志》永宁元年十月）。又李雄"使武都朴泰谲尚"（《大同志》太安二年九月）。夕与朴姓，他地罕见，而板楯七大姓之一也（巴夷王朴胡亦是）。赵廞"本巴西安汉人也，祖世随张鲁内移"。应亦賨夷王之部属随徙者。赵为为六郡大姓之一，李特以赵肃（与阎式、何巨）为賨从，盖亦巴西安汉人之内徙在六郡者。《巴志》安汉县云："大姓陈范阎赵。"张鲁功曹巴西阎圃，亦随鲁内徙，封侯，见《三国志·张鲁传》。流民中"天水阎式"最有学术资望，为李雄尚书令，而不居成都，转依李离于梓潼（见后文），盖犹有乐近故土之思也。"杨车李黑"者，《晋书·载记》云："张鲁居汉中，以鬼道教百姓，賨人敬信巫觋，多往奉之。值天下大乱，自巴西之宕渠迁于汉中杨车坂，抄掠行旅。百姓患之，号为杨车巴。"此杨车为地名，其李姓，虽亦宕渠人，首领李黑，与李虎自属同时之二人，迁入汉中有早晚。所执业亦不同，李虎奉鬼道，故与杜濩、朴胡等同徙。李黑抄掠行旅，则非奉道者可知。《晋·载记》以其同为宕渠李姓内徙，缀为一家，误也。《晋书·李特载记》又谓李特为"廪君苗裔"。引据《世本》廪君传说，谓："出于赤穴者名务相，姓巴氏。出于黑穴者凡四姓，曰暉氏、樊氏、柏氏、郑氏。……于是遂称廪君，乘其土船，将其徒卒，当夷水而下，至于盐阳……复乘土船下及夷城。……因立城其旁而居之。其后种类遂繁。秦并天下，以为黔中郡，薄赋敛之。口岁出钱四十。巴人呼赋为賨，因谓之賨人焉。"（《后汉书·巴郡南郡蛮传》，亦取《世本》廪君之说，与此大同小异。）查《世本》始于战国，续于秦汉，至魏晋尚有续者。廪君事，《常志》不收而《范史》收者，盖晋世人所附益也。其传说所由起，盖在巴国已经建成、或已就灭亡之后，有巴族率五姓民东逾武落钟离山（今川东湖北界上之七曜山脉），入居于夷水（今出施恩至宜都入江之清水江）地区之时。赤穴，自丹兴入夷水区之山道也；黑穴，自七曜山石灰岩绝峡入夷水区之山道也。盐阳，在今恩施县东。夷城，已在今长杨县境。其道向东，渐远巴地，流向在楚，与奠居巴境而北徙之賨民为背驰异趣之巴民两支。廪君之后徙居荆湘，被称为"蛮"，六朝诸史屡见。賨民之北徙者多在关陇六郡，被称为巴氏。《晋书》乃混言之，未足取也。附此订正。

②秦雍之俗尚猎，"春蒐、夏苗，秋狝、冬狩"，官府时或为之。平时编组猎户，比于民兵，其帅为"猎将"。猎时征调如行军。平时听自耕牧。羌氏杂居关陇者，时分东西二部，陇州以东为"东羌"，皆羌氏之渐就同化者，犹云熟悉羌，实皆氏类。以西为"西羌"，犹云"生羌"，实乃真羌。李慕为巴氏猎户统率，故曰东羌猎将也。

③《序志》称《李特雄期寿势志》，而此于特但志其祖世与弟兄行字，行事皆入《大同志》也。伯仲叔季次序，为旧时命字规律。旧刻荡字仲平，雄字仲俊者，雄母罗生荡与雄，或是双胞孪生，故皆以仲为字。尚有庶兄始，乃以伯为字。（或由魏晋人以庶出为贱，雄不愿依庶兄行次，故与兄荡同字曰仲也）

④李雄称帝前事亦多划入《大同志》。此补述其幼时器宇，盖《蜀汉书·雄纪》旧文。《晋书·载记》："雄长八尺三寸，美容貌，少以烈气闻。每周旋乡里，识达之士皆器重之。"盖亦出常撰之《雄纪》。常居江左，为避晋人訾议，乃删省旧文如此。据此核勘，"乡里人多善之"句当在"以烈气闻"句下。"人多归之"句非重复，盖其上有脱文。按《大同志》所述，诸李中庠与雄最得人心。此所脱当为"庠死"二字，承上"与叔父庠并以烈气闻"句。宋以前旧校本，不知其脱，嫌与两句似重而移分之也。庠与雄最侠义，故得六郡人心。庠死后，人情虽以资序拥特，而实依恃于雄。故李离欲抗孙阜，不谋于父与舅而必谋于雄也。

⑤《晋书·李雄载记》："于时雄军饥甚，乃率众就谷于郪，掘野芋而食之。"（《通鉴》太安二年文同）此但言骧将民往，非雄自率，微不同。于理，雄当留成都，资范贤种粮兴屯垦。但人众乏食，暂无可资，乃由骧率之赴郪。初犹谓郪地僻，或有人、粮。至则郪人亦皆流徙，但山谷间尚有野蔬可资。时以野芋为最珍，虽入冬，犹存在地，故举为野蔬代表。本篇省缩为"谷、芋"二字。

⑥时全蜀惟范长生所率青城区民众有粮，其受雄推戴，自属必然之势。传者每理会为雄迷信生长之道，是浅见也。范长生所行之道，盖亦即张陵所创之太平道，主张劳动、俭素，思过自改，生产自给，团结自卫，不参加封建政治集团之政治组织，而以宗教形式领导之者也。自张鲁等败，故不行五斗米入道之制。又由陈瑞败，故不行鱼酒入道仪式。要其行道之精神，组织民众之方法，则必相同。否则不可能于全蜀农村崩溃之后，犹能保持此一安静、饱暖之地区。范长生之不受李雄推戴而劝雄自立之原因，亦非此不能得解。不言劝雄自王而云自立者，盖亦劝雄与其众耕垦自给，奉行"太平道"之治术。非即劝雄自立为封建王国之首领。此其与李雄诸人思想意识根本分歧处。然李雄个人，思想上实曾受其影响。李雄之政治方法，颇与其他封建大领主不同，如后文所云："宽和政役"，"官无秩禄"，"班序无别"，"服章不殊"，"军无号令"，"兵无部伍"，"纪纲莫称"等云，皆为封建士流所不满，而实接近于平等自治思想之反映也。李雄部属之由饥而饱，由弱而强，国土之由虚而实，由荒而庶而富，皆当由此数年中，依范长生教，努力生产，招怀远人，泛爱民众，不图子孙自利所致。此非封建士流所能知。封建士流见不及此，故史文亦无所志，然其必然之道，不能出此，读史者未可忽也。

⑦杨褒、杨珪，见《大同志》元宁元年十月，天水人，为李特所任参佐。

⑧《晋书·李雄载记》："诸将固请雄即尊位。以永兴元年僭称成都王，赦其境内，建元为建兴。……追尊其曾祖武曰巴郡桓公，祖父慕陇西襄王，父特成都王。母罗氏曰王太后（全文见注⑩引）。雄于是僭即帝位，赦其境内，改年曰太武。追尊父特曰景帝，庙号始祖。母罗氏为太后。"无问其依据何书，原始资料必出于常璩。就其先后次序与封建仪典言之，亦合实际情事。常璩居江左，改写《华阳国志》时，固必曾删削旧文，节约其僭移诸典，要亦必仍符合实际。今审此永兴元年与光熙元年两节，旧刻谬乱，不合封建典则与历史实际者颇多。盖旧钞已有讹误，宋以前有人进行校订时，未能探索深入，简单地依据《晋书》改易数字所致。兹分别订正数处，说明如下：

《晋书·载记》，雄母罗氏死，在改元玉衡后。"雄欲申三年之礼"，李骧与司空上官惇及任回跪谏，乃释服亲政，"是时，南得汉嘉涪陵，远人继至。"然则，雄称王与帝时，罗氏见在。《晋书》于雄称王时，奉为"王太后"；称帝时为"太后"。此封建制不易之理。又，史法例以生者前列，追尊死者殿之。雄初称王，当先上其母尊号曰"王太后"，不当曰太后。亦不当叙于追谥诸王之间。其文应作"尊母罗曰王太后"。旧校者以为母当叙父下，遂后移"景王"句下，并脱王字与罗字也。罗字可省，王字则不可省。兹移在"称成都王"句下，并补二字。《晋书》："魏武帝克汉中，特祖将五百余家归之。"此祖字，可认为泛言其祖先，不必即为特之祖父。按《常志》各旧本，特之祖父，即雄之曾祖，当名庸；特之曾祖父，即雄之王祖，乃名虎，即徙族于略阳者。唐人讳虎为武，《晋书》中虎皆作武。《雄载记》之"曾祖虎"，实缘上文所称特之"祖虎"，而误。廖寅刻本于此处，又误援《晋书》文以改《常志》。顾观光校刊记反注云"原误庸"，则又以不误为误矣。兹依旧本，还作庸。常璩旧撰《蜀汉书》，当有追尊庸、慕、辅、特、庠、流、荡诸人之封号与谥号；后撰《华阳国志》时，削去庸、慕两谥，但存封号，略其疏远不在蜀者，自是史法。旧钞者以特以下诸人皆举谥，遂妄增"追谥"二字于"世父辅"上。夫特之"景王"，亦谥号也。其全文为"成都景王"，与下"辅齐烈王"等及上文"慕陇西（襄）王同例"，则当由"追尊"二字直绾至"荡广汉壮文公"，而不当有"追谥"二字插入，亦甚明矣。故删去。

⑨李特嫡妻罗氏生荡、雄前，庶妻某氏先生子曰始，故此云庶兄始。李始事于此外，又见后文元嘉五年、太宁九年与咸康四年。李国、李离，雄姑父李含之子，事在《大同志》。古以妻兄弟为内兄弟，姑表兄弟为外兄弟也。李云、李璜事除此外，又见《大同志》永嘉三年。此称"从弟"，当是雄伯、叔父之子。然李辅"托言迎家至蜀"（《大同志》永宁元年。《晋书》同），则在蜀无眷属，未闻有子。疑是庠或流之子。下文云："从弟置，流子也。"而此言从弟未及其父名，因疑其是庠之二子。庠死时"年五十五"（《晋书·载记》），当有子，时已长，且武勇，故雄重任之。均从李骧攻梓潼，战死。阎式，天水人，有学术德望，与蜀中士流相善，屡为李特使于罗尚。后死梓潼之难，事在《大同志》。杨褒、杨发、杨珪皆天水人，李特时参佐，见《大同志》永宁元年。洪，其人前无所见。按《常志》例，无初见人但称名者。疑此上脱一字。然各本并无空位。按《大同志》，太安二年，李骧破犍为，"以李溥为犍为太守"。溥亦未前见。盖亦当时李雄部属之得力者。此时升溥为益州刺史有可能。溥字漫漶，易讹为洪。由其原不著姓，知此前固已曾著其人，是洪为溥字之讹无疑矣。兹迳改。徐舆见《大同志》太安二年七月；王达，永宁元年十月。"镇南"、"军师"，并将军称号。《常志》例：同官连学者相同字摘著于后，而此独失"将军"字，应是脱文。兹补"并将军"三字。

⑩关于李雄称帝时间与建元名号，今可考见之资料有下列五种，足资互勘：（一）崔鸿《十六国春秋》，原百卷，合叙例与年表为百零二卷，见《魏书》卷六十七《鸿传》（《唐书·艺文志》误作百二十卷），至宋已轶，司马光修《通鉴》时所见之《十六国春秋钞》，只二十余卷，即今流行之《汉魏丛书》本也。王谟跋云："《经义考》列入《佚书门》，且云今世所传《十六国春秋》，乃后人采《晋书》《北史》《册府元龟》《太平御览》等书集成之，非原书也。若丛书本，十六国各为篇卷，又只存其略耳。"查今存丛书本中，亦颇有保存崔鸿原文者，盖昔人摘录鸿书为节略本，文或与《晋书》《北史》及他汇书同，非即采集诸书成之。（如《晋书·载记》各篇之文，即远多于此书，未见此书采入，则《经义考》之说即难成立）其《蜀录·李雄篇》云：

流甍，雄称大将军、益州牧，治郫城。以西山范长生岩居穴处，求道养志之士，雄欲迎为君而（自）臣之。长生固辞曰："推步大元五行：'大会甲子，祚钟于李。'非吾节也。"建兴元年十月，雄即成都王位于南郊，大赦，改元。约法七章。以叔父骧为太傅，兄虎威（始）为太保。晏平元年三月，范长生乘素舆诣成都，雄迎于大门，执版，延坐。长生请雄对坐。即拜丞相，尊曰范贤。长生劝雄称尊号。夏六月，僭即皇帝位，大赦改元，国号大成。追尊父特为景帝。母罗氏为皇太后。

李雄之建兴元年，即晋惠帝永兴元年，岁在甲子。晏平元年，即晋惠帝光熙元年，岁在丙寅。雄于六月称帝改元，而此文于三月已称晏平元年，则崔鸿所据《蜀汉书》原文固如此可知矣（惟僭字是鸿所加）。其他反映为崔氏原文者尚多，不关本注，不引。（二）北齐魏收所撰之《魏书》，关于李雄事，全采《十六国春秋》。其卷一《序纪》云：昭帝"十二年，賨人李雄僭帝号于蜀，自称大成"。又卷九十六《賨李雄传》云：

昭帝七年，特自称大将军大都督，年号建初。战败，为尚所杀。流代统兵事。……流病死，以后事属雄。雄，特少子也。雄自称大都督大将军。十年，僭称成都王，号年建兴，置百官。时涪陵人范长生颇有术数，雄笃信之，劝雄即真。十二年，僭称皇帝，号大成，改元晏平。

（三）梁萧方等撰《三十国春秋》，纪永嘉以来偏方割据诸国事，概用晋宋正统纪年。其书北宋时犹存，司马光《通鉴》每引据之，今佚。清人汤球有辑本，载《广雅丛书》。《通鉴考异》谓其与《晋帝纪》"皆云永兴二年（三〇五）六月，雄即帝位。"（四）《晋书》，唐贞观中敕史官房玄龄，褚遂良、许敬宗等纂录。关于李雄事，实就常璩、崔鸿、萧方等之书摘缀成之。其卷四《惠帝纪》，永兴二年六月云："李雄僭即帝位，国号蜀。"又卷一二一《李雄载记》云：

以永兴元年僭称成都王、赦其境内。建元为建兴。除晋法，约法七章。以其叔父骧为太傅，兄始为太保、折冲，李离为太尉、建威，李云为司徒、翊军，李璜为司空、材官，李国为太宰。其余拜授各有差。追尊曾祖武曰巴郡恒公，祖慕陇西襄王，父特成都景王，母罗氏曰王太后。范长生自西山乘素舆诣成都，雄迎之于门，执版延坐，拜丞相，尊曰范贤。长生劝雄称尊号。雄于是僭即帝位，赦其境内，改年曰太武。追尊父曰景帝，庙号始祖。母罗氏为太后。

（五）司马光《通鉴》卷八十五永兴元年"冬十月，雄即成都王位，大赦，改元建兴。"又卷八十六光熙元年六月云："成都王李雄即皇帝位，大赦，改元曰晏平，国号大成。"又其《通鉴考异》卷四，光熙元年六月"李雄即帝位改元晏平"条云：

《晋帝纪》《三十国春秋》，皆云永兴二年六月雄即皇帝位。《华阳国志》，光熙元年雄即帝位。《后魏书·序纪》及《李雄传》，皆云昭帝十二年雄称帝。即光熙元年也。《十六国春秋钞》：晏平元年六月，雄即帝位。《十六国春秋·目录》（今按即《魏书·崔鸿传》所云"年表"）：雄年号建兴二，晏平五；与《华阳国志》同，今从之。诸书，雄改元晏平，无大武年号。惟《晋·载记》，改元大武，无晏平年号。按，雄国号大成。《魏书·雄传》云：雄称帝，号大成，改年晏平。故《三十国春秋》误云改年大成。《载记》转写，误为"大武"。今从诸书，去大武之号。（去字，《四部丛刊》影宋本讹作云。兹依《通鉴》胡三省注引文改正）

以上列五种资料互勘，足见崔鸿、魏收、萧方等诸人，于李雄事，皆取材于常璩《蜀汉书》及《常志》。惟萧氏之书，多有江左文士杂采传说窜入，或体会旧文有误。《晋书》亦误采之，致成歧互。当依《通鉴考异》订正。廖寅刻《华阳国志》，此处注语采《考异》说，甚得要领。惟云："李㙫校刊此书转依《载记》误改。"则非。今按元丰吕大防刻本已作"建元太武"，盖宋以前有旧校本，已依《晋书》误改。吕用以付镌（包括旧校注文），李㙫除依《三国志》与《后汉书》有所订正外，皆遵元丰旧刻也。又按：李特建元曰"建初"，李流与雄皆承用。此时雄称成都王，年号建兴，是改元，非建元也（下改元"晏平"同）。《十六国春秋》先称"建兴元年"，后曰"改元"。足见常氏原文是"改元建兴"，兹同改正。

⑪李流子龙胤为秦王，见《十六国春秋钞》。此置，亦当是其庶子。"不陪列"，当是谓不肯就奉迎范贤之列。雄欲迎范为君而自臣之，执礼甚恭。李置心不肯服，故不陪列。雄以此诛之，明其敬事范贤之诚也。时则范已至矣。故下文当作"贤既见"。然作"既至"，义亦不悖，故不改。

⑫《十六国春秋》云："（玉衡）八年四月，范长生卒。以其子侍中贲为丞相。长生善天文，有术数，民奉之如神。"玉衡八年（三一八），东晋元帝即位之年，李雄称帝之第十三年也。《蜀汉书》当有"列传"，《常志》此文与《十六国春秋钞》此文当均在传中。五代时杜光庭有《范长生传》，亦当出自常氏之书。旧刻《常志》与《晋书》《通鉴》皆无"四时八节"四字。《通鉴考异》云："《华阳国志》：尊长生曰四时八节天地太师。今从《晋载记》。"是隋唐旧本原有此四字，《晋书》以为不通而削之。后人又因《晋书》削《常志》，亦如《通鉴》也。实则"天地太师"语亦不通。胡三省《通鉴》注云："太师乃有天地之号，侯景未足多怪也。"（谓侯景自加宇宙大将军，都督六合诸军事，拟诏文付简文帝，帝曰："将军乃有宇宙之号乎"事）封建文人，动执经典义例，讥人鄙俚，删斥其文，非史家核实之义。仍当补出四字，存其真实。

⑬参看注⑧与⑩。

⑭参看《大同志》永嘉三年（卷八8章之注⑮）。

⑮同上，参看卷八8章之注⑰。

⑯此言梓潼、巴西两郡虽叛雄入晋，李凤在晋寿，犹为雄守，二郡未全陷也。

⑰参看《大同志》8章之注⑪。

⑱参看《大同志》8章之注⑱。彼举谯登在涪，文石在巴西，张罗在合水。此不言文石而别举向奋。并云"逼雄"。巴西与雄领地间隔有梓潼郡，不能逼雄。此所举向奋在江阳郡之汉安，乃与张罗、谯登并取逼雄之势。汉安，今内江县地。"宜福"，今云牛佛渡，在富顺县北，近内江界之沱江岸。东晋孝武帝时分汉安置绵水县，后因民族动乱徙去。隋时复置牛鞞县，唐改清溪县，宋初乃省入富义监。今世犹为巨镇。旧刻各本同《晋书》皆误倒"汉安"。盖以《大同志》文称"文石在巴西"，巴西有安汉县，旧史误以向奋拟文石，遂并误倒其字也。安汉今南充县，境、邻间无古地名足拟宜福者。兹改正。前言"张罗屯合水"，而此言"屯平无"，盖一地异称也。平无即彭蒙。《公孙述志》曰"彭亡"。并云"述使刺客杀彭，由是改彭亡曰平无"是也，合水，今云江口，即在此山下。

⑲此述雄收复梓潼事，补《大同志》所阙。参看卷八8章之注⑰。

⑳二事亦《大同志》所未及。

㉑张宝虽复梓潼郡，涪犹未下。追擒谯登，梓潼全郡乃收复。杀文硕，巴西全郡亦当收复。李雄攻走向奋，则江阳郡亦当收复。惟张罗何时自平无退走入巴，本志未详。然江阳入雄，则外水被截，罗不可能自平无退入巴地。以理度之，当雄攻向奋于宜福时，罗当即已退还江阳助奋。奋败，与同走入巴也。《晋书雄载

记》："尚遣其将向奋屯安汉之宜福以逼雄。雄率众攻奋，不克。时李国镇巴西，其帐下文硕又杀国，以巴西降尚。雄乃引还。遣其将张宝袭梓潼，陷之。"是雄先于巴西未陷前，约在永嘉四年初已自攻向奋于宜福。未克，退还。收复梓潼后，再与骧分道攻谯登与向奋，别命李始督李凤攻文硕。至五年，并克之。张罗于永嘉四年雄初攻奋时当已退至江阳矣。

㉒《晋书》言既禽谯登、杀文硕，"雄大悦，赦其境内，改元玉衡。"不言任小刃伤雄头事（《通鉴》同）。盖任小事与改元无关。张罗被推行三府事在谯登、文硕破败后，其募任小杀雄，疑在雄改元玉衡后。旧钞误倒在前也。然本二事统归一年，前后无庸改，但当断句分别之耳。任小曾作巴郡太守，见《晋书》。

㉓杨虎率汉中民入蜀，见《大同志》建兴元年十月（卷八9章之注⑰）。"扶风邓芝"前无所见，惟"关中流民邓定、訇氏等"曾叛晋降雄，事在永嘉元年五月（卷八8章之注⑨），既雄晏平二年（三〇七），下云"前后数千家入蜀"，与此符合。"芝"，当是定之讹字。此字既定，则上"是后"二字不合，当作"是时"。"是时"，史文常用，"是后"，史文罕见，"是时"可以包括当日以前事，与"前后……入蜀"文义合。"是后"则不合。推常氏原文必当作"是时"，故改。

㉔"以"字上当有"雄"字。然本为《雄纪》，故可以省。上文"遣李始"，亦雄所遣，省"雄"字也。"征北"、"镇南"、"征东"皆大将军称号。"梁州"、"宁州"、"荆州"皆刺史。"南夷"、"南蛮"皆校尉。《常志》于同位官职连举者，例省其字如此。旧刻各本皆作"称有功"。或连下文氏字以"称有功氏"为句，皆不成文。应是旧钞误倒"称"字，脱"并"字。并有功称，谓骧、凤、回、恭皆任用得人，民安事理，远人怀归，著绩致效，为上下所称道也。关陇流人除符成、隗伯等称氏外，李、阎、赵、任、杨、何、上官诸大姓皆自称汉族，惟蜀人恶之者称曰"巴氏"。此处"氏"字当下属符成等，不得上属"有功"为句，亦甚明矣。

㉕符成、隗文事，已详卷八9章之注⑤与⑧。陈安与杨茂搜，并详《武都郡》（卷二12章之注⑬与注⑯）。杜弢据湘州，已见《大同志》9章之注②。张骏；《晋书》卷八十六有传。承其祖轨、父寔、叔茂，世保凉州，奉晋正朔。值石勒据关中，凉州与江左隔绝。"骏遣傅颖假道于蜀，通表京师。李雄弗许。骏又遣治中从事张淳称藩于蜀，托以假道焉。"（《骏传》）汉嘉夷王名冲，故青衣夷君之裔，世居灵关峡外（今宝兴县），与汉民住区密近。时汉民大姓南流，夷王填据其地。受雄招怀，归附，遣子入质也。《通鉴》卷八十九，建兴二年云："汉嘉夷王冲归，朱提审招，建宁爨置皆归之。"似夷王名冲归。顾广圻校及而疑其衍，故云"当再考"。今按：筰区夷王无姓氏，如《后汉书·筰都夷传》之"青衣道夷邑长令田"，《三国志·张嶷传》之"苏祁邑郡冬逢，逢弟隗渠"。"定筰率豪狼岑"，与旄牛王"狼路"皆是。冬逢又单称逢，狼路又单称路，《嶷传》皆数见。又狼路"遣叔父离，将逢女相度形势"，"欲为姑婿冬逢报怨"。则夷王固多有单名者，汉人不便之，每傅益一字为名。如令田之令字，狼路之狼字，皆其本语"酋长"之义。《常志》于此称夷王冲，盖所见档案之文如此。《蜀汉书》中原当有"归附"二字，萧方等辈妄截归字合冲为名，《通鉴》误援之也。朱提雷炤、建宁爨量事具《南中志》，此讹为审炤、爨置，易辨。而《通鉴》亦沿讹入文，是其疏处。兹改正。

㉖《晋书》作："是时，南得汉嘉、涪陵，远人既至。雄于是下宽大之令，降附者皆假复除。虚己爱人，授用皆得其才。益州遂定。"《常志》各本，除钱写本外，皆作"虚己受人"。受人，谓能接受他人意见，与虚己义连。《晋书》作爱，讹也。《晋书》又云："时海内大乱，而蜀独无事，故归之者相寻。雄乃兴学校，置史官。听览之下，手不释卷。"亦皆《蜀汉书·雄纪》之旧文也。常氏于此云："兴文教，立学官。"避

"置史官"事者，盖璩即其史官，故避之。《三国志》裴松之注引孙盛《异同记》曰"晋永和三年，蜀史常璩说：长老云"云云，故知璩为李氏史官也。蜀当太安之末，全部饥馑，由耕者少也。及建兴初，又复"年丰谷登"。盖雄督率军士屯垦，与蠲赋复徭，招怀远人归耕所致。诸史皆不及此者，封建士流鄙远劳作，见不及此故也。

㉗《晋书》与《通鉴》略同，皆无"狱无滞囚"二句。《晋书》作："男子岁谷三斛，女半之。"《通鉴》作："男丁岁谷三斛，女丁半之，疾病又半之。"调绢以下文同。

㉘此论李雄为政之短，全就封建威仪、纪纲立说。《晋书·雄载记》："时建国草创，庶无法式。诸将恃恩，各争班位。其尚书令阎式上疏曰：夫为国制法，勋尚仍旧。……国业初建，凡百未备。诸公大将，班位有差降，而竟请施置，不与典故相应。宜立制度以为楷式。雄从之。"又，"李骧征越嶲，太守李钊降。……钊到成都，雄待遇甚厚。朝廷仪式，丧纪之礼，皆决于钊"。盖雄本以流进之众领导蜀农民军，推翻晋朝廷建树于蜀中之封建势力；其初所恶，正是封建威仪纪纲。迨得蜀土，建国家，犹不愿自居封建领主地位。则其"为国无威仪，官无禄秩，班序不别，君子小人服章不殊。行军无号令，用兵无部对"（别用《晋书》文），皆事势所必然。由其未能创造新的政治制度，而仍只能沿袭封建统治之方法，渐受流民中封建残余杨褒、阎式等与降人中李钊等影响，乃复形成具备封建威仪纪纲之国家。在常璩心目中，认为雄素所短如此也。《晋书》又云："雄意在招致远方，国用不足，故诸将每进金银珍宝，多有以得官者。丞相杨褒进曰……何有以官买金耶？雄逊辞谢之。"此为"货贿公行"句所据。凡《晋书·载记》所录蜀诸大臣言行事，大抵皆出于《蜀汉书》中诸大臣传记，亦出于常璩者。此节则常氏居江左后改写约述之文也。

二

李凤在北，数有战、降之功。时荡子稚_{元丰本作推。刘、钱、《函》、廖本作稚。张、吴、何、王、浙、石本作雄。}屯晋寿，害其功①。

大兴_{何本作太兴。}元年，凤以巴西叛。骧讨之，久驻梓潼不【敢】进。雄自至涪，骧遂斩凤②。以寿代凤【以】知州、征事③。_{廖本注云"以知州征事，当作梁州知北事。"今按：此承上"以凤为征北梁州"文，省作"知州、征"字。但上衍以字耳。}

二年，骧伐越嶲④。【又分伐朱提。】_{此后人所加注文，误钞入正。说详注释。}

三年，获_{此下原省越嶲二字}太守西夷校尉李钊。夏，进伐宁州，大败于螳蜋，_{张、吴、何、王、浙、石本作螂。后文同。}还⑤。初，氐王杨茂搜子难敌、坚头为刘曜所破，奔晋寿。晋寿守将李稚，_{元丰本作雅。下同。钱、刘、张、吴、何等各本俱作稚。同上稚字皆李㸟依《晋书》改也。}荡第二子也，受其赂遗，不送成都。曜既引还，稚遣难敌兄弟还武都。遂即叛稚。稚悔失计，连白雄求伐氐。雄许之。群臣多谏，雄不从。遣稚兄琀以侍中、中领军统稚攻难敌，由白_{刘本作迫。}水道；_{廖本注云："当作人，句绝。"}【寿】遣寿_{李广圻校稿云："二字当倒。"廖本据以入注。}与张、吴、何、王、浙、石本误作田。稚弟玝由阴平入，二道讨氐。难敌等先拒寿、珝。珝、寿不进。而琀、稚迳至下辨；以深入无继，大为氐所破，稚、琀皆死；死者千余人。雄深自咎责，以谢百姓⑥。琀，荡之元子，有名望志尚，雄欲传以后嗣，《通鉴》卷九十二，用此文，作"雄欲以为嗣"。甚痛惜之。雄妻任无子，养琀弟班为子⑦。雄自有庶子十五人。群臣上立嗣。雄曰："孙仲谋割有江东，伯符基兆【基】旧各本并作基兆。廖本作兆基。子止侯爵，《国志》耻之。宋宣公舍子立弟，君子以为知人。吾将弥缝《国志》之耻，以继宣公之美⑧。"骧与司徒王达谏，以为不可，雄不从。

永昌元年，冬，立班为太子。骧泣曰："乱始于是矣⑨。"

泰宁元年，越嶲斯臾反，攻围任回及太守李谦。遣【其】李本作兵。今按，其字当衍。征南费黑救之。

咸和元年夏，斯臾破。

二年，谦越嶲太守李谦。移郡民于蜀⑩。

三年冬，骧死，追赠相国，谥曰汉献王⑪。寿以丧还。拜珝征北、梁州，代寿。以班行抚军将军，修晋寿军屯。

五年，拜寿都督中外诸军大将军、中护军、西夷校尉，录尚书，总统如骧⑫。冬，寿率征南费黑、征东任邵伐巴东，至建平。晋监军毌旧本作毋，语，当作毌，音贯。丘奥退保宜都⑬。

六年春，寿还，遣任邵屯巴。雄以子越为车骑将军，住广汉⑭。秋，寿伐阴平⑮。杨难敌降。冬，城涪【陵】⑯。旧各本俱作"涪县"。廖本作涪陵，当为讹。然县字亦当省。

七年秋，寿南征宁州，以费黑为司马，与邵攀邵《晋书·载记》作印。顾广圻校稿云："《载记》作印攀。当考。"今按本书各本前后俱作邵。是《晋书》讹。等为前军，由南广顾校稿云："《通鉴》作广汉。"又批云："此南广郡也。见《南中志》。《通鉴》非。"入。又别遣任回子调顾校稿云："任回之子名调也。任调，后屡见。"由越嶲【人】⑰。元丰本无入字，但空一格。钱、刘、李、《函》本同。张、吴、何、王、浙、石本亦无入字，但句连。廖本填入字，不空格。今按：于文不当补入字。冬十月，寿、黑至朱提。朱提太守董炳固城。宁州刺史尹奉遣建宁太守霍彪、大姓爨深等助炳。时寿已围城，欲逆拒之。黑曰："料城中食少。霍彪等虽至，齎粮不多。宜令人入城，共消其谷。犹嫌其少，何缘拒之？"彪等皆入城。城久不下，寿欲急攻之。黑谏曰："南廖本注云："当有中字。"中道险，元丰、钱、刘、李、《函》、廖本作险。张吴诸本作俭。俗好反乱，宜必待其诈勇已困。但当日月制之，全军取胜，谓不战而胜。以求有钱写及唐百川校字作其。他本皆作有。余。元丰与张、吴、何、王、浙、石本皆作余。涸牢之物，何足汲汲也。"

寿必欲战，果不利。乃悉钱写作率。以军事任黑⑱。

八年，春正月，炳、彪等出降。威震十三郡⑲。三月，刺史尹奉举州委质。迁奉于蜀。寿领宁州。南夷初平，威禁甚肃。后转凌掠民。秋，建宁【州】民毛衍、罗屯等反，杀太过邵攀。牂柯太守谢恕举郡元丰本作邵。为晋。寿讨破之⑳。

九年春，分宁州置交州。以霍彪为宁州，【建宁】上文已言深为建宁大姓。当衍。爨深为交州刺史㉑。封寿建宁王㉒。张骏使参军傅颖、治中张淳遗雄书，劝去尊号，称藩于晋。雄引见，谓曰："吾过为士大夫所推，然本无心于帝王也。贵州将指张骏也。令行河、元丰本作何。沙，顾校稿云："河州、沙州也。"常所希冀。进思共为晋室元功之臣，退思钱写本作异。共为守藩之将，扫除氛埃，以康帝宇。而晋室【凌】陵旧各本作陵。廖本作凌。迟，德声不振。引领东望有年月矣。会获来贶，情钧当读如韵。暗至，李本钧作均。张、吴、何、王本作"情在暗室。"浙、石二本作"情钧暗室。"廖同元丰、钱、刘、《函》本。有何已已。"颖、淳以为然。使聘相继㉓。巴郡尝告急，云有东军。刘、李本讹作君。雄曰："吾常虑石勒跋扈，侵逼琅琊，以为元丰本脱为字。耿耿。不图乃能举军。使人欣然。"雄之雅谈，多如此类㉔。三月，寿还㉕。夏六月癸亥，雄【疾】病疡依《晋书》改。卒，时年六十一㉖。伪谥曰武帝，庙称太宗。凡自立三十年。顾广圻校稿云："十下当有一字。雄以惠帝永兴元年甲子自立。至成帝咸和九年甲午卒，凡自立三十一年也。《晋书·载记》云：'咸和八年，雄生疡于头，六日死。时年六十一。在位三十年。'未详何据。宋人用《载记》校《华阳国志》，此处必系其所误改者也。不知雄卒之年，《国志》在甲午，《载记》在癸巳，本有一年之差也。《通鉴》：九年六月丁卯，雄卒。胡三省曰，'《载记》在去年'，得之矣。涧蘋校定。"廖本小注依此，但改"未详何据……误改者也"二十四字为"者，必有所出耳。李㙽校刊此书，转依《载记》删去一字"二十字。及"得之矣"句为"最为明晰"四字。今按：李雄称王于永兴元年（三〇四）十月。称帝于光熙元年（三〇六）六月。卒于咸和九年甲午（三三四）六月。合称王计，仅三十年又四个月，史举成数，非脱一字。《通鉴》系雄咸和九年，不误。《晋书·载记》正因误解"三十年"推雄卒于癸巳，乃误，不足据改也。冬十二月丙寅，葬成都，墓号安都陵也㉗。

案：以上结李雄事。自东晋元帝大兴元年至成帝咸和九年（三一八—三三四），即李雄玉衡八年至二十四凡十七年中，李雄由"纪纲莫称"之君，转化为纪纲渐饬之封建朝廷，国土奄有益、梁、宁三州，成为五胡十六国中富强稳固，传世最久之大国。则其"听览之余，手不释卷。"（《晋书·载记》）渐受儒家礼教政术之影响所致也。雄谏其父特勿忽视敌人，反对李流投降，扫除蜀地旧势力；于极度饥荒中从事垦种，发展生产，恢复富饶；不念旧恶，一切以安定地方，争求富庶为志；不以国位自私，初欲奉立范贤，不获而自立，又欲授国李玲，终不传其子而传位李班。凡此，皆贤于刘邦、朱元璋与李自成、张献忠诸人处也。然雄虽不自私其国，而有严重家族之私。凡所信任，无出九族以外。李凤虽有功称，卒至叛诛。费黑甚著才能，不得方面。常氏虽极推崇雄，而于此短不能掩焉。

【注释】

① 常璩撰《蜀汉书》，有《太宗武皇帝本纪》，于此改写为《李雄志》，删省旧文，跨年为节，而分年叙述之迹犹存。此上二十字，旧本空格系评李雄政体文下。再空格后为"大兴元年"句。盖以《本纪》玉衡八年（大兴元年）李凤叛于巴西之注文倒在前，以省字。兹虽按年提行，其事实当相属。编年史固有此例。"战、降之功"，谓作战与招降之功。凤于永嘉元年同李离、云，璜定汉中。迁徙其民入蜀。既还，离驻梓潼，凤驻晋寿，云、璜分巡巴西郡县。其后梓潼、巴西叛，离与云、璜并死。而凤保晋寿不动，卒赖其力，收复梓潼巴西；又先后招徕邓定、杨虎等流民数千家，故曰"有战降功"也。雄以凤为梁州刺史、征北将军，驻晋寿。并见上文，而此时以巴西叛者。盖李稚亦住晋寿，嫉凤功。凤以稚亲贵，避居巴西，巴西亦梁州地也。稚犹妒逼之，迫于叛也。

② 李骧讨凤，久驻梓潼不进，知曲在稚，不在凤，欲宽使自投也。旧刻作"不敢进"，敢为衍文。迨雄自至涪，骧知不可缓，进军，"遂斩凤"，其易如此，何得云不敢进乎？

③ "以寿代凤"，雄之命也。省雄字，犹本纪体也。雄亦知侄稚不堪代凤职，故任李寿。寿驻地在梓潼，梓潼亦梁州属郡，时为重镇。李骧将南征，故以寿镇之。

④ "骧伐越嶲"，与"获太守西夷校尉李钊"连续成文，故太守上可省"越嶲"二字。以此知"又分伐朱提"五字为插注文。非谓李骧分军伐朱提也。按：《南中志·南广郡》云："元帝世，王逊移朱提郡治南广，太守李钊数破雄。杀其大将乐初。后刺史尹奉却郡还旧治。"《南中·序》谓王逊"表钊为朱提太守治南广，御雄。"《通鉴》永嘉四年云："是岁，宁州刺史王逊到官，表李钊为朱提太守。"《晋书·王逊传》云："先是，越嶲（当作"朱提"）太守李钊为李雄所执（当作破），自蜀逃归。逊复以钊为越嶲太守。李雄遣李骧任回攻钊。钊自南秦（当作"台登"）与汉嘉太守王载共距之，战于温水。钊败绩。载遂以二郡附雄。后骧等又渡泸水寇宁州，逊使将军姚崇、爨琛距之，战于堂狼，大破骧等。追至泸水。透水死者千余人。"又《明帝纪》太宁元年正月云："李雄使其将李骧、任回寇台登，将军司马玖死之。越嶲太守李钊、汉嘉太守王载以郡叛降于骧。"（《通鉴》同）同年四月云："李骧等寇宁州。刺史王逊遣将军姚岳距战于堂狼，大破之。"合观上列资料，李钊于永嘉四年（三一〇）任朱提太守，徙治南广。屡破雄军。后卒为雄军所破。逃归南中。王逊更以为越嶲太守。则朱提郡治南广已为雄所取矣。其时间当在太兴初岁。《晋书·王逊传》文讹误甚多，前于《南中志》注多已指出。此处"越嶲太守李钊为李雄所执"句，越嶲为"朱提"之误，执当作破。朱提郡治南广本在蜀中（南广今高县，本犍为郡属邑，在四川红盆地内），故云"自蜀逃归"，非即被执。如被执，则不可能逃回南中矣。"南秦"当作台登（今泸沽）。温水为台登界地（今西昌礼州与泸沽间之热水沟），非南秦地也。"汉嘉太守"为王载旧官。载为钊之妹婿，同在钊幕，降雄。其时汉嘉已附雄，非载犹为太守也。李骧既被台登，斩司马玖，降李钊、王载，全有越嶲郡地。乃于四月渡泸水向螳螂（今云南会泽县），进取宁州。为姚岳（《王逊传》讹作王崇）所败。退过泸水，保有越嶲郡

地。《晋纪》系其事于太宁元年（三二三）者，史官依南中奏报到建康日记之。时王逊病将死，而南中险远，故逾年始达也。由引推勘，则雄命骧伐越巂前已先取南广（朱提），太兴二年，不至再用兵于朱提。《南中志》云"尹奉却郡还旧治"，正说明王逊死、尹奉至时，朱提郡治南广已入李雄，故复置太守于朱提县（今昭通）。雄既以大军付李骧由越巂入，亦不至更分兵由朱提入。果有兵由朱提两道攻宁州，则骧不至大败于螳螂。即使大败于螳螂，朱提一路军事亦当有文交代。今皆不然，故知"又分伐朱提"句乃宋以前旧校者妄缘本志前有李钊为朱提太守文，无更任越巂太守文，而《常志》文作"骧伐越巂获太守李钊"，遂误以为是朱提太守李钊，而妄注此五字。宋槃又写成正文。皆由未取校《晋书》与《通鉴》故也。兹删正，足明下文所获李钊为越巂太守也。《晋书·雄载记》资料，多间接出于常氏。其文云："李骧征越巂，太守李钊降。"参合《晋纪》与《通鉴》，足证骧所获之李钊为越巂太守无疑。亦足证此文"伐越巂"下，"获太守"上，不得参有"又分伐朱提"句。

⑤已详上注及《南中志》10章已注⑮。

⑥参看卷二12章一之注⑱、⑳。

⑦《通鉴》建兴三年正月，"成主雄立后任氏"。所据为《十六国春秋钞》，盖亦出于《蜀汉书》之本纪，原文作"玉衡五年正月，立妻任氏为皇后"也。任氏，盖任回之女。养班为子，由雄志在传位于兄荡之子故也。初欲传珪（荡长子）。珪死，遂欲传班。

⑧孙策，字伯符，《三国志·吴书》有传。陈寿评曰："割据江东，策之基兆也。而权尊崇未至，子止侯爵，于义俭矣。"雄以策喻其兄荡。"宣公"谓宋宣公，宋字旧脱，当补。春秋时列国皆有宣公，脱宋字则无确指。且对上文孙仲谋（权）亦当是三字。故补。宋宣公名力。其在位当周平王二十四至四十二年。有子与夷，不立。临卒以位传于弟和，是为穆公。至平王五十一年，即鲁隐公三年，穆公病，使其子冯出居于郑，而嘱大司马孔父以立与夷。与夷立，是为殇公。《左传》称之云："君子曰：宋宣公可谓知人矣。立穆公，其子飨之。命以义夫。"（《史记·宋微子世家》作："君子闻之曰：宋宣公可谓知人矣。立其弟以成其义。然卒其子复享之。"）实则殇公九年，为华督所弑，仍立公子冯。正与李越弑班而立李期相似。盖惟封建制度适合封建政治，嫡庶之分尚不可乱，况他人子乎。宋宣公、吴余祭，及宋太祖事皆不足训，李雄亦为儒书所误者也。

⑨永昌元年，东晋元帝崩，明帝立之年也。《晋书·雄载记》云："群臣咸欲立雄所生。雄曰：'起兵之初，举手扦头，本不希帝王之业也。值天下丧乱，晋室播荡，群情义举，志济涂炭。而谓君遂见推逼，处王公之上。本之基业，功由先帝。吾兄适（读如嫡）统，丕祚所归。恢懿明睿，殆天所命。大事垂克，甍于戎战。班资性仁孝，好学夙成，必为名器。'李骧与司徒王达谏曰：'先王树冢适者，所以防篡夺之萌。不可不慎。吴子舍其子而立其弟，所以有专诸之过。宋宣不立与夷而立穆公，卒有宋督之变。犹子之言，岂若子之？深愿陛下思之。'雄不从，竟立班。骧退而流涕曰：乱自此始矣。"盖亦出于《蜀汉书》或《十六国春秋》间接出于常氏，与《常志》此文相应。《通鉴》太宁二年（三二四）记此事，云："雄立兄荡之子班为太子，使任后母之。"时间与《常志》不合，盖别用《三十国春秋》窜改之说。当以《常志》为正。永昌元年（三二二），雄之玉衡十二年也。

⑩太宁元年（三二三）至咸和二年（三二七）凡四年皆叙越巂叛乱事。其事《晋书·李雄载记》不载。《成帝纪》咸和二年（三二七）云："春正月，宁州秀才庞遗起义兵攻李雄将任回、李谦等。雄遣其将罗恒费黑救之。宁州刺史尹奉遣裨将姚岳、朱提太守杨术援遗。战于台登，岳等败绩，术死之。"（《通鉴》卷九

十三但云："朱提太守杨术与成将罗恒战于台登，兵败，术死。"系咸和二年正月）此次越巂之乱阅四稔而不能定，迫于徙民还蜀，亦大事也。盖由李骧自宁州败还，越巂斯叟轻成军，故叛攻成太守李谦。任回时为镇南将军、南夷校尉，宁州刺史，辖南广、越巂二郡（朱提以南于时尚为晋守）。李骧还后，回镇越巂。此时与谦被围，雄遣征南将军费黑与罗恒救之。斯叟求援于宁州（时尹奉犹未至，王逊子坚行州府事），州募大姓庞遗领义兵援之。遂据越巂。李谦退守台登。太宁末，尹奉至州，再遣姚兵、与杨术援越巂。与成军战于台登。岳败术死，斯叟破散。李谦徙郡中汉民还蜀，空其郡以委斯叟也。《常志》不记庞遗、姚岳、杨术事。《晋纪》不言斯叟。合而观之，乃得其实。

⑪骧在世未封王。死乃援追尊诸叔父例，追封赠谥，曰汉献王。李寿后改国号汉，承此。

⑫寿原迎养其父在梓潼。此时奉丧还葬成都。雄因以兄荡之子玝代寿为征北将军梁州刺史。而以寿袭其父骧职任。寿幼被掳在巴，多历艰困，故在诸李中才识杰出，所至有功。

⑬《晋书·李雄载记》："李骧死，以其子寿为大将军、西夷校尉，督征南费黑、征东任回，攻陷巴东。太守杨谦退保建平。寿别遣费黑寇建平。晋巴东监军毋邱奥退保宜都。"《成帝纪》咸和五年十月，"李雄将李寿寇巴东，建平监军毌丘奥、太守杨谦退归宜都。"同一书，杨谦、阳谦，毌邱、毌丘字异。又误任邵为回。任回宿将，晏平中已为镇南大将军。宁州刺史，此时方立功越巂，不当转为征东。当依《常志》作任邵。《通鉴》卷九十四作杨谦、毌（丘）奥。巴东郡治鱼复，建平郡治秭归。自此，夷陵（今宜昌）以上皆为雄有。

⑭雄有庶子十五人，越最长。车骑将军，汉旧官。《常志》举官职，多省将军字（如上文之征南费黑、征东任邵）。然此不当省，应是原有，旧钞缘他例夺之，兹补出。

⑮《晋书·成帝纪》，咸和六年"秋七月，李雄将李寿侵阴平，武都氐帅杨难敌降之。"《通鉴》同。兹据以补四字。

⑯更筑涪城，后遂为李玝治所。涪在三国时已与葭萌同为蜀北重镇，此时为县，属梓潼郡。一般但称涪城。史例单名县亦但称一字，不赘县字。旧刻衍县字，非例。廖本因而改县作陵，尤误。《晋书·成帝纪》咸和元年（三二六）九月，"李雄将张龙寇涪陵，执太守谢俊"。涪陵晏平时已附李雄，南中遣谢俊进据之。是年将张龙又取之。边郡无城者甚多。雄素未注意此郡，郡近又无强寇，而雄方以简政息民为务，何至筑城于此？

⑰《晋书·载记》："雄遣李寿攻朱提，以费黑印（当作邵）攀为前锋。又遣镇南任回征木落，分宁州之援。宁州刺史尹奉降。遂有南中之地。"《通鉴》咸和七年云："成大将军寿寇宁州，以其征东（当作南）将军费黑为前锋，出广汉（当作南广），镇南将军任回出越巂以分宁州之兵。"用与本志勘核，知《晋书》用《十六国春秋》文，与本志同出常氏，可互参。《通鉴》用《三十国春秋》文，虽亦间接采于常氏而讹讹甚多，亦易勘订。《晋书》"征本落"，《通鉴》作"出越巂"，则木落为越巂郡斯叟部落名称可知。今西昌地区（汉、晋越巂郡地）无木落地名。惟康定木雅乡有地名"木辘"，系清代一土百户住地，见《四川通志》。木雅乡本汉旄牛王住地，汉武开置沈黎郡二十四县，即包有旄牛王境。西至若水故关（说详《蜀志》21章之注⑫至⑭）。后郡废，犹存旄牛一县（今汉源）。旄牛王仍居木雅，越巂斯叟耆帅依附之，如同一国，见《三国志·张嶷传》。以此推之，上文"越巂斯叟反"者，盖即木辘王反。木辘王或为旄牛王之属部，要其所住，在越巂之西北境，即今冕宁、木里、九龙、石棉、汉源、与越西、甘洛等县与金矿地区。今世普米（旧曰西番）民族分布地，即故木辘王部，李雄时，蜀人称之曰"木落"，载入《蜀汉书》，《晋

书》仍其字也。《天下郡国利病书》卷一百十"木邦军民宣慰使司"云："旧名孟都、一名孟邦，相传蜀汉时木鹿王苗裔。"蜀汉时记载无木鹿王。《张嶷传》但有"旄牛王"、"槃木王"等名。其槃木王，即后汉时《贡诗》三章之"白狼槃木王"（见《东观汉记》与《后汉书·筰都夷传》）。白狼为一民族称呼，今木里县人犹呼之曰"布朗"，皆pu—lian之对音，后人呼为西番，其人自称普米者是也。普米人相传其最早聚居中心地在冕宁（汉曰苏祁），与诸葛亮战，败而散之四方。与《张嶷传》所言地理形势符合。然则木邦族人所言之木鹿王，即后汉之白狼王，《张嶷传》之槃木王，李雄时之"木落"部，向与住居木雅乡牦牛羌之"旄牛王"相结，叛、降于朝廷、州郡、官吏间之一大民族，蜀人恒称之为斯叟，又曰青羌者是也。康定木雅乡之"木辘"百户，疑即此木落部人降附旄牛王时派往供应差徭之差户住地，今犹保存其名，清人书字作"木辘"耳。上云："泰宁元年越巂斯叟反。……咸和元年斯叟破。二年李谦移郡民于蜀。"则前虽破斯叟，未能平之。今当两路出兵进取宁州，故遣任回子调再征木落（越巂、斯叟）。即由越巂再进宁州以胁尹奉也。李寿由南广向朱提，为东路。任调由越巂向泸水，为西路。东路阻于朱提城下近半年乃克。西路征木落部，亦当耗时。两处既克，则尹奉藩篱尽撤，宁州震恐，不战自降也。

⑱此志费黑才识。当为《蜀汉书·黑传》中旧文。霍彪，霍弋之孙，见《三国志》注。弋卒，子在袭，领其父兵为部曲。彪盖承之。爨深亦大姓有部曲而尤强者，故奉遣以援朱提。二人后降李雄，作雄宁、交二州刺史。"日月制之"，谓城内粮易尽，城外则可因粮于民，假以日月愈长，愈足以制其死命。"全军"，谓无庸折损一兵。"以求有余"，谓有余力以向宁州。皆言围而不攻之利。

⑲城中粮尽降也。"十三郡"，谓晋宁、建宁、牂柯、平夷、夜郎、朱提、平乐、永昌、云南、河阳、兴古、梁水、西平。并见《南中志》。不有南广郡者，尹奉时，南广已入李雄矣。

⑳《晋书》不著毛诜、罗屯叛乱事。《通鉴》咸和八年八月云："成建宁、牂柯二郡来降（谓降晋），李寿复击取之。"谢恕事，已详《南中志》6章之注⑪。

㉑《通鉴》咸和九年："三月，成主雄分宁州置交州。以霍彪为宁州刺史，爨深为交州刺史。"胡三省注云："成分宁州之兴古、永昌、牂柯、越巂、夜郎等郡为交州。"未详所据。若如此分，则所遗为宁州者，当是晋宁、建宁、平乐、朱提、河阳、梁水、西平七郡。越巂在其北，永昌在其西，夜郎、牂柯在其东，而兴古在二宁之南，即交州辖境包围宁州之四面；又越巂隔于河阳，与交州不相缀，梁水、西平隔于兴古，与宁州之相缀；此必无之理也。盖胡氏未明南中地理，信手为之，无足取。洪亮吉《十六国疆域志》，后蜀凡六州：益、梁、荆、宁、汉、安，无交州。其《安州序》，引胡三省《通鉴》注文，并云："案永昌、兴古，《晋·地理志》属汉州。牂柯、越巂、夜郎，又并属安州。则交州盖立后旋省，今故不录。"今案：安州为晋成帝咸康四年置，置四年罢，并见《晋书·本纪》。洪氏误《晋书·地理志》文，以为蜀置，大谬。若蜀李雄置交州，李寿夺国后省，均见著于《常志》，洪氏竟未检之，而用胡三省注，可谓系狗舍颈而系尾，宜其为世所讥矣。《南中志》不言分置交州与汉州者，《南中志》结于咸和八年，置交州为九年事，置汉州在李寿末年故也（汉州见4章之注㉔）。以古今地理形势揆之：李成所置交州，当为汉牂柯郡故地，包括晋之兴古、梁水、西平、牂柯、夜郎、平夷等郡，与交阯、郁林、武平等郡相接，故袭用交州之名，示将争取故交州属郡之意。决不如胡注所举。

㉒寿父骧追封汉王。此不以寿袭封汉王而别封建宁，足见追尊之汉献王非实封。

㉓《晋书》载雄《覆张骏书》文如此，但无"贵州将令行河沙"句，盖以雄对使者语作复书语也。然度雄复书之文，当亦如此。"情钧暗至"者，"钧"读如韵，谓骏来书之文彩、音节。钧、均，韵古字通。"暗

至"，用中庸"君子之道暗然而彰"典，谓来书义理弘湛，旨趣暗然而深至也。《晋书》作"情在暗室"，张、吴、何诸本依之，大谬。当依宋本《常志》订正。"有何已已"，谓动人之深，久不能忘。前已，训止。后已，读如此，语止辞。按《晋书》卷八十六《张骏传》，骏先遣傅颖假道通表于江左。不许，乃再遣张淳。二人非同时至。淳忠于晋室。便于辞对。其来，乃得说动雄意，许其通表。传称雄对淳曰："我乃祖乃父，亦是晋臣。往与六郡避难此都，为同盟所推，遂有今日。琅邪若能中兴大晋于中州者，亦当率众辅之。"与《常志》此文合。

㉔常璩困居江左，意存愤慨。虽不敢夸言李寿武功，而颇于雄事致讥于晋人。此借雄之雅谈，直讥江左。虽处降虏，犹未能自已也。

㉕雄征寿还也。

㉖《晋书·载记》："咸和八年，雄生疡于头，六日死。年六十一。"盖璩旧撰本纪文如此。此"疾病"字，当是"病疡"字讹。前云"任小受张罗募，手刃雄头，几死"宜与此联。又《李班载记》云："雄少数攻战，多被伤夷。至是疾甚，痕皆脓溃。雄子越等恶而远之。班为吮脓，殊无难色。"是雄病疡时甚久，他伤不致死。惟头创溃仅六日死耳。

㉗安都陵位置无考。疑是晋军平蜀后所夷。

三

班刘李本作班。字世文，荡第四子也。少见养于雄。年二旧脱。当补。说详注释。十六，立为太子①。好学爱士。每观书传，谓其师友天水文夔、陇西董融等曰："吾见周【景】灵按《国语》，字当作灵。王太子晋、魏太子丕、吴太子【孙】登，文章鉴识，超然卓绝，未尝不有惭色。何古人之难及乎！"进止周旋，勤于咨问②。但性轻躁，失在田猎。甲子袭位。玝来奔丧，劝遣雄子越还江阳，而欲令期代己知北钱写本讹作此。事。班以未葬，不许。遣玝还涪③。冬十月癸亥，期、越杀班于临次④。并杀班仲兄领军将军依《通鉴》卷九十五补。都。弟玝奔晋⑤。期伪谥班曰戾太子。寿追谥曰哀皇帝。子幽、颙，为期所杀。班兄弟五人皆兵死，四人无后。玝在晋，历巴郡、襄阳、宜都太守，龙骧将军。永和三年，从征西，于山阳战死也⑥。

期字世运，雄第四子也。母冉，贱。雄妻任养为子。少攻学问，有容钱写作客。观雄时，令诸子各募合部曲，多者才得数百人，而期独得千余人。为安东将军。雄亡，越自江阳来赴丧，兄弟怏怏。既以班非雄所生，又虑玝不利己，与【兄】越密谋图班。太史令韩约张、吴、何、王、浙、石本同《晋书》作豹。他旧本作约。上言："宫室有阴元丰本作队。谋兵气，戒在亲戚。"班不悟。遂因夜哭，越杀班⑦。期【自】立，旧刻作"期自立"，为句。兹改作"期立"属下句。以越为相国，与寿并录尚书事。进寿大都督，徙封汉王，使讨玝于涪。封越、建宁王。以仲兄霸为中领军、镇南；弟保镇西、西夷校尉、汶山太守；从【兄】父旧本并作兄。兹改正。始征东，代越；皆大将军。玝走，即拜寿梁州、知北事⑧。

咸【熙】康廖本注云："当作康。"元年，春正月，立妻阎氏为后，下赦，改元玉恒。秋，以司隶钱写本作颖。景骞为尚书令，征南费黑为司隶，班舅罗演为仆射。【舅】旧各本有。当衍。罗演与汉王相、天水上官澹谋袭期，立班子幽。谋泄。杀廖本注此下云："当有演字。"兹补。演、澹，并【诛】班母罗、玲子礔、稚妻昝⑨。

二年，忌从子载多才艺，托他事诛之。而霸、保皆暴病死。《晋书·载记》作"不病而死"。于是大臣自疑，骨肉不相亲。而期志益广，忽慢父时张、吴、何、王、本无父时二字。元丰、钱、刘、《函》、廖本有。浙本剜补。公卿，政刑失错⑩。措字通。

四年，夏四月，寿自涪还袭期，假以诛越、骞为言。越请散财募【民】士元丰以下旧本皆作士。廖本作民。格战。期谓字当作意。寿不自薄，不许⑪。寿既诛越、骞，初废期为邛都县公，至于文当有至字。五月，乃杀期，【及】诛李始等，【杀】及期旧本讹乱。兹订正。兄弟十余人。期死时，年二十四。《十六国春秋》作"二十五"。谥曰幽【王】公⑫。旧各本作王。兹依《十六国春秋》改正。

五年，徙【其】期妻子刘本作丁。于越巂。势又使人就越巂诛其子⑬。

案：以上，李雄死后五年中，诸子与宗室结党相屠，争夺权位事。雄晚年沉迷儒术，率其宗党，力追封建政治。虽不自私其国，而子侄之欲私其国者已多，结局固当如此，未可以班、期之贤不肖与策士之用不用论其成败也。

【注释】

①荡长子玙，次子都，三子稚，四子班，少子玝。"见"，被动性之副词。"见养"，犹言受养也。班于永昌元年（三二二）为太子，年十六，则生于永昌元年（三○七）。时荡死已阅三年矣（荡于太安二年即公元三○三年死）。字当有误。《晋书·班载记》："咸和九年（三三四），班因夜哭，越杀之于殡宫，时年四十七。"是班生于太康九年（二八八），至永昌元年冬，已三十六矣。至咸和九年即位时，已四十八岁。时李雄六十一岁。仅少于雄十三岁，为父子，似亦不合。设雄妻任年少于雄，更不可能养以为子矣。雄第四子期，咸康四年（三三八）死，年二十四（《十六国春秋》作"二十五"），应生于建兴二、三年（三一四—三一五）间，少于班二十三、四岁。从弟兄年龄差距应不至此。同母弟子年龄，尤不应差至此。以理度之：班当生于元康七年（二九七），小于雄二十二岁，七岁父死，明年雄即王位，命妻任养之。立为太子时年二十六，死年三十七，旧刻《常志》于此所脱为"二"字，《晋书·班载记》亦误多十年为四十七也。

②《晋书·班载记》："谦虚博纳，敬爱儒贤。自何点、李钊，班皆师之。又引名士王嘏，及陇西董融、天水

文夔等以为宾友。每谓融等曰：观周景王太子晋……（文同）何古贤之高朗，后人之莫逮也。"当是《蜀汉书》文。嘏即与璩同劝势降晋者，与璩皆蜀人。璩当亦是班师友之一，同聆此语者，但未便自列其名耳。《汲冢周书·太子晋解》第六十四："晋平公使叔誉于周，见太子晋而与之言，五称而无穷。"孔晁注："周灵王太子名晋也。"《国语》卷三"灵王二十二年，谷、洛斗，将毁王宫。王欲壅之。太子晋谏曰……"云云，文长二千一百余字，甚典雅。末云："王卒壅之。及景王多宠人，乱于是乎始生。"韦氏解云："景王，周灵之太子，晋之弟也。"《汉书·古今人表》，"太子晋"与仲尼同时。周景王在位，当鲁春秋襄二十九至昭二十二年时（公元前五四四至五二〇），即孔子幼年时。《史记·周本纪》："景王十八年，后太子圣而早卒。"《左传》昭十五年"六月乙丑，王太子寿卒。"皆不云景王太子名晋。当以晋为灵太子之说为正。"魏太子丕"，即魏文帝曹丕。"吴太子登"，即吴大帝太子孙登，《三国志》并有传（《魏书》二与《吴书》十四）。大抵雄晚年甚亲文士。班务为仁孝以固位，亦尊礼文士。由是竟成迂儒，致轻易为越所杀，而文士辈则甚称其贤也。

③李玝为雄时征北大将军、梁州刺史，城涪陵，自晋寿移驻于涪。李越，雄长子，本以车骑将军驻广汉。李寿南征宁州时徙屯江阳。《通鉴》卷九十五："成主雄车骑将军越屯江阳，奔丧至成都。以太子班非雄所生，意不服。与其弟安东将军期谋作乱。班弟玝劝班遣越还江阳，以期为梁州刺史，镇葭萌。班以未葬，不忍遣；推心待之，无所疑问。遣玝出屯于涪。"

④"甲子袭位"，谓六月甲子，即雄卒之次日。至十月癸亥被杀，凡袭位百二十日也。《晋书》云："班居中执丧礼，政事皆委寿及司徒何点、尚书令王瑰等。"是其实未亲政。

⑤李都时为领军将军。史文省"将军"字。玝自涪奔晋事，下文更详。

⑥李荡五子，琀与稚败死于武都，都与班此时被杀。班二子，幽与颙，后同琀子礤被杀。惟玝在晋有后。晋任玝为巴郡、襄阳、宜都太守者，皆任以邻蜀之郡，欲借以侵蜀，当出桓温意（巴郡，当是侨置）。"从征西于山阳战死"，谓从晋征西将军桓温伐蜀，战亡于山阳。此"山阳"系犍为郡地名。《晋书·李势载记》"温次青衣，势大民军距守。又遣李福与昝坚等数千人从山阳趋合水距温……从江北鸳鸯碛渡向犍为。而温从山阳出江南"（谓锦江之南）是也。温军过山阳未与昝坚等主力相值，当是蜀军别有防阻而战也（参看5章之注⑦）。

⑦《晋书·李期载记》："聪慧好学，弱冠能属文。轻财好施，虚心招纳。为建威将军。雄令诸子及宗室子弟以恩信合众。多者不至数百。而期独致千余人。其所表荐，雄多纳之，故长吏列署多出其门。既杀班，欲立越为主。越以期雄妻任氏所养，又多才艺，乃让位于期。"《十六国春秋钞》云："越既杀班，于是矫太后令罪状，谥戾太子。立期为主。"《通鉴》："冬十月癸亥朔，越因班夜哭，弑之于殡宫。并杀班兄领军将军都。矫太后令，罪状斫而废之。初，期母冉氏贱，任氏母养之。期多才艺，有令名。及班死，众欲立越。越奉期而立之。"无论三书异同如何，其原始资料均必出于常氏，乃皆云越弑班立期，且假太后任氏旨。则期非"自立"可知。原当是"期立"二字，属下句。旧钞衍白字，误为断句也。

⑧此叙期即位后人事布署。要点在疏削李寿，以权界越。李始为雄庶兄，已见前文。于期为从父，非从兄。旧刻各本作兄，显误。兹改正。"代越"谓镇江阳。"皆大将军"，谓镇南、镇西、征东皆大将军也。李玝原为征北将军梁州刺史，驻涪。期遣寿攻玝。玝走奔晋。期遂以寿为梁州刺史、征北大将军，镇涪，不得在成都预政也。"知北事"，谓时以镇南大将军专南中方面军事，征东大将军专江阳、巴、巴东、涪陵，即李雄所置荆州方面军事。征北大将军专梁州方面，实领梓潼、巴西、汉中与阴平、武都五郡军事。镇西大

将军领益州方面军事，主要为镇服羌戎，故兼西夷校尉与汶山太守也。寿至此，已由中外大都督大将军录尚书事左转为四镇将之一。但与越同封王耳。

⑨上已云"班舅罗演"，同后"舅"字为衍文。诛及班母罗氏，则必杀演可知。旧刻但作"杀澹"，脱演字也。稚演昝、珞子礶，班母罗同谋袭期，故同见杀。李雄虽友爱，而李荡家支与雄家支仇杀之酷至此。封建家族情感之虚伪可慨矣。幽与其弟颙亦于此役被杀，见上文。封建史法："杀以其罪曰诛，不以其罪曰杀。"此役造谋于罗演与上官澹，旧文乃于演澹曰杀，牵及协同曰诛。诛字显为旧钞者误加。删之，其文自通。

⑩《晋书·李期载记》："以其卫将军尹奉为右丞相、骠骑将军，尚书令王瓌为司徒。期自以谋大事既果，轻诸旧臣。外则信任尚书令景骞，尚书姚华、田褒。褒无他才艺，雄时劝立期，故宠待甚厚。内则信宦竖许培等。国之刑（大）政，希复关之卿相。庆赏威刑，皆决数人而已。于是纲维紊矣。乃诬其尚书仆射武陵公李载谋反，下狱死。……雄子霸、保并不病而死，皆云期鸩杀之。于是大臣怀惧，人不自安。"尹奉即以宁州降雄者。王瓌，李班时尚书令，与何点、李钊、王嘏皆班所信赖，此时并黜。虚徙瓌司徒，景骞代为尚书令也。错，通措，施也。

⑪李寿举兵事，别详下文。寿军骤至势盛，期不敢募兵巷战，但冀寿能优宽之。"谓寿不自薄"，犹云意谓寿待之不至于刻薄，故不听越言也。

⑫诛越、骞与废期皆李寿事。旧刻脱主语，故补寿字。初只废期为公，后乃杀之，故"五月"上当有"至"字。兹迳补。《晋书·载记》："寿矫任氏令，废期为邛都县公，幽之别宫。期叹曰：天下主乃当于小县公，不如死也。咸康三（当作四）年，自缢而死。时年二十五。在位三年。谥曰幽公。及葬，赐鸾路九旒，余如王礼。雄之子，皆为寿所杀。"以此回校《常志》旧刻，当作"诛李始等及期兄弟十余人"。旧钞误移"及"字，脱期字，衍杀字也。雄子十五人，此次尽死。非谓李始兄弟，即不得云"诛李始等兄弟十余人"。计此时，李特、流、骧诸子在者，惟始与寿。始年已近七十。寿最少，亦年三十五矣。又，既云废为公，即当依《晋书》作"谥曰幽公"，不当曰王。并旧刻误，而各本无校及者，兹并校正。

⑬"五年"字旧本直连上文，故可省期字作其。然《常志》原作本纪体，当按年提行。主语寿字可省，宾语期字则不可作"其"。兹改作期。邛都为越巂郡属县，故徙期妻子也。"势"，谓李势，又杀期诸子于越巂。李雄子孙惟豹等存。后亦被寿诛。

四

寿字武考，有干局，爱尚学义，志度少殊于诸子。雄奇之。自代父为将，志在功名，故东征南伐，每有效刘、李、廖本作效。元丰与钱、张、吴、何诸本作劝。事①。雄疾病，侍疾左右。左右侍臣元丰本重臣字。造雄顾命，寄托于寿②。期之杀班也，李始初欲附寿，图共讨期。寿不敢。始怒，说期取寿。期惮李玝在北，欲借寿讨之，故不许③。旧各本无不字。廖本依《通鉴》补。原本当有。寿既受汉封，北伐玝，告以去就利害，假道。故玝得由巴顺水东下吴④。寿虽代刘、李本误作伐。玝镇涪，岁终刘、李本作中。当入朝觐，常自危嫌，_{李本作慊}。辄造汉中守将张才急书告方外寇警。咸康二年冬，北入汉中，破走司马勋⑤。寿见期、越兄弟十余人，年方壮大而手下有强兵，惧不自全。数聘命高士巴西袭壮。壮虽不应，恐见害，不得已，数见寿。时岷山崩，江水竭，寿缘刘向之言而恶之，每谋壮以自安之术。壮之父及叔皆为特所杀，欲假手报仇，未有其由，因说立事："何如舍小从大，以危易安。开国裂土，长为诸侯。名高桓文，勋流百代矣。"寿从之⑥。因与长史略阳罗恒、刘本、《函海》作桓。《函海》注云："原本作恒，避宋讳。"下同。巴西解思明共谋据成都为晋，称藩。会养弟攸从成都病还，死道中。乃【阳】扬_{元丰本作扬。钱、刘、张、吴、何、《函》诸本作佯。廖本作阳。}言越药杀之。又诈造【妹】姝_{各旧本作妹}。婿任调_{元丰本作谓}书，言期、越当废寿，以惑群_{元丰本作郡。下同}下。群下信之。乃誓文武，许赏城中资财。得数千人⑦。_{此下旧本直连"南攻成都"句。兹补"四年四月"字。}

四年，四月，_{依上《李期志》补。}南攻成都。子势为开门内应，遂获期、越。诛其宗族十余人。兵入，掳掠民家，奸_{元丰、钱、刘、李、《函》、廖本作奸，张、吴、何、王、浙、石本作姦。}淫雄公主及李氏诸妇，多所残害⑧。数日乃_{张、吴、何、王、浙、石本作迺。}定。恒与思明及李奕、王利等劝寿称镇西将军、益州牧、成都王，以壮_{元丰本此作杜。下同。}为长史，告下。又劝令送期于晋。任调与司马蔡兴、侍中李艳及张烈等劝寿自立。寿亦生心，遂背思明所陈之计，称汉皇帝。尊父骧曰献帝，母昝氏曰太后。下赦，改元汉兴。以恒为尚书令，思明为广汉太守，任调镇北、梁州、知东羌校尉，_{廖本于知下注云："当有北事二字。"又于校尉下注云："当衍此二字。"兹不取，仍旧。}李奕镇西、西夷校尉。更代诸郡及卿佐，皆用宿人及己参佐⑨。省交州，以从子权为镇南、南夷、宁州。于是成都诸李子弟，无复秉兵马形势者，雄时旧臣及六郡人，皆斥废也⑩。秋七月，李奕从兄乾，与大臣合谋，欲废寿。寿惧，使子广与大臣盟要，为兄弟。进李闳为征东、荆州，移镇巴郡⑪。八月，天连阴雨，禾稼伤损，百姓饥疫。草莽臣龚壮上封事曰："臣闻阴德必有阳报。故于公理狱，高门待封。伏惟献皇帝宽仁厚惠，宥罪甚众。灵德洪洽，诞钟陛下。陛下天性忠笃，受遗建节，志齐周、霍，诚贯神明。而志_{元丰本作至。他各本作志。}绪违理，颠覆顾命。管蔡既兴，逸谀滋蔓。大义灭亲，拨乱济危。上指星辰，昭告天地，歃血盟众，举国称藩。天应人悦，白鱼登舟，霆震助威，烈风顺义。神诚允畅，日月光明。而论者未喻，权时定制。淫雨泛渍，垂向百日，禾稼伤损。加之饥疫，百姓愁望。或者天以监示陛下。又，_{元丰本作反。他各本作又。}前日_{元丰本无日字。他各本有。}之举，止以救祸。陛下至心，本无大图。而今久不变，天下之人，谁复分明_{李本作盟}。知陛下本心者哉？且玄宫之谶难知，而盟誓顾违，一旦疆场钱写本、《函海》作场，从易录音邑。他各本均作场，从易。有急，内外骚动。不可不深思长久之策，永李本作求。为子孙之计也。愚谓宜遵前盟誓，结援吴会，以亲天子。彼必崇重，封国历世。虽降阶一等，永为灵当读如令。德。宗庙相承，《函海》作丞。福祉无穷。君臣铭勋于上，生民宁息于下，通天下之高理，弘信慎之美义，元丰本倒，作"义美"。垂拱南面，歌诗兴礼，上与彭、韦争美，下与齐、晋抗德，岂不休哉！论者或言：'二刘、李本作一。州人附晋必荣，六郡人事之不便。'昔豫州入蜀，荆、楚人贵。公孙述时，流民元丰本无民字。康济，及汉征蜀，残民太半。钟邓之役，放兵大掠，谁复别楚、蜀者乎？论者或不达安固之基，惜其名位。在昔诸侯，自有卿相，司徒、司空，宋、鲁皆然。及汉，藩王亦有丞相。今义归彼，但当崇重，岂当减削。昔刘氏郡守令长方仕州郡者，国亡主易故也。今日义举，主荣臣赖，宁可同日而论也？当读如耶。论者又谓，臣当为法正。陛下覆臣如天，养臣如地，恣臣所安。至于名荣，汉、晋不处，臣复何为当倅法正？论者或言：晋家必责质任，及征兵伐胡，何以应之？案晋不烦尺兵，一国来附，威卷四海，广地万里，何任之责？胡之在北，亦此之忧。今平居有东北之虞，纵令征兵，但援汉川，犹差二门耳。臣托附深重，忘疲病之秽。实感殊遇，冀以微言少补明时。常惧殒殁，不写愚心，辜负恩顾。谨进悾悾，伏愿罪戮⑫。"寿不悦，然拘前言，秘藏之⑬。九月，仆射任颜，雄妻弟也，谋反，诛。并杀雄子豹等⑭。元丰本与廖本作豹。他各本并作约。

五年，春二月，晋将伐巴郡，获李闳。闳，恭子也⑮。初，寿许自牛鞞以东土断与闳，执政者以为不可，乃止。复不益兵，故覆没。闳弟元丰本作地。艳以是怨故，与朝右有隙。是时，寿疾病。恒、思明等复议奉晋计。寻巴郡破。寿以为附晋，晋当以兵威，故不能自断。遂辍计⑯。三月，拜李奕镇东，原省将军字。代闳。夏，建宁太守孟彦率州人缚宁州刺史霍彪于晋，举建宁为晋。遣右将军李位都讨之。时权在越嶲⑰。秋，又遣尚书广汉李摅张、吴、何、王、浙本此误作扩。下仍作摅。为御史，入南中。摅祖毅，晋故宁州刺史，以向与南人有旧，故遣之。摅从兄演，自越嶲上书，劝寿归正返本，释帝称王。寿怒，杀之⑱。

六年，三月，李位都克建宁⑲。依《晋书·成帝纪》补。李闳自建康奔于石虎。寿遣散骑常侍王嘏、中常侍王广聘赵请闳。虎报书，约分天下。寿大悦。乃大修船舰，缮甲兵，备餱粮。夏六月，寿下书伐吴，以尚书令马当为六军都督，假节钺，车骑将军王瑜为参军。元丰以来各本并有旧注云："右，车骑将军王瑜为参军九字，前后文不相属，不知记何事也。今仍旧本存此九字于后以待考。"（李本在书头）今按《李寿载记》，盖寿下诏亲征时所授官也。补上文二十一字自明。顾广圻校稿批此下"晋康帝建元"字上云："自此尽封归义侯，非元文。"盖此下旧文与上注，皆宋人整补文字。有篇末按语可证。原所整补失于疏略，与序例语不相称。兹更依《晋·载记》与《通鉴》及《十六国春秋钞》本补之。九月，大阅军士七万余人，舟师集成都，鼓噪盈江，寿登城观之。从臣咸谏。龚壮书曰："陛下与胡通，孰若与晋通。胡，豺狼国也。设晋既灭，不得不北面事之。若与之争天下，则强弱势异。此虞虢之成范，已然之明戒。愿陛下熟虑之。"寿乃止㉑。闳从邺还，盛称石虎威疆，邺中殷实，宫观美丽。言虎虐用刑法，故能控制邦域。寿心欣慕，乃徙旁郡户三丁以上实成都。兴尚方御府，发州郡工巧以充之。广修宫室。引水入城。治器玩，务于奢侈。人有小过辄杀，以立威。左仆射蔡兴切谏，寿以为诽谤，诛之。右仆射李嶷数直言，托他罪下狱，杀之㉑。依《晋·载记》，参用《通鉴》文补。李奕征牂柯，不克。粮尽，引还㉒。依《晋书·载记》补。

七年，以太子势领大将军、录尚书事㉓。

【晋康帝】建元元年，分南中六郡置汉州㉔。疑此句为《常志》原有，兹依《晋书》与《十六国春秋钞》文补，详见注释。夏四月，寿寝疾。依《十六国春秋钞》补。晋将周抚、曹据袭江阳㉕。依《晋书·帝纪》补。八月，寿卒。年四十四。势立，谥曰昭文皇帝，庙号中宗。葬安昌陵㉖。依《十六国春秋钞》，参《晋书·载记》补。

案：以上志李寿事。按《序志》文，当有全传，而元丰以来旧刻脱咸康五年以下。仅有"晋康帝建元元年寿卒，势立"以下三百五十三字，亦宋人所补之《李势传》文也。旧刻又保存有《寿传》残文"车骑将军王韬为参军"一句，与上下文不属，足见原所脱《寿志》文甚多。兹更参《晋书·本纪》《载记》，及《庾亮传》《庾翼传》《邓岳传》《周抚传》等，《十六国春秋钞》与《通鉴》等书所用常氏旧文，补李寿后三年事，完成首尾。李雄时，中原剧乱，江左亦屡有叛臣，晋室岌岌不能自保，无力与蜀争地。故蜀土安靖，文物渐兴。及寿之世，王敦、苏峻之乱已平，而庾谢王桓诸族颇饬武备，谋恢复。巴汉、南中地区，晋、蜀争战，连年不绝。巴蜀人士，多欲内附于晋，取法河西张氏，休兵息民。曾以此愿托于李寿，助之夺国。而六郡流民之裔，则图拥寿称帝，僭移自娱。常璩旧撰《蜀汉书》，为寿夸张勋绩，以炫北人，崔鸿《十六国春秋》多取之。迨居江左，改撰《寿志》，则偏注于蜀人倾心内附之忱，且多举寿短，以适东人之意。于晋蜀战争事则节删之。此其处境不同，固当如此耳。兹因补文，略为考订辑录，庶不偏废。

【注释】

①李寿生于晋惠帝永康元年（三〇〇），五岁，为晋军袭擒至巴。十一岁，谯登挟往涪城，因急时，送还李骧乞缓师（三一〇）。晋书称其："敏而好学，雅量豁然。少尚礼容，异于李氏诸子。雄奇其才，以为足荷重任，拜前将军，督巴西军事。迁征东将军，时年十九。"盖崔鸿《十六国春秋》所采《蜀汉书》旧文也。（今传《十六国春秋钞》作："少尚礼容，敏而好学。雄奇其才器，以为足荷重任。"足证其文之渊源）父骧卒，赴丧成都，拜大将军大都督，录尚书事，时年三十一（咸和五年〈三三〇〉）。当年东征，取巴东、建平。次年北征，降杨难敌。又次年，南征宁州，逾年，悉平诸郡，因留镇之，封建宁王。故志云："东征南伐，每有效事。"效事，犹云著效立功。刘熙《释名》："事，伟也。伟，立也，凡所立之功也。"许慎《说文》："以劳定国曰功。"故邱迟《致陈伯之书》云："立功立事，开国称孤。"效亦训功（《集韵》），又验也（《韵会》）。《汉书·酷吏·尹赏传》："丈夫为吏正，坐残贼免，追思其功效，则复进用矣。"事功，功效，效事，绩效，功称，义并同。

②《顾命》，《尚书》篇名，记成王临终命召公、毕公辅相其子康王之词。故后世谓天子托孤之诏曰顾命。寿于咸和九年三月还成都，侍雄疾二月余。太子班能为雄吮脓，故雄以班托寿。命左右侍臣造拟《顾命》遗寿。非谓侍臣私造。雄盖已虑诸子越、期等不利于班，故远召寿于南中，寄以顾命也。

③李始，李特长子，以庶出，未为李族所重。此时当六十余龄，近七十矣。以年位最尊预国政，而反覆鄙倍，终不得志。足见其为人。许上旧脱"不"字，廖本已补。兹更补主语"期"字。

④《晋书·李期载记》："诛班弟都。使李寿伐都弟玝于涪。玝弃城降晋。封寿汉王，拜梁州刺史、东羌校尉、中护军、录尚书事。"即谓既已逐玝，乃封汉王。与《常志》既封建汉王，乃北伐玝之说不合。授官亦与《常志》微异。《通鉴》依《常志》，不依《晋书》。今按：玝镇北道久，拥有重兵，本可拒战。期特假寿威望讨之。建宁王已移封李越，则先封寿汉王为必然。寿实不直期越所为，怀雄旧意，故不欲战，而遣人说玝奔晋。"开其去路"。玝由涪顺水东下，舟当过广汉（今射洪县地）、德阳（今潼南县地）、垫江（今合州）、巴郡、巴东、建平，皆李寿控制之地（任邰镇巴，亦寿故将），故寿得饬沿流诸镇纵之也。《晋书·成帝纪》，咸和九年"冬十月，李雄子期弑李班而自立。班弟玝，与其将焦会、罗凯等并来降。"《通鉴》云："寿先遣使告玝以去就利害，开其去路。玝遂来奔。诏以玝为巴郡太守。"

⑤司马勋，《晋书》卷三十七有传。《成帝纪》，咸康元年"十一月，建威将军安集汉中，为李期将李寿所败。"又卷七十三《庾翼传》云："翼欲率众北伐……司马勋为建威将军、梁州刺史，戍西城。"《勋传》云："庾翼之镇襄阳，以梁州刺史桓宣卒，请勋代之。初屯西城。退守武当。"《通鉴》咸康二年"十一月，诏建威将军司马勋将兵安集汉中。成汉王寿击败之。寿遂置汉中守宰，戍南郑而还。"皆此一事也。勋为寿所败，故自西城（今陕西安康县）退守武当。武当，晋顺阳郡属县。今湖北均县地。然则，寿此役曾拓地至"东三郡"，奄有汉中全域矣。在寿进兵前，汉中实受司马勋势逼，非寿造作守将告急书以自饰。只成都群官疑其为伪造耳。

⑥龚壮，《晋书》卷九十四与谯秀同传。传云："洁己自守，与乡人谯秀齐名。父叔为李特所害，壮积年不除丧。力弱不能复仇。及李寿戍汉中，与期有隙……乃说寿曰：节下若能并有西土，称藩于晋，人必乐从。且舍小就大，以危易安，莫大之策也。"《通鉴》卷九十六则云："寿数以礼辟之，壮不应，而往见寿。寿密问壮以自安之策。壮曰：巴蜀之民，本皆晋臣。节下若能发兵西取成都，称藩于晋，谁不争为节下奋臂

前驱者。如此，则福流子孙，名垂不朽。岂徒脱今日之祸而已。"大抵皆同出于《常志》，各自体会、行文不同，可以互参。《汉书·五行志》："元延三年丙寅，蜀郡岷山崩，雍江。江水逆流，三日乃通。刘向以为周时岐山崩三川竭而幽王亡。岐山者，周所兴也。汉家本起于蜀汉，今所起之山崩川竭……殆必亡矣。后三世亡嗣，王莽篡位。"李寿以李氏亦兴起于蜀，而自为汉王，故感于向说而恶之。

⑦李攸之死，《通鉴》同《晋书》作李期酖杀之，与本志异。盖《晋书》所据为《十六国春秋》，依《蜀汉书》文。常璩至江左改写本志，乃更从其实也。《晋书·李期载记》云：

> 期又酖杀其安北李攸。攸，寿之养弟也。于是与越及景骞、田褒、姚华谋袭寿等，欲回烧市桥而发兵。期又屡遣中常侍许涪至寿所，伺其动静。及杀攸，寿大惧，又疑许涪往来之数也，乃率步骑一万自涪回成都。表称"景骞、田褒乱政，兴晋阳之甲以除君侧之恶"。以李奕为先登。寿到成都，期越不虞其至，素不备设，遂取其城。

市桥在成都，李寿在涪，云"因烧市桥而发兵"者，盖其时适有市桥火灾，李寿斥期等诬寿遣人纵火，欲借为声讨口实也。自"伺其动静"以上，在《蜀汉书》为《李期传》文；以下为《今上本纪》志李寿事之文；故于许涪事重复。其后"寿到成都"句以下，又《李期传》文。故既云表称"兴晋阳之甲"，又云"不虞其至"。在李寿时脩史，固不能免于讳饰自期。当以降晋后更写之本志为正。"得数千人"，谓与寿盟要，起兵合力，举蜀为晋之同敌者有数千人，包括涪中文武与巴地缙绅大姓首领之有部曲者，非谓寿起兵时仅数千人。寿原自领有兵众。即如《晋书》与《通鉴》所云："帅步骑一万。"合后勤与留守者言，亦当有数万人矣。

⑧原刻以李寿夺国事连叙于咸康二年破走司马勋事下。旧校本未能划清段落，易使人误为一年之事。下文"秋七月"、"八月"、"九月"各条，皆纪咸康四年事，则此"南攻成都"当为咸康四年事明矣。兹依上《李期志》文补"四年四月"字。并提行。不补主语寿字者，承上文，可省之也。《晋书·李期载记》续记此事云：

> 屯兵至门（《通鉴》作"屯兵宫门"）。期遣侍中劳寿。寿奏相国建宁王越，尚书令河南公景骞，尚书田褒、姚华，中常侍许涪，征西将军李遐，及将军李西等皆怀奸乱政，谋倾社稷，大逆不道，罪合夷灭。期从之。于是杀越、骞等。寿矫任氏令废期为邛都县公。幽之别宫。（又《李寿载记》云："袭成都，克之。纵兵虏掠，至乃奸略雄女与李氏诸妇。多所残害。数日乃定。"）

大抵寿所率以袭成都者皆北道民兵，以地方豪门之部曲为主。其人素憎李氏，向往晋室。李寿实许其入城后掳掠便宜，故勇于攻取。既入成都，认为国已属晋，故敢于对李雄后裔作报复，寿亦不能制也。李遐、李西，当是李始之子，在寿所杀"兄弟十余人"之列。

⑨此段，《晋书》《通鉴》与本志均同，惟删"以壮为长史，告下。又劝令送期于晋"十四字，代以"称藩于晋"四字。此言"告下"，谓"昭告国人"，示无负初盟。解思明、罗恒虑寿渝盟，故求以"告下"坚之，非闲文，未可删省者也。"称藩于晋"，为盟文中主要部分，袭壮之始谋如此。上文已及，故此不当赘。

《载记》又云:"寿命筮之。占者曰:可数年天子。调喜曰:一日尚为足,况数年乎。思明曰:数年天子,孰与百世诸侯。寿曰:朝闻道,夕死可矣。任侯之言,策之上也。"此盖《三十国春秋》采蜀人传说如此,非常璩文也。又云:"遂以咸康四年僭即伪位。赦其境内。改元为汉兴。以董皎为相国,罗恒、马当为股肱,李奕、任调、李闳为爪牙,解思明为谋主。以安事束帛聘袭壮为太师。壮固辞,特听缟巾素带居师友之位。拔擢幽滞,处之显列。"又《晋书》云:"及即伪位之后,改立宗庙,以父骧为汉始祖庙。特雄为大成庙。又下书,言与期、越别族。凡诸制度,皆有改易。公卿以下,率用己之僚佐。雄时旧臣及六郡士人皆见废黜。"《通鉴》云:"改国号曰汉。""改立宗庙。追尊父骧曰献皇帝,母昝氏曰皇太后。立妃阎氏为皇后,世子势为皇太子。更以旧庙为太成庙。凡诸制度,多所更易。"与《常志》详略互异,可以互补。

又,《通鉴》用《常志》文云:"任调为镇北(大)将军,梁州刺史。"无"知东羌校尉"句,盖疑其文而削之也。顾广圻校稿云:"知下脱北事。"缘上文"拜寿梁州、知北事"推断也。今按:李雄时,汉中空虚,故以李凤领征北将军、梁州刺史,驻晋寿以遥制之。凤叛死。雄以李寿代凤知梁州、征北事,上文原省作"知州、征事"。"知"专任一方军民政事之词,后世"参知政事"、"知府事"、"知州事"本此。迨汉中户口渐实,李期又"拜寿梁州知北事",谓以北道(梁州)军民事委之。已封王,故不称征北将军也。寿既称帝,统一事权,任调作梁州刺史,不用"知北事"旧称,而曰"知东羌校尉"者,谓但以东羌民族事务委之,非兼领北道民政也。"东羌"为晋人用于六郡羌氏民族之旧称(已见1章之注②)。此时,则李寿用以称武都、阴平羌氏,实即指仇池杨氏割据地区人民。杨难敌虽降附寿,而自为特区,依违莫定。故寿设官以委绥抚专责于任调。旧本"知东羌校尉"不误。顾校与廖刻屡欲划一其官为"知北事"乃误矣。"成都诸李子弟",指李特、李雄之子孙。"成"为其国号。"都",犹宗也。《左传》杜注:"凡邑有先君之庙曰都。"雄初称成都王,立宗庙,故《常志》此以成都字喻李雄之裔。不作一般地名解。李权之父失名,当是李骧庶子之子。

⑩《李寿载记》:"有告广汉太守李乾与大臣通谋,欲废寿者。寿令其子广与大臣盟于前殿。徙乾汉嘉太守。"本志上文谓解思明为广汉太守,与相牴牾。《通鉴》两用之:于四月云:"解思明为广汉太守。"此云:"李奕从兄广汉太守乾告大臣谋废立。秋七月,汉王寿使其子广与大臣盟于前殿。徙乾为汉嘉太守。"则又谓告谋废立者为李乾,与《载记》文相反。三书文略同而事不一致。疑李乾原为广汉太守,寿即位,罢之,代以解思明。乾与主张去帝称藩诸大臣谋废立。李奕知之以告,寿复委乾为汉嘉守以安之,并令其子广与李奕弟兄及主张自立诸大臣结兄弟盟,誓共富贵以自固。时主张称藩诸臣皆起义旧勋,兼有地方武力,又负前此盟约,故寿亦不敢究问也。(此为《蜀汉书》所不当有。惟《华阳国志》传之。诸书并直、间接取于本志)以李闳镇巴郡,亦寿自固措施之一。巴缩通江左之水道,可绝称藩派大臣与晋联系途径也。

⑪此袭壮上书全文。"草莽臣袭壮上封事"亦上书之首句,常氏加曰字改作叙述题目耳。以下,释封事中费解词义。

"于公理狱",出《汉书》卷七十一《于定国传》:"其父于公,为县狱史、郡决曹,决狱平。罗文法者,于公所决,皆不恨。……其间门坏,父老方共治之。于公谓曰:'少高大门闾,令容驷马高盖车。我治狱多阴德,未尝有所冤,子孙必有兴者。'至定国为丞相,(孙)永为御史大夫,封侯传世。""诞钟",并生育义。谓骧多阴德,故得寿为子。"受遗",谓受李雄顾命。"志绪违理",谓李雄子孙悖乱。志,谓雄在立李班,用《书·盘庚》"若射之有志"典。绪,谓雄子李期,用《中庸》"武王纂太王、文王之绪"典。"管蔡既兴",谓李越兄弟逸言毁李寿,若管蔡之谮毁周公。"大义灭亲",出《左传》隐四年,指石厚同州吁弑逆，其父碏杀之。以喻寿之诛期、越等。"白鱼登舟"出《史纪·周本纪》："武王渡河，有白鱼跃入王舟中。武王俯取以祭。"马融曰："鱼者兵象也。白者殷之正色。言殷之兵众与（归附）周之象也。"此以喻蜀中兵民之归附于寿。"霆震"、"烈风"，言附义民庶之壮盛、威武。"权时定制"，谓当时论者未喻天人之意，劝称帝号。权宜受之，定为帝制，非陛下本顾如此。"监示"，谓淫雨、饥疫，皆天所以垂示鉴戒。监与鉴，古义通。《汉书·诸侯王表序》："究其终始强弱之变，明监戒焉。"即明天道鉴戒之意。"至心"，犹言圣心。古谓德之极致曰"至德"，人之极圣曰"至人"，心之极善曰至心也。此谓寿之本图不在大位也。"今久不变"，谓今称帝多日，尚无所变改以遂初志。《易·系辞》："在天成象，在地成形，变化见矣。""天地变化，圣人效之。"又云："变通者，趣时者也。""功业见乎变。"此取其意。"玄宫之谶"，详后文"岁在玄宫自相贼"驻（6章之注⑧）。此言按谯周遗谶，蜀中将有内难发生。其说虽渺溟难知，但兹违却誓言，失民庶望，一旦祸难发作，或地方叛离，或大国见讨。帝位终不能久。非子孙长久之计。"吴会"，指江左，旧为吴、越之地。越都会稽，故云"吴会"。时寿尚未肯附东晋，故不敢直言建康与晋室，而以吴会为其代词。"灵德"，犹云令德。古义通。"信慎"，谓践盟誓之信，慎天变之戒。《诗》云："畏天之威。"故曰"美义"。"彭、韦"，指大彭、豕韦二氏，旧说为殷世之霸者，与夏之昆吾氏，周之齐恒公、晋文公合称五霸（出《风俗通》）。此劝寿效法霸者，自专其国而率海内以奉天下之共主，不自称帝王。"二州人"，谓梁、益二州，即巴蜀土著之人。"六郡人"，谓关中流徙于蜀之人，即李氏据蜀期中诸当权者，此时主张帝制自立者咸属之。"豫州"，指刘备，由豫州刺史起家。此言刘备自荆州入蜀，所用执政，多为荆楚人士。公孙述以茂陵人据蜀，荆邯、延岑等北来迁客荣盛。及吴汉平蜀，诛戮殆尽。钟会作乱时，魏军放纵大掠，死者无算，荆楚人士与蜀人并罗其害。安危之计，当随大局而定，岂宜计较自身一时之利？"在昔诸侯"句以下，驳自惜名位者之计。言周制：诸侯之国亦有卿相之官。"司徒"、"司空"，见《诗·大雅·绵篇》，太王迁岐，营造周源，有"乃召司空"、"乃召司徒"等句。又《左传》隐三年有"宋大司马孔父"，文十一年有"司徒皇父"，又十七年有"公子朝为司寇"，及"宋桓司马"。成二年，有"赐三帅先路三命之服，司马、司空、舆帅、候正、亚旅皆受一命之服"等文。汉制：藩王亦有太傅、内史、中尉、丞相等官（见《汉书·百官表》）。则称藩于晋，蜀诸大臣之名位仍可保存，不至减削。又言：晋初制，蜀人降者，惟曾任守令者乃得为州郡官吏；此由其国已亡。若仅称藩，自不可以亡国大夫比。"何为当俾法正"。谓法正惟恐不得名位、政权，臣则坚决不受执政名事。何得以法正之卖主自利者比儗？"质任"，谓遣子弟住京师为质，作必不叛背之保证。任，即保证之义。"伐胡"句，谓晋将讨后赵石虎，必责藩国出兵。此下，判断晋必不至责遣任子。纵或征兵伐胡，亦不过出汉川一路。较之称帝自立，须随时防备汉川、巴东与南中三方，少二方门户之警，亦非不利。"悾悾"，诚恳貌。《论语》："悾悾而不言。"注云："诚悫也。"

⑫李寿秘藏袭壮此书，而常璩能录其全文，是璩为寿心腹史官，常管秘密文件之证。以此推测，璩撰《蜀汉书》为寿宣德，必有《今上本纪》一篇。后撰本志时，乃全易其文，但力伸主张称藩诸人言行与寿诸短也。

⑬此事《晋书》不载。《通鉴》采用《常志》，不举雄子之名。元丰本作豹，李㽥改作约，未详所据，明以来各本遵之。廖本作豹，缘所得何义门过录之元丰本作豹也。其人盖雄十五子之最少者，亦当时之仅存者。任颜盖因蜀民怨寿违誓，欲杀寿立豹，以称藩于晋相号召，藉为雄宗报仇者。故寿并约诛之。雄裔遂绝。

⑭《晋书·成帝纪》：咸康五年（三三九）"夏四月辛未，征西将军庾亮遣参军赵松击巴郡、江阳，获石季龙

（原误）将李闳、黄桓等。"石季龙（石虎，《晋书》避唐庙讳称其字）显为李寿之误。又，卷七十三《庾亮传》云："亮有开复中原之谋。乃解豫州授辅国将军毛宝。使西阳太守樊峻精兵一万俱戍邾城。又以陶称为南中郎将、江夏相，率部曲五千人入沔中。亮弟翼为南蛮校尉、南郡太守，镇江陵。以武昌太守陈嚣为辅国将军、梁州刺史，趣子午。又遣偏军伐蜀，至江阳，执伪荆州刺史李闳、巴郡太守黄植，送于京师。"黄植应为黄桓字讹（《通鉴》依《亮传》作植，然当以《本纪》为正）。今按，庾亮规复中原，志在后赵石虎，不当在蜀汉李寿。赵松之袭巴郡与江阳，擒李闳等，不过由亮之能振军，牂柯郡军亦思立功，作此奇袭耳。亦非遂已得巴与江阳二郡也。亮上其事，史官遂并与其规复中原布署连称。唐人竟因《亮传》"伪荆州刺史"句误解为石虎将，是分篇付人撰述，总校疏忽之失（似此纪、传互异之字犹多，未可胜举）。李寿前取巴东、建平，李雄时已以巴、巴东、江阳、涪陵、建平五郡为荆州，置刺史。李寿因之，以任李闳，当进驻巴郡。闳贪江阳近蜀，仍旧留驻，而以黄桓驻巴郡。晋军久窥，闳等未备，致遭此奇袭。然亦反映在有地方人民导引之，与袭壮所言相应。时建平、巴东、涪陵皆蜀汉地，惟牂柯太守谢恕保郡为晋。则晋军之袭取江阳与巴郡者，出自牂柯无疑。先是，咸康二年，晋"广州刺史邓岳遣督护王随击夜郎，新昌太守陶协助击兴古，并克之。"（《晋书·成帝纪》）李寿为之省交州（见上文咸康四年）。邓岳进"加督宁州"（《岳传》，作"咸康三年"）。则岳亦依牂柯以取夜郎与兴古也。是时，"邓岳伐蜀，建宁人孟彦执李寿将霍彪以降。"而赵松亦击巴郡、江阳，获李闳、黄桓（同上《成帝纪》，连叙）。足知赵松系自牂柯出军奇袭，且为邓岳所遣，但以功归于庾亮耳。

⑮此处"执政者"与"朝右"，皆指罗恒、解思明等。闳、艳弟兄皆主称帝自立者。常氏此文，实志两派大臣暗斗情势。卒以晋破巴郡事为李寿所恶，复辍称藩之计。"牛鞞以东"指牛鞞、资中、汉安、江阳诸地，即绵水中下游地。牛鞞、资中本属犍为郡，寿许以割并入江阳郡为荆州属也。"土断"，谓民随地定籍，不容仍有侨局寄籍，遥属他郡之事。虑二县绅民不愿改隶，故加土断字也。

⑯《晋书·成帝纪》载孟彦执霍彪降晋事在三月乙丑，《通鉴》同。常璩此志在夏，盖就遣李位都时言之，并追记其由也。"时权在越巂"云者，承上文"以从子权为镇南、南夷、宁州"句，谓李寿以权代霍彪为宁州刺史。而越巂方有乱，权取道越巂讨之。越巂未平而孟彦缚彪降晋，故更以李位都讨之也。

⑰李摅，盖李钊之子，李毅孙也。钊以耆年，明习故事，为李雄、李班所敬重。此时当已死，故遣其子摅焉。由此措施，足见当时南中大姓思附晋者多，寿乃利用毅、钊之余名绥抚之，政治与军事并重以与晋争宁州也。李演当亦李毅之孙，非钊子，旧以吏职在越巂者，无涪城歃盟之旧，而响应称藩安民之说，故寿杀之，亦威慑称藩主张者。杀李演，则帝制自为之志已决，遂遣使北连石虎矣。

⑱《成帝纪》："咸康五年十二月"李寿将李奕寇巴东，守将劳扬战败，死之。"足见李闳之败虽在江阳与巴郡，二郡并未为晋军所据。李奕三月至，晋军已退。奕更资二郡人力，顺流攻取巴东也。李寿旧已取得巴东、建平。其后晋复取之。李奕再取。其后周抚又取之。巴东为晋、蜀互争地，直至蜀亡。

⑲《晋书·成帝纪》咸康六年三月："李寿陷丹川，守将孟彦、刘齐、李秋皆死之。"《通鉴》同。盖孟彦为李位都所败，退守丹川。至是亦破也。丹川，详卷四8章之注⑲（晋宁郡毋单县注）。于是蜀汉复有宁州。

⑳《晋书》卷一〇六《石季龙（虎）载记》云：

先是，李寿将李宏（当作闳，下同），自晋奔于季龙。寿致书请之。题曰"赵王石君"。季龙不悦，付外议之。多有异同。中书监王波议曰："今李宏以死自誓：若得返魂蜀汉，当鸠率宗族，混同王化（谓闳誓率族以报石虎)。若遣而果也,则不烦一旅之师而坐定梁益。就有时退,岂在逃命一夫(言纵使不然亦何惜于一逃人)?寿既号并日月,跨僭一方,今若制诏,或敢酬反,同取诮戎裔。宜书答之。并赠以楛矢,使寿知我遐荒必录也。"(《通鉴》作:"李寿既僭大号,今以制诏与之,彼必酬返。不若复为书与之。会挹娄国献楛矢石砮于赵。波因请以遗汉,曰:使其知我能服远方也。")于是遣宏。备品以酬之。……李宏既至蜀,汉李寿欲夸其境内,下令云:"羯使来庭,献其楛矢。"季龙闻之,怒甚,黜王波以白衣守中书监。(其后杀之,并其四子,投于漳水,以禳星变。)

同书卷一二一《李寿载记》云:

遣其散骑常侍王嘏、中常侍王广聘于石季龙。先是(二字当衍)季龙遗寿书,欲连横入寇,约分天下。寿大悦。乃大修船舰,严兵善甲,吏卒皆备糇粮。以其尚书令马当为六军都督,假节钺,营东场,大阅军士七万余人。舟师沂江而上,过成都,鼓噪盈江。寿登城观之。其群臣咸曰:"我国小众寡,吴会险远,图之未易。"解思明又窃谏恳至。寿于是命群臣陈其利害。龚壮谏曰……(补文全录)。群臣以壮之言为然,叩头泣谏。寿乃止。士众咸称万岁。

《十六国春秋·蜀李寿录》云:

(汉兴)三年六月,寿下书曰:"吴会遗烬,久逭天诛。今将大兴百万,躬行(讨)罚。"九月,大阅军士七万余人,舟师溯江而上,过成都,鼓噪盈江。寿登城观之。群臣曰:"国小众寡,吴会险远,图之未易。"叩头泣谏乃止。其人咸称万岁。

综上各书,足见李闳逃奔石虎后,曾为虎投誓效忠,求通使于蜀,连衡伐晋。虎许其通书于寿。寿遣使聘赵修好,因请遣闳。虎报书连衡。其时间当在咸康五年夏秋之交。是年九月,石虎遣将夔安、李农陷沔南,张貉陷邾城,入江夏、义阳,晋将毛宝、樊俊、郑进等皆败死。乃大掠汉东而还(详《成帝纪》)。于时,蜀将李奕亦进取巴东,李位都南向建宁。当是已结连衡表现。李闳返蜀,甚夸石氏富强,寿一时狂喜张甚,既夸赵贡楛矢于国人,又复下诏伐晋以示赵使。因约虎同时大举。卒因群臣苦谏,石虎亦怒楛矢之谑,连横乃解。《通鉴》系虎遣李闳事于咸康六年,与《晋书》俱不著月日。《十六国春秋》系于汉兴三年,亦即咸康六年,下《伐晋诏》在六月,大阅在九月。盖常氏《蜀汉书》原文如此。入江左更写此志,固不可有《伐晋诏》。至于命将与大阅,则当有之。兹参订史事,补足其文。旧时各本,自咸康六年以下全脱,仅存"东骑将军王韬为参军"九字。宋以前旧校本存而不废,加注三十七字,可谓矜慎不苟矣。今考此九字,即寿下诏伐晋时所命之官也。《晋书·载记》适脱之,后人遂无由联系。然其必当属此之理由有可得知者:参军非政务官,亦非领军将领之职名,乃军府之高级官职也。车骑将军为参军,则天子或冢宰代天子亲征所得尔也;与"以尚书令马当为六军都督假节钺"事同一体制。则其为李寿《伐晋诏》中与马当同时任命之官甚明矣。脱去余文,则"不知记何事"。补出大阅事,其义自显。

㉑"引水入城"句以上,用《晋书·李寿载记》文补。"治器玩"以下,参用《寿载记》与《通鉴》卷九十六

文,《通鉴》与《载记》,应皆直、间接出于常氏之书,取舍互异,兹参合之,庶符常氏撰《寿志》《势志》原意。今成都城内有金河,旧曾行船,禁人系船碑石犹有存者。然考金河乃旧检江遗迹,晋时在成都城外,市桥之下,非李寿"引水入城"之河道。李寿时成都城为秦汉故城,在郫、检二江之北。郫江遗迹,在今成都城内王家塘至洗马池迄新东门一带。李寿所引河道,盖即今城北门外之油子河。当时正穿城过。其后城徙于此河之南,导郫江入此河以护城北东二面,新城内郫江渐淤,乃成王家塘至洗马池一带低地(参看《蜀志》插附《秦汉成都故城遗址示意图》)。

㉒《晋书·李寿载记》:"遣其镇东大将军李奕征牂柯。太守谢恕保城距守〔者〕,积日不能拔。会奕粮尽,引还。"叙在寿大阅后,以太子势为大将军前,当是咸康六年遣奕自巴地伐牂柯。道险远,后勤多艰。奕准备出军,当有稽迟,其粮尽还,或已在咸康七年内。《晋书·帝纪》与《通鉴》皆不记此事。姑系之于咸康六年。

㉓《十六国春秋钞·李寿录》:"四年,以太子势领大将军录尚书事。"《晋书》与《通鉴》并有此文。《通鉴》系于咸康七年十二月。咸康七年,即李寿之汉兴四年也。兹用晋年补。

㉔咸康凡八年。八年六月,成帝崩,康帝立,明年(三四三)正月改元建元。按《常志》例,用晋帝年号,不称晋某帝。而宋人整理本于此有"晋康帝建元元年寿卒"九字。显系旧文脱断,整理者依"寿卒"残字所增补。未谙《常志》体例,妄增"晋康帝"文也。今本《十六国春秋钞》云:"六年,分宁州乾右、永昌、云南、朱提、越巂、河阳六郡为汉州。"《晋书·地理志·宁州》云:"其后李寿分宁州兴古、永昌、云南、朱提、越巂、河阳六郡为汉州。"足见常璩旧史本有李寿分宁州六郡为汉州之文。《晋书》未能确指时间,《十六国春秋钞》系于汉兴六年(即晋之建元元年)寿卒之前。应是璩于李寿卒后补修《蜀汉书》或居江左后撰写《华阳国志》所有之文。兹据补。其六郡之名,《晋书·地理志》所举显有可疑。于时南中凡十四郡:晋宁、建宁二郡居中,牂柯、平夷、夜郎三郡在东,平乐、朱提、南广三郡在北,兴古、梁水、西平三郡在南,云南、永昌、河阳三郡在西。《晋书·地理志》又言:"咸康四年,分牂柯、夜郎、朱提、越巂四郡置安州。八年,又罢并于宁州,以越巂还属益州,省永昌郡焉。"此言晋置安州也。晋成帝咸康四年"秋八月景午,分宁州置安州。"七年十二月"罢安州",并见《本纪》。是此五年(三三八—三四二)前后,晋军曾一度占领宁州部分郡县,西达永昌,北达越巂、朱提、牂柯、西平、兴古等与晋接壤郡,更无论矣。虽未必能长时占有,要亦当为动乱不常,非蜀汉所能固持之地。寿以李权镇越巂,李位都伐建宁,李奕征牂柯,皆与此种局势相应。寿末年,越巂、建宁已定,而牂柯迄未收复,已见上文。永昌吕氏不附蜀李(见《南中志》)。李位都军南征,克丹川而止,则兴古郡亦当未能收复。收复兴古军事,必当由宁州任之。绝不至越逾宁州而悬隶于汉州?永昌郡虽由吕氏世为晋守,未附李氏,然其北部属县,或有人民附于李氏;此时划属汉州,理有可能。至若朱提,乃宁州入蜀心由之道,为李氏经营宁州之所必争,决无自宁分隶越巂之理。是所谓汉州六郡者,惟越巂、云南、河阳、永昌四郡与历史实际形势符合。所余守州旧之晋宁、建宁、朱提、平东、夜郎、梁水、兴古皆必然仍属宁州者也。此种推断,符合于历史实际形势之点在于:(一)宁、汉两州辖地皆直与益州地连;当时李蜀所划梁、荆两州郡县,亦正如此;如此,成都与各州联系乃便。(二)其时李位都立功于建宁,而李权在越巂,形成南中两镇;上列诸郡,各因道路连通之便,分隶二州,形势自然。(三)凡分置新州,其所得郡县民赋之数,例不超于旧州;如此划分,则正与成例相合。然则,所谓汉州六郡者,除越巂、云南、河阳、永昌外,究当为何郡乎?依历史与地理形势推之,当为沈黎与兴宁二郡。《晋书·地理志·益州》云:"李雄又分汉嘉、蜀二郡立沈黎、

汉原二郡。"其汉原郡治故晋原县，所辖为四川盆地以内诸故县。沈黎郡治故旄牛县，所辖为邛崃山以外，大渡河流域诸县，故承用汉代沈黎郡旧名；今汉原、石棉、泸定、越巂与甘洛县地，皆是也；其与越巂郡关系至为密切。(沈黎郡在汉为笮地，邛与笮民族、习俗皆相近，常被连称曰"邛笮"。六朝以后，沈黎郡界恒与越巂郡界交错移动。每每同属于一军事区域或行政区域，由其交通与经济关系恒一致也)此时同越巂划属汉州，有可能。设汉州州治在越巂（李权在越巂），则更有以沈黎划属之必要。《宋书•州郡志》："兴宁太守，晋成帝分云南立。县二：梇栋，青蛉。"梇栋，今云南大姚县。青蛉，今云南永仁县，皆当旧越巂与云南、永昌诸郡交通要道，且有盐利，故置郡也。晋成帝在位十七年（三二六—三四二），与李雄末年至李寿初年相当。时晋军虽屡争宁州，不可能遂达梇栋、青蛉之地。《宋书》言"成帝分"，亦不过言李氏分置此郡之时间在成帝时耳。(当是所据为晋末人撰之地志，亦如《华阳国志》用晋帝年号改算割据国年号所致)然则李寿置汉州时已有兴宁郡矣。唐修《晋书》时，未知晋有兴宁郡，亦未注意永和灭蜀后乃废之沈黎郡，因疑其字，而妄改填为兴古与朱提二郡。今本《十六国春秋钞》(亦唐宋旧本)，又依《晋书》改易其字，遂失常氏之旧，非常氏《蜀汉书》原文如此。《钞》兴古别作"乾右"，则亦可知唐人之《晋书》旧本于此兴古二字亦非明确肯定，宋人镌刻《晋书》时乃确定为"兴古"字耳。诚使上举两书之兴古或乾右为"沈黎"字讹，则所举六郡次序亦有可资参考者：首沈黎，由其近蜀，值门户也。次永昌，后汉旧郡也。再次兴古，蜀汉置旧郡也。终于河阳，最边远之新郡也。(惟越巂为前汉旧郡，当首列，而置在后，有未合，或由其曾经叛附晋，经李权新收复故)云南在越巂西南，朱提在越巂西北。朱提置郡早于云南，而反叙云南下，在诸郡叙次中最不调协。(若谓与越巂同曾陷附于晋，新收复，亦当叙在越巂后。越巂收复当在先也)若易朱提为兴宁，则合。兴宁自云南分出，故连叙于云南之下也。更就道路次第推之：永昌最远，云南次之，兴宁又次之，越巂又次之。河阳不当孔道，故叙在末。惟"乾右"或"兴古"定为沈黎，叙在最前不合。夫古书经多次传钞乃获镌刻，讹误讹乱在所难免，今所可得据以校勘订正者殊有限，故必顺更从地理形势与历史实际参订之。至于州郡建置，更必不能不与地理形势符合。兹敢于判断《晋书》与《十六国春秋钞》所举汉州六郡为误者在此。虽然，此亦但只提出问题耳。资料不足，尚未可作为定论。惟汉州凡六郡，皆南中地，则可肯定。故补文作："分南中六郡置汉州。"不从《十六国春秋》作"分宁州"者，越巂在汉晋属益州，蜀汉以来虽亦名属益州，而实与南中（宁州）连为一体。一般视为南中故也。

㉕《晋书•康帝纪》，建元元年"夏四月，益州刺史周抚、西阳太守曹据伐李寿，败其将李恒于江阳。"兹据补，以见李寿末年晋人自牂柯屡侵江阳与巴郡沿江诸地之形势。桓温伐蜀之能捷速奏功，即由蜀中长江南岸地已为晋军所掌握故也。

㉖今本《十六国春秋钞》作四月寿寝疾，"八月薨，年四十"。《晋书•载记》作"年四十四"。谥与庙号、陵称并同。《通鉴》胡注亦作"年四十四"，依诸史文推，四十四合，四十不合。兹依《晋书》补。

五

势字子仁，寿之长子，李凤女所生也。依《晋书•载记》补。身长七尺九寸，腰带十四围，善于俯仰，时人异之。用《十六国春秋钞》文补。寿封汉王，立为世子，拜翊军将军。寿称帝，立为太子。至是即位，大赦。割《李势载记》文补。

建元二年正月，势改元太和，四字旧本有。尊母阎为皇太后，立妻李氏《晋书·载记》作李氏。《通鉴》同。为皇后①，依《十六国春秋钞》参《通鉴》文补。太史令韩皓上言："荧惑守心，乃宗庙不修之谴。"势乃更命祀成始祖、太宗，皆谓之汉②。上三十二字，宋椠旧有。

势之弟大将军广，以势无子，求为太弟。势不许。马当、解思明固请《晋·载记》作劝。许之。势疑与广有谋，收当、思明，斩之，夷三族。遣太保李奕袭广于涪城，贬广为临邛侯。广自杀。思明被收，叹曰："国之不亡，以我数人在也。今其殆矣。"思明有智略，敢谏诤；马当素得人心，及其死，士民无不哀之③。上文宋旧椠有。《通鉴》文同。

二年，依《通鉴》补年。冬，李奕自晋寿举兵反，蜀人多从之，众至数万。势登城拒战。奕以上用《通鉴》文补。单骑突门，门者射杀之。宋椠旧本无之字。《晋载记》与《通鉴》作"射而杀之"。众乃溃散。旧本作"众溃"。兹依《晋书·载记》补乃、散二字。势大赦境内，改年嘉宁。势骄淫，不恤国事。多居禁中，罕接公卿，疏忌旧臣，信任左右，谗谄并进，刑罚苛滥，由是中外离心④。原有字同《通鉴》文。夺二十六字。兹补足。蜀土无獠，旧本小注云："鲁皓切。西南夷别族。"自元丰以下各本皆有。《晋书·载记》作："初，蜀土无獠。"《通鉴》卷九十七作："蜀土先无獠。"至元丰、钱、刘、李、《函》、廖本有，张、吴诸本脱。是始从山出，自巴《通鉴》有西字。至犍为、梓潼，布满《晋书》作在。《通鉴》作满。山谷，十余万落，不可禁制，依《晋书》补八字。《通鉴》同有。大为民患⑤，加以饥馑，境内萧条。《晋·载记》文略同。无"加以饥馑"等八字。《通鉴》有，末句作："四境之内，遂至萧条。"

三年，春二月，桓温伐蜀。军至青衣⑥。势大发兵，遣叔父右卫将军福，从兄镇南将军权，前将军依《通鉴》文补。昝坚等将之，此下各旧本有小注云："昝，子感切，姓也。"各旧本文同《通鉴》，夺十七字，兹补足。自山阳趣合水。诸将欲设伏《通鉴》此下有于字。江南，以待晋兵。《晋载记》作："温从步道而上。诸将皆欲设伏于江南以待王师。"昝坚不从，引兵自江北鸳鸯碕渡向犍为。旧小注："碕，渠羁切，曲岸曰碕。"各本俱有。温自将步卒元丰本作涉率。直指成都。进遇李权，三战三捷。李位都诣温降。依《通鉴》补。昝坚元丰本脱坚字。至犍为，乃知与温异道，还，自沙头津济。比元丰、钱、刘、张、吴、王、浙、石本作北。何、李、《函海》与廖本依《通鉴》改作比。至，温已军于成都之十里陌。坚众自溃⑦。三月，依《十六国春秋钞》补。势悉众出战于笮桥。旧校注云"笮音昨"。温大破之，追至城下⑧，依《通鉴》补。纵火烧大城诸门。势众惶惧，无复固志。用《十六国春秋钞》文补。《晋书》与《通鉴》亦有。中书监王嘏、散骑常侍常璩劝势降。势以问侍中冯孚。孚言："昔吴汉征蜀，尽诛公孙氏。今晋下书，不赦诸李。虽降，恐无全理。"用《晋·载记》文补。乃夜开东门，与昝坚走⑨。温入成都，引汉司空谯献之、散骑常侍常璩等为参军，举贤旌善，蜀人悦之。用《通鉴》文，参《晋书》卷七十八增"散骑常侍常璩"六字。原传尚有"势尚书仆射王誓、中书监王瑜、镇东将军邓定"等人，因后皆叛晋，故不收补。势至葭萌，使散骑常侍王幼送降文于温。十五字旧本有。《通鉴》文同。寻舆榇面缚军门。温解缚焚榇，送势及叔父福用《十六国春秋钞》文。载记误作弟福。从兄权，亲族十余人于建康⑩。用《载记》文续补。势至建康，封归义侯。此下，廖本小注云："按，上文晋康帝建元元年寿卒起，至此，乃李㟽所续《势志》，非道将之旧也。今亦不更削去。"今按，其文元丰本已有，非李㟽所续也。升平五年卒⑪。此用《十六国春秋钞》文补。

　　桓温停蜀三旬，汉尚书仆射王誓、镇东将军邓定、平南将军王润等既降复叛，温击走之。振旅还江陵，留益州刺史周抚镇彭模。邓定、隗文等复据成都。秋七月，立故国师范贤子贲为帝⑫。

　　五年夏四月，抚与龙骧将军朱焘击破贲，获之，益州平⑬。

案：以上补《李势志》。《常志》旧本，已标目为《李特雄期寿势志》，而自咸康五年以后李寿事与李势事全脱。元丰前旧校本补有《李势志》，即"晋康帝建元元年寿卒"以下三百五十三字也。历代刻本俱以视同《常志》旧文，镌作大字。然其文详略失当，与《常志》格局不类，兹更取《十六国春秋钞》《晋书》与《通鉴》相关文字斟酌补益，并附范贲事，完成李蜀割据本末焉。

【注释】

①《晋·载记》云："初，寿妻阎氏无子。骧杀李凤，为寿纳凤女，生势。……寿死，势嗣伪位，赦其境内，改元太和，尊母阎氏为太后，妻李氏为皇后。"《十六国春秋钞》云："僣即帝位，大赦改元。太和元年正月，尊母阎氏为皇太后，妻季氏为皇后。"《通鉴》卷九十七建元元年八月云："汉主寿卒，谥曰昭文，庙号中宗，太子势即位，大赦。"二年正月云："汉主势改元太和，尊母阎氏为皇太后。立妻李氏为皇后。"今参合诸书，推究其资料承袭渊源，盖皆出于常璩。常璩《蜀汉书》成于咸康五、六年间，流行北方，为崔鸿《十六国春秋·蜀录》所据。而今存《十六国春秋钞》，记李势事至"升平五年卒"者，盖崔鸿续得《华阳国志》，有《李特雄期寿势志》全文，从而补成《李势录》也。足本《十六国春秋》唐世犹存，贞观中撰《晋书·列国载记》三十卷，大抵出于崔氏。故今存《十六国春秋钞》文句，殆全与《晋书·载记》文句从同，至有人疑为："乃后人采《晋书》《北史》《册府元龟》、《太平御览》等书集成之。"（王谟《汉魏丛书·十六国春秋跋》语）夫《北史》多取《魏书》，《魏书》仍取十六国事于崔氏，正与《晋书·载记》之取材《崔书》同。至于《册府》《御览》等类书之资料来源，均自著录，其出于《十六国春秋》者，自必与《十六中春秋钞》（以下省称《钞》）从同。固不当倒果为因，谓《钞》采取自此谓书也。司马光撰

《通鉴》时，屡用《钞》文，见于《通鉴考异》者亦不只一处。时已无足本《十六国春秋》，温公以《钞》之犹能保存部分旧文，仍甚重视。兹补《寿志》《势志》，于《钞》文亦尽量录取焉。《晋书·载记》虽亦出于《十六国春秋》，然非遵用原文；割缀之间，意改字句；故其为说，往往去原始资料差远。可贵在保存原始资料较多，不似《钞》文之啬缩，故补《寿志》、《势志》亦多取之。例如：寿纳李凤女生势，非阎氏出，则势之尊阎为太后，系遵封建嫡庶体制为之。《钞》不著，独赖《载记》著之。兹即于《钞》文中更补"李凤女所生也"句。至于势所立后，《钞》作季氏，《载记》作李氏，《通鉴》依《载记》。夫李势既遵封建体制，则立后当避同姓。生母姓李而尊阎氏太后，则立后当非李氏，宜以《钞》为正。《载记》与《通鉴》作李并非也。《通鉴》于李蜀事，分采自《华阳国志》《十六国春秋钞》《晋书·载记》与纪、传，及《三十国春秋》，其优点在于综核异文，调整理致，考订时次，简括而赅备，胜于前人原书。虽亦有体会失当，致于误解者（前曾指摘）绝大部分皆属允当，治史者恒喜引据之。即如各书所记李势立皇后事《钞》与《载记》皆用一"尊"字下贯至"皇后"，于文义殊有未合。《通鉴》则于太后仍"尊"字，于皇后则增一"立"字，文乃完整。又如：《钞》与《载记》并云："即位，大赦改元。"《通鉴》则八月即位，只"大赦"，正月乃云"改元太和"，与一般"逾庄年改元"事例符合。亦与诸史表皆以建元二年为势太和元年符合。兹补《势志》，依《通鉴》，移旧本"改元太和"四字于"建元元年"下，仍依《钞》作"妻季氏为皇后"而增立字。此下如此参合订补之处甚多，不更列注。

② 此三十二字，盖旧校节取《晋书·载记》文补入，《十六国春秋钞》与《晋书》皆不载。当是出于《崔鸿书》，间接出于《华阳国志》者。《载记》云："太史令韩皓奏荧惑守心，以宗庙礼废。势命群臣议之。其相国董皎、侍中王嘏等以为景、武昌业，献、文承基。至亲不远，无宜疏绝。势更令祀特、雄，同号曰汉王。"（王当作帝）参核两文，详略之间，觉此三十二字乃《华阳国志》残存字，经旧校整理成文者。

③《通鉴》系此事于是年八月，起句作"汉主势之弟广"。此无"汉主"字而仍存"之"字，又较《通鉴》少"夷三族"句以下十九字，余文全同。颇似节采《通鉴》文所补，并"之"字亦未删除者。此下旧补志文与《通鉴》从同者尤多。究是《通鉴》采《常志》旧校补本，抑是旧校者采《通鉴》补《势志》，将于注卷末跋语时考之。此但依《通鉴》补足其字；以便参订。《载记》亦著此事云："势弟汉王广以势无子，求为太弟。势弗许。马当、解思明以势兄弟不多，若有所废，则益孤危，固劝许之。势疑当等与广有谋，遣其太保李奕袭广于涪城，命董皎收马当、思明斩之。夷其三族。贬广为临邛侯。广自杀。思明有计谋，强谏净。马当甚得人心。自此之后，无复纪纲及谏净者。"似《通鉴》亦仅就《载记》略为删易成文，非有他据也。

④ 此亦似就《通鉴》文节删为之，兹补足全文。《载记》于李奕事文略同。于势骄淫事，多"势既骄吝，而性爱财色，常杀人而取其妻。荒淫不恤国事。夷獠叛乱，军守离缺，境宇日蹙，加之荒俭"等句。

⑤ 獠字今当作僚。兹为便于参对旧籍，仍作"獠"字。旧校云"鲁皓切"。近 lou 音，盖与今老挝民族同源，近世贵州境内有所谓仡佬族，即其遗存者也。此民族杂居在大西南区各民族间，与汉政权发生关系者甚早。如本书《蜀志》："丛帝生卢帝。卢帝攻秦，至雍，生保子帝。帝攻青衣，雄张獠僰。"其说取自扬雄《蜀王本纪》。是前汉时，蜀西南已有"獠"民矣。《水经注》卷二十七："汉水右合池水。水出旱山……俗谓之獠子水。"又云："沔水又东迳西乐城北……城侧有谷，谓之容裘谷，道通益州，山多群獠，诸葛亮筑以防遏。"似蜀汉时，大巴山中已有"群獠"。惟郦氏于此所采，似为晋末或宋、齐、梁间梁州幕吏之书；即"獠民"已经入住大巴山区以后；汉官采录土人之传说；故其下文云："梁州刺史杨亮，以即险之固，

保而居之，为苻坚所败。后刺史姜守、潘猛亦相仍守此城。"晋末、宋、齐、梁间，巴地已为獠民聚居，传说者不免于"以今测古"，谓诸葛亮筑此城以御"獠"。以史实推之，亮时巴山地区皆賨民，不能有"獠"也。晋人已有泛称少数民族为"夷獠"、"蛮獠"者，实不必即为"獠族"。如：《史记·司马相如传·游猎赋》"巴俞宋蔡"，《集解》："郭璞曰：巴西阆中有渝水，賨人居其上，皆刚勇好舞。汉高祖募此以平三秦，后使乐府习之，因名《巴渝舞》也。"即以賨为"獠"之证。賨为农业民族，居河谷。"獠"为狩猎民族，居山林。賨为巴地土著，秦汉时已接受封建文化。"獠"则自南方迁来，历南北朝、唐、宋迄于明、清，长期与封建统治相抗。二者不可混称，而郭璞混以为一，是江左人漠视少数民族之陋习如此，不可遂谓賨民为"獠"也。是先记载"獠人"者实惟常璩。所云"獠梗"、"夷獠"并指四川红盆地西南徼外之民族。此言"始从山出"者，"獠"本以牂柯为中心居住区。由李雄时，蜀中民徙地空，招徕客民垦实，"獠民"始大量移入红盆地内邱陵地区。初与汉族相安。至李势时政治衰乱，汉"獠"冲突渐起。聚居河谷或平地之汉民，生齿日繁，兼并日亟，失业贫农不胜地主压迫，力不能抗，自必投入山林，结导"獠人"，"獠人"亦因市易之间备受富势者欺侮，一面发展山区农业，一面对压迫者进行斗争。冲突结果，地主势力必渐退缩，"獠左"势力逐渐发展入于河谷地区。常璩等官吏阶层与地主阶层，始感"獠人"压迫，谓其"始从山出……大为民患"也。关于"獠族"之具体记载最早者，当推《魏书·獠传》。《北史·獠传》因袭之。今《魏书·獠传》已佚，惟《北史·獠传》存（今行《《魏书·獠传》系用《北史·獠传》文移补）。传云："建国中，李势在蜀，诸獠始出巴西、渠川（谓宕渠郡）、广汉（指涪江中游之广汉郡即东广汉）、阳安、资中（此指沱江中游之阳安郡与资中郡，即简州、资州之地），攻破郡国，为益州大患。势内外受敌，所以亡也。"此其文是否出于常璩，缘《常志》脱李势事，补文不足取证。然如《晋书·载记》，谓势既诛李奕，"改年嘉宁。初，蜀土无獠，至此，始从山而出。北至犍为、梓潼，布在山谷，十余万落，不可禁制，大为百姓之患。势既骄吝……不恤国事，夷獠叛乱，军守离缺，境宇日蹙。"所举郡名与《獠传》异，可知其非采自《獠传》而系与《獠传》同出于前人之资料，疑《十六国春秋》曾志其事，固亦间接出于常氏也。宋人撰著，如《通鉴》《蜀鉴》等书，记此事俱同《载记》。此篇《补李势志》同。可以肯定其为《常志》原文如此矣。后晋李石《续博物志》卷二引《宁国论》云："蜀中本无獠，犍为、德阳山谷洞中壤壤而出，转转渐大。自为夫妇而多。"大抵旧言"獠"者皆云李势时出山，遂满蜀中，以为气感所致。展转传述，渐同神话。由《常志》亦未明著其所以入蜀与所以出山故也。兹故略辨订之。梁、魏、周、隋、两唐、宋、元诸史，志中关于蜀地汉"獠"战争之文记颇多。大抵真至宋代，"獠乱"始渐衰息。元代乃不更有。"獠乱"之始，则李势时也。

⑥桓温自荆州伐蜀，于永和二年十一月辛未拜表出军，二月至青衣，三月至彭模，连战遂克成都，受李势降（据《通鉴》）。旧补《势志》，于三年二月温至青衣始，就李势布置军事言也。兹仍其义。《载记》与《通鉴》，均言"温至青衣"。李势乃大发兵。"青衣"，汉县名，后汉及蜀、魏、晋之汉嘉郡治。故城为今芦山县已经发掘证明。温伐蜀，不应绕道至此。旧补《势志》亦同《晋书》与《通鉴》。是否有误，兹当订定：《元和郡县志》卷三十一《嘉州》云："汉犍为郡之南安县地也。后为夷獠所侵。梁武陵王萧纪开通外徼，立青州，遥取汉青衣县以为名也。"其龙游县云："本汉南安县地，周武帝保定元年于此立平羌县。隋开皇三年改为峨眉县。九年，又于峨眉山下别置峨眉县，改州理平羌县为青衣县，取青衣水为名也。十三年，改名龙游。"是平羌县之改名青衣，阅时五年（五八九—五九三），又改龙游。其故城即汉旧南安县，今为乐山县是也。《晋·载记》所据原始资料本作南安，唐时无南安县，修《晋书·载记》者用周、隋地志推

之，改作："青衣"。此一种推断也。再则晋时蜀乱，旧城荒芜，晋人多以新名代易旧县。如犍为郡治武阳县，被称为合人，已见《大同志》注。此又称为彭模。彭模即平无，为彭亡聚之别名，与合水皆故武阳故城附近地，由其城已荒故也。南安荒芜后，晋人改称青衣水口为青衣，即桓温自此改取陆路攻成都处。此一种推断也。无论何种推断，其地必当在今乐山县内。温军进行神速，至此，成都乃知，急发兵往山阳拒战，主力又不相值，故至破败也。

⑦此节叙双方军事，原补文与《通鉴》略同，而简略过甚，不足表达当时形势。兹仍取《通鉴》文更补益之。"诸将欲设伏江南以待晋兵"者，时人习惯谓万里桥（详注在《蜀志》）以下锦江东南岸地为"江南"，即旧华阳县治之中兴场与苏码头、黄龙溪直至江口一带地之统称。料晋军自南来，无论水道陆道，皆必经此，可以逸待劳，保卫成都于不败也。昝坚欲更前直至武阳江口以南布防，谓扼两江之会，更可制敌人进入成都平原之路，亦非失策。但因温军疾进，昝坚转落其后，不与相值，故败也。"山阳"，当指牧马山南部地方，即大江与锦江会口（武阳县旧治外）以北之地。为历代自外水进取成都者必由之军事要地，诸将之议与昝坚之策，并与"自山阳趣合水（江口）"之蜀廷本旨符合，只取静待与主动进击不同耳。"鸳鸯碕"，今无地名可以对应。《寰宇记》卷七十九《戎州》"南溪县"云"鸳鸯山"，《益部耆旧传》云："僰道有张真者，娶黄氏女名帛。真船覆没。帛求夫尸不得，于溺所仰天而叹，遂自沉焉。十四日，帛乃扶夫尸出于滩下，因名鸳鸯圻。"圻、碕并"渠宜反，曲岸也。"（用胡三省注语）或以为此即昝坚渡处。必不然。昝坚军向犍为，指合水之故犍为郡治，不能远至戎州。《常志》所云鸳鸯碕，当指成都万里桥以上至簇桥间之一渡名。其时人称万里桥以上之检江以北地为江北。检江距成都较远，乏桥梁，故曰渡也。渡检江，由牧马山西侧直趣武阳汉安桥（详注在《蜀志》），亦山阳地。自武阳北上成都凡三途：东道循锦江（今云府河）向万里桥，可水陆并进；西道出汉安桥（详注在《蜀志》）由牧马山西侧陆行达成都市桥；皆大道。中路绕牧马山东麓步行达成都南门之江桥，系小道。桓温自南安（上文表衣）始改取陆道北进，故昝坚亦出西道以逆之。未意温由小道向成都，故不相值。追坚知已落温后，又不能从小道尾追，故仍由西道还。"自沙头津济"者，由笮桥度检江，向少城西门，避晋军，图先达成都，更议布置城守也。沙头津在成都西北（详注在《蜀志》），晋军所未能至之地。进军失敌，则军心懊丧，故归途当避敌。追至沙头津而其众已知敌在十里陌，遂溃散难制也。昝坚虽由西道向犍为，其于东中两道仍各有备。李福军即系自东道进。李权军即系自中道扼守于山阳。《晋书》卷九十八《桓温传》云："军次彭模，乃命参军周楚、孙盛守辎重，自将步卒直指成都。势使其叔父福及从兄权等攻彭模。楚等御之，福退走。温又击权等，三战三捷。贼众散，自间道归成都。"《通鉴》云："留参军孙盛、周楚将羸兵守辎重。温自将步卒直指成都。""李福进攻彭模，孙盛等奋击走之。温进遇李权，三战三捷。汉兵散起归成都。镇军将军李位都迎诣温降。"本志上文谓：李珝在晋，"永和三年，从征西，于山阳战死。"盖即从桓温与李权三战于山阳地区之役内死也。李福自东道趣彭模，值温已北进，乃击其留守辎重之羸兵。亦不能克而退。李权与李位都扼中路，正与温值，三战皆北，位都迎降。昝坚则闻温军北进即自折还，亦闻晋兵已抵十里陌而溃。此非战略失计，但蜀人不战耳。"十里陌"当在成都江桥直南十里，当检江南。约在今石羊场附近。

⑧笮桥，在少城西南检江上，秦李冰所建成都七桥之一，历代自外水进取成都者必先夺此桥。桓温自十里陌先夺笮桥，始得至成都城下。李势亦悉众拒温于此。《桓温传》又云："势于是悉众与温战于笮桥，参军龚护战没。众惧欲退。而鼓吏误鸣进鼓。于是攻之，势众大溃。温乘胜直进，焚其小城。势遂夜遁。"《袁乔传》云："使乔以江夏相领二千人为军锋。师次彭模，去贼已近。议者欲两道并进以分贼势。乔曰：'今深

入万里，置之死地，士无反顾之心。所谓人自为战者也。今分为两军，军力不一，万一偏败，则大势去矣。不如全军而进，弃去釜甑，赍三日粮，胜可必矣。'温以为然。即一时俱进。去成都十里，与贼大战。前锋失利，乔军亦退。矢及马首（《通鉴》作'矢及温马首'），左右失色。乔因麾而进，声气愈厉。遂大破之，长驱至成都。"《通鉴》叙此役，兼取《温传》《乔传》，系于三月。旧补《常志》，略于晋军方面事迹，与《通鉴》不同。常氏固但能知蜀方军事情势，不能知晋军虚实者也。此亦判断补文出于《常志》残字，抑仅摘《通鉴》之一鉴定条件也。

⑨旧补《势志》作："中书监王嘏散骑常侍常璩劝势降。势乃夜开东门走。"与《通鉴》皆不著冯孚语，并不言与邓坚同走。令人难解出走之原因。兹更依《载记》补出之。

⑩《桓温传》云："势遂夜遁。九十里至晋寿葭萌城，其将邓嵩、邓坚劝势降。乃面缚舆榇请命。温解缚焚榇，送于京师。温停蜀三旬，举贤旌善。伪尚书仆射王誓、中书监王瑜、镇东将军邓定、散骑常侍常璩等，皆蜀之良也，并以为参军。百姓咸悦。军未旋而王誓、邓定、隗文等反。温复讨平之。振旅还江陵。"《十六国春秋钞》作："乃夜开东门走，九百里至晋寿，然后送降文于温。寻舆榇、面缚军门。温解缚焚榇，送势及叔父福等十余人于建康。"《晋书·载记》："势乃夜出东门，与邓坚走，至晋寿，然后送降文于温曰：'伪嘉宁二年三月十七日，略阳李势叩头，死罪，伏惟大将军节下：先人播流，恃险因衅，窃自汶蜀。势以暗弱，复统末绪。偷安荏苒，未能改图。猥烦朱轩，践冒险阻。将士狂愚，干犯天威。仰惭俯愧，精魂飞散。甘受斧锧，以衅军鼓。伏惟大晋天纲恢弘，泽及四海，恩过阳日。逼迫仓卒，自投草野。即日到白水城，谨遣私署散骑常侍王幼，奉牋以闻。并敕州郡投戈释杖。穷池之鱼，待命漏刻。'势寻舆榇面缚军门。温解其缚焚其榇，迁势及弟福、从兄权亲族十余人于建康。"《通鉴》作："走至葭萌，使散骑常侍王幼送降文于温。自称略阳李势叩头死罪。寻舆榇面缚诣军门。温解缚焚榇，送势及宗室十余人于建康。引汉司空谯献之等以为参佐。举贤旌善，蜀人悦之。"综观各书，《温传》叙次刺谬，多自抵牾，不足据以入补。如：葭萌去成都云"九十里"当依《钞》作九百里。又如既称王誓、邓定、常璩为"蜀之良"，又谓誓、定等军未旋而叛。既云势已远走葭萌，则是欲奔石虎，行将出境矣，何为又翻归降。此其间有待订正者颇多。《载记》著李势降表全文，为攷订此事之可靠依据。表称："三月十七日……到白水城。"非仅到葭萌也。葭萌、白水皆晋寿郡属县，葭萌为当时郡治。是《十六国春秋》与《载记》之葭萌，当作晋寿，郡名也。若举县名，则当言晋寿之白水。《温传》作"晋寿葭萌"为误也。温停蜀只三旬。而势降文于三月十七日发。其至成都，当需三至五日。李势寻至，则又当迟至三月下旬矣。势自成都奔至白水，亦当驰行七日以上。是温入成都当在三月上旬也。此李势出奔至"面缚军门"之时间，应与桓温停蜀之时间相当，即势降数日后，温即"振旅还江陵"。然则所谓"举贤旌善"、"百姓咸悦"之时间，即温之绥抚蜀人得其欢悦之时间，在受势降之前。换言之，李势与邓嵩、邓坚等正因闻温之能抚纳蜀降人而复议归降于温。《温传》与《通鉴》叙次俱谬也。兹更依《晋书·载记》补温入成都抚用蜀人事于势归降前。并补受降与徙势宗族于建康诸句。

⑪升平五年（三六一），李势降晋后又十四年也。其时当在常璩写成《华阳国志》之前，故《十六国春秋》能因得其书而记入之也。《晋书·载记》云："升平五年死于建康。"

⑫《晋书·穆帝纪》：永和二年"十一月辛未，安西将军桓温帅征虏将军周抚、辅国将军谯王无忌、建武将军袁乔伐蜀，拜表辄行。"又："三年春正月乙卯，桓温攻成都，克之。丁亥，李势降。"查陈垣著《二十史朔闰表》：晋穆帝永和二年，十一月辛酉朔，十二月辛卯朔，三年正月庚申朔，二月庚寅朔，三月己未朔，

四月己丑朔，月皆三十日。"辛未"，十一月十一日也。正月无乙卯日。是穆纪之"正月乙卯"，月或日必有一误。《通鉴》系温克成都与李势降在三月。按《陈表》，永和三年三月亦无乙卯日。乙卯在己未前四日，或其后五十七日。是《通鉴》系月亦非确矣。自辛未至庚申五十日，即十一月十一至正月初一间为五十，足见《陈表》不误。辛未至第一乙卯为四十五日，即十二月之二十五日，温军行进不能如此之速。辛未至第二乙卯为一百零五日，即二月二十六日，又四日为三月。《通鉴》之系克成都于三月，亦概乎言之耳。《穆纪》之"正月"，盖"二月乙卯"之误也。丁亥为三月二十九日，上距乙卯三十二日，即李势自出走至归隆之时间也。《桓温传》："温停蜀三旬，……军未旋而王誓、邓定、隗文等反，温复讨平之，振旅还江陵。"《穆记》：永和三年"夏四月，地震，蜀人邓定、隗文举兵反，桓温又击破之。使益州刺史周抚镇彭模。丁巳，邓定、隗文复入据成都。征虏将军杨谦弃涪城退保德阳。"《穆记》不言王誓叛者，盖温抚用王誓等为参军，已具奏。后奏平叛，讳王誓，但举邓、隗，《起居注》因仍之。《桓温传》撰作于温、玄败亡后，乃不更讳其事也。王誓等既不随李势出走而迎降于温，受其军职，乃于李势归降以后，又复于温军未旋时叛乱，且其势甚猖，桓温虽奏言"击破之"，实不过以小胜敷衍。被迫先还江陵筹画军实援周抚、杨谦等，而以"振旅"欺朝廷也。周抚为益州刺史而不留驻成都，反居武阳之彭模山寨者，盖暂守于此，以待水路（外水）援军。留杨谦守涪城，亦为便于水路（内水）联系，卒因叛众势盛，弃涪而守德阳（今潼南县地），则温之撤退甚为狼狈可知矣。王誓、邓定等盖皆于李势出走后开门迎降之人，且曾为温招降李势，许以留国称藩，故势已走至晋寿之白水，行将入赵之际，复与昝坚诸人返降于温。温不能践言，欲挟之东归，故诸人叛乱。温伐蜀初，率精兵万人（见《袁乔传》），沿途布防及山阳笮桥诸战，耗损已多。蜀诸大臣，初畏温势锐难当，以为后部必众。既居成都月余，情实毕露，当亦为诸臣敢于叛乱之原因。温于此时，更不能不急挟势之宗室与诸臣犹未叛者东走，免被叛众利用。常璩与《通鉴》所云"汉司空谯献之等"，即皆非宗室而被挟东走者也。常璩东走不还，意常不乐，故发愤而著此书。度其《李势志》，必曾详著王誓、邓定等叛变始末，但晋人传钞者畏祸，删之耳。兹故考订史实，附补其事。

⑬《晋书》卷五十八《周抚传》："永和初，桓温征蜀，进抚督梁州之汉中、巴西、梓潼、阴平四郡军事，镇彭模。抚击破蜀余寇隗文、邓定等，斩伪尚书仆射王誓、平南将军王润，以功迁平西将军。隗文、邓定等复反，立范贤子贲为帝。初，贤为李雄国师，以左道惑百姓，人多事之。贲遂有众一万。抚与龙骧将军朱焘击破，斩之。"《穆帝纪》：永和五年"夏四月，益州刺史周抚、龙骧将军朱焘击范贲，获之。益州平。"朱焘，义阳人，《晋书》附其子《朱序传》（卷八十一）。云"以才干历西蛮校尉，益州刺史"。盖桓温自荆州续遣以助抚者。时周抚为征虏将军、益州刺史，加督宁州诸军事，从温西征，又加督梁州四郡军事。抚卒后，其子楚"监梁益二州，假节"而梁州刺史为司马勋（俱见《抚传》），是朱焘此时亦为益州刺史，楚但为梁益二州监军，不兼刺史也。"范贤"，为李雄事奉范长生之尊称，非其本名，故《十六国春秋》《晋书·载记》与《通鉴》诸书皆称范长生，惟常氏《华阳国志》称"范贤"。璩与李雄皆敬重其人故也。《晋书·周抚传》记范贲身世，既斥其人为"左道"，乃亦屡称"范贤"，足见其资料采自常璩本志。查周抚兴宁三年（三六五）卒。时为李势卒（三六一即升平五年）后之第五年。常氏此志撰成于李势卒后，由《十六国春秋钞》记势至"升平五年卒"可以推知。是可见《晋书·抚传》直、间接取材于抚之行状，而撰抚行状者仅据《华阳国志》以著范贲身世。此常璩曾撰《李势志》，并曾附著范贲承势称帝据蜀三年事之铁证。亦即此书撰成于升平五年以后与兴宁三年以前之证。

再查桓温灭蜀李后，不惟李氏旧臣王誓、王润（或即《桓温传》之王瑜）、邓定等既降复叛，同时尚有"振威护军萧敬文,害征虏将军杨谦,攻涪城,陷之,遂取巴西,通于汉中"(《穆纪》永和四年十二月)。盖亦温所署置之降官而叛应范贲者。至永和八年,八月乃为周抚讨灭(亦见《穆记》)。《周抚传》云:"征西督护萧敬文作乱,杀征虏将军杨谨(当依《穆纪》作谦),据涪城,自号益州牧。桓温使督护邓遐助抚讨之。不能拔,引还。温又令梁州刺史司马勋会抚伐之。敬文固守,自二月至于八月乃出降。抚斩之,传首京师。"疑萧敬文原与李珝同奔降晋者,后随温伐蜀,积功至督护杨谦军,于谦败退德阳时杀谦,复还涪城降于范贲。贲因命其驻涪,断北道,一时巴西、汉中民人亦叛应之。范贲败死后,敬文仍自称益州牧抗晋,永和八年乃破也。由其叛晋在范贲称帝时,而涪城为杨谦已弃,范贲已得之地,故知其杀谦据涪系附范贲也。范贲既被擒,萧敬文亦已灭后,蜀中尚复有人诈称李势及李雄之子作乱,《周楚传》云:"太和中,蜀盗李金银、广汉妖贼李弘,并聚众为寇,伪称李势子,当以圣道王,年号龙凤。又陇西人李高,诈称李雄子,破涪城。梁州刺史杨亮失守。楚遣其子(琼)讨平之。"(《通鉴》系于太和五年。云弘"自称圣王,年号凤凰。"及"益州刺史周楚遣子琼讨高,又使琼子梓潼太守虨讨弘,皆平之。"与《晋书》周抚父子祖孙传小异)由此等史料,足见蜀人对于东晋统治咸不满,转而追思李氏,故诈人得因之以作乱。赖桓温当政,始终委任周氏父子以专蜀任,仍历抚、林、琼、虨四代,前后三十余年,乃暂宁定。其间史官屡书"益州平",而实未平也。由于蜀人不愿附晋,蜀中祸乱,终晋之世迄未宁息。周抚卒后,即有司马勋自汉中入蜀据涪,围益州刺史周楚于成都。桓温遣朱焘援成都,至太和元年(三六六),勋乃败死。宁康元年(三七三),秦苻坚遣其益州刺史王统、秘书监朱彤、凉州刺史杨安自汉中攻取蜀地,梓潼太守周虨降,益州刺史周仲孙奔南中,梁益二州与邛筰夜郎皆附于秦。肥水战后,苻秦崩溃。至太元十年(三八五),秦益州刺史王广弃蜀还陇西,"蜀人随之者三万余人。"(《通鉴》)晋始收复益州。至义熙元年(四〇五),蜀人叛晋,奉巴西谯纵为主,称成都王。至义熙九年(四一三)始为刘裕将朱龄石所灭,而晋亦随之亡矣。常璩于《李寿志》,极力宣扬龚壮、解思明等附晋称藩主张。其劝势降,亦冀晋能存其国如河西张氏也。既入江左,犹切切以"树贤建德"(《大同志》)为说,盖居蜀日久,深知蜀人上下咸不愿遥隶江左,亦不愿争地劳民,但欲得如李雄时之安静乐业,守藩自固而已。此诚书生之见,然亦足见其能留意物情,就当时局势言之,犹不失为卓见也。

六

李氏自起事至亡,六世,顾广圻校稿云:"特、雄、班、期、寿、势六世也。"四十七年正,僭号四十三年[①]。顾稿又云:"三当作二。自惠帝光熙元年丙寅雄称皇帝至穆帝永和三年丁未势降,正僭号四十二年也。又上自惠帝永宁元年特起事,岁在辛酉,四十七年也。润荪校定。"又有批云:"《载记》云:始李特以太安元年起兵,至此六世,凡四十六年。不数辛酉,故少一年。"廖本采其文入注。不录后批三十字。兹仍旧文不改。说详注释。蜀中亦有怪异:期时,有狗豕交,木冬【华】荣。廖本作华,他各本俱作荣。势时,涪陵民乐氏妇头上生角,长二寸,凡三元丰本作二。截之。又有民马氏妇,娠身,【而】儿旧本作儿。廖本作而。胁元丰本作协。下生,其母无恙,儿亦长育。有马生驹一头,二张、吴诸本作两。身相著,六当作四。耳,一牡一牝。又有天雨血于江南,数亩许。李汉家舂米，自臼中跳出。遽欸张、吴诸本作遂。于箕中，又跳出。写于簟中，又跳出。有猿居鸟巢，至城下。地仍震，又连生毛。其天谴不能详也②。

撰曰：元丰、《函海》与浙本作"赞曰"。特流乘衅险害③。雄能推亡固存④。遭皇极不建，元丰、钱、刘、李、《函》、廖本作建。张、吴、何诸本作见。遇元丰本作过。其时与⑤，读如欤。期倡为祸阶，而寿、势终之⑥。《诗》所谓"乱离瘼矣，爰元丰、钱、刘、李、《函》、廖、浙本作爰。张、吴、何、王、石本作奚。顾观光云："原作奚。盖妄人依俗本《毛诗》改。"其适归"者也⑦。长老传谯周谶曰："广汉城钱、《函》二本无城字。北有大贼，曰流曰特攻难得。岁在玄宫元丰本作"丑宫"，他各本俱作"玄宫"，清刻本避讳作元。自相贼⑧。"终如其记。元丰本作计。先识预睹，何异【古】圣人乎⑨？历观前世伪僭之徒，纵毒虐刘，未有如兹⑩。元丰本作此。他各本作兹。李㙷所改也。每惟【殷】野字当作野，旧校误改作殷。说详注释。人《丘墟》之叹⑪，贾生《过秦》之论⑫，亡国破家，其监不远矣⑬。

附旧校跋语旧各本有旧校跋语六行，百零六字，除廖本作小注外，他各本皆较正文低一格，用大字镌出。其文各本颇异，兹仍其式写正。并予校注。按，何、王、卢、石本作"张佳胤曰"。常璩《华阳国志目录》、第九卷何、王、卢、石本无此三字。及《序志》，皆云："述此字当衍。《李特雄期寿势志》。"则【先】势元丰、钱、刘、李、《函》、浙本皆作势。张、吴、何、王、卢、石本与廖本作先。固有志也。今诸本皆无之。意其廖本作其，钱氏等本作者。传写脱漏，因循不录，遂失之尔。今本诸《通鉴》所述，参以《载记》所书，续成《势志》，用补其阙，以俟后之博洽君子云。又，史载散骑常侍常璩实劝势降桓温，璩必作《志》者。因续记此【云】⑭。元丰本无云字。钱、刘、张、吴以下各本俱有，盖李㙷因上文结语有云字增。

案：以上两段，皆常璩原文。充满迷信之说，义无可取。常氏实曾写成《李特雄期寿势志》全文，旧钞脱《寿志》咸康五年以下若干页，而此文未脱，盖晋时江左传钞者所删以避时忌。犹幸存此文，足窥常氏原貌。宋时旧校有《补李势志跋记》，审是吕大防所为。兹并附著。

【注释】

①《晋书·李势载记》云："始李特以惠帝太安元年起兵，至此六世，凡四十六年。以穆帝永和三年灭。"《十六国春秋钞》云："李特以晋永和（字当作宁）元年岁在辛酉起兵，至势嘉宁二年，晋永和三年，岁在壬戌而降晋，合四十七年。"今按：李特实于永宁元年（三〇一）春起兵讨赵廞。其冬十月，又起兵反抗罗尚。但于太安元年（三〇二）始与尚军战斗耳。李氏史官记特起兵，固当自永宁元年始。故《十六国春

秋》与《华阳国志》同作四十七年。《晋书》谓特太安元年始叛，作四十六年也。至于李雄，永兴元年（三〇四）十月称成都王。已自建立国家，至永和三年（三四七）势降，凡四十二年又六个月，《常志》作四十三年无误。顾广圻执言当从称帝起算，改作四十二年，说亦无取。兹仍不改。

② 所举怪异，或得之传说传会，理所必无。或为自然现象所常有。自五行家迷信言之，皆有灾应。自科学观点衡之，不值一哂。兹亦加略释，并正其讹字：《礼·王制》："草木荣华。"《尔雅·释草》："华，荂（读如敷）也。华荂，荣也。木谓之华。草谓之荣。"是华与荣皆花叶茂盛之义，草与木原可通用。各本旧作荣，廖本改华，胶于《尔雅》单句之义，非通人之见。兹仍旧本作荣。角与痣、疣，皆皮肤变质所生，与爪、发同。人或有皮肤局部发展成角疣者，亦如树有虫瘿，女有须髯，无足怪。原文角，或是疣之讹传。胁生儿为生理绝不能有之事，传者如此耳。旧刻作儿，义自通。廖本改而字，无取。牛马双胎连结者世多有之。"六耳"当是四耳之讹。天雨血，只数亩许，好事洒血伪造以欺世也。米跳，地震也。猿居鸟巢，至城下，皆无足怪。"地仍震"，谓连续震动也。"又连生毛"，即地连续生白、黑毛，土中草腐，霉菌丝出担子柄也。此处"天谴"二字，指水、旱、天火诸灾异，昔人以为是天示谴罚者。其数频多。"不能详"，犹言不胜列举。

③ 衅，物有罅隙而涂合之之义，因得借为罅隙之义。"乘衅"，犹言乘隙。"险害"，犹言险要地区。《战国策》："秦之号令赏罚，地形利害，天下弗如也。"《史记·秦始皇本纪》："北收要害之郡。"害字皆作险要解。此言李氏乘赵廞之乱，窃据蜀土，重山阻塞，中原不易加兵也。

④ "推亡固存"，谓李雄能排去危亡之祸，建成安固这局。《诗·大雅·云旱篇》："旱既太甚，则不可推。"推，犹言挽救也。

⑤ 《尚书·洪范》："次五曰建用皇极。"其释皇极，凡二百四十一字，皆阐人君临民之道。孔颖达疏曰："皇，大也。极，中也。施政教，治下民，当使大得其中，无有邪僻。"宋儒则谓皇帝中立，为四方所取正。即"为政以德，譬如北辰，居其所而众星拱之"之义。此处"皇极不建"，谓君德不振，宗室乱政。奸雄得以乘时割据。

⑥ 阶，渐进之级。此言李期开始篡弑，屠杀宗人，为李寿，李势惨杀同宗开端，为祸之阶，至于亡国。

⑦ 《诗·小雅·四月》第二章："秋日凄凄，百卉具腓。乱离瘼矣，爰其适归。"瘼字，《毛诗》家作病字解，《韩诗》家作散字解。爰，发语辞。"爰其适归"本谓无所逃避。在此，则瘼字当作传染、扩散解。谓祸乱开端，人各效尤，相寻发展，如出一辙；断章取义，以喻李氏宗门之乱，为亡国见端。"爰其适归"，犹言结局固当如此也。

⑧ "岁在玄宫"，意指壬癸之年也。天文，黄道十二宫，虚、危二宿为玄枵宫，一作玄武宫。（西云摩羯宫）。《史记·天官书》："东宫苍龙，房、心。……南宫朱鸟，权、衡。……西宫咸池，曰天五潢。……北宫玄武，危、虚"是也。《吕氏春秋》与《礼记·月令》皆以四季配合四方、四宫与十干。冬则"其日壬癸。其帝颛顼。其神玄冥"。《淮南·时则训》于冬亦云："其位北，其日壬癸，盛德水。"旧相传玄武为水主。是岁在玄宫为壬癸年也。元丰本作"丑宫"，仍与玄武宫同义。天体十二宫，一曰十二星次，历法家以配十二地支。从春分起点，依次为亥、戌、酉、申、未、午、巳、辰、卯、寅、丑、子。丑宫起点冬至，即玄武宫也。盖旧本作丑宫，李㬆改作玄宫以适月令也。查李期杀班与其兄弟在咸和九年，岁甲午。寿杀李期一族在咸康四年，五年，岁戊戌、己亥。势杀李广、李奕等在永和元、二年，岁乙巳、丙午。皆非玄宫之壬癸岁。龚壮《上李寿书》，亦谓"玄宫这谶难知"，则寿时其谶已流传而未验也。说谶者诞妄无稽如此。

⑨陈寿作《谯周传》，称其前知。后人遂多伪造"谯周谶"以欺世。常氏亦因尊信陈志而推崇谯周，不求解谶语之时间含义，但以李氏之"自相贼杀"为验，而谓"终如其记"，可谓惑矣。旧刻皆作"何异古人乎"。夫古人非皆能"先识预睹"者。常氏文岂能如此？常氏迷信谯周，诚属鄙倍。然兹校其文，则当存其真实。细审原文，当是"圣人"，或"古圣"二字，取《中庸·诚明章》"至诚之道可以前知"与"诚者不勉而中，不思而得，从容中道，圣人也"之义。陈寿《谯周传》："周语予曰：昔孔子七十二，刘向、扬雄七十一而没，今吾年过七十，庶慕孔子遗风。"是谯周曾自比于圣人，而寿传其语，亦许可之矣。昔扬雄称严君平"圣人之徒欤"。魏晋人嗜《法言》《太玄》者，亦称雄为圣人。常璩因周之前知而称以"圣人"，虽非允论，要为行文之必然。盖宋人皆贬谯周，恶《常志》有此称，改作"古人"，此当辨者也。兹改正，以通其意。

⑩"纵毒虔刘"，犹言放肆于杀戮。刘字本义为兵器，引伸为屠杀之义。虔字本义"虎行貌"(《说文》)，虎行则志在杀生，故亦伸训为杀。《左传》成十三年："芟夷我农功，虔刘我边陲。"杜预注："虔、刘，皆杀也。"

⑪旧刻皆作"殷人《丘墟》之叹"，疑有讹字。《史记》卷三十八《宋微子世家》·"其后箕子朝周，过故殷墟，感宫室毁坏生禾黍。箕子伤之，欲哭，则不可；欲泣，为其近妇人，乃作《麦秀》之诗以歌咏之。其诗曰：'麦秀渐渐兮，禾黍油油！彼狡童兮，不与我好兮！'所谓狡童者，纣也。殷民闻之，皆为流涕。"同书卷一一八《淮南衡山列传》伍被谏淮南王云："臣闻：微子过故国而悲，于是作《麦秀》之歌。是痛纣之不用王子比干也。"一书一事，而箕子、微子不同。《汉书》卷四十五《伍被传》改作箕子。张晏注曰："箕子将朝周，过殷故都，见麦及和黍兴悲。乃作歌曰：麦秀之渐渐兮！黍苗之绳绳兮！彼狡童兮，不与我好兮！狡童，谓纣也。"其文又与《史记》不同。如其事出于《史记》，则张晏何得不迳云《史记》，而反为异文如此。今本《史记》，被后人窜乱者颇多。此段文格卑薄，疑更是魏晋以后人所窜入，非马迁所固有。初观《常志》此处"殷人"，似即指箕子，"丘墟"似即指"故殷墟"。细审之，则不然。设常璩本意是指箕子《麦秀》之歌，则"箕子《麦秀》之歌"与"贾生《过秦》之论"适成对仗，语义天成，何必更作"殷人《丘墟》之叹"？可疑者一。常璩崇刘向、班固、谯周、陈寿，而细司马迁，采用《史纪》之处绝少。纵使此条为《史记》所固有，亦必为谯周《古史攷》所驳斥。而遭常氏之唾弃。可疑者二。箕子之文，著于《洪范》，与此《麦秀》之歌，毫厘不类。且殷人之歌，不得为骚体；箕子斥纣，不得称狡童。可疑者三。晋时，蜀人说《诗》宗毛氏。《毛诗传》云："黍离，闵宗周也。周大夫行役于宗周，过故宗庙宫室，尽为禾黍。闵周室之颠覆，徬徨不忍去，而作是诗也。"常璩遭用故事，不至舍现成贴切之"周人《黍离》之诗"不用，反用箕子故事不经之说。可疑者四。箕子已封为周室诸侯而远来朝周，则不当称为"殷人"武王时箕子已老，入朝当在武王之世，成王之初，于时武庚尚奉殷祀于朝歌，故宫不至长禾黍。与邱墟之义亦不合。可疑者五。由此五疑，可以判断常氏此文，决非用箕子《麦秀》歌故事。窃谓常氏原文系用公羊家"郭公之墟"故事，作"野人《丘墟》之叹"。刘向《新序》卷四云：

昔者，齐桓公出游于野，见亡国故城郭氏之墟，问于野人曰："是为何墟？"野人曰："是为郭氏之墟。"桓公曰："郭氏曷为墟？"野人曰："郭氏者，善善而恶恶。"桓公曰："善善而恶恶，人之善行也。其所以为墟者何也？"野人曰："善善而不能行，恶恶而不能去，是以为墟也。"桓公归语管仲。(管仲)曰："其人为谁？"桓公曰："不知也。"管仲曰"君亦一郭氏也。"于是桓公招野人而赏焉。

《左传》于《春秋》之"郭公"残文无所述。《公羊传》则有文指述之。刘向《新序》与《说苑》，皆转录先秦遗文。此条文格，显然为公羊家言。蜀人于《春秋》，治公羊家者多，常璩应熟谙此故事而引用之。仍用"野人"字。叹其善善而不能用，以喻李寿父子尊龚壮而不用其言，以至于败。亦自况其不得志于蜀，又不得志于晋，隐寓管仲"君亦一郭氏也"之讥。运典技巧，妙合于其身世。较之《麦秀》《黍离》，更为贴切。又用诸侯之国以寄概，无用殷、周帝王亡国之嫌。故知旧刻"殷人"乃"野人"字譌也。

⑫贾谊《过秦论》，司马迁采入《秦始皇本纪》，《文选》亦收，魏晋时盖有单行本流传。其文有云："向使二世有庸主之行而任忠贤，臣主一心而忧海内之患，缟素而正先帝之过，裂地分民以封功臣之后，建国立君以礼天下；虚囹圄而免刑戮，除去收帑污秽之罪，使各反其乡里；发仓廪，散财币以振孤独穷困之士；轻赋少事以佐百姓之急，约法省刑以持其后；使天下之人皆得自新，更节修行，各慎其身；塞万民之望，而以威德与天下，天下集矣。"此儒家理想封建主义之整套愿望，亦即常璩素有之怀抱，其于李氏亡国评论中举之，亦具深意，非徒资为文采也。

⑬监，与鉴通，已前注。《诗·大雅·荡》："殷鉴不远，在夏后之世。"言殷灭夏而不引为鉴戒，故复为周所灭。以讥晋虽灭蜀，当以蜀亡为鉴。

⑭此百零六字，昔人咸谓是李𡙕所为。然元丰本已有，则非李𡙕作也。云"今本之《通鉴》所述"，核所补《李势志》文，亦皆与《通鉴》从同。则撰《补李势志》与此跋者，决非治平以前人可知。吕大防与司马光为友，所刻《华阳国志》，后于司马光撰成《通鉴》十余年，意者光上奏书成之后，吕氏曾得借阅其副本，遂资以补《李势志》。此跋殆即吕氏所作，故作大字低格镌入耶？虽然，观吕氏序文，但称常氏纪述人物，不及其他。即于人物部分，亦竟未觉其阙巴郡一篇。且所刻本文字谬误，或不成句，而亦未加订正。则又似吕氏初无所用心于志文，但能刻之以广流传耳，非能手自补缀者也。以此，又疑是吕氏于付刻前，以旧本属之寮吏校阅督镌。凡旧校之小注，《补李势志》，及此跋，皆此寮吏为之，非吕氏自作也。推此寮吏，于小学似曾致力，而未治史学；故未能发觉《汶山郡》下脱文，迳接于越巂，又妄有改窜；于此卷，但补李势事，未觉《寿志》亦阙大半。其小注亦于史事无所征引，偶或引用，亦甚浅薄（如于汉升下注"黄忠字"三字之类），足知其非习于治史者。故其《补李势志》，但能依旧本残字，结合《通鉴》之文，割缀为之，亦不能首尾贯穿如《通鉴》也。

先贤士女总赞论①（卷十上）

任乃强全集·第六卷

---

① 旧各本标目同。只六字。并一般习呼为《先贤志》。兹据《序志》补论字。

一

含和诞气，人伦资生①。必有贤彦，为人经纪，宣德达教，博化笃俗②。故太上立德，其次立功，其次立言③。品物焕炳，彝伦攸叙也④。益梁，爰在前代，则夏勋配天，而彭祖体地⑤。及至周世，韩_{张本作朝。}服将命，蔓子忠坚⑥。然显者犹鲜。岂_{此下当有惟字。原省。}国史简阙，亦将分以秦楚，希预华同⑦。自汉兴以来，迄乎魏晋，多士克生，髦俊盖世⑧。恺元之畴，感于帝思⑨。于是玺书交驰于斜谷之南，束帛戋戋于梁益之乡⑩。或迺龙飞紫阁，允陟璿玑。亦有盘_{钱、刘、李《函》作磐。}桓利居，经【论】纶_{廖本与顾观光记作论。钱、张、刘、李《函》本同《蜀志》作纶。}皓素⑪。其耽怀道术，服膺六艺⑫，弓_{钱本作空位。刘、李《函海》本作翘。《函海》注云："翘字原本阙，刘、李本有。"张本、廖本与顾观光记并作弓。}车之招，旌旌之命，征名聘德⑬，忠臣孝子，烈士贤女，高劭足以振玄风，贞淑可以方苹蘩者，奕世载美⑭。是以四方述作，来世志士，莫不仰高轨以咨咏，宪洪猷而仪则；擅名八区，为世师表矣⑮。故《耆旧》之篇，较美《史》《汉》⑯。而今志，州部区别，未_{张本作殊。}可总而言之⑰。用敢撰约其善，为之_{钱写本脱之字。}述赞。因自注解。甄其洪伐，寻事释义，略可以知其前言往行矣⑱。_{张本此下有"蜀、广汉、犍为、汉中、梓潼五郡士女二百零三人题"及赞文；如《后贤志》例，较他本多三百四十五行。详注释。}

案：以上，本卷《总序》二百九十二字，钱、张、刘、李、《函》、廖及浙剡补本有，文并同。宋元丰、嘉泰二本亦当有，但无可觅。何义门用吴管本过录元丰本，亦未补录此序与《蜀、广、犍三郡士女赞》注，但补《汉中、梓潼两郡士女赞》文而已。以此本篇校注，无元丰与吴、何、王、石诸本。汉晋间，益、梁二州诸郡多已各有《耆旧传》述其先贤。陈寿因之，综合为《益部耆旧传》，一时流行颇广，皇甫谧《高士传》与《列女传》多采录之。常璩又参采寿与谧书，参以其他文记，分别州郡，排次其贤士淑女，各为先颂。并仿陈寿《三国志·杨戏传》中《季汉辅臣赞注》成例，各为小注以传其事略。在十二卷中特成一体。故《序志》于各卷皆称某志，独于此卷特称为《先贤士女总赞论》。各家刊刻此卷标题删论字。盖以全篇只赞语，及注语叙述诸人行事，无议论故也。今按：赞前《总序》及赞末"撰曰"，皆论体也。但只综论二州人物，而非一一论之耳。后人习以范晔《后汉书》之论曰为"论"，非常氏本义也。兹故于此卷标目仍补一论字。常氏原所赞者：蜀、巴、广汉、犍为、汉中、梓潼六郡士女共二百四十八人。赞文约三千字。注文约二万字，虽作双行夹注，所占篇幅仍大于以前各卷二或三倍，非绢素一卷所能容，故原即分为上、中、下三字卷。宋人付刊时，升夹注为大字，于各子卷首标题"卷第十"下增标"上，中，下"字，盖常氏原标卷签所固有也。兹仍沿旧标识（并分订稿本为三册）。宋刻已脱《巴郡士女赞注》全文，今不可得补（但辑得原注残文数条）。故实只《五郡士女赞注》。

【注释】

①此句大意，谓：天地诞育人类时即已配有阶级不同之伦序。盖封建文士之一般谬说如此。《礼·中庸》："致中和，天地位焉，万物育焉。"为此"含和诞气"一语所本。"气"，谓阴阳二气，《太极图说》所谓"二气交感，化生万物"是也。《易·泰卦》："有天地然后有万物。有万物然后有男女。有男女然后有夫妇。有夫妇然后有父子。有父子然后有君臣。有君臣然后有上下。有上下然后礼义有所错。"为此"人伦资生"句所本。

②经纪，犹今言"组织领导"。

③《左传》襄二十四年："穆叔如晋，范宣子逆而问焉。曰：'古人有言曰：死而不朽。何谓也。'……穆叔曰：'豹闻之：大上有立德，其次有立功，其次有立言，虽久不忘废，此之谓不朽。'"

④《书·洪范》："天乃锡禹洪范九畴，彝伦攸叙。"彝伦，犹云伦常。《易·乾卦》："大哉乾元，万物资始，乃统天。云行雨施，品物流行。"原义以万物为品物。后人曲解，依《书·舜典》："五品不逊。"句解品为人类之阶级，故《易卦》之"品物"，亦或解作人伦。此言"品物焕炳"，与"彝伦攸叙"同义。谓世有贤人赞化，人伦不乱，则天下治也。

⑤夏禹，广柔县石纽乡人，彭祖家于彭模，并已注在《蜀志》。

⑥韩服与巴蔓子事，并见《巴志》。

⑦"希预华同"，谓甚少参预中原之朝聘会盟。《说文》："同，会合也。"希与稀字通。"分"，隔也。此言巴蜀为秦楚所隔，其人不为中原所知。非由文化落后。今按，苌弘为孔子师，依庄子文，则弘蜀人也。《常志》未著。兹补于此。

⑧《诗·小雅》："烝我髦士。"《传》："髦，俊也。"髦士俊士，皆谓士之杰出者。

⑨《左传》文十八年："昔高阳氏有才子八人……齐圣广渊，明允笃诚，天下之民谓之八恺。高辛氏有才子八人……忠肃共懿，宣慈惠和，天下之民谓之八元。"恺元，取此义。畴与俦通。"感于帝思"，指相如、扬雄两事，《蜀志》8章之注①详。

⑩此大段文与《蜀志》重复，似系引用陈寿《耆旧传序》之文。"束帛戋戋"，用《易·贲卦》成语。旧解戋戋为微少，一解作委积。此处当取后一解。

⑪参看《蜀志》8章之注③。

⑫"道术"，谓圣贤之道与治世之术。《礼·儒行》："合志同方，营道同术。"此取其义。

⑬旧刻有"弓车"、"翘车"分歧。《左传》庄二十二年，陈公子完（田敬仲）辞卿，引《诗》云："翘翘车乘，招我以弓。岂不欲往，畏我友朋。"又昭二十年："齐侯（景公）田于沛，招虞人以弓。不进。公使执之。辞曰：昔我先君之田也，旃以招大夫，弓以招士，皮冠以招虞人。臣不见皮冠，故不敢进。"《孟子·滕文公篇》引此事作"招虞人以旌"。常璩借用此二故事中之弓、车、旃、旌字，以喻"汉兴以来"征聘之礼。然则"弓、车"谓载弓招聘之车，改作"翘车"者非也。又，古代符验未备，国君招其臣民，用弓与旃旌为信物，习沿为制，或诚有之。若"汉兴以来"，则征聘士绅，必不更用此类信物，常氏之文，亦仅借用古典以为征聘文饰，"弓车"、"翘车"，皆切，亦皆不切，无足辨也。

⑭"玄风"，谓上天化育之道。取《易·坤卦》"天玄而地黄"，与《论语》"君子之德风，小人之德草，草上之风必偃"为义。《毛诗·召南》："采苹，大夫妻能循法度也。""采蘩，夫人不失职也。夫人可以奉祭祀，则不失职也。"二诗皆记女子采野蔬以供祭祀之事，常氏借以喻淑女贤媛也。

⑮《蜀志》云："搢绅勋右之畴，比肩而进，世载其美。是以四方述作有志者莫不仰其高风，范其遗则，擅名八区，为世师表矣。"与此同出一意。盖陈寿《耆旧传序》之旧文，《常志》屡用之也。

⑯此言陈寿《益部耆旧传》。"较美"，犹言媲美。

⑰谓陈寿《耆旧》，统益部人物述之。今志先贤，则分郡叙列。

⑱此言选辑《耆旧传》中尤善美者为之作赞。并自为注解，铺叙事实以证之，亦或训释其文义；要不外表达前人之嘉言懿行。是为本篇体裁。"甄其洪伐"，谓拣述其美行之尤卓者。洪，大也。伐，美也。

绎此文义，可知常氏《华阳国志》之《先贤女总赞》一卷，原以赞语为正文，注语为小字，双行夹注于赞文间，如陈寿《三国志·杨戏传》之《季汉辅臣赞注》之例。其小字只当称"注"，系为赞语作解之文，与《后贤志》之人各为传，别作赞语者不同。注文针对赞语，赞所未及者即不载。传文则当综叙其人生平诸事，虽亦有赞，但赞其行业之某特点，不必包其全面。此先贤、后贤两卷体裁之大别也。自元丰以来各家刻本，虽皆已进常氏原注为大字，视为入赞诸人小传。于原作形式规格，不敢变动。惟明嘉靖张佳胤蒲州刻本一种，于此《总赞序》文下，仿照《后贤志》规制，造作赞语汇录十七叶，三百四十五行，而别将注文汇列，称之为传（其于《士女目录》中每增注"无传"二字即指此项赞注）。此种改作，非惟大悖保存原作面貌之原则，就其成果言之，亦殊跋前疐后，格塞难通。兹附列其改造之部，借存此一板本之特点：

附张佳胤蒲州刻本（张本）增页。（原刻每行二十字，于常氏原赞各人每人增一题名，低一格写，各占一行。于原赞文则更低一格写，各占一行，有时又割录原注，为小字夹注，或延占二行。又于原赞文字，多与今行各本不同。兹悉依原式缮录）

逸民严君平

　　严平恬泊皓然沉冥

治中从事李弘仲元

　　仲元抑抑邦家仪形

给事黄门侍郎杨雄子云

　　子云玄远焕乎弘圣

逸民林间公孺

　　林生清寂莫得而名

执政大中司空汜乡侯何武君公

　　汜乡忠贞社稷是经进贤为国稽攻典刑爱莫助之身殒朝倾

侍中杨州刺史张宽叔父

　　叔文播教变风为雅道洽化迁我实西鲁

中郎将司马相如长卿

　　长卿彬彬文为世矩

谏议大夫王褒子渊

　　王渊艳丽蔚若华圃

校书郎杨终子山

　　子山翰藻遗篇有厚

左卫护军陈立少迁

　　少迁猛毅垂勋三邦

益州太守王阜世公

　　世公试政祥瑞来同

侍中汉五更张霸伯饶谥文父

　　猗欤文父督发幼童德瞻会稽道崇辟雍

国师太常赵典仲经

　　少府委迟作卿作师

仆射何英叔俊　高士杨由哀侯　何汶景由_{英孙}

　　何杨研神贯奥入微

尚书令司隶校尉大司农任昉文始

　　司农明允国宪是维

中郎将何霸翁君

翁君美秀牧后寗机
美阳令柳宗伯骞
　　　伯骞推贤求善如饥
太尉司徒司空特进厨亭文赵戒志伯
　　　文侯颙邛极位台衡
太尉郫惠侯赵谦彦信
　　　太尉颉颃志振颓纲
司徒赵温子柔
　　　司徒继踵俛佹权横犹操道柄董李是让
侍中长水校尉常洽茂尼
　　　侍中授命分节亦章
从事杨竦子恭
　　　蛮夷猾扰倡乱南疆子恭要传丑秽于攘
治中从事张充伯春　司空辟士李凭孟元
　　　伯春孟元匡正时君
阆中令杨班仲桓　广汉长罗衡仲伯
　　　罗杨为小遗爱在民
广汉太守陈湛小伯
　　　小伯温恭预图息纷
孝廉禽坚孟由
　　　孟由至孝遌叶晞风
节士仲旱　志士任末叔本　功曹史朱普伯禽
主文簿李磬文寺
　　　仲旱勉师叔本慕仁伯禽证将文寺代君炎光中微巨述僭辞 王莽字巨君述即公孙
大中大夫章明公孺　美阳令王皓子离
尚书郎侯刚宣孟　尚书郎王嘉公卿
　　　章王刎首侯刚哭汉公卿绝脰亦蹈节贯
博士罗衍伯纪
　　　罗生美至思济艰难述方遂非残彼贞干
大鸿胪何宗彦英
　　　刘主割据资我英俊鸿胪渊通与道推运

犍为太守何祗君肃

　　君肃矫矫颖类倬群

辅汉将军张裔君嗣

　　辅汉朗捷服时之懃

大常杜琼伯瑜

　　太常清慎密邃远深

休休众彦殊塗同臻金声玉振蜀之球琳_{休休美也众彦言此四十三人也易曰殊途同归百行齐致贵于}
_{流光显称扬名垂世此四十三人者虽立行不同垂美如金玉之音器为世名宝}　以上士人

张霸夫人司马敬司

　　敬司穆穆畅始玄终

王遵妻张叔纪_{霸女孙}

　　叔纪婉婉十媛仰风

公乘会妇张氏

　　公乘张氏两髦义崇

杨凤珪妻助陈

　　助陈辅孩节笃义充

便敬宾妻常元常　殷仲孙妻常靡常

　　二常茕茕颒构再隆

赵侯夫人常纪常

　　纪常哀哀精感昭融

景奇妻贡罗　赵宪妻玹何

　　贡罗誓志玹何忘生

朱叔贤妻张昭仪　姚超二女姚妣饶

　　昭仪殉身二姚见灵峨峨淑媛图表铭旌_{淑善媛婉娩也言此十二女皆图像列传}　以上士女

右蜀郡士女赞第一凡五十五人四十三人士十二人女

佳胤按常璩三州士女目录巴郡士女范目以下共七十八人当列蜀郡后为第二卷今按本志赞传并阙岂称全典哉自宋吕大防李𡐔二刻已无闻矣先民往则宜垂竹素强识之士不重有感耶

交州牧杨宣君纬

　　讲学冲邃洙泗是稀胤帝绍圣庶熙畴咨

永昌太守郑纯长伯

长伯抚遐声畅中畿析虎命邦绰有余徽
三老杨统仲通
　　三老泱泱实作父师
高氏王佑平仲
　　平仲涉道殆乎庶几
侍中杨序仲桓
　　文父明洞探赜索微
隐士段医元章
　　元章玄泊韬光匿耀
侍御史洛阳令王焕稚子
　　稚子奕奕古之畏爱
司隶校尉王堂敬伯
　　敬伯恺悌树德播惠
越巂太守马颢叔宰
　　叔宰济济以礼进退
将作大匠翟酺子超
　　大匠奇畅妙鉴玄察尽言世规秖以陨越
司隶校尉郭贺乔卿
　　司隶聪敏奋名后叶
光禄大夫侍中卫尉镡显子诵　庐江太守蔡弓子骞
　　镡蔡翩翩交友惟贤
乐安相李尤伯仁　东观郎李胜茂通
　　两李丽采文藻可观
聘士王稚叔起　隐士冯信季诚
　　宪父悬车征君肥遁
侍中董扶茂安　聘士任安定祖
　　董任循志束帛戋戋
蜀郡太守王商文表
　　文表泛博提擕士彦
牂柯太守刘宠世信
　　超类拔萃实惟世信

辟士段恭节英

　　节英元烈仰诉鼎臣

江阳符长姜诗士游

　　士游孝淳感物悟神

郿令王忳少林

　　少林阴德阳报是甄

野王令羊期仲鱼　治中从事朱仓云卿

　　仲鱼谦冲云卿安贫

高士折像伯式　义士杜贞孟宗

　　伯式玄照孟宗当仁味道好施清风迈伦<small>赞仲鱼以下</small>

五官掾谅辅汉儒

　　汉儒请雨精感庆云

绵竹主簿韩揆伯彦　牡童左乔云　义士杨宽叔仲

　　韩揆义烈乔云勇震杨宽证将烈播友人

节士甯叔茂泰　义士张钳子安

　　甯叔执仇张复师仇

烈士贾祤元集

　　贾为士死分侔虞朱

太医丞校尉郭玉通直

　　郭玉通直盖亦所修

大司农秦宓子敕

　　爰迄刘氏司农含章爽朗翠粲观国之光

别驾李朝永南　西曹掾李邵伟南　益州太守王士义强　绵竹令右丞王甫国山

　　李王四子并作琳琅

少府太常镡承公文

　　优游客与特进太常

忠烈从事王累

　　从事烈至谏君刎首

忠谋从事郑度

　　郑度进规忠谋莫受虽云天时亦由人咎

江阳太守彭羕永年

永年负才自丧世主

犍为太守李邈汉南

　　汉南哽哽天夺其守

　　诜诜彦造或哲或友昭德音芳垂名厥后总赞四十六人也　以上人士

任安母姚氏

　　任母治内子成名贤

姜诗妻庞行

　　庞行养姑妇师之先

司马雅妻姜义旧

　　依依义旧抗疏邦庭诚感世主徒女辍刑

廖伯妻殷纪配

　　纪配断指以章厥贞

王辅妻彭非　便敬妻王和　冯季宰妻李进娥

　　彭王进娥残体令诚

杨文妻李正流

　　正流自沉水洁冰清

袁稚妻相乌　王上妻袁福

　　相乌袁福不义存生

汝敦妻某

　　汝氏世胄由妇谦柔思媚烈媛美称惟休末二句总赞十一人也　以上士女

右广汉郡士女赞第三凡五十六人四十六人士十一人女

　关内侯光禄大夫王延世长叔

　　王延河平纂禹大功

　城门校尉五官中郎将董钧文伯

　　文伯习礼继武孙通

　司空廷尉张皓叔明

　　张公执宪克智克聪极位青紫寔作司空

　司隶校尉赵旂子鸾

　　子鸾司京桴鼓不鸣

　尚书中郎司隶校尉杨涣孟文

　　孟文翘翘平显有成

司录校尉杨准伯邳　　杨州刺史杨莽翁君

　　伯邳正直耀祖扬声翁君将命遹播其名

合浦太守费贻奉君　　征士任永君业　　公车令杜抚叔和　　上党太守赵松君乔

　　奉君遹世任君开明叔和顺终君乔精密英英四子利于居贞_{赞费贻以下}

广陵太守张纲文纪

　　皇汉弛纲官人失纪文纪謇谔表明臧否

复汉将军朱遵孝仲

　　白虏狂僭乱离斯圮孝仲縶马社稷是死

新都令赵敦

　　建侯吊梁效志知己

尚书郎隗相叔通

　　叔通敦孝石生江氾

永昌太守吴顺叔和

　　吴生致养亦感灵祉

蜀郡太守关内侯杨洪季休

　　刘后初载实多长才季休忠亮经事能治

五官中郎将五梁德山

　　德山耽学道以光时

谏议大夫费诗公举

　　烈武作合度旷涂夷惜哉公举师直凌迟

射声校尉杨义文然

　　文然简略不从诡随

车骑将军都亭侯张翼伯恭

　　车骑怏怏与国安危

猗猗众伟芳烈名垂方德绎勋犍之琼瑰_{总赞二十一人}　　以上人士

王博妻杨进

　　杨进穆穆先姑是宪

杨文方妻杨姬

　　杨姬请父厥族蒙援克谐内爱训及秀彦

相登妻周度

　　周度割体贞节是全

周纪妻曹敬姬
　　敬姬沈渊诚烈邈然
张惟妻程贞玦
　　贞玦玉操弥久弥刊
尹仲让妻韩姜
　　韩姜自才后旌其冤
仪成妻谢姬
　　谢姬引决同穴齐定
盛道妻赵媛姜
　　媛姜疋妇勉夫济子援命图圄义逾庄国士
张贞妻黄帛
　　黄帛求丧沉身中流灵精相感攜夫共浮
　　烈哉诸媛节称义遵 总赞九女　以上士女
右犍为郡士女赞第四凡三十人 二十一人士 九人女
逸民郑子真
　　郑真岳峙确乎其清
聘士卫衡伯梁
　　卫梁泥盘玄湛渊亭
城阳中尉邓先
　　邓公方断忠枉原情
博望侯张骞
　　博望致远西南来庭
给事中张猛子游
　　子游师生谗巧所倾
逸民杨王孙
　　王孙养性矫葬厉生
司徒李合孟节
　　司徒监使术畅思精屡登上司七政是经
太尉李固子坚
　　炎精不颓朱明不扬太尉蹇谔长国救荒濯日
　　旸谷将及扶桑恶直丑正汉道遂丧

度辽将军张亮则元修

　　元修敦重威惠寔亮

犍为太守赵宣子雅

　　子雅温恭见察文方

广汉太守赵瑶元珪　尚书赵琰雅珪

　　二珪琬琰三辰悬望

弘农太守陈纲仲卿

　　仲卿报友行义以理

司隶校尉李法伯度

　　伯度玄镜荣辱屑己

京兆尹李燮德公

　　德公在林悬象垂晷既冲云清荀张仪准

巴郡太守陈雅伯台

　　伯台处谏师言亢尽末命防萌妙观玄揆

绵竹令阎宪孟度　奉车都尉李历季子

　　孟度邵允季子英伟

计曹史程苞元道　葭萌长祝龟元灵

　　计君经算元灵斐斐

主簿段崇礼高　功曹程信伯义

　　礼高殉名伯义死节

　　四行齐致在兹六子_{赞阎宪以下}

从事燕郂元侯　主簿赵嵩伯高　从事陈调元化

　　元侯赵陈盖亦烈士

王宗　原展　严謩　李容　姜济　陈巳　曹廉　勾矩　刘旌_{以上九人无事赞传附程信传下}

　　涣涣龙宗振振麟趾文炳彬蔚汉之表轨_{总赞三十五人也}　以上人士

陈只妻穆姜

　　穆姜温仁化继为亲

杨拒妻泰瑛

　　泰瑛严明世范厥训

杜泰姬

　　杜氏之教父母是遵

陈省妻杨礼珪
　　礼珪肃穆言存言韵
赵伯英妻李文姬
　　文姬睿敏宗祀获歆
曹宁妻陈顺谦　张亮则妻陈惠谦
　　陈氏二谦或智或仁
赵嵩妻张礼修
　　礼修顺姑恩爱温润
赵子贱妻韩树南
　　树南悼夫轻死重信
祁祁令姬如玉如金允矣淑媛齐德姜任<small>总赞九人也</small>　以上士女
右汉中郡士女赞第五凡四十四人<small>三十九人士九人女</small>
　镇远将军成义侯文齐子奇
　　镇元敦壮立勋南濒
　节士李业巨游
　　巨游王辟高风金振
　益州太守景毅文坚
　　文坚亟哉南面怀民
　孝廉杨充盛国
　　盛国好学研颐圣真
　布衣士景鸾汉伯
　　汉伯肄业诸生之纯
　功曹张寿伯僖　童人李余
　　伯僖效忠李余残身
　济阴相寇祺宰朝　义士王晏叔博
　　寇王二子行勇以仁
　方士李助翁君
　　李助多方以兹立称
　隐士李仁德贤
　　章武之兴亦迪才能德贤好士淡心艺文
　谏议大夫杜微国辅

国辅皓然形动神沈

太子家令尹默思潜

　　思潜游学休志素林

太子中庶子右中郎将李譔钦仲

　　钦仲朗博训诂典坟

监军将军司马李福孙德

　　孙德果锐作刘干臣

　　衍衍伟彦玉闰兰芬劭名表器江汉之浚总赞十五人也　以上人士

王敬伯夫人文季姜

　　季姜雍穆化播二妇王氏世兴寔由贤母

虞显妻杜季女

　　杜慈专专父不谅只

郭孟妻敬杨

　　敬杨雪仇壮逾庄烈女

　　惟兹三媛仁畅义理邦有此嫔以驰遐纪总赞三人　以上士女

右梓潼郡士女赞第六凡士女十八人十五人士三人女

　　　　以上，张本赘入原文如此。由于《巴郡士女赞注》旧阙佚，故张亦不得其原赞。而其未阙诸郡则赞并全，即更可证《常志》原貌系以赞注相连，与《后贤志》格局不同。而张氏犹自强割裂之，可谓妄矣。又其才识低浅，所措割处，多有显著谬误。此校勘常氏书者所以多斥张刻为俗本，或且疑《常志》讹讹皆张所为也。此三百四十五行中，有题名一百六十一行及《巴郡》文四行，皆张所妄增。余行则用《常志》原赞及小注，而有所省并。其省并处，每亦谬于文义。如：蜀郡，"文寺代君"赞注下，"在三义敦，终始可称"，赞语及其注文，系总赞上文禽坚、仲昱、任末、朱普、文寺五人事亲、事师、事君之德，不可分割。张移此赞二句接于文寺赞注文作为传文，而删弃其注文三十字，已可谓荒谬矣。乃又复于"文寺代君"句下妄割"炎光中微巨述僭乱"二句接之。此二句为"章王刿首"以下数句赞词之领首语，略解文义者皆能识之。不知张氏作何体会，竟作如此之割接，牛头马嘴，公然刻行。又如："刘主割据，资我英俊。"为下文何宗、何祗、张裔、杜琼四人赞起首句，应与四人赞语合并，而张又割离四人，而以此语独冒于何英赞上。似此之类多，不必悉举。又所有自撰之题名，亦多不通。如王累称"忠烈从事"，竟以品题连"从事"作为官位。"新都令赵敦"不系字，至于赞文不相契。汉中列女穆姜、泰瑛皆脱母姓，杜泰姬脱夫名。如此者尤多。

二

【蜀都士女】"都"，钱、刘、张、李、《函》本作郡。此题，常氏原著所必无。乃传钞所加。

【严】▲庄钱、张、《函》、廖、浙剜补本作严。刘、李本作庄。下同。平恬泊，皓然沈冥。此上赞庄君平，八字，原为正文，大字。此下，为本注，原双行小字。兹依宋槧进为大字。下各目同。【严】▲庄遵，字君平，成都人也。雅性淡泊，学业加妙。专精《大易》，耽于《老》《庄》。常卜筮于市，假蓍龟以教。与人子卜，教以孝。与人弟卜，教以悌。与人臣此臣，指奴仆、隶从与官属、吏役之属。卜，教以忠。于是风移俗易，上下兹和。日阅【人】钱、刘、李、《函》本无人字。廖、浙与顾观光本有。兹删。阅，治事之数也。得百钱，则闭肆下帘。授《老》《庄》，著《指归》，著《老庄指归》。省老庄二字。为"道书"之宗。杨廖本作杨，下同。他各本作扬。雄少师之，称其德。指《法言·问明篇》。赞蜀庄文。详在注释。杜陵李强为益州刺史，谓雄曰："吾真得君平矣。"雄曰："君但可见，不能屈也。"谓不可能引为从事、掾属。强以为不然。至州，修礼交遵。遵见之。强服其清高，而不敢屈也。叹曰："杨子云真知人也。"年九十卒。雄称之曰："不慕夷，即由矣。明本《法言》作："不募由，即夷矣。"谓许由与伯夷也。不作苟见，不治苟得，久幽而不改其操，虽随今《法言》讹作隋。和何以加诸①。"上一百九十三字，原作小字夹注。上承赞文。宋以来刻本进为大字，空格续赞语下，低一格排。下同。赞文长短并顶格。兹改赞文低格，仍进注文大字，空格续赞语。以下各条同式。

仲元抑抑，邦家仪形。形，读如型。　李弘，字仲元，成都人。少读《五经》，不为章句。处陋巷，淬励金石之志。威仪容止，邦家师之。以德行为郡功曹，一月而去。子赘，以见辱杀人。太守曰："贤者之子必不杀人。"放之。今按：太守欲弘自证其罪也。赘自以枉语家人。弘遣亡命。太守怒，让弘。弘对曰："赘为杀人之贼。明府私弘枉法。君子不诱而诛也。石碏杀厚，《春秋》讥之。孔子称父子相隐，直在其中。弘实遣赘。"太守无以诘也。州命从事，常以公正，谏争为志。杨子云称之曰："李仲元为人也，不屈其志《法言》作意。不累其身。不夷不惠，可否之闲。见其貌者，肃如也。观其行者，穆如也。闻其言者，愀如也。非正不言。非正不行。非正不听。吾先师之所畏②。"《法言·渊骞篇》文。详注释。

子云玄达，焕乎弘圣。　杨钱写本作扬。雄，字子云，成都人也。少贫，好道。家无担《汉书》卷八十七引雄《法言·自序》文作儋。石之储，十金之费，雄《自序》文作："家产不过十金。而钱写本无而字。晏如也。好学，不为章句。初慕司马相如绮丽之文，多作词赋。车骑将军王音，成帝叔舅也，召为门下史。荐待诏。上《甘泉》《羽猎赋》，迁侍郎，给事黄门。雄既升秘阁，以为："辞赋可尚，则贾谊升堂，相如入室。武帝读《大人赋》，飘飘刘本作飖。然有淩钱、刘、李、《函》本俱作凌。云之志；不足以讽谏。"乃辍其业。以经莫大于《易》，故则而作《太玄》。传莫大于《论语》，故作《法言》。史莫善于《苍颉》，故作《训纂》。箴谏张本无谏字。莫美于《虞箴》，故作《州箴》。钱写本无此上十一字。赋莫弘于《离骚》，故反屈原而广之。典莫正于《尔雅》故作《方言》。初与刘歆、王莽、董贤同官，并至三公，雄历三帝，独不易官。年七十一卒。自刘向父子、桓谭等深敬服之。其玄渊源懿，钱、刘、《函》、浙本作"玄源渊懿"。此依廖本。按文当作"渊深源懿"。后世大儒张衡、崔子玉、宋仲子、王子雍皆为注解。吴郡陆公纪尤善于玄，称雄圣人。雄人神童乌，七岁预雄《玄》文。年九岁而卒③。

林生清寂，莫得而名。　林闾，字公孺，临邛人也。善古学。古者，天子有輶车之使，自汉兴以来，刘向之徒但闻其官，不详其职。【职】廖本衍。他本无。惟闾与【严】庄君平知之，曰："此使考八方之风雅，通九州之异同，主海内之音韵，使人主居高堂知天下风俗也。"扬雄闻而师之，因此作《方言》。闾隐遁，世莫闻也④。

汜乡忠贞，社稷是经。进贤为国，稽考钱、刘、李、《函》作攻。典刑。型义通。爱莫助之，身殒朝倾。　何武，字君公，郫人也。初以对策甲科，为郎。历扬、兖州刺史，司隶校尉，京兆尹，清河、楚、沛太守，廷尉，御史大夫。成帝初具三公，拜大司空，封汜乡侯。为人忠厚公正，推贤进士。在楚致两龚；在沛厚两唐；临司隶，致茂林何并；居公位，进辛庆忌；皆世名贤。临州郡，虽无赫之名，及去，民思之。才虽不及丞相子都亟言讼之。丞相王嘉亦以为慨。帝复征武为御史大夫，徙前将军。时大司马新都侯王莽避帝外家丁，传氏逊位，亦以列侯见征。哀帝诏博举太常，莽从武求举。武以莽奸人之雄，不许。哀帝崩，王太皇太后，莽姑也，即日引莽入，收大司马董贤印绶，诏举大司马。丞相孔光等逼王氏，皆举莽。武与左将军公孙禄谋曰："莽五父世朝，权倾人主，必危刘氏。"乃举禄。禄亦举武。太后不从，用莽为大司马。莽讽有司劾奏，皆免。武就国。后莽浸钱、刘、李、《函》、浙本作寖。此从廖本。盛，遂为宰衡、安汉公。欲图篡汉，惮武与其叔红阳侯王立不从，元始三年，因吕宽、吴章事，槛车征武。武自杀。众咸冤之。莽欲厌众心，谥武曰刺侯。子况嗣。平帝崩，莽因居摄。后僭王廖本注云："当作真。"位⑤。

叔文播教，变《风》为《雅》。道洽化迁，我实西鲁。　张宽，字叔文，成都人也。蜀承秦后，质文刻野。太守文翁遣宽诣博士。东受《七经》，还以教授。于是蜀学比于齐鲁。巴、汉亦化之。景帝嘉之，命天下郡国皆立文学。由翁唱其教，蜀为之始也。宽从武帝郊甘泉、泰畤，过桥，见一女子躶浴川中，乳长七尺，曰："知我者帝后七车。"适得宽车。对曰:"天有星主祠祀,不齐洁,则作女令见。"帝感寤,以为扬州刺史。复别蛇莽之妖。世称云七车张。作《春秋章句》十五万言⑥。

长卿彬彬,文为世矩。 司马相如,字长卿,成都人也。游京师。善属文。著《子虚赋》而不自名,武帝见而钱写本脱而字。善之,曰:"吾独不得与此人同世。"杨得意对曰:"臣邑子司马相如所作也。"召见相如,相如又作《上林赋》。帝悦,以为郎。又上《大人赋》以风谏,制《封禅书》,为汉辞宗。官至中郎将。世之作辞赋者,自杨《函海》本作扬。雄之徒咸则之⑦。

王钱、《函》、廖、浙本与顾观光本并作王。刘、李本作子。当作王。渊艳丽,蔚若华圃。 王褒,钱写作褒,他处同。字子渊,资中属犍为郡。人也。以高才文藻侍宣帝。初为益州刺史依《汉书·褒传》补。王襄作《乐职钱写讔赋。中和颂》。本传作《中和乐职宣布诗》,颜师古注曰:"中和者,言政治和平也。乐职者,言百官各得其职也。宣布者,风化普洽,无所不被。"宣帝【时】征之。上《圣主得贤臣颂》。依《褒传》补。又上《甘泉》《洞箫赋》。帝善之,令宫人诵之。为谏大夫,卒⑧。

子山翰藻,遗篇有【厚】序。廖本注云:"当作序"。今按:厚古文与序字易混。杨序,《后汉书》亦讹作厚。序,"叙陈书旨。"有序,谓有人为之作注,如《书序》《诗序》也。 杨终,字子山,成都人也。年十三,已能作《雷赋》,通屈原《七谏》章。【后坐太守,徙边,作《孤愤诗》】。按"徙边"谓谪徙北地,见《后汉书》。又此十字当后移。明帝时,与班固、贾逵并为校书郎,删《太史公书》为十余万言。作《生民诗》。后坐太守徙边,作《孤愤诗》。上十字当移在此。章帝东巡据《后汉书》补。又上《符瑞诗》十五章。制《封禅书》。免还乡里。依《后汉书》补。著《春秋廖本注云:"当有春秋二字,见《后汉书》。"外传》十二卷,《章句》十五万言,皆传于世者⑨。

少迁猛毅,垂勋三邦。 陈立,字少迁,临邛人也。成帝时,牂柯李本作牁。有乱,大依《汉书·西南夷传》补。将军王凤荐立为太守,克平祸乱。徙守巴郡,秩中二千石,治有张本有作行。尤异。又徙天水太守,为天下最,天子赐黄金四十斤。钱写作"觔"。入为左曹卫将军、护军都尉⑩。《函海》注云:"李本作护卫,此改正。"兹并依《汉书》补五字。

世公赋政,祥瑞来同。 王阜,字世公,成都人也。太守【弟】第五伦察举孝廉,为重泉令,有鸾鸟集于文学十余日。迁益州太守,神马出滇池河,甘露降,白乌见,民怀之如父母⑪。

猗欤文父,睿发劝童。德淡读如赡。会稽,道崇辟雍。 张霸,字伯饶,谥曰文父,成都人也。年数岁,以已字通。知礼义。【诸生孙林、刘固、段著等宗之,移家其宇下。】十六字当下移。启母，求就师学。母怜其稚。对曰："饶能。"张本有小注七字云："《汉传》云：我饶为之。"故字伯饶也。治《严氏春秋》。依《范史·霸传》补。诸生孙林、刘固、段著等宗之，移家其宇下。依《范史》移。为会稽太守，拨乱兴治。立文学，学徒以千数，风教大行，道路但闻诵声。百姓歌咏之。致达名士顾奉、公孙松、毕海、胡母官、万虞先、王演、李根皆至大位。在郡十年，以有道征拜议郎。迁侍中。遂授霸五更，尊礼于文廖本注云："当作大。"学。年老卒，葬河南⑫。张本此下尚有"梁悬"二大字，及"按《后汉书》霸子楷、孙陵、玄，各有传"十三小字注。

少府委迟，刘、李本作迟。钱、《函》本作迟。廖与顾观光本作迟。作卿作师。 赵典，字仲经，成都人也。太尉戒【孙】子《函海》注云："惠校改子。"廖本注云"当作子"，兹依《后汉书》改。也。与颍川李膺等并号八俊。三为侍中，自乐，依《范书·典传》当作："一为侍中，五居卿位，隐约自乐。"禄俸施贫。方授国师，未拜，病卒⑬。张本有小注云："按《东汉·典传》，典为戒子。《谢承书》：典为戒私子。"

何、杨研神，贯奥入微。 何英，字叔俊，郫人也。杨由，字哀侯，成都人也。二子学通经、纬。

英著《汉德春秋》十五卷⑭。孙汶，字景由，亦深学；初征，上日食，蚀字通。盗贼起，有效，为谒者；京师旱，请雨，即澍。迁犍为属国。著《世务论》三十篇，卒⑮。杨由为太守廉范文学，范称能治。由言："当有刘、李本作存。贼发。"顷之，广柔羌反，寇杀长姚超。乡人冷丰赍酒候之，值刘、李本作值。客未内，读如纳。字当从人。由为知其多少。又言："人当致果，其色赤黄。"果有送甘橘者。大将军窦宪从太守索《云气图》，由谏莫与，寻宪受诛。其明如此。著书十篇而卒⑯。

司农刘本作司徒。明允，国宪是维。 任昉，字文始，成都人也。初为叶令，治奸贼七十余人。迁梁相，尚书令。清身检下。大将军梁冀惮之。出为魏郡，徙平原，岁出租税百万。冀诛，复入为尚书令，司隶校尉，迁大司农，卒。弟恺，徐州刺史，亦有治名。昉父循，字伯度，为长沙太守，得其父，时为五官，事在精通也⑰。

翁君美秀，牧【後】后旧作後。廖本注云："当作后。"今按：宋刻古籍中，多有讹后为後者。寤机。何霸，字翁君，司空武兄也。为郡户曹。刺史王尊将之官，移诸郡不得遣迎。太守唯。霸白宜往。太守遣霸。尊大怒。霸对曰："太守遣霸，非修敬也，以去京师久，迟知朝廷起居耳。"尊遽下车，持节对之。因奇霸容止，辟为别驾。举秀才，为属国中郎将。

弟显，旧本原脱显字，作空位。旧校小注有"阙名"二字。张本无，作"弟显"。廖本注云："按当作显，见《目录》。旧校失考也。"颍川太守。兄弟五人皆有名⑱。

先贤士女总赞论（卷十）

伯骞推贤，求善如饥。　柳宗，字伯骞，成都人也。初结九友共学，号九子。及为州郡右职，务在进贤。拔致求次方、张叔辽、王仲曾、殷智孙等，终至牧守。州里为谚曰："得黄金一笥，不如为伯骞所识。"举茂才，为美阳【夏太守】令⑲。原作"阳夏太守"。按《汉志》，无阳夏郡。廖本注云："当依《目录》作美阳令。"兹改。

文侯颙卬，音昂。李本误作仰。极位台衡。　文侯按：此称其谥也。《后汉书·赵典传》："父戒，为太尉。桓帝立，以定策，封厨亭侯。"赵戒，字志伯，少府典【祖】父《后汉书》引《谢承书》曰："典，太尉戒之叔子也。"旧刻各本作祖。当依上改文作父。也。父定，赵戒之父，典之祖也。以游侠称。戒，顺、桓帝之世历司徒，太尉，登特进。屡居公辅，免忧患于钱写本无此于字。无刘本作无。妄之世。告归于蜀，薨家⑳。钱写本无家字。唐百川校笺云："二字无。"

太尉颉颃，志振颓纲。　赵谦，字彦信，戒孙也。历位卿尹，初平元年，为太尉。时董卓秉政，欲迁天子长安。谦与司空荀爽固谏，卓不听；以为车骑将军，奉大驾西幸，封洛亭侯。拜司录校尉。忤卓指免。讨白波贼有功，封郫廖本注云："当有郫字。"侯，进司徒。免，拜尚书令，太仆。三年薨，谥曰忠侯㉑。

司徒继踵，俛俛权横。《函海》、王、李、何等本作衡。　赵温，字子柔，谦弟。以侍中与此下廖本注云："当有大驾二字。"帝同辇西迁，封江南亭侯。兄亡。初平四年拜司空。未期，进司徒，当世荣之。时车骑将军李傕与董承、张济等争权，数迁移天子。温以书切责于傕。天子闻，为钱写本无为字。寒心。寻曹公入，徙天子都许，政出诸侯，礼待温，居公位十五年。建安十三年薨。张本无薨字，移赞文，迳以年字连下条董卓字。

犹操道柄，董、李是让。原当以此与赵谦、赵温两赞衔接。旧刻随注隔断。兹从其式。　让，责也。张本移赞，并删此三字。董卓、李傕凶擅，谦、温干张本作平。之。初，文侯与李固、胡广议立清河王蒜，而梁各本旧地梁字，当有。冀欲立蠡吾侯。【赵】戒胁而从之，使李固枉死。君子以为，卓、傕之恶，甚于梁冀。谦摩卓之牙，温弄傕之爪，虽逼权势，以道陈训，贤其祖远矣㉒。

侍中授命，分节亦当读如以。彰。　常洽，字茂尼，江原人也。自荆州刺史迁京兆尹，侍中，长水校尉。以兵卫大驾西幸。傕等作难，常侍卫天子张本无天子二字，改作守字，左右。为傕所煞㉓。钱、廖本作煞。张、刘、李、浙本与顾观光校勘本作杀。下同。

蛮夷猾扰，倡乱南壖，钱、张、刘、李、《函》本作疆。廖、浙、顾观光本作壖。子恭要传，丑秽于攘。　杨竦，字子恭，成都人也。【永】元廖本注："当作元。"兹改。初中，越嶲、永昌夷反，残破郡县，众十万余。刺史张乔以竦勇猛，授从事，任平南中。竦先以诏书告喻。不服，乃加诛。煞虏三万余人，获生口千五百人，财物四千万。降夷三十六种。举正奸浊长吏九十人，黄绶六十人，南中清平。会被伤，卒。乔举州吊赠。列书东观㉔。

伯春、孟元，匡正时君。　张充，字伯春，李凭，张本作凡。下同。字孟元，江原人也。充为治中从事。时刺史恃豪，每见从事，布席地坐，己自安高牀上。充入阁，不肯进。刺史寤，乃更礼从事。刺史辟公孙特、按，谓"赵特"。时惟赵氏有公。大姓犍为李威、桥稚充曹㉖，……旧校小注云"阙事节"。今按原有脱也。充事脱下文。凭事脱上文。《老旧传》久佚，无可查补。……时有水灾，钱写本与顾观光文作灾。刘、李、《函》、廖、浙本作灾。下同。伦谓蜀郡太守第五伦。受刺史指，以汉中斗平，不足表闻。凭固争之。凭言当以表闻。不听。后刺史至，与伦不平，求郡短，劾伦不言水灾。凭对以"诏书：上灾异不得由州。"伦迁司空，辟凭掾㉗。此下旧校小注云："凭，居希切。《说文》：微也，殆也。凭古字，今作几。"各本皆有。李本在书头。钱写本误"殆也"为"殆出"。

杨、罗为令，钱、张本作小。《函海》注云："原误小，刘、李本作令。"遗爱在民。此下，钟本误有州字，相连。　杨班，字仲桓，成都人也。罗衡，字仲伯，郫人也。俱师征士何【初山】幼正。名茛，见《士女目录》。廖本注云："按，初山当作幼正。《后汉书·杨序传》注：何茛幼正是也。"查今本《后汉书》无此注。文在本书《广汉士女·杨序赞》注也。兹据改。班为不韦、茂陵令，治化浃洽。徙西城、阆中令。号时名宰㉘。衡为万年令，路不拾遗，人家牛马皆系道边曰："属罗公。"三府争辟。拜广汉长。二县皆为立祠㉙。

小伯温恭，预图息纷。　陈湛，字小伯，成都人也。历数县令，民皆怀服。钱、刘、李、《函》作之。州辟治中从事。广汉太守遣子诣州修刘、李本作修。欢交。使君欲纳。湛谏："不可失羔羊义。"使君从之。后有言州郡私《函海》作秋，并注云："刘、李本作私。"交者，考之无得，乃明也㉚。

孟由至孝，遐叶睎钱、《函》作睎。《函海》并注云："刘本误睎。"钟本更误作郎。廖本作睎。风。禽坚，字孟由，成都人也。父信，为县【史】使廖本注云："当作使。"兹迳改。越嶲，为夷所得，传卖历十一种。去时坚方娠六月。生母更稼。坚壮，乃知父湮没，鬻力佣赁。【求】字当作得。得碧珠，以求父。一至【汉】南字当作南，说在注释。中，三出徼外，周旋万里，经此下当有时字。时六年四月，突瘴毒狼虎，乃至夷中得父。父相见悲感。夷徼哀之。即将父归，迎母致养。州郡嘉其孝，召功曹，辟从事，列上东观。太守王商追赠孝廉。令李苾为立碑铭，迄今张本脱今字。祠之㉛。

仲【旦】昱唐百川《校笺》云："当作种昱。"【勉】免师。仲【旦】昱，成都人也。少受学于严季后。季后为汶江尉，张本此下有书字。呼仲【旦】昱。仲【旦】昱许十月往。会夷反，断道。仲【旦】昱期于往，经度六七，钱、刘、李、《函》本作"经渡六千。"兹依廖本。几死。数年。卒得至汶江，为季后陈策，俱得免难。远近叹之㉜。

叔本慕仁。　任末，字叔本，【新】新字，唐人传钞衍。繁人也。与董奉德俱学京师。奉德病死，推鹿车送其丧。师亡，身病，赍棺赴之。道死。遗令敕子_{《后汉书·末}传》作"敕兄子造。"载丧至师门，叙平生之志也㉑。张本此下有小注云："按本传，末子名造。"

伯禽证将。　　朱普，字伯禽，广都人也。为郡功曹。太守与刺史王冀有隙，_{钱、刘、李、《函》作隙。}枉见劾。普诣新都狱，掠笞连月，肌_{张本作肌。}肉腐臭，恶_{张本无恶字。}同_{张本有日字。}死人，_{张本人字作以字，属下句。}证太守无事。敕其子曰："我死，载丧诣阙，使天子知我心。"事得情理，_{刘本无理字。}普以烈闻㉒。

文寺代君。　　李磐，字文寺，严道人也。为长_{谓严道长。}章表主簿。旄牛夷叛，入攻县，表仓卒走。锋刃交至，磐倾身捍表。谓虏曰："乞煞_{钱、刘、李、《函》本作杀。下同。}我，活我君。"虏乃煞之。表得免。太守嘉之，图象府庭㉓。此下"在三义敦"赞二句与注当连。宋槧提行，兹仍其式。

在三_{张本此赞未移。而脱"在三"二字。义接庭字。存注。又迳接下文"自高祖"句。}义敦，终始可称。_{合赞朱普李磐。}　　人生于三，事之_{依《汉晋春秋·霍弋传》文补。}若一，君、父、师也。言人靡不有初，鲜克有终，普、磐可谓能终始也。

炎光中微，巨，述僭乱。　　炎，火光也。汉以火德王，_{张本移赞，并删上九字注文。}自高祖至平帝十二世，国嗣三绝。平帝早崩。安汉公王莽字巨君，遂篡天子位，称新室皇帝。而茂陵公孙述，字子阳，为莽导江卒正，遂僭号于蜀。

章、王刎首。　　章明，字公孺，【新】繁人也。王皓，字子离，江原人也。明为太中大夫，莽篡位，叹曰："不以一身事二主。"遂自煞㉔。皓为美阳令，去莽归蜀。公孙_{顾观光本此下有述字。并注云："依《御览》四百三十八补。"}僭号，_{《太平御览》引此有"高之"二字。}使使聘之。皓乃自刎，以头付使者。_{以上省遗命字。}述惭_{钱写作惭。}怒，诛其妻子㉕。

侯刚哭汉。　　刚字直孟，【新】繁人也。为郎。见莽篡位，佯狂，负木斗，_{刘、李本作升。}守_{刘、李本无守字。}阙号哭。莽使人问之。对曰："汉祚无穷，吾宁死之，不忍事非主也。"莽追煞_{钱、刘、李、《函》作杀。}之㉖。

公卿绝胫，亦蹈节贯。　　王嘉，字公卿，江原人也。为郎。去莽还，留_{张本无留字。廖本注云"当衍"。今按：非衍。谓当还江原，暂留成都也。}蜀。公孙述先闭其妻子，使人征之。嘉闻王皓死，叹曰："吾后之哉。"亦自煞。_{钱、刘、李、《函》作杀。}述惭，_{贯张本作诛。}其妻子㉗。

罗生美至，思济艰难。述方遂非，残彼贞干。　　罗衍，字伯纪，成都人也。为述郎，说尚书解文卿、郑文伯，使谏述降汉，为子孙福。解、郑从之。述怒，闭二子于薄室六年。二子守志不回，遂幽死。衍卒_{钱、刘、李、《函》本二字误倒。}察孝廉，征博士㉘。

刘主割据，资我英俊。鸿胪渊通，与道推运。　　何宗，字彦若，钱、刘、李、《函》本作彦英。郫县人也。通经纬、天官、推步、图谶。知刘备应汉九世之运，赞立先主。为大鸿胪。方授公辅，会卒㊵。

君肃矫矫，颖类倬群。　　何只，字君肃，宗族人也。初，犍为杨洪为太守李严功曹，去郡数年，以《三国志·杨洪传》作已。字通。为蜀郡，严犹在官。只为洪门下书佐，去郡数年，以为广汉，省太守字。洪犹在官。是以西土咸服诸葛亮之能揽拔秀异也。只徙犍为太守，卒㊶。

辅汉朗钱写作郎。捷，刘本作徤。服时之懃。刘、李本作勤。　　张裔，字君嗣，成都人也。汝南许张本脱许字。文休称其才："钟元常辈也。"为辅汉将军，丞相长史。丞相北征，居府统事，足食足兵㊷。

太常清密，邃远钩深。　　杜琼，字伯瑜，成都人也。师事任定祖，钱、刘、李、《函》本作"任安，粗"，粗字下属。兹依廖本。浙本同。通经纬术艺。为太常。沈默慎李本作慎。密，称诸生之淳㊸。

休休众彦，殊涂钱、《函》本作途。同臻。金声玉振，蜀之球刘本作璆。琳。　　休休，美也。众彦，言此四十三人也。《易》曰："殊涂同归。"百行齐致，贵于流光显称，扬名垂世。此四十三人者，虽立行不同，俱以垂美，如金玉之音器，为世名宝。

述蜀郡人士。五字，钱、廖、浙与顾观光校勘记补本顶格。刘、李、《函海》本低二格。俱单行。

案：以上，蜀郡人士赞文三百七十六字；注文三千九百九十字。原系连书，经传钞者于夹注处提行，宋以来椠刻因之。实则，如"在三义敦，终始可称"二句为合赞仲旦、任末、朱普、李磐诸人事君、事亲、事师之道，与"免师"、"慕仁"、"证将"、"代君"四句不可分割。又如"炎光中微，巨、述倡乱"二句为赞章明、王皓、侯刚、王嘉、罗衍诸语起句，不当离立。亦犹"刘主割据，资我英俊"为赞何宗、何祗、张裔、杜琼诸语起句也。"休休众彦"以下十六字为全章结语，乃可割绝提行。兹为存宋椠面貌，悉依其式。并分别四十三人，为分注四十三条，辑录参玫资料。章末"述蜀郡人士"五字，为常氏此章子题之一。汉魏人著述，例于文末标题。宋以来刻书乃标目于篇首。

【注释】

①《汉书》卷七十二《王贡两龚鲍传》序云："谷口有郑子真，蜀有严（庄）君平，皆修身自保，非其服弗

服，非其食弗食。……君平卜筮于成都市，以为'卜筮者贱业，而可以惠众。人有邪恶非正之问，则依蓍龟为言利害。与人子言，依于孝；与人弟言，依于顺；与人臣言，依于忠；各因执（同势。荀悦《汉纪》卷二十四引作势）导之以善，从吾言者已过半矣'。裁日阅数人，得百钱，足自养，则闭肆，下帘而授《老子》博览亡（无同）不通。依《老子》、《严（庄）周》之指著书十余万言。扬雄少时从游学，目（已同）而仕京师，显名，数为朝廷在位贤者称君平德。杜陵李彊素善雄，久之，为益州牧，喜谓雄曰：'吾真得君平矣。'雄曰：'君备礼以待之。彼人可见，而不可得诎也。'彊心以为不然。及至蜀，致礼，与相见，卒不敢言以为从事。乃叹曰：'扬子云诚知人。'君平年九十余，遂以其业终。蜀人爱敬，至今称焉。及雄著书言当世士，称此二人。其论曰：'……蜀严湛冥，不作苟见，不治苟得。久幽而不改其操，虽随、和何以加诸。'"颜师古注曰："《地理志》谓君平为严遵。《三辅决录》云：子真名朴，君平名尊。则君平、子真皆其字也。"又曰："严周，即庄周。"又曰："随，随侯珠也。和，和氏璧也。诸，之也。"今按：汉明帝名庄，班固著书于其世，避讳甚谨。凡书中庄字皆作严。故于庄周亦作"严周"，庄王亦作"严王"。此传之严君平，本姓实为庄。后汉庄姓人有避讳改严姓者。君平前汉人，自姓庄，不可改也。扬雄《法言》卷五《问明篇》："蜀庄沉冥，蜀庄之才之珍也。不作苟见，不治苟得。久幽而不改其操，虽随、和何以加诸。举兹以旍，不亦宝乎。吾珍庄也。居难为也。不慕由即夷矣。何觊欲之有。"《汉书》取用此文，易庄为严。是《法言》所称，乃其本姓，《汉书》作严，为避讳改字之证。《华阳国志》与《益部耆旧》皆当从其本姓作庄。后人传钞乃改依《汉书》作严，失本字而从讳改，非史法所许。兹故改还作庄。《汉书·地理志》，论益州风俗云："及司马相如游宦京师诸侯，以文辞显于世，乡党慕循其迹，其后王褒、严遵、扬雄之徒，文章冠天下。"师古注："遵即严君平。"即据《常志》此注。然则，唐初钞本《华阳国志》已改庄为严，故今人皆言"严君平"，莫能知其实姓矣。皇甫谧《高士传》曰："严遵，字君平，蜀人也。隐居不仕。常卖卜于成都市，日得百钱以自给。卜讫，则闭下帘，以著书为事。扬雄少从之游，屡称其德。李强为益州牧，喜曰'吾得君平为从事，足矣。'雄曰：'君可备礼与相见，其人不可屈也。'王凤请交，不许。蜀有富人罗冲者问君平：'君何以不仕？'君平曰：'无以自发。'冲为君平具车马衣粮。君平曰：'吾病耳，非不足也。我有余而子不足。奈何以不足奉有余？'冲曰：'吾有万金。子无儋石。乃云有余，不亦谬乎？'君平曰：'不然。吾前宿子家，人定而役未息。昼夜汲汲，未尝有足。今我以卜为业，不下床而钱自至。犹余数百，尘埃厚寸，不知所用。此非我有余而子不足耶？'冲大惭。君平叹曰：'益我货者损我神。生我名者杀我身。故不仕也。'时人服之。"张澍《蜀典》卷十，载有庄遵《老子注序》及《庄遵座右铭》两篇。未详所据。其《老子注序》反复言阴阳奇偶、上经、下经，玄虚无实，颇似宋人"通通太极"之说，不类汉文。其《座右铭》首云："夫疾形不能遁影，大音不能掩响。默然讬荫，则影响无因。常体卑弱，则祸患无萌。"尚有似出其口处。其下百四十字，卑浅俚陋，竟与元明《劝世文》相似，其为后人讹托，显然。再，汉时布席而坐，无所谓座。"座右铭"亦宋元乃有耳。

张华《博物志》："旧说云：天河与海通。近世有人居海渚者，年年八月，有浮槎，去来不失期。人有奇志，立飞阁于查上，多赍粮，乘槎而去。十余日中，犹见星月日辰。自后茫芒忽忽，亦不觉昼夜。去十余日，奄至一处，有城郭状，屋舍甚俨。遥望宫中多织妇。见一丈夫，牵牛渚次饮之。牵牛人乃惊问曰：何由至此？此人具说来意。并问此是何处？答曰：君还至蜀郡，访严君平则知之。竟不上岸，因还如期。后至蜀问君平。曰：某年月日，有客星犯牵牛宿。计年月，正是此人到天河时也。"其说可笑，大抵自汉以后，道流皆传傅会君平为仙人。今成都有"支机石"，旧在严真观，后移入"支机石公园"。现移植于西郊公园内。为高丈许之石圭,盖蜀王时墓表之巨石,常氏《蜀志》所谓"五丁担"是也。蜀人旧传此石即乘槎海客入天河,牵女人赠与一石,云问严君平当知。海客持问君平。君平曰:此织女支机石也。言下,石暴长,不可运,遂留君平宅云云(《四川通志》载,出《蜀加广纪》)《寰宇纪》卷七十二《华阳县》云:"君平宅在州西一里。《耆旧传》曰:卜肆之井犹存。今为普贤寺。"宋普贤寺,明清曰"严真观"。故《一统志》卷二九二"君平宅"条云:"今名严真观,中有支机石。"

《元和郡县志》卷三十一"汉州雒县"云:"君平卜台,在县东一里。"故世又传君平为广汉雒县人。《寰宇记》卷七十三"雒县"云:"君平卜台,《任豫记》云:广汉郡雁桥东,有君平卜处,土台高数丈。"今传雁桥在德阳县,故世又谓君平德阳人。又同卷"绵竹县"云:"君平池,古老传云:是君平宅,陷而为池。"故世又传君平为绵竹人。夫言君平事迹,自当以扬雄、班固为最可信。陈寿、常璩、皇甫谧次之,虽据传闻,史法精严,犹可信也。若张华所载,已同小说,无足征信。六朝以来诸说,讵可信哉?君平为成都大儒之隐于卜干。《汉书》、《常志》可定。

② 李弘,扬雄《法言·渊骞篇》云:"或问:'子蜀人也。请人。'曰:'有李仲元者,人也。''其为人也奈何?'曰:'不屈其意,不累其身。''是夷、惠之徒与?'曰:'不夷不惠,可否之间也。''如是,则奚名之不彰也?'曰:'无仲尼,则西山之饿夫,与东国之绌臣,恶乎闻。'曰:'王阳、贡禹,遇仲尼乎?'曰:'明星皓皓,华藻之力也与?'(李轨注:'星虽皓皓有华藻,然非能自显耀也。要须著天,而后天下见之。')曰:'若是,则奚为不自高?'曰:'皓皓者,己也。引而高之者,天也。子欲自高邪?仲元,世之师也。见其貌者肃如也。闻其言者愀如也。观其行者穆如也。郫闻以德诎人矣,未闻以德诎于人也。仲元,畏人也。'或曰:'育、贲?'(李轨注:'言夏育、孟贲,亦使人畏也。')曰:'育、贲也,人畏其力而侮其德。''请条?'曰:'非正不视,非正不听,非正不言,非正不行。夫能正其视听言行者,吾先师之所畏。如视不视,听不听,言不言,行不行,虽有育、贲,其犹侮诸。'"常氏赞注,截取此文者多。别有补充之文,似出《耆旧传》。《诗·小雅·宾之初筵》:"威仪抑抑。"抑抑,恭逊而有威之貌。一曰:慎密出。此言李弘视听言行必揆于正,故有威仪也。

③ 扬雄,《汉书》卷八十七有传。其传文全录雄之《法言自序》,而以"赞曰"补述其晚年事。在《汉书》各传中,特为一体。盖雄与固父彪同时,固年二十七时(天凤五年)雄卒,亲见其人,信其述事质实,文亦无可议也。《常志》于此,撮举其传文之要领,更益以玄学大行之盛概,以为"焕乎弘圣"注脚。雄《自序》称:"其先出自有周,伯侨者以支庶食采于晋之扬,因氏焉。……扬侯逃于楚巫山,因家焉。楚汉之兴也,扬氏遡江上,处巴、江州。而扬季官至庐江太守。汉元鼎间,避仇,复遡江上处岷山之阳曰郫。……自季至雄五世而传一子。故雄亡它扬于蜀。"是雄郫人也。而其传首云"蜀郡成都人",《常志》亦云"成都人"者,盖郫与成都紧连。雄实长、读于成都,有别业,为跨籍也。又各姓氏书,多谓伯侨食邑于杨。其后为杨氏。林宝《元和姓纂·十阳韵》云:"杨,周武王第三子唐叔虞之后,至晋出公,逊于齐,生伯侨,归天子,封为杨侯。子孙以国为氏。一云:周宣王曾孙封杨,为晋所灭。"又引《秘笈新书》:"杨雄自叙云:伯侨周何别也。"《隶释》载《樊敏碑》,一曰:"鲁分为杨。充耀封邑,厥土河东。"亦谓伯侨自鲁归周,受封于杨,地在河东也。《汉书·地理志》,河东二十四县,杨为其一。则伯侨所封邑字当作杨甚明。又巫山诸杨为大族,隋唐诸书屡见,是雄所云"逃于楚巫山"者,亦当作杨。只避仇居郫,五世单传者作扬耳。本书诸旧刻,于"扬州"及"扬子云",作杨、作扬者不一。又似扬与杨字,古可通用。

雄所著述，《汉书》已载《反离骚》《河东赋》《长杨赋》《解嘲》《解难》五篇。《文选》更载有《甘泉赋》《羽猎赋》《赵充国颂》《剧秦美新论》；其成书者《太玄》《法言》《方言》，今并存。汉世著述之富，雄为首屈。同时人桓谭深服雄，以为度越老庄，语在《汉书》。谭著《新论》十七卷，屡称道雄。如云："扬子云何人耶？答曰：才智开通，能入圣道，汉兴以来，未有此人也。国师子骏（刘歆）曰：何以言之？答曰：才通，著书以百数，惟太史公广大。其余蕞残小论，不能比之。子云所造《法言》《太玄》，经也。人贵所闻，贱所见也，故轻易之。若遇上好事，必以《太玄》易五经也。"（依《四部备要》问经堂孙氏辑本）又曰："张子侯曰：杨子云，西道孔子也。乃贫如此。吾应曰：子云亦东道孔子也。昔仲尼，岂独是鲁孔子，亦齐圣人也。"（同上）又曰："扬雄作《玄书》，以为：玄者天也，道也。言圣贤制法作事，皆引天道以为本统，而因附属万类，王政，人事，法度。故宓羲氏谓之易，老子谓之道，孔子谓之玄。《玄经》三篇，以纪天地人之道，立三体，有上中下，如《禹贡》之'陈三品'。三三而九。因以九九八十一，故为八十一封。以四为数。数从一至四，重累变易，竟八十一而遍。不可损益。以三十五著揲之。《玄经》五千余言，而传十二篇。"班固云："自雄之没，至今四十余年，其《法言》大行。而《玄经》终不显。然篇籍具存。"今按，雄卒于新莽之天凤五年（公元十八），没后四十余年，当后汉明帝永平初岁，班氏作传时，《太玄》犹未显。又二百年，为常璩著书之岁，注《太玄》者已有张、崔、宋、王、陆诸大儒，晋世以下作注者益多，此则非班氏所能知矣。张衡，字平子，安、顺时人，《后汉书》卷八十七有传。传云："常好《玄经》。谓崔瑗曰：吾观《太玄》，方知子云妙极道数，乃与五经相拟，非徒传记之属。……汉四百岁，《玄》其兴也。"《衡集》有"玄图"，传作"悬图"，章怀注云："盖玄与悬通。"崔瑗，字子玉，《后汉书》卷八十二有传。传不云为《太玄》注。惟《常志》言之。梁《七录》与《隋·经籍志》俱不载。然观上引《衡传》，则两人固曾研讨《太玄》，或有记注之文，但非成卷之专书耳。注《玄》专书，实始于宋仲子。宋仲子，名衷，一作忠，南阳章陵人，荆州五业从事（原误"五等从事"。依《隋志》改正），见陆德明《释文叙录》。在刘表为牧时，作《太玄解诂》，见陆绩《述玄》。《后汉书》与《三国志》俱无传。刘琮降曹操，未告刘备。备微闻，使人诘琮。琮令宋忠诣备宣旨。见《三国志·先主传》注引《汉魏春秋》。后在魏，见同书《尹默传》注。以其子与魏讽谋反，同被诛（《魏略》），所注《太玄经》九卷，见《隋书·经籍志》。《唐书·艺文志》作："宋仲孚注《太玄经》十二卷。"孚，盖学字讹。学即子古字也。"五业从事"，主水火金木土五枝之官，在朝廷为五官中郎将；在郡县，为五官掾。州吏本无，刘表据荆州特设之，不曰五官，而称五业。他州所无，人不习用，故或讹为"五等从事"也（如《释文》）。王子雍，名肃，《三国志·魏书》有传。传云："年十八，从宋忠读《太玄》，而更为之解。"其《太玄解》七卷，见《隋·经籍志》。陆公纪名绩，《三国志·吴书》有传。传云："注《易》释《玄》，皆传于世。"《隋志》云："扬子《太玄经》十卷，陆绩、宋衷注。"（注，原讹为撰）盖绩注，并全引宋注也。绩有《述玄篇》云："镇南将军刘景升，遣梁国成奇修好于鄙州。奇将，《玄经》自随。时虽幅写之通，年尚暗稚，甫学《书》、《毛诗》，王谊人事，未能深索《玄》道。真固不为也。后数年，专精读之。半岁间，粗觉其意。于是草创注解。未能也。章陵宋仲子，为作解诂。后奇复衔命寻盟，仲子以所解付奇，与安远将军彭城张子布。绩得览焉。绩智意岂能宏裕。顾圣人有所不知，匹夫误有所达。故遂卒有所述。就以仲子解为本。其合于道者，因仍其说。其失者，因释而正之。所以不复为一解，欲令学者瞻彼此，论其曲直，故合联之耳。"司马光《太玄序》云："汉五业主事宋衷，始为《玄》作解诂。吴郁林太守陆绩作《释正》（当作《释玄》），晋尚书郎范望作《解赞》。唐门下侍郎平章事王涯注经及首、测。宋兴，都官郎中直昭文馆宋惟干，通为之注；秦州天水尉陈渐，作《演玄》；司封员外郎吴秘，作音义。庆历中，光始得《太玄》而读之，作《读玄》。自是，求访此数书，皆得之，又作《说玄》。……乃依《法言》为之集注。……其直云宋者，冲子也。云小宋者，昭文郎中也。"是仲子亦作"冲子"。三国时注《太玄》者，宋、王、陆三家外，尚有蜀人李撰，著《太玄指归》，见《三国志》本传。吴人虞翻，有《太玄注》十四卷，见《隋志》。《吴志·翻传》裴注引《翻别传》曰："又以宋氏《解玄》颇有谬错，更为立法（当作注），并著明扬释宋，以理其滞。"又有陆凯《太玄注》十三卷，亦见《隋志》。《吴书·凯传》亦云："好《太玄论》，演其意以筮，辄验。"又有杨泉《太玄经》十四卷，见《隋志》。泉亦吴人（马总《意林》云：泉字德渊，梁国人）有《物理论》十六卷。或谓其《太玄经》系仿杨雄为之，义相发明，而非为之注解。李、虞、陆、杨四家书，至隋已亡，故司马光不得见之。然亦足见魏晋以来玄学之盛，常氏所引，亦但就蜀中人所知者言之耳。

桓谭《新论》又云："杨子云工于赋。王君大习兵器。余欲从二子学。子云曰：'能读千赋，则善赋。'君大曰：'能观千剑，则晓剑。'谚曰：'伏为象神。巧者不过学者之门。'"又云："余少时见扬子云丽文，欲继之。尝作《小赋》，用思太剧，立致疾病。子云亦言：'成帝诏作《甘泉赋》，卒暴（谓暴病），遂倦卧。梦五脏出地，以手收纳之。及觉，气病一年。'由此言之。尽思虑，伤精神也。"（依《四部备要》本。又《文选·甘泉赋》注引此，作："扬雄作《甘泉赋》一首，始成，梦肠出，收而内之。明日遂卒。"查《甘泉赋》作于成帝时，雄卒在新莽天凤四年。注文当误）

《西京杂记》，葛洪云刘歆旧撰；亦云"或问扬雄为赋。雄曰：读千首赋乃能为之。"又云："杨雄读书，有人语之曰：'无为自苦，《玄》故难传。'忽然不见。雄《太玄经》，梦吐凤凰，集《玄》之上。顷而灭。"又云："子云好事，常怀铅提椠，从诸计吏，访殊方绝域四方之语，以为神补輶轩所载，亦洪意也。"《方言》载雄《答刘歆书》亦云："故天下上计孝廉及内郡卫卒会者，雄常把三寸弱翰，赍素油四尺以问其异语。归，即以铅摘次之于椠。二十七岁于今矣。"雄之好学，大抵如此。王充《论衡·案书篇》云："汉家极笔墨之林。书论之造，汉家尤多。阳城子张作《乐》、杨子云造《玄》，二经发于台下，读于阙掖，卓绝惊耳。不述而作，材儗圣人，而汉朝不讥。"又《佚文篇》云："玩杨子云之篇，乐于千石之官。"又曰："杨子云作《法言》，蜀富人赍钱十万，愿载于书。子云不听。"又《案书篇》曰："杨子云作《太玄》，侯铺子随而宣之。"铺子，谓侯芭也。

《法言·问神篇》："育而不苗者，吾家之童乌乎。九龄而与我《玄》文。"《蜀典》引刘向《别录》云："扬信字子乌，雄第二子。幼而聪慧。雄算《玄经》不会，子乌令作九数而得之。雄又拟《易》'羝羊触藩'，弥日不就。子乌曰：大人何不云荷戟入榛。"桓谭《新论》："杨子云为郎，居长安，素贫。比岁亡其两男，哀痛之，皆持归葬于蜀，以此困乏。雄察达圣道，明于死生宜不下季札；然而慕怨死子，不能以义割恩，自令多费而致贫困。"（《太平御览》卷五五六引）

刘知几《史通·自序篇》，自比于扬雄。谓其有似扬子云者四。大抵北宋以前人无訾议扬雄者。南宋以来，乃多斥其阿莽、美新。《朱子纲目》，大书"莽大夫扬雄卒"以致贬。其《剧秦美新文》，载在《文选》。其《阿莽文》，载《法言·至孝篇》，云："或曰：'君逸臣劳。何天之劳？'曰：'于事则逸。于道则劳。'周公以来，未有汉公之懿也。勤劳则过于阿衡。汉兴二百七十载而中天，其庶矣乎。辟雍以本之，学校以教之，礼乐以容之，舆服以表之，复其井刑，免人役，唐矣乎？"《蜀典》辨之云："《太平御览》：'扬子恬淡寡营，以卖文自赡。文不虚美。人多恶之。及卒，怨家取《法言》援笔益之曰：自周公以来，未有如安汉公之懿也。勤劳则过于阿衡云云。缮写多行于世。'至今无有白其心迹者。"按《抱朴子》曰：

"王莽之世，卖饼小人皆得等级，斗筲之徒兼金累紫，扬子云确然忠贞之节形矣。亦可见莽大夫之诬题目也。"今按：《剧秦美新》，见于班固《典引》，此非后人所能诬者。谓雄儒生，颂莽以儒道治天下，同为迂儒可，斥其阿莽之为之辨涤皆非也。王莽、董贤皆至三公，而雄以耆老久次乃为大夫。《班传》此语，足证其非阿谀者矣。其余不足辨也。雄不忠于一姓而忠于儒道，在封建时代，无可议者。

④林闾，惟见《方言》。《方言》载扬雄《答刘歆索〈方言〉书》云："雄少不师章句。亦于《五经》之训所不解。常闻先代輶轩之使，奏籍之书，皆藏于周秦之室。及其破也，遗弃，无见者。独蜀人有严君平、临邛林闾翁孺者，深好训诂，犹见輶轩之使所奉言。翁孺与雄外家牵连之亲。又君平过误有以私遇，少而与雄也。君平财有千言耳。翁孺梗概之法略有。翁孺往岁死。妇蜀郡掌氏子。无子而去。"常璩据此为文。

⑤何武，《汉书》卷八十六有传。《传》云："为楚内史，厚两龚。在沛郡，厚两唐。"常氏注文据之。两龚，谓龚胜、龚舍，《汉书》卷七十二有传。两唐，谓唐林、唐尊，《汉书》同卷附《鲍宣传》。何并，《汉书》卷七十七有传。薛宣，《汉书》卷八十三有传。朱博、赵玄事，并详《汉书》卷八十三《博传》。鲍子都名宣，《汉书》七十二有传。余事具详《武传》。（此以下，凡正史有传者皆只录卷目，不引其文）

⑥张宽，附见《汉书》卷九十九《文翁传》，作张叔。本书《蜀志》亦作张叔（卷三7章之注⑤）。"七车张"与"别蛇莽之妖"二故事，并出干宝《搜神记》。昔人以宽边荒曲士，入仕有称，疑其有异，傅会诸说，犹《风俗能》言李冰为神人也。蛇妖事云："宽为扬州刺史。先是，有二老翁争山地。诣州讼疆界。连年不决。宽视事，复来。宽窥二老形状非人，令卒持戟将入。问汝等何精？翁走。宽呵格之。化为二蛇。"（《太平广记》卷四百五十六）

⑦司马相如，《史记》卷一百十七，《汉书》卷五十七并有传，均载其《子虚》《上林》《大人赋》《喻巴蜀檄》《难蜀父老》《哀二世文》《谏猎书》与《封禅书》。《文选》亦并采录。又复有《长门赋》一首，序云："孝武皇帝陈皇后时得幸，颇妒，别在长门宫。愁闷悲思。闻蜀郡成都司马相如，天下工为文。奉黄金百斤为相如文君取酒。因于解悲愁之辞。而相如为文以悟主上。陈皇后复得亲信。"其事二传不载。审此序，决非相如自为。盖好事者所伪托，或亦庆虬之之流也。《西京杂记》："长安有庆虬之，亦善为赋。尝为《清思赋》，时人不之贵也。乃讬以相如所作，遂大见重于世。"又曰："司马长卿赋，时人皆称典而丽。虽诗人之作，不能加也。杨子云曰：'长卿赋不似从人间来，其神化所至邪。'子云学相如赋而不逮，故雅服焉。"又曰："相如为《上林》、《子虚赋》，意思萧散，不复与外事相关。控引天地、错综古今，忽然如睡，焕然而兴，几百日而后成。其友人盛览，字长通，牂牁名士，尝问以作赋。相如曰：'合纂组以成文，列锦绣而为质，一经一纬，一宫一商，此赋之迹也。赋家之心，苞括宇宙，总览人物。斯得之于内，不可得而传。'览乃作《合组歌》、《列锦赋》而退，终身不敢言作赋之心矣。"又云："枚皋文章敏疾，长卿制作淹迟，皆尽一时之誉。而长卿首尾温丽。枚皋时有累句。故知疾行无善迹矣。"杨子云曰："军旅之际，戎马之间，飞书驰檄，用枚皋。廊庙之下，朝廷之中，高文典册，用相如。"杨雄《法言·吾子篇》云："或问：'景差、唐勒、宋玉、枚乘之赋也，益乎？'曰：'必也淫。''淫则奈何？'曰：'诗人之赋丽以则。辞人之赋丽以淫。如孔氏之门用赋也，则贾谊升堂，相如入室矣。'"《西京杂记》又传相如轶事云："司马相如初与卓文君还成都，居贫愁懑。以所著鹔鹴裘就市人阳昌贳酒，与文君为欢。既而文君抱颈而泣曰：'我平生富足。今乃以衣裘贳酒。'遂相与谋于成都（二字与传不合）卖酒。相如亲著犊鼻裈涤器。以耻王孙。王孙果以为病，乃厚给文君。文君遂为富人。文君姣好，眉色如望远山，脸际常若芙蓉，肌肤柔滑如

脂。十七而寡。为人放诞风流，故悦长卿之才而越礼焉。长卿素有消渴疾，及还成都，悦文君之色，遂以发痼疾。乃作《美人赋》，欲以自刺。而终不能改。卒以此疾至死。文君为诔，传于世。"又云："相如将聘茂陵人妾为妾。卓文君作《白头吟》以自绝。相如乃止。"《史通·序传篇》云："司马相如始以自序为传。然其所叙者，但记自少及长，立身行事而已。"今按：司马迁与相如同时，又同人蜀，知相如事甚悉，故传其琐事秽行娓娓然。相如自传安得如此。盖扬雄自序，班固以为传，后人混之耳。相如或自有传，非《史》《汉》之传文也。

⑧王褒，《汉书》卷六十四有传。与《常志》并云资中人。资中属犍为郡，常氏误系于蜀郡。然汉武置犍为郡，初治鳖，复徙南广。昭帝时犹治僰道。或当宣元成时牛鞞、资中犹隶蜀郡。迨犍为徙治武阳后乃割移也。本字子渊，缘下赞杨终称子山，故易此作"王渊"。犹《汉书·文翁传》称张宽之"张叔"，盖古有称字之一字俗也。原注多有脱文，义为之晦。兹依本传补十三字，删一"时"字。缘乐职《中和颂》亦宣帝时上，不独《甘泉》《洞箫》二赋也。褒文以《圣主得贤臣颂》为冠冕，不当夺之。又《中和颂》系刺史王襄上，则《甘泉》《洞箫赋》不得云"又上"。由作"又上"，可知其上文为《圣主得贤臣颂》矣。常氏尊汉，此注亦唯依《汉书》为之，不当如旧刻之谬乱。盖传钞者乱之，旧未校正耳。《文选》载有王子渊《洞箫赋》，《圣主得贤臣颂》与《四子讲德论》三篇。又《文选》卷五十五《广绝交论》注："王褒《碧鸡颂》曰：持节使者敬移：金精神马，飘飘碧鸡，归归来来！汉德无疆。黄龙见兮白虎仁。归来归来，可以为伦。归来翔兮，何事南荒。"

⑨杨终，《后汉书》卷七十八本传云："年十三，为郡小吏。太守奇其才，遣诣京师受业。"章怀注："袁山松书曰：时蜀郡有雷震决曹。终上白：记以为断狱烦苛所致。太守乃令终赋雷电之意，而奇之。"常注云"已能作《雷赋》"者是也。"终又言：'宣帝博征群儒，论定五经于石渠阁。……宜如石渠故事，永为后世则。'于是诏诸儒于白虎观论考同异焉。会终坐事系狱。博士赵博、校书郎班固、贾逵等以终深晓《春秋》，学多异闻，表请之。终又上书自讼。即日贳出，乃得与于白虎观焉。"是《白虎通》之作，杨终所倡，又身预之也。常注未及。《范史》亦有"后受诏删《太史公书》为十余万言"一语，盖取《常志》。王充《论衡·逸文篇》云："杨子山为郡上计吏，见三府为《哀牢传》不成，归郡作上。孝明奇之，征在兰台。"充与终同时人，所言当有据。盖终初为郡小吏，诣京师受业后，还蜀，为郡上计吏。撰《哀牢传》，乃征入兰台。常氏《南中志》《范史·南蛮传》皆曾采杨终《哀牢传》，而皆言终作之，故补于此。《范史》云："显宗时征诣兰台，拜校书郎。"查哀牢于明帝（显帝）永平十二年为郡。初任太守郑纯，广汉郪人。凡初郡，必有图籍上州府与三司。而蜀人之出入永昌为商为吏者多，终居成都，应得见之，故其于哀牢事，能较三府吏人熟习，非惟才高而已。以此征入兰台，则当在永平十三至十八年间。故建元初已上书论事也。又《范史》谓："终兄凤为郡吏，太守廉范为州所考，遣凤候终。终为范游说。坐徙北地。帝东巡狩，凤凰黄龙并集，终赞颂嘉瑞，上述祖宗鸿业，凡十五章。奏上，诏贳还故郡。"查《廉范传》："建初中为蜀郡太守。""在蜀数年，坐法免归乡里。"则终之徙边，在章帝时也，而《常志》此注，叙徙边于明帝前。盖误。又按《章帝纪》：东巡狩在建初七年，而"诸儒会白虎观讲议五经同异"在建初四年，亦正廉范为蜀守时。是终为范游说得罪徙边在永平六七年间，七年免归乡里更未出仕，以著述终。常注："后坐太守徙边作《孤愤诗》"十字即指坐廉范事。范本循吏，终为游说得罪也。兹依《范史》，移至"又上《符瑞诗》十五章"句前。并增"免还乡里"四字，用符史实。章怀注："《益部耆旧传》曰：终徙于北地望松县，而母于蜀物故。终自伤被罪充边，乃作《晨风》之诗以抒其愤。"盖即常注之《孤愤诗》也。终

永元十二年征拜郎中,以病卒。距入兰台已二十余年,应生于东汉初世。

⑩陈立,《汉书·西南夷传》详记其平牂柯事。本书《南中志》亦著之(卷四2章之注⑥)。此赞云"垂勋三邦"牂柯、巴郡、天水三郡也。注云"将军王凤,当脱大字,兹补。"又《汉书》谓立"入为左曹卫将军、护军都尉,卒官"。《常志》旧刻省作"入为左卫将军"六字。常氏既取《汉书》为文,不当割削其官称。疑是旧写本误脱也。考《汉书·百官公卿表》"奉车都尉属官"云:"侍中,左右曹诸吏,散骑、中常侍,皆加官。所加或列侯,将军,卿,大夫。"是"左曹卫将军"乃奉车者尉属,天子亲近之官也。表又云:"护军都尉,秦官,武帝元狩四年属大司马。成帝绥和元年居大司马府,比司直。哀帝元寿元年更名司寇。平帝元始元年更名护军。"然则立由太守内迁奉车都尉属,再转为护军都尉,在平帝时。时护军都尉属大司马府,秩比于卿也。《汉书》文不当省,兹据补五字。

⑪王阜,《后汉书·西南夷·滇传》作"王追",字讠为。《东观汉记》有《阜传》,今有辑存文云:"字世公,蜀郡人。少好经学,年十一,辞父母欲出精庐。以少,不见听。后阜窃书诵日,辞欲之犍为定生学经,携钱二千布两端云。母追求到武阳北男谒舍家得阜,将还。后岁余,白父曰:'今我出学,仕宦俛至。到今母乘疲马车。升怜其言,听之定所,受《韩诗》。年七十(当作十七),为食侍,谋童子传授业,声闻乡里。'"此段辑文,义不尽明,要可见阜出生于蜀郡一富农家庭,自幼力争上游,竟能达其上升仕宦阶层之目的者。是为成都平原当时已全部进入封建社会之验。又云:"补重泉令,政治肃清,举县畏惮,吏民向化。鸾鸟集于学宫,阜使五官掾长沙叠为张雅乐,击磬,鸟举足垂翼,应声而舞。翱翔复上县庭屋,十余日乃去。为益州太守,边郡吏多放纵,阜以法绳正,吏民不敢犯禁。政教清静,百姓安业。神马四,出滇河中。甘露降,白乌见,连有瑞应,世谓其用法平正宽慈惠化所致。大将军窦宪贵盛,以降闟襜褕与阜。不受。宪尝移书益州取六百万。阜觉有奸诈,以状上。宪遣奴骑帐下吏本文迎钱。阜以诏书未报,距不与文。积二十余日,诏书报给。文以钱市焉。"常氏此条赞注,盖即摘取《东观汉记》文也。阜为益州在大将军窦宪时,则和帝初岁时也。"文以钱市焉"者,谓文得此钱即以市易物货,如奴隶、珍异宝货之属还洛,非国用,但为宪经商资本耳。于当时权贵习于遣出奴仆小臣向西南诸郡经营商业之证,为研究汉代社会经济史者所当知,故录附于此。

⑫张霸,《东观汉记》有传,今辑存残文云:"字伯饶,蜀郡成都人。年数岁,有所唉必先让父母,乡里号曰张曾子。九岁通《春秋》。复欲进业。父母语汝小,何能多……。"《后汉书》卷六十六本传云:"七岁通《春秋》。复欲进余经。父母曰:汝小,未能也。霸曰:我饶为之。故字曰饶焉。"(《太平御览》卷三八五引《益部耆旧传》略同)《范书》又云:"后当为五更,会疾卒。"与《常志》"遂授五更,尊礼于文学"之说小异。《范书》又曰:"将作大将翟酺等与诸门人追录本行,谥曰宪文。"而《常志》赞与注皆作"文父"。盖魏晋时《张霸传》已有两种:一为官撰,即《东观汉记》本传,谢承、范晔等之《后汉书》遵之。一为翟酺等门人私撰之行述,陈寿《耆旧传》(《太平御览》卷三五二引《益部耆旧传》,载霸治会稽事),常璩《赞注》依之。赞云"道崇辟雍",谓授五更,与三老同受尊礼于文学也。养三老五更礼制,另详《广汉士女·杨统赞注》。《范书》又云:"后就长水校尉樊鯈受《严氏公羊春秋》,遂博览《五经》。诸生孙林、刘固、段著等慕之,各市宅其旁以就学焉。"是谓霸已通五经之后,诸生活就而赁宅依止师事之也。《常志》旧刻,叙诸生移家依止师事于"数岁以知礼义"句下。夫人虽生而圣哲,亦不可能于数岁时即已使人徙宅师之。设孙林等为成人,固不至于师事数龄幼童。设诸生犹为童子,亦不可能自主徙宅。史家之史,贵符实际。常氏原著当不如此。旧传钞者移乱之以夸大霸之孩提卓异,兹当纠正者也。又霸之学业,

在精通《严氏春秋》，删定成一家言。而注未及之。兹故并补"治《严氏春秋》"一句。（《东观汉记》云："以樊儵删《严氏公羊春秋》，犹多繁词，乃减为二十万言，更名张氏之学。"《后汉书》略同）《严氏春秋》，前汉儒生严彭生所演《公羊春秋》也。霸之政绩，独著于会稽。《范书》本传云："表用郡人处士顾奉、公孙松等。奉后为颖川太守，松为司隶校尉，并有名称。其余有业行者，皆见擢用。郡中争励志节，习经者以千数。道路但闻诵声。"毕海、胡母官、万虞先、王演、李根五人无考。当即《范书》所云"其余有业行者"。霸卒，葬河南尹属之梁县，见《蜀郡列女·司马敬司赞注》。

⑬赵典，《后汉书》卷五十七有传，未言列名八俊。别于卷九十七《党锢传序》曰："海内希风之流遂共相标榜，指天下名士为之称号，三曰三君，次曰八俊，次曰八顾，次曰八及，次曰八厨，犹古之八元八凯也。窦武、刘淑、陈蕃为三君，君者言一世之所宗也。李膺、荀昱、杜密、王畅、刘祐、魏朗、赵典、朱寓为八俊，俊者言人之英也。"典所历官，按《后汉书》本传，为：建和初拜议郎，"再迁为侍中。"父戒卒，袭封厨亭侯。"出为弘农太守。转右扶风，公事去官。征拜城门校尉。转将作大匠。迁少府。又转大鸿胪。""转太仆。迁太常。""后以谏诤违旨，免官就国。"桓帝崩后，"再迁长乐少府卫尉。公卿复表典笃学博闻，宜备国师，会病卒。"无"三为侍中"之迹。查后汉九卿为：太常、光禄勋、卫尉、太仆、廷尉、大鸿胪、宗正、大司农、少府。赵典历其五焉。若依《范书》总其官历，当作："一为侍中，五居卿位，隐约自乐。"传钞脱六字，讹一字也。《范史·典传》："笃行隐约。"章怀注："隐，犹静也。约，俭也。"故曰"隐约自乐"。惟《常志》亦可能别有所据。今《东观记》无赵典事。各书所著谢承《后汉书》及陈寿《益部耆旧》残文亦无及赵典官历者，无凭定之。当仍存旧刻原文，附著其异于《范史》者如此。又《范史》谓典为戒子。他各书多同。《常志》于《三州士女目录》亦云："戒第二子也。"而此注作"戒孙"。孙字显为子字之讹。兹更正。章怀注引谢承《后汉书》曰："典，太尉戒之叔子也。"亦备一说。

⑭何英，不见正史。《汉德春秋》，盖阐证文纬图谶之书。

⑮何汶，别无所见。疑此赞注二人俱出于《益部耆旧》。赞云"何杨研神"，实包英、汶与杨由三人。

⑯杨由，《后汉书》卷一百十二《方术》上有传。所举占验，有可与此注相抱补者，有全出此注外者。如占致果者，《范史》云："有风吹削哺，太守以问由。由对曰：方当有荐木实者，其色黄赤。顷之，五官掾献橘数包。"此可补《常志》。又《范史》无劝太守拒窦宪索《云气图》事。《范史》有"尝从人饮，敕御者曰：酒若三巡，便宜严驾"一节亦常注所无。又《范史》云："著书十余篇，名曰其平。"《常志》但云"著书十篇"。盖亦官史、私史各俱有传，所传不同，诸家采录亦互异也。赞云"何杨研神，贯奥人微，实系合赞何英、何汶与杨由三人。与其他父子附传不同。如此，始与末谓"四十三人"数合注。

⑰任昉与其弟恺，父循，皆不见于正史，他书亦未有述及者。盖常氏系依《益部耆旧传》为，赞任昉一人，附著其弟与父，故当合为一分注。犹杨雄子乌之附《雄赞注》，赵定之附其子《赵戒赞注》也。任循得其父于长沙任内事，别无可考，惟《目录》本注云："少失父。后为长沙，父流离远届长沙，为郡五官。父之母识知。是事在精通也。"（依钱谷写本）疑《益部耆旧·任昉传》原附有此记录，谓：循迎祖母在长沙官署，识其五官掾为其早失之子，即循生父。当时以为奇谭，播为美誉，颂循求父而不识，精诚感通，其父流离自致也。循父子何以不相识？何以离识，当时必能知，因人习为常谈，遂未详著。查昉与梁冀同时，卒于冀诛（一五九）后，则当生于和帝末叶或安帝初岁（一〇六前后）。其父循，当生于明、章之间（七五前后）。其时全国承平，社会安乐，循父因何弃家亡命，终身不归？以此知史称"明章治世"云者皆誇饰欺世之说耳。

⑱何霸，《汉书》卷八十六《何武传》云："武兄弟五人皆为郡吏，郡县惮之。"五人中惟著武弟显数事，不及兄霸。《常志》屡曾及霸，盖据《益部耆旧传》文也。何显为颍川太守，见《目录》及《汉书·何武传》。他二人失名。

⑲柳宗，别无考见。"州郡右职"，谓州治中从事与别驾从事，郡主簿与功曹，皆有用人行政实权者，故能推荐贤达，援引后进。美阳，右扶风属县，有岐山与周城。今为陕西武功县地。求次方四人，别详《目录》注。

⑳赵戒，《后汉书》附《赵典传》，云："父戒，为太尉。桓帝立，以定策功封厨亭侯。"不著其行事。别于《李固传》云："冀（梁冀）忌帝（质帝）聪慧，恐为后患，遂令左右进酖。……因议立嗣。固引司徒胡广、司空赵戒，先与冀书曰：……远寻先世废立旧仪，近见国家践阼前事，未尝不寻访公卿，应求群议。……冀得书，乃召三公、中二千石、列侯，大议所立。固、广、戒及大鸿胪杜乔皆以为清河王蒜……宜立为嗣。先是，蠡吾侯志常取冀妹，时在京师，冀欲立之；众论既异，愤愤不得意，而未有以相夺。……明日，重会公卿，冀意气凶凶而言辞激切。自胡广、赵戒以下莫不慑惮之，皆曰：'惟大将军令。'而固独与杜乔坚持本议。冀厉声曰：'罢会。'……乃说太后，先策免固，竟立蠡吾侯，是为桓帝。"后固与乔皆得祸枉死，汉世亦自桓帝而乱，故天下皆惜李固、杜乔而憎赵戒、胡广。戒益州人，故州人恨戒者尤众，《常志》于此，以其为益梁七公之一，不能不为作赞。叙于子典与何、杨、任昉、何霸、柳宗之下，注不著其德业，而于赵谦赵温赞注曰："虽逼权势，以道陈训，贤其祖远矣。"《范史》之削戒事迹，亦正此。大抵《东观记》已削去《赵戒传》矣。惟《赵氏家传》犹详戒事迹。谢承《后汉书》曰："戒博学，明经，讲授，举孝廉，累迁荆州刺史。梁商弟让为南阳太守，恃椒房之宠，不奉法；戒到州，劾奏之。迁河间相，以冀部难理，整万戒严。迁〔戒〕南阳太守，纠豪杰，恤吏人，奏免中官贵戚子弟为令长贪浊者。征拜为尚书令。出为河南尹。转拜太常。永和六年特拜司空。"（章怀《后汉书》注引）则戒早年固曾有贤称者。

㉑赵谦，典兄子，《后汉书》附《典传》。

㉒赵温，谦弟，《后汉书》同附《典传》。《常志》贬戒而称其一子两孙，以为虽居乱世，"犹操道柄"，"贤于其祖远矣"。赞末二句与注，原当上连。旧刻提行，兹仍其式。

㉓常洽，《后汉书》不著。《三州士女目录》云："见《赵温传》。"当是指《东观记》之《温传》或谢承《后汉书》之《温传》，或赵氏私撰之《赵温别传》，今并轶。惟《常志》存。

㉔杨竦，又见《南中志》。《后汉书》在卷一一六《西南夷·邛都传》。

㉕张充，《太平御览》卷七〇九荐席门引《益部耆旧传》曰："张充为治中从事，刺史每自坐高床，为从事设单席于地。"《常志》批注，显系依据《耆旧传》。《耆旧》轶其下文，《常志》补足"刺史寤"一节。而《常志》亦脱"刺史辟用大姓充曹"以下谏语，则无可补矣。夫倚大姓子弟为吏，张充谏语必有可传，而适阙之，殊可惜。倚用大姓世族，为封建政汉一大特色，故当时官场必不满于张充之说。疑旧时传钞者因恶其辞有意削去数行，致李几事前段亦失之也。

㉖李几事失上文，当是"几为太守第五伦主簿"九字，然亦或是其他椽属。由后文"伦迁司空"句，知是蜀郡太守第五伦也。"以汉中斗平，不足表闻"者，谓伦承前刺史指，以汉中丰稔，运其米济蜀，米价克平，未成灾，嘱无庸奏闻。几固争当报灾。伦不听。结果由于汉中道远，运米未能济蜀，灾民怨诅。后刺史因而劾伦。"几对以：上灾异不得由州"云者，谓几教伦与刺史互劾：刺史以六条察吏，非条所问，即不省；

又有诏书:刺史不报灾异;转劾刺史越权报怨也。灾已过不可复验,而二千石重于刺史,故互劾可得免议。极言几能匡正伦,又复忠于伦也。原脱"不听"句,当补。

㉗杨班,别无考见。《士女目录》云:"何苌弟子。"

㉘罗衡,亦别无所见。《目录》云:"亦苌弟子。"疑是蜀人旧有《何苌传》,附著其弟子事迹。陈寿《益部耆旧》采之,而脱《苌传》。常璩因《耆旧》作此赞注,不能查得苌事,故屡于注文学举苌而无赞与行事也。再,万年,京兆属县。广汉,偏远小县(今射洪县地)。罗衡由万年令拜广然长,则左迁也。不当在"三府争辟"时反获此谪。疑《耆旧传》尚别有文,常氏节删致此。虽然,后汉时仕宦州郡,有贵在本土之习。或是衡自求之。仕县不得在本郡,衡蜀郡人,故得广汉也。汉时益州属县多为长,鲜为令者。

㉙陈湛,别无考见。"羔羊之义"者,《诗·召南·羔羊篇》毛传:"召南之国,化文王之政,在位皆节俭正直,德如羔羊也。"诗三章,反复言素丝缝缀羔皮,大夫衣之,自公退食,逶迤端正,无私交朋比之态度。《毛诗》作"委蛇",《韩诗》作逶迤。《释文》引之云"公正貌"。郑玄《毛诗笺》云:"委曲自得之貌。"皆示孤介之义。

㉚禽坚,正史不著,应出《耆旧传》。转写中颇有错讹。如原刻"一至汉中"句,坚既知其父陷在越嶲,则当向西南夷中寻之,不得反向东北至汉中寻父。是"汉中"为"南中"字讹也。此南中,即《史记》与《汉书》之《西南夷传》所谓"南夷"地区,亦即夜郎、滇国之地。汉已为郡,不设徼,故曰南中。三出徼外,谓西夷地区,即筰与邛及徙、青衣夷地,郡县不固,严设阙徼,故曰徼外也。汉时西南夷落多已进入奴隶社会,有掠卖奴隶之习。汉商人从夷中大买僰僮,转售腹地买利。见《史记·货殖传》与《汉书·地理志》。夷中亦自互相掠转买,则于此注知之。坚父以吏人行役越嶲,亦被掠卖,足见诸夷互相掠卖情形,本无种族与阶级择别,但视其力所能得即掠之也。"传卖历十一种"者,凡夷得奴隶,挞苦不能服者,则转卖之。坚父以蜀吏被掠,故不服,遂连被转卖,阅十一部族,史云十一种,故坚虽知其被掠在越嶲,犹一至南中,三出西徼以求之也。"碧珠",孔雀石(翠玉)所琢之珠,价高易藏,又为诸夷所珍。坚以佣赀易得之,为赎父价之准备。己身仍依为人佣力,随伙入夷中,因便访父,非谓只身往也。设只身往,亦当被卖矣。故原传当作"得碧珠",不当作求,传钞者因下文求字讹耳。至"为县史越嶲",当作使,廖本已注订,是。汉、魏人视郡县同诸侯,相互传达者皆曰使也。

㉛仲昪,别无见。字书无昪字,目录作昱,兹据改。仲姓,与种姓皆称出于仲山甫,故有人疑其字当作种昱(唐百川笺),然"种昱"史亦无见。兹故仍依宋椠原字。免师,谓免严季后于难。由注文"俱得免难",知字当作免。旧刻作勉,非。"经度六七",谓计划往赴,凡六七度,皆未能达。几死而不泯其志,阅时数年,竟达师所,卫之逃归也。

㉜任末,旧刻作"新繁人",查两汉志,蜀郡只有繁县。自后周徙治,始曰新繁。故知此刻新繁之新字,用隋唐时传钞者所妄增。当删。《后汉书》卷一百九《儒林下》有《任末传》,云:"蜀郡繁人也。少习《齐诗》。游京师,教授十余年。"亦载致董奉德丧与赴师丧事。而云"敕兄子造曰:必致我尸于师门。使死而有知,魂灵不惭。如其无知,得土而已。造从之。"盖与《常志》皆出于《益部耆旧传》,而详略不同。又有"为郡功曹,辞以病免"句,则末非终居京师,亦曾还蜀入仕也。晋王子年《拾遗记》云:"任末年十四时,学无常师,负笈不远险阻。每言人而不学,则何以成。或依林木之下,编茅为庵,削荆为笔,克树汁为墨,夜则映星望月,暗则缕麻蒿以自照。观书有合意者,题其衣裳以纪其事。(《太平御览》卷六八七引作:"观书有合意处,则题其衣裳及掌里以记其事。")门徒悦其勤学,更以静衣易之。非圣人之言不视。

临终，诫曰：'夫人好学，虽死若存。不学者，虽存，谓之行尸走肉耳。《河》《洛》秘奥，非正。'典籍所载，皆注记于柱、壁及园林树木。慕好学者，来辄写之。时人谓为任氏经苑。"（依《古今逸史》本。校以《御览》残文，知犹多有阙、脱）

㉝朱普，别无考见。汉魏晋人习称太守为将，屡见本志。

㉞李磐，唯见《常志》。当是据《益部耆旧传》。严道，本蜀郡属县。后汉安帝延光元年（一二二），分蜀之汉嘉（故青衣）、严道、徙、旄牛四县为属郡属国，至灵帝时升为汉嘉郡（详卷三《补汉嘉郡》文）。《常志·先贤篇》无《汉嘉士女》。《士女目录》有汉嘉郡二人，无李磐，而列磐于蜀郡者，盖磐死事在分郡以前。蜀郡府庭有其图像，《益部耆旧传》先已列在蜀郡故也。《后汉书·安帝纪》：初元六年（一一九），"永昌、益州、蜀郡夷叛，与越嶲夷杀长吏，燔城邑。益州刺史张乔讨破降之"。此所谓"蜀郡夷"，即指旄牛夷，其时郡未分，旄牛县犹隶蜀郡故也。（汉旄牛县治，在今汉源。然其辖地，则包有今汉源、石棉、泸定、康定四县，即故沈黎郡之大部分，本旄牛羌王属地也）此次民族动乱，同书卷一一六《邛都夷传》曾详著之：元初五年，"以卷夷大牛种封离等反畔，杀遂久令。明年，永昌、益州及蜀郡夷皆叛应之，众遂十余万，破坏二十余县"。严道当即此二十余县之一。严道与旄牛县隔邛崃山。旄牛夷逾崃山入县，则已侵入四川盆地矣。刺史张乔遣从事杨竦讨平之，亦见本书《南中志》与《杨竦赞注》。李磐死事，盖即是年。杨竦病创死，张乔惜之，图画其像，从而太守亦画李磐像于郡府也。下赞文"在三义教"者，《礼记·礼运》："天生时而地生财。人，其父生而师教之。四者，君以正用之。"（旧社会人家咸供天地君亲师位，本此）又曰："君者，所明也，非明人者也。君者，所养也，非养人者也。君者，所事也，非事人者也。"故霍弋《降晋文王表》曰："臣闻人生于三，事之如一。惟难所在，则致其命。"（裴松之《霍峻传》注引《汉晋春秋》文）常璩于此解云："君、父、师也。"此总赞陈湛、禽坚、仲昪、任末、朱普、李磐六人能教事君、事父、事师之义，终始不渝也。

㉟章明，惟见于此。

㊱王皓，《后汉书》卷一一一《独行·李业传》附见。

㊲侯刚，惟见于此。"新繁"之新字为钞衍。说在上文注㉜

㊳王嘉，在《后汉书》与王皓同附《李业传》。

㊴罗衍，惟见于此。解文卿、郑文伯谏公孙述事，已著《公孙述志》。于此乃著罗衍劝说之功（参看卷五2章之注⑪）。

㊵何宗，《三国宗·杨戏传·季汉辅臣赞》："鸿胪明真。"陈寿注云："何彦英，名宗，蜀郡郫人也。事广汉任安学。精究安术。与杜琼同师而名问过之。刘璋时，为犍为太守。先主定益州，领牧，辟为从事祭酒。后援引图谶，劝先主即尊号。践阼之后，迁为大鸿胪。建兴中卒。失其行事，故不为传。子双，字汉偶，滑稽谈笑，有淳于髡、东方朔之风。为双柏长，早卒。"

㊶何祗，《三国志》附《杨洪传》。裴注《洪传》，引《益部耆旧·杂记》载其行事尤详。言其："少寒贫。为人，宽厚通济。体甚状大。又能饮食，好声色，不持节俭。……游戏放纵，不勤所职。……答对解释，无所凝滞。亮甚异之。出补成都令，时郫县令缺，以只兼二县。二县户口俱多，切近都治，饶诸奸秽。每比人，常眠睡，值其觉寤，辄得奸诈。众咸畏只之发摘。或以为有术，无敢欺者。使人投算，只听其读而心计之，不差升合。其精如此。汶山夷不安，以只为汶山太守。民夷信服。迁广汉。……转只为犍为，年四十八卒。"（《太平御览》卷四百及八百四十九亦引）

㊷张裔，《三国志·蜀书》有传。

㊸杜琼，《三国志·蜀书》有传。同卷《周群传》附蜀郡张裕事，亦见《先主志》。以得罪诛死，本书无赞，《目录》亦失之。

以上，蜀郡人士入赞者四十三。三州《士女目录》所辑蜀郡人士六十七。无赞者二十四人。《目录》依各人在世时间为叙。赞文则分类为之，不拘时次，首德望品节（尤崇隐士），庄、李、扬、林与何武是也。次文章、学术，杨终以上四人是也。次功勋，陈立、王阜是也。上十一人为一章，皆名在宇内，历久不湮者。犹《汉书·人表》之有上上拟"圣人"也。其次张霸、赵典，以德称；何英父子、杨由，以术著；任昉能立功名，何霸、柳宗居橼属卑位而能以才见重。皆无可訾议。犹《人表》之有上中，所谓"仁人"也。又次赵戒、谦、温、常洽、杨竦，临事不乱，咸著功称，犹《人表》之有上下"智人"也。此下张充、李凡、杨班、罗衡，名位不崇，德业有称，拟于《人表》，则中人之上也。陈湛以下，至于李磐，敦在三之义，全始终之德，虽若无补于时，要不失为笃信道义，比于《人表》，则中中也。中人以下，如无赞而著《目录》之二十四人，谓其不值于赞也。尚有见在三史，而《目录》亦不收者，如《汉书·货殖传》之"成都罗裒"，《三国志》之"蜀郡张裕"，则或以逐末，或以陷刑，斥为下愚，不收录焉。《常志·先贤》各赞与《士女目录》编组精神，大抵如此。故庄遵生在成哀，张宽兴于景武，而赞宽于庄遵诸人之下。赵戒为典之父，而赞典在戒之前。杨终生于后汉，而与王褒连赞，二赵、常洽皆汉末人，而叙在公孙述前也。"炎光中微"以下，专赞不附公孙述者为一章。胜国降臣，当称此辈以自明，拟于《人表》，则列中品耳。"刘主割据"以下四人又别为一章，则以其生于近世，子孙见在，避嫌疑，远忌讳，不以人表品类相拟也。今按《汉书·人表》，内容溢出断代之外，而品分亦不尽合理，在全书为赘疣，殊谬于史法。然魏晋以九品中正取士，反奉以为圭臬焉。常璩思想为积习所固结，故其为赞如此。评隲实不允当，未值阐述。但为注此书故，仍当指出其精神与实质耳。

三

敬司穆穆，畅始玄终。　　敬司，司依《目录》补司字。▲马氏女，五更张霸伯饶妻也。霸前妻有三男一女。敬司产一男。抚教五子，恩爱若一。霸卒，葬河南。敬司与诸子还蜀。疾病，遗令告诸子曰："舜葬苍梧，二妃不从，汝父在梁，吾自在蜀，亦各其志。张本作至。勿违吾钱写本脱吾字。敕旧各本作敕。字通。也。"遂葬蜀。子光超，禀钱写本作乐。母教，为聘士也①。

叔纪婉娩，【十】士按注文当作士。▲媛仰风。　　叔纪，霸承上文，当作伯饶。女孙也。适广汉王遵，旧各本作尊。廖本依《目录》改作遵。至有贤训，事张本脱事字。姑以礼。生子商，钱写作商。海内名士。广汉周干、古朴、彭勰、汉中祝龟为作颂曰："少张本作小。则为【家】▲室家当作室，说在注释。之孝女。长则为家之贤妇。老则为子之慈亲。终钱本此下有空位。温且惠。秉心塞渊。宜谥曰孝钱、刘、李、《函》各旧本作化。廖本作孝。明惠母②。"

公乘钟本误秉。氏张，张本倒作张氏。两髦义崇。　　公乘会妻，广都张氏女也。夫早亡，无子。姑及兄弟欲改嫁之。张誓不许，而言之不止，乃断发割耳。养会族子，事姑张本脱姑字。终身③。

助陈抚孩，节笃分充。　　助陈，临邛陈氏女，犍为杨凤珪妻也。凤珪亡，养遗生子守节。兄弟必欲改嫁，乃引刀割咽，宗族骇之，几死，遂全其义④。

二常茕茕，颓构《函海》本有讳笔。再隆。　　元常、靡常，江原人也。张本无也字。元常，广都令常良女，适广汉便【敬】此字有误，当阙之，说在注释。□宾，早亡。元常无子，养宾族子。父母欲嫁，乃祝刀誓志，此下当有脱文。而死⑤。靡常，仲山女，适成都殷仲孙。家遭疫气死亡，惟靡常在。年十八，廖本注云："此二字当在死亡下。读死亡十八，四字为一句。"今按：此说非也。"惟靡常在"，则非死亡十八。但脱"年"有字耳。靡常时年十八，遭此而不改嫁也。收葬诸丧，养遗生子，立【美】义旧各本作美。兹改作义。说在注释。成家⑥。

纪常哀哀，精感昭融。　　纪常，常侍【常】洽女，赵侯谦当补此字，以别谦、温与典。夫人也。父遇害在廖本无在，据他本补。长安，其【二】一廖本原作二，他本作一，审文意作一是。兄【皆】先没。钱写作殁。遣父门生翟旧各本作翟。廖本作翟。登、张顺迎丧。时寇贼蜂起，昼夜悲哀。顺、登得将丧无恙还，时人皆以纪常精诚所感⑦。

贡罗誓志。　　贡罗，郫罗倩女，景奇《函海》注云："李本无奇字。惠校加之。"妻也。奇早亡，无子。父愍其年壮，以许同郡何诗。贡罗白书钱写本与《函海》作昼。张、刘、李、廖、浙本作书。誓父，不还家。父使诗【乃】因下乃字衍。白州。州告县，逼遗之。罗乃诉州。刺史高而许之⑧。

玹何忘生。　　玹何，郫何氏女，成都赵宪妻也。宪早亡，无子。父母欲改嫁。何恚愤自幽，【乃】字当衍。不食，旬日而死。郡县为立石表⑨。

昭仪殉身。　　昭仪，【新】当衍。说在前注。繁张氏女，广汉朱叔贤妻也。贤为郡督邮。建安十九年，刘主围刘璋于成都，贤坐谋外降。璋以昭仪配兵。将见逼，昭仪自杀。三军莫不哀叹⑩。

二钱写本作三。姚见灵。　　广柔长郫姚超二女，姚妣、饶，未许嫁，随父在官。值九种夷反，杀超。获二女，欲使张本脱使字。牧羊，二女誓不辱，乃以衣连腰，自沈水中死。见梦告兄慰曰："姊妹之丧，当钱写脱"当"字。以某日至漱下。"慰寤哀愕。如梦日得丧。郡县图象府庭⑪。

峨峨淑媛，表图铭旌。　　淑，善。媛，婉娩也。言此十二女，皆图象列传。述蜀郡列女。五字各本行款同前。

右《蜀郡士女赞》第一志古堂影刻题襟馆本讹作第十。他各本皆作第一。又此下，各本皆只空格。题襟馆本独另行低五格。兹仍旧本式。

凡五十五人。此下九字，各本皆有，作双行小字。浙本补刻全作大字。当作小字。（四十三人士，十二人女）⑫。

案：以上赞蜀郡列女十二人并自注。附蜀郡入赞士女统计。皆常氏原有。计赞文七十二字，自注六百三十九字。合前，凡赞蜀郡士女五十五人，四百四十八字，自注四千六百余字。就字数言，相当于一短卷（例如卷五亦只四千余字）。然以其自注皆双行夹写，则篇幅仅可相当于长卷之半幅（例如卷十一《后贤志》，多至九千余字），则原书合《两郡士女赞注》为一子卷，为势所必然。兹故依旧刻分《先贤志》为三子卷（分订三册）。所赞蜀郡列女十二人，皆不见于正史。《三州士女目录》亦更无所增益。盖只取材于陈寿《耆旧传》与皇甫谧《列女传》二书（《太平御览》多引之）。二书又各采自各私家行述与公府图象旌铭之档籍。封建社会，女子深居闺阁，非此即不能传，常氏亦无从更得之也。凡所赞注，虽不免于谬采封建巨室谀墓之辞与劝诱青年妇女守节之教条，然于传古代社会风俗之真实，亦足贵也。

【注释】

①司马敬司，为此女全名。司马，生父姓也。女当外嫁，随夫易姓，故父母为之命名，预系本姓一字，此下江原常氏三女：元常、糜常、纪常，皆是其例。此名敬司，截"司马"一字。原刻注文各本脱"司马"之司字。《目录》云"张霸夫人司马敬司"可证。在家称司马敬司。嫁于张霸，则当称"张敬司"。后世女子无名，但称"张常氏"或"张本常"之类，盖仿于此。又注云："五更张伯饶妻也。"下忽又称"霸前妻"云云，按史法，当作："五更张霸伯饶妻也。"称名连字，前各卷多有其例。名字互用一事，前无其例。故补司字与霸字。张霸卒于官，葬何南梁县。敬司不从葬，赞云"玄终"，谓其达于义，违于礼，虽是而非正，封建士大夫持礼而原情之议也。古时称理之微妙者为玄，含有不遵常度之义。张光超，见《士女目录》。前妻子张楷，字公超，未还蜀，遁世讲学于嵩华之间，《后汉书》有传，本书《目录》亦著之。

②张叔纪，霸孙女，则顺、桓间人也。其时女子，盖已有依兄弟伯仲命名之习矣。叔纪以子商显名，无他异绩，赞但称其婉顺而已。《礼·内则》："女子十年不从姆教，婉婉听从。"《说文》："婉，顺也。"《广韵》："婉，媚也，顺也。""十媛仰风"，注文无可拟，但举周干、古朴、祝龟诸名士赞颂，则十为士字之讹可知。兹径改。《仪礼·丧服》，子夏传曰："妇人不贰斩者何也？妇人有三从之义，无专用之道。故未嫁从父，既嫁从夫，夫死从子。故父者子之天也。夫者妻之天也。妇人不贰斩者，犹曰不贰天也。"与此相联之义为妇人谓夫曰家，《孟子》"女子生而愿为之有家"是也。夫妇同居育子女为室，《论语》"三十曰壮有室"是也。故女子遣嫁曰"宜家"。未嫁曰"室女"，谓其犹为父母所有之身也。旧刻注中周干等颂叔纪

文，袭用三从之义，而连家字于父、夫二旬，非惟悖于古义，于文亦嫌混缴。不类名士所为，亦非名史所取。盖原当作"室之孝女"，传钞者讹为家耳。兹并订正。《诗·邶风·燕燕篇》，颂美卫庄姜之诗也。其末章云："仲氏任只，其心塞渊。终温且惠，淑慎其身。"谓其心澄明，其貌和惠也。

③公乘氏张，女子无名，但著夫与父姓，犹今云公乘张氏。《太平御览》卷三百七十三发《益部耆旧传》曰："蜀郡公乘会妻，同县张氏女也。会早卒。后欲问（通聘）者，女乃断发割耳，以明不嫁。"足知《常志》此目所据。《目录》云广都人。"两髦"，出《诗·鄘风·柏舟篇》，共姜自誓守节不嫁之诗也，诗云："髧彼两髦，实维我仪。之死矢靡它。"常氏借之以赞张氏。

④助陈，亦女名连姓之例。全名为"陈助陈"。旧刻《目录》省作"陈助"者非。《太平御览》卷三百六十八及四百四十一并引《益部耆旧传》云："犍为杨凤珪妻者，蜀郡临邛陈氏女也。名姬。珪早亡，时姬产子，适生六月，躬丧事，育幼孤。三年丧迄（讫），兄弟宗亲哀其子少年壮，谋议更配，以许蜀中豪姓。姬闻，仰天叹息，引刀割咽，几死。于是九族惊愕，遂敬从其节。"是常氏所据。然则此女名姬，字助陈也。

⑤常元常，惟见本书。注云："适广汉便敬宾。"《广汉列女赞注》与《目录》，并云"便敬"妻王和。《太平御览》卷四百四十一引《益部耆旧》亦谓"广汉新都便敬宾妻"王和。疑此"便敬宾"三字有误。或是便姓、宾名，衍敬字。或是他姓。单名宾则可肯定，故下文两举宾名也。当是《益部耆旧》与《列女传》并著此二女，俱嫁广汉便姓子，而敬与宾字有联义，易混，故钞《常志》者衍敬字，钞《列女传》者衍宾字，致混为一人也。二女皆早寡，不可能为前后娶，故作此推断。又"祝刀誓志"句下，当有脱文。赞云"颓构再隆"，则元常非惟未再嫁，且曾有所振作，与靡常同为"立义成家"之奇女子。不可能早年自杀。且既云"祝刀誓志"，则明非死也。设其祝刀于无人之地，则谁知之。祝刀于有人之地，则何能死。如助陈，虽已引刀割咽，几死，犹不得死。况元常仅出于"誓志"乎？揆其下文，当是"抚子成立，年若干乃死"之类。然不能补矣。

⑥常靡常，亦别无考见。父仲山与夫殷仲孙，皆称字，失其名。则为依据私家撰述可知。封建道德，以不再嫁为义。上助陈云："遂全其义。"此注当云"立义成家"，而旧刻皆作"立美"，缘形讹也。当正。注云"疫气"，盖谓"伤寒"，今云"肠窒扶斯"是也。传染习近人，故往往阖家死绝。靡常或是以孕归宁获免耳。我国何时有霍乱，何时有天花，史籍曾有记载。至于伤寒、肝炎、癌症等，历无记载。于此注，可知成都汉时已有肠窒扶斯，于《后贤志》记郫县孝子狼偶事，可知成都区晋时已有肝炎。此类发掘，非无益事。细心治史，所得当渐多也。

⑦常纪常，原刻作"赵侯夫人"。按成都诸赵，戒与典皆厨亭侯，谦郫侯，温江南亭侯。他尚有袭侯爵者。此赵侯下不具名，则将何指？于史法，侯下当有一字具名，旧脱之耳。查《士女目录》，常洽目汗云："见《赵温传》。"似可拟其婿即赵温。然注云父丧，明知常洽，为李傕所杀。查《后汉书·献帝纪》：李傕反于初平三年四月，六月陷长安，杀诸大臣王允等，无常洽名。而赵谦以前将军继允为司徒，弟温亦已为太常，九卿之首。无论洽为温或谦之妻父，皆不当被傕杀于此时。《谦传》："代王允为司徒，数月，病免，拜尚书令。是年卒。"是谦死于初平三年之冬也。初平四年十月："司空杨彪免。太常赵温为司空。"十二月，温免，"卫尉张喜为司空。"明年为兴平元年，十月，"以卫尉赵温为司徒，录尚书事。"二年二月，李傕与郭汜相攻于长安，"胁帝幸其营，焚宫室。"七月，"车驾车归"（并《帝纪》）。李傕数追帝，犯跸。其杀常洽，当在此时。傕亦欲杀温，赖温故掾"董卓从弟应谏之数日，乃获免。"温从车驾迁许，直至建安十三年，为曹操劾免，并见本传。以此推之，纪常只能是赵谦夫人。设为赵温夫人，则洽虽被杀，仍得借

温与天子之力，治其丧葬，何得自蜀远道艰难求之。且温之夫人当同温流转于长安、洛阳、许昌间，不至遣人迎丧，惟其是谦之夫人，谦卒后当奉丧还蜀，与洽相离，故闻洽遇害，乃须遣门人远赴长安也。以此定其字为"赵侯谦"。温建安十三年卒，年七十二（《范史》本传）。其兄谦早死十六年，亦当是六十左右，然则此时纪常已是六七十龄老媪，故不能自迎丧也。

⑧罗贡罗，亦女名连本姓之例。能挺身入州府诉志，为一代节妇之尤有才识气魄者。《太平御览》卷四百四十引皇甫谧《列女传》曰："蜀景奇妻者，罗氏之女，字贡罗。奇亡，无嗣。贡罗专心供养。父青（倩）以许同郡宰（何）诗。贡罗与父母书，陈其情志，历年不归。后青（倩）使诗白州，告县发遣。贡罗乃由迳道诣州自诉，言意慷慨，请死，不从。州嘉而许焉。贡罗恐诗于道路迫胁，乃请吏兵自卫还家，执义终身。"

⑨玹何，亦女名连姓之例。"自幽"，谓自幽闭。《书·吕刑》："宫避宜赦。"传云："宫，淫刑也。男子割势，妇人幽闭。"旧解幽闭为禁闭不出。一解为阉割。在此不能解为阉割，当作闭户绝食。

⑩张昭仪，与何玹何俱出《益部耆旧传》。此由皇甫谧《列女传》亦载其事而与《常志》颇不同，即足以知。《太平御览》卷四百四十引《列女传》云："蜀朱叔贤妻者，张氏之女，字昭仪。贤为郡督邮。军袭郡城，城门闭，贤兄弟谋瑜城出。事泄，伏诛。乃配嫁昭仪。泣曰：'诛我夫而逼嫁我。此宁夫妇平生之愿乎。'乃窃刀割咽而死。"其文悯恍，远不如《常志》之确切。盖谧北人卧病，不能体会《耆旧传》文中情势，故改其词即失于悯恍，不如常氏蜀人治史，能体会确切也。

⑪二姚，明言"姚超二女"，又言"以衣连腰"，又曰"姊妹之丧"，明为二人，乃此注与《目录》皆只著"姚妣饶"三字，似一人名。盖二女名姚妣与姚饶，行文省后一姚字也。汶山九种夷反，杀长吏事，在蜀汉建兴中，《三国志·张嶷传》："拜为牙门将，属马忠，北讨汶山羌。"即指此事。

⑫以上赞蜀郡列女凡十一目，赞十二人。综为"述蜀郡列女"一句，即《常志》此篇一子目。古人著书，例以题目系于文后也。合前"述蜀郡人士"赞注三十八目，四十三人，实共四十九目，五十五人。总计数与实际数合。《目录》蜀郡列女，仍此十一目，十二人，而总计数云"右十一人列女"，盖误以"姚超二女"为一人。当以此文为正。此文，《常志》所固有，《目录》名数，则后人多所改窜也。

四

【巴郡士女】旧各本全阙《巴郡士女赞》注。廖本补此四字，作阴文。并注一百六十九字云："旧本自此脱去，乃阙赞之第二也。今仅能知其标题，而无从补其文矣。近人见旧本较张佳胤以来所刻（按，此指吴本及何、王等《汉魏丛书》本）多第十之上、中两卷，谓为完书，其实不然。又案，卷末云：'二州人士二百四十八人。'今存蜀、广汉、犍为、汉中、梓潼共一百九十四人。所阙，巴郡士女凡五十四人也。'士一百九十七。'所存者一百五十。所阙，巴郡四十七人士也。'女五十一人。'今存四十国。所阙，巴郡七人女也。姓名必具在《目录》；而无赞者亦并列，故不可推知。今但考得其凡如此。"顾观光校勘记亦补有此标目四字，作阳文。并注二十四字云："此下，宋本亦脱。今依《目录》补此标题，而以诸书所引逸文附之。"（所附辑逸文七条。见下文）

案：《巴郡士女赞注》，自旧校与元丰以来刻、钞各本并阙。幸《目录》犹存，尚有线索可补。但无庸为之多作蒐讨，故不补也。兹惟推究常氏此篇收载人物之轮廓，略作考订如下：

顾广圻校注，谓巴郡士女入赞者当有五十四人，其中四十七人士，七人女。此说不惟依据正确，符合事理；验于实际，亦颇适合。如：《目录》巴郡列女八人，顾氏依旧刻各郡入赞人数，判为巴郡只得七女。近从《舆地纪胜》中辑得《赵瑱妻姬赞注》云："乃与女英自杀舍中。时英方十三岁。"是"童女赵英"但随母列目，未入赞。故曰七人也。又《目录》七十一士中，如胥君安，《总赞》亦云"不详其行事"，固不当有赞。其他如谯瑛、赵毅、严羽、冯允、冯遵、陈澄、陈寔、张璘、周巨等皆附父兄传名；臧太伯、王伟卿、严永、陈髦、孟彪、黄错、黎景、王淡、杨汰、韩俨、黎韬等，皆因所举者传，并无行事可赞。冯焕虽至大官，不见称于《巴志》；且如辑得《舆地纪胜》所载冯绲赞注文，有"父焕，安帝时为幽州刺史。……"等句，即可见《常志》未曾为之作赞。仅因绲阻其自杀事，附名绲之赞注而已。谒焕，远采于《汝南记》，即当是《益部耆旧》所无，不至有赞。如此剔出二十四人，亦适为四十七人。此四十七人中，或已著入《巴志》，或见于《北堂书钞》《艺文类聚》《太平御览》《舆地纪胜》等书所引《华阳国志》。或已见于《史记》《汉书》《东观记》《后汉书》《三国志》与《益部耆旧传》，详具《士女目录》注中及下附之辑录残文。其不可考者赵宴、赵邵与耿秉妾行、鲜尼母姜四人而已。按《目录》，赵晏品题"忠贞"，赵邵品题"至孝"，此必皆有《耆旧传》行事依据，其当入赞无疑。如此，则巴郡士女入赞之七十一人全可定矣。至其叙次：《目录》已明白分为前汉、后汉、刘氏世（三国）与列女四段，与他郡同。至各时段以内诸人，按他郡成例，当分别人品，第其高下。首重怀才抱德肥遁轻禄之士，次文学艺术，著书立言之士，又次为功名崇高政事晓达之士，最后为节操义烈奇行震世之士，而列女终焉。前汉，必以范目、落下闳、谯玄居前三人皆既立功名而隐者也。后汉无肥遁之士，则必以时次序。三国，例不区别人品次第。大抵，原赞次第与《目录》次第不甚相远。又如任文孙父子，周群父子，程畿父子，马勋弟兄，龚禄弟兄，皆王平句扶，皆必合赞。兹仍依《目录》次第排列入赞诸人，以见常氏原注轮廓，其有赞注残文，确出常氏原著者，辑附之。其有相关资料可助参攷者，即于辑文下加附夹注以明之。无残文可辑附者，但列其名，别于《三州士女目录》分注内补其事迹，不注于此，以免与《常志》佚文相乱。

[附] 巴郡士女赞注残文辑佚

凡各类书所引，皆非全文。大抵各依所为部类，摘录一事。凡与该部类无关之部，即节删之，但存姓名、籍贯备查勘而已。例如《太平御览》卷四百二十六"清廉"，八百二十四"园"，九百三"豕"，九百七十五"芋"，皆引《华阳国志》何随事。皆取于本书《后贤·何随传》之一段。又卷四百三"阴德"，卷四百六十五"歌"，七百七"被"，八百十一"金"皆引《益部耆旧》。合之，几可得其全传，甚至有所重复。分条则各述一事，且多节录，非原文。兹故称为"残文"，足被参考而已。惟仍作大字正文，按前各篇校注例校订夹注，以通其意。凡两书同引者，取文字较多一种为正文。

范目事载《巴志》，此篇当有赞注。原佚，今无可补。但存其名。下仅存名各条同。参看《士女目录》2章之注①。

洛下闳同上注。参看《目录》2章之注②。

任文孙此条据《太平御览》卷四百三十二人（《人事部》七十三，"智"）原只记述"任文公智无双"一谣，不干其父任文孙事，而必引作"任文孙子"云者，足知原文系其父子合赞之注语。【字文公】三字当移后。字作子。**阆中人**……《后汉书》卷一百十二《方术上·任文公传》云："父文孙，明晓天官风星秘要，文公少修父术。"以前汉人，故略之。《益部耆旧》记任文公事（《御览》卷五十一、二百六十五、七百五十七并引）皆在前汉。《常志》当是合赞。**子文公**《常志·目录》子作弟，《范史》本传作子。而《御览》刻作字。显系子字之讹。说详《目录》2章注④。……此下当有任文公事迹甚多。《御览》引文仅其末段耳。初，《蜀志》作"公孙术时"。武担山石折，文公曰："噫！西方智士死，吾其应之。"遂卒。《蜀志》作"岁中卒"。益部为之谣《艺文类聚》卷二十一同引，谣作谣。《蜀志》无谣。曰："任文公，智无双。"

徐诵，字子产。此条据《北堂书钞》卷九十八，《御览》卷六百十六（《学部》十。读诵）引《华阳国志》。《常志》各卷无此文，故知在阙赞注中。……当脱有"阆中人"等字句。少读书，日不过五十字，诵千遍乃得，终成儒学。……脱官历行事。

谯隆，此条据《艺文类聚》卷四十八，《御览》卷二百十九引《华阳国志》。《常志》各卷无此文。故知在阙赞注。……为上林令。《类聚》令上有苑字。武帝欲广上林。《类聚》有苑字。隆言："尧舜至治，广德，不务林苑。"帝后思其言，征为侍中。……当更有后文。今无考矣。

谯玄。已著《巴志》。当有赞注。原阙之。行事详《士女目录》2章之注⑧。

赵珜。同上，参《目录》2章之注⑩。

赵宏。赵温柔，已著《巴志》。当有赞，注其行事。原阙。参看《士女目录》2章之注⑬。

严遵。严王思见咏《巴志》。当有赞注。参看《士女目录》2章之注⑭。

玄贺，此条据王象之《舆地纪胜》卷一百六十二《潼州府路·渠州·人物》引《华阳国志》。《常志·巴郡总序》著"玄天和"，《宕渠郡》著"大司农玄贺"，别无此文。故知为所阙赞注文也。**字文若**，《巴志》与《目录》作文和。《东观汉记》作文宏。**宕渠人也。第五伦命为主簿**，《后汉书·伦传》云："为宕渠令。显拔乡佐玄贺。贺后为九江、沛二郡守，以清洁称。所在化行。终于大司农。"**袁安辟掾**。袁安，《后汉书》卷七十五有传。永平末为河南尹。后代第五伦为司空。章和元年为司徒。其辟玄贺为掾，惟见于此。**历九江、沛郡太守，所在著德，吏民皆涕泣送之**。《东观汉记·贺传》残文云："迁邺令，政化大行。为九江太守，行县，赍持干糒，但就温汤而已。临去日，百姓扶车叩马，涕泣随之。"**迁大司农，为时名卿。**

按：此条引文首尾全。惟不能视为《常志》原文如此。查王象之时，行世之《华阳国志》已脱此篇，故元丰、嘉泰两刻以及旧校均阙之。《舆地纪胜》他州收列人物，亦更无引及《华阳国志》者。此条与此下所引冯绲等宕渠人物各条，盖皆宋初已有之《渠州图经》所引。王氏转引之耳。转引至再，颇有删削。如"第五伦命为主簿"句上，必有"县令"或"蜀郡太守"字。"袁安辟掾"句上，亦必有"司空"或"司徒"字。"吏民皆涕泣送之"句之，亦必有"临去"或"每当迁转"字，始成文理。然以其删省不大，无害于义。故仅以注文补之。

庞雄，此条据《舆地纪胜·渠州人物》引《华阳国志》。原作"都亭侯雄"四字领起。与下文重复，又脱其姓，显为转引时改。兹改还为庞雄二字。**字宣孟，宕渠人也。始讨荆扬乱贼，有功。永初三年，南单于【擅】**檀依《后汉书·南匈奴传》改。**与乌丸反。【杀】**遣依《后汉书·梁慬传》改。**辽东太守耿夔，【遣】**与依《梁慬传》改。**雄讨之。大破降**依《范书》补。**单于。迁大鸿胪，封都亭侯**。此亦当是由《渠州图经》转引，迭经删节，且多误讹。兹仅改其讹字，仍引《范史》为之补注如下：《后汉书·安帝纪》：永初三年"秋七月，海贼张伯路等寇略沿海九郡。遣侍御史庞雄督州郡兵讨破之。"又《法雄传》："永初三年，海贼张伯路等三千余人，冠赤帻，服绛衣，寇滨海九郡，杀二千石、令、长。初遣侍御史庞雄督州郡兵击之。伯路等乞降。寻复屯聚。……党众浸盛。"经法雄再讨，平之。此《常志》"始讨荆扬乱贼有功"句注脚也。其时庞雄已作侍御史矣。又《南匈奴传》："万氏尸逐鞮单于檀，永元十年立。……永初三年夏，汉人韩琮随南单于入朝。既还，说南单于云：关东水潦，人民饥饿死尽，可击也。单于信其言，遂起兵反叛。……冬，遣行车骑将军何熙、副中郎将庞雄击之。……单于见诸军并进，大恐怖。顾让韩琮曰：汝言汉人死尽，今是何等人也。乃遣使乞降。许之。单于脱帽徒跣，对庞雄等拜，陈道死罪。于是赦之，待遇如初。"又《梁慬传》云："三年冬，南单于与乌桓大人俱反。以大司农何熙行车骑将军事，中郎将庞雄为副，将羽林五校营士，及发缘边郡兵二万余人；又辽东太守耿夔将鲜卑种众，共击之。诏慬行度辽将军事。庞雄与耿夔共击匈奴奥鞬日逐王，破之。单于乃自将围中郎将耿种于美稷。连战数月，攻之转急。种移檄求救。明年正月，慬将八千余人驰往赴之。……三月，何熙军到五原曼柏，暴疾，不能进。遣庞雄与慬及耿种步骑万六千人攻虎泽。连营稍前。单于怖，遣左奥鞬日逐王诣慬乞降。慬乃大陈兵受之。单于脱帽徒跣，面缚稽颡，纳质。……庞雄还为大鸿胪。雄巴，郡人，有勇略，称为名将。"此《常志》"破降单于"句注脚也。时为永初四年，雄已为中郎将，行副车骑将军事。故还拜大鸿胪。位在梁慬上，而《范史》附《慬传》者：《东观记》未为雄列传，《范史》盖取《常志》文，以附《慬传》。其"有勇略，称为名将"等句，疑皆《常志》原文，为《渠州图经》所删者。再，耿夔，《范史》卷四十六有传。谓其永初五年，以云中太守代梁慬为度辽将军。元初元年免。建光元年复代邓遵为度辽将军，见《南匈奴传》，与其本传符合。则永初三年为辽东太守时未为叛胡所杀。相反，乃为与庞雄共讨匈奴有功者。则原引文之杀字,为遣;遣字为与之讹无疑。兹并改正。度辽将军,东北镇胡方面官。

冯绲,此条据《舆地纪胜》引《华阳国志》文。《常志》今本无此文。故知是所阙赞注。字鸿卿,宕渠人也。父焕,安帝时为幽州刺史。有怨者依《后汉书·绲传》补。诈作诏书赐父死。父欲自杀。绲察书非御墨,劝父自上。果无其事。由是知名。依《绲传》补。……延熹五年,武陵蛮反,荆州骇扰。拜绲车骑将军,将十余万人往讨,斩首四千,获生口十万。《绲传》作:"受降十余万人。"自是之后,不复逆命。此亦迭经转引删节之文也。参看《目录》2章之注㉑。又《纪胜·渠州人物》,此条上有"冯焕,宕渠人。冯绲之父也"十字。不云引《华阳国志》。可知《常志》无《冯焕赞注》。仅于《绲赞》称其辨识诈伪,注详其事,因以及焕。《后汉书·绲传》首段亦著此事,盖即依仿常氏此注。"由是知名"句,说明冯绲一生事业自此发端。不可删省。故特补出。

陈禅,此条据《御览》卷四百二十八(《人事部》六十九,正直下)引《华阳国志》文补。与《巴志》文不同。当出《赞注》。字纪山,安汉人也。拜谏议大夫。《巴志》作"陈纪山为司隶校尉"云云。举其卒时官也。此作谏议大夫。与《范史·禅传》合。西域献幻伎,《巴志》作"西虏献眩"。《范史·禅传》作:"西南夷掸国王献乐及幻人。"天子与公卿观之。禅独伏不视。……此下当有被议谴及历官至司隶校尉文。

杨仁。《后汉书》有传。《常志》当有赞注。旧佚。参看《目录》2章之注㉖。

龚调。"龚升侯"著于《巴志》。当有赞。旧佚。其行事亦别无考见。

赵晏。《目录》品题"忠贞",必当有赞注传其行事。旧佚,今无可考。

李颙。著称于《南中志》。必当有赞。旧佚。参看《目录》2章之注㉙。

然温。常氏既得《巴耆旧传》,即当能详温之行事,有赞注。只旧佚之耳。

张翕,此条据《御览》卷二百六十二(《职官部》六十,太守)引《华阳国志》文。参用《北堂书钞》引文校补。咸丰中,金山顾观光辑得任文公、徐诵、谯隆、陈禅、郝伯都与此六条。并为此帙所据。光绪中会稽陶濬宣亦辑得张翕一条,补刻在李氏悔过斋补刻题襟馆本后,误题为"《太平御览》卷六十引《华阳国志》"。兹用《御览》文,而以诸家异文订之。字子阳,《目录》作"字叔阳"。巴郡安汉依《目录》及《后汉书·邛都夷传》文补。人。为【平】阴平原引误倒作平阴。兹改正。郡守,陶引本无守字。顾作"阴平郡守",注云:"《御览》阴平二字倒。依《书钞》三八。"布衣蔬食,俭以化民。自乘二马之官。久之,一马死,一马病。翕曰:"吾将步行《北堂书钞》引作还。矣。"迁越巂太守。《御览》原无此句。顾观光依《书钞》卷七十五补。当有。夷汉甚安其惠爱。在官十九年《后汉书》作"十七年"。卒,百姓号慕,送葬者千数。《后汉书》云:"苏祈叟二百余人赍牛羊送丧至翕本县安汉,起坟祭祀。"天子嗟叹,赐钱十万,为立祠堂。《后汉书》作:"诏书嘉美,为立祠堂。"后太守数烦扰,夷人叛乱。翕子【端】《后汉书》作湍。常氏《巴志》及《先贤·王堂赞注》并作璊。璊字是。璊,方察孝廉,天子起家拜越巂太守,迎者如云。……《后汉书》云:"天子以张翕有遗爱,乃拜其子湍为太守。夷人欢喜,奉迎道路。曰:'郎君仪貌类我府君。'后湍颇失其心,有欲叛者。诸夷耆老相晓语曰：‘当为先府君故。’遂以得安。”此或出于《益部耆旧》。《常志》盖亦取之，虽文可能减削，亦不至于“迎者如云”断结。故加删节号，而以《范史》补注之。顾观光于此句下，更续有“后湍亦著治绩”六大字。并为之小注云：“此条，今本只存末三句，而错简在《蜀志·汶山郡》下。湍字又误为蜀郡赵温四字，皆妄人增改也。今以诸书所引考之，当在此。”今按：《御览》引文无此句。陶辑文同。顾氏误采《蜀志·越巂郡》旧校者窜缀文以续赞注，又误以湍易冯颢（旧校整顿文误作张温）。说在卷三《补越巂郡》注。兹删正。

赵邵。行事无考。《目录》品题“至孝”，则当曾得其行故，撰有赞注。

龚扬。《巴志》“垫江县”云：“令德为巴郡太守。”则必有赞注。今佚无可考也。

龚荣。同上垫江县云：“以俊才，为荆州刺史。”当有赞注。今佚无考。

李温。《巴志》《分巴议》与《宕渠郡》并著。当有赞注。旧佚。行事不详。

赵芬。《巴志》建议分巴诸掾史领衔者。一郡之望，当有赞注。旧佚无考。

曲庚、冯湛，《目录》并有“忠义”品题。当有赞注。《舆地纪胜·渠州人物》载其死事，不云《华阳国志》。然必出于常氏之文，但转引历久，非全文，遂并弃引据耳。兹仍录之。皆宕渠人，为县主簿。黄巾贼入县，死之。今按：一县不能同时有二主簿。原文省略过甚，至失真实。但可知其为黄巾所杀，当在中平元年，张修领导巴郡黄巾起义时也。或是曲、冯为前后主簿。黄巾两次入县，先后杀之。故合赞焉。黄巾与官吏为敌。所至杀长吏也。

郝伯都，此条据《北堂书钞》卷一百三十九引《华阳国志》文。顾观光已辑得。《常志》今本无见。当出赞注。阆中人。为郡史。太守每见之，垂泣。伯者请白其故。太守曰：“亡男为人所杀。汝身似之，故悲感。”伯都问其仇所在。太守曰：“台阁。不可得也。”伯都乃交游京师，原脱二字。当补。“台阁”，谓其人方作公卿。则明指其人居京师矣。甘春卿，当亦京师侠士，能为人报仇者。与甘春卿为友。共伺仇。春卿原脱，审文义，当补。为吏所得。伯都乃还首。谓已脱走，又复还自首主谋，欲以免春卿之死。二人争死。会赦，得免。

程畿。《三国志·杨戏传》入《季汉辅臣赞》。本书《刘二牧志》与《先主志》并著之。当更有赞注。今佚。

程祁。《三国志·杨戏传》，称祁为一时名士冠首。本书《巴志·巴西郡》与周群父子并称“学兼三才”，“精季奇逸”，当有赞注。今佚。参《目录》2章注(51)。

严颜。见《三国志·张飞传》。本书《二牧志》亦著称之。则必当有赞注，今佚。《目录》品题壮烈。赞文可想。

周舒、周群。并见《三国志·周群传》。本书《先主志》三言群，一言舒。《士女目录》并列于刘氏世。其合为赞甚明。今虽并佚，其行事可考，亦即可证。

黄权。《三国志》有传。亦著本书《二牧志》、《先主志》。必有赞注。今佚。参看《目录》2章注(59)。

黄崇。见《三国志·黄权传》。本书《后主志》著称之。父权仕魏至大官而能为蜀死事。必有赞注。惟当列在谯周前后。

甘宁。《三国志》有传。本书见称于《巴志》，虽仕吴，必有“赞注”，今佚。参看《目录》2章注(61)。

马忠。《三国志》有传。本书《南中志》与《后主志》屡称之。必有赞注，今佚。

王平此条据《舆地纪胜·渠州人物》引《华阳国志》文。《常志》他处多记平事而文与此不同。故知出于所阙赞注。字子均，宕渠人也。丞相亮征陇西，平以牙门属马谡，在前。稷违亮旨，大败于街亭。众皆星散。惟平所领不败，鸣鼓，持重逆兵，得免。其后魏曹爽入汉中，平据兴势以拒之。已而魏军退，如平策焉。

句扶。《三国志》附《王平传》。本书《后主志》称其“果壮亚平”。以“何句”并称（王平本姓何。《魏书》屡作何平），必与平合赞。缘其为汉昌人，《渠州图经》不收，故自赞注剔去。适巴州未收，《舆地纪胜》亦不著也。

张嶷。《三国志》有传。本书亦于《越巂郡》及《后主纪》屡称之，当有赞注。今佚。

姚伷。《三国志》见《杨戏传·辅臣赞注》称其乡誉在二马之上。必有赞注，今佚。

马勋　马参。《三国志·季汉辅臣》合赞。《常志》当亦必别为合赞并注。今佚。参看《目录》2章注(67)。

龚禄　龚皦。《三国志·季汉辅臣赞注》有龚禄赞。注云：“弟衡，景耀中为领军。”顾广圻以为衡即《目录》之皦。当是。皦景耀中为将军，故不入杨戏之《辅臣赞》。然其事业，在武烈与兄禄相当。《常志》必有合赞，今佚。参《目录》2章之(69)及(71)二注

谯岍。谯岍荣始，与周舒叔布同见称于《巴志》。则此篇必有赞注，在周舒之次。今佚。参《目录》2章注(72)。

谯周。周为陈寿与常璩数所推。《三国志》有传。常氏此篇亦必有赞。且列在上上品。叙当在前。

述巴郡人士按蜀郡及他四郡例，当有此五字。

马妙祈妻义。巴西三贞，出《益部耆旧传》，见《太平御览》卷四百四十一引。参看《目录》2章注(74)。《巴郡总志》载乡人唁诗。

赵曼君妻华。同上注。《目录》作“赵云君”。云字《巴志》作蔓。此依《益部耆旧》。

王元愦妻姬。同上注。

县吏赵璝【名】妻姬。此下二条，据《舆地纪胜·渠州人物》引《华阳国志》文。原有删移及讹误。如此起首六字，“县吏”二字，必当在县贯下作“璝为县吏”。引时移在前，利省文也。又讹妻字为名。《巴志》有文可证。夜，黄巾贼至。璝入侍，令邻人呼姬曰：“贼至矣！可急走。”姬曰：“妇人之义，夜不下堂。况令男女无别乎。”乃与女英自杀舍中。时英方年十三【岁】。当衍一字。郡邑叹之。

赵万妻原引无此三字。当有。名娥，宕渠人。随夫【赵万】之乡邑避黄巾。原删“随夫”字，则害文义。补此二字，则赵万二字当省。寇走。当作寇去。原引讹。谓万夫妇临黄巾入城时避匿入乡。黄巾

杀官吏劣绅后，弃城去。万夫妇相扶回城，道遇土贼也。万欲归，于文当有此二字。有足疾，不能行。娥扶之。万为贼所杀。贼欲污娥。娥不肯。乃以矛拟，怖之。娥【身】自触刃，贯心达背而死。《太平御览》卷四百四十引《列女传》曰："巴赵娥者，赵万之妻。郡县遭乱，万得足疾，不能行，为贼所杀。欲将娥。娥守丧不去。贼举矛指娥，欲以怖之。娥知贼必欲劫略，乃以身赴矛，贯心达背而死。"将，携行也。

耿秉妾行。无考。惟《常志》必有赞注，今佚。

鲜尼母姜。同上注。参看《目录》2章注㉛。

述巴郡列女 按各郡例，当题有此五字在末。

右《巴郡士女赞》第二。 凡五十四人。（四十七人士，七人女）。按各郡士女赞注末，例有如此题目并结人数。

任乃强全集·第六卷

广汉士女①(卷十中)

---

① 各本有此四字标题。常氏原书不当有。传钞者所加也。

五

讲学冲邃，洙泗是睎。钱、刘、李、《函》本作稀，从禾。廖、浙、顾观光本作睎，从目。胤帝绍圣，庶熙畴咨。　　杨宣，字君纬，什邡人也。少受学于楚国王子张，天文图纬于河内郑子侯。师（事）钱、刘、李、《函》本有事字，廖、浙、顾本无。杨公钱、刘、李、《函》本作翁，廖、浙、顾本作公。叔，能畅鸟言。长于灾异。教授弟子以百数。成帝征拜谏大夫。帝无嗣，宣上封事，劝宜以定陶恭王子为太子。帝从之，出宣为交州牧。太子即位，是为哀帝，拜宣河内太守。征太仓令。上言宜封周公、孔子后，帝从之，封周公【孙】后各本俱作孙，当同下文作后。相如为褒鲁侯，孔子后孔孔字当衍。均为褒成侯。又荐辽东王纲、瑯【琊】琊蓼本作琊。他各本俱作瑯。徐吉、太原郭越、楚国龚胜等宜赞钱写作赟。隆时雍。平帝时，命持节为讲学大夫，与刘歆共校书。居摄中卒。门生河南李吉，广汉严象、赵翘等皆作大儒①。

长伯抚遐，声畅中畿。析钱写作祈。虎命邦，绰有余徽。　　郑纯，字长伯，鄢人也。为益州西部都尉。处地金银、琥珀、犀象、翠羽所出，作此官者，皆富及十世，纯独清廉，毫毛不犯。夷汉歌叹，表闻，三司及京师贵重贵室重臣。多荐美之。明帝嘉之，乃改西部为永昌郡，以纯为太守。在官十年，卒，列画颂东观②。

三老泱泱，实作父师。　　杨统，字仲通，新都人也。事华里先生炎高。高戒统曰："汉九世王出《图书》，与卿适应之。"建武初，天下求通《内谶》二卷者，不得。永平中，刺史张志举统方正。司徒鲁恭辟掾。与恭共定音律，上《家法章句》及二卷《解说》。迁侍中，光禄大夫。以年老道深，养于辟雍，授几杖，为三老，卒。张本删此下七字。《内谶》二卷竟未【详】传③。既云《内谶》二卷由统而兴，著为《解说》。则此"未详"二字牴牾。原当是未传耳。

平刘本作王。仲淑钱、刘、李、《函》本作涉。廖、浙、顾观光作淑。道，殆乎庶几。　　王

731

祐，字平仲，郪人也。少与雒高士张浮齐名，不应州郡辟命。司隶校尉陈纪山名知人，称祐天下高士。钱、刘、李、《函》本作"天下之高"。年四十二卒。弟获，瀵《目录》作灌。旧校小注云"获亦作灌"，在文末。兹移。并改作瀵。志其遗言，撰《王子》五篇。东观郎李胜，文章士也，作诔，方之颜子。列画学官④。李本与顾观光本作宫。【获亦作灌】各本旧有此四字，《函海》作大字。钱写作小字，单行。他各本作小字双行。兹移注获字下。

文父明洞，探赜索微。杨序，钱、张、《函》、廖、浙、顾本并作序。刘、李本依《后汉书》卷六十传文改作厚。序字不误，说详注释。字仲桓，《函海》作桓，遵宋桀讳笔字也。李本误作柏，见《函海》校注。下桓字同。统仲子也。道业侔父。三司及公车运征，【辟】辞钱、刘、李、《函》、浙本作辞。廖、顾本作辟。永建二年，特征依《后汉书》本传补二字。拜侍中，上言四方兵起，及荆、扬【交】六州【当兵起】人民疫、蝗，洛阳大水，宫殿【当】灾，三府当免大臣，旧刻此节讹乱甚，兹悉订正。此句旧无大臣二字。元丰本空二格。嘉泰本运下。廖本小注云："旧空二格，当是阴臣二字。见《后汉书》。"今不取其说，填补大臣二字。说详注释。近戚谋变，皆效验。大将军梁冀秉权，自退。廖本小注云："旧空六格。当是归家遂修黄老六字，见《后汉书》。"今酌《范史》文，改填六字。归家修黄老，教依《范书》本传补。授，门徒三千人。本初《后汉书》本传作太初。元年及建和中，特征骋，不行。年八十三卒。本传作"八十二"。天子痛惜，诏祭。谥曰文父。本传作："策书吊祭，乡人谥曰文父。"故知当补祭字，断句。弟子雒昭约节宰，绵竹寇欢文仪，蜀郡何苌幼正，侯祈升伯，巴郡周舒叔布，及任安、董扶等，皆征聘辟举，驰各当世⑤。

元章玄泊，韬光匿【耀】辉。旧各本作耀，叶上联韵，当作辉。《函海》注云："刘本作耀，朱校改辉。"谓朱小山也。顾广圻校稿亦作辉。廖本注云"当作辉"。顾观光迳改作辉。并注云："原误耀，依廖校改。"段翳，字元章，新都人也。明经术，妙占未来。常告大渡津【口】吏依《后汉书》本传改。曰："某日，当有诸生二人，荷担，问翳舍处者，幸为告之。"后竟如其言。又有人从冀州来学，积年，自以精究翳术，辞去。翳为筒，作【书】膏，于文当作膏。封头与之。告曰："有急，发之。"至葭萌，争津，此下，《函海》本脱十六字，迳连"破头"句。吏挝从者头破，【诸】依《后汉书》改，属上句。生发筒。筒中有书曰："到葭萌，争津，破头，以膏里之。"生乃喟然不及翳，还更精学。翳常隐匿不使人知。门人皆号夫子⑥。

稚子奕奕，古之爱畏【爱】。二字旧倒。王涣，字稚子，郪人也。初为河内温令，路不【失】拾李、廖本误作失。遗，卧不闭门。民歌之曰："王稚子，世未有，平徭役，百姓喜。"迁兖州刺史，部中肃清。征拜侍御史，洛阳令。聪明惠断，公平廉正，抑强扶弱，化行不犯；发奸擿伏，忽若有神；京华密疑当作谧。静，权豪畏敬。

元兴元年卒，百姓痛哭，二县吊丧，钱、刘、李、《函》本作祭。廖、浙、顾作丧。行人商旅，莫不祭之。贾胡左威，遭其清理，制服三年。洛阳民为立祠弦歌祀之。【为立祠】当移三字，补二字，说详注释。天子悼惜，每下诏书德令，【必】"必"字当衍，说详注释。赐后嗣，与卓茂等【为伍】⑦。张本此下有小注云："涣子石，邓太后嘉涣勤劳诏为郎中。"

敬伯恺悌，树德播惠。　　王堂，字敬伯，郪人也。初临巴郡，进贤达士，举孝子严永、隐士黄错，及张璊、陈髦，皆至大位。依《巴志》文补。民为立祠。徙任右钱、刘、李、《函》本作左。《函海》注云："当作右。"廖、顾本同《后汉书》本传作右。扶风，政教严明；帝舅车骑将军阎显、大将军窦宪、中常侍江京等嘱托，辄拒之；白鹿见象，不以为祥。徙鲁相。又徙汝南守，举陈蕃为功曹，应嗣为主簿。旧本有脱。廖本注云："按《后汉书·堂传》云：委功曹陈蕃。又云：任主簿应嗣。此应嗣下当有脱文。今无以补之也。"兹补九字，以通其意。说详注释。后蕃至三公，嗣司隶校尉。号知人之鉴⑧。

叔宰济济，以礼进退。　　冯张本作马。颢，字叔宰，郪人也。少师事杨仲桓，及蜀郡张光超。后又事东平虞叔雅。初为谒者，威仪济济。为成都令，迁越嶲太守，所在著称。为梁冀所不善，冀风讽字同义。州，郡【追】迫之。张本无此五字。他各本有，作追。当是迫字讹。迫，逼也。遇事为难，迫其去官也。隐居，作《易章句》及《刺奢说》。修黄老，恬然终日⑨。

大匠奇畅，妙监鉴字通。玄察。尽言世规，祇钱、张作祇。以陨越。　　翟酺，字子超，雒人也。少此下钱写本有师字。衍。事段翳，以明天官为侍中，尚书。常尝字通。见太史令孙懿，歔欷涕泣曰："《图书》有贼臣孙登，将以才智为黄门开路。《后汉书》本传作"为中官所害"。君表相应之，是以凄怆。"此下，按《范书》本传，当有"懿忧惧移病"字。后为京兆尹，光禄大夫，将作大匠。上言："汉四百年，当有弱主，闭门听政，数在三百年之间。"按，此借图纬讥安帝时女后专政也。《后汉书》本传不载。出《益部耆旧传》见章怀注引。"四百年"，举成数。"三百年之间"言不至四百年也。荐故太尉庞参、故司徒李郃明通三才，忠正可以辅世。所言每指【刺】（利）钱、刘、李、《函》本作利。疾，利疾，说详注释。权贵诬酺及尚书令高堂芝交构。免死。《范书》本传云："坐减死归家。"著《援神契经说》。《范书》本传作"著《援神钩命解诂》十二篇"。章怀注云："援神契、钩命诀，皆《孝经·纬篇》名也。"卒家⑩。

司隶聪敏，奋名刘本作兴。后叶。　　郭贺，字乔卿，雒人也。初为太守黄幸户曹。幸有事。与汉中太守李荣俱被征。贺劝幸星行诣诏狱自归，得张本作德。免。荣稽留，诏杀之。由是显名。太守蔡茂命为主簿。茂梦坐【太极】大殿极，旧各本作"坐太极殿"。汉无太极殿名。当有误。廖本小注云："按，当作殿极。见《后汉书·蔡茂传》。章怀注云：'屋之大者，古通呼为殿也。极，殿梁也。《前书音义》曰：三辅间谓屋梁为极。'可证。"兹据《茂传》改作"大殿极"

三字。上，得嘉禾三穗。以问贺。对曰："明府位当至三公。"旬月，茂迁司徒。表贺明律令，稍迁侍中，尚书仆射，司隶校尉。转荆州刺史。百姓歌之曰："厥德仁明郭乔卿。"依《艺文类聚》卷五十引文补。《范书》卷五十六《蔡茂传》附，歌辞尚有"忠正朝廷上下平"一句。明帝南巡狩，善其治。征拜依《范书》传文补。河南尹。卒，据《范书》在永平七年。天子痛惜，赐钱三十万⑪。《范书》作"四十万"。

谭、蔡翩翩，刘本作翻翻。交友惟贤。　谭显，字子诵，郪人也。蔡弓，字子骞，雒人也。俱携【手】手字，衍文。共学。冬则侍亲，春行受业。与张霸、李郃、张皓、陈禅为友，共师司徒张本此下有一墨巴。鲁恭。显又与王稚子同见察孝于太守陈司空，为陈宠也。历豫州刺史，光禄大夫，侍中，卫尉⑫。弓为卢江太守，征拜郎。而霸、郃、皓、禅皆至公卿⑬。

两李丽采，文藻可观。　李尤，字伯仁，李胜，字茂通，雒人也。侍中贾逵荐尤有相如、杨钱、刘、李本作扬。廖、浙二本作杨。雄之才。明帝《后汉书·尤传》作"和帝时"。召【作】诣依《范书·尤传》文改。东观，作旧本作字当在此。《辟雍》《德阳》诸观赋，【铭】旧有此铭字，当衍。《怀戎颂》，《百二十铭》，著《政事论》七篇，《范书》本传云："所著诗、赋、铭、诔、颂、七、叹、哀、典凡二十八篇。"帝善之，拜谏大夫，乐安相。后与刘珍等依《范书》补等字。共撰《汉纪》。孙充，有文才⑭。胜为东观郎，著赋、【谏】诔，廖本注云："当作诔，见《后汉书》。"论、颂数十篇⑮。《范书》附《李尤传》，作："著诗、诔、论、颂数十篇。"

宪父悬车。　王稚，字叔起，堂幼子也。屡拒孝廉。公府十五辟，公车征，及授二千石，征以太常，终不诣。年八十一卒。门人录其本行，钱写作幸。谥曰宪父。癸未，诏书以安车聘请，会已亡⑯。按此癸未，建安八年，刘璋为益州牧时也。

征君肥遁。　冯信，字季诚，郪人也。郡三察孝廉，州举茂才，公府十辟，公车再征，不诣。公孙述时，托目青钱、李本作眚。盲，侍钱、刘、李、《函》本作传，廖、浙、顾本同《后汉书》卷一百十一《李业附传》作侍。婢奸其前，阳不觉。述败，原脱，文义不贯。兹补。卒以年老不出⑰。钱、刘、李、《函》本作："述卒，以年不之出。"

董、任循志，束帛戋戋。　董扶，字茂安；任安，字定祖；俱依《范书·董扶传》文补。绵竹人【也】，家居教授，弟子自远而至。此句绾董、任言之，故知原脱俱字，衍也字。扶初应贤良方正，诣京师，宰府十辟，公车三征，再举有道。为侍中。《范书·扶传》作："再举贤良方正，博士、有道，皆称疾不就。灵帝时，大将军何进荐扶，征拜侍中。甚见器重。"观汉将乱，求为属国都尉，依《范书》补都尉二字。还蜀⑱。安察孝及茂才，公府辟，公车征，皆不诣，卒布衣。弟子杜微、何宗、杜琼皆名士，至卿佐⑲。

文表氾博，提携士彦。　　王商，字文表，广汉人也。博学多闻。州牧刘【璋】焉依本书《二牧志》改。辟为治中。试守蜀郡。【太守】二字旧有，当衍。荆州牧刘表、大儒南阳宋仲子远慕其名，皆与交好。许文休称："商，中夏王景兴辈也。"商劝【璋】焉旧讹作璋，同上俱当更正。说详注释。揽奇拔隽，甚善张本作多。匡捄。荐致名士安汉赵韪张、《函》二本此下有空格。及陈实，【盛先】按《巴郡目录》，盛先为陈实字。此衍也。垫江龚杨、钱写作扬。赵敏、黎景，阆中王澹，江州孟彪，皆至州右职，郡守。又为严、李庄君平，李仲元。立祠，正诸祀典。在官【一十】十七李本作二十，他各本作一十。兹改作十七。说详注释。年而卒[20]。

　　超类拔萃，实惟世信。　　刘宠，《蜀志》成都县作庞。当作宠。字世信，绵竹人也。出自孤微。以明《公羊春秋》，上计阙下，见除成都令。政教明肃。时诸县多难治，乃换宠为郫令。又换郪、安汉，皆垂绩、还在成都。迁牂钱写作牂。柯李本作柯。太守。初乘一马之官，布衣疏钱写作蔬。食，俭以为教，居郡九年，乘之而还。吏人为之立铭。王商、陈实，当世贵士，皆与为友[21]。

　　节英亢刘本作元。烈，仰诉钱、《函》作訴。鼎臣。　　段恭，字节英，雒人也。少周流七十余郡，求师受学，经三十年，凡刘、李作兄。事冯翊骆异孙，泰山彦之章，渤海纪叔阳，遂明《天《函海》注云："刘本、李本并误大。惠校改天。"文》二卷。东平虞叔雅，学绝高当世，绝高当衍一字。遂游于蜀，恭以朋友礼待之。后为上计掾，《函海》作椽。下同。【会】时有司刻太尉庞参，兼【举】会茂才孝廉。《后汉书》卷八十一《庞参传》云："时当会茂才孝廉。参以被奏，称疾，不得会。上计掾广汉段恭因会上书。"知此处举当作会。会当作时。参性忠正亮直，为贵按《范史·庞参传》，贵当作近。戚所摈，以恚发病，远近称冤。恭不能耐其枉，亢疏表参忠直，不当以谗佞伤毁忠正。帝悟，即日召西曹掾问疾，寻羊酒慰劳参忠[22]。《范史》作"诏即遣小黄门视参疾，太医致羊酒"。

　　士游孝淳，感物悟神。　　姜诗，字士游，雒人也。事母至孝。母欲江水及鲤鱼脍。又不能独食，须邻母共之。诗常钱、刘、李、《函》本作尝。供备。子汲江，溺死，秘言遣学，不使母知。于是有涌泉出于舍侧，有江水之香，朝朝出鲤鱼二头，供二母之膳。其泉灌田六顷，施及比邻。公孙述平后，东精《后汉书·列女·姜诗妻传》作"赤眉贼"。为贼掠害，不敢入诗里。时大荒饥，钱、刘、李、《函》本作饿。精致米肉与诗，诗埋之。永平三年察孝廉。明帝诏曰："大孝入朝，孝廉一切皆平之。"《范史》作"凡诸举者一听平之。由是皆拜郎中"。除江阳符长。所居乡皆为之立祠[23]。《范史》云："卒于官。所居治，乡人为立祀。"

　　少林阴德，阳报是甄。　　王忳，字少林，新都人也。游学京师，见【客】空依《后汉书》本传改。舍有一书生困钱、《函》作因。病。忳隐视，隐视，谓独往视无他人在也。奄忽便绝。有金十斤。忳以一斤买棺木，九斤还要腰字通。下，葬埋之。后为大度当即《蜀志》之"新都大渡"。亭长。大马一匹来入亭中，又有绣被一领飞堕其前，人莫识者，郡县以钱写脱以字。畀忳。后乘马到雒县，马牵忳入他舍。主人问忳所由得马。忳具说其状，并及绣被。主人怅然曰："卿何阴德而致此？"。忳说昔埋书生事。主人惊曰："是我子也，姓金名彦，卿乃葬之。不报，天彰卿德！"辟举茂才，除郿令。【宿鹾亭。中数有人为鬼所煞。忳上楼，夜半，有女子称冤曰："妾，涪令妻也。当之官，宿此，枉为亭长所煞，大小二十口，埋在楼下。夺取财物。"忳曰："汝何故以恒杀人"女子曰："妾不得白日，惟依夜愬。人眠不肯应。恚，故杀之。"初来时，言无衣，忳以衣衣之。言讫，投衣而去。旦，召游徼诘问，具服。即收同谋十余人煞之。送涪令丧还乡里。】自"宿鹾亭"至"还乡里"中，"为鬼所煞"之"煞"，钱、刘、李、《函》、顾本俱作杀，下同。"当之官"之"当"张本作向。"汝何故以"之"以"字钱写脱。"恒杀人"之"恒"字张本作悋，李本作憎。"召游徼诘问"下张本有小注云："游徼，忳门下人。即先杀涪令于鹾亭者。"其说殊谬。当世称之㉔。自"宿鹾亭"至"丧还乡里"一百二十二字，疑非常注原有。盖历世传钞者取《搜神记》附益之。常氏注语甚简，而此出赞辞意外。故知为后人所附入也。兹拟删。

仲鱼谦冲。　　羊期，字仲鱼，鄡人也。父甚依《三州士女目录》补。为交州刺史，卒官。期迎丧，不敢敢字当衍。取官舍一物。郡三察孝廉，公府辟，州别驾，州下省辟字。皆不应。太守尹奉，弃刑名，行礼乐，请为功曹。刺史必欲借期自佐，不得已，为别驾。后为太守孙宝、《蜀志》作宾。蔡茂、【祋讽】二字当衍，说详注释。功曹。当 钱写本作常。欲渡津，津吏滞，停车待之三日。将宿中钱写本脱中字。亭，中有县吏，引车避之。二事，证其谦冲。为野王令㉕。

云卿安贫。　　朱仓，字云卿，什邡人也。受学于蜀郡张宁。湌钱写作飧。刘、李、《函》、浙本作湌。《艺文类聚》八、《太平御览》三百六十四引并作"食豆屑"。又受学上有少字。豆饮水以讽诵。同业怜其贫，资给米肉，终不受。著《河洛解》。家贫，恒钱写本脱恒字。以步行。为郡功曹。每察孝廉，羞碌碌诣公府试，不就。州辟治中从事。以讽咏自终㉖。

伯式玄照。　　折像，刘、李本作象。字伯式，雒人也。其先张江，为武威太守，封南阳折侯，因氏焉。父国，为郁林太守。家赀二亿，故奴婢钱、刘、李、《函》、浙本作姬。廖、顾本作婢。八百人，尽散以施宗族，恤瞻亲旧，葬死吊丧。事东平虞叔雅，以道教授门人。朋友自远而至。时人为谚曰："折氏客谁？朱云卿，段节英。中有佃子赵仲平。但说天文论五经㉗。"

孟宗当仁。　　杜真，张、李本作贞，下同。字孟宗，绵竹人。诵书百万言。兄事翟酺。酺免后，尚书令与司隶校尉枉劾之，復征诣狱。真上章救之。受掠笞六百，狱中明酺无事。京师壮之。以汉道微，散财施宗族。不应公府钱、刘、李、《函》作州。辟命，及辟钱、刘、李、《函》作辞。长吏。候迎每交于门，乃断发以自绝㉘。

味道好施，清风迈伦。　赞仲鱼以钱、刘、李、《函》作已。下也。右赞及注十四字，钱、刘、李、《函》四本嵌在上赞"孟宗当仁"句下，注"孟真"字上。兹依廖本（浙、顾本同）。冲，贫，照，仁，施，伦，六句为韵。

汉儒请雨，精感庆云。　谅《太平御览》卷五百二十九引《华阳国志》作梁。辅，字汉儒，新都人。为郡五官掾，时天大旱，请雨，不降。辅出祷祈，乃积薪，祝神曰：御览引此下有"二日"二字。"不雨，则欲自焚，为贪叼吏，谢罪百姓。"言终暴张本作即。雨㉙。

韩揆义烈。　韩揆，字伯彦，绵竹人也。为令锜裒主簿。值黄巾贼入界，扶裒走入草中。裒遣求隐翳处，未还，裒为贼所得，见害。揆殡殓葬埋讫，诣从事买龙，求兵讨贼。贼破，曰："本报令君。而苟自活，非忠。"乃自煞㉚。钱、李二本作杀。

乔云勇震。　左乔云，绵竹人也。少为左通所养，为子。通坐任徒徒逃。吏欲破通胜。通无壮子，故为吏所侵。乔云时年十三，喟然愤怒，以锐李本作锐。刀杀钱、刘、《函》本作煞。吏，解通将廖、浙、顾本将字误倒。兹依钱、刘、李、《函》本改正。走。【将】▲令出追；初闻，以为壮士；及知是小儿，为之流涕㉛。

杨宽证将，烈播友人。　杨张本宽上有杨字。宽，字叔仲，钱写本作"字仲舒"。舒与宽为义。似当改从钱本。然钱本目录亦作叔仲。新都人也。父斌，证令万世。太守袯讽以忠义【壮】状旧各本作壮，于文当作状。闻。《目录》云："父斌、兄混，皆有证明君事，失其官位。"宽为郡吏，乡人马闰，章言太守五《函海》本误作王。方。宽与兄混依《目录》补兄名。皆诣狱证▲之，得理。后方当迁南郡，闰复章之。宽乃发闰临临字疑衍。私事。张本无临字与事字。闰伏罪。友人汝锟为张明所煞，宽怒，缚明送锟家，使自谢之【也】㉜。

宁叔字当作升，下同。说详注释。执仇。　宁叔，字钱写作自。茂泰，广汉人。与友人张昌共受业太刘、李本作大。学。昌为河南大豪吕条所煞。钱、刘、李、《函》作杀。下同。叔煞条，自拘河南狱。顺帝义而赦之㉝。

张复师仇。　张钳，字子安，广汉人也。师事犍为谢裒。裒死，负土成坟。三年。谓服三年丧。原省服丧字。裒子为人所煞，钳复其仇，自拘武阳狱。会赦，免。当世义之㉞。

贾为士死，分俜虞、朱。　贾栩，钱、张、刘、李、《函》本作栩，下同。字元集，什邡人也。雒孟伯元为父复仇，闻栩名，往投之。雒县追伯元踪。栩叹曰："士以义遇我，岂可倍张本作背。哉。煞雒县廖本此下注云："当有脱文。"今按，旧脱一吏字也。兹补。吏，必移什邡，负我君。"乃自煞。李胜言廖本注云："当作谏。"之，以方虞卿、鲁之廖本注云"当衍"。朱家㉟。

郭玉通【直】方，廖本注云："当作术。"兹改作方，说在注释。盖亦所修。　郭玉，字通直，廖本注云："按，当衍三字，《后汉书·玉传》无字，可证。"新都人《后汉书》作雒人。也。明方术，伎妙用针。作《经方颂说》。官至太医丞。【校尉】㊱。廖本注云："当衍二字。《后汉书·玉传》无，可证。"钱写本全脱此条。

爰迄刘氏，司农含章，爽朗翠粲，观国之光。　秦宓，字子敕，绵竹人也。初隐遁，不应州郡之命。丞相亮领益州张本无州字。牧，此下钱写本有以字。选为别驾中郎将。吴使张温将反命，亮率百官钱之。温与宓语，答问若【向】响廖本误作向。他各本俱作响。应声，辞义雅美。温大敬服，以为蜀之有宓，犹鲁有仲尼也。迁长水校尉，大司农。依《目录》及《三国志·宓传》补大字。宓辩帝系，论皇帝、王霸、养龙之说，依《三国志·宓传》文补十二字。甚张本作其。有通理。弟子谯周具传其业㊲。谓《周古史考》之说多出于宓也。

李王四子，并作琳瑯。　李朝，字永南；弟邵，字伟南；郪人也。王士，字义强；刘本同《三国志》作彊。李本误作疆。从弟甫，字国山；文表诸弟也。先主领牧，朝为别驾。群下上先主为汉中王，其文朝所造也。此下，廖本注云："当有脱文。按，李邵事，在陈寿《季汉辅臣赞注》中。但恐道将之文不全同。今无以补之也。从先主东征，卒于永安㊳。用陈寿《辅臣赞注》文，参校《常志》补。说详注释。邵笃于行谊，依《杨戏赞》补。先为州书佐，部从事，依陈寿《辅臣赞》文补，说详注释。后丞相亮府辟西曹掾，治中从事，同上依《辅臣赞注》补。早卒，依《益部耆旧杂记》文补。亦有文才。兄弟三人号三龙㊴。兄邈，赞注别在后。士历宕渠、犍为、益州太守㊵。甫善言议，此下，旧各本有小阙字。廖本注云："旧校云阙。按，陈寿《辅臣赞注》云：好人流言议，当无所阙。旧校误耳。"今按：《常志》倒人流字，则当自"言议"断读。人流美称。自绵竹令为州右职㊶。并死王事。原注当有此四字。说详注释。

优游容与，特进太常。　镡承，字公文，郪人也。历郡守，州右职，为少府，太常。时费、姜秉政，孟光、来敏皆栖迟，承以和独立，特进之也㊷。

从事烈至，谏君刘本作廿。刎首。　王累，新都人也。州牧璋，从别驾张松计，遣法正迎先主。主簿黄权谏，不纳。累为从事，以谏不入，乃自刎州门，以明不可㊸。

郑度进规，忠谋莫受。虽云天时，抑由人咎。　度，绵竹人也。先主自葭萌南攻，说牧璋曰："左将军悬军袭我，野谷是资。急驱巴西、梓潼民【由】内廖本作

广汉士女（卷十中）

由，他本作内。涪水以南。一切烧除野谷，固垒待之。彼请战，不许。久无所资，不过百日，必当面缚。"先主闻而恶之。璋不纳。言虽在天，亦由璋之愚⑭。

　　永年负才，自丧世主。　　彭羕，字永年，广汉人，有俊才。刘璋时，坐事为徒。及先主入，自讬庞统。为州右职。失主意，左迁江阳太守。【羕】恚张本作怨。按：于文当作恚。缘音讹。望。诸葛亮以为心大志广，难可保安，依《三国志·羕传》文补安字。劝先主因事诛之⑮。此下张本有"语在本传"四大字。

　　汉南哽哽，天夺其守。　　李邈，字汉南，邵兄也。牧璋时为牛鞞长。先主领牧，为从事。正旦，命行酒，得进见。让先主曰："振威以将军宗室肺腑，委钱写本脱此上七字。以讨贼，元功未效，先寇而灭。邈以将军之取鄙州，甚为不宜也。"先主曰："知其不宜，何以不助之？"邈曰："匪不敢也，力不足耳。"有司将杀之。诸葛亮为请，得免。久之，钱写本无此二字。为犍为太守，丞相参军，安汉将军。建兴六年，亮西征，马谡在前，败绩。钱、刘、李、《函》、浙各本无败绩二字。廖、顾本有。廖本注云："旧无此败绩二字。《三国志》注引有，有者是。"《函海》与顾观光亦各有注。略之。亮将杀之，邈谏以："秦赦孟明，用霸西戎。楚诛子玉，二世不竞。"失亮意，还蜀。十三年，亮卒。后主素服发哀三日。邈上书曰："吕禄、霍禹，未必怀反叛之心。孝宣不好为杀臣之君，直以臣惧其逼，张本误作福。主畏其威，故奸萌生。亮身杖张本作仗。强兵，狼顾虎视，钱、刘、李、浙本作臣。《函》、廖、顾本作视。廖本注云："旧作臣，《三国志》注引作视。"五大不在边，臣常危之。张本作至。今亮殒殁，盖宗族得全，西戎静息，大小为庆。"后主怒，下狱，诛之⑯。裴松之《三国志·杨戏传》注引此文，首句作："邵兄邈，字汉南。刘璋时为牛鞞长。"余同此文。惟殁作没。《常志》于罪诛者例不赞，《目录》亦不收。惟于彭羕、李邈赞之，意以为冤故也。

　　诜诜彦造，或哲或友。昭德音芳，垂名厥后。此下钱写误连。他本空格。　　总赞此四十六人也。张本并此注移，删此字。

述广汉人士五字，《函海》本低二格，他各本顶格。

案：以上，广汉先贤，士入赞者四十六人。赞文三百四十四字。原注按旧刻本为三千九百六十一字。兹凡校补八十五字，又校删一百二十四字，实为注三千九百二十二字。原赞亦如蜀郡，隐分为圣、仁、智、中上、中中五品叙次，不拘出生先后与社会地位。较之蜀郡人物，文章、功业，皆有未逮。而术数与义烈之士见称者特多。夫广汉郡治去成都未远，其属县雒、新都、绵竹、什邡皆成都冲积平原内生产较高之县，乃其社会情俗、嗜好、习尚与蜀郡不同如此，诚研究古代社会发展者所宜注意之一问题也。《常志》提供事实，多属封建上层之思想行动，反映社会基层人民生活实际情况者尚不多，然较正史与《通鉴》远胜矣。就此资料，以推当时郡县社会经济与政治情况，于诸郡社会发展不能平衡之原因，亦可得其仿佛。故《先贤》一卷，文虽繁重，且皆以宣扬封建道德为旨归，亦非毫无用处，要在读者能善于分析钻探之也。兹仍如蜀郡例，以一人为一注释，提出补充资料（正史有传者非必要不录传文）。

【注释】

①《汉书》杨宣无传，惟《元后传》叙王氏贬黜，丁、传用事时云："有司奏：新都侯莽，前为大司马，贬抑尊号之议，亏损孝道。及平阿侯仁，臧（藏）匿赵昭仪亲属。皆就国。天下多冤王氏。谏大夫杨宣上封事言：'孝成皇帝深惟宗室之重，称述陛下至德，以承天序。圣策深远，恩德至厚。惟念先帝之意，岂不以陛下自代奉承东宫哉（东宫指元后）？太皇太后春秋七十，数更忧伤，敕令亲属引领以避丁、傅。行道之人为之陨涕。况于陛下，时登高远望，独不惭于延陵（成帝陵）乎？'哀帝深感其言，复封商中子邑为成都侯。……征莽及平阿侯仁还京师，侍太后。"王氏既废复兴，卒成篡弑，实缘宣此奏之力。故东汉史臣恶之，除此封事外，不更著其籍里、行事。然宣在当时，吐国人所欲言，非阿莽者比。篡弑之局，初非所料。此外亦无可论訾，故《益部耆旧》仍盛称其德。常氏赞为郡首，比于圣人也（王充《论衡》）。王子张、郑子侯、杨公叔皆无考。相关诸人，惟龚胜、刘歆，《汉书》有传。严象、赵翘，见本书《士女目录》。

②郑纯事，又见《南中志总序》及《永昌郡》。又见《后汉书·西南夷·哀牢传》（参看卷四2章之注⑨）。"析虎命邦"谓明帝嘉纯治绩，改都尉为太守，喻太守印为虎符，郡为国（邦）也。

③杨统，《后汉书》卷六十附《杨厚传》。所著与《常志》此文颇多不同。盖《范史》直间接取材于《东观记》，《常志》取材于《益部耆旧》，地方与中央史志详略处互异也。《范史》云："从犍为周循学习先法。又就同郡郑伯山受《河洛书》及天文推步之术。"周循与郑伯山，皆不见于《常志》，两《汉书》亦别无所著。《常志》云："事华里先生炎高。"炎姓，世罕见。张澍《蜀典》卷十一上："按，炎姓，古炎庆甲之后。庆甲主鄳都山，故蜀有炎氏欤？"以上诸人，盖皆蜀中隐士治图纬者，大都富厚畏祸，乐于肥遁之学人，统并师事之，两书所学不同耳。周үлхан本统父春卿弟子。春卿未传术于子，故统更从循受其家学。犹嫌未足，再学于郑、炎二家也。云"漢九世王"，谓光武也。光武为高祖九世孙，见《本纪》。成帝亦高祖九世孙，于时图纬之学已大盛，刘歆父子与王莽皆喜之。"出《图书》"即指河图、洛书等谶书。《内谶》，全称为《孔子内谶》，见刘昭《郡国志》注"巴郡、阆中"引《巴汉志》（参看本书《巴志》"阆中县"注）。盖汉时方士造书，讬名于孔子者。"鲁恭"，《后汉书》卷五十五有传。和帝永元十二年（一〇〇），"代吕盖为司徒"。十六年免。恭"习《鲁诗》"，统盖亦兼治《鲁诗》者，"与恭共定音律"，谓《鲁诗》音律也。《家法章句》，疑亦是指《鲁诗》家法。解说经文之书，在汉习称章句，若图纬注说，鲜用此名。或以《范书》有"春卿自杀，临命，戒其子曰：吾绛袭中有先祖所传秘记，为汉家用，尔其修之。"遂以"统作《家法章句》"为"秘记《家法章句》"（如姚振宗之《后汉·艺文志》列此书于"图纬类"）。夫秘记可以言家法，不可言章句，惟五经可以言章句，参核《常志》与《范书》，则统所上为《鲁诗家法章句》也。上

云"求通《内谶》二卷者不可得",至统始上"二卷解说",对印"卿适应之"句,则是《内谶》二卷已由统而显。末句即不得云"未详"。未详,应是"未传"之讹。《内谶》讬为孔子所作,为淳儒所非;而统所上文又无精义奇验以服人,故"竟不传"耳。"三老五更",汉世行养老礼所用名称。语源出于《礼记》。《礼记·文王世子篇》:"凡大合乐,必遂养老。"又:"释奠于先老,遂设三老、五更、群老之席位焉。适馔省醴,养老之珍具。"《乐记篇》又曰:"食三老五更于大学,天子袒而割牲,执酱而馈,执爵而酳(当读如饮去声,饮人以酒也)。"查《礼记》四十九篇,汉文帝时会诸儒纂集,多为秦汉间儒生撰造之词,以寄其理想之制度,实多不可施行。如此"养老"之礼,自汉武帝至王莽,虽极崇儒术,亦未行之。至东汉明帝时始见施行。《汉书·礼乐志》:"显宗即位,躬行其礼。宗祀光武皇帝于明堂,养三老五更于辟雍。"《后汉书·明帝纪》:永平二年"春正月辛未,宗祀光武皇帝于明堂。……三月,临辟雍,初行大射礼。"又《礼仪志》:"明帝永平二年三月,上始率群臣躬养三老五更于辟雍,行大射之礼。郡、县、道行乡饮酒于学校。皆祀圣师周公孔子。牲以犬。于是七郊礼乐三雍之仪备矣。养三老五更之仪:先吉日 司徒上太傅,若讲师(按此谓曾为天子及太子讲授经义者)。故三公(按此谓曾任三公之见在者)人名,用其德行、年耆高者一人为老,次一人为更也。皆服都纻大袍单衣,皂缘领袖中衣,冠进贤,扶玉杖。五更亦如之,不杖。皆斋于太学讲堂。其日,乘舆先到辟雍礼殿,御坐东厢。遣使者安车迎三老五更。天子迎于门屏。交礼。道自作阶。三老升自宾阶。至阶,天子揖,如礼。三老升东面,三公设几,九卿正履。天子亲袒割牲,执酱而馈,执爵而酳。祝鲠在前,祝鲠在后(按二祝皆巫医能治食鲠与食噎者)。五更南面,公进供,礼亦如之。明日,皆诣阙谢恩,以见礼遇,大尊显故也。"此史官所记敬礼三老五更之仪式,即永平三年所实施者,其后当奉为常制。所云三老五更,皆只一人。其人选,在曾为天子讲授之经师与已免之三公中,择年、德、名位之高者充之,与《礼记》各篇所设想之三老、五更、群老不同。《礼记》所设想者三与五皆其数,尚有当养者,则曰:"群老"。蔡邕说经如此,并谓"更当为叟"(说在《月令章句》,见《御览》五百三十五引)。郑玄迁就汉家仪制,于《乐记》注曰:"皆老人更知三德五事者也。"(按三德五事,说在《洪范》)是以为各一人也。又于《文王世子》注曰:"名以三五者,取象三辰五星。"则谓为三与五人,以合"群老"之义也。章怀《后汉书注》,引宋均《孝经纬注》曰:"三老,老人知天地人事者。……五更,老人知五行更代之事者。"(全文见《后汉书》卷十四。)又引应劭《后官仪》曰:"三者,道成于天地人。老者,久也,旧也。五者,训于五品。更者,五世长字更更相代,言其能以善道改更也。"又引卢植《礼记注》曰:"选三公老者为三老,乡大夫之老者为五更,亦参五之义也。"凡此诸说,皆缘知东汉仪制,三老五更各只一人而强为之解,与历史实际不合。又章怀注:"臣昭按:桓荣五更后,除兄子二人补四百石,则荣非长子矣。"足驳应劭。杨统未作三公,亦为三老,足驳卢植说。至加三才、五事,牵强穿凿,并无足取。大抵儒家最初所理想者本非只一人。后汉所施行者,则创制时即只各一人,但沿用《礼记》三五之称耳。《范史·杨厚传》,谓统"为国三老。年九十卒"。又言永初二年,统尚在,"为侍中"。时已衰老,则其迁光禄大夫,为三老,当在安帝末叶。三老仅一日至辟雍受养,平时仍家居。此注云"养于辟雍",谓受养老礼于辟雍也。

④王祐,惟此见。所著《王子》五篇,《隋·经籍志》已不见。与陈禅同时,即亦安帝时人也(禅于顺帝初卒)。祐弟获,《目录》作灌。云:"有文才,不悉行事。"故不及赞,但附注于此也。濩、灌二字易混。如前卷五之杜濩,《三国志》即作灌。疑此获字,是濩字之讹,故此讹为获,《目录》又误作灌也。《诗·周南·葛覃》:"是刈是濩,为絺为绤,服之无斁。"濩,沤煮也。

⑤杨序，《后汉书》作杨厚，卷六十有传。《常志》屡见，皆作序，惟刘、李二本改从《范史》作厚。他宋明清刻本及校勘本俱尚保存序字不改。究竟字当作序、作厚，兹当明确。今按：常、范两书，作序作厚虽不同，其"字仲桓"则一。考《毛诗·周颂·闵予小子之什》："桓，讲武，类祃也。"《诗》云："桓桓武王，保有厥土。于以四方，克定厥家。"又《鲁颂》："《泮水》，颂僖公能修泮宫也。"《诗》云："济济多士，克广德心。桓桓于征……在泮献功。"《礼·王制》："天子将出征，类乎上帝……受命于祖，受成于学。出征执有罪，反，释奠于学，以讯馘告。"结合上二诗，可知古制，学校养士，非仅教以文学，亦常训以武事。"桓"，即训武之诗，《王制》"受成于学"，时所歌也。《泮水》为释奠、释菜时所歌；《诗》云："思乐泮水，薄采其芹"。"薄采其藻。""薄采其茆。"芹、藻、茆皆水菜，释菜礼所用也。（此用惠周惕说。释菜，详《礼记·月令》注）又云："在泮献囚。""在泮献功。"即《王制》"释奠于学，以讯馘告"之义。（此用马元伯说，见的著《毛诗传笺通释》。释奠，详《礼记·文王世子》注。）泮宫、庠序、学校为一事。故序与桓字义切切，桓与厚字无联义，则《范史》作杨厚实误，当依《常志》作杨序。凡从《范书》以杨仲桓名厚改字者皆误也。又按：《说文》："桓，亭邮表也。"段玉裁注："《檀弓》注曰：四植谓之桓。按，二植亦谓之桓。一柱上四出亦谓之桓。"此言桓字本义为植木，如华表。四植、二植、一植四出之说虽各家不同，其为多数之植木则一。是亦无厚之含义，而与序字有联义。惟序字仲桓，实取学校之义，非取"桓表"之义。桓字其他各义亦无与厚字相关者。古书序字一作序，故《范史》讹为厚字也。原刻此注文颇谬乱。例如："上言四方及荆扬交州当兵起。"交州在中国最南方，荆扬连交州亦皆为汉代之南方。若谓"四方"代表全国，则荆扬亦当在内。若谓四方所指为四边，则交州不能在四边之外。此明有误文矣。《范书》本传云："又连上西北二方有兵气，宜备边寇。车驾临当西巡，感厚言而止。至阳嘉三年而西羌寇陇右。明年，鸟乌围度辽将军耿晔。"是其上西北兵起在阳嘉初岁也。又永和元年："复上京师应有水患，又当火灾。三公有免者，蛮夷当反畔。是夏，洛阳暴水，杀千余人。至冬，承福殿灾。太尉庞参免。荆交二州蛮夷贼杀长吏，寇城郭。"此言预上南方兵起，在永和元年也。又《顺帝纪》阳嘉元年二月，"海贼曾旌等寇会稽。"杀三县长吏。三月，"扬州六郡妖贼章河等寇四十九县，杀伤长吏。"《常志》所云"四方"，盖即包举西羌、乌桓、荆交蛮夷与扬州海盗妖贼言之，盖皆仲桓曾预上者。前后数上之事，总曰："上言四方当兵起"，下接"皆效验"，为一事。不当更有"荆、扬，交三州"字。又《范史》本传：永建"四年，厚上言：今夏必盛寒，当有疾疫蝗虫之害。是岁，果六州大蝗，疫气流行。"事在阳嘉以前。《顺帝纪》：是年五月，"诏曰：海内颇有灾异……八月，遣使实核死亡，收敛，禀赐。"是常注"人民疫、蝗"之验。于时全国司隶外凡十二州。六州占其半数，而荆扬二州，不久即民变乱起，其为遭受重灾，抚恤失当，民不聊生所至可知。则常注旧刻"荆扬交州"人民疫蝗者，原当是"荆、扬六州"之讹，传写者妄依《厚传》，改六为交，又移"当兵起"三字于"交州下"，而仍"四方"两字不改。以为已依《范史》校正，而不自知其谬。又后人以其仿佛与《范史》文合，沿讹至今而莫为之考订也，兹移还"当兵起"三字于及字上，而改交为六字，庶合《常志》原文。又"三府"，谓太尉、司徒、司空三公府，不只一官，亦不可三府官齐免。依《范书》，亦只免庞参一人，则常注原文应与《范史》"三公有免者"相类。兹拟为"三府当免大臣"。三府官吏甚多，惟三公为大臣。就原已作"三府"补字，固当如此耳。父《范史》本传云："年八十二，卒于家。策书吊祭。乡人谥曰文父。"常注旧刻作"诏谥曰文父"。夫天子为大臣赠，有称文者，无称父之例。且诏既赠谥，岂能不祭？故兹依《范史》补祭字，断句。他诸改删字，类此。昭约、寇欢、何苌、侯祈、周舒皆见《士女目录》。任董别有赞注。

⑥段翳,《后汉书》卷一百十二《方术上》有传。传实全取于此注,删易十余字耳。兹依以回校本注,改三字。其义易晓,不更注。赞词,协上联微字成韵,当作辉。此下转韵。常氏盖隐以此为圣、仁之判。故与杨序皆东汉中、末叶人,而叙在王涣王堂前也。

⑦王涣,《后汉书》卷一○六,《循吏》有传。初为太守陈宠功曹,与主簿镡显,佐宠致治,达于帝听。由是显名。宠为广汉太守在和帝初岁,永元元年至四年时也,元兴元年(一○五),上距永元元年(八九)仅十七年,涣之仕龄仅此。贾胡左威事惟此见。"清理",谓威旧含冤莫伸,涣得其情,为之平理也。威当是匈奴人经商在洛者,已习汉语汉俗,入籍,为贵势之家所陷。故能为涣服三年服。此为汉世统治阶级歧视少数民族之一验。《范史》本传:"民思其德,为立祠安阳亭西。每食(刘攽云当作祀),辄弦歌而荐之。"章怀注引《古乐府》载其祀歌曰:"孝和皇帝在时,洛阳令王君,本自益州,广汉蜀(按,蜀当作郪)人。少行官学,通五经论。明知法令,历代衣冠。(按,衣冠,喻制度)从温,补洛阳令,化行致贤。外行猛政,内怀慈仁。移恶子姓名五篇著里端。无妄发赋。念在理冤。清身苦体,宿夜劳勤。化有能名,远近所闻。天年不遂,早就奄昏。为君作祠,安阳亭西。欲令后代,莫不称传。"歌词质朴,确为市里工商平民所作。永初二年(一○八)邓太后诏亦曰:"故洛阳令王涣,秉清修之节,蹈羔羊之义。尽心奉公,务在惠民。功业未遂,不幸早世。百姓追思,为之立祠。自非忠爱之至,孰能若斯者乎?"足见洛阳人民醵资立祠,作歌奉祀,乃涣死后一二年事,此乃真实出于人民追思之忱,与苟取悦于当时封建豪门,邀一朝之誉,致生祠与去思碑者不同。旧刻作:"洛阳弦歌之,为立祠。"似洛阳民先有歌颂,后乃立祠。按《古乐府》,则立祠后乃有此歌。歌盖祠成行祀礼时作也。故当作:"洛阳民为立祠,弦歌祀之。"传钞者或删移其字耳。又《范史》本传,邓太后诏云:"今以涣子石为郎中以劝劬劳。"又:"延熹中,桓帝事黄老道,悉毁诸房祀。唯特诏密县存故太傅卓茂庙,洛阳留王涣祠焉。"卓茂,南阳宛人,建武四年(二十八)卒,稚子子孙安得与"为伍"?《常志》原注,应只"与卓茂等",指延熹中特诏也。后人妄续"为伍"二字耳。"德令",谓大酺、赐爵、赐帛诸恩诏。州郡咸推恩及涣后嗣。在《范史》所言永初、延熹二诏之外,故注文曰:"每下诏书德令,赐后嗣。"必字亦后人所加也。无必字,意义自足。赞文曰"奕奕",即谓涣之遗泽,奕世不绝。

⑧王堂,《后汉书》卷六十一有传。与王涣皆和帝时人。堂仕较晚,年八十六,顺帝时卒。初由谷城令迁巴郡,徙右扶风,历将作大匠,左转议郎。复拜鲁相,迁汝南太守。所在称治。而不详其政绩。《常志》于此,但称其能举贤、任能。盖深合当时地主阶层愿望之官吏也。杨树达《积微居小学金石论丛》卷五,有后汉王堂世系考,考得王堂子孙男女十六人,皆出《常志》。为结论云:"自堂至其六世孙王化兄弟,历汉、三国、晋三代、冠绂不绝,代有闻人。而其源,则由堂祖母义方之教。堂幸受薰陶,故其为人方正严格,独立不移。继以文季姜、杨进、张淑纪诸人,克绍家风,贤声不坠。王氏之世兴,不亦宜乎?"杨氏有王氏世系图,兹略为调整改绘,另附,并著诸人所在之篇目于图,借便参检。旧刻"应嗣"下有脱文。查《范史》本传云:"迁汝南太守,搜才礼士,不苟自专。乃教掾史曰:'古人劳于求贤,逸于任使,故能化清于上,事缉于下。其宪章朝右,简核才职,委功曹陈蕃。匡政理务,拾遗补阙,任主簿应嗣。庶循名责实,察言观效焉。'自是,委诚求当,不复妄有乱教。郡内称治。"陈蕃,《后汉书》卷九十六有传,桓帝延熹八年代杨秉为太尉。九年免。永康元年复拜太傅。应嗣,他无所见。原注脱文下"司隶校尉",于上下文无所托属当是嗣官至此,旧钞者脱"主簿"以下,误以前嗣字接此。查王堂为汝南太守,在窦宪未败时,则永元四年以前也。陈蕃以太尉李固表荐,征拜议郎。固作太尉,在冲帝时。蕃于是时起,历官乐

安太守，左转脩武令，尚书，豫章太守，尚书令，太鸿胪。再起为议郎，光禄勋，至为太尉，皆在桓帝之世（一四六——一六七），则应嗣官历，宜与相称。万斯同《东汉九卿表》，司隶校尉无应嗣名。然自桓帝元嘉元年（一五一）至延熹五年（一六二）凡十二年间，司隶校尉，仅得祝恬、张彪两人。其间所阙者多矣。嗣官此职，当即其时（蕃至九卿亦即其时）。

⑨冯颢，正史不见。盖取材于《益部耆旧》（《太平御览》卷九百二十六引）。其为成都令治绩，见《蜀志》（卷三12章之注③）。《士女目录》有讹作"马颢"者（张、吴、何、《函》、王、浙本）。当依廖本与《蜀志》作冯。

⑩翟酺，《后汉书》卷七十八有传，颇与此注详略不同，意指亦殊。《常志》此注，但称酺之前知与能荐贤，不及其正谏与兴学事。即如调孙懿事，《常志》用以夸酺为预见；《范书》则云："时尚书有缺，诏将大夫六百石以上试对政事、天文、道术、以高第者补之。酺自恃能高，而忌故太史令孙懿，恐其先用。乃往候懿……懿忧惧，移病不试。由是酺对第一，拜尚书。"并为论曰："孙懿以高明见忌而受欺于阴计。翟酺资谲数取通而终之以謇谏。岂性智自有周偏，先后之要殊度乎？"魏晋间修后汉史者，有马、蔡、杨、卢、谢、薛、司马、华、袁诸家，不知各所取自何书。要可互为补注。"利疾"，犹言利害，利病。此一解也。或言，老子曰："国之利器，不可以示人。"酺上书曾引之，见《范书》本传。利，谓权衡当由天子操之，酺书谓"臣恐权威外假，归之良难"是也。疾，指"窦邓之宠"，书言"虎翼一奋，卒不可制"是也。此一解也。又《范史》云："屡因灾异，多所匡正。由是权贵共诬酺及尚书令高堂芝等交通属托。坐减死归家。复被章云：酺前与河南张楷等谋反。逮诣延尉。及杜真等上书讼之，事得明，释，卒于家。"杜真事《常志》已另有赞注，故此但云"免死"。《援神契经说》，《范书》作："著《援神钩命解诂》十二篇。"章怀注："《援神契》《钓命诀》，皆《孝经纬篇》名也。"朱彝尊《经义考》，引《益部耆旧传》，谓是酺弟子杜真孟宗所著（据姚振宗《后汉书·艺文志》引）。查杜真兄事酺，非弟子也。《耆旧传》轶，无可验核。要必是朱氏说误。

⑪郭贺《后汉书》卷五十六，附《蔡茂传》，云"雒阳人"，误衍阳字也。《范史》不载黄幸事，而说梦较本注为详，可互补。兹并从《范史》改作"大殿极"字。又《范史》言贺："建武中为尚书令，在职六年，晓习故事，多所匡益。拜荆州刺史。"《常志》此注与《士女目录》皆谓贺为司隶校尉。又注不云："尚书令"而曰"尚书仆射"。查《续汉·百官志》，尚书令与尚书仆射并少府属官。令秩千石。仆射六百石，"令不在则奏下众事"，盖令之副贰也。故传者每混其名实。此亦两书采摭来源不同之证也。司隶校尉与刺史虽各领一州，然司隶秩比二千石，故由尚书令或仆射升司隶为"稍迁"。刺史秩六百石，则自尚书令或司隶出为刺史皆系左迁。非注文当于"校尉"断句，而于"荆州"上有"转"字。《艺文类聚》引《华阳国志》，有《荆州歌》颂词。《范史》虽仅附传，亦载之。《常志》好载民歌，则此注固原当有，传钞者夺之耳。兹并补。《范史》云："永平四年征拜河南尹。""在官三年卒。"则永平七年也。河南尹，司隶属七郡之一，治京师，故曰京尹，秩位并较他诸郡守高，比于九卿，故卿尹每连称也。以上王涣、王堂、冯颢、翟酺、郭贺，皆以仁惠著绩，常氏盖以列于上中，所谓仁人也。

⑫镡显，《后汉书》卷一〇六附《王涣传》。又见卷七十六《陈宠传》。与涣同时为广汉太守陈宠主簿。"拾遗补阙"，为宠所称。安帝时为豫州刺史。"后位至长乐卫尉。"《常志》与《目录》并作："光禄大夫，侍中，卫尉。"官历较详。章怀注《后汉书·陈宠传》："镡，音徒南反。"《通志氏族略》云："镡，望出广汉。今蜀中有此姓，乃呼为蟾。"《蜀典》云："今人又读为寻。"光禄大夫，光禄勋属，秩比二千石，无员，"无

常事，唯诏命所使。"侍中，少府属，比二千石，无员，"掌侍左右，赞导众事，顾问应对。"卫尉，卿，中二千石，"掌宫门卫士，宫中徼循事。"显为长乐宫卫尉也。

⑬ 蔡弓，正史无见。以与镡显相携共学并同师事鲁恭见称也。"鲁恭"《后汉书》卷五十五有传。建初（七六—八三）中为中牟令，后拜侍御史。和帝初，拜《鲁诗》博士，迁侍中。乐安相。永元九年征拜议郎。迁光禄勋。十二年，代吕盖为司徒。十六年免。殇帝即位，再起为长乐卫尉。安帝永初元年复代梁鲔为司徒。年八十一，永初六年（一一二）卒于家。则生于建武八年也，其拜《鲁诗》博士时，已将六十。镡、蔡与张霸、李郃、张皓、陈禅师事受业，盖在此时。注云"司徒鲁恭"，特举其晚岁官位，非其及为司徒乃师事之也。上文"太守陈司空"，亦谓太守陈宠察举王涣与镡显孝廉，宠后至司空。非谓宠作司空时察举。霸、郃、皓、禅，《范史》并有传。亦见本志《赞注》（禅在巴郡，原阙）。

⑭ 李尤，《后汉书》卷一百十《文苑》上有传。与此注同出一书而详略小异，故可互校。传云："和帝时，侍中贾逵荐尤有相如杨雄之风。召诣东观，受诏作赋。"谓尤作《辟雍赋》、《德阳观》，及其他诸观赋也。以此知旧刻《常志》"召作诣东观"作字误倒。《太平御览》卷一百八十三至七百七十五止，屡引李尤《器物铭》与《洛阳诸门铭》。多属断截数句。盖其时《李尤集》犹未佚也。《隋书·经籍志》："梁有《乐安相李尤集》五卷，亡。"《宋史·艺文志》有《李尤集》二卷，盖残存本也。尤顺帝初卒，年八十三，见《后汉书》本传。

⑮ 李胜，《后汉书》附《李尤传》。

⑯ 王稚，《后汉书》附见《王堂传》，《常志》又附见《梓潼士女·文季姜赞注》。参看《附广汉王氏世系表》。

⑰ 冯信，出《益部耆旧传》（《御览》卷七百四十三引）。《后汉书》卷一百十一《独行·李业传》附见。《常志·公孙述志》亦载。本东汉初年人，赞与王稚为联，以其皆隐士，而智虑有逊于稚，故联附赞之也。

⑱ 董扶，《后汉书》卷一百十二《方术》下有传。云："扶亦为蜀郡属国都尉，相与入蜀。去后一岁，帝崩（谓灵帝），天下大乱。乃去官还家。年八十二卒。"扶盖于光和末以蜀郡属国都尉从益州牧刘焉还蜀。值马相据蜀，同焉留滞荆州西界，至中平五年，马相败亡，贾龙等迎刘焉，扶得之官。才一年，灵帝崩（中平六年），遂弃官归隐。至诸葛亮为丞相时，扶与任安并已死，未得用之，故亮问二人所长于秦宓。《益部耆旧》有《扶传》，《常志》与《范史》同采之而取舍殊也。

⑲ 任安，《后汉书》卷一百九，《儒林》上有传，云"年七十九，建安七年卒于家"。董扶与之同时，事迹亦相类，故合赞其肥通。就常氏序次成法推之，当亦在智人之列。

⑳ 王商，《后汉书》卷六十一附《王堂传》。文甚略。裴松之《三国志·许靖传》注引《益部耆旧传》曰：

商字文表，广汉人，以才学称，声文著于州里。刘璋辟为治中从事。是时，王涂隔绝，州之牧伯，犹七国之诸侯也。而璋懦弱多疑，不能党信大臣。商奏记谏璋。璋颇感悟。初，韩遂与马腾作乱关中，数与璋父焉交通。[信]至腾子超，复与璋相闻。有连蜀之意。商谓璋曰："超勇而不仁，见得不思义，不可以为唇齿。《老子》曰：国之利器不可以示人。今之益部，土美民丰，宝物所出，斯乃狡夫所欲倾覆，超等所以西望也。若引而近之，则由养虎而自遗患矣。"璋从其言，乃拒绝之。荆州牧刘表，及儒者宋忠咸闻其名，遗书与商叙致殷勤。许靖号为臧否，至蜀，见商而称之曰："设使商生于华夏，虽王景兴无以加也。"璋以商为蜀郡太守。成都禽坚有至孝之行，商表其墓，追赠孝廉。又与严君平、李弘立祠，作铭，以旌先贤。修学广农，百姓便之。在郡十载，卒于官。许靖代之。

核对《常志》此注，足见注文大都采自《耆旧传》。但删去谏交马超一段，增荐致名士一段耳。然其间有数处甚可疑：（一）"刘璋辟为治中。"与《耆旧传》文合，与《常志》本身不合。卷五谓：兴平元年，刘焉卒，"州帐下司马赵韪、治中从事王商等贪璋温仁，共表代父。"《三国志》与《后汉·刘焉传》并云"州大吏赵韪等贪璋温仁"。云大吏，谓帐下司马与治中从事也。（司马管军，治中管民，为二首吏）似此，则韪与商在刘焉时同为大吏，共立璋者。璋未立时，商已为益州治中，盖焉所辟，璋字为讹也。刘焉初治绵竹，在广汉郡，故多用广汉人。而王氏大族，世著贤称，则其早已辟用王商，不待璋时可知。然则《耆旧传》言"刘璋辟为治中从事"，"刘焉"之误矣。《常志》改正陈寿《三国志》与《耆旧传》者颇多，于此不当沿误，原文盖作刘焉，后人缘《耆旧传》误字改之耳。兹改还，俾与卷五文统一，并校订《耆旧传》文。（二）旧刻此注"劝璋揽奇拔隽"之璋字。亦当是焉字之讹。盖谓商于焉初入蜀为贾龙等所扼时，劝焉延用巴汉大姓赵韪、李异与五斗米老师张鲁、张脩等，以至青衣樊敏、中州庞义，少数民族氐叟、賨楯之类以自强固，以制贾龙等也。此乃焉克以奄有蜀土之根本决策，参《陈志》《常志》《范史》三《商传》自明。若在璋时，蜀已承平，即不适用此语。商所以劝璋者，应如《耆旧传》所云"党信在臣"，俾赵韪、庞义、张鲁放诸人能相安无事足矣。且常注所谓"揽奇拔隽"，首举赵韪。韪，巴西安汉人（见《巴志》），灵帝时为太仓令，弃官随刘焉还蜀（见《二牧志》），焉死时，韪已是州大吏，与商共表朝廷以璋代父者，其非璋时因商荐致甚明。盖亦旧钞者缘上已从《耆旧传》误作璋，此亦从之误改，《常志》原文固当作焉也。（三）《耆旧传》叙"商为蜀郡太守"在刘表宋忠"遗书与商叙致殷勤"之后。查刘表于建安十三年卒，荆州为曹操所并，宋忠即宋仲子，亦入于魏（说在《扬雄赞注》）。然则表与仲子之"与商交好"，在建安初叶也。《三国志·许靖传》云："靖来入蜀，璋以靖为巴郡，广汉太守。南阳宋仲子于荆州与蜀郡太守王商书曰：'文休倜傥瑰玮，有当世之具。足下当以为指南。'建安十六年，转在蜀郡。"《耆旧》云："在郡十载，卒于官，许靖代之。"是建安六年，商已为蜀郡太守矣。《耆旧》序次，特为行文之便，非谓商与刘表宋忠通殷勤时犹在治中从事任也。常注以商荐致赵韪等及与刘表宋忠交通皆系于刘焉时，而卷五谓焉卒时商为治中从事。盖亦未全依事历时次而混言之。以理推断，商于焉时为治中从事，拥立刘璋后，迁蜀郡太守，宋忠致商称许文休书，在刘璋时，刘表与商通书则当早在刘焉时。荆益界连，使聘宜有，而表与商皆以儒道相尚，通书应早。表上焉在蜀"有子夏在西河疑圣人论"，则建安初时，表已与蜀人士书札言议矣。（四）李一公本《华阳国志》，明末镌，于此注文末句，作"在官二十年"，未详所据。设商建安十六年卒官，逆推二十年，则初平三年也。其时焉犹未死，商为治中，非蜀守。则李本改字非。然原刻作"在郡一十年而卒"，亦不成文。云十年，即不当更赘一字。今如依《常志》前后文考订，则商乃兴平二年为蜀郡太守，建安十六年卒官。在官十七年。疑原注本作"十七"，因漫涣，钞误为"一七"，再后又讹为"一十"，一与十、十与七易刻讹故也。且亦由《益部耆旧》先脱七字，作"在郡十载"，其文随《三国志》流行于世，故昔之钞校《常志》者更易改依"裴注"，以焉为璋，又复以十七年为一十年。不知《常志》原自不与《陈志》从同。兹依《常志》本身文校订，并改易之。自王商以下，《常志》盖列之于中人者。王商中之上首也。

㉑刘宠，亦见《蜀志》成都县。与《后汉书·循吏传》之东莱刘宠为二人。与王商、陈实为友，则汉末人也。《太平御览》卷七百十八引《益部耆旧传》曰："刘宠丧母时危乱，坟墓发伤。宠乃矫母命：家贫无

财,唯有手上金环,赍造墓供送。免发掘。"即此刘宠也。

㉒段恭,附见《后汉书》卷八十一《庞参传》。兹即据以校正二字。《参传》载其上疏文辞,时盖顺帝永建(一二六——一三一)中也。

㉓姜诗,《后汉书》卷一百十四附见其妻《庞行传》,云"除江阳令,卒于官",与此注小异。又"东精"作"赤眉贼"。诗盖西汉末年人,至东汉明帝时以大孝见称于世,察孝廉,为郎中,除江阳郡符县长,时已老矣。今绵竹县孝泉镇有姜诗故宅及祠。历代崇祀,报赛不绝。另详卷三14章之注②。

㉔王忳,《后汉书》卷一百十一(《独行传》)有传。其文与此注殆同,客舍作"空舍",当据改。空舍,谓途间无人之屋。客舍则当有主人与他客,其人死,有知者矣。其地当在蜀境,或秦岭山道间。《范史·忳传》云:"书生谓忳曰:我当到洛阳,而被病。"则尚未至京畿之荒旷山道间也。大度亭,即《蜀志》之"新都大渡",今金堂县治之"赵家渡"是也。常氏原注,当至"除郿令"止,"阴德、阳报"之义已备也。䣧亭鬼哭事,盖后人依《范史·忳传》钞入。其事与阴德阳报无关。注文亦不当冗长至此,故删。(《太平御览》卷四百三,四百六十五,七百七,八百十一,并引《益部耆旧》所载王忳藏金彦与得被、马事。七百七所载尤详。与《常志》《范史》皆合。惟不载䣧亭鬼案事)章怀注云:"忳,音纯。"

㉕羊期,惟见本书。《士女目录》云"甚子"。又云:"交州牧羊甚,鄡人也,无传。"是此注"父"字下脱甚字也。孙宝,《汉书》卷七十七有传。其作广汉太守,在大司马卫将军王商卒后,则元延元年(前一二)时也。征为京兆尹后三岁,淳于长败(绥和元年),则元延三年征入也。蔡茂,《后汉书》卷五十六有传,"哀平间以儒学显。""后与窦融俱征,复拜议郎,再迁广汉太守。"则光武时也。"衩讽",后汉中叶,不可能与羊期同时。故二字当衍。期盖两汉间人。其父甚,前汉时为交州刺史。前汉无交州牧,《目录》作牧为误。

㉖朱仓,正史无。盖出《益部耆旧传》。《太平御览》卷四百二十六、六百十一、八百四十一,三举《益部耆旧传》,卷二百六十四、四百八十五,两举《华阳国志》,事皆相同。但记其安贫苦学,未及官位。少于《常志》。《目录》作"治中祭酒朱仓",此注云"州辟治中从事"不同。

㉗折像,《后汉书》卷一百十二《方术上》有传,与此注详略不同,可互补。与段恭、朱仓为友,则亦安、顺时(一〇七——一四三)人也。《范史》云卒年八十四,则桓帝时卒也。赵仲平,无赞。《目录》未收。佃子,农民也。能说天文、五经,亦奇士。

㉘杜真,《目录》云:"高让,义士杜真。"《后汉书》卷七十八附见《翟酺传》。章怀注引《益部耆旧传》文,录附如下:

　　杜真字孟宗,广汉绵竹人。少有孝行。习《易》《春秋》,诵百万言。兄事同郡翟酺。酺后被系狱,真上檄章救酺。系狱,笞六百,竟免酺难。京师莫不壮之。

　　章怀所引,盖节录也。《常志》此注亦节录,惟较多,缘所注赞,偏重也。

㉙谅辅,《后汉书》卷一百十一有传。与此略同。《士女目录》云:"精诚,五官谅辅。"

㉚韩揆,惟见此。按,本书卷五:"中平元年,凉州逆贼马相、赵祇等聚众绵竹,杀县令李升。"(《三国志·二牧传》同)。《后汉书·刘焉传》云:"益州贼马相,亦自号黄巾。"马相等杀李升后,攻雒,杀刺史郤俭,进取成都,奄有三蜀,称天子。至中平五年乃为益州从事贾龙等地主军所破灭。说详《二牧志》注

(卷五4章之注⑥)。常氏此注，称"黄巾贼入界"，杀绵竹令锜袁。韩揆"诣从事贾龙，求兵讨贼"。当是中平五年马相已败亡贾龙军已驻成都，刘焉尚未入蜀时事。时马相虽败亡，与相同时起兵之张修则据有三巴与汉中之乡村，深受夷汉人民拥戴，一直反抗封建官吏统治，故曾有游军入绵竹，杀贾龙所署之县令锜袁也。锜姓，汉人鲜见，疑是少数民族之汉化者。贾龙所仗为青衣之叟兵，疑袁即叟长。故揆求贾龙讨贼。绵竹黄巾退走后，刘马入蜀，抚用张鲁，招致张脩等黄巾号为义民。设州牧治于绵竹，隐与贾龙对立。揆以附龙故，被迫自杀。注谓揆者："本以报令君，而苟自活，非忠。"亦揆之饰词耳。

㉛左乔云事唯见此。"任徒"，谓为徒人担保不逃。徒逃，则任者当承其罪。通已老，更无肚子承逃囚之役，故吏欲破通之膑骨（胫骨）。实以胁贿耳。"解通将走"，谓解通之缚，与之同走。绵竹令率役出追，追知其为小儿，哀而纵之。小儿则不当罪也。

㉜杨宽，唯见《常志》。役讽，安帝时为光禄勋，顺帝立时已卒，见《后汉书·来历传》。建光中为尚书令，又见《陈忠传》。则其作广汉太守在安帝永初时（一〇七——一一九）也。五方为广汉太守，当在安、顺之间，即公元二世纪之三十年度（安帝建光元年至顺帝永建五年）。除依《目录》补兄名"混"字外，他无可考。"章言"，谓彰斥人之隐事。下云"复章之"可证。"宽乃发闱私事"，发，亦"章言"之也。五方得理，马闱伏罪，虚实不同也。"使自谢之"，谓使其认罪乞和解也。力能缚张明，又能使汝氏解仇，则亦当是大姓豪强之能持正者。

㉝宁叔，惟见《常志》。按叔字，疑当作升。隶书易混。汉魏人罕见以叔字为名者。字"茂泰"，与叔字义不切。《易·升卦》："象曰，地中生木，升。"与茂泰义切。然旧各本字皆作叔。故但申其义，不改其字。

㉞张钳，惟见《常志》。

㉟贾梱，惟见《常志》。虞卿，《史记》卷七十六有传；朱家，见《史记》卷一百二十四，及《汉书》卷九十二《游侠传》；皆自杀以利他人者。

㊱郭玉，《后汉书》卷一百十二《方术》下有传。传言："初有老父，不知何出，常渔钓于涪水，因号涪翁。乞食人间，见有疾者，时下针石，辄应时而效。乃著《针经》《诊脉法》传于世。弟子程高，寻求积年，翁乃授之。高亦隐迹不仕。玉少师事高，学方诊六征之技，阴阳不测之说。和帝时为太医丞。"玉所撰《经方颂说》，盖即阐述涪翁《针经》方技之书。汉魏时人于其所崇奉书皆称曰经。如道家称《老子》、《庄子》书曰《道德经》《南华经》，兵家称《阴符》《六韬》为经，儒生称《太玄》为经，医方家称《本草》为经。或著者自信为不易之说则亦自称为经，如《孝经》《忠经》《水经》《内经》《难经》，与此所谓《针经》是也。奉其书者，亦但称以为"经"，不更作区别，张仲景以《内经》《难经》之方为"经方"，郭玉以《针经》之方为"经方"也。《隋书·经籍志》有《黄帝针经》九卷并注云："梁有《黄帝针灸经》十二卷。"《唐书·经籍志》《新唐书·艺文志》并云有"《黄帝针灸经》十二卷"。而《宋史·艺文志》有"《黄帝针经》九卷"与"《黄帝灸经明堂》三卷"。其他记名"黄帝"之医方书甚多。黄帝时文字未备，安能著书。凡称黄帝书者，皆后人所伪托。疑涪翁所传之《针经》，即梁《七录》所著之《黄帝针灸经》十二卷。九卷论针法，三卷论灸法。隋内府得其针法九卷。然民间十二卷合订本仍存，唐内府有之。宋时则三种并出，要皆涪翁原传之《针经》。其说以针为主，以灸为辅，主要在论人体结构穴道与血脉运行之法。故《范史》云"针经诊脉法"，郭玉亦以善诊脉与针技称也。涪水，即内水，以经涪县为名。涪翁与程高，应皆蜀人，居于涪雒之间，以高隐不著行世，《常志》无赞，亦未收入《目录》，《范史》所传，盖从郭玉"经方颂说"序文中得之。当时但称《针经》，晋、宋、齐、梁间人乃窜改为《黄帝针灸经》耳。自晋皇甫

谧有《黄帝三部针经》十二卷（《隋志》《唐志》《宋志》并有）行世，医家纷著针灸之书，至宋，称《针经》者，遂有歧伯、扁鹊、玄悟、甄拥、王处明、吕博等家（《灸经》亦有数家），实皆演化涪翁、郭玉之书，更标异名以炫世，而涪翁、郭玉之名反掩。事关我国针砭术成书历史，及蜀中医方本源，故附此辨订之。《常志》此条，钱叔宝钞本全脱。他各本有，注文特短，疑有删夺。幸《范史》录存玉事，并著其"贵人四难"之论，甚值传诵，堪为《常志》补憾。又《范史》谓玉雒人，《常志》称新都人（《目录》阙玉县贯）。今按：新都与雒古今连界，又皆北道所经，汉世同属广汉郡，雒为郡治。当是玉生于新都，学术于涪，还居郡治久，故或传为雒人。正如扬雄，于所著书自言郫人，而传者恒称为成都人，正由郫去成都近，而成都为蜀郡治，雄居之久故也。旧刻赞词："郭玉通直。"与"盖亦所修"句不相应。"通直"言德，"所修"则术也。以此知有误字。其注文，首云"郭玉字通直"。《礼记》称术有五德："孚尹旁达"，通也；"垂之如坠"，直也。是玉字通直，可定。赞文"郭玉通直，是旧钞随注讹也。姓名连著字贯，常文多有此例，然于赞文则不当有，亦绝无其例。故知讹在赞文矣。廖本旧校，谓直"当作术"。兹以为当作"通方"。"通方之士"为《汉书》成语（《韩安国传》）。方字又切合所著书名。又《梓潼士女·李助赞》文亦曰："李助多方。"注云："通名方，校医术，作《经方颂说》，名齐郭玉。"助涪人，亦著《经方颂说》，其为师事涪翁或程高者，与玉同门无疑。或即与玉共著一书者。特以与玉分属两郡，不能合赞，故分郡两赞之。赞文同用方字，以明其皆擅医术，甚为自然。言"通方"，则与"所修"句相应。故径改。《范史》云玉为太医丞，"年老卒官"。《常志》云"官至太医丞"，又复有"校尉"二字，校尉，武官，掌兵，司宿尉，秩比二千石。应非医人所宜。"太医丞"，少府官属，在太医令下。有药丞、方丞各一员，玉盖太医方丞也。太医令秩才六百石，丞当又低。就秩级言，亦未必由丞遂转校尉。廖本注云校尉二字当衍。宜遵。

㊲秦宓，《三国志·蜀书》有传。其答吴使张温问语，亦载《后主志》。（卷七1章之注⑪）。旧刻"司农宓"三字上下当有脱文。兹依《三国志·宓传》补十三字。常氏赞各郡人物，在两汉世者隐分品第，不依时次。在属汉世者不分品第，别为一章。蜀郡、广汉如此。他各郡亦正如此。

㊳李朝，与弟邵之官历与卒年，并见《三国志·杨戏传·季汉辅臣赞注》。惟其注与《常志》相戾，另条辨订。朝所造《群下先主为汉中王表》全文，载《三国志·蜀书·先主传》（建安二十四年）。

㊴旧刻此注，脱李朝事末句与李邵事首句，甚明。由陈寿《辅臣赞注》所载二李名字、事历与《常志》相戾，故必须先行考订《陈志》与《常志》孰为误文，乃可补。兹先录陈注以便校核。陈寿于"永南耽思"句下注云：

永南名邵，广汉郪人也。先主定蜀后为州书佐，部从事，建兴元年，丞相亮辟为西曹掾。亮南征，留邵为治中从事。是岁卒。

又"伟南笃常"句下注云：

伟南名朝，永南兄。郡功曹，举孝廉，临邛令。入为别驾从事。随先主东征吴。章武二年，卒于永安。

《常志》则此注与《三州士女目录》同谓朝字永南为先主"别驾从事",邵字伟南为"丞相西曹掾"。陈注先出。《常志》他处多采《陈志》,独此二条互异。非属后人传钞讹谬,即当是后出者别有确据,有意改正前人之说。今试从多方面考订二家之说,可定陈注为误,当以《常志》为正。首先考其兄弟次序。《陈志》《常志》皆云朝为兄,邵为弟。但字不同。朝更有兄名邈,字汉南,常氏赞列广汉士末,有注。裴松之《三国志》注全引之。并引《益部耆旧杂记》曰:"朝又有一弟,早亡,各有才望,时人号之李氏三龙。"又云:"臣松之按:《耆旧》所记,以朝、邵及早亡者为三龙。""邈之狂直,不得在此数。"今按:裴说非也。夫早亡者名尚不著,安得被称以龙?邈以狂直获罪当死,诸葛亮为请得免,则亮已知其贤矣。先主免其死,仍授犍为太守,则先主亦知其能矣。见杀于后主,时朝与邵皆已亡,则当后主以前,人所称李氏三龙安得无邈?《耆旧杂记》所云"早亡"之弟,正是邵耳。三人中,邈年最长,仕最早,"刘璋时为牛鞞长。先主领为从事。"朝名最高,而仕较晚,年龄小于邈故也。然刘璋时已举孝廉,作临邛令。先主于建安十九领益州牧,辟为别驾从事,较其兄邈秩位尤高。别驾为代牧行部之官,当常与牧接。诸部从事则"正旦奉命行酒"时乃得进见对语也。邵最幼,人事最晚,先主已定蜀领益州牧时,始为州书佐。渐升至诸部从事。其时则朝已为别驾,邈已犍为太守矣。建兴三年始为丞相府西曹。甫转治中而卒,事功未显而卒,故《耆旧杂记》曰"早亡"。实则尚在兄朝卒后二年乃死,但寿与事功皆短于两兄,故时人惜之,以其早亡耳。以下次考其名与字之连义。《陈志》与《常志》歧互处,在朝与邵之字适相揆。夫字,因名而制,必有连义。邈名汉南。盖取《诗·周南》"汉之广矣"为义。缘生于广汉之鄨,于周为邈远之南国,而是文王德化所行之地,因取汉南为字。其两弟皆字曰南,犹云同此南国人,同赓周、召之化者也。朝字永南,盖取"江汉朝宗于海"与"江方永矣,不可方思"为义。初命名时,弟兄未有联义,及为命字,乃因《周南》诗以强为牵合之于江汉也。邵名伟南者,盖取《召南》诗赓《周南》之义。邵即召公奭之采邑。周初世,周召二公来辅王室,推行文王之化于南国江汉之间。故有《周南》《召南》之诗二十五篇。其后裔于厉、宣之间,再造周室,而召虎武勋尤著。《诗·大雅》有《江汉》《常武》两篇颂之。其辞云:"江汉汤汤。武夫洸洸。经营四方,告成于王。"又曰:"王旅啴啴,如飞如翰,如江如汉。"颂召虎平徐夷则亦以江汉起兴者,盖亦追思召伯《甘棠》遗爱,与南国民军助周之勋。颂召公能世著伟绩。从而赓《江汉》之诗,以伟南协邵字也。《常志》谓朝名永南,邵名伟南,可得如此解。若如陈注,则不可得解,以此疑陈注实误以李邵事注于"永南耽思"句下,李朝事注于"伟南笃常"句下。结合前条兄弟次序与其仕历勘之,可以判言:如此推断不误。再次就《杨戏赞》文考订之。《戏赞》更早于陈注,去二李之卒未远。赞云"永南耽思",赞其耽于经史,弘广文思也。缘朝所造表,为一时蜀人所传诵,故有此赞。《常志·庄君平赞注》云:"耽于《老》《庄》。"《法言·自序》云:"默而好深湛之思。"此云"耽思",赞颂著述语也。至于李邵,早死,勋业无称,而能为诸葛亮所重,以为治中;蜀人所称,喻为犹龙者,盖其德行有出于两兄之处,非以文才也(但只"亦有文才"耳)。《杨戏赞》云"笃常",应即"笃于人伦"之义。然则造上先主为汉中王表者是永南李朝,非伟南也。此更足知陈寿注文为误矣。陈寿《三国志》,但以行文与史法见长,至于考订资料,则频见其短。即如本书《二牧》与《先主》《后主》三志中,经此次核对《陈志》,从而考得确为《陈志》谬误之处即有三十九处之多。于此《辅臣赞注》,乃其尤不经意之作,名字谬误,固当难免。今如改易永南、伟南二注位置与朝、邵之名,则与《常志》皆合。于历史实际亦合。依此判断,补李朝注九字,李邵注十九字。

㊵王士,《三国志·杨戏传·季汉辅臣赞》云:"德绪义强,志壮气刚。"陈寿注:"义强名士,广汉郪人,国

山从兄也。从先主入蜀，后举孝廉，为符节长。迁牙门将。出为宕渠太守。从在犍为。会丞相亮南征，转为益州太守。将南行，为蛮夷所害。"士为宕渠太守，亦见本书《巴志·宕渠郡序》；云在延熙中，延熙字当误。士从亮南征，预拜益州太守，未至郡，被害于卑水。说在《南中志》3 章之注⑫，时为建兴三年，则不得于延熙中任宕渠太守也。"延熙"当是"建安"之误。建安二十年，先主取宕渠，以为郡，拜士宕渠太守也（别详《巴志》18 章之注①）。

㊶王甫，《三国志·季汉辅臣赞》"国山休风"注云："国山名甫，广汉郪人也。好人流言议。刘璋时为州书佐。先主定蜀后为绵竹令。还为荆州议曹从事。随先主征吴，军败于秭归，遇害。"以上四人，皆郪县，弟兄，才德伯仲，又复同时，故常氏合赞之。杨戏亦是以此四人与马盛衡、承伯（巴西弟兄）及龚禄（巴西）、李福（梓潼）八人合赞。杨赞以甫列在前，士列在后。常赞以士列前，甫列后，盖依兄弟之次也。于此亦足见杨赞之"永南耽思"系指李朝，陈寿误注为李邵也。二李以文才显，二王俱死王事。常氏赞云"并和琳瑯"，谓弟兄并美，非谓四子皆以文学见称。而注文皆不著其死事，则二王行谊不明，与赞不叶。疑原有"并死王事"四字。非惟传其行事，亦赞语诠释所当有也。兹并补入。

㊷镡承，《三国志·蜀书·孟光传》附见。参看本书卷七 5 章之注⑮。按：承盖长乐卫尉镡显（见注⑫）之后。镡，章怀《后汉书》卷七十六《陈宠传》注云："音徒南反。"《通志·氏族略》云："镡，望出广汉。今蜀中有此姓，乃呼为蟾，蜀音之讹也。"张澍《蜀典》卷十一上云："今人又读镡为寻，与章怀太子读异。"今按字书镡姓，有潭、寻二音，随所在人自呼。

㊸王累，《三国志》附见《二牧传》，云："从事广汉王累自倒悬于州门以谏。"（《后汉书》卷一〇五文同）。谏于州门，则当是建安十六年璋往会备于涪时也。

㊹郑度忠谋，亦见卷五（5 章之注㉑）。《士女目录》："见《刘璋传》。"查《三国志》与《后汉书·刘璋传》皆不载。今惟本书《二牧志》著之，疑所据是谢承《后汉书》。

㊺彭羕，《三国志·蜀书》有传。

㊻李邈，唯见《常志》。裴松之《三国志》注亦引《常志》。哽与鲠通。《汉书》卷五十一《贾山传》述养老礼云："祝鲻在前，祝鲠在后。"《后汉书》卷二《明帝纪·行养老礼诏》："祝哽在前，祝噎在后。"颜师古谓"鲻，古噎字。"则鲠与哽通可知。邈虽以直言被诛，常据不因而罪也，与彭羕赞于郡人之末，亦犹《犍为士赞》，以费诗"率直陵迟"为叹。叹蜀人之短，亦不以刘氏之果于诛戮为然也。总赞四十六人十六字，紧接羕邈，常氏之意旨可知。

六

任母治内，子成名贤。　　任安母，姚氏也。雍穆闺门。早寡。立义资安，遂【事】成于文当作成。大儒。安教授，每为赈恤其弟子，以慰勉其志。于是安之门生益盈门①。

庞行养姑，妇师之先。　　庞行，姜诗妻也，事姑，昼夜纺绩以给供养。子汲江溺水死，秘，言遣诣学。常作冬、夏衣投水中，讬言寄与子。诗呼妻使为姑舂，应命迟，见此下，《函海》本有注云："原空一格。刘李本不空。"遣。不敢远去，游于外，供给因邻母致。姑敕还②。《后汉书》卷一百十四《列女·姜诗妻传》云："广汉姜诗妻者，同郡庞盛之女也。"不言名行，而有父盛名。可互补。又云："母好饮江水。水去舍六七里。妻尝泝流而汲。后值风，不时得还。母渴。诗责而遣之。妻乃寄止邻舍，昼夜纺绩，市珍羞，使邻母以意自遗其姑。如是者久之。姑怪问邻母。邻母具对。姑感惭呼还。"可互校。

依依义旧，抗疏拜钱写作邦。庭，诚感世主，徙刘本作从。女辍钱写作辄。刑。　义旧，狄道长姜穆女，绵竹司马雅妻也。既许婚，父坐事，随家于文当有此二字。徙朔方。雅就婚，死，雇刘、李、浙本作顾。钱、《函》、廖本作雇。人送其丧。原省归葬二字。可不补。寻父母死【朔方】，【义旧】四字当衍。独与弟孤居十年。士大夫求，终不肯。乃上疏自讼，求还乡里。天子憨悼，下朔方使使当作遣送。遂下诏书，定律令："女已许嫁，不得从父母徙③。"

纪配断指，以章厥贞。钱写作身。　纪配，广汉殷氏女，廖伯妻也。年十六适伯。伯早亡。以己有钱、刘、李、《函》、浙本并作"已自有"，已读如以。廖、顾本作"以已有"。美色，虑人求己，作诗三章自誓心。心字当衍。而求者犹众。父母将许。乃断指明情。养子猛终义。太守薛鸿图象府庭④。《太平御览》引《益部耆旧传》文殆全同。

彭、王、进娥，残体令诚。　彭非，广汉王辅妻也⑤。王和，新都人，便敬妻也⑥。李进娥，郪人，冯季宰妻也⑦。辅早亡，叔父欲改嫁非，乃诣太守五《函海》注云："应作王。"非，方，截发自誓。敬亦早亡，和养孤守义。蜀郡何玉，因媒介求之。兄晓喻以公族可凭。和患，割其一耳。季宰亦早亡，父母欲改嫁。进娥亦剪发自誓。各养子终义。

正流自沉，玉钱、张本作水。洁冰清。　正流，广汉李元女、杨文妻也。适文，有一男一女而文没。钱写作殁。以织履为业。父欲改嫁。乃自沉水中。宗族救之，几死，得免。太守五《函海》又注云"应作王"。方为之图象⑧。

相乌、袁福，义不存生。　相乌，德阳人，袁稚妻也。十五适稚。二十稚亡，无子。父母欲改嫁之，便自杀⑨。袁福，亦德阳人，王上妻也。有二子。上以丧亲过哀死，福哀感终身。父母欲改嫁，乃自杀⑩。

汝钱写作洪。下仍作汝。《函海》注云："原作洪。刘、李本作汝"。氏世冑，李本误胄。由妇谦柔。汝敦妻某。敦兄弟共居，有父母时财，《太平御览》卷五百十七引此，财下有物字。嫂钱、刘、李、《函》本作娌。下同。廖、浙、顾作嫂。心欲得。《御览》此下有之字。妻劝送【二】与兄。《御览》引亦作二兄。于文，敦只一兄。兹依顾观光校语改与字。敦尽让田宅奴婢与兄，自出《御览》此下有别字。当补。别居。后敦耕，《御览》此下有田字。得金一器，妻复劝送【二】与《御览》此下作与。顾观光校勘记此下注云："《御览》二作与。与字是。上文二字亦当改为与。"兄。夫妻共往。

嫂性吝啬，谓欲借贷，甚不悦；及见金，《御览》此下有器字。踊跃。《御览》此下有"欲留之"三字。兄感悟，即出妻，让财还弟。弟《御览》此下有又字。不受。相让积年。后并察孝廉，世为冠族⑪。

　　思媚列媛，美称惟休。　　总赞十一人也。

　　述广汉列女。《函海》本此行低二格。又列作烈。并注云："刘、李本作列。"。

　　右，《广汉士女赞》第三。八字顶格，旧各不同。此下，"凡五十六人"句，钱本同行，但空格。他各本提行低数格。

　　凡五十七人。（四十六人士，十一人女）。各本并有此行，作双行小注盖旧校者注。元丰本已有。兹依例亦提作大字。

案：以上赞广汉先贤女，十一人。赞文八十字，注文原刻五百七十字。多守义不嫁者，动辄剪发残身，或忍苦求名，为落后社会初慕封建文化人物之征象。较之蜀郡，乏于贤媛矣。

【注释】

① 任安母姚氏，惟此见。当是《益部耆旧·任安传》附见如此。忍苦助子成名，封建妇女之一美德。妇女不能自奋，希以子贵，其道惟此也。旧刻"遂事大儒"，当作"遂成大儒"。《后汉书·儒林·安传》："少游太学，受孟氏《易》，兼通数经。又从同郡杨厚（序）学《图谶》，究极其术。时人称曰：欲知仲桓，问任安。又曰：居今行古任定祖。学终，还家教授。诸生自远而至。"文与此传相应，以此知原注当作"成大儒"。

② 姜诗妻庞氏，《后汉书》卷一百四《列女》有传，云："同郡庞盛女也。"不言不行。可与此互补。他文与此注略同而事次互异，盖同出于一种资料，或是《东观·列女传》，或出《益部耆旧传》，各自意为序次也。

③ 姜穆女名嫔，字义旧，绵竹人，见《士女目录》。盖与姜诗同族。其徙边时间，当在姜诗入朝（永平三年）稍后。《后汉书·明帝纪》永平八年，"初置度辽将军，屯五原曼柏"。十月，"诏三公，募郡国、中都官死罪、系囚，减罪一等，勿笞，诣度辽将军营，屯朔方、五原之边县。妻子自随，便占著边县，父母、同产欲相代者，恣听之。……凡徙者，赐弓弩、衣粮。"盖自王莽以来，匈奴屡寇边。边郡县人多内徙，五原、雁门诸郡荒芜，人稀力薄，无以备寇。明帝欲兴复之，先于永平五年，"发遣边人在内郡者，赐装钱人二万"。仍未能填实。兹置度辽将军，创军屯于曼柏。曼柏属五原郡，在河套平原中，易垦。然垦军不足，故再募国内官民犯罪者举家徙之。先诣曼柏，受度将军编制为屯户，配垦于五云、雁门两郡属县之尤荒者。即所谓"罪屯"，实边之良法也。必携妻子，编为屯户，俾占籍其地（占著边县，视同土著）。犹虞罪犯衰病，乏于劳力，故许父子、同产者相代。代者必属健壮，宜于边戍故也。此令行之有效。永平九年三月再颁之。纪云："诏郡国死罪囚，减罪，与妻子诣五原、朔方，占著所在。死者，皆赐妻父若男同产一人复终身。其妻无父兄，独有母者，赐其母钱六万，又复其口算。"与前诏不同在于专徙郡国死罪囚。无

中都官犯罪者，两年前中都官死罪者已尽徙也。又悯妻子无罪亦同徙，故此令特优徙者妻之家，斯又一合于情理措施，足以鼓舞徙户者也。至章帝建初七年，又诏："天下系囚减死一等，勿笞，诣边戍，妻子自随，占著所在。父母、同产欲相从者恣听之。有不到者，皆以乏军兴论。"章怀注："军兴而致阙乏，当死刑也。"此则前令已著显效，故再遣发天下系囚之家以实边。妻子必须自随。仍许父母、兄弟同往，多多益善也。不肯徙者律以死罪。此次所徙数量之大可知。姜穆之徙，未著何时。既言雁门，则当是永平中初置度辽将军时。自永平九年（六六）至建初七年（八二），凡十六年。义旧婚于雁门徙所，已而夫死。又至父母死，当有数年，乃与其弟"孤居十年"，然后"上疏自讼，求还乡里。天子愍悼"，为之下诏："令女子许嫁，不得从父母徙。"约可相当于建初七年时矣。盖建初七年诏已定有女子许嫁者免从徙之律令，史文删节之耳。章帝末叶，陇西羌乱，狄道长恒难莅任。更不当有携家莅任事。且章帝后更无徙囚朔边诏令，故知义旧为明章时人，其徙雁门在永平九年前后也。

④廖伯妻殷纪配，出《益部耆旧传》。见《御览》卷四百四十引。太守薛鸿，《蜀志·广汉郡序》亦见。然其字疑当作薛汉（参看卷三13章之注⑥）。或是《范史·儒林传》误为汉字。汉永平中卒。若鸿即薛汉，则纪配亦东汉初年人也。

⑤彭非，又见《御览》卷四百四十引皇甫谧《列女传》。传云："辅游学数年，遂卒京师。迎丧葬讫。事姑孝敬弥笃。叔父以许苏茂。非叩心泣血，诉情九族。犹不见听，乃剪发诣府，乞终供养。遂乞养子，静居。年逾七十而卒。"盖与《常志》俱出于《益部耆旧传》。文可互校相补。"叔父"，王辅之叔父也。

⑥王和，《御览》卷四百四十一引《益部耆旧》曰："广汉新都便敬宾妻者，王氏女也，名和；年十七适敬。敬亡，和育养遗姑，阖门守节。不随宗家宴乐嘉会。居理甚修。蜀郡何玉，因媒问和兄著取和。遂相听许。著深晓以（原作其，当改以）'夫死子小，宜有改图。加贫衰无以自立。何氏公族，必据福祚'。和自陈说：'断计决分，守全孤弱。'乱言未讫，忼慷涕泪，哀动左右。然著终受玉币，因欲迫胁。和乃断耳，示著以信。'至（当是不字）见听，请以死谢。'宗族敬重，哀其大义。"兄著，"王氏"兄也。"问"，请婚，犹云聘也。何玉郫县人何武之族裔，故曰"公族"。

⑦李进娥，《御览》卷四百四十引《列女传》云："广汉冯季宰妻者，李（原讹为季）氏之女，名珥，字进娥。早寡无嗣，奉养继姑及宰兄显。守心纯固，以义自防。珥母愍其孤（原误姑）苦，阴有所许。珥断发自明。遂乞养男女各一。率道（导字通）有法，乡人称之。"盖亦就《益部耆旧》文为之。"各养子终义"，盖综上三女言之。是为同取材于《益部耆旧传》之验。

⑧杨文妻李正流，别无考见。与彭非皆在太守五方时，则桓灵是人也。

⑨相乌，别无考见。相姓，乌名。巴国五大姓有相氏，见《世本》、《后汉书》与《水经注》。汉时之德阳县与垫江邻；故巴地也。《说文》："乌，孝鸟也。"《晋书》卷八十八《李密传》："乌乌之私，愿乞终养。"杨雄亦名子曰乌。

⑩袁福，《御览》四百四十一引《益部耆旧传》："广汉德阳王上妻者，同县袁氏女也，名福。年二十适上，舅姑既殁，复遭上丧，悲伤感切，不妄言笑。有二子。养育遗孤，执心纯篇。（母）及叔父愍其穷困，私以许张奉。掩迫合婚。其旦，计欲杀奉，恐祸及母叔，孤儿永弃。死仇必生。忼慨流涕，自杀而死。"

⑪汝敦妻，《御览》卷五百十七引《华阳国志》曰："汝敦兄弟共居，有父亲时财物。娣心欲得之。敦妻劝敦尽让田宅奴婢与兄。弟出别居。敦后耕田，得金器（无一字）。妻劝送与兄。夫妻共往。娣性啬，见金器踊跃，欲留之。兄因感悟，即去妻，悉让财物还弟。弟又不受，相让积年。"与旧刻《常志》校，异字皆

加。其中二兄作"与兄"，足正旧刻。于文，敦只一兄，"与兄"为是。他各相异处，当取旧刻。《目录》有"孝廉汝敦"，竟失其兄名。盖取材于《益部耆旧传》，原已失妻姓与兄名也。

【犍为士女】旧各本，承上行。惟刘本另页起。钱、浙本顶格。他各本空三格。皆大字。然非常氏原有。仍删。

七

王延河平，纂禹之功。　　王延世，字长叔，资中人也。建始五年，河决东郡，泛滥兖豫四郡三十二钱写本作一。荀悦《汉纪》作三。县，没官民屋舍四万所。御史大夫尹忠，以不忧职致河决，自煞。李本作杀。汉史案《图纬》，当有能循禹之功者，在犍、柯李本作牁。之间【资阳】求之，旧刻有夺讹，兹订正。说在注释。正得延世。征拜河堤钱写作隄。谒者，治河。以竹落长四丈，大九围，夹【小】小字当衍。船，载小石，【治】沈字当作沈，说详注释。之。三十六日，堤防成。帝嘉之，改年曰河平，封延世关内侯，拜光禄大夫。仍钱、刘、李、《函》、浙本作乃。廖、顾作仍。赠黄刘、李本无黄字。金百斤①。

文伯习礼，继武孙通。　　董钧，字文伯，资中人也。少受业于鸿胪王临。永平初，议天地宗庙郊祀仪礼，钧与太常定其制。又定诸侯王丧礼。历城门校尉，五官中郎将，以儒学贵。称继叔孙通②。

张公执宪，克智克聪。极位青紫，实作司空。　　张皓，《三国志·张翼传》与《益部耆旧》作浩。字叔明，武阳人也。以文张本无文字，他各本有。廖本注云："此下当有脱字。"今按《后汉书·皓传》，当脱法字。说详注释。法聪明，辟大将军掾。迁尚书仆射，彭城相，进隐士闾丘迁《益部耆旧》作邈，见裴松之注引。等。征拜延尉。延光三年，安帝将废太子为济阴王，皓与太常桓焉、太仆来历争之。【安帝】二字当衍。不许。及安帝崩，济阴得立，是为顺帝，以皓为司空。久之免。复征为廷尉。清河赵腾，坐谤讪，当诛，所引八十余人。皓以圣贤明义争之。咸称平当③。

子鸾司京，桴鼓不鸣。　　赵旗，字子鸾，资中人也。初临甘陵、弘张本作引。农郡，甚善治民。征尚书。迁司隶校尉。时梁冀子弟放恣，旗以法绳之，不敢为非，京师肃清，桴鼓不鸣④。

孟文翘翘，【平】丕廖本注云，"当作丕"。显有成。　　杨涣，字孟文，武阳人也。以清秀博雅，历台郎、相，稍迁尚书、中郎、司隶校尉，甚有嘉声美称⑤。

伯邳正直，耀祖扬声。　　杨准，廖本校注云："按，准当作淮。下同。《隶续》引作淮，不误。"今按：《目录》仍作準。準、准字古通。准与淮易混。《隶续》未足据。字伯邳。【汉安县人】孟文孙也。依《目录》改。说详注释。汉安旧刻汉安字当在此，说详注释。初，【为】郡守太张本误倒作太守。尉李固荐准累世忠直，拜尚书。太传陈蕃表为河东。入为尚书令。奏书治南阳太守曹麻、颍川太守曹腾、济南太守孙训等子弟依托形势，淫纵。张本作从。征廷尉，治罪。训，梁冀妇家子也。于是此下当有"亲贵"字。惮之。又荐朱禹、盛精、滕延为尚书，陆稠为郡守，皆名士也。桓帝即位，拜河南尹，迁司隶校尉。冀叔父梁忠为执金吾，不朝正初，劾奏之，朝士服其公亮。徙将作大匠⑥。

　　翁君将命，乃播其名。　　杨莽，字翁君，武阳人，为郡旧脱郡字，当有。功曹。刺史王尊当之州，移书诸郡，不得遣迎。惟犍为遣莽，蜀郡遣钱、刘、李、《函》本无此三字。《函海》注云："此下似脱蜀郡遣三字。"廖、顾本有此三字。何霸，浙补刻本此二字误移巴郡下。巴郡遣廖本脱此三字。钱、刘、李、《函》本有。严【尊】遵依《目录》改。浙补刻本作："巴郡遣何霸迎尊。"尊大怒。莽前对曰："使君不使奉迎，谦也。太守承迎，敬也。谦、敬，上下之节，不可废也。"尊乃欣然钱、刘、李、《函》本无然字。廖、浙、顾本有。请。谓请相见。辟别驾。举茂才。官至扬州刺史⑦。

　　奉字当作费，对下文任公。君遁世。　　费贻，字奉君，南安人也。公孙述时，漆身为厉，佯狂避张本作辟。世。述破，为合浦守。蜀中歌之曰："节义至仁费奉君，不仕乱世，不旧各本并有。廖本注云："当衍。"顾观光校勘记径删。兹不取。辟李本作辟。恶【君】名。旧各本并作君，与上下文不应。廖、顾去不字，则与"不仕乱世"复架。亦未当。按下文"纪名亦足"，则"恶君"当是"恶名"之讹。漆身佯狂，必致恶名也。修身于蜀，纪名亦足。"后世为大族⑧。

　　任公开明。　　任永，字君业，僰道人也。长历数。王莽时托青李本作眚。盲。公孙述时累征，不诣。子溺井中死，见而不言。妻淫于前，面而不怪。述平，乃曰："世适平，目即清。"妻自煞。刘、李、《函》、浙、顾本皆作杀，廖本作煞。光武征之，以年老不诣，卒⑨。

　　叔和顺刘本作慎。终。　　杜抚，字叔和，资中人也。张本有小注云："按：《后汉书》作武阳人。"少师事薛汉，治《五经》。教授门生千人。太守王卿召为功曹。司徒辟，不廖本注云："当有诣字。"诣。及闻公谓上文之司徒。免，必往承问。东平宪王为骠骑将军，辟西曹掾。后罢【为王师】往时旧刻讹，说在注释。在骠骑府者，遣之。数年乃去。数应三公此下，钱本空格，《函海》有注云："此下原空一格。刘、李本不空。"征。抚侍送故公。作《诗通议说》。弟子南阳冯良，亦以道学征聘⑩。

　　君桥密精。　　赵松，字君桥，武阳人。为童子，当有时字。数【资】（咨）钱、刘、李、《函》本作咨。廖、浙作资。问费贻。及知其避世，密与周旋，终不露之也。述平，举茂才。为上党太守⑪。

英英四子，利于居贞。赞费贻以下。

皇汉弛刘、李、浙、顾本作弛。纲，官人失纪。文纪謇谔，表明臧否。　　张纲，字文纪，司空皓子也。在【汉】廖本注云"当衍"。顾观光径删。朝，公平廉正，权、宦侧目惮之。汉安元年，以光禄大夫持节，与侍中杜乔，循行州郡，考察风俗。出宫垣，旧各本有垣字，廖本无。盖脱。埋车，《后汉书》本传作："埋其车轮于洛阳都亭。"先奏太尉桓焉、司徒刘寿尸禄素餐、不堪其职。出城，又奏司隶校尉赵峻、河南尹梁不疑、汝南太守梁乾等脏污浊乱，槛车送廷尉治罪。天子以乾梁冀叔父，贬秩；免峻等。又奏鲁相寇仪。仪自杀。威风大行，郡县莫不肃惧。还，冀恨之，出为广陵太守。承叛乱后，怀集抚恤，甚有治化。在官【十】廖本据《后汉书》云："当作一。"一年卒。子续，尚书。续弟方，为豫州牧。子孙数世至大官⑫。

白虏狂僭，乱离斯亟。孝仲絷马，社稷是死。　　朱遵，字孝仲，武阳人也。公孙僭号。遵为犍为郡功曹，领军，拒战于六水门。众少，不敌，乃埋车轮，绊马，誓必死。为述所杀。光武嘉之，追赠复汉将军。郡县为立祠⑬。

建侯吊梁，效志知已。　　赵敦，字建侯，武阳人也。初为新都刘本此下有六空格。令，德礼宣流。三司及大将军梁冀累辟，终不诣。冀辟书不绝。后冀自杀，使者监守，不使人吊问。当作"人莫敢吊问"。敦独往，吊祭讫，自拘有司。天子赦之⑭。

叔通敦孝，石生江汜。　　隗相，字叔通，僰道人也。养母至孝，母食欲江中正江水。相冬夏汲之。一朝，有横石生正流中。哀帝世为孝廉，平帝时为郎⑮。

吴生致养，亦感灵祉。　　吴顺，字叔和，僰道人也。事母至孝，赤乌巢其门，甘露降其户。察孝廉，永昌此下刘本有十空位。太守⑯。

刘后初载，实多良才。季休忠亮，经事能治。　　杨洪，字季休，武阳人也。先主领牧，为部属从事。廖本注云："当作蜀部。"顾观光径之改作"蜀部从事"。今按，部属从事即诸部从事，或省云部从事，郡一人。《三国志·洪传》作"蜀郡从事"，谓蜀郡部从事也。部谓"州部"。蜀为益州之一郡，不得称部。廖说无取。及征汉中，丞相亮表为蜀郡太守。先主疾病永安，召亮东行，汉嘉太守黄元反，后主用钱、刘、李、《函》、浙本并作从。廖、顾本作用。其计克元。封关内侯，忠节将军。后为【中郎将】越骑校尉，领郡如故依《三国志·洪传》补正。廖本注云："按，当作后为忠节将军，越骑校尉。"顾观光校勘本径改从之。查与《洪传》文义不合。兹别为订正。忠清公（直），刘、李本有直字，无忠字。钱、《函》本无忠、直二字。廖、浙本无直字。亮甚信任之⑰。廖本此下注云："旧此下空十三行。按，当无所阙。旧未必是也。"今按：钱、刘、《函》、浙各本此下无空行。廖本云旧，指元丰本也。所阙疑为五方，详《目录》注。

德山耽学，道以光时。　　【伍】五梁，《三国志·杜微传》作五梁。字德山，南安人也。儒学雅尚。州选迎牧。诸葛亮刘、李本无亮字。以为功曹，迁五官中郎将⑱。各旧本原脱以字。于文当有。故补。

烈、浙本作列。武作合，度旷涂夷。惜哉公举，帅直刘本作直道。陵钱、刘、李、《函》本作凌。迟。　　费诗，字公举，南安人也。先主领牧，为前部司马。群臣劝先主称尊号。诗上疏曰："殿下以曹操父子逼主篡盗，故乃羁旅万里，纠合士众，将以讨贼。今大敌未克而先自立，恐人心疑惑。昔高祖获子婴，犹尚推让，况未出门，便欲自立耶？"以是左迁部永昌从事。建兴三年，从丞相亮南征。魏将李鸿来降，说魏新城太守孟达欲背魏向蜀。亮方北面，疑原文作图。讹。欲招达为外援。欲与书。诗进曰："孟达小子，昔事振威不忠，后事先帝，背叛。反覆之人，何足与书也。"亮嘿然。诗终刘氏之世，官位不尽其才。君子以昭烈之弘旷，武侯之明达，诗吐直言，犹尚凌廖本此亦作凌。顾仍作陵。《函》、浙本作凌。迟，况庸主昏世，率钱、刘、李、《函》本仍作帅。廖、浙作率。意直言而望肆效者哉⑲？

文然简略，言不钱、刘、李、《函》本作不从。兹依廖、浙本。诡随。　　杨【义】（义）《函海》作义。并注云："原作乂。"廖本亦注云："当作义。"今按《三国志》有传，作戏。戏、羲古字通。义字讹也。字文然，武阳人也。辅汉将军张裔荐，为丞相亮主簿。大司马蒋琬辟东曹掾。历二郡太守。二郡，建宁、梓潼。为射声校尉。性简略，未曾以甘言加人。酒后言笑多慢词，失大将军姜维意，为维所废。延熙十八年，《三国志·戏传》作延熙四年。作《季汉辅臣赞》⑳。【在蜀书】此三字，后人依《三国志》所加。常注不当有。

车骑怏怏，与国安危。　　张翼，字伯恭，文纪孙也。以文武才干，历征西、镇南大将军，封亭侯。延熙十八年，与大将军姜维西征，大破魏雍州刺史王经于狄道。经众死洮水者数万人。维欲进，翼谏不可。必进。无功。时维屡出陇西，翼常廷钱、刘、李、《函》本作庭。争，以为国小，不宜黩武。【必为蛇画足】五字已载《后主志》。置此亦未当。盖后人用本传文加。不听。不得已，每怏怏从行。景耀元年，迁左车骑将军，领冀州刺史。蜀平后死㉑。

猗猗众伟，芳烈名垂。方德绎勋，方，比也。谓如费贻、任永，隗相，吴顺，比类而出。绎，续也。谓如张皓、张纲、张翼。犍之琼瑰。　　总赞此二十一人也。

述犍为人士。

案：以上，犍为先贤，士人赞者二十一人，较前二郡为少。凡赞文二百十六字，注文旧刻千八百零一字（校订增删未计）。武阳十人，资中四人。南安、僰道各三人。江阳一区，惟汉一人。足见汉世犍为诸县文化分布情致。大抵，自沿江平原地区外，尚多为少数民族住地也。由其时次与韵律，揣知原赞以王、董、张皓列上上，赵旗二杨为上中，杨莽至张纲六人为上下。朱、赵、隗、吴为中上。刘氏时人别为一章，不序品第。

【注释】

①王延世治河事，载《汉书·成帝纪》与《沟洫志》。《常志》于前汉人物，悉依《汉书》，惟此注颇有异同。兹为校订此注讹误，先录附《班史》文，以便校对。《成帝纪》建始四年云：

秋，桃李实。大水。河决东郡金堤。冬十月，御史大夫尹忠以河决，不忧职，自杀。

河平元年，春三月，诏曰："河决东郡，流漂二州。校尉王延世，堤塞辄平。其改元为河平。赐天下吏民爵各有差。（颜师古注："金堤，河堤名。在今滑州界。"又《沟洫志》注云："在东郡白马界。"）

《沟洫志》云：

元帝永光五年（前三十九），河决清河灵鸣犊口，而屯氏河绝。成帝初，清河都尉冯逡奏言……可复浚，以助大河泄暴水，备非常。……后三岁，河果决于馆陶，及东郡金堤。泛滥兖、豫。入平原、千乘、济南。凡灌四郡三十二县。水居地十五万余顷，深者三丈。败坏官亭室庐且四万所。御史大夫尹忠对方略，疏阔，上切责之。忠自杀。遣大司农非调，调均钱谷河决所灌之郡（此言遣非调往办赒振）。谒者二人，发河南以东漕船五百艘，徙民避水居丘陵，九万七千余口；河堤使者王延世，使塞（遣字下管至此）。以竹落长四丈，大九围，盛以小石，两船夹载而下之。三十六日河堤成。上曰："东郡河决，流漂二州。校尉延世堤防，三旬立塞。其以五年为河平元年。卒治河者，为著外繇六月。惟延世长于计策，功费约省，用力日寡。朕甚嘉之。其以延世为光禄大夫，秩中二千石，赐爵关内侯，黄金百斤。"后二岁，河复决平原，流入济南、千乘。所坏败者半建始时。复遣王延世治之。杜钦说大将军王凤，以为"前河决，丞相史杨焉言：延世受焉术以塞之。蔽不肯见（言延世蔽其功不使上知）。今独任延世。延世见前塞之易，恐其虑塞不深。又审如焉言，延世之巧反不如焉。……宜遣焉及将作大将许商、谏大夫乘马延年（复姓双名）杂作。延世与焉必相破坏，深论便宜，以相难极。商、延年皆明计算，能商功利，足以分别是非，择其善而从之，必有成功。"凤如钦言，白遣焉等作治。六月乃成。复赐延世黄金百斤。（言因相与论难、破坏耽延，久乃成功。功仍属于延世，独受赏。）治河卒非受平贾者著外繇六月。后九岁，鸿嘉四年，杨焉言："从河上下，患厎柱隘，可镌广之。"上从其言，使焉镌之。镌之，裁没水中，不能去。而令水益湍怒，为害甚于故。……李寻、解光亦言："……众庶见王延世蒙重赏，竞言巧便。不可用。"

勘对常氏此注，全用班氏文者四十余字，则其取财《班史》可知，然有歧互者数点，究孰为误，兹当辨订：（一）河决东郡，《班史·本纪》作建始四年秋。《沟洫志》虽未明著年月，然上云"成帝初"与"

后三岁"。下云河平"后九岁"鸿嘉四年。皆与《本纪》时间一致。荀悦《汉纪》与司马光《通鉴》皆系其事于建始四年秋。常注"五年"，为四年之误。（二）常注："汉史按图纬"求得延世一节，不见《汉书》。《汉纪》《通鉴》均不著录。由旧刻注文有"资阳"二字，可疑此节系隋唐人妄为窜入。《两汉》《晋》《宋》《齐》等史书的《地理（郡县）志》皆只有资中县，无资阳。今资阳县，即汉魏六朝之资中县治。后周始改名资阳，为资州资阳郡治，并分资中为盘石县，属焉。隋徙资州治盘石，资阳县属之。王延世本资中县人，家所在，为周隋以来之资阳县，此非常璩所及知，则此注文中，安得为"犍柯之资阳求之"句？且犍、柯，当指犍为、牂柯两郡。即使"资阳"为"资中"钞讹，其地实在犍为之东北，与蜀、广汉近，去牂柯绝远。曰"犍、柯之资阳"，实不成文。疑是迷信图纬者造此说，窜乱于常氏文中。因其用"资阳"字，故可疑为隋唐人所为也。虽然，后汉、魏晋文人较隋唐人尤酷信图纬，常璩即其中之一人。此说或为汉魏人所已著，常氏采入之，亦有可能。班固不信图纬，甚讥王莽傅会符命，《汉书》极少言谶纬图书。或其时已有案图纬求得延世之说，但固未收入史耳。两者孰是，为校订《常志》者所当辨。今案《通鉴》："河平元年春，杜钦荐犍为王延世于王凤，使塞决河。凤以延世为河堤使者。"其说盖出于颜师古《汉书·杜钦传》注。《杜钦传》云："数称达名士王骏、章安世、王延等。"师古注："王骏，王阳子也。韦安世，韦贤之孙。王延，即成帝时塞河堤者也。"（依宋景祐刻本）是唐时，《汉书·杜钦传》只有王延，无王延世。颜师古无法考得王延身世，姑拟为"塞河塞"之王延世，殊未深考，其说未足遵也。细绎《沟洫志》，王延世乃一勤劳朴呐未有文采之人，与当时士流不相得，未可跻于"名士"之列。且素与杜钦相昧，故钦嫉其功。于再奉命塞平原河堤时，钦说王凤强以杨焉、许商，乘马延年参之，欲任焉以夺其功。杨焉为丞相史，儒士也。杜钦为酷吏杜周之孙，御史大夫延年之子，家世富贵，好儒术，擅口辨，故信任杨焉浮词盗名之士，欲以挤延世而夺其功，则安得舍杨焉而称达延世？或疑钦先称延世而延世背之，故再称杨焉以排延世。按之《钦传》，殊非如此倾险之人。且距延世塞河仅二年，好恶之变，亦未必若是其速也。清武英殿版《汉书·杜钦传》此文及颜师古注，"王延"皆有世字。别有校注一条云："宋祁曰：一本只云王延，无世字。注同。"然则，宋初《汉书》已有二本，一本遵景祐原镌，一本已依颜注妄增一世字。并颜注亦增之。实误本。司马光《通鉴》亦从之误也。王延世既非杜钦所称达之名士，则旧未尝入仕京师，缘河决久不得塞，访募郡国能治之者，乃由蜀应募往治，有可能。缘其由蜀应募，一试辄效，受高爵厚赏，故蜀人传为"太史案图书求得之"也。（三）《汉书·成帝纪》诏称"校尉王延世"。《沟洫志》："河堤使者王延世。"《常志》此注作"河堤谒者"。今按：秦汉史文常见"谒者"，皆天子所遣奉使之官。与"使者"同义。"河堤使者"，显为天子擢用名微位卑人专主塞堤之官名，事罢即废者。别有"都水使者一人，掌舟航及运部。秦汉有都水长、丞，主陂池、灌溉，保守河渠，属太常。汉东京省都水，置河堤谒者"为常设官，见《宋书·百官志》晋人因讹"河堤使者"为"河堤谒者"也。"校尉"，武官，掌兵。非延世所宜官。而《成纪》称"校尉延世"者，皆塞堤之役，军卒为之。故河堤使者加校尉衔，以便督兵。《沟洫志》云："卒治河者为著外繇六月。"军卒从役之证。（四）延世治水之术，杨焉诉于杜钦，谓由彼授之延世。此说之妄，就《沟洫志》本文即可证之：夫河决东郡，在建初四年秋，至五年春乃塞。尹忠自杀，在十一月。是巨灾暴法一季，尹忠无术塞之，被迫而出于自杀。时丞相王商，贤相也。与御史大夫为主、副两大执政，主治河议者。杨焉方为丞相史，于忠甚为接近，乃不能自陈其术以塞丞相之责，救尹忠之死。则焉非有术能治河者可知矣。忠自杀后又一季度，焉犹未能自陈其术。追得王延世，三十六日则堤成，则延世岂能受说于焉？假使焉有其术而不自用，则隐于仕者，必不因延世之"蔽不肯见"而外诉于人。即使其诉，亦必诉于丞相，何至外诉于大将军属吏杜钦？又杜钦已借大将军力，使焉等参预平原塞堤之役，俾焉与延世相破坏矣，而卒为延世独受功赏，则焉之无能，不足以敌延世可知，何有有术以授延世？观焉凿底硁之议，盖惟心憸壬之狂士耳。可以知称"延世受焉术"为妄语也。（五），延世之术由何得之？由《沟洫志》文，可知其人素为蜀郡水官，习知李冰湔堋成法而又灵活运用之者。所云"竹落"即历世递传迄今不能废之都江堰竹笼石砾筑堤防法，已详注在《蜀志》（卷三6章之注③）。东郡、平原无石砾，延世从山区运"小石"盛之。小石块多角，易相依结，与蜀江之圆砾不同。兼杂以草，尤能制水。故都江之笼径小，东郡之笼"大九围"，九围，径三尺也。竹落巨重，泛虽激，不能坏乱之，故能按定向定位次第下沉相叠为堤。使洪涛渐杀，夷为浸溢，乃填土其外而筑成堤。此中原人民所不能想象之方法也。武帝时，河决瓠子，帝"自临决河，湛白马玉璧，令群臣从官自将军以下皆负薪寘决河。""下淇园之竹以为楗。"久乃塞之。如淳曰："树竹塞水决之口，稍稍布插按树之，水稍弱，补令密，谓之楗。以草塞其中，乃以土填之。有石，以石为之。"申言其法，盖先用船直下竹楗下水底入泥，而以船强扶其上端，如排柱数重，乃以薪、草、杂土填其中。由自天子大臣下至军卒民夫齐力，久乃克塞。此中原之术也。杨焉所知，惟此术耳。延世资中人，设其长于资中，亦不当知竹落之法。惟久在都江者能知之，故疑延世为蜀水官，由积年劳动中是竹落制水之术，灵活运用之于中原也。竹落下沉之法，系用小船相续四丈载空笼，大船两艘载小石夹之，装移小石满笼，更塞以草，乃分拉小船使倾或覆，以沉竹落。大船两端抛锚定位，以制小船，故竹落亦定位不变。《沟洫志》云："两船夹载而下之。"谓使其沉如人指也。"盛以小石"句在前，为行文之便，非先盛小石也。常注作"夹船载小石，沉之。"事次正合。旧钞者不解其术，衍小字，缘小石字衍也。讹沉为治，缘上"治河"讹也。依上考订，定王延世为楗为资中人，作蜀郡都安堰水官，于建始五年初应募至长安，为丞相王商，陈治河术。丞相史杨焉先闻之，以为可试。王商进于帝，俾以河堤使者领校尉衔，督军民伐竹运以治之。自兴工至堤成仅三十六月，水害遽平。以是官九卿，封侯，获重赏。为改当年为河平元年以纪其勋。国人慕羡，竞言便巧，如杨焉等，其说实不可用。非积劳动经验所造，唯心、唯物根源固自不同故也。其事千古所艳称，而史文多所谬传，莫得实际，至如颜师古注《汉书》、司马光作《通鉴》，亦牵列之于"名士"，以为文士之勋，实为数千年国史蔑视劳动创造之一证。故详为辨订之。并删改旧刻之"资阳"为间字，"治之"为沉之，"夹小船"为夹船。

②董钧，《后汉书》卷一百九《儒林下》有传。"元始中举明经。"（章怀注云："《前书》，平帝元始五年举明经。"）建武中举孝廉，辟司徒府。""永平中为博士。""年七十卒于家。"应即卒于永平（五八—七五）中岁，生于成哀之间，成名甚早，设其举明经在元始五年，年二十岁，则至永平元年已七十三岁。设其为永平三年卒，年七十，则举明经时仅十五岁也。

③张皓，《后汉书》卷八十六有传。《三国志·蜀书·张翼传》云："高祖父司空浩。"裴注引《益部耆旧传》文，兹录附，以便参校：

浩字叔明，治《律》、《春秋》。游学京师，与广汉镡粲、汉中李郃、蜀郡张霸共结为友善。大将军邓骘辟。浩稍迁尚书仆射。出为彭城相，荐隐士间丘邈等。征拜廷尉。延光三年，安帝议废太子。唯浩与太常桓焉、太仆来历议以为不可。顺帝初立，拜浩司空。年八十三卒。

《后汉书·皓传》与《常志》此注并与《耆旧传》文小异，可互参。《三国志》与《益部耆旧》并作浩者，盖陈寿避其家讳改。《后汉书·皓传》云："皓虽非法家，而留心刑断。数与尚书辨正疑狱，多以详当见从。"《耆旧传》云"治律"，则此注旧刻"文"字下所脱为法字矣。"文法"见《史记·汲黯传》。谓法令与律文也。《后汉书》："阳嘉元年复为廷尉。其年卒官。年八十三。"则生于建武十七年也（四一——一三二）。卒于廷尉，则八十三犹未致仕，足知其禀赋之厚，与其负法界重望。

④赵旗，唯见《常志》。桴鼓，军征之鼓。击盗贼亦鼓之。一作枹鼓，音义同。《汉书·张敞传》："枹鼓稀鸣，市无偷盗。"《后汉书》卷七十一《第五种传》："贼闻皆惮之，桴鼓不鸣。"与此同义。

⑤杨涣，正史不著。《士女目录》云："见《犍为耆旧传》。"则《益部耆旧》亦未收矣。《隶释》载"司隶校尉杨孟文《石门颂》"，称颂涣修复褒斜石门道与其居官品节，摘附如下：

惟《（坤）灵奠位，川泽股躬。泽有所注，川有所通。余（斜）谷之川，其泽南隆，八方所达，益域为充。高祖受命，兴于汉中，道由子午，出散（散关）入秦。建定帝位，以汉底（祇）焉。后以子午，䆲路屉（涩）难。更随围谷，复通堂炎。凡此四道（谓散关、子午、围谷、堂炎四道），垓鬲尤艰。至于永平，其有四年，诏书开余，凿通石门。中遭元二，西夷虐残，桥梁断绝，子午复循。上则悬峻，屈曲流颠。下则入冥，倾写输渊。平阿淰（淰即汨字）泥。常荫鲜晏（言多雨雾、泥泞）。木石相距，利磨确䂻（胳，䂻字通，言木石伤人）。临危枪碛（怆惕），履尾心寒。空舆轻骑，逾寻（滞碍）弗前。愚（恶）虫幣狩（蔽兽），蛇蛭毒蠚（蠚）。未秋截霜，稼苗天残。终年不登，匮喂出（岂之省，即时字）患。卑者楚悫，尊者弗安。愁苦之难，焉可具言。于是明知（智）故司隶校尉楗（犍）为武阳杨，厥（洪适误属上句，作名）字孟文，深执忠伉，数上奏请。有司议驳（驳）。君遂执争。是僚（僚）咸从，帝用是听。废子由斯，得其度经。功饬尔要，敞而晏（安）平。清凉调和，烝烝艾（乂）宁。至建和二年，仲冬上旬，汉中太守楗为武阳王升，字稚纪，涉历山道，推序本原，嘉君明知，美其仁贤，勒石颂德，以明厥勋。其辞曰：

君德明明，烱（炳）焕弥光。刺过拾遗，属清八荒。奉魁承杓，绥亿衔疆（无疆）。春宣圣日，秋眨若霜。无偏荡荡，真（直）雅以方。宁静烝庶，政与乾通。辅主匡君，循礼有常。咸晓地理，知世纪纲。言必忠义，匪石厥章。恢弘大节，说而益明。揆往卓今，谋合朝情。醒（释）艰即安，有勋有荣。禹凿龙门，君其继纵（踪）。上顺升（斗）宿，下答《皇》。自南自北，四海攸通。君子安乐，庶士悦雍。商人咸憘，农夫永同。《春秋》记异，而今纪功。垂流亿载，世世叹诵。

序曰：明哉仁知，豫识难易。原度天道，安危所归（音瑰）。勤勤竭诚，荣名休（美也）丽。

五官掾南郑赵邵，字季南；属（五官掾属）褒中晁汉疆，字产伯；书佐西成（志作西城）王戎，字文宝，主（主其事）。

王府君闵（悯）谷道艰难，分置六部道桥，特遣行丞事西成辅服，字显公；都督掾南郑魏整，字伯玉；后遣赵诵，字公梁，案察中曹卓行；造作石犄（藉字通。谓砌石基垫平），万世之基。或解高格，下就平易。行者欣然焉。

伯玉即日徙行丞事，守安阳长。

石刻在今褒中县北之石门。常璩未见，故所赞杨涣词及注均未及。又未收录王升。此刻关系褒斜交通历史发展过程与劳动人民勋绩，故采录之。原拓字体古异，洪适、赵明诚均有释文，不尽允当。兹酌采其说，参以已见，为简注，夹附，借助了解。

⑥杨淮，正史不见。《隶续》有《司隶校尉杨淮碑》，即纪颂杨淮之碑也。淮亦读准，惟水名、地名读如怀或回耳。《风俗通·山泽篇》："淮，均也。"准亦均匀无偏重之义，与均俱轻唇音。故淮水之名，实亦取准为义，但从淮夷作喉音耳。《杨淮碑》云：

故司隶校尉杨君，厥讳淮，字伯邳。举孝廉，尚书侍郎，上蔡、雒阳令，将军长史，任城、金城、河东、山阳太过，御史中丞（下阙一字，当是复字）为尚书，尚书令，司隶校尉，将作大匠，河南尹。伯邳从弟讳弼，字颖伯，举孝廉，西鄂长。伯母忧去官。复举孝廉，尚书侍郎，迁注丞。（当是"左丞"模讹。少府官属尚书四曹，各有左右丞主侍郎。见《百官志》）冀州刺史，太医令，下邳相。元（兄字讹）弟功德牟盛，当究三事（谓作三公），不幸早陨。国丧名臣。州里去（失字讹）覆。二君清颂。（颂，容仪字，借为歌颂字，徐错说），约身自守。俱大司隶孟文之元孙也。

黄门同郡下玉，字子珪，以熹平二年二月二十一日谒归过此，追述勒铭。故财表记。

洪适跋云："绍兴中，此碑方出。欧、赵皆未见之。碑云杨君厥讳淮，字伯邳。盖以厥字为语助。大司隶有《石门碑》，亦云杨君厥字孟文。今古皆以厥为孟文之名（按：此谓赵明诚《金石录》与欧阳修《集古录》之说）。得此始知其非。凡称元妃、元子、元兄、元舅之类，皆以长言之。二杨俱曰元孙，犹元士然，以元为美称也。《华阳国志》：淮者涣之孙……"似洪氏所见《华阳国志》字亦作淮。惟吕大防与李㽦所见本作准。以此碑与常氏此注核校，可以订正关于杨淮之史事颇多。首得旧刻常此注"汉安县人也"之误。碑谓伯邳与颖伯"俱大司隶孟文之元孙"。与《常志·士女目录》合。《目录》云："司隶校尉杨涣字孟文，武阳人。""汉中太守杨文方，涣子。文方子颖伯，冀州刺史；仲颖，二千石。""司隶校尉杨淮字伯邳，文方兄子。"与碑云"从弟讳弼，字颖伯"及"孟文之元孙"合。与注文"累世忠直"句亦合。惟与"伯邳，汉安县人也"句不合。孟文既武阳人，伯邳父子叔侄皆随宦长于京师，"累世忠直"为当时所知，则亦当属借武阳，不得转在汉安。且《目录》既云"文方兄子"，则定为涣孙矣，赞文亦云"耀祖"。则注文当有"涣孙也"字，乃竟无之，而云"汉安县人"与涣异借而不言祖孙，使读者失其世系，非史法，《常志》所不当有也。常氏举县名无赘"县"者，称人县贯，更无赘县字之例。独此作"汉安县人"则其非常氏旧文可知。此尽旧曾有人校阅，因注文中有"汉安"字，知其为犍为属县，遂妄移于前，易"孟文孙"字，并自注一小县字以明其意。后人迸作大字耳。由《目录》未明言伯邳为涣孙，故后人亦未察觉杨淮即准，准即涣孙之关系，从而沿误至今也。旧本"汉安"二字当在"初"字之上，"为"字当衍。此可用《后汉书》卷九十三《李固传》文订正之，固于永和中为荆州刺史，善于治盗，"州内清平。上奏南阳太守高赐等脏秽。赐等惧罪，遂共赂大将军梁冀。冀为千里移檄。而固持之愈急。冀遂令徙固为太山太守。时太山盗贼屯聚历年。……"是固由荆州刺史转太山太守在永和末，汉安初也。"未满岁，贼皆弭散。迁将作大匠。上疏陈事曰……是日有诏征用伦、厚等而迁琼、举。以固为大司农。"是固由太山太守径迁将作大匠。甫人京，因上疏荐贤称旨，立迁大司农。后二年径至太尉。未曾更历他郡。常注云："郡守太尉李固荐。"《目录》云："太守太尉李举之。"皆当指固为太山太守时推荐准，非谓固曾为犍为太守。又固作大司农在汉安元年。是年大司农先为胡广。广迁将作大匠，黄昌为大司农。黄昌免，将作大匠李固为大司农（据练恕《后汉公卿表》）。是年，胡广十二月拜司徒。黄昌为大司农。昌免，李固为大司农（据万斯同《东汉九卿表》)。是李固先代胡广为将作大将在黄昌为大司农时，即十二月广拜司徒以前，仅旬日之间，复免黄昌而以固为大司农。然则汉安元年冬季以前固尚在太山太守任也。固荐杨准"累世忠直"，当在准举孝廉时。州部举孝廉，为刺史、郡守事。若居京师者，则天下刺史郡守皆得举之。盖准实随其父祖宦游在洛，故得太山太守李固举之。遂以孝廉为尚书侍郎，时在汉安元年秋前，故注云"汉安初"。或人不察，妄以汉安为县名，移作准之县贯，遂并改抹"孟文孙"（似因其未曾理会孟文何人）三字，移上"汉安"二字，添为与县二字，致成谬乱。兹改为"孟文孙也。汉安初，郡守太尉李固荐"，庶符原本。必言"郡守"者，惟郡守得举孝廉也。又赘言"太尉"者，谓固后为太尉，尊其品望，明出贤者所举也。亦犹下文"太傅陈蕃表为河东"，非陈蕃作太傅时，而乃在其作太傅前十余年时。注云"拜尚书"，碑云"尚书侍郎"者，后汉制：尚书令下分设六曹尚书，皆六百石。又有左右丞各一人侍郎三十六人，皆四百石。令史十八人，二百石。皆冠尚书字。准实初授尚书侍郎，注文省称尚书也。准由尚书侍郎出为上蔡令，转洛阳令。为京县矣。又转"将军长史"（碑）谓大将军府长史。时梁冀为大将军，碑文贬冀，省云将军也。再出为任城国相、金城太守。经陈蕃推举，转河东太守（注）。河东在后汉为近畿大郡。故注文特言之。更历山阳守（亦大郡，属兖州）。内迁御史中丞（御史大夫之丞秩千石）。再降尚书丞（碑省丞字）。升令。至"桓帝即位，拜河南尹"。则当是永嘉元年也。自汉安初至是才阅四年，官历回复如此。然常在中枢与剧郡县，又与李固、陈蕃等名流友善，可知其亦当时名士之娴习掌故与文法者，非僻远之汉安县人而为久居京畿之宦族子弟也。按《后汉书·陈蕃传》："太尉李固表荐，征拜议郎。再迁为乐安太守。"灵帝建宁元年为太傅，"时年七十余"以谋诛宦官不克，死。时去桓帝初准作河南尹已二十年。然则蕃荐准河东太守，当在李固为太尉（建康元年）后，冲帝之世，即蕃为议郎时。约是永嘉元年，在蕃为太傅前二十二年也。后汉河南等七郡属司隶校尉。准官当由河南尹迁司隶，转将作大匠。碑以河南尹后列者，河南尹为京尹，实权大于九卿。故卞玉尊崇之。此当以常注为正。碑云"早陨"，准应非享耆寿者。设准三十而仕，自汉安初至桓帝初，已三十六，更历二官，可能近四十岁耳。核其一生官历，不出梁冀执政之世（建康元年至延熹二年）。准既屡劾梁氏戚党而官历甚盛，仅一贬跌者，盖时政柄实操于梁太后，颇能持正，故一时清流蔚起，正气伸张。冀夫妇族党虽纵肆，卒不敢违清议。由准弟兄之早陨，世颇有疑其暗附梁氏者，故其家传与地方耆旧多载其弹劾梁氏族党事，隐以辨之。常注亦从而赞其正直也。据碑，杨弼、颖伯，与准齐德。《目录》云"失其行事"，由未见此碑也。碑云"黄门同郡卞玉"，谓犍为人为黄门侍郎者姓卞名玉。后汉官称黄门者皆阉人，惟黄门令史为士流，秩六百石。"无员，掌侍从左右，给事中，关通中外。"（《百官志》）"谒归"，告归也。玉盖亦武阳人，熹平二年已告老致仕，则与准弟兄同时人也。"故财表记"者，谓准尚清约，墓无碑、阙、翁仲之属，仅有表记。财、才、才、栽通，皆仅仅之义。碑文质朴，不作谀颂，确为文士暮年清劲之作。

⑦杨莽、惟见《常志》。《目录》云："见《何霸传》。"谓《益部耆旧·蜀郡·何霸传》也。"严尊"，字王思，后亦官至扬州刺史，见《巴志》与《巴郡士女目录》。旧刻此注作尊者，缘上王尊字讹耳。

⑧费贻，《后汉书》卷一百十一附《谯玄传》。云："不肯仕述，乃漆身为厉，阳狂以避之。退藏山薮十余年。述破后仕至合浦太守。"盖《益部耆旧传》有之。《常志》多取《犍为耆旧》所载歌词也。"修身于蜀"之蜀字，不作地域解，别有三义。蜀，独也，《尔雅》，"独山蜀"。喻贻之避世独行也。（《后汉书》入《独行传》）。又，蜀，大也，大鸡谓之蜀鸡，见《庄子》，大葵谓之蜀葵，大黍谓之蜀黍。又，蜀，祠器也，见《管子》"抱蜀不言而庙堂既修"注（在《形势篇》）。与《论语》"瑚琏也"同义。此言贻特立修身，不谐

俗流，卒能成名，为廊庙重器也。

⑨任永，《后汉书》卷一百十一《李业传》附见。

⑩杜抚，《后汉书》卷一百九《儒林》下，有传。与此注可互补（薛汉同传）。东平宪王名苍，光武子，与明帝同母，汉诸王中最有贤称者，《后汉书》卷七十二有传。传云："明帝即位，拜骠骑将军，置长史、掾、史员四十人。在三公上。"永平五年，就国。"以骠骑长史为东平太傅，掾为中大夫，令史为王家郎。"即以骠骑府全部属吏转为王国官属也。传又云："初，苍归国，骠骑时吏丁牧、周栩，以苍敬贤下士，不忍去之。遂为王家大夫数十年，事祖及孙。"（谓苍与嗣王忠及再嗣王敞）章帝元和三年东巡，幸东平宫，闻之，"引见于前。既愍其淹滞，且欲扬苍德，即皆擢拜议郎。"抚亦初不肯去者。《范史·抚传》云："时抚为大夫，不忍去。苍赐车马财物遣之。"常注云："遣之数年乃去。"大抵当苍为骠骑开府时，府属权势赫灼，志取卿相。一旦归国，为王官属，多不自安，"未满岁，皆自劾罢归。"惟抚等诸人守义不忍去。苍亦不忍淹滞诸人在国，奏请皆罢遣之。抚与牧、栩皆不肯去。然抚未坚数年后，卒受遣去，就太尉府辟。虽不若牧、栩之留事三世，亦已贤于"自劾罢归"者也。旧刻常注作："后罢为王师在骠骑府者。"显有讹误。按之史实，当是"后罢往时在骠骑府者"。何时传钞者缘音讹往时为"王师"，又衍为字耳。王府自有官属，此时所罢，但只由旧骠骑府转入之官属，故曰："往时在骠骑府者。"作"为王师"，则不通矣。又上文"不诣"，旧脱诣字。从而有人于此衍"为"字以填实字数耳。《诗通议说》，《后汉书·抚传》作《诗题约义通》。三国吴人陆玑著《诗经草木虫鱼疏》，叙四诗源流有云：薛汉弟子犍为杜抚。抚所作《诗题约义通》，学者传之，号曰"杜君注"。清人侯康《补后汉书·艺文志》云："《华阳国志》作《诗通议说》，名似较顺。然陆玑先于常璩，其称名已同《范史》矣。"曾朴《补后汉书·艺文志》并考曰："案，书名《诗题约义通》，于文义究梗。汉人著书名通者，如《白虎通义》，《风俗通义》，唐宋人引之，往往去末一字，单称《通》。此习已久，并不自唐人始。此书据《华阳国志》，盖亦为后人所改，杭氏（世骏）据《陆玑疏》以证《范史》之不误。然安知非《陆玑疏》已经唐人臆改耶？"曾氏直称此书为"杜抚《韩诗注》谓：《范书》及《陆玑疏》皆云学者传之号为杜君注，则不必题其本名，称之曰注可耳。"今案：《诗通义》，盖薛汉所著书，杜抚演之为《诗通义说》，说即注也。《陆疏》《范史》所据之称，旧传谬也。薛汉，《范史》与抚同卷，联传，治《韩诗》，建武初为博士，永平中为千乘太守。坐楚王英事词相连，下狱死。则死于永平十四年也（参看《后汉书》卷七二《楚王英传》）。抚"建初中为公车令，数月卒官。"后死于汉约十年。公车令，掌宫南阙门，即司马门，四方贡献、及征诣公车者，秩六百石，献帝时称公车司马令，见《百官志》。注云"抚侍送故公"者，谓抚对已免诸三公不失其敬忱，犹送之侍之，风义可称，故《目录》题曰"义士公车令杜抚"也。冯良事未详。

⑪赵松，惟见《常志》。当是《耆旧·费贻传》附具其事，常氏采之。赞文以费贻、任永、杜抚、赵松同列为通世之士，故曰"利于居贞"（小利贞，义出《易·遁卦》）。

⑫张纲，《后汉书》卷八十六有传。《三国志·张翼传》裴松之注引《续汉书》文，颇与常注及《范史》本传不同。录附以便互参：

纲字文纪，少以三公子经明行修举孝廉，不就。司徒辟，以高第为侍御史。汉安元年拜光禄大夫。与侍中杜乔等八人同日受诏持节分出，案行天下贪廉。墨绶有罪便收。刺史、二千石以驿表闻。威惠清忠，名振郡国，号曰八隽。是时，大将军梁冀侵扰百行，乔等七人皆奉命四出，唯纲独埋车轮于洛阳都亭，不去，曰："豺狼当道，安问狐狸。"遂上书曰："大将军梁冀、河南尹不疑，蒙外戚之援，荷国厚恩。以苟茍之姿，安居阿保。不能敷扬五教，翼赞日月；而专为封豕长蛇，肆其贪饕。甘心好货，纵恣无厌。多树诏谀，以害忠良。诚天威所不赦，大辟所宜加也。谨条其无君之心十五事于左。皆忠臣之所切齿也。"书奏御，京师震悚。时冀妹为皇后，内宠方盛。冀兄弟权重于人主。顺帝虽知纲言不诬，然无心治冀。冀深恨纲。会广陵贼张婴等众数万人，杀刺史二千石。冀欲陷纲，乃讽尚书，以纲为广陵太守。若不为婴所杀，则欲以法中之。前太守往，辄多请兵。及纲受拜，诏问："当得兵马几何？"纲对曰："无用兵马。"遂单车之官，经诣婴垒门，示以祸福。婴大惊惧走，欲闭门。纲又于门外罢遣吏兵，留所亲者十余人，以书与其长老素为婴所信者，请与相见。问以本变。因示以诏恩，使还诣婴。婴见纲意诚，即出见纲。纲延置上坐，问其疾苦。礼毕，乃谓之曰："前〔汉〕二千石多非其人，杜塞国恩，肆其私求。乡（卿）郡远，天子不能朝夕闻也。故民人相聚以避害。二千石信有罪矣，为之者乃非义也。忠臣不欺君以自荣，孝子不捐父以求福。天子圣人，欲文德以来之，故使太守来，思以爵禄相荣，不愿以刑也。今诚转祸为福之时也。若闻义不服，天子赫然发怒，大兵云合，岂不危乎？宜深计其利害。"婴闻，泣曰："荒裔愚人，数为二千石所侵枉，不堪其困，故遂相聚偷生。明府仁及草木，乃婴等更生之泽。但恐投兵之日，不免孥戮耳。"纲曰："民其然乎。要之以天地，誓之以日月，方当相显以爵位，何祸之有乎？"婴曰："苟赦其罪，得全首领以就农亩，则抱戴没齿。爵禄非所望也。"婴虽为大贼，起于狂暴，自以为必死。及得纲言，旷然开明，乃辞还营。明日，遂将所部万余人与妻子面缚诣纲降。纲悉释缚慰纳。谓婴曰："卿诸人一旦解散，方垂荡然。当条名上之，必受封赏。"婴曰："乞归故业，不愿以秽名污明时也。"纲以其至诚，乃各从其意，亲为安处居宅。子弟欲为吏者，随才任职，欲为民者，劝以农桑。田业并丰。南州晏然。论功，纲当封；为冀所扼绝，故不得侯。天子美其功，征，欲用之。婴等上书乞留。在郡二岁，建康元年病，卒官，时年三十六。婴等三百余人皆衰杖送纲丧至雒阳。葬讫，为起冢立祠，四时奉祭，思慕如丧考妣。天子追念不已，下诏襃扬。除一子为郎。

此司马彪《续汉书》文也。较之《常志》与《范史》，特显卑弱。大抵彪、璩、晔皆取自纲家人门生所述行状，而剪裁各异。常注不言其劾梁冀，但劾其弟不疑与戚党，皆出京后事，则与彪、晔两传并异。以理度之，常注为正。又，彪云归葬雒阳，而晔云："制服行丧，送到犍为。"则应是《范史》之误也。纲父子三世居京师，故能谙习国事。蜀中未闻有其墓兆。《益部耆旧传》，似亦但有张皓，未收纲也。

⑬朱遵事，亦载《蜀志·犍为郡序》。正史不著。后世方志、地书多言之，或至饰为神怪。兹概不录。

⑭赵敦，惟《常志》见。疑出《益部耆旧》。

⑮隗相事，亦见《蜀志·犍为郡》僰道县（参看卷三16章之注⑱）。

⑯吴顺事，亦见僰道县（参看卷三16章之注⑲）。

⑰杨洪，《三国志·蜀书》有传。本书《先主志》《后汉志》亦屡著之。原刻常注多有夺讹，兹有校改，夹注已说明。

⑱伍梁，《三国志》附《杜微传》（《蜀书》）作"五梁"。云："以儒学节操称。从议郎迁谏议大夫，五官中郎将。"

⑲费诗，《三国志·蜀书》有传。裴注引孙盛《蜀世谱》云："诗子立，晋散骑常侍。自后益州诸费有名位者

多是诗之后也。"《后贤志》有《立传》。殊不如是云。孙盛说非也。

⑳杨义，义字当作羲，与戏字通，故《三国志》作戏，有传（参看卷四4章之注④）。陈寿《戏传》云："戏以延熙四年著《季汉辅臣赞》。其所论述今多载于《蜀书》，是以纪之于左。自此之后卒者，则不追谥。故或有应见称纪而不在乎篇者也。"此所云《蜀书》与"篇"，皆指王崇《蜀书》。意谓《崇书》所收列传人少，自所列较多，补其"应见称纪而不著乎篇者"也。其有自撰之《蜀志》亦未有传者，乃注其本末于赞词下。是义羲之《辅臣赞》，惟陈氏《蜀志》（或亦称《蜀书》）载之。王崇《蜀书》不当有。常注尚简，亦不至赘此一语，由后人误用《三国志》文赘入也。称《季汉辅而臣赞》而有"赞昭烈皇帝"六十四字。又不颂其君德。首云"忠武英高"，末云"研精大国，恨于未夷"，盖亦以臣节颂之。与费同德，故连赞也。

㉑张冀，《三国志·蜀志》有传。传云："随会至成都，为乱兵所杀。"

八

进杨穆穆，浙、顾本作穆穆。穆与穆，古今字。**先姑是宪。**　进，张本移赞，进字起句。武阳杨氏女，大匠广汉王堂长子博妻也。博后母文，文季姜，在《梓潼士女赞》。有母仪之德。进杨则其教为行，闺门雍穆。牂柯钱写作牂柯。刘、《函》、廖本作牂柯。李本作牂柯。太守李祎家亦假系，廖本注云："当作继"。每不和，叹恨徒富贵，学问不及博家也①。

阳《太平御览》五百十九引此作杨。张本亦作杨。**姬请父，厥族蒙援。克谐内爱，训及秀彦。**　姬，张本此作："阳姬"起句。武阳人也。生自寒微。《御览》作素。父此下钱、刘、李、《函》本空一格。浙补本空三格。廖、顾本连。坐事闭狱，杨涣始《御览》无始字。为尚书郎，告归，郡县敬重之。姬为处女，乃邀道扣涣马，讼父罪，言辞慷慨，涕泣，《御览》有"摧感"二字。顾本径补。涣【恳】张本恳字作黑巴。**憨之**，顾观光校勘记依《御览》引改恳作憨之，当遵。告郡县，《御览》作"语郡县令"。为出其父。因奇其才，为子文方《御览》有"以礼"二字。聘之。结婚大族，二弟得仕宦，钱本作官。《函海》注云："原作官，刘、李本作宦。下同。"遂世为宦门。后文方为汉中太守，以赵宣为贤，将察孝廉，函他各本作函。封未定，病卒。姬秘不发，先遣孝廉上道，乃发丧。宣得进用，姬之力也。后文方兄子伯邳为司隶校尉，时姬长子颖伯冀州刺史，仲子頵二千石。伯邳以禀叔母教，迎在官舍。每教伯邳政治。伯邳【欲】举茂材，廖、浙本作材。他各本作才。选有二人，【伯邳】与上欲字并当衍。欲用老者，嫌以其耄；欲举五方，而其年幼；以咨叔母。劝举方。后赵宣为犍为，五方为广汉，姬尚在，故吏敬之，四时承问不绝②。

周度割体，贞节是全。　周度，棘道人也，相登妻。十九，登亡。中牟令吴厚，因人求之。断发以示志。后人犹欲求之，乃自割其鼻。养子早亡，其妻左，亦年十九，遂俱守义。世咸叹妇姑之贞，浙补本作真。专其节操也③。

敬姬沈渊，诚烈邈然。　曹敬姬，南安人也。周纪《御览》四百四十一引《益部耆旧》作"周繕纪"。之妻。名禁依《御览》引《益部耆旧》补。十七出适。十九纪亡，遗生子元余。服阕，父母以许孙宾，《御览》引《耆旧》作狐宾。给母病迎还。知之，自投水。人赴之，气已绝，一日一夜乃苏息。送依纪弟居。训导元余，号为女刘、李本有女字。学士。年九十卒④。

贞【瑛】钱、刘、李、《函》本作瑛。元丰、廖、浙、顾本作瑛（瑛）王、操，弥久弥刘、李、《函海》本作不。《函海》注云"原作弥"。刊。　贞【瑛】（瑛），字琼玉，牛鞞程氏女，张惟妻也。十九适惟。未期，惟亡。无子，养兄子悦。刘、李本倒作悦子。供养舅姑，夙夜不怠。资中王冲欲娶【瑛】（瑛），【瑛】（瑛）叔父肱答廖本从草，他各本作答。以女志不可夺。冲为太守李严督邮。严记县，遣孝义掾奉羔雁，宣太守命聘之。【瑛】（瑛）乃自投水。救援不死。后太守苏高为立表。太守蜀郡此下各本旧有小阙字。钱写本阙下又有空位。示阙二字。盖阙太守名，守为蜀郡人也。□□遣仁恕掾【论】谥当是谥字漫涣，讹为论。曰"贞瑛"。由此知廖本作瑛谬。旧各本作瑛是。太守章陵刘威又为作颂【故】当衍称述也⑤。

韩姜自财，张本作才。按财，才，裁字通。后旌其冤。　韩姜，僰道钱、《函》二本无道字。人，尹仲让妻也。二十让亡。服除，资中董台，因从事王【为】文字当作文，说详注释。表弟求姜。不许。台门生左习、王苏以为姜可夺，教姜家言母病，迎还韩氏，因逼成婚。姜闻故，自杀。太守巴郡【弓】龚钱、刘、李、《函》作龚。不误。巴多龚姓。廖、浙、顾本作弓。未见巴有此姓。杨哀之，杀习、苏以报姜死⑥。

谢姬引决，同穴齐【定】。刘、李、《函》本作窆。钱、廖、浙、顾本作定。《函海》注云："原误定。"廖本注云"字误，未详。本或作窆"。未见刘本也。（窆）。　姬，原省谢字。南安人，武阳仪成妻也。成死，以己年壮无子，将葬，乃预作殡殓具，毒药，须夫棺入墓，拊棺吞药而死。遂同葬。县以表郡。郡言州。州上尚书。天子咨嗟，下书：每大赦，赐此下原省其字。家帛四匹，【蓻】（蜀）谷二石⑦。钱、刘、李、《函》本作蜀谷。廖浙二本作蓻谷。廖本注云："字误，未详，或作蜀。"顾观光作蜀。并云："蜀，原误蓻，不成字。依廖引或本改。"今按：蜀穀，即蜀黍。俗呼高粱。巴蜀原产，故中原呼曰蜀黍。又曰蜀谷，蜀秫。以其形似黍，似秫，为百谷之一种也。宋人加草为蓻，见《集韵》。蓻字讹。

媛姜匹钱、刘、李、《函》本作疋。妇，勉夫济子。授命图圄，义逾国士。　赵媛姜，资中人，此下张本衍赵字。盛道妻也。建安五年，道坐过，夫妇闭狱。子翔，方年五岁。姜谓道曰："官有常刑，君不得已矣。妾在【复】后，钱、刘、李、《函》、浙本俱作后。廖本作复。何益君门户。君可同翔亡命。妾代君死。可得继君宗庙。"道依违数日。

姜苦言劝之，遂解脱，给衣粮使去，代为应对，度走远，乃告吏。杀之。后遇赦，父子得还。道虽仕宦，《函》、浙本作官。当世痛感，终不更娶。钱写作取。翔亦不仕【耳】⑧。李本无耳字。他各本有。廖本注云："末耳字，衍文。"

黄帛求丧，沉身中流；灵精相感，携浙本作携。夫共浮。 黄帛，僰道人，张贞妻也。贞受《易》于韩子方。去家三十里，船覆死。贞弟求丧，经月不得。帛乃自往没处躬访，不得，遂自投水中。大小惊眙。积十四日，持夫手浮出。时人为语曰："符有先络，僰道张张本有张字。他各本无。帛《蜀志·江阳郡》"符县"文同。帛上有张字。求其夫，天下无有其偶。"县长韩子冉嘉之，召帛子幸【之】为钱、刘、李、《函》四本并有"之为"二字。张本无幸之二字。浙补本无之字。廖本无为字。当从浙本。县股肱⑨。

烈哉诸媛，节称义【遵】遒。各本作遵。廖本注云："当作遒。"遒字韵。赞此九女也。述僰为列钱、《函》二本作烈。女。《函海》本此行低二格。

右《僰为士女赞》第四。浙本此下空格。接"凡三十人"句。他各本提行，复低三格。廖本低六格。

凡三十人。（二十一人士，九人女）此下原有此双行小字夹注各本并同。兹升作大字。

案：以上赞僰为先贤女九人。多以贞烈勇决见长。

【注释】

①进杨，惟见《常志》。杨树达《后汉王堂世系考》云："系，古与继通用。假继，谓假子与继母也。汉人谓前妻之子为假子。《汉书》七十六《王尊传》：'美阳女子告假子不孝'，是其证也。"然则，进亦博之继妻。李祎，当亦是广汉人，有继妻，与博比居者。不叹文季姜感化之力，而叹"学问不及博"，反映其人所持观点与志文观点不同，志文重在文季姜之德化，李祎犹以为王博所致也。王博志无所述，惟于《文季姜传》有"博好书写"一语（参看《梓潼士女文季姜赞》与《蜀郡士女·张叔纪赞》）。

②阳姬，惟见《常志》，《御览》亦引《常志》，当出《僰为耆旧传》。其人可谓奇女子也。注文"结婚大族，二弟行仕宦，遂世为宦门"十四字，反映当时僰蜀社会阶级制限之严，与士女企图奋身冲入"宦门"阶级之多种史实相应，朝廷重孝廉，则有诡伪以节其孝行者；重茂才，则有远求师学者，重节义，则有残身以全义者。惟阳姬从寒微起，冲破闺门之戒，抗争于仕宦马前，以脱其父之冤。又能谙习吏事，相夫教侄，助其成名，证明寒微士女中自有才华卓绝者，可谓奇女子矣。

③周度，《御览》卷四百四十引皇甫谧《列女传》曰："僰为相登妻者，周氏之女，名度。适登一年而寡。牢令（《常志》作中牟令）吴厚，因人问度。心执匪石，引刀截发。县长吏复遣媒欲聘。度曰：'前已断发，谓足表心。何误复有斯言哉。'取刀欲割鼻。左右救止。表其闾。"盖与《常志》同出一书而取舍不同，可互参。

④曹敬姬，《御览》卷四百四十一引《益部耆旧传》曰："僰为南安周绪纪妻者，同县曹氏女也（按下文当有"名禁"二字在此下），字敬姬。年十七适周氏，二年而夫亡陨。时禁怀妊数月。后产子元余。丧事阕，遂

移居依托父母，欲必守义，育养孤若（弱）。父愍其年少子稚，默以许同县狐宾。遣车马衣服来，欲迎禁，父母乃告。禁勃然作色，悽怆言曰：'依近父母，本不图此。'因流涕忼忾。乃自投舍后流水。于是毕家竞赴，救出，而气息已绝。积二日一夜，乃复苏息。二亲由是知其至诚。谢宾解婚。禁歆歔长叹。乃更将子还依夫弟止。洁身执操，非礼不动。"《常志》取材于此。省"缮纪"作纪。"狐宾"作孙宾，未定孰是。汉世边郡民多有三字名，腹郡乃恒作单名。又狐为阆中大姓，南安亦可能有；于姓氏，孙字习用，狐字罕见，故狐字易讹作孙，孙字则难讹为狐。以此，疑此二人名当依《御览》引《耆旧传》文改。然转引之文，尤多讹误，故只存疑。不必即改。

此上，三蜀女子多有坚决反对再嫁者。蜀郡助陈"引刀割咽"，元常"祝刀誓志"，贡罗"赴州自诉"，玹何"不食而死"。广汉纪配"断指明清"，彭非、进娥，"截发"，王和"割耳"，正流"自沉"，相乌、袁福"自杀"。犍为周度"割体"，敬姬、贞玦"投水"，韩姜"自杀"，谢姬"吞药"。大都宁死不嫁。此虽由浸染封建习俗所致，亦可能别有其他原因。综核诸传记，觉当时颇行买卖婚姻制，妇女地位甚低，操劳如奴隶，故凡稍富足之家，妇皆不原再嫁也。

⑤程贞玦，别无考见"贞玦"，盖乡人所赠谥，"琼玉"乃其名也。玦为玉环之有断者，古人常用以示决别、勇决与断离之意，非瑞物，他未见用作名者。六朝人于女子，谓名曰字，《后汉书·列女传》，鲍宣妻"字少君"，周郁妻"字阿"，陈文矩妻"字穆姜"，袁隗妻"字伦"，庞淯母"字娥"，皆别无名，以名为字。惟士大夫家女或有数名，则分别为名与字。如曹世叔妻，班彪女"名昭，字惠班"，阴瑜妻，荀爽女，"名采，字女荀"，董祀妻，蔡邕女"名琰，字文姬"；而"惠班"、"女荀"皆连本姓亦犹本书之元常、糜常、贡罗、纪常、敬杨之类，名也，非如男子之字也。注中，太守苏高、刘威及失名之蜀郡某，皆当是西晋时人。所为表、谥、颂，皆当是琼玉死后事。其生时，不当有此。谥字，古省作谥，故易混为论也。赞文"弥久弥刊"者，谓三太守阅是历久，叠复表扬。刊石愈多。刘、李、《函海》本作"不刊"，非。"不刊"例谓文之不可削灭者，不用于颂赞德行。此一赞注，全文一百二十九字，旧刻讹六字（刘、李本讹七字），阙二字，衍一"故"字，无人校及。《常志》传钞迄今，其当订正处之多如此。

⑥韩姜，别无考见。"从事王为表"，当是王文表，缘音讹，即王商也。刘马时为益部治中从事。汉世华人无双名，凡双字名，皆称字也。或因失名存字，或因其贤，讳其名，称字。赞注《目录》中，于王商多称文表。此从事不称名而曰"王为表"，当是称字。又叙次韩姜于贞玦下，可知其亦建安时人，故判其人为王商。《广汉士女赞》注："王士字义彊，从弟甫字国山，文表诸弟也。"王商大族，同商居州治中，从弟应多，不肖者仗势干人，助董台胁婚，书曰"王文表弟"，言所仗势，非有让责于商也。后人更为商讳，故讹作"为表"耳。龚杨，当是刘璋时太守。元丰本多用当时速写代字。乾嘉间校勘者多曾见之。廖本每有所采用（具见各篇校注）。此云"太守巴郡弓杨，盖即用元丰絭字。钱、刘诸本作龚，当是依李㐫刻本，兹改从之。韩姜自杀在贞玦前，而赞列在后者，姜自杀遂死，当与谢姬联赞也。后，谓太守，与蜀郡何霸赞"牧后瘵机"之后字同义。

⑦谢姬，别无可考。

⑧盛道妻赵媛姜，《后汉书·列女》有传。云"建安五年，益州部乱，道聚众起兵，事败"，则响应赵韪叛刘璋也。"后遇赦"，疑是刘备取璋后。然诸葛亮曾言"季玉父子岁岁赦"（《后主志》延熙九年），则亦可能是建安十九年以前。

⑨黄帛，《水经注》卷三十三引《益部耆旧传》曰："张真妻，黄氏女也，名帛。真乘船覆没，求尸不得。帛

至没处滩头,仰天而叹,遂自沉渊。积十四日,帛持真手于滩下出。时人为说曰:符有先络,僰道有张帛者也。"当系节录。常氏此注应同出《益部耆旧传》,详略互异,可参订。先络事,已载《蜀志·江阳郡》"符县"。本卷无《江阳士女赞》。《目录》江阳士女亦只先络一人。

犍为郡士女入赞者三十,女九人,占全数百分之三十。为各郡中比例最大者。

汉中士女①（卷十下）

任乃强全集·第六卷

---

① 钱、刘、李、《函》、廖、浙本同上、中卷名郡款式。元丰与张、吴、本顶格。何、王、石本在第一行，顶格，与刘本同有志字。

九

郑真岳峙，元丰、《函海》本作峕。确乎其清。张、吴、何、王、石本仅存此卷注文，无赞。浙本补刻有赞，下各条及《梓潼士女》并同。　　郑子真，褒中人也。玄静守元丰本此下有一空格。道，履至德之行。乃其教人也【教】，教字当上在人字上。旧刻各本讹。曰："忠孝爱敬，天下之至行也。神中五征，帝王之要道也。"成帝元舅、大将军王凤备礼聘之，不应。家谷口，世号谷口子真。【云】亡，元丰及廖、浙本作云。他各本作亡。顾观光云"宋本误亡"。汉中与元丰本作兴。立祠①。此下，各旧本皆有小注云："神中五征，未详其义。"元丰本已有。李本在书头。

卫钱写作衡。梁泥盘，玄湛渊亭。刘李本作渟。亭字通。卫衡，字伯梁，南郑人也。少师事隐士同郡樊【季齐】志张，依《目录》改正。以高行闻。郡九察孝廉，公府、州十辟，公车三征，不应。董扶、任安从洛还，过见之。曰："京师，天下之市朝也。足下，犹之人耳。【何】幸元丰、张、吴、何、王、廖、浙、石本作何。钱、刘、李、《函》本作幸。顾观光云："何字误，当依别本作幸。"其在远，以虚名屡元丰本作属。动征书。若至中国，则价尽矣。"此行、董将归隐劝衡勿入仕语。衡笑曰："时有险易，道有污隆。若樊季齐、杨仲桓，虽应征聘，何益于时乎？苟无所佞，所下旧各本迳连下句。然，按文章，当有阙字。兹依《论语》补作佞。说详注释。则尼、元丰本作泥。轲栖栖。元丰、钱、廖本作栖，他各本作悽悽。字通。【是以】二字当衍。君平、《函海》本尢平字。子真，不屈其志，岂元丰、钱、廖、浙本作岂，他本作其。子元丰、廖、浙本作子。他各本作其予。之徒也哉？此言君平、子真非避世者，以讥任董。吾何虚假之有。"安、扶服之，敬其言也②。

邓公亢对，顾广圻校稿云："亢对，旧刻各本作方到，当作亢对。"廖本迳改。顾观光遵之。忠枉原情。　　邓公，张、吴、何、王、浙、石本俱作先。元丰、钱、刘、李、《函》、廖本作公。顾观光云："宋本作公，因赞文而误。然下仍作公。"成张、吴、何、王、石本误作城。下同。固人也。景帝时，御史大夫晁错患诸侯强大，建议减削。会吴楚七国谋反，假言诛错。故吴相袁盎潜帝杀之。拜盎太常，使赦七国。七国遂叛。邓公为谒者，入言军事。《汉书》卷四十九云："谒者仆射邓公为校尉，击吴楚为将。还，上书言军事。见上。"帝钱、刘、张、吴、何、李、《函》、王、石本无。元丰、廖本有。问曰："七国闻晁错死，罢兵不？"对曰："吴王即山铸钱，煮海为盐，谋反积数十年。错患之，故欲削弱，为万元丰本作万。世策，诸侯忧之；计划始行，身死东市，诸侯莫悝。内杜忠臣之口，外为诸侯报怨，臣窃为陛下不取也。"《函海》此下小注云："李本不字下衍敢字。惠校删之。"帝叹息曰："吾亦恨之。"武帝初，为九卿③。

博望致远，西南来庭。　　张骞，成固人也。为人强大有谋，能涉远。为武帝开西域五十三国，穷河源，南至绝远之国。拜校尉，从讨匈奴有功，迁卫尉，元丰本此下有封字。封博望侯。于是广动词，拓也。汉缘边之地，通西南之塞，丰刘、李、《函海》作丰。《函海》注云："应作丰。"绝远之货，令帝无求不得，无思不服。至今方外开通，骞之功也④。

子游师生，逸言所倾。　　张猛，字子游，骞孙也。师事光禄勋周堪；以光禄大夫，给事中，侍元帝。帝当庙祭，济渭、欲御楼船。御史大夫薛广德当车，免冠：此下省言字。"乞颈血污车轮，陛下不得庙祭矣。"帝色元丰与廖、浙本作色。钱、刘、李、《函》本作以。张、吴、何、王、石本并无色、以字。不悦。猛进曰："主圣则臣直。今乘船危，就桥安。圣主不乘危，故大夫言之。"帝曰："晓人不当如是也。"读如耶，《汉书》作邪。顾观光曰："原作耶，二字古通。"后与周堪俱以忠张、吴、何、王、石本误作中。正为幸臣弘恭、石显所谮毁，乍出乍征。堪平和。猛卒自杀⑤。

王孙养性，矫葬厉生。　　杨王孙，成固人也。治黄老。家累千金，厚自奉养。临终，告其子曰："我死，裸葬，以复吾真。但为布囊盛尸，入地七尺，《函海》注云："李本误大。惠校改尺。"既下，从足脱之，以身亲土。"其子不忍，见王孙友人祈侯。祈侯书谏之。依《汉书》卷六十七《王孙传》补三字。王孙曰："厚葬，无益死者也。夫俜元丰本作俜。钱、刘、李本作殚。他各本作僤。财送死，今日入，明日发，此真无异暴骸中原。《汉书》文作中野。裹以币帛，隔以棺椁，廖本作椁，他各本作椁。含张、吴、何、《函》、王、石本作啥。以珠玉，后腐朽，乃得归土。不可。故吾欲早就真宅。"祈侯无以易。卒裸葬，如其言⑥。《汉书》赢葬，此作躶。裸字通。

司徒监读如鉴。使，术畅思精；屡登上司，七政是经。　　李郃，字孟节，南郑人也。少明经术，为郡候吏。和帝此下，各本有遣字。元丰与廖本无。遣使者二人，微行至蜀，《后汉书·郃传》云"和帝即位"遣。宿郃候舍，郃为出酒夜饮。露坐。郃问曰："君来时，宁知二使何日发、来耶？"二人怪问之。郃指星言曰："有二使星入益部。"后一人为汉中太守，命为功曹。察孝，张、吴、何、王、石本有廉字。元丰、钱、刘、李、《函》、廖本无。遂驰名。为尚书郎。徙左丞。稍迁至尚书仆射，尚书令。拜司空。又进司徒。清公直亮，当世称名。顺帝世薨⑦。

炎精下钱写作不。颓，朱明不扬。元丰与刘本作阳。太尉謇谔，任国救钱、《函》本作拔。荒。濯日旸谷，将升钱、《函》本作外。扶桑。恶直丑正，汉道遂丧。　　李固，字子坚，郃子也。阳嘉张、吴、何、王、石本作喜。三年，以对策忠亢拜议郎。大将军梁商，后父也，表为从事中朗，授荆州刺史。直旧各本皆作值。廖本作直。州部有乱。至州，先友其钱、《函》本无其字。贤者南阳郑叔躬、宋孝节，零陵支宜钱、刘、李、《函》与张、吴、何、王、石本作宜。元丰与廖、浙本作宜。雅，表荐长沙、桂阳太守赵历、【卒】辛廖本注云："当作辛。"兹依之。已，奏免江夏、南阳、南郡太守孔畤、高赐、为昆此下各本有旧校小注"为昆疑误"四字。又上文旧各本脱南阳郡。顾广圻校稿云："当脱阳南二字。盖江夏太守，孔畤也。南阳太守，高赐也。南郡太守，为昆也。固奏南阳太守高赐等，见《后汉书》本传。《风俗通》云：汉有南郡太守为昆。见《广韵》为字下。旧校云：为昆疑误，非也。癸酉。"张、吴、何、王、石迳删为昆二字。廖本因顾校稿作小注云："南下当脱阳南二字。南阳太守高赐也。见《后汉书·固传》。"旧校四字下云："按为姓、昆名。南郡太守也。见《广韵》为字下，引《风俗通》云：汉有南郡太守为昆。旧校失之远矣。"剽用顾广圻氏创见，改换面目，攘为自出。当揭。等。州土自然安静。徙太钱、刘、李本作泰。山太守，克宁元丰本无宁字。盗贼。入为将作大匠。多致海内名士。南阳樊英、江夏黄琼、广汉杨【厚】序，字当作序，说在《广汉士女赞注》。此厚字，宋人依《后汉书》改也。会稽贺纯、【光禄周举、侍中杜乔】八字疑后人依《后汉书》增。二人因固疏称迁官，与本注"皆蒙征聘"不合。陈留杨元丰本作阳。伦、河南尹存、东平王恽、陈国何临、清河房植等，皆蒙征聘。转大司农。顺帝崩，太后临朝，拜太尉，与后原省太字。弟大将军梁冀、太傅赵峻并录尚书。冲帝崩时，徐、扬有盗贼，太后欲不发丧，须召诸王至。固争不可。又言："国家多难，宜立长君。"太后欲专权，乃立乐安王为【质】旧各本有，当衍。帝。质帝元丰本不重质帝二字。崩，太后复与【梁】冀谋所立。固与司徒南郡胡广、司空蜀郡赵戒书与冀，引周勃、霍光立文、宣以安汉之荣，钱、刘、张、吴、何、李、《函》、王、卢、石本并作策。元丰与廖、浙本作荣。阎、邓废立之祸，言："国统三绝，期运厄会，兴崩之渐，在期一举。宜求贤王，亲近，不可寝嘿也。"冀得书，召公卿、列侯议所立。三公及鸿胪杜乔佥举清河王箅。冀然之，奏御太后。中常侍曹腾私恨箅，说冀。明日更议，广、戒从冀。固与乔必争，"箅宜立，中兴才也。且年长，识义，必有厚将军。"冀不听。策免固、乔。岁余，取下狱；以无事，出之；京师市邑皆称千万元丰本作万。岁。冀恶其为人所善，更奏系张、吴、何、王、石本作击。之。固书与二公曰："吾欲扶持汉室，使之比隆文、宣，何图梁将军迷谬，诸子曲从。以吉物元丰本与浙本无物字，他本有。为凶，成事元丰本作专。为败。汉家衰微，从是始矣。将军亦有不利。吾虽死，上不惭于天，下不愧于人。求义得义，死复何恨。"遂自杀。《后汉书》本传作："遂诛之。时年五十四。"二公得书，惟自二字，钱、刘、张、吴、何、李、《函》、王、石本作叹息。元丰、廖、浙本作惟自。流涕。士民咸哀哭之。桓帝无道，冀寻受诛。汉家遂微，政在阉宦。无不思固也⑧。无字上当有国人或朝野二字。旧钞省。

元脩刘、李本作修。敦重，威惠实亮。　张亮则，元丰，钱、《函》、廖、浙本无亮字。《目录》及刘、张、吴、何、李、王、石本有。下文仍无。字元脩，南郑人也。为牂柯钱本作牂柯，张、吴、何、王本作牂轲。太守，威著南土。永昌、越巂夷谋欲反，畏亮则，换临其郡，相谏而止。号曰卧虎。以戍狄勋迁议羌校尉。征拜扶风，又换临桂阳，皆平盗贼。巴郡板楯反，拜隆集元丰本作双。校尉，镇汉中。徙【梁】凉汉无梁州，字当作凉。州刺史。又为魏郡太守。所在称治。灵帝崩后，大将军袁绍表为长史，不就。丞相曹公拜度辽将军⑨。

子雅温恭，见察文方。　赵宣，字子雅，南郑人也。出自寒微。以温良博雅，太守犍为杨文方深器异之，遂察孝廉。官至犍为太守⑩。

二珪琬琰，三长悬望。　赵瑶，字元珪，弟依《太平御览》卷二百五十八引补。琰，字稚珪，【凡七兄弟】宣子也。凡七兄弟，旧刻倒，当移正。皆以令德著闻。【瑶少有公望。】五字，当是常氏自注小字，被写入下。瑶始为缑氏，袁、赵二公相与书曰："赵瑶在缑氏，猛虎归《北堂书钞》卷七十五引此作移。迹，百里均耳。元丰本作且，当为讹。【叔】升顾广圻校稿云："耳当作尔，句绝。叔当作升。"廖本注同，云"升下属也"。今按，耳，闻也。隶书叔升易混。平何难。"迁扶风太守。徙蜀郡。司空张温谓之曰："昔【弟】第元丰本作弟。五伯鱼从蜀郡为司空。扫吾第以俟足下矣。"瑶曰："诺！"寻换广汉，卒⑪。琰始为青州刺史，于厅前置大器，盛水，贵要有托书，悉投于水中，无有所报。依唐百川"校笺"引《北堂书钞》七十二，《艺文类聚》五十文补。顾观光更参校《太平御览》二百五十八引文，补云："有贵要属托。琰于厅前置大器盛水。发书，悉投置水中，无有所报。"又引《御览》七百五十八云："赵琰青州刺史厅，置水瓮，得贵要之书，投于其中。"部下清肃。徙梁相。征拜尚书，不就，卒⑫。

仲卿报友，行义以【理】礼元丰本作礼，他各本作理。　陈纲，字仲卿，成固人也。少与同郡张宗受学南阳，以母丧归。宗为安众刘元所杀，元丰、钱、刘、李、《函》本作煞。他各本作杀。下仍作煞。纲免丧，往复之。值元醉卧，还，须醒，乃煞之。自拘有司，会赦，免。三府并辟，举茂才。拜弘农太守。初至，有兄弟【自】相讼，自责，引退。

旧有讹夺。按文义，是有兄弟相论。纲以教化未敦自责，论者引退。是后无论者。在官九年卒。天子痛惜，赐家钱四十万⑬。

伯度玄元丰本作立。镜，字当作静。荣辱屑己。　　李法，字伯度，南郑人也。【桓】和依《后汉书》本传改。帝时为侍中，光禄大夫，数亢张、吴、何、王、石本脱亢字，他各本有。表："宦官太盛。椒房太重。史官记事无实录之才，虚相褒述，必为后笑。"帝怒，免为庶人。恬然，以咎失为己责。久之，征拜汝南太守，迁司隶校尉，湛然，无自得之容⑭。

德公在林，悬象垂昝，钱写作昝。既冲云清，荀张仪准。　　李燮，字德公，太尉固子也。父死时，二兄亦死。燮为姊所遣，随父门生王成，亡命徐州。佣酒家。酒家知非常人，以女妻之。延熹二年，梁冀诛。后【日】月元丰本倒作"日复"。浙本同。他各本皆作"后月"字。月字是。经阳道，晕五车。事在三年，故后字当下属。史官上书："昔有大星升汉，而西卷舌扬芒迫月，李燮别传作昴。荧惑犯帝座。则有大臣枉诛。星有西方，【大】太廖本作大，二字能，兹改。尉固应之。今晕如之，宜有赦命，录其遗嗣，以除此异。"于是下赦。燮得返旧。四府并辟。公车征议郎，与赵元珪、颖川贾伟节、荀慈明，南阳旧各本脱。当补。说详注释。张伯慎为友。伯慎为颖川太守，与慈明交相论言，伟节与焉。京师以为臧否。伯慎问赵元珪曰："德公所言何？"元珪曰："无言也。"伯慎追叹曰："当如德公。儿辈徒靡沸耳。"慈明亦瘖而心变。拜【东】安平依《后汉书》作安平。相。国王元丰本有国字，无王字。钱、刘、张、吴、何、《函》、王、卢、石本并有国王二字。李㽦增王字也。廖、浙本无国字。今按。国字误。《后汉书》云："安平王续为张角贼所略，国家赎王得还。"可证。为黄巾所没，得出，天子复封之。燮以为不可。果败。迁京兆尹。《后汉书》作河南尹。时人为之语曰："李德公，父不欲立帝，子不欲立王⑮。"

伯台处谏，师言亢尽，末命防萌，妙睹玄揆。　　陈雅，字伯台，成固人也。灵帝时为谏大夫。阉宦用事，上疏曰："昔孝和帝与中常侍郑众谋，诛大将军窦宪。由是，宦官秉权。安帝幼冲，和熹太后兄大将军邓骘辅政。太后适崩，中常侍江京等杀骘。安帝登遐，黄门孙程又杀车骑将军阎显。孝桓帝又与中常侍单超吴、何、王、石本作起。等共诛大将军梁冀。陛下即祚，大傅陈蕃、大将军窦武、尚书令尹勋等欲诛宦官，绝其奸擅，尽忠王室，建万元丰、钱本作万。世策，机事不密，为中常侍朱瑀等所杀，此即陛下所见。今宦官强盛，威倾人主。天下钳口，莫敢言者。海内怨望。妖孽张、吴、何、王、石本作异。并作。四方兵起，万姓辛苦。陛下尚可以安，奈《函海》作奈。后嗣何？"帝不省纳，出为巴元丰本无巴字。郡太守。年七十五卒。临终，戒其子曰："期运推之，天下将大吴本作太。乱。雄夫力钱、《函》本作立。争。无以货张、吴、何、王、石本作资。财为意。吾亡，依山薄葬。"亡数岁【余】，岁余，当作数岁，说详注释。灵帝崩，大将军何进复为黄门所杀。海内果乱，终成三国也⑯。

孟度【邵】邳元丰本与刘本、浙本作邳。当作邳，通洽。允。　阎宪，字孟度，成固人也。名知人。为绵竹令，以礼让为化，民莫敢犯。男子杜成夜行，得遗物一囊，中有张、吴、何、王、石本作布。锦二十五匹，旧各本作疋。惟钱、廖二本作匹。求其主，还之，曰："县有明君，何敢负其化。"童谣歌曰："阎尹《太平御览》卷四百六十五引作君。赋政，既明且昶。《御览》引无既字。去苛去碎，《御览》引作"蠲苛去碎。"动以礼让。"《御览》引无动字。迁蜀郡，吏张、吴、何、王、石本无吏字。民泣涕【泣】，旧各本皆作泣涕。惟廖本倒。当正。送之以千数⑰。

季子英玮。　李历，字季子，太尉固从弟也。少修文学，性行清白，与郑康成、陈元方齐名。弱冠，拜新城令。【朝请】奉车都【督】尉⑱。依《目录》改。

计君经笇。　程苞，字元道，南郑人也。光和二年上计吏。钱、刘、李《函》四本作史。时巴郡板楯反，军旅数起，征伐频年，元丰与廖、浙本有年字。他本无。天子患之，访问益州计，考以方略。苞对言："板楯忠勇，立功先汉，为帝义民。羌入汉中，辄蒙其力。东征南战，世有功劳。由不料恤，以致叛乱。非有僭盗，能相群杀。大钱、刘、李、《函》本脱大字。兵临之，未必卒得。不如但选明能太守，恩信怀服，自然安定矣。"天子从之，卒如其言。后在道卒⑲。

元灵斐斐。　祝龟，字元灵，南郑人也。年十五，远学汝颍张、吴、何、王、石本作隶。《函海》本作颖。及太学，通博荡达，能属文。太守张府君奇之，曰："吾见海内士多矣，元丰本倒作"多士矣"。无如祝龟者也。"州牧刘焉辟之，不得已行，授葭萌长。撰《汉中耆旧传》。以著述终⑳。

礼高殉名。　段崇，字礼高，南郑人也。太守河间郑廑命为主簿。永初四年，凉州羌反，溢入汉中。从廑屯褒中。房东攻。廑欲战。崇谏不可，愿固垒待之。廑不听，出战，败绩。崇李本误从。与门下吏王宗、原元丰本此字作厚，下仍作原。展，及子勃，兄子伯生推钱写本作摧。顾观光云"宋本摧误推"。锋死战。众寡不敌，崇等皆死。羌遂得廑，杀之㉑。

伯义【死】节死。顾广圻校稿云："死节，当作节死。死字韵。癸亥十月。"廖本注遵之。　程信，字伯义，南郑人也。时为功曹，居守。驰来赴难。殡殓廑丧，送还乡里讫，乃结故吏冠盖子弟二十五人，誓元丰、廖、浙本作言。他各本作言。共报羌，各募敢死士以待时。太守邓成命信为五官。元初二年，房复来，信等将其同志率先奋讨，大破之。

信被八创死。《汉中志》有"二十五人战死"一句。天子咨嗟，元初五年，下诏书赐信、崇家谷数千斛㉒。

四行齐致，在兹六子。　　赞阎宪已下也。又有王宗、原展及严挚、李容、姜济、陈巳、曹廉、勾矩、刘旌九人，皆以令义为郑廑所命。《汉中志》云："命信为五官，挚等门下官属。"王宗、原此字元丰本作厚。上仍作原。展与廑同死。挚、容等七子与信共并命。诏书既赐崇、信家，又赐九子家谷各五百斛。给死事复。张、吴、何、王、石本均无赞文，亦无"赞阎宪已下也"及又字，而以有字迳接"赐信、崇家谷数千斛"句下。今按《常志》原文，当以"礼高殉名。伯义节死"二赞为一注。故其段崇程信两注文义衔接，不可分割。"又有"以下，亦当衔接程信注文。但三段间宜空格耳。最后乃当为"四行齐致，在兹六子"赞文二句及"赞阎宪以下也"注文。旧本划割改写，非是。缘遵旧式，故不改。

元侯、赵、陈，元丰与刘本、浙本倒作陈、赵。盖亦烈士。　　燕邠，字元侯，赵嵩，字伯高，南郑人也。陈调，字元化，仲卿孙也。成固人。邠为刺史邰俭从事，使在葭萌，与从事董馥、张胤清代刻本避讳改。下同。同行。俭为黄巾贼王饶、赵播等所杀。邠闻故哀恸，说馥胤赴难。二人不可。邠叹元丰、廖、浙本作叹。他各本作难。曰："使君已死，用生何为。"独死之。牧刘焉嘉之，为图象学官。诛馥等㉓。嵩事太守苏固。固为米贼张脩所疾杀。嵩痛之，钱写本脱"痛之"二字。杖剑直入脩营，杀十余人，几获脩，死㉔。陈调少尚游侠。闻固死，聚宾客百余人攻脩，大破之。进攻脩营，乃与战，以伤死㉕。

涣涣龙宗，振振麟趾，文炳彬蔚，汉之表轨。　　总赞二钱、刘、李、《函》、浙本作三。十五人也。

述汉中人士。【其】又有元丰、张、吴、何、王、石本作"又有"。张、吴五本无赞文，自此起迳接上注"以伤死"句下。钱、刘、李、《函》、廖、浙本在此。惟浙本仍作"又有"二字。他各本皆改作一其字。盖李至所改也。陈术，字申伯，作《耆旧传》者也。失其行事。【历新城、魏兴、上庸三郡太守】，上十一字，疑是后人查得添注。及锡光等，不列也。

案：以上汉中先贤士入赞者二十五人。赞文二百二十四字，注文旧本三千一百三十七字。卫衡汉末人，而赞列西汉多人前，盖常氏重高隐，以郑、卫二人为全德，列上上品也。自陈雅至张则七人，似列上中品，故张则又列三赵之前，别自起韵。三赵至陈雅七人盖列上下，而阎宪以下六子列中上。燕邠等三人为中中也。然常氏于汉中人物非尽悉，大都取材于祝龟之《耆旧传》，故其品第尤多未允。

【注释】

①郑子真，《汉书》卷七十二与严君平联称云："谷口有郑子真，蜀有严君平，皆修身自保，非其服弗服，非其食弗食。成帝时，大将军王凤以礼聘子真。子真遂不诎而终。"又引扬雄论云："谷口郑子真，不诎其志，耕于岩石之下，名震于京师。"（《法言·问神篇》）颜师古注引《三辅决录》云："子真名朴。"皇甫谧《高士传》曰："郑朴，字子真，谷口人也。修道静默，世服其清高。成帝时，大将军王凤以礼聘之，遂不屈。扬雄盛称其德曰：谷口郑子真，耕于岩石之下，名振京师。冯翊人刻石祠之，至今不绝。"又赞云："谷口子真，甘恬秉默。非服弗服。非食弗食。不答征车，为农草泽。吁嗟《法言》，撰其玄德。""谷口"，谓箕谷之南口，在西晋时褒中县北五十里。"神中五征"者：神，谓祀神之事，指祭祀。《礼·郊特牲》："不敢用亵味而贵多品，所以交于神明之义也。"（神，旧作且，兹依顾炎武《金石文字记》说改）五征，谓洪范"庶征"之雨、旸、燠、寒、风。此言祀神中礼，则雨旸时若，故为"帝王之要道。子真虽隐士，而其教人则勉以敬天、事人之道，与"遗世独立"者不同。故不遁在山林，而仍耕于褒斜冲途之谷口。使得其时，固将出也。

②卫衡，惟见《常志》。殿本《后汉书·班彪传》有考证一条云："何焯校本引《史通》云：其后刘向，向子歆，及诸好事者若冯商、卫衡、扬雄、史岑、梁审、肆仁、晋冯、段肃、金丹、冯衍、韦融、萧奋、刘恂等相次撰续，迄于哀平间，犹名《史记》。"《彪传》云："司马迁著《史记》，自太初以后，阙而不录。后好事者或颇缀集时事。"章怀注云："好事者，谓扬雄、刘歆、阳城衡、褚少孙、史孝山之徒也。"勘对二说，似卫衡即阳城衡。然阳城衡即阳城子玄，前汉史官（别详《序志》注）。《常志》此所言卫衡，与任安、董扶同时，则灵帝时人也，隐遁未仕。是《史通》之"卫衡"误矣。（查今本《史通》，亦无此文。未知何焯校本所据）樊季齐，名英，南阳鲁阳人，《后汉书》卷一百十二《方术上》有传："安帝初征为博士。至建光元年，复诏公车赐策书征……并不至。永建二年，顺帝策书备礼玄纁征之，复辞疾笃。乃诏切责郡县，驾载上道。英不得已到京。称病不肯起。……至四年……赐告归。……颖川陈寔少从英学……年七十余卒于家。"卒于顺帝初世也。卫衡灵帝末年（董扶中平时返蜀，见《三国志》本传）犹强壮，有出山之志，上距顺帝初已六十余年，则其不得师事樊英甚明。《目录》：卫衡"南郑人，樊志张弟子。""隐士樊志张，南郑人，见征西将军《段颎传》。"《后汉书·方术传》与《段颎传》并著志张助颎破羌事，在延熹八年，则桓帝时人也。此云"师事隐士同郡樊季齐"，显为樊志张之误。盖传钞中缘下文"樊季齐"字讹。且设衡果曾师事樊英，亦不得迳呼其字，又讥其应征聘也。杨仲桓，见《广汉先贤赞注》（卷十5章之注⑤）。"尼轲"，谓孔子字仲尼，孟子名轲。"栖栖"，仓皇遽貌。《论语·宪问》："微生亩谓孔子曰：丘何为是栖栖者与，无乃为佞乎？"旧刻此注多讹误。于卫与任董问答语，讹失其指。兹依别本改一幸字，依《论语》补一佞字，删"是以"二字，定"岂子"二字，以明衡非遗世自高，特慎于出处，如君平子真之流，不同于任安、董扶之进退为己也。故赞曰："泥盘"。泥盘，与"见龙在田"同义。《易·需卦》："需于泥，灾在外也。"水土和合曰泥。需，濡义通。盘，龙盘屈貌。见龙在田，犹言龙在泥涂中。《左传》襄三十年，赵孟曰："使吾子辱在泥涂久矣。"是。

③邓公，见《史记》卷一百一与《汉书》卷四十九之《晁错传》。传谓邓公："多奇计。建元年中，上招贤良，公卿言邓先。邓先时免，起家为九卿。"颜师古注："邓先，犹云邓先生也。一曰先者其名也。"张佳胤刻本遂采颜说后一义迳改邓公为邓先。今按：颜氏后说非也。公为私之对，原不以称尊长。周爵五等，

汉中士女（卷十下）

首公，及渐移为称国君之字。然在汉时，父犹可称子之在官者为公，见《晁错传》。楚汉时人有丁公，见《高祖纪》。则此邓公正是姓名，但失其字耳。其人至武帝建元时，已老矣。朝廷公卿素重其人，故称"邓先"。《梅福传》（《汉书》卷六十七）："叔孙通遁秦归汉，制作仪品。夫叔孙先非不忠也。……不可为言也。"是汉时士大夫习称前辈为先，不仅加于邓公一人也。

④张骞，见《史记》卷一百二十三《大宛传》及卷一百十六《西南夷传》。《汉书》卷七十六有传。本书《汉中志·总序》亦著之（参看卷二2章之注②）。张骞墓，近岁在陕西成固县发见。

⑤张猛助薛广德谏御楼船事，《汉书》在卷七十一《薛广德传》。荀悦《汉纪》，司马光《通鉴》皆采系于永光元年。传云："其秋，上酎祭宗庙，出便门，欲御楼船。广德当乘舆车，免冠顿首曰：'宜从桥。'诏曰：'大夫冠。'广德曰：'陛下不听臣、臣自刎，以血污车轮。陛下不得入庙矣。'先敺（驱）光禄大夫张猛进曰：'臣闻主圣臣直。乘船危。就桥安。御史大夫言可听。'上曰：'晓人不当如是邪。'"颜师古注："谓谏争之言，当如猛之详善也。"猛为骞孙，见《骞传》。周堪，《汉书》卷八十八《儒林》有传。猛师事堪，《汉书》无闻，当是出《汉中耆旧》。

⑥杨王孙，《汉书》卷六十七有传。传云："其子欲默而不从，重废父命。欲从之，心又不忍。乃往见王孙友人祁侯。祁侯与王孙书曰……王孙报书曰……祁侯曰善。遂裸葬。"祁侯，姓缯。见《汉书》卷十六《高惠高后文功臣表》。初封者缯贺，高祖六年六月封。薨，子胡，孝文十二年嗣。孝景六年，侯它嗣。孝武元光二年，坐射擅罢免。颜师古《杨王孙传》注云："祁侯，缯贺之孙，承嗣者，名它。"据此也。然则，《汉书·王孙传》云"孝武时人"者，谓王孙卒于孝武之世，祁侯缯它未失侯时，或它已失侯而仍在世时。元光二年（前一三三），武帝即位之第八年。武帝在位五十四年，而它失侯时已能射，则其死当在武帝之世。故知王孙卒于武帝之世。葛洪《西京杂记》，据云刘歆所辑，卷三云："杨贵，字王孙，京兆人也。生时厚自奉养，死卒裸葬于终南山。其子孙掘土凿石深七尺而下尸，上复盖之以石，欲俭而反著也。"大抵杨是成固人，居于长安，与祁侯友善，死葬终南山。故祝龟收之入《汉中士女》。王孙论葬，辞理甚高，足矫儒家厚葬陋习。与张陵道教之反对厚葬隆礼，皆渊源于老聃与墨翟也。

⑦李郃，《后汉书》卷一百十二《方术上》有传。又有《李郃别传》者，未知何人所撰。侯康《补后汉书艺文志》云："《李郃别传》，《御览》引之云：'郃以郎，谒者，为上林令。'（卷二百三十二）又云：'郃上书太后，数陈忠言，其辞虽不能尽施用，辄有诏策褒赞焉。博士著两梁冠，朝会宜随士大夫例。时贱经学，博士乃在市长下，公奏：非所以敬儒德、明国体也。上善公言，正月大朝，引博士公府长史前。'（卷二百三十六，又《类聚》四十六）又云：'邓骘弟豹为将作大匠，河南尹阙，豹欲得之。上及骘亦欲用豹。难便召拜，下诏令公卿举，骘以旨谙人讽公卿悉举约。司隶、河南尹当整顿京师，检御贵戚，今反使亲家为之，必不可为后法。令（谓相要约）举司隶羊浸，不举豹。豹竟不得尹，恨公卿不举，对士大夫曰：李公宁能不举。不举，我故不得为尹耶？'（卷二百五十二）又云：'公长七尺八寸，多须，髯入眉、左耳。有奇表，项、枕如鼎足，手握三公之字。'（卷三百六十四、七十）又云：'公居贫而不好治产。有稻田三十亩，第宅一区。至京师学问，常以赁书自给。为人深沉宏雅，有大度。'（卷四百八十五）又云：'郃侍祠南郊，不见六宗祠。奏曰：案《尚书》，肆类于上帝，禋于六宗。汉兴，于甘泉、汾阴祭天地，亦禋六宗。至于孝成时，匡衡奏立北郊，复祠六宗。至建武都洛阳制郊祀，不道祭六宗，由是废不血食。今宜复旧。上从公议。由是遂祭六宗。'（卷五百二十八）此数事，《郃传》皆不载。惟《类聚》卷一，《御览》卷七百七十九所引与本传同。"郃元初四年（一一七）由太常代袁敞为司空。"在位四年，坐请托事免。安帝崩，

北乡侯立，复为司徒。"则延光四年（一二五）四月也。其年十月，少帝崩，黄门孙程等拥顺帝，诛车骑将军阎显等。永建元年正月，皇太后阎氏崩，郃与太傅冯石、太尉刘熹同免。（安、顺二《帝纪》）《郃传》云："坐吏民疾病，仍有灾异，诏策免。"郃先曾与少府陶范等谋立顺。至是，将作大匠翟酺，上其事。"于是录阴谋之功，封郃涉都侯。"辞让不受。"年八十余，卒于家"。其卒当在顺帝初年，其生当在光武之末，至和帝即位时，已三十余，犹为候吏。至元初四年为司空，已七十余矣。

⑧李固，《后汉书》卷九十四有传，与此注小异，可互参。传云："阳嘉二年，有地动山崩火灾之异。公卿举固对策。……以固为议郎。而阿母、宦者疾固言直，因诈飞章以陷其罪。事从中下。大司农黄向请之大将军梁商。又仆射黄琼救明固事。久乃得拜议郎。"盖对策在阳嘉二年，实拜议郎在三年。常氏此注系于三年，就拜官时间言之也。其他异同多类此。所取资料固同源也。今存《东观记》残本未见李固父子事。盖所取为固诸弟子所纂固之行状。《固传》云："弟子赵承等悲叹不已，乃共论固言迹，以为《德行》一篇。"章怀注引谢承《后汉书》云："固所授弟子颍川杜访、汝南郑遂、河内赵承等七十二人相与哀叹悲愤，以为眼不复瞻固形容，耳不复闻固嘉训，乃共论集《德行》一篇。"是也。又有《李固别传》者，盖亦就《德行篇》演绎为之。侯康《补后汉书·艺文志》："《御览》二百六十五引之云：'益州及司隶辟，皆不就。门徒或称从事椽，固曰：未尝受其位，不能获其号。'此事本传不载。余多见本传。又卷四百二十八引《李固外传》，当系一书。"今按：本传云："司隶、益州并命，郡举孝廉，辟司空椽，皆不就。"是《李固别传》所云"益州及司隶辟"，《范史》亦引之，但与《御览》所录皆非全文耳。东汉公卿中，李固、杜乔最有贤称。常氏此注文繁至四百七十八字（可疑为后人窜入者不过数字）。可谓特笔矣。然由有《范史》本传更详备，后人遂征引之，于本注少所留心，故传钞讹误特多。兹悉为订正。

⑨张则，《目录》作"张亮则"，后文《陈氏二谦赞注》亦作亮则。故刘、张诸本改从之。然下文仍未改，更由元丰、钱、《函》本皆作张则，足知《目录》为衍。其人不见正史，疑采自《汉中耆旧》，今亦佚，无可校正。汉末人复名者少见，既云字元脩，则当是单名"则"耳。袁绍称大将军在建安二年三月，至七年卒。曹操为丞相，在建安十三年。度辽将军，明帝初置，"以卫南单于众新降有二心者。后数有不安，遂为常守"（《百官志》）。位次大将军。桓灵间，陈龟、李膺、皇甫规、张奂、桥玄相次为度辽将军。玄后无所闻。建安中，但虚有其官而已。

⑩赵宣，惟见《常志》。参看《犍为士女·阳姬赞注》。

⑪赵瑶，惟见《常志》。张温勉赵瑶语，亦载《蜀志》（参看卷三11章之注③）。赞云"三辰悬望"，即谓瑶有三公之望，未至而卒也。《汉书·天文志》："凡天文，在图籍昭昭可知者：经星常宿，中外官凡百一十八名，积数七百八十三星，皆有州、国、官、宫、物类之象。……中宫天极星，其一明者，泰一之常居也。旁三星，三公。"此言天体正中不动之北极星，与其近旁不甚明之三小星，象人间之天子与三公。又称北辰，《论语》："为政以德，譬如北辰，居其所而众星拱之。"是也。故象三公之三小星，亦称三辰。旧刻此注讹夺殊多，前人悉未校订，兹为补、改各一字，移四字，删五字。文理明甚，不更解说。

⑫赵琰，惟见《常志》。各类书载其事者亦皆引自《常志》，而多刺史厅前置水器一节。应是旧钞脱之。当补。

⑬陈纲，惟见《常志》。

⑭李法，《后汉书》卷七十八有传，云："和帝永元九年，应贤良方正，对策，除博士，迁侍中，光禄大夫。岁余，上疏……坐失旨，下有司，免为庶人。"则《常志》旧刻"桓帝时"之桓字误。和帝永元九年至桓

帝即位，已五十年。当已七十以上。又复"在家八年"乃起复"征拜议郎，谏议大夫。""出为汝南太守。""后归乡里，卒于家"（并《范史》文）。则将百岁矣。而史无耆寿文。纵使寿近期颐，亦不至耄年再起为议郎。应是《常志》刻误。当依《范史》改桓作和。赞文"荣辱屑已"。谓轻视荣辱，得老庄守静之道。屑，物之碎末，引伸为轻鄙之义。《诗·邶风·谷风》："宴尔新婚，不我屑以。"此作"屑已"，以、已字故能用也。

⑮李燮，《后汉书》附《李固传》。传云："初，固既策罢，知不免祸，乃遣三子归乡里，时燮年十三。姊文姬，为同郡赵伯英妻，贤而有智，见二兄归，具知事本，默然独悲曰：'李氏灭矣。自太公以来，积德累仁，何以遇此。'密与二兄谋：豫藏匿燮，托言还京师，人咸信之。有顷难作，下郡收固三子。二兄受害。文姬乃告父门生王成曰：'君报义先公，有古人之节。今委君以六尺之孤。李氏存灭，其在君矣。'成感其义，乃将燮乘江东下，入徐州界内，令燮姓名为酒家佣。而成卖卜于市，各为异人，阴相往来。……"袁宏《后汉纪》卷二十一建和元年亦载此事，文微异。云："初，固二子宪公、季公并为长吏。闻（父）策免，皆弃官归。固知罪之将及，乃受二公将小子燮还乡里。固女文姬涕泣曰……密与二公谋，共逃（当作匿）燮（密）室，言还京师矣。……王成者，固之仆隶也。文姬厚为其资，以燮属成曰：'君之执义于（先）公家，其日久矣。是以临危托君以六尺之孤。若李氏复存，君之名义齐于程、杵。富贵荣华与君同之。'成为义，乃将齐往徐州界，燮姓名为酒家仆。"章怀注《李固传》云："《谢承书》曰：燮远遁身于北海剧。托命滕咨家，以得免。"北海国属青州，汉剧县。地接徐州界。滕咨，盖即燮所佣酒家，"以女妻燮"（《范书》文）者。赵元珪名瑶，已上见。贾伟节名彪，《后汉书》卷九十七《党锢》有传。荀慈明名爽，同书卷九十二有传。张伯慎名温，《后汉书》附见《董卓传》。《窦武传》云："张敞者，太尉温之弟也。"章怀注："《汉官仪》曰：温字伯慎，穰人也。封互乡侯。太尉奏言有大臣诛死，董卓取温笞杀于市以厌之。"与《董卓传》合（《卓传》云"温子伯慎"，子为字之讹）。穰，南阳属县。是伯慎为南阳人，故得为颍川太守也。旧本"张伯慎"上脱"南阳"字，当补。传云："颍川荀爽贾彪，虽俱知名而不相能。燮并交二子，情无适莫。世称其平正。"此注云"慈明亦寤而心变"，谓爽与彪更复相善，不再靡沸相争也。传云："灵帝时，拜安平相。先是，安平王续为张角贼所略。国家赎王，得还。朝廷议复其国。燮上奏曰：'续在国无政……不宜复国。'时议者不同。而续竟归藩。燮以谤毁宗室，输作左校。未满岁，王果坐左道被诛。乃拜燮为议郎。"又《灵帝纪》：中平元年，二月，"钜鹿人张角自称黄天……安平、甘陵人各执其王以应之。"又"九月，安平王续有罪，诛。国除。"东平王苍国传七世，入魏，国乃除，《东观记》与《范史》并有传。无王为黄巾所没事。是常注作东平非，当依《范史》作安平也。安平国属冀州，在雒阳北二千里（《郡国志》）。燮盖受命于黄巾兵起后，不欲就国相，故议沮复封。以此输左校。追未半年而王以罪诛，国除，乃复起拜议郎，寻擢河南尹也。拜河南尹，"在职二年卒"，则卒于中平四年（一八七），去固之死（建和二年），已四十年。固死时燮年十三，则卒死五十三也。《范史》云："擢迁河南尹。"而此注曰"京兆尹"者，东汉都雒阳，以河南郡为京，世人习称京尹为京兆尹也。《太平御览》引《李燮别传》，亦云"拜京兆尹"。侯康《补后汉书艺文志》云："《李燮别传》，《御览》二百五十二引之云：燮字德公，京兆人。（原注：涉下文而误。当作南郑人。）"拜京兆尹。吏民爱敬，乃作歌曰：'我府尹，道教举。恩如春。威如虎。爱如母。训如父。'卷六百五十二引之云：燮常逃亡，匿临淄，为酒家佣。灵帝即位时，月经阴道，晕五车。史官曰：有流星升汉而北，扬芒迫昂。荧惑入火角，犯帝座。其占当有大臣（柱）被诛者。故太尉李固，西土人，占在固。今月经阴道，围五车。宜有赦令以除此异。上感此变，大赦天下，

⑯求公子孙。酒家具车厚送之。"此所引《李燮别传》，与《常志》及《范史》文实际一致而详略互异，为常范并采自《别传》之验。惟述天变一节，《别传》作"灵帝即位时"，《常志》作"延熹二年梁冀诛后"，《范史》作"梁冀既诛而灾眚屡见。明年，史官上言"云云，则延熹三年也，与《常志》合，与《别传》异。应是《御览》转录《别传》之误。又《常志》作"月经阳道"，《御览》引《别传》两作"月经阴道"。阳道，即日行轨。阴道，月行轨。设本为月经阴道，则正常象，不得为灾异。五车、西方星座，近日轨，月行至此而晕，乃为灾异也。当依《常志》。元丰本作"日复经阳道"，亦谬。《先贤志》旧钞讹误者多，前人未予注意。若此之类兹悉校正。

⑯陈雅，惟见《常志》。"亡岁余灵帝崩"，则亡于中平四年也。中平元年，天下黄巾大起，巴、蜀、汉中亦皆为黄巾所据，不得云灵帝崩后"海内果乱"。且中平元年巴郡太守赵部为黄巾张修所杀。见《灵帝纪》及《刘焉传》。陈雅卒于巴郡太守任，当在赵部前。以此判断，旧刻"亡岁余"，当是"亡数岁"之误。

⑰阎宪，惟见《常志》。《御览》亦此自《常志》而小异其字，当以《常志》为正。

⑱李历，惟见《常志》。旧刻末句作"朝请都督"，显有误文。桓灵时职官尚无"都督"之称。《士女目录》云："奉车都尉李历，字季子，固从弟。"是历官至奉车都尉，旧本误矣。

⑲程苞对板楯事，亦见《巴志》。

⑳祝龟，惟见《常志》。《序志》曾议其滑稽谈调。此亦称其"通《博荡达》，赞云"斐斐"。盖称其能文，而不谓其长于治史也。

㉑段崇事亦见《汉中志》。此汉中太守郑廑，《后汉书·安帝纪》与《西羌传》作勤。廑、廎、勤字古通。又有临邛郑廑，字伯邑，即撰《巴蜀耆旧》者，亦曾为汉中太守，见《士女目录》。《后贤志·陈寿传》作"蜀郡郑伯邑"者是也。《常志》于此注，明著"河间郑廑"，固不混也（侯康《补后汉书艺文志》混为一人）。

㉒程信，亦见《汉中志》（卷二3章之注⑧）。

㉓燕邰，唯见《常志》。欲俭以苛烦失政，激变亡身，而邰亦死之，刘焉为之图象而常璩赞为烈士，皆为封建道德所蔽。

㉔赵嵩，惟见《常志》。《汉中志》亦著此事，较详，可互参。

㉕陈调，《汉中志》与赵嵩合叙（参看卷二4章之注⑫）。赞文"龙宗"、"麟趾"，皆圣贤世代之义。《易·乾卦》："潜龙勿用。""见龙在田。""或跃在渊。""飞龙在天。""亢龙有悔。"皆以喻"君子"、"大人"之有"君德"者。君德，谓明于治道而能以德率人者，不必即指人君。如云："龙德而隐。"则郑子真、卫伯梁之属是也。"君子学以聚之，问以辨之，宽以居之，仁以行之"（释"见龙在田"），则指一般贤士大夫也。"亢之为言也，知进而不知退，知存而不知亡，知得而不知丧"，则张骞、李固、李法之流是也。《诗·周南》："麟之趾，振振公子。"喻贤大夫子孙也。

十

穆姜温仁，化继为亲。　穆姜，安众令程祗妻，司隶校尉李法姊也。_{元丰李无也字。钱、刘、李、《函》四本姊作姑。《目录》作姑。}祗前妻有四子，兴、敦、觊、豫。穆姜生二子，淮、基。祇亡，兴等憎恶姜。姜视之愈厚。其资给六子，以长幼为差，衣服、饮食，凡百如之。久，兴等感寤，自知失子道，诣_{张、吴、何、王、石本作谒。}南郑狱受不爱亲罪。太守嘉之，复除门户，常以二月八月_{钱本作日。按文义，二月八月社者，春秋社也，以作月字为长。}社，致肉三十斤，酒、米各二斛六斗。_{张、吴、何、王、石本作斗。}六子相比，皆作令士，五人州、郡察举。基字稚业，特隽逸，_{张、吴、何、王、石本作免。}为南郡太守①。

　　泰瑛严明，世范厥训。　　泰瑛，南郑杨矩_{元丰、廖、浙本作矩。钱、刘、李、《函》本作拒。张、吴、何、王、石本作相。下同。《太平御览》卷四百五引《列女传》作杨子拒。}妻，大鸿胪刘巨公女也。有四男二女。矩亡，教训六子，动有法矩。长子元珍，出行，醉，母十日不见之，曰："我在，汝尚如此，我亡，何以帅群弟子？"元珍叩头谢过。次子仲珍，白母请客。既至，无贤者。母怒责之。仲珍乃革行，交友贤人。兄弟为名士。泰瑛之教，流于三世。四子才、官，隆于先人。故时人为语曰："三苗乱_{元丰与张、吴、何、王、石本有空位。示阙一字。钱、刘、李、《函》本不空。廖本小注云"旧校云阙"。兹补乱字，说在注释。}止，四珍复起②。"

　　杜氏之教，父母是遵。　　杜泰姬，南郑人，赵宣妻也。_{钱、《函》二本作女。他各本作妻。}生七男七女。若元珪、稚珪，有公_{依《蜀志》及上《二珪赞注》补。}望，五人皆令德。其教男也，曰："中人情性，可上、下也，在其检耳。若放而不检，则入恶也。昔西门豹佩韦以自宽，宓子贱带弦以自急，故能改身之恒，为天下_{《函海》作子。}名士。"戒诸女及妇曰："吾之姓_{元丰、廖、浙本作姓，钱、刘、李、《函》本作娞。张、吴、何、王、石本作委。}身，在乎正顺。及其生也，恩存_{何、王、石本作自。}于抚爱。其长之也，威仪以先后之，【礼】体_{元丰、钱、刘、张、吴、何、李、《函》、王、浙、石本皆作体。廖本作礼。}貌以左右之，恭敬以监临之，懃恪以劝之，孝顺以内之，忠信以发之，是以皆成，而无不善。汝曹庶几勿忘吾法也。"后七子皆辟、命、察举，牧州、守郡。而汉中太守、南郑令，多与七子同岁季考、上计，_{钱、《函》本作订。}无不修敬_{钱、刘、李、《函》本作也。}泰姬，执子孙_{廖本注云："当作姓"。}礼③。

　　礼珪肃穆，言存典韵。　　礼珪，成固陈省妻也。杨元珍之女。生二男，长娶张度辽女惠英，少娶荀氏，皆贵家豪富，从婢七八，资财自富。礼珪勑_{《函》、廖二本作勑。他各本作勒。}二妇曰："吾先姑，母师也。常言：'圣贤必劳民者，使之思善。'不劳则逸，逸则不才。吾家不为贫也，所以麤_{钱写作粗。}食、急务_{元丰与浙本无急务二字，但空二格。钱、刘、李、《函》、廖本俱有，盖李㟽所填。张、吴、何、王、石本作"给吾"，张佳胤改也。}者，使知若难，备独居时。"二妇再拜奉教。从孙奉上微慢，珪抑绝之。感悟革行。遭乱，流行，宗表欲见之，必自严饬，元丰本作餙。何、王本同。从子孙、侍婢，乃引见之，曰："此先姑法也。"四时祭祀，自亲养牲、酿酒。曰："夫祭，礼之尊也。"年八十九卒。惠英亦有淑训，母师之行者也④。

文姬睿敏，宗祀元丰本作嗣、钱、刘、李、《函》、廖、浙本作祀。获歆。刘、浙本作歆　文姬，南郑赵伯英妻，太尉李固女也。父为梁冀所免，兄宪公、季公罢官归。文姬叹曰："李氏何、王、石本作公。灭矣！"乃与二兄议：匿弟燮，属旧各本无。当有。父门生王成亡命【徐州】。二字旧钞者所衍。涕泣送之。谓成曰："托君以六尺之孤。若李氏得嗣，君之【名】义名，参于程、杵矣。"久之遇赦，燮得还，行丧。服阕，敕之曰："先公为汉忠臣，虽死之日，犹生之年。梁冀【以】已元丰、钱、廖、浙本作以，他各本作已。宜作已族，弟幸济，张、吴、何、王、石本济上有得字。岂非天乎？慎勿有一言加梁氏。加梁氏，则连主上，元丰与浙本此下有二空位。是又掇祸也。"燮奉行之。【从成在徐州，各异处佣赁，而私相往来。成病亡，燮四时祭之⑤。】此二十三字，乃后人加注，被传钞入正文。

陈氏二谦，或智或仁。　陈顺谦、惠谦，旧各本脱，当补。成固人也。顺谦适邓令曹宁，十九寡居，长育遗孤，八十余卒。兄子吴、何、王、石本作弟，他各本作子。下同。陈规著书叹述之⑥。惠谦适张亮则，当衍亮字。在扶风官，下吏白【欲】此不当有欲字。云白，已足。下文乃不可少。盖旧钞误移。重禁严防以肃非。元脩访于惠谦。惠谦曰："恢弘德教，养廉免耻。五刑三千，盖亦多矣，又何加也。"兄子伯思《函海》注云："李本作师，惠校改思。"欲学仙道，惠谦戒之曰："君子疾没世而元丰本与廖浙本作而。他各本皆作名，李至改也。不称，不患年不长也。且夫神仙愚惑，如系风捕影，非可得也。"伯思乃止。陈伯台称云：《函海》误作去，他各本作云。"女尚书之【后】俊耳⑦。"廖本注云："当作俊。末耳字，衍文。"顾观光迳改作俊，并云："原误后，又衍耳字。并依廖校删正。"今按：耳，语词，义同也。本书屡见。非衍。

礼脩顺姑，恩爱温润。　礼脩，赵嵩妻，张氏女也。姑酷恶无道，遇之不以礼，脩原省礼字。终无愠色。及宁父母，父母问之，但引咎，不道姑。姑旧不重姑字，当增。卒感悟，旧各本作寤，廖本改。更慈爱之。乡人相训曰："作妇不当如赵伯高妇乎？使恶姑知变，可谓妇师矣。"后姑病，女来省疾，姑却之，曰："我死，元丰、钱、刘、李本作以。张、吴、何、《函》、王、浙、石本作死。《函海》云"原作以。"固当绝于贤妇手中。"后遭米贼，嵩死，乃碧涂面，乱首，怀刀，托言病。贼不逼也。养遗生女，依父叔，立义终身【者也⑧】。廖本注云："末，者也二字，衍文。"顾观光迳删。

树南悼失，轻死重信。　韩树南，南郑人，赵子贱妻也。子贱初为郡功曹。李固之诛，诏书下郡杀固二子宪公、季公。太守知其枉，遇之甚宽。二字托服药死，具棺器，欲因出逃。子贱畏法，敕更验实，就杀元丰本作煞。之。及固小子燮得还，子贱虑燮报仇，赁人刺之。燮觉，告郡，杀子贱。初，树南谏子贱，子贱不从。及临死，许共并命。兄、弟、【娰】嫂、旧各本作娰，盖嫂之讹，嫂，古代媭，妾与叟字易混。侍婢视守之。经百余元丰本作余。日，乃【怠】给顾广圻校稿云："怠，当作给。"廖本以注。白兄【娰】嫂："念一死万不得生，不敢复图死也。"上下以为信然。无几时，于幕下自煞⑨。元丰、钱、张、吴、何、王、浙、石诸本作杀。

祈祈元丰、钱、张、刘、李、《函》诸本作祁祁。令姬，如玉如金。允矣淑媛，齐德姜任。李本作姙。　总赞此九人也。

述汉中列女《函海》本作烈女。

右《汉中士女赞》第五

凡三元丰、《函海》、浙本及钱写本作四。刘、李本作二。吴、何诸本无此行。十四人。（二十五人士，九人女）。此下原有双行小注。《函海》作"二十五人士"浙本作"三十五人士"。兹提作大字。

案：以上，汉中先贤，女子入赞者九人。在诸郡中，数量不大而质量最高，其家庭礼法之严，家庭教育之美，虽如宋、明贤媛，莫或过之。处世接物，彬彬有礼。修身行义，出以雍容，较之三蜀诸女，淑德为多。且征援典籍，创有卓论，若泰姬之"在检"，礼珪之"必劳"，直与今世锻炼身心之最高理论符契。举曰"母师"、"妇师"，未为过也。然此九女，皆出于封建巨家，不如犍为、广汉之多有草野奇女。即如所赞二十五士，亦然。盖耕地褊狭，兼并过甚，贫富县绝，故文化发展甚不平衡故也。

【注释】

①李穆姜，《后汉书》卷一百十四有传。称"陈文矩妻"。"文矩"，是祗之字。"程"，疑是陈字讹。《传》云："穆姜年八十余卒，临终，敕诸子曰：'吾弟伯度，智达士也。所论薄，其义至矣。又临广漕令，圣贤法也。令汝曹遵承，勿与俗同，增吾之累。'"此足以补《李法传》。其论与杨王孙、陈伯台相同，而《李法赞注》与此注皆未及也，应是有脱。兹为补志于此。

②刘泰瑛，别见皇甫谧《列女传》，作大英。其父刘巨公，子杨元珍、仲珍，《目录》皆未收。元珍女礼珪，又复有赞。盖汉中去蜀远，常璩惟据祝龟《耆旧》撰赞注，不似他郡搜罗之详也。旧刻"三苗□止，四珍复起"，文甚难解。由有脱字，更无法使四珍与三苗联系。然既在此注中，则亦有可以联系之线索。试推绎之。"四珍"为杨矩四子，元珍、仲珍与叔、季二人，易判。云"复起"，由四珍出仕前，曾有厄会。元珍女嫁成固陈省，"生二男。长娶张度辽女"。张度辽即张则（张亮则），则泰瑛之玄孙至建安初已嫁娶矣。以三十年为一世计之，自泰瑛之嫁，至元珍外孙之娶，当有九十年。设元珍外娶于灵、献之间，则泰瑛

之嫁当在和帝之世矣。(八九——一〇五)。和帝在位十七年。殇帝数月死,安帝立。永初四年(一一〇)羌寇汉中。元初二年(一一五),再寇汉中。中间五六年,羌据陇右,蜀、巴、汉无宁日。时元珍弟兄应尚幼,羌乱定后则各二十余龄矣。由以母教著贤德,乱后并受辟举"才,官隆于先人"。以此推之,所云"三苗",指西羌也。后汉人恒谓西羌为三苗之裔。《范史·西羌传》,取材于伏无忌《汉记》之《西羌传》首云:"西羌之本,出自三苗,姜姓之别也。"可证(他书亦有称西羌为三苗者)。然则,此语当是"三苗乱止,四珍复起"。谓羌乱之前,汉中人物蔚盛。羌乱连年,学校颓废,独四珍承母氏之教,乱止即受举辟也。以此,意补乱字。

③杜泰姬,惟见《常志》。参看赵宣、赵瑶、赵珠赞注。威仪,临人之态度。体貌,持身之态度。恭敬,临事之态度。懃恪,治心之态度。四者无一不属于礼。廖本改体貌为礼貌,非。当依旧本正。后汉用人以察举。举孝廉、茂才者,当对策考试,上第者授官。州郡辟在掾属者,拔其秀杰充上计史(计吏),当与执政宰辅问答,或上书言事,亦往往迳授以官。赵瑶弟兄七人皆受察举,或充计吏,故汉中守与南郑令往往为其季考或上计时同年,对泰姬执晚辈礼。七人诸人又当有受察举季考或上计同年,服官南郑者,则执孙辈礼。廖本欲改子孙礼为"子姓礼",殊不足取。

④杨礼珪惟见《常志》。所论勤劳一节,千古不易之名言也。赞文"典韵"即谓此论。本当作"典训",缘《泰瑛赞》已用训字,故作韵也。张惠英"亦有淑训",无赞,又与荀氏皆不见于《目录》,是常氏之疏,亦由失其行事也。

⑤李文姬,《后汉书》附见《李固传》。李固三子,基、兹、燮。基字宪公,为偃师长,见章怀注引《续汉书》。兹字季公,亦为长吏,见前此袁宏《汉纪》。此注称字,不称名,盖《李燮别传》原文如此。《范史》于《固传》已具基、兹名,其后但云"二子"、"二兄"。《袁纪》则直称"二公",未曾考得基兹二名,遂误以字为名也。旧刻《常志》此注,显有讹脱。如云:"匿弟燮。父门生王成亡命徐州,涕泣送之。"颇似王成先欲亡命徐州,文姬因而托以弟燮。夫汉法不坐门生,王成何所为而亡命?其至徐州界,《范史》,《袁纪》皆云:佣赁、卖卜,非先豫有依托之家。盖实循汉入江,转邗沟入徐州界,而就佣于东海之剧县酒家,其非预订入徐州,而系乘水取僻远道,就僻远地以避迹寻,信步而止于酒家可知。似此,则不得先云"亡命徐州"乃叙涕泣托孤。盖原注本作:"属父门生王成亡命,涕泣送之。"传钞者脱"属"字,又缘《范史》或《袁纪》衍"徐州"字也。又如注末"从成在徐州"以下二十三字,全属燮事,与文姬无关。设其当收,则当入《李燮赞注》。纵使补叙于此注,亦当分别叙在"久之遇赦",句上下。不当缀在最末。盖后人用《范史》或《袁纪》所加于《常志》之注语,被传钞人正文,非《常志》所固有也。兹并删正。袁宏《汉纪》云:"会赦得免,而成病卒。燮厚葬之,四时祭焉。"盖王成即于遇赦时病卒。乃《李燮别传》所记,为上文"荣华与君同之"作解。《范史》于燮归后乃云"后王成卒",与《袁纪》微异。燮归后,文姬戒燮语,"常注"、《袁纪》、《范书》略同,而文各异,亦同出于一种资料之证。兹并录附以便参校。《范史》云:

遂还乡里追服。姊弟相见,悲感旁人。既而戒燮曰:"先公正直,为汉忠臣,而遇朝廷倾乱,梁冀肆虐,令吾宗祀血食将绝。今弟幸而得济,岂非天耶!宜杜绝众人,勿妄往来。慎无一言加于梁氏。加梁氏则连主上,祸重至矣。唯引咎而已。"燮谨从其诲。

《袁纪》云：

　　既归，文姬涕泣相对。因屏人而言曰："先公蹇蹇，为汉忠臣，虽死之日，犹生之年然。梁氏之暴，动胁主威。今弟幸全血属，岂非天乎！宜杜绝众人，慎勿令斥言加于梁氏。加梁氏则连主上。连主上则祸重至矣。"燮敬从姊言，卒以获全。

⑥陈顺谦，惟见《常志》。邓县，属南阳郡，近畿大县也。曹宁官邓令，应已年长。顺谦十九而寡，有遗孤，可见其夫妇年龄差距之大。上云李法姊穆姜嫁程祇，前妻已有四男。足见当时汉中婚俗，但选门第，不较年龄。程规，《目录》未收。

⑦陈惠谦，惟见《常志》。张亮则，即度辽将军张则，字元脩。其拜扶风太守，在灵帝时。元脩女嫁成固陈省长子。陈省妻，即杨元珍女礼珪。元珍，又大鸿胪南郑刘巨公女泰瑛之子。两县之间，巨家世族，姻事茹连，相与砥砺，为毓成"祁祁令媛"之主要因素。陈氏为成固望族。二谦皆多识诗书，才调不凡者。注于惠谦二兄子，陈规称名，伯思称字，足见其资料来源各别。顺谦事，采自陈规之书，已自明著。惠谦事，盖采自《张元脩传》，出于祝龟之《汉中耆旧》。伯思与龟并世，故称字，常氏无从知其名。陈规著书自署名，常氏亦无由知其字也。《汉中耆旧》亦有《列女传》，如李穆姜刘泰瑛、杜泰姬、杨礼珪，皆出此传。《士女目录》刘巨公元"见《列女传》"可证。然此《列女传》未收陈氏二谦。何以知之？《耆旧传》不得收见存士女。祝龟撰《汉中耆旧》在建安初作葭萌长前后。顺谦"八十余卒"，纵使生于顺帝之世，建安初当仍在。惠谦可能是其妹，嫁张度辽，在灵帝时，才德为陈雅、伯台所称，曰"女尚书之俊"，是赞颂中年妇人语，非可加于老妪，则惠谦亦当是顺桓间生，与张元脩年龄悬殊。元脩建安初卒，得入《耆旧传》，惠谦时尚在，固不当入《耆旧》，但附元脩，传其言行。故常注亦不能举其卒岁也。旧刻此注亦多讹谬：误俊为后，廖本已校出。首称："陈顺谦，成固人也。"又乃突称："惠谦适张亮则。"显然上文脱"惠谦"二字。又云："下吏欲重禁严防以肃非。"夫下吏白事，取决在上，则例不得有"欲"字。而下文云"兄子伯思学仙道"，经惠谦辟之"乃止"。夫使其人既已学仙道矣，则必远就山谷岩穴，不复与惠谦接近，惠谦安得而说止之？惟其以欲学仙道告其姑，姑乃得从而辟之。"伯思乃止"，则文当为"欲学仙道"亦甚明。其为旧钞人妄移欲字又可知矣。兹并订正。注云"在扶风官"者，谓在扶风太守衙署。官字本义为衙署，引伸为职称。扶风有终南太白山，世传为治神仙术者所聚。伯思省其姑于扶风，因欲赴终南学仙道。惠谦以圣贤之教训之，斥学仙为愚惑，比为"系风捕影"，可谓巧譬善喻。

⑧张礼脩，亦见《列女传》《御览》卷四百四十引。赵嵩"仗剑入张脩营，杀十余人。"此在五斗米道徒言之，为大逆矣，按汉法，当族灭之。而其妻礼脩"托言病，贼乃逼也。"正可见张脩道徒之宽大有纪律。所诛为封建官吏与其护卫者，不及妻孥，贤于封建朝廷行法远矣。张脩张鲁以道教据汉中二十余年，此注云礼脩"养遗生女，依父叔，立义终身"，则立义于所谓"米贼"统治汉中之时间矣。非惟罪人不孥，又且俾遂其室家长养焉。《常志》虽一再斥称"米贼"，而此注所反映者，实乃封建政权所当愧逊之惠政。米贼云乎哉！

⑨韩树南，惟见《常志》。章怀《后汉书·李固传》注引袁宏《汉记》曰："基字宪公，兹字季公，并为长史（吏），闻固策免，并弃官亡归巴汉。南郑赵人贼为郡功曹。诏下郡杀固二子，太守知其枉，遇之甚宽。二

子托服药死，具棺器，欲因出逃。子贱畏法，敕吏验实，就杀之。"今本《后汉纪》无此，盖亦后人依《范史》改删本也。原当取自《李燮别传》，故与《常志》文同。至于韩树南殉夫事，《别传》所不当有，盖又出于《汉中耆旧》之《列女传》。常氏撮合之为此注也。

最末赞文"祈祈"字，原作"祁祁"，元丰本不谬。祁祁，众盛貌，《诗·召南·采蘩》、《豳风·七月》、《小雅·出车》、《大田》、《大雅·韩奕》，屡见。《韩奕》："诸娣从之，祁祁如云。"此用其义。惟祁与祈亦通用：《大田》："兴雨祁祁。"一本作："兴雨祈祈。"《书·君牙》："冬祁寒。"《礼·缁衣》作："祈寒。"故别写作祈祈亦非谬。兹不改。"姜任"，谓周太王妃太姜，与王季妃太任、文王妃太姒并称三世贤女。

十一

【梓潼人士】张、吴、何本作"梓潼士女"，王、石本多志字。各本行款同前。

镇远敦壮，立勋南濒。　　文齐，钱写本作文瀇。《士女目录》仍作齐。字子奇，梓潼人也。孝平帝末，以城门校尉为犍为属国，迁益州太守。造开钱写本作开造。稻田，民咸赖之。公孙述时，据元丰以下各旧本皆作拒，廖本改据。郡不服。述拘其妻子，许以张、吴、何、王、石本作之。公侯，招之。不应，乃遣使由交趾贡献河北。述平，世祖嘉之，征拜镇远将军，封成义侯。南中咸为立祠。子忳，有令德，为北海太守①。

巨游玉碎，高风金振。　　李业，字巨游，梓潼人也。少，执志清白，太守刘咸慕其名，召为功曹，十命《北堂书钞》卷七十七，《太平御览》二百六十四，及四百三十八引，并有十命字。据补。不诣。咸怒，欲杀之。业径入狱。咸释之。公孙述屡聘，不应。述怒，遣鸿胪尹融持毒药酒逼之。业笑曰："名不可毁，《御览》作"名可成不可毁"。顾观光据以补可成二字。兹依旧本，不补。身可杀，不可辱也。"遂饮药死。述耻杀善士，张、吴、何、王、石本作名士。赐钱百万。子翚，逃匿不受，建武中察孝廉，为遂久令②。

文坚亟哉，南面怀民。　　景毅，字文坚，梓潼人也。太守丁羽察举孝廉，司徒举治剧，为沈阳侯相，高陵钱写误陆。令。立文学，以礼让化民。迁侍御史【太守，上计】按"计"各旧本俱作封，顾广圻校稿云"封当作计"，廖本据改。吏民依《太平御览》引文删改。守阙请之，三年不绝。《太平御览》二百六十四作"迁侍御史，吏民守阙请之"。以子顾师事少府李膺，膺诛，自免。久之，拜武元丰本无武字，空三格。钱写本空一格。刘、张、吴、何、《函》、王、石本并作成字，不空。顾广圻校改武字。廖本小注云："按：旧此空格，今补武字。下文，沮县属武都，白水属梓潼，由武都向益州，故所经如此。近本妄添成字，误之甚矣。"都令，迁益州太守。上事元丰以下各旧本作封，廖本改事。吏元丰本作事，他各本作吏。民涕泣送之。至沮者七百人，白水县者三百人。值益州乱后，米斗张、吴、何、王、石本作斗。下同。千钱。毅至，恩化畅洽。比去，

汉中士女（卷十下）

米斗八钱。鸠元丰本作雁。鸟巢其听钱、《函》、廖本作听。他各本作厅。古字能。事，张、吴、何、王、石本无事字。孕育而去。三府表荐，征拜议郎，自免归。州牧刘焉表拜都尉。为人廉正，疾淫祠，敕子孙："惟修善为祷，仁义为福。"年八十一而卒③。

盛国好学，研颐钱写作赜。圣真。　　杨充，字盛国，梓潼人也。少好学，求师遂业。受古学于扶风马季长、吕叔公，南阳朱明叔，颍川白仲职，精研《七经》。其朋友，则颍川荀慈明、李元礼，京兆罗叔景，汉阳孙子夏，山阳王叔茂，皆海内名士。还以教授州里。常言："《图纬》空说，去事希略，疑非圣。"不以为教。察孝廉。为郎，卒④。

汉伯肆业，诸生之纯。　　景鸾，字汉伯，梓潼人也。少与广汉敖伯宗，蜀郡任叔本，颍川李刘、李本作季，他各本作李。仲□，原脱一字，无可查补。渤海孟元叔，游学七州，遂明经术。还，乃撰《礼略》《河洛交集》《风角杂书》《月令章句》，凡五十此下，张、吴、何、王、浙、石本同《后汉书》有余字。元丰、钱、刘、李、《函》本无。万言。太守□元丰以下各旧本并有小阙字。刘、李本阙字作正文。廖本注"旧校云阙"。贶命为功曹。察孝廉，举有道，博士征，不诣。然上陈时政，何、王、石本作正。言经得失。又戒了孙人纪之体；及遗令：期死葬，不设衣衿，何、王、石本作襟。务在节俭，甚有法度。卒终布衣⑤。

伯禧钱、张、刘、李、《函》本作僖。效志。张本作忠。　　张寿，字伯禧，涪人也。少给县丞杨放为佐。为佐二字，张、吴、何、王、石本改作一"家"字。放为梁贼所得，寿求之，积六年，张、吴、何、王、石本改作十。始知其生存；乃卖家盐井，得三十万，市马五匹，往赎何、王、石本作蜀。放。道为羌所劫，掠尽。凡往三年。计道远，不可得数；乃单身诣虏，涕泣自说。虏哀其屡来，《函海》本作求。并注云："刘、吴、何本作来。"遣放随还。郡召为中候。张、吴、何、王、石本作侯。诏书除巫尉。以身佩印，尽让所有财物与三弟。复为郡掾，【量】重元丰本作重，钱、刘、李、《函》与张、吴、何、王、石本作章。廖浙本作量。平赋役，岁出三百五十万。迁功曹吏，吏字当衍。徙五官掾，卒⑥。

李余戕身。　　李余，涪人。父早亡。兄夷，煞廖本作煞，他各本皆作杀。人亡命。母慎，当死。余年十三，问人曰："兄弟相代，能免母不？"人曰："趣得一人耳。"余乃诣吏，乞代母死。吏以余年小，不许。余因自死。吏以白令。令哀伤，言郡。郡上尚书。天子与以财葬，图画府廷⑦。钱、刘、李本作庭。旧校有"童子李余，涪人。可考于《先汉士女目》篇"十五字小注。元丰本已有。张、吴、何、王、石本删除不录。

寇、王二子，行勇以仁。　　寇祺，字宰朝，梓潼人也。与邑子侯蔓俱学凉州。蔓后为渤海王象所杀，《函海》作煞。祺杖张、吴、何、王、石本作仗。剑至象家，值象病。此下，《函海》与浙本有二空格。象谢曰："君子不掩人无备。安有为友报仇煞张、吴、何、王、浙、石本作杀。下同。病人也。"祺乃还。久之复往，煞象。由是知名。旧各本无此二字，当有，并断句。察孝廉。为霸陵令，济阴相⑧。王晏，字叔博，涪人也。与广汉张昌、宁叔受业太旧各本作大，廖本作太。学。昌为河南吕条所煞。晏、叔谓王晏、宁说二人。煞条。事在叔解⑨。顾观光校勘记云："事在叔解，谓事见《广汉郡》宁叔条下也。俗本叔误赦。"今按：《广汉宁叔赞注》："昌为河南大豪吕条所杀。叔杀条，自拘河南狱。顺帝义而赦之。"（参看5章之注㉝）。是王晏与宁叔同杀吕条，缘赦得免，则作"事在赦，解"，亦通。惟顾氏所云"俗本"，常所指为张、吴、何、王本，今各本字均作叔，无作赦字者。未知所见俗本究为何本。就其已能联系《宁叔赞注》，改叔为赦而言，亦自不俗。然究当以仍作"事在叔解"佳。

　　李助多方，以兹立称。李元丰、钱、刘、李、《函》及浙补本无李字。张、吴、何、王、石本无赞文，有李字。助，字翁君，涪人也。通名方，校医术，作《经方颂说》，元丰本倒作《经颂说方》与明清各本异。名吴琯本"说名"二字作并肩小字，下空一格至底。下文"齐郭玉"三字单行。何、王二本名字适齐底，"齐郭玉"三字亦单行。齐郭玉⑩。何、王、石本作郭王。【自此以上】元丰本已有此四字，作正文。下有"以下阙文，义不可晓，不录"十小字作注。钱、刘、李、《函》本同。浙本作小字，连小注十字上。张、吴、何、王、石本作"以上多阙文"五小字，单行注。无正文"自此以上"四字。李本此下空一行。《函海》注云："刘本此下不空。原空一行。"廖本注云："旧校云：以下阙文义不可晓，不录。按，此必言以上为两汉世耳。旧校误删，今无以补之也。"今按：《目录》李助行下，有单提另行云："右十二人在汉世。"文忺、李翚二人无赞，则此旧文，当是"自此以上十人在汉世"九字。然他各郡未有此例。当亦是衍文耳。当削。

　　章武之兴，亦迪才伦。德贤好古，张本作士。澹当读如赡，满足也。心艺文。李仁，字德贤，涪人也。益部多贵今文，而不崇章句。仁知其不博，乃游学荆州，从司马德操、宋仲子受古学，以修文自终也⑪。张、吴、何、王、石本无也字。

　　国辅皓然，形动神沈。杜微，字国辅，涪人也。任安弟子。先主定蜀，常称聋，阖门不出。建兴二年，丞相亮领州牧，选为主簿，舆而致之。亮引见，与书诱劝，《三国志》云："亮以微不闻人语。于坐上与书。"欲使以德辅时。微固辞疾笃。亮表拜谏大夫，从其所志⑫。

　　思潜游学，休志素林。尹默，字思潜，涪人也。少与李仁俱受学司马徽、宋忠等，此举字，彼举名，所谓错举以见义也。博通《五经》。专精《左氏春秋》，自刘歆"条例"，郑众、贾逵父子、陈元方、服虔注说，略皆诵述，希《三国志》本传文作不。复案本。以《左传》授后主。后主立，拜谏议大夫，丞相军祭酒。子宗，亦为博士耳⑬。廖本注云："木耳字衍义。"今按：耳，语辞，常字多用之。

　　钦仲郎博，训诂典坟。李撰，字钦仲，仁子也。少受父业，又讲问尹默，《三国志》本传作："又从默讲论义理。"自《五经》、四部，《三国志》本传无四部字。百家诸子，伎艺、筹计、卜数、医术，弓弩机械之巧，皆致思焉。为太子中庶子，右中郎将。著《古文周易》《尚书》《毛诗》《三礼》《左氏注解》《太玄指归》，依《三国志》本传补。依则贾、马，异于郑玄。与五肃初不相见，而意归多同⑭。

孙德果锐，作刘干臣。 李福，字孙德，涪人也。先主初，为成都令。建兴九年《三国志·辅臣赞注》作元年。迁巴西太守。后为江州都督、扬武将军。入为尚书仆射，对平阳亭侯。延熙初，以前监军领大将军司马，卒。旧各本俱作"以前监军司马"，显有脱文。兹依《三国志·辅臣赞注》及《目录》文补。福同郡梓潼文恭，字仲实，字仲实，见《三国志·杜微传》。据补字字。亦以才干为牧亮治中从事，丞相参军⑮。

衍衍浙本作衍。祎元丰与廖、浙本作祎。钱、刘、《函海》本作伟。李本作卫。彦，玉润兰芬。劭钱、刘、《函海》作邵。元丰本与李、廖、浙本作劭。名表器，江汉之俊。 总赞十五人也。张、吴、何、王、石本无赞，亦无此六字注文。
述梓潼人士。张、吴、何、王、石本亦无此行五字。

案：以上，梓潼先贤，士入赞者十五人。在诸郡中为最少。其特点为乏于朝士与牧守，官至二千石者仅文齐、李福二人。然，不可因此遂谓其文化落后。经学之士，卓然出于三蜀之上，特皆不乐仕进耳。凡十五人，为赞一百二十八字，注文一千三百一十八字。

【注释】

①文齐，亦见《南中志》（参看卷四2章之注⑧）。《后汉书》见《西南夷·滇传》，传云："闻光武即位，乃间道遣使自闻。蜀平，征为镇远将军，封成义侯。于道卒。诏为起祠堂。郡人立庙祀之。"文恒，惟《常志》见，当是《益部耆旧》附父《齐传》。

②李业，《后汉书》卷一百十一《独行》有传。本书《公孙述志》亦载（卷五3章之注②）。太守刘咸，《广汉郡》云："太守著功德者。"然性酷暴。参看卷三13章之注⑥。两汉时梓潼属广汉郡也。

③景毅，正史无传。《后汉书》卷九十七《党锢·李膺传》云："乃诣诏狱，考死。妻子徙边。门生故吏及其父兄并被禁锢。时侍御史蜀郡景毅，子顾为膺门徒，而未有录牒，故不及于遣。毅乃慨然曰：'本谓膺贤，遣子师之。岂可以漏夺名籍苟安而已。'遂自表免归。时人义之。"旧刻《常志》此注无"侍御史"字，而云"迁太守"。又失郡名。下文旧作"上封吏守阙请之"，廖本改作"上计"，义皆难通。《太平御览》卷二百六十四《良吏》下引《华阳国志》曰："景毅字文坚，梓潼人，为陵令（原脱高字），立文学，以礼让化民。迁侍御史，吏民守阙请之，三年不绝。"可证毅系由高陵令迁侍御史。旧刻此注之"太守上封吏"五字，乃"侍御史，吏民"五字之讹。侍御史，少府属御史中丞下属吏，秩六百石（《百官志》），与县令同。毅由高陵令内转为侍御史，自免后再起为武都令，秩皆相当。若先已为太守，则再起时必不屑为令矣。当依《御览》引改。毅为益州太守，亦见《南中志》（卷四2章之注⑭）。

④杨充,惟见《常志》。马季长,名融,《后汉书》卷九十有传。吕叔公以下无考。

⑤景鸾,《后汉书》卷一百九《儒林》有传,未举其师友。此注所举,惟任叔本名末,本书有赞,余亦无可考。其"李仲"下,显脱一字,无可补也。又"太守贶"阙姓,亦无可补,但记□号。鸾所著书,《后汉书》本传云:"作《易说》及《诗解》,文句兼取《河》《洛》,以类相从,名为《交集》。又撰《礼内外记》,号曰《礼略》。又抄《风角杂书》,列其占验,作《兴道》一篇,及《月令章句》。凡所著述,五十余万言。"与注文合,但小字异。其书并久佚,《随唐·经籍志》已不载矣。注云"陈时政,言经得失"者,《范书》云:"陈灾变之术。"谓多引《六经》与《文纬》以论时政得失,灾变之应,与消救之术,如杨序也。

⑥张寿,惟见《常志》。注云"梁贼",盖指安帝时陇西割据之羌进寇益州者,掳涪县丞杨放去,用而不杀,故"积六年"犹得生存。时羌酋滇零称天子,传两世,阅十余年乃平。其所得郡县得汉吏理之,故放得久不死,亦可以财贿赎也。寿卖盐井,易马往赎。道远,数为乱羌所掠而不害其身,亦未掳卖作奴,此羌俗,非南中夷俗也。寿三年屡往,终不得有货贿献羌酋以行赎,乃迳造羌酋哀之,竟能获其憨念,与放俱还。盖滇良父子之据陇西称帝,实亦感受汉俗,奖忠义而宽待汉人,故陇西汉人能服之。汉廷既无力讨羌,乃利用羌国之汉羌混居,多募间谍刺其强者,遂渐破败之(事详《西羌传》)。此寿之所以得屡入羌中不死,终将放还,而汉廷亦不罪之,反奖以吏职也。全注虽未指出时间,惟于羌乱事情致符合,故仍可以判为在安帝时。"重平赋役,岁出三百五十万"者,羌乱前,涪县赋役不平,巨家势族丁田多而隐避不任,吏役为奸,转移于贫弱者。贫弱者逃亡渐多,赋入遂减。寿为掾时,重行平量,赋入岁增,至三百五十万也。于时三十万易马五匹,则每一良马所值为六万左右。此为安帝时蜀中物价与赋额之可珍资料,故有必要考订其时间。

⑦李余,惟见《常志》。

⑧寇祺,惟见《常志》。

⑨王晏,惟《常志》见。当与《广汉·宁叔赞注》合看。"事在叔解",解即注也。上文已言宁叔,故但曰"在叔解"也。

⑩李助,惟见《常志》。参看《广汉·郭玉赞注》。

⑪迪,启导也。言刘先主据蜀后,蜀人入仕者多,梓潼人物亦盛也。李仁,《三国志·蜀书》附《李撰传》,云"与同郡尹默俱游荆州,从司马徽、宋忠等学"。同卷《尹默传》云:"益部多贵今文,而不崇章句。默知其不博,乃远游荆州,从司马德操、宋仲子等受古学。"常氏此注与《尹默赞注》互易用之。

⑫杜微,《三国志·蜀书》有传,载亮两次与书劝仕全文。此注全出此传。

⑬尹默,《三国志》与李仁父子、杜微、周群同传。此注全出其传,删"先主定益州,领牧,以为劝学从事"句。赞云"休志素林"者,赞其"专精于《左氏春秋》"(传文)。"休",美也。"素",谓孔子作春秋,为"素王",左氏阐明之,为"素臣",通左氏诸家之著作如刘歆之《左传条例》,与郑、贾、陈、服四家之《左传》注说为"素林"也。"军祭酒",诸葛亮住汉中时所特设,以礼教化导将士之官。《王平传》云:"平生长戎旅,手不能书,其所识不过十字。而口授作书,皆有意理。使人读《史》《汉》诸纪传听之,备知其大义,往往论说不失其指。遵履法度。言不戏谑。从朝至夕,端坐彻日,懵无武将之体。"此得于军学得儒家礼教之验也。平本宕渠賨民,不识字,中年始于军中治学,仅识数字,而能独当方面,有儒将风者,军祭酒制之教也。"祭酒",诸儒之长。云"军祭酒",则孔明军中儒教之官不只一个可知。尹宗为博士,亦见《默传》。

⑭李撰《三国志·蜀书》有传。此注全采其文,小作异字。原传"从默讲论义理",非师事默也。此注改作"讲问尹默"。讲字本义为平辈讨论。《易·兑卦》:"君子以朋友讲习。"《礼·礼运》:"讲信修睦。"又"讲于仁",皆平辈讲论之义。近世以作生讲授解。遂有义"讲问"为不类者,非也。

⑮李福,《三国志》在《蜀书·杨戏传·季汉辅臣赞》,亦云:"孙德果锐。"陈寿注云:"孙德名福,梓潼涪人也。先主定益州后,为书佐,西充国长,成都令。建兴元年徙巴西太守。为江州督、扬威将军。入为尚书仆射,封平阳亭侯。延熙初,大将军蒋琬出征汉中,福以前监军领司马,卒。"此注实用其文,"司马"上脱"领大将军司马"六字,致全失宾语,当补。《裴注》引《益部耆旧杂记》曰:"诸葛亮于武功病笃,后主遣福省侍,遂因谘以国家大计。福往,具宣圣旨,听亮所言。至别去数日,忽驰思未尽其意,遂却骑驰返见亮。亮语福曰:'孤知君还意。近日言语虽弥日,有所不尽,更来一决耳。君所问者,公琰其宜也。'福谢:'前实失不谘请公。如公百年后,谁可任大事者,故辄还耳。乞复请蒋琬之后,谁可任者?'亮曰:'文伟可以继之。'又复问其次,亮不答。福还,奉使称旨。福为人,精识果锐,敏于从政。子骧,字叔龙,亦有名,官至尚书郎,广汉太守。"此注不言子骧而有文恭。《士女目录》,钱《函》本"字仲贤"。此注作"仲实"。查《杜微传》,亮于坐上与微书曰:"王元泰、李伯仁、王文议、杨季休、丁君幹、李永南兄弟、文仲宝等每叹高志。"则宝字不误,贤字误也。结赞"衎衎祎彦"者,《后汉书》卷六十二《樊准传》,乃上疏称永平时学者之盛,有云:"又多征名儒以充礼官。如沛国赵孝、琅邪承宫等,或安车结驷告归乡里,或丰衣博带从见宗庙。其余以经术见优者,布在廊庙。故朝多蟠蟠之良,华首之老。每燕会,则论难衎衎,共求政化。"章怀注:"衎衎,和乐貌也。"今按:衎衎,犹侃侃也。议论有条理而明快无晦之状。旧皆解为和乐,未切。"祎",后妃祭服之上衣(据《释名》)。画有翟雉之文。借为上品章服,如冠冕之义。此言梓潼多经德儒雅之士,曰"祎彦"也,作伟者非。

十二

季羌雍穆,化播二妇。王氏世兴,实元丰与钱写本作寔。由贤母。　季姜,梓潼文氏女,将作大匠广汉王敬伯当作堂。下同。夫人也。少读《诗》《礼》。敬伯前夫人有子博,女纪、流二人。季姜生康、稚、芝,女始、示。凡前后八子,抚育恩爱,亲、继若一。堂祖母性严,子孙虽见官二千石,犹杖之。妇跪受罚。【于】廖本注云:"当衍。"盖旧钞者连下堂字为句衍也。堂历五郡,祖母随之官。后以年老,不愿远乡里。姜亦常侍养左右。纪、流出适,分己侍婢给之。博好写书,姜手为作袭。钱、张、吴《函》本作衮。何、王本袤。刘、李本作表。浙本作丧。于是内门相化,动行推让。博妻犍为杨进,及博子遵妇蜀郡张叔纪,服姑之教,皆有贤训,号元丰、钱、《函》本作号。之《函海》本无之字。三母。堂亡,姜吴琯本作义。勑廖本外,各本皆作敕。康、稚、芝妇事杨进如姑,【舅】旧各本作舅姑。廖本倒,并注舅字云"当衍"。中外则之,皆成令德。季各本并有季字。姜年八十一卒,四男弃元丰与《函海》本作弃。官行服,四女亦从官舍交赴,内外冠吴本作官。冕百有余人，当时荣之。王氏遂世兴①。

杜慈专专，父不谅只。　　杜张、吴诸本无赞，有杜字。慈，涪杜季女，巴郡虞显妻也。十八适显。显亡，无子。季欲改嫁与同县杨上。慈曰："受命虞氏。虞氏早亡，妾之不幸。当生事贤姑，死就【养】成室。旧本皆有养字，当衍。谓死当与显合葬也。《诗》云："谷则异室，死则同穴。"即有义。存亡等，顾广圻校稿于上八字标疑号，而未有解。兹删去养字，其义自通。"存亡等"犹云"事亡如事存"也。但欲在终供养，亡不有恨。愿不易图。"季知不可言而夺也，乃密谋与强逼迫之。慈缢而死②。何、王、石本作"复死"。

敬杨雪仇，壮逾烈士。　　敬杨，涪、郭孟元丰本作盖。下仍作孟。妻，杨文之女也。始生失母，八岁，父为□元丰、钱、刘、李、《函》本作小阙字。浙本作阙，大字。廖本注："旧校云阙。"盛所杀。无宗亲，依外祖郑。行年十七，适孟。孟与盛有旧。盛数往来孟家。敬杨涕泣谓孟曰："盛凶恶。薄命为女，无男昆。三字、张、吴、何、王、石本作"非男比。但"四字。恶仇未报，未尝一日忘也。虽妇人拘制，然父子恩深，恐卒狂惑，益君祸患。君宜疏之。"孟以告盛。盛不纳。【安】汉安旧各本作安汉。当倒作汉安。元年，盛至孟家，敬杨以大杖打杀盛。将自杀，孟元丰本此复作盖。止之，与俱逃。涪令双胜出追，闻其故而止，安慰元丰、钱、刘、张、吴、《函》、浙本作尉。何、王、廖、石四本作慰。二门。会赦即汉安元年大赦也。得免。中平四年，涪令向遵为立图，表之③。

惟兹三媛，仁畅义理。邦有斯嫔，妇人美称，见《曲礼》注。以驰遐纪。　　总赞三人。张、吴、何、王、石本无此行。下同。述梓潼列女。《函海》作烈女，低二格。

右《梓潼郡士女赞》第六。凡士女十八人（十五人士，三人女）。此下各本原有双行小字夹注云："十五人士，三人女。"《函海》本凡字以下另行低格。

案：以上梓潼先贤女入赞者三人，在诸郡中为最少。凡赞文四十八字，注文四百七十四字。

【注释】

①文季姜名极，见《士女目录》。"少赞《诗》《礼》"，则一巨室女也。王堂于永初中拜巴郡太守，迁右扶风。永建二年（一二七）为将作大匠。四年左转议郎。复拜鲁相。迁汝南太守。《后汉书》与《广汉士女赞注》并同。而此言"历五郡"，盖就官历所在地言之巴、扶风、鲁国、汝南，合将作大匠署所在之京师言之为五也。堂守汝南时已衰老，委政功曹陈蕃、主簿应嗣。大将军梁商因求属不行，恨之，讽州奏其不警贼，免归家，年八十六卒。罢仕当在永和中，卒年当在延熹（一五八—一六六）之世。梁商永和世（一三五—一四一）为大将军。而堂祖母随官五郡，则永和中尚在，但未终任先归耳。时年亦当已九十余矣。杨树达《后汉王堂世系表》（见5章之注⑧引）云："博好写书，则固好学之士也。"然无行事著称当是早死。注云

汉中士女（卷十下）

"姜手为作袭"，谓博每写书一部，季姜为作书衣保存，以奖之也。博妻杨进，见《犍为士女赞注》。遵妇张叔纪，见《蜀郡士女赞注》。叔纪子王商，兴平中为益州治中从事，建安初为蜀郡太守，并已前注。季姜年八十时，商当已十余岁矣。商子彭，孙化、振、岱、崇，见《后贤志王化传》。故曰"王氏世兴"。

②杜慈，惟见《常志》。

③杨敬杨，惟见《常志》。其仇名盛，失姓，无可补。《后汉书·顺帝纪》："汉安元年，春正月癸巳，宗祀明堂，大赦天下，改元汉安。"敬杨杀仇盛，当即在此时。故暂未追获，寻即遇赦，获免。

十三

【撰曰】元丰本与《函海》、浙本作赞曰。廖本注云："当衍此二字。"贰元丰与廖、浙本作贰。他各本作二。州人士，自汉及魏，二百四十八人而已①。各本旧有小注云："一百九十七人士。五十一人女。"无异文。后贤二十人，合二百六十八人，以示来世之君子焉。如其遗脱，及后世可书者，愿贻后儁。刘、李、《函》本作儁。又，《春秋谷梁传》首叙曰："成帝时，议立《三传》吴本作傅。博士，巴郡胥钱、刘、李、《函》作胥，下同。君安独驳《左传》不祖圣人②。"后汉时，魏郡太守王牧，荐尹方为三公，天子诏尚书郎蜀郡张俊策之③。然不详其行事。谓巴郡胥君安、蜀郡张俊，与汉中陈术、锡光，并当作赞，因失其行事，故只附见也。

撰元丰、《函海》、浙本作赞。曰：二元丰本作三。州人士，自汉及魏，可谓众矣。何者：世宗多事，则相如麟游，伯司顾广圻校稿云："谯隆，以《巴·目录》。"凤翔④，洛下云元丰本作云。翳，叔文顾校稿云："张宽也。"龙骧⑤。在孝宣，则王褒蔚炳，《中和》作咏，属文《甘泉》，葩为世镜⑥。在元成，则君公顾稿云："何武也。"謇謇，心思国病，虑经刘危，直忤王听⑦。其高者，则严字当作庄，说在2章之注①。君味道，易俗移风。仲元端委，居为人宗⑧。若夫秉心塞渊，与物盈冲，则杨子云元丰本作云。也⑨。名重泰刘、李本作太。山，华夏仰崇，则郑子真也⑩。不屈其身，志高青云，元丰本作云。则谯玄也⑪。不耻恶君，混道推运，则杨宣也⑫。降及建武、明、章以来，出者，则能内贯朝撰，外播五教，赞和鼎味，经纶治要，上荅钱、刘、李、《函》本作答。太钱、刘、李、《函》本作泰。阶，下允民照；处者，则利居槃元丰、钱、廖、浙四本作槃。他各本作盘。桓，皓然玄蹈，天爵玩之，人爵则笑，悬车【门】闭肆，夷、惠齐绍⑬。若斯之伦，海内服其英名，洙泗方焕耀矣。故曰："汉征八士，蜀出其四。"又曰："汉具四义，蜀选其二⑭。"可谓不众乎？然，巴郡胥君安，以儒学典雅称于孝成，蜀郡张俊，策问尹方，不出《五经》常议。犍为吕孟，有托孤之节⑮。若兹之类，郡邑往往垂象刊铭，见现字通。有苗裔。璩晚生、长乱，故老以已字能。没，莫所咨质，不详其事，但依《汉书》《国志》、陈君所载⑯，凡士女二百四十八人而已。后贤二十人，合二百六十八人，以示来世之好事者。如能详其遗脱，及有可书，愿附于左。其传志父祖子孙，及有名失事、失官位者，不列。宁州人士亦不列。别为《目录》，至晋元康末，凡三百九十二人也⑰。

案：以上总结六郡先贤二百四十八人赞注。旧刻有二"撰曰"。前者一百一十四字，系合计六郡人物之记述，不合撰论体例。当是传钞者误衍"撰曰"字。六郡《先贤赞注》本为一卷，六郡述讫，固当先有此小结，再作总赞也。后者四百二十字，中有大段恣逞词藻，更为二州尤为杰出之人物，司马相如、谯隆、洛下闳、张宽、王褒、何武，及庄遵、李弘、扬雄、郑朴、谯玄、杨宣与其他治能、肥遁之士作赞。以"可谓众矣"起，"可不谓众乎"句结。以下文义颇与上文重复。盖常氏在蜀，已撰有《先贤志》，有此结语。后居江东，更综合旧作，别撰《华阳国志》，乃为六郡先贤人各为赞，简缩传文以为赞注，仍附著旧撰结论，晚年恍惚，未加裁订，故几全篇皆成复文也。常氏所赞，全属封建道德，自郭玉、李助外，殆无足称为劳动人民者，尤以奖扬肥遁，倾向于封建个人主义，不足以励世，适成为流毒。所用赞词，多属《六经》陈典，前各章中，略已引解，兹即不再注释，但注其关涉史事与校勘者。

【注释】

①顾广圻校稿分析二百四十八人云："一、蜀郡五十五，四十三士，十二女。三、广汉五十七，四十六士，十一女。四、犍为三十，廿一士，九女。五、汉中三十四，二十五士，九女。六、梓潼十八，十五士，三女。依此，阙《巴郡士女赞》五十四人也。四十七人士，七人女。"下批"癸酉十月核定"六字。廖本"巴郡士女"注据此。

②胥君安，别无考见。《谷梁传》首序，今亦无见，疑是刘向所说也。《汉书》卷三十六，《刘向传》，谓宣帝时，"初立《谷梁春秋》，征更生《向旧名》受《谷梁》，讲论'五经'于石渠。"向历事宣、元、成帝。此言成帝时，故疑是向弟子为《谷梁传·序录》向之言如此。胥君安，持《谷梁》家言者也。

③张俊，《后汉书》卷七十五《袁敞传》附见。《敞传》云："元初三年，代刘恺为司空。明年，坐子与尚书郎张俊交通，漏泄省中语，策免。敞廉劲不阿权贵，失邓氏旨，遂自杀。张俊者，蜀郡人，有才能。兄尧，并为尚书郎。年少励风气。郎朱济、丁盛立行不修，俊欲举奏之。二人闻，恐，因部陈重、雷义往请俊。俊不听。因私共略侍史，使求俊短。得其私书与敞子。遂封上之。皆下狱，当死。俊自狱中占（占谓口授）狱吏上书自讼。书奏而俊狱已报。廷尉将出谷门，临行刑，邓太后诏驰骑以减死论。俊假名上书谢曰：'臣孤恩负义，自陷重刑。情断意讫，无所复望。廷尉鞫遣，欧刀在前，棺絮在后，魂魄飞扬，形容

已枯。陛下圣泽，以臣尝在近密，识臣状貌，伤臣眼目，留心曲虑，特加偏覆。丧车复还，白骨更肉。披棺发榇，起见白日。天地父母能生臣俊，不能使臣俊当死复生。陛下德过天地，恩重父母，诚非臣俊破碎骸骨，举宗腐烂所报万一。臣俊徒也，不得上书。不胜去死就生惊喜踊跃，触冒拜章。'当时皆哀其文。朝廷由此薄敞罪而隐其死，以三公礼葬之。"与《常志》此志一人两事，皆不详所据何书。要可定俊为尚书郎在安帝时而已（元初，安帝年号）。《蜀志》云："张俊、秦宓，英辩博通。"（卷三8章之注㉑）。但失其县贯与字。

④相如，已详2章之注⑦。伯司，谯隆字。见《士女目录》。《目录》云："中正，侍中谯隆，字伯司。阆中人也。"《太平御览》卷二百十九引《华阳国志》云："谯隆为上林令，武帝欲广上林，隆言：'尧舜至治，广德，不务林苑。'帝后思其言，征为侍中。"（《艺文类聚》引同）他无所见，应是《益部耆旧》有传，《常志·巴郡士女赞注》采之。今二篇并佚，但存汇书残文也。麟、凤皆罕见之物，儒家以喻君子。"麟游"、"凤翠"，谓其出则见重于时也。

⑤洛下闳，《目录》云："文学，聘士洛下闳，字长公。阆中人。"已详《巴志》6章之注⑩。叔字，张宽字，已详《蜀郡人士赞注》（2章之注⑥）。"云翳"，"龙骧"，喻君子之隐遁与仕达也。云从龙，云翳则龙隐，云齐则龙骧，犹《易》言"潜龙"与"飞龙"也。以上四人皆武帝（世宗）时。

⑥王褒，已详2章之注⑧。所作有《中和乐职诗》与《甘泉赋》。他所著作甚多，《汉书》本传云："上令褒与张子侨等并待诏。数从褒等放猎，所幸宫馆，辄为歌颂。第其高下，以差赐帛。"前赞云："蔚若华圃。"此赞云"蔚炳"，云"葩为世镜"皆指其文之多而集于宫馆苑囿之事。华、葩：花字古通。

⑦君公，何武字。已详2章之注⑤。

⑧庄君平、李仲元，已详2章之注①、②，"端委"，谓端正之德与委蛇之度，与"抑抑威仪"同义。"居为人宗"，谓虽隐居林下，而人宗仰之也。

⑨杨子云，已详2章之注③。《诗·邶风·燕燕篇》："仲氏任只，其心塞渊。"渊，深也。塞，充实也。此借以赞扬友，言其知识德量，玄然幽深，似虚而实，充塞于天地之间也。

⑩郑子真名朴，已详9章之注①。

⑪谯玄，《目录》云："清高，太中大夫谯玄，字君黄，阆中人。"《后汉书》卷一百十一有传。本书《巴志》亦著之（卷一6章之注②）。

⑫杨宣已详5章之注①。仕于成、哀、平世，守道行仁，与世推移，不屈其志，不累其身，故曰"混道推运"也。以上皆前汉时人。

⑬十东汉，则统归为"出者"、"处者"两类，不更逐一举名。"出者"，即入仕者，《士女目录》所举"公七人"至"公车令、谏议、大中十一人"凡一百七十八人皆是也。"处者"，即隐者，或不求仕者，《目录》所举"公府辟士八人，高士一人，聘士七人，征士四人，节士四人"凡二十四人皆属之。别详《目录》注。"天爵"、"人爵"，出《孟子·告子篇》："仁义忠信，乐善不倦，此天爵也。公卿大夫，此人爵也。古之人，修其天爵而人爵从之。今之人，修其天爵以要人爵。既得人爵而弃其天爵，则惑之甚者也。""悬车"，见5章之注⑯。"闭肆"，见2章之注①，旧刻讹作"门肆"。悬车闭肆，皆不更作人事酬答之义。"夷惠"，谓伯夷、柳下惠，见2章之注②。

⑭"汉具四义"，谓汉世用人之法有聘、征、辟、举四种。聘者，天子以币帛聘用。征者，天子以书下州郡召用之。辟者，四府与州郡长官书召用之。举者，州、郡察举于朝廷，策问考试，第其高下而用之，隐士多

不肯就。征轻于聘,高隐者每亦托疾不就。"蜀选其二",谓蜀士就聘辟者多,就征举者少。征而不就者,世人荣之,称曰"征士"。聘而不就者,世尤高之,称为"聘士"。德行已著,而征聘不及者,称曰"高士"。

⑮吕孟,见《蜀志》"南安县"注(卷三16章之注⑫)。《目录》云:"信士吕孟贞,南安人,不详其行事。"

⑯《汉书》,指班固所撰《前汉书》及《光武君臣纪传》,与后世续撰之《东观汉记》、《续汉书》等。《国志》,指陈寿撰之《三国志》与其前人所撰之《魏书》、《蜀书》、《吴书》。"陈君所载",指陈寿《益部耆旧传》。

⑰钱、刘、李、《函》本卷末并有"华阳国志卷第十下"一行,但皆无卷第十上、中各行。张、吴本但有"《华阳国志》卷第十"字。疑是元丰本《先贤赞注》只作一卷。嘉泰本乃分作上中下三子卷。增上、中、下字在各卷首行。而常氏原欸则本在卷末,有此标题,无下字。但实分为三子卷,标有上、中、下字在卷外书衣。李㮚至此增下字而忘于前二子卷之末加添如此一行也。李调元于镌《函海》本前,曾得见何焯朱校之吴琯本(廖刻之底本)。小字批于此下云:"此割裂脱落不完之书。《先贤士女志》一卷之中而分上中下。今脱上中,而仅存汉中梓潼二郡耳。丁小山、陈竹厂得完本,欲镌之。庚子七月。"未署名,但由其文与字,可识为李氏手迹。同页眉上又有顾广圻批字云:"广圻按:仍不完,阙《巴郡士女》。当在第二。"今廖本无此二注。

后贤志①（卷十一）

---

① 元丰本空二格接上行。他各本另行低二格，或一格。何、王、石本作"西州后贤志"顶格。无前一行。

一

闻之：善志者，述而不作；序事者，实而不华。是以史迁之《记》，详于秦汉；班生之《书》，备乎哀平。皆以世及事迹，可得而言也①。西州自元丰本作是。奉圣晋后，后伟旧各本作玮。廖本作伟。倜傥之士，或修德敷《函海》本小注云："李本有敷字。刘本空一格。"让，行止从时；或播功立事，廖本小注云："当有误。"今按：修德敷让与播功立事对句，非此有误。羽仪上京，策勋王府②；甄名史录，侔于先贤。会遇丧乱轧搆，元丰本作搆。廖本作搆，他各本皆作遘。华夏颠《函海》作颠。坠，典籍多缺③。旧各本作軼。《函》、廖本作缺。族祖武平府君，愍其若斯，乃操简援翰，拾其遗阙。然但言三蜀，巴汉未列；又务在举善，不必珍异④。【关】元丰本作閧，廖本作闗，他本皆作揆。揆之《耆旧》；竹素宜阐。今刘李本作令。更撰次损益，足铭后观者，张、吴、何、王、石本无者字。浙本挤补。凡二十人，《函海》本作十九人。他各本皆作二十人。缀之斯篇⑤。虽行故坠没，大较举其一隅⑥。此下二十人题名与赞词，皆提行。各本并同。

  衔慰、散骑常侍文立广休：元丰与廖本上空四格。钱、刘、李、《函》三格。他各本空一格。

   散骑穆穆，诚感圣君⑦。赞词，提行，较上行低 格。各本并同。

西河太守柳隐休然：

  西河烈烈，秉义居贞。刘、李与廖本作贞。他本同元丰本作真。

汉嘉太守司马胜之兴先：

  汉嘉克让，谦德之伦。

郫令、州主簿常勖吴、何、王、石本作助。修业：元丰本作叶。

  郫君【骞】骞廖本作骞。他各本皆作骞。谔，自固底廖本作底，他各本作底。身。

江阳太守何随季业：元丰本作叶。

805

江阳皎皎，命世清淳。

接潼太守王化伯远：

梓潼矜矜，在险能平。

太子中庶子陈寿承祚：

庶子稽古，迁、固并声。

汉中太守李宓元丰本作密。令伯：

汉中韪晔，才盖群生。

犍为太守杜轸超《函海》本作起。宗：

犍为印印，友于寔吴、何、王、浙、石本作是。元丰、张、廖本作寔。刘、李《函》作实。令。

给事中任熙伯远：

给事温恭，尚德蔑荣。

中书郎王长文德儁：钱、张、吴、何、《函》、王、浙、石本作隽。

中书渊识，宝道韬明。

大长秋寿良文淑：

长秋忠肃，明允笃诚。

大司农、西城公何攀惠兴：

司农运筹，思侔良、平。

少府、成都威侯钱写倒作侯威。李毅允刚：

少府果壮，文武是经。

衡阳内史杨邠岐之：

衡阳固节，隐然不倾。

尚书、三州都督依传文补。费立建熙：

尚书准绳，古之遗直。

湘东太守常骞季慎：

湘东汜爱，仁以接物。

武平太守常宽泰恭：

武平亹亹，冰清玉嶷。

扬烈将军、梓潼内史巴西谯登【慎明】：元丰与钱、刘、李、《函》本、作"巴西谯登"，无慎明二字。张、吴、何、王、廖、浙、石本无巴西，有慎明二字，盖张佳胤所改。非《常志》原文。兹还宋旧。

阙赞 元丰、钱、刘、李、《函》本无此行。张、吴本空此行，无字。廖与何、王、浙、石本此行惟一小"阙"字。兹作阙赞。

江阳太守江阳侯馥【世明】，依元丰本改。旧各本同谯登条。

　　阙赞。同上注。

案：以上，《后贤志总序》一百七十六字，《总赞》题名二十人，一百七十三字，十八人赞词百四十四字，合四百九十三字（校补题名一字未计）。元丰以来各本俱同。其与第十卷《先贤志》不同处，在：（一）《先贤士女》入赞者二百四十八人之多；此未得其什一，亦篇一卷。（二）《先贤志》以各人行事分注于赞词下；此则汇赞于前，后各别立传文，传文繁多，不同注体。（三）《先贤志》分郡赞注，又不尽依各人生卒时次；此则综合一代，各依时次，不分郡籍。由此后贤二十人中，谯登、侯馥无赞，而元丰诸本二人题名体例亦与有赞之十八人不同，可以推想：常氏原在蜀中，已撰有《先贤赞》《后贤赞》各一卷，《后贤志》人数侭多，当包有范长生、龚壮、李钊、李秀等人，注文较详，篇幅与《先贤志》约略相当。后入江左，改撰《华阳国志》，乃删去仕蜀诸人，易以谯登、侯馥等忠于晋室者。且原著亦是赞注合写。未知何时传钞者汇移标目与赞词于前。由后增之谯、侯二目未补赞语，移写者但列其标题名。侯馥题名适为八字，与前各题名下赞文字数相同，遂有人谓后贤为"十九人"，刻在函海。足见昔人写刻此书时意为移易之处实多，但其迹未能尽掩耳。兹仍宋明旧刻，划《总序》《总赞》为一章。

【注释】

① "述"，谓依文以演义。"作"，谓抒己见以为文。此言司马迁《史记》记自黄帝以来，而于秦汉人物独详，班固《汉书》所录哀平间事特多，所见所闻得为资凭，故能详也。不言中法当详近略远，而别为详近略远作解。

② 晋分益州为梁州。此卷综录二州人物，合称梁益为"西州"，盖当时夫有此习称也。"行止从时"，谓修德之士，不为功名，然征辟则出，不固拒，因遭"圣世"，与汉不同也。"羽"，封建仪仗与车盖之饰。《易·渐卦》："上九，鸿渐于陆，其羽可用为仪，吉。"此言服官京师者，为天下仪表，曰"羽仪上京"也。蜀汉初亡，蜀士多仕于晋王府，晋既受禅，皆为勋臣，故曰"策勋王府"。

③ "轧构"，谓成事皆被破坏也。构、构字通，谓已成之物。作遘者非。此言蜀地遭乱，凡百皆毁。下言"华夏颠坠"，谓中原沦陷，典籍在京洛者亦亡缺不完。

④ 此言常宽蒐讨掇拾，撰《蜀后志》及《后贤传》，只载蜀、广汉、犍为人。又只称善德，不录畸行（指

《王长文传》诸事）。下二句言：按诸郡《耆旧传》收撰成例，宜更广泛采辑，以阐演之。由此二句，足知常璩《后贤志》，原不只录常宽所述，且更曾蒐辑人物甚多，决不仅此二十人也。

⑤"足铭后观"，谓足使后来观者感动，铭之于心。

⑥"行故"，谓前人行事。"大较"犹云大致，大抵，大体，非详备也。"举一隅"，其余亦可想见也。

⑦赞文，当合传文注之。与题名俱当移写各传之首，然兹依宋槧，不移，但附传注番号以便对勘。

二

文立，字广林，巴郡临江人也。少游蜀太学，治《毛诗》《三礼》，兼通群书。州刺史费袆命为从事。入为尚书郎。复辟【袆】大将军东曹掾①。顾观光校勘记改袆作为。并注云："为原误袆。依《蜀志·谯周传》注改。"当衍。稍迁尚书。蜀并于魏，梁州建，首为别驾从事。咸熙元年，举秀才，除郎中。晋武帝由各本皆有晋字，足知此传为在蜀时作。方欲怀纳梁、益，引致儁刘、李、廖本作雋。彦，泰始二年，拜立济阴太守。武帝立太子，以司徒李【允】憙宋明本皆作胤，清各本避讳改作允。查《晋书》当作憙。以下同。为太傅，齐王、骠骑为少傅，选立为中庶子②。立上疏曰："伏惟皇太子春秋美茂，盛德日新，始建顾广圻校稿墨批云："当作违。"又朱改违字作远。廖本注云"当作违。"兹按：建字不误，说详注释。幼志，诞陟大繇③，犹朝日初晖，良宝耀璞；侍从之臣，宜简俊乂，妙选贤彦，使视观则睹礼容棣棣之则，听纳当受嘉话骇耳之言，静应道轨，动有所采；佐清初阳，缉熙天光，其任至重，圣王详择，诚张、吴、何、王、浙、石本作终。非粪朽《函海》本作朽。能可堪任。元丰本可堪二字倒。臣闻之：人臣之道，量力受命，其所不谐，不谐，元丰本作"不欲，皆"三字，皆字下属。得以诚闻④。"帝报曰："古人称与田、苏游，非旧德乎⑤？"立上：《函海》注云："《三国志》有言字。""故蜀大官及尽忠死事者子孙，虽仕郡国；或有不才，同之齐民，为剧。"又上："诸葛亮、蒋琬、费袆等子孙，流徙中畿，宜见叙用，一《函海》作壹。"则以慰巴蜀民之心，其次倾东吴士人之望。"事皆施行。十年，诏曰："太子中庶子立，忠贞清实，有思理器干。前在济阴，政事修明。后事东宫，尽辅导之节。昔光武平陇、蜀，皆收其才秀，所以援刘、李本作授。济殊方，伸叙幽滞也。其以立为散骑常侍。"累辞，不许。上疏曰："臣子之心，愿从疏以求昵。凡在人情，贪从幽以致明。斯宝物性，贤愚所同。臣者何人，能无此怀。诚自审量：边荒遗烬，犬马老甚，非左右机纳之器。臣虽至愚，处之何颜⑥。"诏曰："常伯之职，简才而授。何谦虚也⑦。"立自内侍，按：当倒作侍内。献可替否，多所补纳。甄致二州人士，铨衡平当，为士彦所宗。故蜀尚书犍为程琼，雅有德望，素与立至厚。武帝闻其名，以问立。立对曰："臣至知其人，但年垂八十，禀性谦退，无复当时之望，不以上闻耳。"琼闻之，曰："广休可谓不党矣！故吾善夫人也⑧。"西界献马，帝问立："马何如？"对曰："乞问太仆。"帝每善其恭慎。迁卫尉，犹兼都职，中朝服其贤雅，为时名卿⑨。连上表：年老，乞求解替，张、吴、何、王、石本作簪。还桑梓。帝不听。咸宁末卒⑩。帝缘立有怀旧性，乃送葬于蜀，使者护丧事，郡县修坟茔。当时荣之。初，安乐思公指刘禅。张、吴、何、王、石本无公字。世子早没，次子按孙盛《蜀世谱》，当名瑶。宜嗣，而思公立所爱者。同上引当名询。立亟谏之，不纳⑪。及爱子立，骄暴。二州人士皆欲表废。立止之，曰："彼自暴其一门，不及百姓。当以先公故，得尔元丰本作耳。也。"后安乐公按指嗣职刘恂。淫乱无道，何攀与上庸太守王崇、涪陵太守张寅为书谏责，称："当思立言。"凡立章奏，集为十篇；诗、赋、论、颂，亦数十篇。同郡毛楚、杨【崇】宗，▲《巴志》与《晋书·唐彬传》俱作杨宗。皆有德美，元丰、张、吴、何、王、浙、石本倒作美德。楚牂各本作牂，廖本作牂。柯，张、吴、李、何、王、浙本作柯。又，张、吴、何、王、浙、石本下有守字。【崇】▲宗武陵太守⑫。

案：以上，《文立传》七百八十七字，体裁与《先贤志》各小传不同。《先贤志》以赞为主，小传为注，仿陈寿《季汉辅臣赞注》例也。《后贤志》承陈寿《益部耆旧》而作，以传为主，赞语不必赅括全传事义，但总结其生平言行特点，如正史列传例也。文立雍容和厚，忠诚事君，为封建统治者所爱重。赞云："散骑穆穆，诚感圣君。"可谓全传要领。传亦屡载其章奏、著述，然其文实不足称，故赞亦不及焉。《晋书》卷九十一《儒林传》，首立，其文殆全出于《常志》，惟多"师事谯周。门人以立为颜回，陈寿、李虔为游夏，罗宪为子贡"一节，为《常志》所无，疑别采自《益部耆旧》之《谯周传》。此传反映晋武帝平吴前厚抚亡蜀遗臣以"倾东吴人士之望"之一切措施，与蜀遗臣乘时拓展阶级利益继续压迫人民之事实。宜与《大同志》2章参看。

【注释】

①《三国志·谯周传》："感熙二年夏，巴郡文立，从洛阳还蜀，过见周。周语次，因书板示立曰：'典午忽兮，月酉没兮'。典午者，谓司马也。月酉者，谓八月也。至八月而文王果崩。"《裴注》引《华阳国志》此传，多所删节，仅存一百八十字，惟文字悉与今本从同，无所改易。如记仕蜀一段云："少游太学，治《毛诗》《三礼》，兼通群书。刺史费祎命为从事。入为尚书郎。复辟为大将军东曹掾。稍迁尚书。"校以今本《常志》，仅删一州字，异一为之。州字可存可删。顾观光易祎作为字，似若较佳，细审史实则与祎皆

不当有。蜀相蒋琬暮年多病，推费祎自代。祎于延熙六年十一月为大将军领尚书事，七年九月，加领益州刺史。实承诸葛亮、蒋琬事权，兼总宫中、府中，州部政务（参看卷七5章之注⑦）。从事为州部官，属外职，尚书郎为宫中官，故曰入。东曹掾为府中官，故曰辞。尚书为宫中官之秩尊者，故曰迁。所有内外迁转，皆出祎之一手。时惟祎为大将军，故《常志》"大将军"上祎字为衍文。裴注改用为字，亦衍文耳。上文"命为"，"入为"，字不可省。此既已曰"复辟"，则祎字、为字皆赘文，故知其衍也。

②晋武帝立皇太子在泰始三年正月，时年九岁。见《晋书·惠帝纪》。其年三月，以李熹为太子太傅，见《武帝纪》。又《熹传》（《晋书》卷四十一）云："与北海管宁以贤良征，不行。"按《三国志·管宁传》，其自辽东应征还北海，在魏黄初四年（二二三）。时熹龄当近于三十。至泰始初，当已七十余矣。熹仕魏，至司隶校尉。"及魏帝告禅于晋，熹以本官行司徒事，副太尉郑冲奉策。"《常志》之称司徒者以此。然其仕晋，仍只司隶校尉，未得真为司徒，但以奉策功封祁侯而已。传云："为二代司隶，朝野称之。以公事免。其年，皇太子立，以熹为太子太傅。自魏明帝以后，久旷东宫，制度废阙，官司不具，詹事、左右率、庶子、中舍人诸官并未置，唯置卫率令典兵。二傅并摄众事。熹在位累年，训道尽规。迁尚书仆射，拜特进、光禄大夫。以年老逊位。……及卒，追赠太保，谥曰成。"据此，是惠帝初立为太子时，熹适以误公事免司隶校尉官，仍以奉策功，补太子太傅。时太子幼稚，仍居宫中，未备东宫官率，但置太傅、少傅。熹以高龄有德望者充之。少傅是齐王攸（司马昭次子，《晋书》卷三十八有传）。"才望出武帝右"。几于夺嫡。为武帝所忌。泰始初封齐王。迁骠骑将军，开府，礼同三司。"转镇军大将军，加侍中，羽葆鼓吹，行太子少傅。数年，授太子太傅"。太康三年，以忧死，"时年三十六"。则其为太子少傅在泰始三年初立太子时，年只二十六岁，徒以武帝同母弟便于出入宫掖，行太子少傅，多为虚衔以示优礼而已。文立之为中庶子，又当在三月以后，亦以高龄有德望选也。《晋书·职官志》太子官属云："中庶子四人，职如侍中。"旧刻不作李熹而作李胤或李允者，盖传钞者缘司徒李胤曾事东宫故误改，宋刻所据为此误本。宋讳胤作胤，明刻还作胤，清雍正以来讳胤，凡人名胤者皆作允故也。晋世大臣无李允，但有李胤，《晋书》卷四十四有传。传云："泰始初拜尚书。迁吏部尚书仆射。寻转太子少傅。诏以胤忠允高亮，有匪躬之节，使领司隶校尉。……咸宁初，皇太子出居东宫，帝以司隶事任峻重，而少傅有旦夕转导之务，胤素羸，不宜久劳之，转拜侍中，加特进。俄迁尚书令，侍中、特进如故。……其后帝以司徒旧丞相之职，诏以胤为司徒。……太康三年薨。"胤为司徒五年而吴会平，则是咸宁二年为司徒。文立卒于咸宁平吴前，正李胤为司徒时，撰行状者固当知初立太子时太傅是李熹，少傅是齐王攸，缘熹行司徒事奉策禅晋而称司徒。传钞《常志》者但知李胤为晋司徒而曾仕东宫，而不知熹称司徒之故，遂妄改之耳。此小事不值考据，为求得常氏原文，不能不作考订。大抵惠帝衷于九岁时立为太子，就宫中设二傅辅导之，李熹以耆德为太傅，齐王攸以亲贤而幼，为少傅。数年后，熹迁尚书仆射，齐王进太傅，李胤以吏部尚书仆射转太子少傅，兼领司隶校尉。咸宁改元，太子衷已十七岁，出居东宫，始全置东宫官属（《武帝纪》，咸宁元年六月"戊申，置太子詹事官"）。乃罢李胤司隶兼职，专任少傅。于时，文立仍为中庶子，至泰始十年加散骑常侍，咸宁五年，卒于官也。《武帝纪》：咸宁二年"十二月，征处士安定皇甫谧为太子中庶子"者，东宫官当有中庶子四人。非文立已死或罢去也。

③原刻"始建幼志"不误。顾广圻校改建作违，又拟作远者乃非。顾氏校书不据版本，但依轻义意改之，虽多有佳获，亦每有欠通之处。如改此字，作违者，盖据《仪礼·士冠礼》："祝曰：令月吉日，始加元服，弃尔幼志，顺尔成德"之文。《家语·冠颂篇》记孟懿子问冠礼，孔子曰："武王崩，成王年十有三而嗣

立，周公居冢宰摄政以治天下。明年夏六月，既葬，冠成王而朝于祖，以见诸侯亦有君也。周公命祝雍作颂，曰：'祝王达而去幼。'祝雍之辞曰：'使王近于民，远于年，啬于时，惠于财，亲贤而任能。其颂曰：令月吉日，王始加元服，去王幼志，服衮职，……'"云云。皆谓加冠为"去幼志"，作成人。遂以建为字诂，改违字以叶去字之义。其又拟改作远字者，取"远于年"之义。又《大戴礼·公符篇》，亦记成王冠礼事，与《家语》略同，惟祝颇异。有"始加昭明之元服，推远稚免之幼志"句。远与建字形近故也。其不通处，在于幼、弱不分，史事不明。《曲礼》曰："人生十年曰幼，学。二十曰弱，冠。三十曰壮，有室。"成王十四而冠（《家语》），汉昭帝元凤四年冠，时十八岁（《汉书·昭帝纪》）。皆冠于即位后。晋惠帝泰始七年冠（《晋书·武帝纪》），在为太子时。后世亲王及太子加元服，皆行于十一岁至二十岁间，即所谓弱龄。冠而后称成人，谓去幼志，则冠以前为幼志，言幼龄入学所建之志也。惠帝九岁为太子，始置二傅，即"十年曰幼，学"之义。十岁以内为幼，始入学，当建冠礼以前力学之志。文立此言"始建幼志"正合经义。岂得妄用冠礼之文改之。兹故仍存建字。"诞陟大猱"者，猱，猷字通。《诗·巧言篇》："秩秩大猷。"《郑笺》："猷，道也。大猷，谓治国之礼法。"《尔雅·释诂》："繇，道也。"故猷亦作繇。诞，初也。陟与涉通，谓初入学，涉历治国要道也。

④《论语》："朽木不可雕也，粪土之墙不可朽也。"立以粪朽自喻。"不谐"，犹言不合于用。自知不合于用，则当掬诚上闻。

⑤"与田苏游"，用《左传》成语。《左传》襄七年："晋韩献子告老。公族穆子有废疾。将立之。辞曰：……无忌不才，让，其可乎？请立起也。与田苏游，而曰好仁。《诗》曰：'靖恭尔位，好是正直。神之听之，介尔景福。'恤民为德。正直为正。正曲为直。参和为仁。如是则神听之，介福降之。立之，不亦可乎？"田苏，晋贤人而不仕者。以正直称，而有仁德，韩起与之友好，则亦好直之仁人也。韩献子名厥，长子无忌，谥穆子。次子名起，谥宣子。晋制世卿，献子告老，当以适长子无忌嗣。无忌以疾辞让于弟起，称其能与田苏游，以明其贤。田苏事迹无考，仅见于此。晋人用此僻典赞美文立，盖以其与犍为程琼厚友而琼不仕，如晋国之有田苏也。程琼德望闻于帝京，故此于田苏。"旧德"，谓耆德才成之士。《晋书·何曾传》："进位太傅。曾以老年，屡乞逊位。诏曰：'太傅明朗高亮，执心弘毅，可谓旧德老成，国之宗臣者也。……'"时在泰始初年，与报文立辞表同时，盖出一人所拟，故习称老臣为旧德也。（何曾卒于咸宁四年，年八十。文立迟一年卒，延熙初已辟从事，享年亦当七十以上）

⑥立自以生于巴郡临江为"边荒"，亡国大夫为"遗烬"。事晋如"犬马事主"（《汉书·孔光传》"犬马齿载"）。颜师古注："载，老也，读与耋同。"立取其义曰："犬马老甚。""机纳"，谓散骑常侍"掌规谏"（《职官志》），为枢机纳言之官。自度器识不称，无颜承诏。

⑦《尚书》："常伯纳言。"故谓散骑常侍为常伯。

⑧《论语·卫灵公》："君子矜而不争，群而不党。"又："君子不党。"（《述而篇》）"夫人"，犹云其人也。《论语》："夫人不言，言必有中。"

⑨卫尉为卿官。"都职"，顾广圻校稿加疑问符，而无解。按传文，当是指散骑常侍，谓迁卫尉，仍兼纳言职，以散骑为加官也。纳言称都职，似谓得言天下郡国众事之义。

⑩咸宁末，咸宁五年（二七九）也。立自延熙七年（二四四）仕益州部从事，至是三十六年。设其三十而仕，则卒年为六十六岁。由其连上表乞老，可能已近七十，则三十四五始仕。盖由边民奋起，故晚达也。

⑪安乐思公，即后主刘禅。"泰始七年（二七一）薨于洛阳"（《三国志》）。裴松之引《蜀记》曰："谥曰思

公。子恂嗣。"《蜀典》卷二引孙盛《蜀世谱》曰："后主太子璿。璿弟瑶、琮、瓒、谌、恂、虔六人。蜀败，谌自杀。余皆内徙。"恂为恂字之讹。此传云"及爱子立"，则爱子即恂也（参看卷七6章之注⑲）。

⑫毛楚，惟见《常志》。《目录》云枳人。杨崇，见《巴志》与《晋书·唐彬传》，俱作宗。此作崇，字讹。《目录》，廖本亦作崇，他各本俱作守，亦宗字讹。

三

柳元丰本作刘。隐，字休然，蜀郡刘、李本无此二字。成都人也。少与同郡杜祯、《函海》注云："刘、吴、何本并作桢。"然今所见刘、吴、何本仍作祯。惟王、石本作贞。下同。柳伸并知名。隐直诚笃亮，交友居厚，达于从政。数从大将军姜维征伐，临事设计，当敌陷阵，勇略冠军。为牙门将，巴郡太守，骑都尉。迁汉中黄金围督。景耀六年，魏镇西将军钟会伐刘、李本作戍。蜀，入汉川，围元丰本作团。戍刘、李本作伐。多下。惟隐坚壁不动。会别将攻之，不能克。后主既降，以手令敕宋、明本皆作勑。清刻各本作敕。隐，乃诣会。晋文帝闻而义之。咸熙元年，内移河东，拜议郎。武帝践祚，以为西河太守。《大同志》在太始二年。在官三年，以年老去官。乞骸还蜀。卒于家，时年八十①。长子充，连道令②。次子初，举秀才。杜祯，字文然。柳伸，字雅厚。《士女目录》，元丰与廖本作"稚原"，他本仍作雅厚。稚原当是讹。州牧诸葛亮辟为从事。辟上当有并字。祯，符节令，梁益二州都督。伸，度支③。《目录》云："都督度支，巴东太守柳伸。"此三字，谓杜祯为都督，伸为其度支。祯子珍，元丰本作。刘、李作眕，从目。钱、张、吴、何、王、浙、石本作胗，从日。《函海》本作眕。从日尔兹依廖本。字伯重，略阳护军④。伸，此再言柳伸由《目录》可证。汉嘉、巴东太守⑤。大同后，并举秀才⑥。此言杜珍与柳伸二人。珍子【弥】㚟，字景文⑦。伸子纯，字伟叔；元丰、廖、浙本作叔。他各本并作淑，有名德干器，举秀才，巴郡、宜都、建平太守，西夷、长水校尉，巴东监军。

案：以上，《柳隐传》，附《杜祯》《柳伸传》，共二百七十四字。惟见《常志》，当是采自常宽《后贤传》。

【注释】

①晋武帝践祚后，隐为西河太守（《大同志》在泰始二年），"在官三年"，则泰始五年也。设其七十致仕，则当生于建安三、四年间，而降晋时已六十五。设其致仕时年六十至六十五，则生于建安末年，卒于泰康平吴后。较文立晚数年。当以后者为合。

②连道，衡阳郡属县。柳充作令当在晋灭吴后。

③《三国志·王连传》"为符节长",此言社祯为令,应是蜀汉时县人口增至万户以上,升长为令。"都督"魏、晋间设,以督一方军事,无定员,亦不常设。设置之滥,至加于围戍将领。(廖化为广武督,傅金为阳安关都督,并见《三国志》与本书《后主志》)晋时,重臣为都督者,加节以别之。"使持节为上。持节次之。假节为下"(《职官志》),无节都督,则六百石秩,杜祯之"梁益二州都督"是也。都督皆有属官,管军籍者曰司马,管饷械者曰度支。传云"伸度支",谓祯为梁益二州都督时,以伸为度支也。祯为梁益二州都督,疑在泰始四年,王富"自称诸葛都护起临邛"作乱时。旋即平定,故其事迹不著,而柳伸以功拜汉嘉太守。

④"祯子珍"之珍字,各本互异,盖由唐人泛讳嫌名,疑祯、珍同音而妄改之。"父名晋肃,子不得举进士"(韩愈《讳辨》)。故唐人当有疑珍字,而改作昣或昣者。昣,昣俗字,读如轸,明也。多写又可作尒。于是各家刻本纷异。由"字伯重"推之,当以珍为是,昣义不相切也。元丰本作珎,即珍字。略阳,秦州郡名。"略阳护军",应是关中用兵时置。疑在泰始六年陇西用兵时。《晋书·武帝纪》:泰始五年二月,"以雍州陇右五郡,及凉州之金城,梁州之阳平置秦州。"六年"六月戊午,秦州刺史胡烈击叛虏于万斛堆,力战,死之。诏遣尚书石鉴行安西将军,都督秦州诸军事,与奋威护军田章讨之。"此后,直至齐万年之叛,陇右无军事。故知略阳护军设于此时。

⑤《士女目录》作"都督度支巴东太守柳伸",盖伸由平王富功,拜汉嘉太守,后转巴东。巴东为腹地冲郡,汉嘉边郡,故《目录》但举巴东也。

⑥"大同后",谓蜀亡后。《常忌传》云:"大同后刺史邵坐治城初征。"袁邵继钟会为益州刺史,在晋未受禅时可证。本书《大同志》亦自蜀亡入晋后叙起。"并举秀才",谓祯子伯重与柳伸二人。盖杜祯为梁益二州都督时,柳伸为度支(钱粮之官)。祯终于都督任,不更至二千石。伸则历汉嘉、巴东太守。而祯子伯重亦为略阳护军。至蜀亡后,并退为民,再由州郡举晋世秀才。

⑦"弥"字当作弢。《晋书》卷一百《杜弢传》云:"字景文,蜀郡成都人也。祖植,有名蜀士,武帝时为符节令。父聆,略阳护军。弢初以才学著称,州举秀才。遭李庠之乱,避地南平。"与此传文合,但弢字作弥,祺字作植,昣字作聆不同。植与聆是缘形讹。或唐修《晋书》时所据《华阳国志》钞本已讹如此。若弢字,则不误。《大同志》:"阎式为别驾杜弢说逼移利害。"又李特叛后,阎式答罗尚书云:"式前为足下及杜景文论留徙之宜。"是曾为罗尚别驾,字景文之杜弢,即杜祯长孙。常氏《大同志》不误,此传乃讹为弥,又讳其叛乱事,故不举其宦历也。

四

司马胜之,字兴先,广汉绵竹人也①。学通《毛诗》,治《三礼》,清尚虚素,性淡【不】此下,吴、何、王、浙、石本有事字。元丰与钱、张、刘、李、《函》、廖本并无。廖本注不字下云"当衍"。兹删。荣利。初为郡功曹,甚善【纪】纲纪旧各本均作纲纪。惟廖本倒。当还旧。之体。州辟从事,进尚书左选郎,徙秘书郎。时蜀国州书佐望与郡功曹参选,而从事俸台郎;特元丰、钱、张、吴、何、王、浙、石本并作时。刘、李、《函》本作世。重察举,虽位经朝要，还为秀孝，亦为郡端右。景耀末，郡请察孝廉②。大同后，梁州辟别驾从事，举秀才。历广都、新繁令，政理尤异。以清秀征为散骑侍郎，以宗室礼之。终以疾辞去职。即家拜汉嘉太守，候迎盈门，固让，不之官。闲居清静，谦卑自牧。常言："世人不务求道德，而汲汲于爵禄。若吾者，可少以为有余荣矣。"训化乡间，以恭敬为先。年六十五，卒于家③。子尊、贤、佐，皆有令德。

案：以上，《司马胜之传》，旧本一百一十六字（当删一字）。惟《常志》有。

【注释】

① 蜀中司马氏，盖司马错之遗裔。《仙传拾遗》谓错在蜀仙去，必缘其卒于蜀而有此说。《蜀郡士女赞》有司马敬司为"五更张伯饶妻"。广汉有姜穆女义旧，"绵竹司马雅妻"，则蜀、广汉二郡汉时皆司怀马氏，绵竹尤为大姓。

② "景耀末"与上"时蜀国"文相应，衔接成句，不可分割。而宋明本误以其为年号，遂空格分节，甚谬。吴、何、廖本不空为是。蜀汉时，国境限于益州，执政恒兼州牧，郡守权亦重于卿佐。故州书佐之有德望者与郡功曹皆得参预朝官之选。州从事则禄秩与尚书郎（台郎）相当，故胜之得由州从事进为尚书左选郎也。"特重察举"一句，说明胜之已为台郎，乃由郡察孝廉之原因。"特"字承上"时蜀国"文，故"台郎"不当断句。但上文含义已结，故只用分点。改特作时，作世者亦非。"重察举"，为后汉末年，乡曲评议人物之风所必迫致之必然趋势，后遂成为九品官人之法。蜀汉犹未建九品中正制度，而趋势则已著矣。"特重"至"郡端右"一句，虽为说明"郡察孝廉"而写。但就文法言，当连上"时蜀国"为句。此种分别说明上下句之说明性插句，古文每有，后人每不习用，致或难为点断而作误解。宋明本之此下空格，盖即由此。兹为点定句读，并说明之如此。

③ 大同后历官两县一郡，闲居以卒，则当卒于晋武末岁或惠帝初年。年六十五，则生于蜀建兴初年也。

五

常勖，字修《函》、廖本作修，他本并作修。业，蜀郡江原人也。祖父【原】员，元丰本作毋，疑是毌字。钱、张、刘、吴、何、李、《函》、王、浙、石各本并作员。独廖本作原，顾观光从之。犐廖本作犐，他各本作牂。柯、吴、何、李、王、石本作仇，永昌太守。父高，【庙】广令①。汉无高庙县，亦无庙县。庙当是广字讹。说在注释。从父闳，汉中、广汉太守。勖少与闳子忌齐名，安贫乐道，志笃坟典。治《毛诗》《尚书》。涉洽各旧本作治，廖本作洽。群籍，多所通览。州命辟从事。入为光禄郎中主事。又旧各本作人。廖本作又。为尚书左选郎。郡请迎为功曹。时州将董军政，置从事，职典刑狱；以勖清亮，复为督军；全称为督军从事。缘上省二字。治讼平当②。还察孝廉。除郫令。为政简而不烦。魏征西将军邓艾伐蜀，破诸葛瞻于绵竹，威振西土，诸县长吏或望风降下，或委官奔走。勖独率吏民固城拒守。得于文，当补一字。后主檄令，乃诣艾，故郫谷帛全完。刺史袁邵嘉勖志节，辟为主簿。勖善仪容，翔集，当脱进退二字。动为表观。言论壮烈，州里重之。然交友惟贤，不交下己者，汎爱之恩犹不足。从邵徵张、吴、何、王、石本作征。还，道卒③。忌字茂通，蜀谒者、黄门侍郎。丧亲，以【致】至元丰本作至。明以来各本皆作致。孝闻。察孝廉，为郎。使吴，称职。历此下，元丰本有二空位。廖本注云："旧阙二字。"然钱、张、刘、吴及他各本皆作长水二字。长水参军，什邡、雒令④。大同后，刺史邵坐治城被征。忌诣洛陈诉："远国初附，君民始结，不宜改易。"又表："修治城池，居安思危，边将常职。"事皆中情。晋文帝时为相国，辟忌舍人。武帝践阼，拜骑都尉。除河内州令，【州】旧刻各本误倒。兹乙正。说详注释。名为难治，忌挫折豪势，风教大兴⑤。县有奸元丰与廖本作奸。他各本皆作奸。嫂钱写作娖。刘、李本作梗。杀兄者，群党蔽匿，前令莫得，忌皆穷治。入为州都。方议为郡守，会卒。忌为人，信道任数，不从下人。故为贵势所不善，是以作诗著论，先攻己元丰本作以。短。临丧与乐，欢哀俱至，元丰本作忘。为士类所称⑥。忌友人广汉段宗仲，亦有学行。蜀时，官与忌比。袁邵以旧各本无当有。为主簿，与忌共理郡事，文帝善之。梁州辟别驾从事，举秀才。稍迁，官至云元丰本作云。南、建宁太守⑦。

案：以上《常勖传》，附《常忌传》《段容传》文共四百八十字。皆《三国志》与《晋书》所无。有足补正史处。

【注释】

①"父高庙令"句有脱误，设其父名高，则"庙"当为县名。然汉代无庙县。庙，疑廉字或广字之讹。后汉雍州北地郡有廉县，又青州齐国有广县。庙字古亦作庿，易与广、廉字混。又或其父名脱，仅存官名。惟后汉亦无高庙县。上党郡有高都县，渤海郡有高城县，山阳郡有高平，广陵郡有高邮，上郡有高奴，玄菟有高显。河间国有高阳，乐安国有高苑，北海国有高密，字形与音皆不容讹为"高庙"。且江原人作江原人传，知其祖名，从父名，则必知其父名，不当脱。以此疑庙字为广字之讹。庿与广字尤易混也。

②蜀建兴十三年，蒋琬为大将军领益州刺史。延熙二年，琬进大司马，开府。七年，大将军费祎领益州刺史。十一年，大将军祎出屯汉中。是此传云"州将董军政"者，谓延熙七年至十一年时也。于时州置督军从事典刑狱，传前云"置从事典刑狱，"明从事为州府职。后云"为督军"，承上省从事二字。故续云"治讼平常"也。

③袁邵承邓、钟之后为益州将而治蜀城，触司马氏忌，以罪征还。其属吏谊厚者例可随至京师，为之辩护。传云"道卒"，非谓邵卒于道也。使为邵卒，则不当叙入《勖传》。且下文，常忌犹赴洛一再为邵辩解，尚

欲晋王收回成命，知邵非道卒。道卒者乃常勖也。勖道卒，故其友常忌继之赴洛为邵辩证，以成勖志。以此知旧刻"邵征还道卒"句当作"从邵征还，道卒"，或作"邵征还，从赴洛，道卒"，使读者卒者是勖，非邵。兹补一从字。与上文"后主檄令"上补得字，皆文所必当有而旧脱之者。

④长水参军，谓长水校尉属官之参军。长水校尉，主督军民治水，在蜀，以都江水利关系重大，此官为卿佐要职。承汉制为武官，故其属有参军，与丞相府参军、大司马府参军地位有别。元丰本写校老疑其字，不雕。李𡎴依旧本明著之，故明以来各本同有此字。廖刻依季振宜家藏元丰本阙之，当补。

⑤河内，郡名，东汉属司隶，统十八城。晋属司州，统九县，皆无"河内县"之名，亦皆有"州县"。此传旧刻各本皆作"除河内令州名为难治"，显为误倒州字在下。忌令一县，不得云"州名难治"。司州为首善之区，亦不能所属十二郡百县皆难治，但州县距京师远而多豪强，近山，多奸民，故特称难治耳。忌挫折其豪家势族而民知畏法，"风教大兴"，足知其"为难治"之原因矣。

⑥"信道任数"，谓坚持圣贤之道，听天由命，不为流俗转移。故为当时贵族仗势者所不喜。然忌能于诗文深自谴责，无矜凌刚暴之气，故亦能免于祸难，为士流所称。"临丧不哀"，"闻乐不乐"，为孔子所讥。传云"欢哀俱至"，即此义。非谓同时欢哀尽致如狂人也。

⑦段宗仲名容，见《目录》。

六

何随，字季业，蜀郡郫人也，汉司空武后。世有名德，征聘入官①。随治《韩诗》《欧阳尚书》，研精文纬，通星【歷】曆。原作曆。清代刻本避讳改。郡命功曹。州辟从事。光禄郎中主事。除安汉令。蜀亡，去官。时巴土饥元丰、钱、《函》、廖本作饥。他各本作饥。荒，所在无谷，送吏行乏，辄取道侧民芋②。随以绵《太平御览》九百七十五引此文作帛。系其处，使足所取直③。民视芋，见绵，相语曰："闻何安汉清廉，行过，从者无粮，必能尔耳。"【将】持旧各本作持。惟廖本作将。绵追还之。终不受。因为语曰："安汉吏取粮，令为之偿。"察孝廉。大同后，台召，不诣。除河间王郎中令，不就。居贫固俭，衣币蔬元丰本作藘。藘俗字。食，昼躬耕耨，夕修讲讽。乡族馈及礼厚皆不纳④。目不视色，口不语利。著《谭言》十篇，论道德仁让。元丰、钱、张、刘、李、《函》、廖各本作让。吴、何、王、浙、石本作义。尝元丰、钱、刘、李、《函》、廖本作尝，张、吴、何本作常。有屠《太平御览》九百三引，屠下有者字。牵猪过随门，猪《御览》引无猪字。索断，失之。强认涧中猪。随便牵猪与之。屠人出门，寻得其所失猪，谢随，还猪。遂以乞元丰、钱、刘、李、《函》、廖、浙本作乞。吴、何、王、石本作包，非。乞之犹言与之也。之⑤。随元丰与廖、浙本作随。他各本皆作有。家养竹园，人盗其笋，随偶《函》、廖二作偶。他各本皆作遇。行见之，恐盗者觉，怖走竹中，伤其手足，《北堂书钞》一百三十六，《艺文类聚》六十五，《太平御览》八百二十四及九百六十二引并作"竹伤其足"。挈屐徐步而归。其仁如此。太康中，既家拜江阳太守，民思其政。年七十一卒官⑥。后州乡人言议平当者，皆相谓何江阳。至于汶刘本作文。山夷有正直廉让者，亦号夷中钱写本此下空二格。何江阳。杜景文、何兴仁皆为作传⑦。长子观，字巨忠，清公淑慎，知名州里。察孝廉，西都、南安令，平西长史⑧。张昌作乱荆州，从党西上，郡守无不望风降下，至江阳。平西将军罗尚表为安远护军，讨贼，平殄。除巴郡太守。朝议欲以为宁州刺史，会病卒⑨。次子游，治中从事⑩。随时，同郡繁令张崇⑪清廉推让，见称当时。

案：以上，何随及其二子，附《张崇传》文。四百四十一字。其事可传，汇类竞采之。子观传，亦足补正史。

【注释】

①何，郫县大族。见《蜀志》。自何武以德行著称，后世多谨饬自爱。故"世有名德"。随亦士大夫家子弟，而能仁让自持，曲体平民辛勤，所以为贤也。

②蜀亡时，巴土未经兵燹，而有"饥荒，所在无谷"，足见蜀汉末政之弊，生产衰落已甚，魏兵至而民不欲抗，争进山野，非无因也。无谷而有芋，行路人采食不乏。其后李雄入成都，军大饥，亦遣军民就郪地野芋。足见巴地种芋之盛。此四川农业史上一重要资料也。自郪以东为巴地，属紫土邱陵地区，巴人所歌"其稼多黍"，"彼稷多有"，谓周秦时紫土邱陵但种黍稷等耐旱作物也。后汉魏晋多种芋，水利未兴，沟壑稻田尚不多，多种水芋，收量较大，国家不征用，农民得自食，优于种谷故也。唐宋以来，紫土邱陵始因人口众多，山谷尽垦，作梯田，种水稻。水稻收量较芋更高故也。明清以来，番薯种植大盛，芋之栽培始衰。解放前川北农民米谷尽交官，惟持番薯为命。盖根菜官所不收，故凡狂征暴敛之世，农民皆多种根菜而放弃谷类。此蜀亡时，巴地所以无谷而多芋也。

③绵，蚕茧之不缫丝而制为片絮者，今曰涪绵，或丝绵。以匹计，故可系芋间以偿芋值。作帛者非。帛一匹所值甚多，不可剪割以酬芋。绵则每匹所值征也。随去安汉令，载绵以归，足见蜀汉时安汉（今南充）已为养蚕盛行之区。

④随去官载绵归，而家养有竹园，应非甚贫，特以巨族世家，服官之士而不富有，旧史以为贫耳。弊，《玉篇》云："坏也，败也。"与敝字义通。"衣敝蕴食"，为"固俭"作解也。旧刻"礼厚"，义不可解。当作"礼存"。谓官府馈遗存问也。《礼·王制》："年八十，月告存。"注："告，犹问也。郡每月使人致膳，告问存否也。"汉魏时，守令地方耆德，每行存问之礼。古文存字与厚字易混。

⑤乞字，周秦书籍常见，向人求物也，欺讫切（《正韵》）。汉魏间书用其反义，以物与人也，音去冀切。《汉书》卷六十四《朱买臣传》："随上计吏为卒，将重车至长安。诣阙上书。书久不报，待诏公车。粮用乏，上计吏卒更乞匄之。"师古曰："乞音气。"谓诸上计吏卒更相贷与以济之也。《晋书》卷七十九《谢安传》："与玄围棋赌别墅。安常棋劣于玄。是日玄惧，便为敌手，而又不胜。安顾谓其甥羊昙曰：以墅乞汝。"谓肥水战前安与谢玄赌棋，以别墅为注，原期因负而赠之。时玄方惧重，棋技忽劣。安笑言玄不能得，拟别以赠羊昙也。盖长江流域文化人，习此反语，遂成新义。常氏此传云"遂以乞之"，与《买臣传》《谢安

⑥太康仅十年(二八〇—二八九),设承卒于太康末,年七十一,则当生于建安末年(二二〇),蜀亡时已四十五岁矣。

⑦此杜景文,名弥,附见《柳隐传》。杜弢亦字景文,在《大同志》,非此为随作传者。何兴仁,无考当亦是西晋时蜀中名士,常璩旧曾为作传,入《后贤志》,归晋后削之者。

⑧晋西都县,属凉州西平郡,郡治。在今青海西宁。南安,益州犍为郡属县,今乐山。"平西长史",谓罗尚所领三府中平西将军府之长史。

⑨张昌,《晋书》卷一百有传。起兵安陆县石岩山在太安二年,立刘尼为天子,旬月间众三十万,攻占荆、湘、豫、梁、扬、江五州郡县。当年为刘弘计灭(《惠帝纪》)。其军曾西至江阳,则已占有三巴与李特连势也。未几皆败。故何观未战而有收复之功。除巴郡太守。

⑩此罗尚三府中益州刺史府之治中从事。随罗尚败走而举家东徙也。

⑪张崇,《目录》不著,当是据《常宽传》文,失其县贯与字。

七

王化,字伯远,广汉郪人也。汉将作大匠王堂后也。于文,上也字与下王字皆当衍。然旧本如此。祖父商,字文表,州牧刘璋时为蜀太守,有懿德高名,在《耆旧传》①。四字当衍。缘用常宽旧文,未及剪裁故也。父彭,字仲□元丰、钱、刘、李《函》本接写不空。张本作黑巴。吴、何、王、浙、石本皆空一格。廖本注"当脱一字"。巴郡太守。化兄弟四人,【少】并于文当作并。有令望②。化治《毛诗》《三礼》《春秋公羊传》。郡命功曹,州辟从事,光禄郎中主事,尚书郎。除阆中令,为政清静。察孝廉。大同后郡端右,元丰与廖本后下迳接端右字。钱、刘、张、吴、何、李、《函》、浙、石本并有复字。王本作空格。顾观光云:"后下原有复字"。复字,兹改郡字。说详注释。【郡】复旧各本字皆作郡。兹改作复。说在注释。察孝廉③。为乐涫令。张、吴、何、王、浙、石本此下有小注云:"按《晋书》,乐涫,县名,属酒泉郡。"盖张佳胤所加。县近边塞,值胡虏反,化率吏民积谷坚守。虏断道重围,孤绝七年。伺虏怠惰,出军讨之,民得野掠。大军至,虏退,以功封关内侯④。迁朱提太守。抚和殊俗,得夷晋吴、何本作肆。王、石本作隶,并误。他各本皆作晋。此下,钱、张、刘、吴、何、李、《函》、王、浙、石本并有惧字。元丰与廖本无。心。转任梓潼,复有称绩。为人严吴、何、王、石本作谨。重,言论方雅,臧否允衷,州里服其诚亮。年七十二,卒官⑤。弟振,字仲远,亦有德望,广都令,巴东太守。叔弟岱,字季远,恪居官次,历广阳、作唐令,早亡⑥。少弟崇,字幼远，学业渊博，雅性元丰本作惧。洪粹，蜀时东观郎。大同后，梁州辟别驾，别别字当衍。举秀才，尚书郎。与寿良、元丰本作朗。李宓、陈寿、李骧、杜烈同入京洛，为二州标儁。钱、吴、何、李、函、王、浙、石本作儁。元丰、刘、廖本作儁。五子情好未必能终。惟崇独以宽和，无所彼此。著《蜀书》，及诗赋之属数十篇。其书与陈寿颇不同。官至上庸、蜀郡太守⑦。

案：以上，王化弟兄四人传。赞云"在险能平"，则单赞化在乐涫坚守事，颂其矜慎临事，故能转危为安也。全传三百四十字。

【注释】

①此直录常宽所撰传文也。王堂与商，《先贤志》已有赞注，于此不当重复。惟宽以《后贤》单独成书，乃得如此耳。云"在《耆旧传》"者，宽之《后贤志》本为续陈寿《益部耆旧》而作，故作此语。若常氏此书，则不当有。是皆直录常宽原传未加剪裁之证。

②旧各本作"少有令望"。句承绾四人，则当有并字。且四人非同时生，同时少，同时有令望，则不得用"少有令望"语于"四人"。少为并字之讹明矣。兹改正。

③又旧刻作"郡察孝廉"。夫化蜀时已察孝廉，亦郡所察也。非大同后郡乃以孝廉察举之也。是为重察，当有重字，或复字，不当有郡字。又上文，元丰本只作"大同后端右"六字。明以来各本，除廖刻遵元丰本外，皆作"大同后复端右"七字。盖李𡒄所增。"端右"，谓一郡右族中人品之尤端正者，犹云"德望"、"名宿"，与孝廉、秀才等察举之称不同。"不同后端右"五字固不成文，作"大同后复端右"六字更不成文。意者：元丰本"大同后"下脱郡字，李𡒄据旧本补而误填于"复察孝廉"句上，明人又误移复字于上句，致上下俱误也。移倒二字，则上下文皆通矣。

④按《晋书·武帝纪》：泰始七年，"北地胡寇金城，凉州刺史牵弘讨之。群虏内叛，围弘于青山。弘军败，死之。"凉州之乱，盖始于此。然初只限于东部金城，武威一带。惟东部乱，则西部张掖、酒泉、敦煌诸郡隔绝，势不免于混乱。故《武纪》咸宁二年又云："初，敦煌太守尹璩卒，州以敦煌令梁澄领太守事。议郎令狐丰废澄，自领郡事。丰死，弟宏代之。至是，凉州刺史杨欣斩宏，传首洛阳。"此所谓"初"，盖泰始七年牵弘败死，凉州西部隔绝时，当在泰始八九年时也。纪咸宁五年又云，"春正月，虏帅树机能攻陷凉州。乙丑，使讨虏护军武威太守马隆击之。""十二月，马隆击叛虏树机能，大破斩之。凉州平。"是凉州西部之乱，始于令狐丰、宏兄弟之割据。其地本因匈奴内附而立，虽汉已徙民兴垦，文化大兴，成为内地；基层人民实以胡居多数。令狐弟兄，实由叛胡利用，取郡自立。刺史杨欣，虽诱斩宏，而胡乱终不能定。至咸宁五年晋庭乃发兵使马隆讨平之。其事仅具《本纪》，他无可考。核以《常志》此传，则敦煌之乱，始于泰始九年，历十年与咸宁五年，凡七年也。令狐丰废太守自立，应仍奉晋年号，乐涫一县不附，亦不相攻，双方皆当应付晋之凉州刺史，故不能相攻。此乐涫之所以能守七年也。自咸宁二年诛宏以后，胡酋树机能始直接占领敦煌诸郡，与乐涫相攻。晋庭不能不救乐涫，遂有马隆进讨之军。传云"大军至"，谓咸宁五年十二月也。所谓"孤绝七年"，泰始九年至咸宁五年也。七年中，实为胡所困者只四年，

而真被围攻者只一年。否则虽"积谷",亦不可能坚守至七年之久。若果"断道重围",则"野掠"亦不可能。惟其时攻时辍,乃可以间出掠也。

⑤据上条时间推断,则化转朱提太守在太康元年以后。卒于梓潼,当在太康末元康初,稍后于何随一二年,其生年应相近也。

⑥"恪居官次",谓随父彭在巴郡太守官次,谨恪自爱也。估计长兄化生于建安末年,岱当生于蜀汉建兴初年。至蜀亡时已三十岁。历广阳、作唐二令而卒,未满四十,在昆季中为最短,故曰"早亡"也。以此推断,父彭为巴郡守,在刘后主延熙、景耀年间。

⑦王崇兄弟,惟见《常志》。常氏于化作赞与传。于崇,自此传外,《后主志》引其论著,《大同志》及曾著之,颇致推崇。未著其卒年,似其人永嘉时尚在,常璩曾识之,故旧未为作赞也。

八

陈寿,字承祚,巴西安汉人也。少受学于散骑常侍谯周①,治《尚书》《三传》,锐精《史》《汉》。聪警敏识,属文富艳。初应州命,卫将军主簿,东观秘书郎,散骑、黄门侍郎。《晋书·寿传》作:"仕蜀,为观阁令史。"大同后,察孝廉②。为本郡中正。益部自建武后,蜀郡郑伯邑、太尉赵彦信,及汉中陈申伯、祝元灵,广汉王文表,皆以博学洽闻,作《巴蜀耆旧传》。寿以为不足经远,乃并巴汉撰为《益部耆旧传》十篇。散骑常侍文立表呈其《传》,武帝善之。【再】旧衍。说详注释。为著作郎③。吴平后,寿乃鸠合三国史,著魏、吴、蜀三书六十五篇,号《三国志》;又著《古国志》五十篇;品藻典雅。中书监荀《函海》有注云:"李本误苟,惠校改荀。"勖,此下元丰本空二格。他各本连。令张华深受之,以原省为字。班固、史迁不足方也④。出为平阳侯相。华又表令次定《诸葛亮故事》,集为二十四篇。时寿良亦集,故颇不同。复入为著作⑤。镇南将军杜预表为散骑侍郎,诏曰:"昨吴、何、王、石本作作。适用蜀人寿良具员。且可以为侍御史。"上《官司论》七篇,依据典故,议所因革。又上《释讳》《广国论》。华表令兼中书郎。而寿元丰本作受。《魏志》有失勖意,勖不欲其处内,表为长广太守⑥。继母《晋书》本传无继字。遗令不附葬。以是见讥⑦。数岁,除太子中庶子。太子【傅从】旧各本作傅从。刘、李、石本作传从。废徙依顾广圻校稿改,转徙。兹定为废徙。说详注释。后,再兼散骑常侍。惠帝谓司空张华曰:"寿才宜真,不足久兼也。"华表欲登吴、何、王、石本作兼。九卿,会受诛,忠贤排摈。寿遂卒洛下⑧,位望不充其才,当时冤之。兄子符,字长信,亦有文才,继寿著作佐元丰本作左。郎,上廉吴、何、王、石本作兼。令。符弟莅,字叔度,梁州别驾,骠骑将军齐王辟掾,卒洛下。莅从弟阶,字达之,州主簿,察孝廉,褒中令,永昌西部都尉,建宁、兴古太守。【阶】顾观光云:"阶,当作皆,观下文可见。"兹迳改。皆辞章粲丽，驰名当世。凡寿所述作二百余篇，符、莅、阶各数十篇。二州先达及华夏文士多为作传，大较如此⑨。时梓潼李骧叔龙，亦隽吴、何、王、石本作俊。逸器，知名当世。举秀才，尚书郎。拜建平太守，以疾辞不就，意在州里。除广汉太守。初与寿齐望，又相昵友。后廖本作後。他各本作后。与寿情好元丰本作意。携隙，还相诬攻。有识以是短之。亦自李本作有。列旧各本作别，廖本作列。传⑩。时字以下七十字，元丰、张、刘、吴、何、王、廖、浙、石本作大字，连上文。钱、《函》二本作双行小字夹注。李本亦小字，在书头。

案：以上，《陈寿传》，附其侄符、莅、阶及梓潼《李骧传》，文共五百七十六字。《晋书》卷八十二有《寿传》，与此传多所出入，可互补。

【注释】

① 谯周泰始六年秋始加散骑常侍，"疾笃不拜，至冬卒"。(《三国志》)此言"受学于散骑常侍谯周，举其生平最高官称，乃地方史家之积习，常璩所常用者也。"《晋书》但作"师事同郡谯周"。

②《晋书》作："仕蜀，为观阁令史。宦人黄皓专弄威权，大臣皆曲意附之，寿独不为之屈。由是屡被遣黜。遭父丧，有疾，使婢丸药。客往见之。乡党以为贬议。及蜀平，坐是沈滞者累年。司空张华爱其才，以为寿虽不远嫌，原情不至贬废。举为孝廉。除佐著作郎。出为阳平令。"与此传颇异。按：司空非察举孝廉之官。《晋书》文实有未当。又，寿与李宓、寿良、王崇等同时入洛。则非"沈滞累年"也。寿长史学与文章，非有吏才。议论褒贬，每触时忌，频遭诬毁宜有之。其文为张华所赏，应亦不至长时沈滞。张华每为其辟谤应有之。举孝廉不当由华。《常志》为正。

③《晋书》本传谓寿："为阳平令，撰《蜀相诸葛亮集》奏之。除著作郎，领本郡中正。"此传谓文立先上寿所撰《益部耆旧传》，"武帝善之，再为著作郎。"在平吴前。此点，两传出入甚大。以理度之，二传俱当有误，《诸葛亮故事集》，为"泰始十年二月一日癸巳"寿为平阳侯相时所上，明著于《三国志》。首称："臣前在著作郎，侍中领中书监济北侯臣荀勖，中书令关内侯和峤，奏使臣定故蜀丞相诸葛亮故事。"是寿先以著作佐郎出补阳平侯相，撰成《诸葛亮故事集》上之，再征为著作郎。《晋书》不误。《常志》云上《益部耆旧》后"再为著作郎"，而上文无著作之授，应是《常志》有误。又，"郡中正"，乃地方职，寿既已为朝郎，司著作，何能"领本郡中正"？《常志》谓："大同后察孝廉，为本郡中正。"于是撰《益部耆旧传》。入洛后文立上之，由是得官。查《李宓传》，其人入洛在泰始三年以后。《寿良传》，入洛在刺史皇甫晏时。陈寿既与诸人同时入洛，则举孝廉后曾经滞蜀一段时间，为郡中正。撰《耆旧传》，正此时也。是《常志》叙事，完全正确，但"再为著作郎"一语为误。疑是历世传钞者衍，非常氏原文。兹校删。郑伯邑名廛，临邛人，见《目录》。赵彦信名谦，见《蜀郡士女赞注》(卷十2章之㉑)。陈申伯名术，见《汉中人士补注》，云："历新城、魏兴、上庸三郡太守。"祝元灵名龟，见《汉中人士赞注》。王文表名商，见《广汉士女赞注》。

④《晋书》本传云："撰魏、吴、蜀《三国志》凡六十五篇。时人称其善叙事，有良史之才。夏侯湛时著《魏

书》，见寿所作，便坏己书而罢。张华深善之，为寿曰：'当以《晋书》相付耳。'其为时所重如此。或谓，丁仪、丁廙有盛名于魏，寿谓其子曰：'可觅千斛米见与？当为尊公作佳传。'丁不与之，竟不为立传。寿父为马谡参军，谡为诸葛亮所诛，寿父亦坐被髡。诸葛瞻又轻寿。寿为亮立传，谓亮将略非其长，无应敌之才。言瞻惟工书，名过其实。议者以此少之。"《三国志》裴注《诸葛瞻传》《董厥传》"无能匡矫"句曰："孙盛《异同记》曰：瞻厥等以维好战无功，国内疲弊，宜表后主召还，为益州刺史，夺其兵权。蜀长老犹有瞻表以阎宇代维故事。永和三年，蜀史常璩说：长老云：陈寿尝为瞻吏，为瞻所辱。故因此事归恶黄皓，而云瞻不能匡矫也。"今按：陈寿《诸葛亮传》，备致称道，初无贬辞，亮与司马宣王为敌，作传于晋世，而能敢持其说如此，可谓史德无惭矣。使亮长于将略，则拥此节制之师以临新篡之魏，当已成功。乃一举已得三郡，旋复弃之，从来大将无若是其疲软者。评其"将略"，可谓允当之极。诸葛瞻之襁褓，其子尚已显言之，何必有人挟怨而云。即如欲以阎宇代维，亦出于休兵固本之图，符合当时蜀人之望。然而亦不能竟其志，徒存其表。则岂可颂其匡矫哉？丁仪丁廙，浮薄躁妄之徒，以罪族诛于宣王之世，《魏史》当无其行状，不为立传，史制所许。乃竟亦诬寿以此招摇要贿。《晋书》谬采风影之说，以为实然，何其谬矣。夫曹爽、夏侯玄，败前颇有贤称，寿尚不能为之收佳传。二丁之辈，纵使立传，安得能佳。陈寿虽贪，其肯以千斛米易罪诛耶？造诬之拙如此，而《晋书》亦无所察，岂不谬哉！《晋书》又言：寿死后，"梁州大中正尚书郎范頵等上表曰："故治书侍御史陈寿，作《三国志》，辞多劝诫，明乎得失，有益风化。虽文艳不若相如，而质直过之。愿垂采录。于是诏下河南尹洛阳令就家写其书。"刘如几《史通》亦云。是寿撰《三国志》在太康初，撰成未上，但时人就其家观览者已多，中书监荀勖，中书令张华皆曾见之。然皆以其不以魏为正统，不敢荐于朝。至寿死而后由范頵等表上之也。《史通》于历代史家多有贬议，惟于《三国志》无所讥斥。仅《曲笔篇》云："陈氏《国志·刘后主传》云：蜀无史职，故灾祥靡闻。案：黄气见于秭归，群鸟堕于江水，成都言有景星出，益州言无宰相气，若史官不置，此事从何而书。盖由父辱受髡，故加兹议者也。"又《史官篇》云："案：《蜀志》称王崇补《东观》，许盖掌礼仪。又却正为秘书郎，广求益部书籍。斯则典校无阙，属辞有所矣。而陈寿评云蜀不置史官者，得非厚诬诸葛亮乎。"今按《史通》虽仅此义，亦嫌未允。陈寿《三国志》，于魏，有王沈《魏书》四十四卷；于吴，有韦曜《吴书》五十五卷；于蜀，则但依私家搜采之书，若谯周《蜀记》，王崇《蜀书》，杨戏《辅臣赞》与自辑之《益部耆旧》之类。"蜀无史官"实为信语。若刘氏所举灾祥四事，皆私家传记所著，非史官所书，般般可验。时蜀中周群父子，张裕、谯周之徒，深习天文风角，河洛符验，私记灾祥甚多，《常志》采录亦众，寿书岂能无称？至若"王崇、许盖"，《陈志》实未言及，却正为秘书郎，未得即为史官，其广求书籍，乃蜀汉末年士大夫之一般习尚，为私史蓬兴之由，非史官职乃如此。故未足以证陈寿之言为诬也。尝考陈氏《蜀志》，并非精确，有当用《常志》订正之处颇多。此乃搜采杂说，未详考订之失，亦正国无史官，私史旁兴之证。《古国志》久佚，今无可辑录者。

⑤寿初为佐著作郎时受命撰集《诸葛亮故事》，由中书监荀勖、中书令和峤推荐。成书在寿为平阳侯相时。见其所上表文（见注③引）。晋受禅初，勖为中书监，峤为中书令，张华为黄门侍郎，是三人本传。数岁，华乃为中书令。是推寿撰《诸葛亮故事》者非张华，亦非在寿为平阳侯相时明矣。但成书时，张华已为中书令，蜀人以寿特受知于张华，遂以成书表上时事混为受命也。由上此书，复征入为著作郎，应是张华之力。其时间当在泰始五六年时。时寿有《蜀书》，王崇亦有《蜀书》，寿有《亮集》，寿良亦有《亮集》。皆蜀人同时入洛者，而各骛标立，不相厌服如此。情好亦每由是携隙焉。然其书独寿作传世不失，

则其优劣亦可见矣。

⑥《晋书》云："张华将举寿为中书郎。荀勖忌华而疾寿，遂讽吏部迁寿为长广太守。辞母老不就。"长广郡，属青州，咸宁三年置，统三县，户四千五百（见《晋书·地理志》）。故寿辞不就也。

⑦《晋书》："杜预将之镇，复荐之于帝，宜补黄散。由是授御史治书。以母忧去职。母遗言令葬洛阳。寿遵其志，又坐不以母归葬，竟被贬议。"（黄散，谓黄门侍郎与散骑侍郎，皆天子亲近之官）不云继母。疑此继字衍。杜预代羊祜为都督荆州诸军事征南大将军，在咸宁四年十二月。然则寿为侍御史（御史治书）在平吴前二年也。远在撰《三国志》前。《常志》与《晋书》叙次寿事皆有误。

⑧晋咸宁五年伐吴，明年吴平，改元太康。太康凡十年，改元太熙。太熙元年，武帝崩，惠帝立，立子遹为皇太子。太后杨氏与帝舅杨骏秉政。改明年元康。元康九年十二月，贾后以计诬陷太子遹，贬为庶人，徙居金镛城（洛阳角城）。"明年正月，贾后又使黄门自首：欲与太子为逆……更幽于许昌宫之别坊。"（《晋书》卷五十三《愍怀太子传》）。寻复杀之。太子徙许时，"诏宫臣不得辞送。洗马江统、潘滔、舍人王敦、杜蕤、鲁瑶等皆以冒禁至伊水拜辞，涕泣被收。"（《通鉴》卷八十三）不言陈寿往送。《晋书》本传云"未拜"。旧刻"太子传从后"，一作傅从，语皆不可解。顾广圻校稿云："当作转徙。谓愍怀太子废后，自金镛城迁许也。"下注："癸酉五月得此条。"凡顾氏校书得佳解者，每批注如此。廖本援之，小注云："按传从当作转徙，谓愍怀太子被废后，一徙金镛，再徙许也。"然此说亦有可疑。按《晋书》本传："元康七年病卒。"则寿死在太子被废徙前。永康元年，二月贾后徙太子遹于许。三月杀之。四月赵王伦等起兵诛贾后，并杀大臣张华等。则"太子转徙后"甫月余，张华亦死，亦不得荐寿兼散骑常侍也。纵使寿永康元年乃死，其年二月，寿已兼散骑常侍，惠帝语张华，亦不当云"不足久兼"。以此疑旧刻"太子传从后"，直当作"太子废徙后"。废与传、傅亦易讹，不必即为转字。太子废徙金镛，在元康九年十二月。既未更立太子，则中庶子无所事。时张华为首辅，故荐寿兼散骑常侍。言兼者，谓非真秩，但以中庶子本秩兼帝散从，备顾问也。时距张华之死尚有四月，故惠帝有"不足久兼"之语。张华且欲表寿登九卿。表未及上而值赵王伦之乱，寿亦被摈而卒，故不云卒于元康七年。此《常志》与《晋书》不同处。依《晋书》，寿于"元康七年病卒，时年六十五。"则当生于蜀汉之建兴十年（二三二—二九七）。至蜀之亡，已三十一岁。设如《常志》所记，则寿当卒于永康以后，八王之乱时，则蜀亡时未满三十。二者孰是，尚当详考。

⑨陈符，陈莅，陈阶，惟见《常志》。安汉人物，在汉有陈禅父子，以德行称。至魏晋遂有陈寿弟兄，并以文学显。继阆中而起，为巴西冠冕矣。

⑩李骧，《晋书》卷九十附《良吏·杜轸传》，云："时涪人李骧，亦为尚书郎，与轸齐名，每有议论，朝廷莫能逾之。号蜀有二郎。"上《士女传》附王崇事云："与寿良李宓陈寿李骧杜烈同入京洛，为二州标俊。"是也。"亦自列传"者，承上文"二州先达及华夏文士多为作传"句，言为陈寿作传者甚多。皆薄骧之为人，不为作传。骧后卒，亦于晚年自作传文，为史家所采也。作有作别各本并非。

九

李宓①，元丰本作密。下同。《晋书》与"裴注"同。廖本注云："裴松之《三国志》注引作密。下同。"谓《蜀书·杨戏传》注引《华阳国志》也。字令伯，犍为武阳人也。祖父光，朱提太守。父早亡。母何更行，裴注引作"更适人"。见养裴注引下有于字。祖母。元丰本作父。治《春秋左裴引有氏字。传》，博览《五经》，裴引无五经字。多所通涉。机警辨捷，辞义响起。裴引无此四字。事祖母以孝闻。其侍疾，则泣涕侧息，日夜不解带，膳饮汤药，必【自】过目尝口②。【尝】旧刻各本皆作"必过目尝口"。廖本依《三国志》裴注引删过字，改目为自，倒口尝字。有注说明。今按：裴注引文不遵原书字句。当两存之。故仍旧刻。本郡礼命，不应。州辟从事，尚书郎，大将军主簿，太子洗马。奉使聘吴。吴主问蜀马多少。对曰："官用有余，民间旧各本作间。自足。"吴主与群臣汎论道义，谓："宁为人弟。"宓曰："愿为人兄。"裴引此下有矣字。吴主曰："何以为兄？"宓曰："为兄供养之日长。"吴主廖本此下注云："以上十六字，旧脱。《三国志》注引有。今据补。"及群臣称之。裴引作"皆称善"。大同裴引作蜀平。后，征西将军邓艾闻其名，请为主簿，及书招欲与相见，皆不往③。以祖母年老，心在色养，拒州郡之命。独讲学，立旌授生。色养下十二字，裴注引无。而下有晋字。武帝立太子，征为洗马④。裴引作"太子洗马"。诏书累下，郡县相逼【遣】。旧各本俱作"相逼"。裴注引作"偪遣"。《文选》注引作"逼迫。"廖本改依裴注引作"逼遣"。于县下注云："旧衍相字。"于遣下注云："此字旧脱。《三国志》注引有，今据补。"兹按："相逼"无害于义。当仍旧。宓上疏，疏在本传。此四字，元丰与廖本作大字，正文。他各本并作小字，双行夹注。李本在书头。盖常氏自注文也。曰"本传"，谓常宽《后贤志》原传也。"裴注"引《华阳国志》，作："于是密上书曰：臣以险衅，夙遭闵凶。生孩六月，慈父见背。行年四岁，舅夺母志。祖母刘，愍臣孤弱，躬见抚养。臣少多疾病，九岁不行。零丁孤苦，至于成立。即无伯叔，终鲜兄弟。门衰祚薄，晚有儿息。外无期功强近之亲。内无应门五尺之童。茕茕孑立，形影相吊。而刘早婴疾病，常在床蓐。臣侍汤药，未曾废离。逮奉圣朝，沐浴清化，前太守臣逵察臣孝廉。后刺史臣荣，举臣秀才。臣以供养无主，辞 不赴命。诏书特下，拜臣郎中。旋蒙国恩，除臣洗马。猥以微贱，当侍东宫，非臣陨首所能上报。臣具表闻，辞不就职。诏书切峻，责臣逋慢。郡县逼迫，催臣上道。州司临门，急于星火。臣欲奉诏奔驰，则刘病日笃。苟顺私情，则告诉不许。臣之进退，实为狼狈。伏惟圣朝以孝治天下，凡在故老，犹蒙矜愍。况臣孤苦，特为尤甚。且臣少侍伪朝，历职郎署。本图宦达，不矜名节。今臣亡国贱俘，至微至陋，猥蒙拔擢，宠命优渥，岂敢盘桓有所希冀。但以刘，日薄西山，气息奄奄，人命危浅，朝不虑夕。臣无祖母，无以至今日。祖母无臣，亦无以终余年。母孙二人，更相为命，是以区区不敢废远。臣今年四十有四，祖母刘今年九十有六。是臣尽节于陛下之日长，报养刘之日短也。乌鸟私情，愿乞终养。臣之辛苦，非徒蜀之人士及二州牧伯所见明知，皇天后土，实所共鉴。愿陛下矜愍愚诚，听臣微言，庶刘侥幸保卒余年；臣生当陨首，死当结草。臣不胜犬马怖惧之情。"全录疏文四百六十六字。顾观光校勘记据之，作正文增补。廖本但作注文。兹按：《常志》无引疏草全文先例。此传上文又多与《陈情疏》文重复。是《常志》原传，但取其事，未录其文，以常宽《后贤志·传》已具录之故也。此文当时已传诵全国，《晋书》卷八十八《孝友宓传》与《文选》亦载之。故裴松之因重其文，辑合于所引《华阳国志》耳。武帝览之，裴引作表。曰："宓不空有名也。"嘉其诚款，赐奴婢二人。下郡县供其祖母奉膳⑤。裴引作"供养其祖母奉膳"。【及祖母卒，服终，】廖本注云："以上六字旧脱，《三国志》注引有，今据补。"今按：此"裴注"衍文也。《常志》当无。宓既入仕，固当在祖母卒与除服之后。裴氏推而衍之耳。【徙】《裴注》引作从。《文选》作徙。从尚书郎为旧各本无为字。廖本注云："此字旧脱，《三国志》注引有。今据补。"河内温裴引有县字。令。今按："裴注"引从与为字相应，谓宓除服后入仕，自尚书郎起，旋除温县令。旧刻各本作徙字非。敷德陈教，政化严明。【大】太廖本作大。傅钜平侯羊公薨，无子，帝令宗子为世子嗣之，不时赴丧。宓遣户曹赍移、推毂遣之⑥。裴注引无引上三十三字。中山诸王每过温县，必责求供给。裴引此下有温字。吏民患之。裴引此下有及字。宓至，《太平御览》四百三十八引作"李宓至县"。中山王过县，征裴引作欲求。刍茭薪蒸⑦。《御览》作："中山王过，欲征。"宓笺旧各本无笺字。裴引有。廖本注云："此字旧脱，《三国志》注引有。今据补。"引高祖过沛，宾元丰、钱、刘、李、《函》作宾。张、吴、何、王、浙、石本作滨。张佳胤所改也。裴引作"宾礼"。【礼】旧各本无。廖本注云："此字旧脱。《三国志》注引有，今据补。"顾观光作"宾客"，谓"依《御览》补"。今按，无礼字，义亦通。《御览》四百二十八本作"宾老幼"。顾观光所据乃误本也。老幼。桑梓之供，一无烦【费】裴引作扰。《御览》引亦作扰。扰是。扰。"伏惟明王，孝思惟则，动元丰本作勖。识张、吴、何、王、浙、石本作职。先戒；本国望风，式歌且舞；诛求烦裴引作之。碎，所未闻命⑧。"后诸王过，不敢烦温县。裴引作："不敢有烦。"无温县字。盗贼发河内余县，不敢近温。追贼者不敢经界。裴引无此节十八字。陇西王司马子舒深敬友之。裴引作密。而贵势之家旧各本皆作贵家二字。钱写作贵豪。廖本注云："此二字旧脱，《三国志》注引有，今据补。"惮其公直⑨。宓去官，为州大中正。性元丰本作惟。方亮，裴引作直。不曲意势位者，裴引作后，属下句。失荀、张指，裴引作荀勖张华。左迁汉中太守。诸王多以为冤⑩。一年去官，年六十四卒⑪。著《述理论》，论中和仁义，儒学道化之事，张、吴、何、王、石本作士。凡此上十二字，裴引无。十篇，安东将军胡罴裴引熊。与皇甫士安深裴引作并。善之⑫。裴注引文止此。又与士安论夷齐，及司马文中、杜超元丰、钱、《函》本作起。他各本皆作超。宗、郄令先、文广休等议论往返，言经训诂，众人服其理趣。释河内赵子声【讥】谏张、吴、何、王、石本作谏。他各本作讥。诗、赋之属二十余篇⑬。元丰本无篇字。寿良、李骧与陈承祚相长短，宓公议其得失而切责之。常言："吾独立于世，顾景张、吴、何、王、浙、石本作影。为俦，张、吴、何、王、浙、石作俦。而不惧者，心无彼此于人故也。"《通鉴》卷七十九引作"故也"。《常志》旧各本倒作"也故"。此下不空。王本有圈点，自也断句，故字下属。兹依廖本。宓六子皆英挺秀逸，号曰六龙。长子赐，字宗硕，州别驾，举秀才，汶山太守。少与东海王司马元超友昵，每书诗往返，雅有新声⑭。少子兴，字儁硕，《函海》作碓。并注云："碓应作雄。刘、吴、何、李本作儁硕。"太傅参军⑮。幼子盛、廖本注云："此下当脱一字。《目录》不载，今无以补之。"□硕，宁浦太守⑯。宓同时，蜀郡高玩，字伯珍，少受学于太常杜琼，术艺微妙，博闻强识，清尚简素。少与宓齐名，官位相比。大同后，察孝廉，除曲阳令。单车之县，移檄县纲纪不使遣迎。以明三才，元丰、钱、张、吴、何、《函》、王诸本作材。刘、李、廖本作才。征为太史令，送者亦不出界；朝廷称之。方论大用，会卒⑰。

案：以上李宓及其诸子，并附《高玩传》七百三十八字。与《晋书·孝友》本传文什九不同，盖晋世作《宓传》者甚多，各所传轶事不一也。裴松之注《三国志·杨戏传》有"戏同县后进有李密者，字令伯。《华阳国志》曰"云云，盖宓所上《陈情表》，为全国文士所传诵，裴氏高其人，故虽《三国志》不著，亦因同县人《杨戏传》强附之。所引仅《华阳国志》，则《晋书·宓传》所载各事，刘宋时尚未流传也。裴氏所引《常志》传文，多有删改：增补《陈情表》全文，与"荀张"名各一字，皆显著易知者。《常志》前传陈寿，已明著中书监荀勖、中书令张华，赓传李宓，乃与寿等同时入洛者，则《李传》但言"失荀张旨"，意自明白。裴氏单引《宓传》，无所赓承，则不能不补出勖、华二字也。《陈情表》为世传诵，《常志》以例无录取旧文全部者，但注"在本传"字。裴注则全载之，致与《常志》上文有所重叠。其他信手改窜之字亦多。此乃昔人引书不遵原文之积习，若《太平御览》所引一段，改窜更大。然亦有个别增删得常处，足补传钞论脱之失。兹皆逐句为之对勘，非惟可以助审文义，且亦以见昔人引书之态度与手法也。

【注释】

①李宓，宋以前人皆书作密，故裴注与《晋书》皆作密。《通鉴》与元丰本《华阳国志》亦作密。嘉泰以后刻本乃皆作宓。似由避与隋、唐李密混，故改之。《晋书》云"一名虔。"虔盖虙字讹。即古写宓字也。宓亦读伏。宓羲、虙牺、伏羲为一人。两字音义皆同，秘也、安也、静也、止也，古当通用。

②廖本依裴注改旧刻"必过目尝口"为"必自口尝"。设以裴注先出为当遵，则须改删之初太多，实不可尽遵。若谓旧刻语意难通不如裴文简赅，则亦不然。宓虽至孝，安能凡祖母饮食皆先口尝，例如米饭，岂亦皆先尝耶？过目而不尝者固当有之。言"必过目"，谓其每食必在也。尝口，谓非常食之物则先尝之也。裴改作"必自口尝"，省一字而缺一义，未必为胜。校书当重旧本，苟不害义，即不妄改，况谓实从同而文不胜于旧本乎。故改还旧刻。《晋书》卷八十八《孝友·密传》云："刘有疾，则涕泣侧息，未尝解衣。饮膳汤药，必先尝后进，"不知所据何本？然亦仅谓病时如此，非谓平时亦皆先尝也。

③仕蜀各事，《晋书》不如此详，史体固当如此。又无蜀平后邓艾征请各节，则所据本详略不同也。"大同后"三字，在此明指平蜀以后。

④此言平蜀后泰始元年至三年间事也（武帝立太子在泰始三年）。"立旌"，谓于门树表，招生讲学，犹酒家之树帘也。《周礼·天官》，掌舍"设旌门"注云："设旌以表门。"此借其义。裴注引文，删"拒州郡之

命"句。以"心在色养"句上属于拒邓艾招，未符历史实际。《晋书·宓传》又以"有暇则讲学忘疲。而师事谯周，周门人方之游夏。"叙在仕蜀前，皆有未当。揆以情理，蜀亡前，宓历多官，不得有暇讲学。且初试时年未三十，亦非讲学时。"周门人方之游夏"者，正谓其泰始初岁，欲以讲学行孝终老，门人众多，似子夏在西河也。叙次，当以《常志》为正（参看下注）。

⑤晋武帝立太子在泰始三年正月（《晋书·帝纪》）。则宓上书亦当在是年。自云"年四十有四"，则生于蜀汉建兴元年（二二三），至蜀亡时四十一岁也。仕蜀初为州从事，历尚书郎，至大将军主簿。大将军，当指费祎。祎延熙六年为大将军，十六年（二五三）正月死，遂不更置大将军。则宓为主簿当在是年之前（二四三—二五三），即二十至三十岁时。然则宓二十已入仕矣。其讲学不仕，当在泰始初年无疑。

⑥"钜平侯羊公"，谓羊祜。祜卒于咸宁四年。时宓为温令。以此逆推，宓祖母死在泰始中，宓入会仕晋在太始末或咸宁初，其作温令时间甚久。《晋书》卷三十四《羊祜传》："无子，弟以祜兄子暨为嗣。暨以父没不得为人后。帝又令暨弟伊为祜后。又不奉诏。帝怒，并收，免之。太康二年，以伊弟篇为钜平侯，奉祜嗣。……位至散骑常侍，早卒。孝武太元中，封祜兄玄孙之子法兴为钜平侯，邑五千户。以桓玄党诛，国除。"相传相墓者言祜当无后。故暨、伊、篇畏死，皆不愿奉诏。《常志》此传所言世子，盖谓篇也。篇见暨、伊皆被收，不敢不奉诏，而趑趄不愿以时赴丧。宓遣户曹督遣之，乃行。"赍移"，谓文移，关会赴丧途间郡县者也。"推毂"，谓使吏自御车以督之也。祜泰山南城县人，卒于襄阳。武帝临哭之"甚哀，是日大寒，涕泪霑须鬓皆为冰焉"（《祜传》）。则治丧在洛阳也。温，河内郡属县，在洛河北，距洛百余里。近上党。祜父衟为上党太守，故有子居温，即祜之兄，暨、伊、篇之父也。

⑦《晋书》卷三十七《济南王传》：宣帝弟司马遂，"武帝受禅，封济南王。泰始二年薨。二子耽、缉。耽嗣立，咸宁三年徙为中山王。是年薨，无子，缉继。成都王颖以缉为建威将军，与石熙等率众拒王浚，没于阵。薨无子，国除。"此传云"中山诸王"，谓耽与缉。宓任内所遭，乃缉也。缉本远宗，而宓素有令名，为晋室诸王所爱重，故缉为宓戢其骄恣也。"刍茭"，供饲马用。《书·费誓》："峙乃刍茭。"鲜曰刍，乾曰茭。"薪蒸"，供炊爨用。《诗·小雅》："以薪以蒸。"粗者曰薪，细者曰蒸。

⑧此笺字当有。下引有笺文二十八字。其云"高祖过沛"一节，亦笺中语，《常志》但引其意，非笺文如此。故引用号但加于"伏惟"以下二十八字。

⑨查《晋书》及万斯同《晋诸王世表》、秦锡田《补晋宗室王侯表》，皆无陇西王。司马子舒何人无考，疑是远宗之居温县者。温县为近畿大县，在黄河北，土沃而当大道，贵家多购地置产于此。司马子舒当是其一人。子舒虽与宓相得，而他诸贵势之家咸惮恶宓，多所掣肘，故宓去官。

⑩"州大中正"，谓司州之大中正。晋世行九品官人法，郡国有中止。各州有人中正，主评选事。中正多用本郡人，取其熟习一方人事。大中正则不必为本州人。李宓官于司州久，有贤名，故被任为司州大中正也。中正评选之弊，有"上品无寒门，下品无世族"之讥。宓为京畿大中正而不能曲意势位者，必对郡国所举多所诎摘。故又为荀张所不喜，出为汉中太守。晋宗室封王侯者，不由中正评选，故与宓无牴，反从旁见其评选之公，而以其外迁汉中为冤也。《晋书》不言宓作大中正。

⑪《晋书·密传》云："密有才能，常望内转。而朝廷无援，乃迁汉中太守。自以失分，怀怨。及赐饯东堂，诏普令赋诗。末章曰：'人亦有言：有因有缘，官无中人，不如归田。明明在上，斯语岂然。'武帝忿之。于是都官从事奏免密官。后卒于家。"是谓宓由温令迳迁汉中太守。又末及任而罢。与《常志》此传颇异。平吴后，武帝不更优礼梁益人士。宓以诗文忤旨而废，或有之也。宓上《陈情表》时年四十四，则六十四

为泰康八年（二八七）。废归家居约有五六年。

⑫《述理论》，宓所著书名。今轶。胡罴，字季象，淮南寿春人，见《晋书》卷九十《良吏·胡威传》。传云："弟罴，字季象，亦有干用，仕至益州刺史，安东将军。"足见今本《三国志》裴注引《华阳国志》作胡熊，乃字讹也。皇甫世安名谧，安定朝那人，徙居新安，高隐不仕，号玄晏先生，太康三年卒，年六十八，《晋书》卷五十一有传。新安，晋畿辅县，与温迩近，故谧与宓友善，酬答为多。

⑬此节言宓除《述理论》为专书外，又有文集行世。并略述其内容，皆与时贤书札议论之作。《隋书·经籍志》载梁《七录》，有《汉中太守李虔集》二卷，录一卷（两《唐志》亦载，并作十卷）。即此书也。《晋书·李密传》谓其"一名虔"，盖即由此书题字异故。虔盖虙字讹。虙即古写宓字（说在《颜氏家训》）。司马文中，未详，疑即司马胜之三子中之一人。《胜之传》但举尊、贤、佐名，"皆有令德"，则亦名士也。此传据宓文集，但称字，因而难定究为谁人。设中读如仲，则为司马贤也。西晋京畿诸司马氏，皆王侯爵，上文称"诸王"。惟司马胜之入洛，晋人虽以"宗室礼之"，实非帝族同宗，此传云"司马文中，故可知其为胜之诸子也。杜超宗名轸，文广休名立，皆蜀人，本卷有传。郤令先名正，《三国志》有传，作却正。本河南偃师人益州刺史郤鉴子，实长于蜀。蜀平后，从后主还洛。与宓及文立杜轸等皆蜀时同僚，相为习熟。以此三人推司马文中，当亦蜀人，为胜之之子无疑矣。河内赵子声，亦系称字，失其名，行事无考，当是河内先贤，有文集，宓为温令时，为之注解以表彰之，《宓集》内亦收入也。"讥"，不成文体名称。张佳胤改作诔，当是。

⑭《晋书·李密传》作"二子，赐、兴。赐字宗石，少能属文，尝为《玄鸟赋》，词甚美。州辟别驾，举秀才。未行而终。"石、硕二字古通。别驾，秀才，皆与《常志》同。而不及汶山太守。疑"未行"上有脱文。当以《常志》为正。司马元超，即东海王越，"八王之乱"中独以贤称者也。《晋书》卷五十九有传。传云："高密王泰之次子也。少有令名。谦虚，持布衣之打操，为中外所宗。"初以东宫侍讲拜散骑侍郎。以讨杨骏有功，封五千户侯，迁侍中，（元康元年）复"封东海王，食六县。永康初为中书令。"其与李赐往还唱和，盖在武帝末岁，惠帝初岁。

⑮《晋书》又云："兴字隽石，亦有文才。刺史罗尚辟别驾。尚为李雄所攻，使兴诣镇南将军刘弘求救。兴因愿留为弘参军而不还。尚白弘，即夺其手板而遣之。兴之在弘府，弘立诸葛孔明，羊叔子碣，使兴俱为之文，甚有辞理。"《常志》云"太传参军"，盖即谓弘镇南将军府参军（《蜀记》作"太傅掾"）。弘承太傅羊祜勋业，功绩相当，或亦曾加太傅衔称也。诸葛亮隐居隆中，与羊祜《岘山碑》（《堕泪碑》）皆在襄阳。刘弘皆更为修葺。命兴撰词刻石。《三国志》裴注引《蜀记》云："晋永兴中，镇南将军刘弘至隆中，观亮故宅，立碣表闾，命太传掾李兴为文曰：天子命我于沔之阳，听鼓鞞而永思，庶先哲之遗光。登隆山以远望，轼诸葛之故乡。盖神物应机，大器无方。通人靡滞，大德不常。故谷风发而驺虞啸，云雷升而潜鳞骧。挚解褐于三聘，尼得招而褰裳，管豹变于受命，贡感激以回庄。异徐生之摘宝，释卧龙于深藏。伟刘氏之倾盖，嘉吾子之周行。夫有知己之主，则有竭命之良。故所以三分我汉鼎，跨带我边荒，抗衡我北面，驰骋我魏疆者也。英哉吾子，独含天灵。岂神之祇，岂人之精。何思之深，何德之清。异世通梦，恨不同生。推子八阵，不在孙吴。木牛之奇，则亦般模。神弩之功，一何微妙。千井齐甃，又何秘要。昔在颠夭，有名无迹。孰若吾俦，良筹妙画。臧文既没，以言见称。又未若子，言行并征。夷吾反坫，乐毅不终。奚比于尔，明哲守冲。临终受寄，让过许由。负扆荏事，民言不流。刑中于郑，教美于鲁。蜀民知耻，河渭安堵。匪皋则伊，宁彼管晏。岂徒圣宜，慷慨屡欢。昔尔之隐，卜惟此宅。仕智所处，能无规

廊。日居月诸，时殒其夕。谁能不没，贵有遗格。惟子之勋，移风来世。咏歌遗典，懦夫将厉。遐哉邈矣，厥规卓矣。凡若吾子，难可究已。畴昔之乖，万里殊涂。今我来思，睹尔故墟。汉高归魂于丰沛。太公五世而反周。想魍魎以仿佛，冀影响之有余。魂而有灵，岂其识诸。"又引王隐《晋书》云："李兴，密之子，一名安。"

⑯李盛，及他三子，俱无可考。盛字原阙一字。魏晋人多有弟兄联字之习，如马氏五常，李氏三龙等，其例甚多。李宓六子，当皆字以硕，以此知盛与硕间有一脱字，然无可补矣。宁浦，广州属郡，吴置边郡。

⑰高玩，惟见《常志》。《目录》云"江原人"。"术艺"与"三才"，皆谓天文、风角、图谶、占候之学。

十

杜轸，字超宗，蜀郡成都人也。父雄，字伯林，安汉、雒令①。轸少师谯周，发明高经于谯氏之门②。郡命为功曹③。邓艾既破蜀，被征。钟会进成都，时太守南阳张府君不肯出官。轸进曰："征西囚执镇西，在近，必有所遣。军乱之际，交害无常。宜避正殿。"府君即出住下舍。会果遣参军牵弘为太守，数百骑擐甲驰元丰本作骑。马入郡。前驱问侯所在。云："已出。"善之。此下，张、吴、何、王、浙、石本有小注三十二字云"按《牵弘传》，问轸所在。轸正色对曰："前守达去就之机，辄自出官舍，以俟君子。弘器之。"他各本无。盖张佳胤所注也。《晋书》无《牵弘传》。所引实出《良吏·杜轸传》。原按误。弘钱写本此字作引，缘元丰本缺笔误也。复召为功曹④。察孝廉，除建宁令。徙任山阳、新城、池阳，所在有治⑤。入为尚书郎，每升降趋他各本作趍。翔廊阁之下，威元丰本作凤。钱写作盛。他各本作威。容可观，中朝伟之。迁犍为太守，惠爱在民。还为州大中正。轸既才学兼该，而气量元丰本作重。周傥，武帝雅识之，方用内侍，会卒。时年五十八⑥。弟烈，字仲元丰本作中。武，贞干敏识，平坦和粹，名誉侔轸。察孝廉，历平康、牛鞞、南郑、安阳令。王国元丰本无国字。建，首选为郎中令。迁衡阳太守。兄轸丧，自上求去官，以兄子幼弱，轸丧飘飘，《函海》有注云："原作飘飘。"今各本皆作飘飘。欲扶将灵柩葬旧坟。武帝欢惜轸能用未尽，而嘉烈北，意转拜，徙官犍为太守。又转湘东⑦少弟良，字幼伦，张、吴、何、王、浙、石本作论。亦有当世局分。举秀才，荼元丰本作蔡。陵、新都令，国王廖本注云："当作王国。误倒。"兹不取。郎中令，迁涪陵、建宁太守。兄弟并【典】元丰与廖本作典。他各本并作兴。兴，州张、吴、何、王、石本作利。里以为美谭⑧。轸二子：长子毗，字长基。少子秀，字彦颖。珪璋琬琰，他各本皆作琰。廖本依宋椠讳笔。世号"二凤"。毗举秀才，大将军辟掾，太傅参军，平东长史，尚书郎。稍迁镇南疑当作征南，说在注释。军司，益州刺史⑨。秀州主簿，早卒⑩。廖本注云："按：早卒二字疑衍。《晋书》载毗为杜弢所害也。"今按，旧刻主簿上脱"秀州"二字，致误连于毗也。说详注释。

案：以上杜轸与其两弟两子合传四百一十三字。赞曰"友于实寔"，合赞其兄弟父子也。《书·君陈》："惟孝，友于兄弟。"《晋书》卷九十《良吏·轸传》亦并记弟烈、良及轸二子事，与此详略互异，颇有足以修订《常志》旧刻之处。当是各所依据不同。兹据补二字。余于分注勘订。

【注释】

①《晋书》作父雄，绵竹令。

②"发明高经于谯氏之门。"谓轸专治经学，多所发明，在谯周门生中经学最高也。疑原当作："以发明经义高于谯氏之门。"然亦难定，故仍录旧文。《晋书》作："轸师事谯周，博经书。"

③《晋书》作："州辟不就，为郡功曹史。"

④《晋书》作："时邓艾至成都。轸白太守曰：'今大将军来征，必除旧布新，明府宜避之，此全福之道也。'太守乃出。艾果遣其参军牵弘自之郡。弘问轸前守所在。轸正色对曰：'前守达去就之机，辄自出官舍，以俟君子。'弘器之，命复为功曹。轸固辞。"《常志》此传谓在钟会入成都时。查牵弘为牵招次子，"亦猛毅有招风。以陇西太守随邓艾伐蜀，有功。"见《三国志·魏书·招传》。艾入成都，"以师纂领益州刺史，陇西太守牵弘领蜀中诸郡。"见《三国志·艾传》。常璩《大同志》则谓："咸熙元年，蜀破之明年也。以东郡袁邵为益州刺史，陇西太守安平牵弘为蜀郡。金城太守天水杨欣为犍为太守。"是弘为蜀郡太守在咸宁元年钟会入蜀后。惟谓邓艾入成都时，已以"领蜀中诸郡事"衔，率军入少城蜀郡府接管郡务。同时亦当往犍为、广汉两郡接管。轸之劝张太守避舍候代，在邓艾受降入城时，非钟会入城时。《常志》之说，盖由蜀人知弘于咸熙元年入成都，同时，弘拜蜀郡太守，而有所误会，以致有"征西囚执镇西"之说。当以《晋书》为正也。"在近"，谓蜀郡治成都，于会最近，必当易人也。"避正殿"者，谓不更坐正堂高屋。古以屋高严者皆称曰殿。各官署皆有之。六朝以后乃谓天子之宫曰殿。《初学记》引《仓颉篇》曰："殿，大堂也。"又"丞相所坐屋"为殿，见《汉书·黄霸传》注。足证。或谓：邓艾入成都时，牵弘贵要，兼领蜀中诸郡，蜀郡太守已避舍，仍使暂摄之，非自兼也。迨艾以罪征，会入成都，乃以弘领蜀郡，杨欣犍为。郡守依轸教再避舍，得以无过。《晋书》记其前，《常志》记其后，故辞各不同。此亦有可能。兵乱之际，传闻异词，宜两存之。

⑤《晋书》云："察孝廉，除建宁令。导以德政，风化大行，夷夏悦服。秩满将归，群蛮追送，赂遗甚多，一无所受，去如初至。又除池阳令。为雍州十一郡最，百姓生为立祠，得罪者无怨言。"不言山阳、新城二县。池阳，晋扶风郡首县也。

⑥《晋书》："累迁尚书郎。轸博闻广涉，奏议驳论多见施用。……后拜犍为太守，甚有声誉。当迁，会病卒，年五十一。"无为州大中正句。与《常志》年寿不同。今按：轸在蜀仅为郡功曹，虽谯周高足而未入廊庙，则年非壮强可想。蜀亡二十七年而晋武帝崩。轸卒于武帝在位时，则年不甚高。然设其蜀亡时仅三十岁，则至武帝末年亦三十七矣。其作郡功曹，尚有一段时间。以此推之，当依《常志》年五十八说。

⑦《晋书》云："轸弟烈，明政事，察孝廉，历平康、安阳令。所居有异绩。迁衡阳太守。闻轸亡，因自表兄子幼弱，求去官。诏转犍为太守，蜀土荣之。后迁湘东太守。为成都王颖郎中令。病卒。"较《常志》，脱牛鞞、南郑两官，而叙为成都王府郎中令在湘东太守后。今按，成都王封在太康八年。去轸卒时应不远。

《常志》云"首选为郎中令"，当在此时。迨转衡阳，遂藉兄丧，辞不赴，求扶柩葬，实意在蜀地近郡。帝知其意，徙犍为，以便就近治丧，故"蜀土荣之"。其后仍转湘东。湘东，荆州小郡也。太康时较衡阳郡少两县，一万户。盖左迁也。若果太康八年当在惠帝时矣。成都王颖实未之国。起兵讨灭赵王伦后，执政颇久。其寮属有左右长史，左右司马，不用王国官属名称。《晋书》言轸转湘东后乃"为成都王颖郎中令"就颖执政府言，必不然矣。赵王伦篡而赵廞反。旋即罗尚兼领三府与李氏相攻，蜀民流落辗徙，杜毗即死于湘州。谓烈由湘东转王国郎中令，此又不然也。《晋书》必误，当以《常志》为正。烈"病卒"当在湘州。《常志》未言其卒于湘东者，常宽入交州时烈犹未死，故不载，璩亦无由知卒也。

⑧《晋书》云："烈弟良，举秀才。除新都令，涪陵太守，不就。补州大中正卒。"亦与《常志》出入颇大。良年更幼于烈，其仕当始于武帝末叶。其为涪陵、建宁太守，俱当在罗尚败走之后。"州大中正"，当是蜀流民在荆湘者犹存中正选举之制。常宽知良拜建宁太守，未知其不就与拜大中正，故璩亦不知之也。

⑨《晋书》云："毗字长基，州举秀才。成都王颖辟大将军掾，迁尚书郎，参太傅军事。及洛阳覆没，毗南渡江，王敦表为益州刺史。将与宜都太守柳纯共图白帝，杜弢遣军要毗，遂遇害。"成都王颖于永宁元年（三〇一）四月讨诛赵王伦后为大将军。毗之辟大将军掾，当在此时。光熙元年（三〇六）八月，赵王伦拜太傅，录尚书事。自太康以来，至此复置太傅。毗作太傅参军，当在此时。其由大将军掾迁尚书郎，当在成都王颖败废之前，即太安（三〇二—三〇三）年中。洛阳覆没在永嘉五年（三一一）六月。《晋书·毗传》谓："毗南渡江。王敦表为益州刺史。"《常志》此传亦谓："毗举秀才，大将军辟掾，太傅参军。"而下文则有"东平长史，稍迁镇南军司，益州刺史主簿"等语。又《晋书》谓毗为杜弢所杀。而《常志》云"早卒"，分歧相牴。"东平"无考。按《齐王冏传》：赵王伦与冏相结，废贾后。"以功转游击将军。冏以位不满意，有恨色。孙秀微觉之，且惮其在内。出为平东将军，假节，镇许昌。"设《常志》"东平"为"平东"之倒，则毗由太傅参军转平东长史，在伦篡位前也。"镇南将军"为自羊祜、杜预至刘弘三任荆州刺史之加衔。光熙元年弘卒，继之者刘陶、高密王略、山简皆称征南，不更有"镇南"之称。毗既为"太傅参军"，即不能同时为"镇南军司"，设如《晋书》所云，毗于洛阳陷没后乃南渡，则必经荆州。时荆州帅正是山简，疑常文"镇南"二字乃"征南"之讹。洛阳陷时，江左仅司马睿以平东将军督扬州军事驻建邺，犹未能击天下之望。毗之南奔，留滞荆州为有可能。杜弢于永嘉五年正月叛据湘州，愍帝建兴三年（三一五）秋败走道死（据《晋书·帝纪》）。在元帝称晋王（三一七）改元建武以前，则王敦执政时，毗安能为杜弢遣军所杀。是《晋书·毗传》亦有误也。再按《晋书》卷七十《应詹传》：杜弢据湘州，詹保南平、天门、武陵三郡。（弢素与詹善，故不攻也）"元帝假詹建武将军。王敦又上詹监巴东五郡军事，赐爵郫阳乡侯……迁益州刺史，领巴东监军。……俄拜后将军……出补吴国内史。"万斯同《晋方镇表》击詹为益州刺史在建兴四年（三一六）。又考《晋书·元帝纪》，建武元年（三一七）"九月戊寅，王敦使武昌太守赵诱、襄阳太守朱轨、陵江将军黄峻讨猗（第五猗为荆州刺史，愍帝所命），为其将杜曾所败，皆死之。""梁州刺史周访讨杜曾，大破之。"太兴元年（三一八）十一月，"加大将军王敦荆州牧"。（访部将苏温获、杜曾、第五猗等，送于王敦，敦斩之。初许访领荆州，至是自兼。见《访传》）其表毗为益州刺史，与宜都太守柳纯共图白帝，当在此时。时益州太守应詹已内调为后将军转吴国内史矣。

⑩《常志》此传不言杜秀官位。而旧刻末句作："益州刺史主簿，早卒。"夫杜毗已历朝官，安得以镇南参军转为州主簿？又毗已历官十八年，年当近五十，亦不得为"早卒"。按《晋书·轸传》云："毗弟秀，字彦颖，为罗尚主簿。州没，为氐贼李骧所得，欲用为司马。秀不受，见害。"是《常志》旧刻，主簿上脱

"秀，州"二字。原自"益州刺史"断句，结毗事，未言其死。下叙弟秀为益州刺史罗尚主簿。尚太安二年（三〇三）败走，秀不及从，为李骧所得，被杀。于是不过三十岁（以兄毗永宁元年约三十岁推之）。故曰早死也。

十一

任熙，字伯远，蜀郡成都人也。汉大司农任【方】昉后也①。元丰、钱、刘、李、《函》、廖、浙本如此。张本方作昉。吴、何、王、石本作"昉之后"。世有德彦。父元，字秀明，犍为太守，执金吾。熙治《毛诗》、《京易》，博通《五经》。事亲至孝，居丧毁瘠，为州乡所称。察孝廉。除南郑令，以病去官。复授南郑，不就。转梓潼令。为政清净。辞疾告归，勤农力穑，居室元丰本作宝。致给②。循训闺元丰、钱、张、吴、何、王、石本作阃。门，内则可法。博爱，以谦恭接物。开门待宾，倾怀下士。客无长幼，《太平御览》四百五，引作少长。必有供膳。清谈游讲，不妄刘、李本作忘。失言，祗慎著闻。太康中，除越巂护军，非其雅好，不往。征给事中。熙以"侍臣日月左右，赞晖扬吴、《函》二本作杨。《函海》并注云："刘、吴、何、李本作扬。"光，不可苟元丰本作徇。私"。终以病辞。而蜀郡令每至官，为之修谒，岁致羊酒。即家拜朱提太守，固让，不之官。好述作，诗诔论难皆粲艳。年六十九，卒于家。子蕃，字宪祖。察孝廉，新都令，西夷司马，涪陵太守③。蕃子迪，字叔孤，少与巴西龚壮俱知名，而学业优之，早殁④。熙同时，此二字，元丰本作空位。犍为杨彭敬宗，弟逵训宗，各以德行称，同察孝廉。彭，比苏令，甘露降其县。逵，滇池令，殊俗怀其德⑤。

案：以上任熙父子祖孙，附杨彭弟兄传，三百零一字。赞熙一人。诸人惟见《常志》。

【注释】

①《蜀郡士女赞注》："任昉字文始，成都人也。"赞云："司农明允。"《目录》亦云："公亮大司农、司隶校尉任昉，字文始。"此作方，当依张佳胤校改作昉。

②"居室致给"，承上"勤农力穑"言，则谓熙世拥广大土田，督奴勤耕，故足不出室而家自给。或谓居，屯积也。熙居成都市，居积房产，租赁取利，以给家也。二者必居其一，否则安能经常"开门待宾"供膳清谈乎？封建史籍不以剥削为恶，但因其能好客而称之。熙盖善于经营业者故不乐仕也。

③西夷校尉，太康三年置。赵廞败死罗尚入蜀，遂兼领之，与李家军战争连年，败走巴东。任蕃由新都令转西夷司马、涪陵太守，未见参加战斗之迹，当是罗尚入蜀以前事。以此推之，熙当卒于太康以前，蕃除

服，察孝廉，乃入仕也。熙年六十九卒，则当生于建安末叶。其作梓潼令以前皆在蜀汉之世。蜀亡后，由于好客，甚为官绅所称道，矿太康中累除官也。

④龚壮，在李寿时已老。任迪少与齐名，则当太康末年已属少壮。以此推熙卒年，亦当在太康以前。

⑤杨彭、杨逵，皆当是蜀汉时人。蜀亡犹在，故常宽收入《后贤志》也。

十二

王长文，字德儁，钱、《函》二本作雋。张、吴、何、王、浙、石本有小注云："按本传，字德叡。"《太平御览》五百三引王隐《晋书》作"字德郁"。广汉郪人也。父颙，廖本原刻缺笔，用宋避讳字，盖其所据。季振宜氏藏本如此。故意作遵宋椠态耳。兹仍作颙。字伯元，犍为太守。长文天姿聪警，高畅敏识；治《五经》，博综群籍。弱冠，州三辟书佐。丁时兴衰，元丰、钱、刘、李、《函》、廖本作兴衰。张、吴、何、王、浙、石本作衰乱。兹不改。托疾归家①。大同后，郡功曹。察孝廉，不就，遂阳愚②。尝此下，钱、张、吴、何、李、《函》、王、浙、石本皆有着字。刘本作著。惟元丰与廖本无之。绛衣绛帽，牵猪过市中【讫】乞。元丰与廖本作讫，他各本皆作乞。乞字训售，先见《何随传》。人与语。伪不闻。常骑牛周旋《太平御览》四百九十九及八百二十七引，并作游。郡守初至，钱、刘、李、《函》本无守字，有初字。张、吴、何、王、浙、石本有守字，无初字。元丰本与廖本并有之。诣门修敬，至间。走出，原省长文二字。请，终不还③。刺史淮南胡罴辟从事祭酒，卧在治。罴出板举秀才，长文阳发狂疾，步担走出门。罴累遣教请还，终不顾④。还家养母。独讲学。著《无名子》十【三】二篇，旧各本皆作十二篇，惟廖本作十三篇。依则《论语》。又著《通经》《晋书》作《通玄经》。四篇，亦有卦名，拟《易》、【元】《玄》⑤。以为《春秋三传》，传经不同，每生讼议，乃据经摭传，著《春秋三传》十二篇。钱、《函》二本作十三篇。他各本作十二篇。又撰《约礼【已】记》，元丰与廖本作已。廖本注云："当作以，读下属。"他各本皆作记。元丰本字误耳。除烦举要，凡十篇；皆行于时⑥。长文才鉴清妙，元丰本倒作妙清。汎爱广纳，放荡阔达，不以细宜廉【介】分元丰与廖本作介，他各本皆作分。为意⑦，亦不好臧否人物，故时人爱而敬之。以母欲禄养，咸宁中，领蜀郡太守。郫有孝子罗偶，《太平御览》八百六十三引作狼偶，当误。事亲至孝。二亲将亡时，病不能食肉。偶终身不食肉。原无偶字。《太平御览》八百六十三引有。兹据补。郡察孝廉。长文追为立表以旌之⑧。宰府辟，三司及抚军大将军王濬累辟，不诣。濬薨，以故州将【军】，军字当衍，说在注释。吊祭⑨。元康初，试守江原令⑩。县收得盗贼，《艺文类聚》卷五《事类赋》注五，《太平御览》三十三，又二百六十八引此，皆作"县收得盗马贼及发冢贼"。长文引见诱慰。时适腊晦，皆遣归家。狱先有击囚，亦遣之。谓曰："教化不厚，使汝等如此，长吏元丰本作史。之过也。蜡节庆祈，元丰与廖、浙本作祈。钱、刘、李、《函》本作析。张、吴、何、王、庐、石各本作赏。顾观光云．"原误赏。《艺文》《御览》《事类赋》注并作祚。"归就汝上下，张、吴、何、王、石本作"宜就汝归"，浙本作"归就汝归"。仍存"上下"字。善相欢乐。过节来还。当为思他理。"《事类赋》卷五，《御览》二六八引此文，为下有汝字。群吏惶遽争请，不许。寻有赦令，无不感恩。所有人辍不为恶，曰："不敢负王君⑪。"将丧元丰本作相。去官，民思其政。大将军梁王肜及诸府并辟⑫，长文曰："吾元丰本作无。从其先命者。"遂应肜招，为从事中书郎。诸王公卿慕其名，咸与之交。贾氏之诛，从肜有功，封关内侯。再为中书郎。愍怀太子死于许下，博士、中书论虞祔之礼。长文议："虞祭宜还东宫，以继大子者为主，配食于颍川府君。"皆施行⑬。除洛阳令。长文见肜曰："主者不庶几奏长文为洛阳令？"肜笑答曰："卿乃不庶几，非主者也。"固辞，不拜⑭。闻益州乱，以《通经》筮，得老蚕缘枯桑之卦。叹曰："桑无叶，蚕以卒也。吾蜀人殄于是矣。"拜蜀郡太守，暴疾卒。时年六十四⑮。长文时人蜀郡柳竺、任兴，亦博学著闻，俱为州别驾。竺在右职，公亮謇謇。刺史盛怒欲杀人，群下请，不听。竺乃怀缚径入，顿几上，乃极陈其刑理。刺史从谢，还缚。此下，旧各本皆有小阙字。钱、刘二本阙字下更空四格，《函海》本更空一格。他各本无空位。今按：阙任兴事也。可能是原脱一行。今无可据补矣。皆早亡⑯。此下，元丰本有"不作长久"，钱、刘、李、《函》四本作"下作长久"皆小字，单行侧写。张、吴、何、王诸本无之，张佳胤所删也。廖本注云："旧校云：一作长久。按，《晋书》长文有传，不得作久。旧校甚非。"今按：旧校本云"不作长久"矣。下，一，字误。

案：以上《王长文传》，附柳竺、任兴事，旧有残阙，存六百八十九字。《晋书》卷八十二有《长文传》二百四十三字，与此文几全不同，而精神实质俱同。《士女目录》题为"素隐、中书郎王长文"实一怀才玩世，乖僻成性之狂士也。

【注释】

①《晋书》作："少以才学知名，而放荡不羁。州府辟命皆不就。"皆就蜀汉时言之。按《常志》文，则当曾就州避为书佐，因知蜀将亡，托疾去也。"兴衰"，谓司马氏兴，三国并衰，犹后世云"易代之际"也。蜀人传长文前知，《常志》文中屡曾隐约言之。张佳胤改作"衰乱"，失原意。

②《常志》此谓入晋后，曾作广汉郡功曹。举孝廉乃不就，阳愚以避世也。"阳愚"，伪愚也。阳、佯义通。

③《晋书》作："州辟别驾。乃微服窃出，举州莫知所之。后于成都市中蹲踞啗胡饼。"与此一事，而文颇不同。此谓郡守至闾而长文避走，追而请见，竟去不还也。

④《晋书》祗有："刺史知其不屈，礼遣之。"亦与此不同。

⑤《晋书》作："闭门自守，不交人事。著书四卷拟《易》，名曰《通玄经》，有《文言》《卦象》，可用卜筮。

时人比之扬雄《太玄》。同郡马秀曰：扬雄作《太玄》，惟桓谭以为必传后世。晚遭陆绩，玄道遂明。长文《能玄经》，未遭陆绩、君山耳。"《太平御览》卷五百三引王隐《晋书》云："王长文，字德郁，广汉人，著《通玄经》四卷，《文言》《卦象》，可用以为卜筮。"唐修《晋书》，盖取此文。然，既云"时人比之扬雄《太玄》"，则其书不名《通玄经》可知。《隋书·经籍志》："梁有《通经》二卷。晋丞相从事中郎王长元撰。亡。"（元为文字讹）。则原固只名《通经》也。

⑥两书，《隋志》不载，亡失当甚早。《常志》云"行于时"，则仅西晋时行之，常璩亦不及见矣。

⑦"细宜"，谓小义。义者事之宜。"廉分"谓小廉。廉者非不取，取不踰分而已。《晋书》云："蜀土荒饥，开仓振贷。长文居贫贷多，后无以偿，郡县切责，送长文到州。刺史徐干舍之。不谢而去。"即所谓"不以细宜廉分为意"也。

⑧罗偶事，他书不载。今按：此事足证西晋初四川已有"肝炎"流行。肝为消化脂肪之器官。故病肝者皆不能食肉，食则益困。传所谓"病不能食肉"是也。肝炎传染，故偶父母同病。偶亦染之。"终身不食肉"，亦由"病不能食肉"，特借口痛二亲之病以饰其孝行也。偶亦当早死。故晋世察孝廉而咸宁时已死，故曰追表。晋受禅十年即为咸宁，故可判其举孝廉不久即死。并以此知其全家皆染肝炎。此注，于中国疾疫史有助，不可谓为骈拇枝指。

⑨"宰府"，谓太宰、太保、太傅等上公之总揽朝政者。晋武帝初，安平王孚为太宰。孚卒，不更置。惠帝初，杨骏为太傅。骏死后，改称相国或丞相，赵王伦、梁王肜、成都王颖迭为之。传言"宰府辟"，未知为何时。"三司"，谓太尉、司徒、司空三公府。西晋并常设之。王濬于平吴后，拜抚国大将军。泰康二年，改镇军大将军。六年"八月，改抚军大将军，开府。十二月卒"（万斯同《晋将相大臣大表》）。四个月中，不能累辟。是"王濬累辟"云者，盖包括其在益州刺史至太康六年言之。"抚军大将军"，称其最后官也。长文实曾应濬最后一辟。至洛而濬已卒，因而祭之。借言以濬为故州将而祭，不为辟官。封建士大夫作态伎俩往往如此也。魏晋称州刺史为"州将"，郡守为"郡将"，上文屡见。此处旧本衍军字，当删。

⑩《晋书》云："后成都王颖引为江源令。或问：前不降志，今何为屈？长文曰：禄以养亲，非为身也。"与《常志》"母欲禄养"句相应。长文先为蜀郡守，后为江源令而无所芥蒂于衷，正见其进退超然之怀抱。

⑪纵囚事，各类书争引。意同而文小异者皆不征引。《常志》传此，隐谓长文预知将赦，故以示恩也。蜡祭仪式，详《礼记·郊特牲》。此传证明晋世蜀地各村于岁末举行赛神傩祭，称为"蜡节"。下云"将丧去官"者，谓其母随任死于江原。长文因丧去官，扶柩回要地也。

⑫梁王肜，《晋书》卷三十八有传。惠帝元康九年为大将军、录尚书事。永康元年迁太宰。永宁元年，成都王颖为大将军。肜太安元年五月卒于太宰任。其辟长文，当在元康年中。贾后之废死，在永康元年正月。肜进太宰，长文亦关内侯，转中书郎矣。

⑬愍怀太子遹，《晋书》卷五十三有传。8章已引。"继太子者"，指遹子臧。遹长子死狱中，次子臧，永康元年四月封临淮王，旋立为皇太孙。此言"继太子者"，犹未立皇太孙故也。"为主"，主虞祭。"配食于颍川府君"者，《礼记·檀弓》："祔于祖父。"《说文》："祔，后死者合食于先祖。"此议祔礼，长文谓遹当祔于颍川府君也。"颍川府君"未详。今按，祔祭当合食于祖父以祭。遹当祔武帝。然废居许昌，死不得其正，长文盖谓当立专庙，以颍川府君配食。不祔武帝。以此推之，所谓颍川府君，盖指遹生母谢淑媛之父。本屠羊人，《晋书》无传。遹立为太子时，谢才人进为淑媛，其父亦当有官。或曾实拜颍川太守，或仅加衔。于遹为祖父行，故以配食也。"府君"，晋时太守之称。配食太子遹而不称王侯，但称府君，足知

⑭顾广圻校稿，此上眉批云："庶几，魏晋人语。"今按："庶几"，近于也，疑或然也，又希望也。长文问彤，疑洛阳之命出于彤荐。彤答长文，谓"君自不望得，非予望得如此"也。长文竟未拜命。缘时局梦乱，京县动辄得咎，故不为耳。

⑮"闻益州乱"，谓永康元年（三〇〇）益州刺史赵廞叛也。时成都内史耿滕为廞所杀。然成都王国未废，太守仍当称内史。《常志》此言"拜蜀郡太守"，应是常宽原传借称旧名。实为拜成都内史。其时间当在罗尚率军入蜀时（永宁元年）。长文知不可往，遂以暴卒。"年六十四"，则当生于蜀汉延熙元年（二三八）蜀亡时二十六岁。其任州书佐才二十龄，故曰"弱冠"也。《晋书》云："后终于洛。"盖闻拜暴卒于洛也。

⑯柳竺、任兴，《目录》亦未收。原阙任兴官位，与二人县贯，皆无可补。

十三

寿良，字文淑，蜀郡成都人也。父祖二世犍为太守。良少与犍为张【征】、微前《大同志》作张微，《三国志》裴注引此文亦作张微。《晋书·惠帝纪》太安元年亦作微。费缉并知名，治《春秋三传》，贯通《五经》，澡身贞素。州从事，散骑、黄门侍郎。大同元丰本作通。后，旧本皆脱。兹补。说在注释。郡主簿①，上计【吏】史②，旧各本作吏。当作史，说在注释。察孝廉，元丰与廖本无廉字。他各本皆有。不就③。州辟主簿，治中、别驾，举才行。刺史皇甫晏贡之三司，遂辟太宰④。除霸城令，始平太守，治政著称。从扶风转秦国内史⑤。文立卒后，温令李宓表武帝，言："二州人士零颓，才彦凌迟，无复厕豫纲纪后进、慰宁遐外者⑥，良公在朝【在】时，元丰、钱、《函》、廖、浙本作"公朝在时"。刘、李本作"在公朝时"。李至所改也。张、吴、何、王、石本作"公朝英特"，张佳胤所改也。兹从刘、李本。二州之望，宜见超【子】升，旧各本作子。廖本注云："当作升。"顾观光校勘记作升，并注云："宋本误作子。廖云当作升，亦误。"兹从廖本改作升。绍继立后。"帝征为黄门侍郎，兼二州都给事中，梁州刺史。迁散骑常侍，按《陈寿传》，当作散骑侍郎。大长秋，卒⑦。葬洛北芒山。元丰、钱、刘、李、《函》、廖本作芒。张、吴、何、王、石本作邙。今按：洛阳城北，荒塚重叠处曰北邙山，古云北芒山。又有芒山、北山诸称。唐人有北邙行，邙始成为定字。常氏原文固当是芒字。【征】微字建兴，张翼子也。笃志好学，官至广汉太守⑧。缉字文平，清检有治干，举秀才，历城令，涪陵太守。迁谯内史⑨。此下旧校有"良公朝，疑误"五字。元丰、钱、刘、李、《函》皆单行侧下。廖、浙本双行。张、吴、何、王、石本无之。张佳胤所删也。今按："公"，谓安乐公。蜀亡国大夫谓后主朝为公朝也。

案：以上，《寿良传》，附张征（当作微），费缉事，共二百三十六字。《晋书》无传。

良品望次文立，生卒年俱早于陈寿、李宓与王长文，而叙次在后者，盖亦如《先贤》，各郡叙次隐有品第。常氏以良与陈寿隙末，右寿而绌良也。然良赞传并佳，无贬词。盖依常宽原传，而删省之，亦不增入贬词，但列在后以示贬。封建史学家持《春秋》义法者每有此习。

【注释】

① 西晋无大同郡，亦无大通郡。良在蜀已为黄门侍郎，非易代，不至降为郡主簿。则旧刻"大同"下有脱字明矣。兹按：前各传每称入晋为"大同后"，补后字。

② "上计吏"为一般人泛用于上计人员之称。其本称曰"上计史"。汉魏碑石所见，有上计史，无上计吏，可证。此举职名，当作史。旧时传钞讹作吏也。

③ 晋制，察举孝廉、秀才者，皆当会三司考试。良在蜀已仕至散骑、黄门。入晋后，可就郡主簿，资其禄养，不愿就考，故不就者孝廉，非谓主簿与上计吏亦不就也。上计史当断句。

④ 谓太宰府辟除为属官，旋即除霸城令也。按《大同志》，泰始十年，刺史皇甫晏讨汶山夷，至都安，军乱，被害。万斯同《晋方镇年表》：泰始三至五年，益州刺史童策，六至八年，刺史皇甫宴（继之者为王濬）。《晋书·武帝纪》及《通鉴》卷七十九，皆谓晏遇害于泰始八年六月。则晏之贡良于三司，在泰始六七八年间也。于时太宰为安平王司马孚。八年二月孚卒。遂废太宰府。府属吏当有迁调，良除霸城令，当在此时。

⑤ 霸城，京兆郡属县，在渭水平原中。《晋·地理志》作霸成。始平、扶风，亦渭水平原中郡，与京兆同属雍州。《晋书》卷六十四《武十三王传》：秦献王柬，"泰始六年封汝南王。咸宁初，徙封南阳王"。泰康十年，徙封于秦，邑八万户。于时诸王封土者皆五万户。以柬与太子同产，故特加之。"转镇西将军、西戎校尉，假节。与楚、淮南王俱之国。及惠帝即位，来朝。拜骠骑将军，开府，仪同三司。加侍中，录尚书事"。遂未返国。良作秦国内史，在文立卒前。立卒于咸宁末，则良于秦国初建时为内史。即咸宁元年也。史不言秦国辖地。按晋太康时，秦州统陇西、南安、天水、略阳、武都、阴平六郡二十四县，户才三万二千一百。尚不足柬之封邑，当更益入雍州郡县。疑秦国即治始平，改始平郡为秦国内史也。

⑥ "纲纪后进、慰宁遐远"。谓庙廊高职，若散骑常侍，黄门侍郎之类，亲近天子，可以通遐远之情，为后进所宗仰者。"厕豫"，犹参预也。黄门侍郎，与侍中俱管门下众事。晋置四员，曰"给事黄门侍郎"，秩在给事中下。又前《陈寿传》："杜预表为散骑侍郎。诏曰：昨适用蜀人寿良具员。"则良初征内用时，为散骑侍郎，非黄门侍郎也。西晋散骑常侍、侍郎与黄门侍郎共平尚书奏事，故混称欤？

⑦ "大长秋卒"为句。谓官至大长秋时卒也。大长秋，皇后宫中官，卿秩，例以年高有德望者为之。良仕蜀至散骑、黄门侍郎，在文立、柳隐、李宓诸人上，蜀亡时年当已高。又十五年，文立卒，则征供内职时当在太康初。其迁大长秋，亦当在太康世。卒当在太康末，年当近于七十矣（蜀亡至太康末二十五年）。

⑧ 《三国志·张翼传》，裴注引此文，作张微。《晋书·惠帝纪》太安元年与《通鉴》太安元年亦皆作微。惟《晋书·李特载记》作征。《常志》旧刻，《大同志》三见，元丰与钱、廖本作微，此传两见皆作征，他各本前后俱作征。当依裴注作微。征元康中为广汉太守。赵廞叛，征为军祭酒。廞临败，与费远、李苾等委廞走。太安元年，再拜广汉太守。仅至德阳。八月，为李特所败，被杀（事详《大同志》）。

⑨ 费缉，《目录》云南安人。《先贤志·费贻赞注》云："后世为大族。"蜀汉费诗亦南安人，疑缉是其子侄，

与寿良、张微同时知名，则年亦相当，然在蜀无官，足知其潦倒，凌迟如诗，以此疑是诗子，缘父凌迟也。历城县，在山东，非蜀地。故知缉之举秀才，令历城，在入晋后也。《晋书·何攀传》云："为梁益二州中正，引至遗滞。巴西陈寿、阎乂，犍为费立，皆西州名士，并被乡闾所谤，清议十余年，攀申明曲直，咸免冤滥。"立实缉字之讹。此亦足证缉在蜀及晋初皆未入仕。其察孝廉，为令守，皆当在何攀拜大司农后（15章详）。谯国，晋武受禅后建，以封宣王弟建之子魏轻车将军司马逊。"邑四千四百户"。《晋书》卷三十七有《谯王逊传》。《地理志》无谯国，豫州有谯郡，统七县，户一千。则谯国当是以谯郡为内史，辖境尚有其他豫州郡县也。

十四

何攀，字惠兴，蜀郡郫人，汉司空汜乡侯武弟颍川太守显后也。父包，字休杨，元丰、《函》、廖三本作杨。他各本皆作扬。察举秀、孝，皆不行；除瑯琊王中尉，不就。攀兄弟五人，皆知名。攀少夙成，奇姿卓逸。弱冠，郡主簿，上计吏。州辟从事。刺史皇甫晏，称攀："王佐才也。"以为主簿。泰始十年，养母归家。晏为牙门张弘等所害，攀操【丧】表元丰与廖本作丧，他各本皆作表。径诣洛讼释，事得清①。元丰本作请。刺史王濬复辟主簿，别驾。咸宁三年，濬被诏：罢屯田兵，作船，张、刘、李本作舡。下同。为伐吴调。元丰、钱、刘、李、《函》本作调。张、吴、何、王、浙、石本作计。《大同志》文同。调，义亦通。攀进曰："今见佃兵但六百人，计作般六七年财可胜万人。后者未成，前者已腐，无以辅成国意。宜辄召回元丰与廖本作回，他各本皆作四。守休兵，及诸武吏，并万余人造作，岁终可办。"濬及纲纪张、吴、何、王、石本无此三字。张佳胤所删也。他各本有。浙本挤补作纲已。疑辄召万元丰本作万。兵，欲先上，须报。攀曰："官家虽欲伐吴，疑者尚多，卒张、吴、何、王四本作率。石本作幸。闻召万兵，必不见听。以佃兵作船，船不时成。当辄召，以速为机。设当见却，功夫已成，势元丰本作报。不得止。"濬善之。议欲入山栽船，动数百里，艰难。攀曰："今冢墓多种松柏，当什四市取。以速为机。"濬悦之，任攀典舟船器【杖】仗。各旧本皆作仗。廖本作杖。当改依旧本。杖，扶行具，呈两切。仗，剑戟总称，直亮切。冬，遣攀使洛。攀曰："圣人之功可成。使人信之，不可必也。夫高祖之大略，犹未察于韩信、娄敬，因萧何、子房而后用之。今建张、吴、何、王、石本作进。非常之功，或莫之信。羊公，使君同盟，国家所重。加曩日失策江陵，元丰本作"江临"。他各本作"江陵"。顾广圻校稿批书头云："当作西陵。谓祐救西陵督步阐，为陆抗所败也。癸酉五月得此。"廖本注语因之。增"事具《三国志》《晋书》"七字。今按江陵二字不误。说在注释。思有凤驾，宜与相闻。此一助也。"濬曰："何但羊叔子，亦宗元丰与廖、浙本作宗。他各本作宋。下同。元亮之忧。张、吴、何、王、石本改作"为优"。谬。君至洛，官家未有举意，便前至元丰、钱、刘、李、《函》

后贤志（卷十一）

本无至字。张、吴诸本有。襄阳，与羊、宗论之②。"攀既至洛，拜表献策，因至荆州，与刺史宗浙本此字作宋。廷元丰与廖本作廷。他本皆作庭。论。宗未许，乃见羊祜。累日，共画用兵之要③。攀曰："若令青徐循【清】海廖本注云："当作青徐循海。"遵改。以趣京下，元丰、钱、刘、李《函》、廖、浙本作京下。张、吴、何、王、石本作京口。张佳胤改也。寿春、【杨】元丰、《函》、廖本作杨。他各本作扬，是。扬州直指秣元丰本作抹。陵，兖、豫踰【海】淮，廖本注云："按海当作淮。"顾广圻校稿未及。当是顾槐三意。于地理形势甚合。故遵改。并据桑浦，则武昌以东、会稽以西，必然骇困。元丰、浙本作"必然骇囚"。钱、张、刘、吴、何、李、《函》、王、石各本并作"骚然骇矣"。廖本作"必然骇困"。荆元丰本作寒。他各本作荆。李㠭改也。州、平南径造夏口，巴东诸军【固】围旧刻误固。当改。说在分注。守西陵，益、梁之众此下元丰、钱、刘、李、《函》、浙本有乘字。张、吴、何、王、石作身字。浮江东下，元丰本作夏。封乐乡，要巴丘，则武陵、零、桂、长沙、湘东从风而靡矣。但明信赏，首尾俱会，旌旗耀天，四面云合，乘胜席捲，传檄南极，吴会不尽平者未之有也。"羊祜大悦，遂表请伐吴④。寻征濬大司农，至晋寿，诏以濬为龙骧将军，除攀郎中，参濬军事⑤。攀频奉使诣洛，时未婚，司空裴公奇其才，以女妻之⑥。五年秋，攀使在洛。安东将军王浑表孙皓欲北上，边戍警戒。朝议征，此下，张、吴、何、王、浙、石本有伐字。元丰、钱、刘、李、《函》、廖本无。又下文却字，张、吴、何、王、石本作必。却须六年。攀上疏："策皓必不敢出。宜因今戒严掩取，甚易。"中书令张华命宿下舍，设诸难，攀皆通之。又言：旧各本脱，当有。"濬性在忠烈，受命必果，宜重其位号。"诏书迁濬平东将军，督二州事⑦。吴平，封关内侯。濬入拜辅国，攀为司马。上《论时务》五篇，除荥阳令。进迁尉【平】评⑧。各旧本皆作"评"廖本依《晋书·攀传》改作平，大谬，兹还作评。断句。说在注释。有盗开城门下关者，法据大辟。攀驳之曰："上关，执信之主。下关，储备之物。设有开上关，何以加刑？"遂减死。多所议谳。迁散骑侍郎⑨。太傅杨骏谋逆，请众官。攀与侍中傅祇、侍郎王恺等往。惠帝从楚干玮、殿中中郎孟观策，戒严，诛骏。骏外已忽忽，元丰、刘、李、《函海》作怱怱。钱、廖本作忽忽。张、吴、何、王、浙、石本作匆匆。攀与祇踰墙，得出侍天子。天子以为翊军校尉，领态渠兵，一战此下钱本有一空位。斩骏，社稷用安。封西城公，邑万户。策曰："于戏！在昔先王，光济厥世，罔不开国列土，建德表功也。故逆臣杨骏，谋危社稷，构兵，飞矢集于殿庭，白刃交于宫闱。攀受命奋讨，凶逆速殄。忠烈果毅，朕甚嘉焉。今以魏兴之西城为攀封国。锡兹玄社，苴以白茅，永元丰本作以。为晋藩辅。往钦哉！敬乃有土，惠康黎元，无或以隳尔显烈⑩。"又赏绢万匹。攀固辞，受五千疋。钱写本上下皆作匹。他各本上下皆作疋。廖本上匹，下疋。又锡元丰与廖本作锡。他各本皆作赐。拜弟逢平乡侯，兄子蘷《晋书·攀传》作遂。关内侯。迁宣城旧各本并有小阙字。依《旧书》当作宣城。内史，当作"太守"。不就。转东羌校尉⑪。西虏寇边，遣长史杨威讨之，违攀指授，失利。征还，领越骑校尉。武库灾，元丰、张、刘、《函》、廖本作灾。他各本作灾。百官皆【救】赴元丰与廖本作救。他各本皆作赴。火。攀独以兵卫宫。复赏绢五百匹。钱本同，作匹。他各本作定。领河南尹，迁扬元丰、《函海》本作杨。州刺史，假节。在职张、吴、何、王、浙、石本作官。数年，《晋书》作三年。德教敷宣。征虏将军石崇表东南有兵气，不宜用远人。征拜大司农⑫。兼三州都。自表以被疾错忘，不堪铨量人物。让都职于任熙、费缉。不听⑬。迁兖州刺史，锡宝剑、赤写。固辞，不之官⑭。时帝室政衰，多害忠直。又诸王迭起，好结党徒。攀阖门治疾，不与世务。朝元丰本脱。议欲以为公，会薨。时年五十七⑮。天子愍悼，追赠司农疑当作空，说在注。印绶，谥曰桓公⑯。遗令勅他各旧本皆作勒。世子务行恭俭，引荀公曾、元丰本作从。诸葛德林为模范。子璋嗣⑰。

案：以上《何攀传》一千二百十八字，烦细颇似家传，较《晋书·攀传》多七百三十五字，疑常宽得攀行状而全录之，常璩亦未加剪裁也。中多冒功、溢美之词，兹以《晋书》对勘。

【注释】

①事亦见《大同志》。《晋书》卷四十五《攀传》云："时攀适丁母忧，遂诣梁州拜表，证晏不反。故晏冤理得申。"不言诣洛。今按：时益州无刺史，故攀诣汉中借梁州印拜表。未必身至洛阳。《常志》前后两言"诣洛"，疑误。然当两存其说，故不改。又元丰本作"操丧"，谓持丧赴事也。然《大同志》云："释缞绖诣洛。"则非持丧赴洛。廖本用丧字亦非。当依他各本作"操表"，谓自家作表，操之以往，与《晋书》"诣梁州拜表"文亦合。

②亦见《大同志》。参看卷八3章之注⑥。

③比较《大同志》记述为详，可补《晋书》所未及。宗元亮名廷，下文迭见。《大同志》作"宋廷"者误。其人不见《晋书》，盖当时与羊祜同驻襄阳，廷荆州刺史，祜则征南大将军，都督荆州诸军事，开府于襄阳也。旧刻"失策江陵"。顾广圻校，谓当作西陵。廖注因之。今查《三国志·陆抗传》《晋书·羊祜传》，皆谓此役，祜进攻江陵。别遣杨肇攻抗以救阐。肇大破败，祜引军还。抗遂破西陵，擒阐。是祜失策在江陵也。无改作"西陵"必要。兹录顾廖校语，不改旧文。

④攀说各路进军计划，《晋书》不载，而与咸宁五年伐吴诸路军事大体吻合。盖羊祜本谋如此，大抵为何攀所策也。攀蓄谋併吴，故练熟其形势如此。其说之要点，在于分路进军，截割长江吴军为首尾两部。旧刻"京下"，张佳胤改作京口。今按京口乃后起之称，孙权初居丹徒，号曰"京城"，见《元和志》。京水缘是为名。京口又缘京水为名。六朝以后，秣陵历为大都，京口之名亦著。则旧刻"京下"二字，亦未见误。

兹故改。青徐二州皆沿海，京口以下，长江深阔，畅通海船。故曰"令青徐循海以趣京下"也。从依廖本注语。此路，伐吴未用，缘时人尚未敢泛海进军也。秣陵，时孙皓首都，今南京是。吴未亡时，自合肥以北至于寿春为晋扬州地，而安东将军五浑驻寿春，当吴晋之冲。故曰："寿春、扬州直指秣陵。""桑浦"，柴桑口之别称，今九江是也。历为吴之江防重镇。其北，当晋豫、兖两州，隔以淮水之上游（寿春亦在淮岸）。此言寿春向秣陵而兖豫之军同时进据桑浦，则长江下游骇困也。当从廖本淮、困二字。武昌，在柴桑浦与夏口之间，黄州遥对，今为鄂城县地。伐吴之役，建威将军五戎出武昌，即此路也。荆州，指宗廷部。平南，指平南将军胡奋部。伐吴之役，平南将军胡奋出夏口，镇南大将军杜预出江陵。西陵，今之宜昌。陆抗所谓"国之西门"也（《三国志·抗传》文）。自太始八年（吴凤凰元年，公元二七二），步阐以城附晋，陆抗击败晋援，复取其地，历驻重兵。伐吴之役，命五濬与巴东监军唐同出蜀。何攀此言巴东近，当先至西陵围守之，以待王濬大军之至也。旧刻作"固守"，文义与情势皆不合。固当是围字之讹。兹径改。王濬军称"益梁之众者"三巴、涪、梓皆属梁州，其军并当浮江东下，宜统于濬也。"众乡"，陆抗以来，为吴上游都督所驻地。虑不能仓卒克，故欲封之。"巴丘"，今岳阳之城陵矶，益梁舟师径取此地，则荆南五郡与秣陵声息断绝。故曰"要巴丘"。要，取而扼之也。参看卷八3章之注⑫。

⑤亦见《大同志》，在咸宁年。参看卷八3章之注⑨。

⑥此惟《常志》有。"裴公"，谓裴秀也。泰始四年为司空，七年卒，年四十八。《晋书》卷三十五有传。然按《大同志》，泰始十年，王濬始继皇甫晏为益州刺史。咸宁三年始谋伐吴，遣攀入洛。《晋书·帝纪》与《通鉴》皆谓晏死在八年。纵使濬于八年为刺史，已遣攀入洛，亦不及与裴秀相识。则《常志》此说有误矣。大抵攀妻裴秀女，而选攀为婿非秀。或秀诸子"奇其才"而以母命妻之。传言为裴司空也。

⑦《晋书·何攀传》云："濬谋伐吴，遣攀奉表诣台，口陈事机。诏再引见。乃令张华与攀筹量进讨之宜。濬兼遣攀过羊祜，面陈伐吴之策。攀善于将命，帝善之。诏攀参濬军事。"叙次与《常志》迥异。《大同志》濬遣攀赴洛在咸宁三年，赴荆州谒羊祜亦在其时。《通鉴》羊祜于咸宁四年入朝，面陈伐吴之计。帝遣张华就问筹策。"华深然之。"是年祜卒。与《晋书·祜传》合。五年，王浑表孙皓欲北上。何攀奉使在洛，上疏称皓必不敢出，宜因戎严掩取。杜预表亦至。张华力赞伐吴。十一月，遂大举出师。则《晋书·攀传》叙次误也。当以《常志》为正。

⑧《晋书·攀传》作："转荥阳令，上便宜十事，甚得名称。除廷尉平。"又《职官志》："廷尉，主刑法狱讼。属官有正、监、评，并有律博士员。"《宋书·百官志》云："廷尉评一人，汉宣帝地节三年初置左右评，汉光武省右，犹云左评。魏晋以来直云评。正、监、评，并以下官礼敬廷尉卿。正、监秩千石。评六百石。"是《攀传》平字，误文也。元丰以来《常志》刻本作廷尉评，不误。廖本不考，妄依《晋书·攀传》误字改。顾观光亦云"平，原误评。"皆失考。《晋书》又云："时廷尉卿诸葛冲，以攀蜀士，轻之。及共断疑狱，冲始叹服。"

⑨《晋书·何攀传》云："杨骏执政，多树亲属，大开封赏，欲以恩泽自卫。攀以为非，乃与石崇共立议，奏之。"《石崇传》载议曰："陛下圣德光被，皇灵启祚，正位东宫，二十余年，道化宣流，万国归心。今承洪基，此乃天授。至于班赏行爵，优于泰始革命之初，不安一也。吴会僭逆几于百年，边境被其荼毒，朝廷为之旰食。先帝决ికล独断之聪，奋神武之略，荡灭逋寇，易于摧枯。然谋臣猛将，犹有致思竭力之效。而今恩泽之封，优于灭吴之功，不安二也。上天眷祐，实在大晋，卜世之数，未之其纪。今之开制，当垂于后。若尊卑无差，有爵必进，数世之后，莫非公侯，不安三也。臣等敢冒陈闻。窃谓泰始之初，及平吴论功制度、名牒皆悉具存。纵不能远遵古典，尚当依准旧事。"（文在《晋书》卷三十三《石苞传》附于《崇

⑩《晋书》卷四十《杨骏传》："及玮至，观、肇（孟观、李肇）乃启帝，夜作诏，中外戒严。遣使奉诏废骏，以侯就第。东安公孙率殿中四百人随其后以讨骏。……时骏居曹爽故府，在武库南，闻内有变，召众官议之。……侍中傅祇夜白骏，请与武茂俱，入云龙门观察事势。祇因谓群寮：'宫中不宜空。'便引揖，于是皆走。寻而殿中兵出，烧骏府。又令弩上于阁上临骏府而射之，骏兵皆不得出。骏逃于马厩，以戟杀之。"是呼散众官者傅祇，讨诛杨骏者东安公马繇，非攀踰墙达帝所领兵"一战斩骏"。《常志》据其行状，夸大之也。《晋书·攀传》亦但云："以豫诛骏公，封西城侯。"又"迁翊军校尉"在灭骏、封公之后，非讨骏前。与常志异。惟攀当亦曾参与讨骏之军。故封策有"受命奋讨"之诏。策文当不谬矣。

⑪《晋书·攀传》，"迁宣城太守，不行"。在"转散骑侍郎"前。《常志》作："迁宣□内史，不就。"在"转东羌校尉"前。则旧刻宣下所阙为城字。但命下时间不同耳。宣城郡，太康二年置，统宛陵、宣城等十一县，属扬州。晋无宣城王，《常志》"内史"二字或误。然晋之王国常有移改，史文不尽载。当两存之，以待后考。

⑫"西房寇边"，谓齐万年称帝前，秦雍氐羌叛应匈奴郝散者，时间当在惠帝永平（元康）四年（二九四）。"武库火，焚累代之宝。"在永平五年十月，见《惠帝纪》。石崇死于永康元年（三〇〇），赵王伦诛贾后后。则攀迁大司农当在元康末年。《晋书》云："征为扬州刺史。在任三年，迁大司农。"是三年者元康七八九年也。石崇永康元年为赵王伦所杀。则攀被征为大司农，当在赵王伦诛贾以前。

⑬"三州都"，谓益、梁、宁三州都大中正也。州各有大中正，铨量人物。相关各州，更合设大中正于京师，省称"都职"也。益梁宁三州本为一州，故设都中正，曰"三州都"。《晋书·攀传》谓："攀居心平允，莅官整肃，爱乐人物，敦儒贵才。为梁益二州中正，引致遗滞。"不言三州，亦不言何时。当即谓此"兼三州都"。宁州时方荒乱，人物不举，就其实言，只益梁二州也。

⑭《晋书》云："迁大司农，转兖州刺史，加鹰扬将军。固让不就。太常成粲、左将军卞粹劝攀莅职。中诏又加切厉，攀竟称疾不起。"在赵王伦称帝前，则永康元年也。

⑮《晋书》云："及赵王伦篡位，遣使召攀，更称疾笃。伦怒，将诛之。攀不得已，扶疾赴召。卒于洛阳。时年五十八"。与《常志》不同。赵王伦篡位在永宁元年（三〇一）正月，至四月败。依《晋书》，攀当卒于是年。"年五十八"则当生于蜀后主延熙七年（二四四）。平吴时年三十七。依《常志》，则死于"诸王迭起"之时，应在伦败死后，早亦当在泰安中。"年五十七"，则当生于延熙九年前后。平吴时三十四五也。

⑯"追赠"，当谓前所无者。《常志》与《晋书》皆言攀曾作大司农，则此赠字未合。若是赠殉葬印绶，则追字又不合。疑讹在"农"字。上云"朝议欲以为公"，谓次公（太宰、太傅、太保为上公）。司徒、司空是也。未及授而卒，故追赠之。农、空音近，职亦相关，疑文当作"追赠司空印绶"。

⑰《晋书》云："攀虽居显职，家甚贫素，无妾媵伎乐，惟以周穷济乏为事。子璋嗣，亦有父风。""荀公曾"名勖，公曾其字也。《晋书》卷三十九有传。元丰本作从，非。诸葛德林无考。

十五

李毅，字允刚，广汉郪人也。祖父朝，字【伟】永《先贤志·广汉士女赞注》作永南，不误。参看卷十案。南，州别驾从事。父旦，字钦宗，光禄郎中主事。毅少散达，不治素检。年二十余，乃诣郡文学受业，通《诗》、《礼》、训诂。为学主事。太守弘农王濬临学讲试，问祭酒姬艳旧各本作艳曰："学中有可成进几百人？"艳对曰："可有百人。"濬怒【言】曰：旧各本并作曰。廖本独作言。"童冠八百，而成者百人。教少元丰本作小。何为？"毅对曰："如艳之言，明府之教盛于孔氏，不为少也①。"濬奇之，命为主簿。濬尝钱、刘、李、《函》、廖本作尝。元丰、张、吴、何、王、浙、石本作常。梦得三口元丰本作云。刀，【云】元丰、张、吴、何、王、浙、石本无此字。当衍。人以禾益之，手持，不得。以问郡丞与掾吏，钱、张、吴、何、王、石本作史。莫能知。毅对曰："吉祥也。三刀者，州字，而益之。禾持不得，禾帝失者秩字。明府秩当至益州。"濬笑曰："如卿言，当相以为秀才②。"张弘杀益州刺史皇甫晏，诬表晏反。毅白濬曰："皇甫侯起自诸生，位极方州，【又】反元丰、钱、廖本作又。刘、李本作反。张、吴、何、《函》、王、浙、石本作久。依《通鉴》引文当作反。当何求？且广汉与成都密迩，而统于依《通鉴》引文补。梁州者，衿张、吴、何、王、石本作矜。益州之领，须防若张、吴、何、王、石本作在。今日也。益州有祸，乃此郡之忧。加张弘小竖，众所不与，宜时赴讨。"濬欲先上后行。毅曰："大夫出疆，元丰本作壃。苟利社稷，专之为贤，何况杀主贼。急，当不拘常宜。"濬从之，发兵，与元丰本此衍门字。牙门满泰等共讨弘，斩之③。诏书迁濬益州刺史，毅元丰与廖本无毅字，他各本有。复为州主簿，别驾，举秀才。及濬伐吴，与何攀并为参军。吴平，封关内侯④。除陇西护军，以疾去官。徙繁令。迁云南太守。濬临薨上表⑤，此下当脱有"言攀、毅功"等字句。后武帝思濬勋，元丰与廖本无勋字，他各本并有。问毅所在。徙犍为，使持节、南夷校尉。久之，【犍为】旧刻此二字误。按《南中志》，当作建宁。《通鉴》卷八十四，亦作"建宁大姓李叡、毛诜"。建宁民毛诜、李叡元丰本作睿，下同。与朱提民李猛元丰本作孟，下同。共逐太守杜俊、雍元丰本作拥。约以叛，众数万，毅讨破之。斩诜、猛首。叡走依五【苓】苓元丰、钱、张、刘、吴、何、李、《函》、王、浙、石本皆作茶。廖本作茶。《通鉴》卷八十五作苓。兹依《通鉴》改。参看《大同志》注。夷。此下廖本小注云："当重有夷字。"今按《大同志》，当是旧衍下文"亦叛"二字。不重夷字。【亦叛】⑥。晋朝复置宁州，以毅为刺史，加龙骧将军，封成都县侯⑦。元丰、钱、刘、李、《函》、廖、浙本作县侯。张、吴、何、王、石本作内侯，误。夷遂大反，夷上当脱有"毅诱诛叡"字。否则遂字当衍。参看《大同志》文。破没郡县，攻围州城。中原乱而李雄寇蜀，救援不至。疾病，薨于穷城⑧。怀帝嘉其忠节，追赠少府，谥曰威侯。毅性通博，居情雅厚，赈卹寒贫，笃于故旧，人咸爱归之。但好谈调，德重犹少。张、吴、何、王、石本调作论，重作量，张佳胤所改也。调，调侃。重，威重。宋椠不误。从弟苾，字叔平，修身，砥砺名行。数谏毅：宜自廖本脱自字。他各本并有。矜严。毅笑应之曰："吾小来不治名素，终杖旄节。故可至九卿。卿清俭廖本注云："当作检。"兹不取。履道，卒不失成都令也。"时毅始受南夷，而苾为元丰本无而字，有为字。钱、张、刘、吴、何、李、《函》、王、浙、石本有而字，无为字。廖本并有之。历城令。果作成都。迁犍为太守，位官不及毅⑨。毅子钊，世秉儒学，有格望。以父任为谒者。除寿林侯相，不就。为尚书外兵郎。自表赴难。至牂柯，钱本作牂柯。张、吴、何、王、浙、石本牂柯。元丰、《函》、廖本作牂柯。夷断道，不得进经年。以宁州城中无谷，父疾病未知吉凶，不食谷，惟茹草，迄至【奔】奔字当衍。丧。官元丰、廖本无官字，他各本有。至朱提、越巂太守，西夷校尉⑩。毅女秀，适汉嘉太守新都王载，有才智。父亡后，州文武推领州三年⑪。

二州当太字当作泰。清中位，至方州节将者，寿良、何攀及毅。永嘉中，巴西依《目录》补。张弈希祖，为荆州刺史，南蛮、长水校尉。蜀郡张峻《目录》作岐。绍茂，为监南中八【部】郡【事】军，西夷校尉，使依《目录》补。持节【事】⑫。

案：以上，《李毅传》，附其子钊、女秀及张弈、张峻事迹，旧存七百九十四字，颇有讹夺。李毅，《晋书》无传，其事微见《帝纪》与《王濬传》，常璩《南中志》载之特详。可与此传互参。

【注释】

①首段，惟见《常志》。李朝已具《先贤志》，云字永南。而此作伟南，疑是传钞者依《三国志·季汉辅臣赞注》改。"童冠八百"，谓当时郡学中成人与童子之数。"成进"，谓学业成就堪仕进者。"教少何为"，犹言何为教化效果之小？毅对言：孔子讲学洙泗，弟子三千人，身通六艺者七十二人，则广汉郡学成者八分之一，不为少，亦申明府之化所致也。

②《晋书·王濬传》："濬夜梦悬三刀于卧屋梁上，须臾又益一刀。濬惊觉，意甚恶之。主簿李毅再拜贺曰：三刀为州字，又益者，明府其临益州乎。"与此说微异。自晋以来，以"梦刀"为官益州之典实。元稹《赠薛涛诗》："纷纷词客多停笔。个个郎君欲梦刀。"本此也。

③参看《大同志》泰始八年（旧刻本误作十年）。《通鉴》卷七十九泰始八年云："广汉主簿李毅言于太守弘农王濬曰：皇甫侯起自诸生，何求而反？且广汉与成都密迩而统于梁州者，朝廷欲以制益州之衿领，正防今日之变也。今益州有乱，乃此郡之忧也。张弘小竖，众所不与。宜即时赴讨，不可失也。濬欲先上请。毅曰：杀主之贼，为恶尤大，当不拘常制，何请之有。濬乃发兵讨弘。诏以濬为益州刺史。濬击弘，斩之，夷三族。"其全引据《常志》甚明。《常志》旧刻各本，脱一于字，致全文难以解释。校以《通鉴》，得此于字，遂能全局豁然。《晋书·地理志》："广汉、新都二郡并属梁州。广汉郡领广汉、德阳、五城三县，户五千一百。新都郡领雒、什邡、绵竹、新都四县，户二万四千五百，"泰始二年置。""太康六年，罢新都郡，并广汉郡。"则泰始时王濬所守之广汉郡在涪江流域，非治雒县之广汉旧郡也。且其辖县当有郪，故曰毅"广汉郪人"，（《宋书·州郡志·广汉郡》亦云："郪县，令，汉旧县。"）盖《晋书·地理志》脱之。郡治当在广汉县，今三台与射洪间，涪江岸广魏坝是也。王濬以小郡突起讨贼，得机，遂至益州刺史，毅之卓识

使然也。牙门满泰，领兵驻郡之牙门将也。牙门有现兵，濬更以民兵助之。新都、成都亦当助兵。《通鉴》云濬发兵，朝廷即以为益州刺史，因得纠益州诸军讨斩弘。《常志》叙"迁益州刺史"于斩弘下，亦行文之便耳。就情势推之，《通鉴》不误。弘"夷三族"，见《晋书·武帝纪》。《通鉴》撮之。《常志》不载。

④伐吴之役，濬遣毅"将军由涪陵入取武陵，会巴陵"。见《大志同》。

⑤王濬卒在太康六年，时罢宁州，天水李毅为南夷校尉。毅后，永昌吕祥为校尉。祥后数年，广汉李毅乃自犍为太守迁南夷校尉。于时当在惠帝元康末岁。参看卷四5章之注①、②。

⑥毛诜、李濬、李猛之叛，在惠帝太安元年（三〇二），距毅莅任在三年以上，故曰"久之"。参看《南中志》5章之注③、④、⑤、⑥。于时五苓夷实未叛。旧刻"亦叛"二字，传钞者衍，非《常志》本有也。

⑦复置宁州，在太安元年十一月，平二郡乱后。见《南中志》。

⑧太安二年，五苓夷酋"于陵承诣毅请恕叛罪。毅许之。"叙至而杀之，夷遂大叛乱，毅困死孤城。见《南中志》（参看卷四5章之注⑦、⑧、⑨）。

⑨李苾，屡见《大同志》，元康八年有"户曹李苾"（参看4章之注③）。永宁元年"费远、李苾、张微等夜斩关委廞走"。又"辛冉、李苾以为不可，必欲移之"。"廞亦欲宽进民一年，辛冉、李苾以为不可"。"冉、苾又白尚：流民前廞乱际多所枉没。""尚复遣犍为太守李苾、长史费远助冉"。阎式《答尚书》："李叔平无将帅之气"。（参看该卷5章）又"叔平长逝"，后不复见，盖苾以犍为太守率军助辛冉攻李特，兵败远逝，入荆界也。苾作成都令，疑在罗尚入蜀后，赵廞征成都令费立为军祭酒，代之者袁洽。洽为李特所杀，在尚入成都前，并见《大同志》。苾与辛冉屡劝尚迫逐流民，盖即在成都令任。时李毅已为南夷校尉。毅遣兵助尚，故尚进苾为犍为太守也。其作历城令，当在罗尚未入蜀，而毅迁南夷校尉时（即元康末岁）。或因恋土，窭官从罗尚归，由户曹掾为成都令也。

⑩李钊，《南中志》与《李特雄期寿势志》屡见，可互参。"迄至奔丧"句，奔字疑衍。钊于太安二年赴父难，永嘉初年乃达，其父先卒。《南中志》云："首尾三年，钊乃得达。丁丧，文武复逼领州府事。"围城消息隔绝，未至前，不当知毅已死。至乃知之。故当云"迄至丧"，不当云"迄至奔丧"。"迄至丧"，谓草食至丧所乃止。如于途间闻丧时止，则当云"迄至闻丧"，亦不得言奔丧也。晋以王逊为宁州刺史。逊以钊为朱提太守，见《南中志》。又为越巂太守，见《晋书》。又为西夷校尉，见《李志》太兴三年。即于是年为李骧所获，遂终于蜀。

⑪李秀，亦见《南中志》（卷四5章之注⑧）。毅卒于光熙元年，秀"领州三年"，则至永嘉二年也。兄钊至，丁丧领州事。王逊，则永嘉四年乃至，钊亦领州于孤城者二年。

⑫太清，非年号。按文义，所指为赵廞叛乱以前。盖当时上流习语，谓泰始至元康中蜀地泰平清宁也。寿良梁州刺史，何攀扬州刺史，并见前。张弈，南充国人，见《目录》，时属巴西郡，旧刻巴下当脱西字，故补。南蛮校尉，亦方面官，西晋每为荆州帅兼职。长水校尉，中朝官。张峻，《目录》作张岐，成都人。云："使持节，西夷校尉张岐，字绍茂。"二人惟见《常志》，别无可考。永嘉后，全蜀已入李雄，西夷校尉，亦当如李钊，系自宁州表授。王逊永嘉四年至宁州刺史任，张峻或是同时授职，责在恢复蜀土，故亦"使持节"也（李毅、王逊亦皆使持节）。然竟无所施为。疑李钊即代峻为西夷校尉。被擒入蜀后，言其峻事如此，故常璩知之。"监南中八郡军"谓监王逊军也。时南中凡八郡，旧刻作"八部事"，字讹。末句当作"使持节"。"持节"权秩高于"使持节"，使持节又高于"假节"。见《职官志》。时刺史仅使持节。监军不得高于刺史。传钞旧误，历世校勘者亦未考耳。

十六

杨邠，字岐之，犍为武阳人也。少好学志古，藻元丰、钱、刘、李、《函》、廖本作藻，不误。张、吴、何、王、浙、石本作澡。励名行①。州辟主簿、别驾。刺史王濬举秀才，安汉、雒令，国王中尉。以选为尚书郎。迁汶山太守。值夷复雠，元丰本作仇。失殊张、吴本作诛。俗和，徙授巴东，转广汉②。永嘉初，进衡阳内史。遇流民叛乱，攻没长沙、湘东，邠辄救助。贼众浸张、吴、何、王、石本作侵。盛，遂破郡城，获邠。欲以为主，邠不许。贼昼夜持旧各本作执，廖本独作持。守。邠候其小怠，夜急走。比觉，已去远。收余众军重安，欲投湘州刺史荀眺，共图进取。会眺降贼。邠孤军固城，贼此下张、吴、何、王、浙、石本有攻字。围之。誓死不移，遂卒城中。时年六十九③。元旧脱谥，当有。帝为镇东大将军，嘉其忠节死义，遣使吊赠，策曰："惟永嘉七年四月己未，使持节都督江、【阳】扬旧各本作阳，讹，当改作扬。诸军事镇东大将军琅琊王睿，旧刻本误作濬，顾广圻校改睿，廖本与顾观光照改。谨遣张、吴、何、王、石本作遗。板，命前衡阳内史杨君，忠肃贞固，守正不移，虽当脱在字。危逼，何、王、石本作迫。节义可嘉。不幸殒卒孤城，甚悼之。今列上尚书，赠君淮南内史。魂而有灵，嘉兹宠荣。呜乎哀哉④！"此下《杨稷传》，元丰本作正文，张、吴、何、王、廖、浙、石本亦作正文，刘、李、钱、《函》本作小字注，李本在书头。邠同郡杨稷文曹，泰始初为交阯太守，平九真、郁林、日南四郡，斩吴交州刺史刘俊、钱、刘、李本作俊。大将军修则。武帝方授交州，会孙皓遣大将刘、张、吴、何、王、浙、石本有军字。薛珝、陶璜十万人攻稷。刘、李本重稷字。被攻八月，救援不至，众寡不敌，遂为珝、璜所获。因稷，欲以张、吴、何、王、浙、石本无以字。送皓。稷殴张、吴、何、王、浙、石本作欧。血死。帝嘉其忠烈殁命，追赠交州刺史【也】⑤。刘、李本无也字。他各本有。当衍。

案：以上，《杨邠传》，附杨稷事，旧刻三百七十二字。稷事已前具《南中志》，故旧本或作双行小字。然《常志》一事复见者多，当依元丰本作正文。

【注释】

①《礼·儒行》"澡身而浴德"，澡，修洁也。《诗·召南》："于以采藻。"笺："藻之言澡也。"亦取修洁之义。旧刻"藻励名行"，犹言修名励行也。

②杨邠达挞兴乐县胡酋成豚坚，致郡夷大叛乱事已详《大同志》元康八年（参看卷八4章之注④）。自元康八年（二九八）更阅九年为永嘉初（三〇七），然自永宁元年（三〇一）罗尚入蜀时，广汉太守为辛冉，后遂

为李特所据。晋廷曾命李苾再为广汉太守,亦未得莅。然则邠"授巴东,转广汉"在元康九年与永康间也。

③《晋书》卷一百《杜弢传》:"蜀人杜畴、蹇抚等复扰湘州。参军冯素与汝班不协,言于刺史荀眺曰:流人皆欲反。眺以为然,欲尽诛流人。班等惧死,聚众以应畴。时弢在湘中,贼众共推弢为主。弢自称梁益二州牧、平难交军、湘州刺史。攻破郡县。眺委城走广州。"《通鉴》击弢叛于永嘉五年(三一一),击弢败亡于建兴三年(三一五)。又《弢传》称荀眺走后,弢击破广州援军反荆州刺史王澄军,乃"伪降于山简"。山简卒于永嘉六年四月。则衡阳之陷,邠之被擒,在永嘉六年弢降于山简时,故不杀也。湘州,《晋书·地理志》云:"怀帝又分长沙、衡阳、湘东、零陵、邵陵、桂阳及广州之始安、始兴、临贺九郡立。"《怀帝纪》永嘉元年则云:"分荆州、江州八郡为湘州。"《宋书·州郡志·湘州》云:"晋怀帝永嘉元年,分荆州之长沙、衡阳、湘东、邵陵、零陵、营阳、建昌、江州之桂阳八郡立。治临湘。"其营阳太守云:"江左分零陵立。"则永嘉初不当有。又晋有建昌县无建昌郡,沈约文亦有误。临湘,长沙郡治也。荀眺原驻此。邠投眺,当赴此城。云"眺降贼"者,逃广州之讹也。云"孤军固城",亦夸大之词。时长沙已为弢所据。邠但卒于城中,未附乱耳。以弢方降,故不杀之。迨山简卒,王澄、陶侃等大军累年进讨,皆为弢所击破,邠安能孤军固守长沙?以此推之,邠死长沙城内,当在永嘉六年山简卒前。"年六十九",则生于蜀延熙九年(二四六—三一二),蜀亡时年二十,故犹未仕也。

④永嘉七年,即愍帝建兴元年。时琅琊王睿在江左,未知愍帝立,犹用永嘉年号。四月祭赠邠,为是年四月弢已降于琅琊王,退出长沙之证。弢降睿,受巴东监军命,率部向川东,往规蜀土。百"诸将殉功者攻之不已",故复叛。至建兴三年乃败。

⑤杨稷事已具《南中志》。参看卷四14章。

十七

费立,字建熙,犍为南安人也。父揖,张、吴、何、王、浙、石本作楫。字君让,巴西太守①。立学义冲邃,玄静沈嘿。察孝廉,王国中尉。王年少,好轻行游观。立常正色匡谏,及上疏风李本作讽。喻,辞义劘元丰、钱、刘、李、《函》、廖本作劇。张、吴、何、王、浙、石本作剀。切,合箴规之体②。出为成都令,县名难治,立莅张、吴、何、王、浙、石本作莅。之垂绩。以性公亮,入为州大中正③。除巴西太守,不就。转梁益宁三州都督,兼尚书。值大驾西幸长安,常与大臣居守在洛,加员外散骑常侍,封关内侯④。每准正三州人物,品格褒贬,帅意方刘、本作分。规,无复疏亲,莫不畏敬。然委曲者多恨其绳墨。数辞诸郡,意在河、泰、元丰、廖本作泰。他各本作秦。汝、颍。久之,朝议欲以为荆州。永嘉六当作五。年,与子并没于胡寇⑤。

立时,汉国吕淑,字伟德,旧各本皆作"吕毅叔、伟德"。廖本依《目录》改。兹依廖本。以清彦辟,【别】州字当作州,说详注释。举秀才。尚书郎,秦国内史,长水校尉,员外此下当有散骑二字,原省。常侍,梁州都督。与立同没胡寇⑥。

847

案：以上《费立传》，附汉国《吕淑传》共二百三十六字。二人同没于胡，故同传也。

【注释】

①费立，惟《常志》见。费氏南安大族。前有费诗、费揖，晋有费缉、费立。"字君让"则名当为揖。张佳胤改楫字，非。揖作巴西太守，在蜀汉世，盖与诗同时。

②王，谓成都王颖，《晋书》卷五十九有传。武帝第十六子，太康八年封成都王，未之国，留洛，"拜越骑校尉，加散骑常侍、车骑将军。"出为"平北将军，镇邺"。与齐王冏讨诛赵王伦，仍还邺。冏败后，"悬执朝政，事无巨细皆就邺谘之"。永兴元年（三〇四）击败洛师，劫惠帝居邺。已而为河间王颙将张方所劫与惠帝俱入长安。放废三年，逃奔朝歌，被杀，光熙元年（三〇六）十月也（据《惠帝纪》），时王年二十八（据本传）。立为王国中尉，当在太康九年至元康九年（二八八—二九九）之间，王出镇邺，尚未起兵讨赵王伦时。时王仅十余岁。王国属官皆在邺，成都仅内史而已。

③"州大中正"当在州。按下文，立始终居于洛阳。疑此为"都职"（二州都中正）之误。惟元康以后，益州恒乱，州大中正或曾设在洛中。未可即谓旧刻为误讹也。

④张方劫惠帝幸长安，在永安元年（三〇四）十一月。既迁长安，改元永兴。

⑤永嘉五年六月，刘曜破洛阳，迁怀帝平阳，汉主刘聪封之为平阿公，大赦，改元嘉平。晋人仍用永嘉年号。《常志》此作"六年"，当是五年之误。私家记载，传闻未确故也。晋时，士大夫重内职，不乐外任。凡资次得拜二千石者，每有所选择，不欲赴者得拒命不拜，朝廷亦往往从而改授，如愿以迁就之。上文已屡有其例。费立欲得河泰汝颍，当是成都王颖得势时，恃王国旧员，欲得近畿与近邺地也。然时朝士与颖每相左，故迄未得之。"河"，谓河东、河内，并属司州（王畿），"泰"，谓泰山郡，属兖州。作秦字者不合。"汝"，汝南，"颍"，颍川，并属豫州。颖既败废，阅八年而洛阳陷。故云"久之"。"廷议欲以为荆州"，当亦在永嘉四五年间。时山简为征南将军荆州刺史，朝议何得以立易之。盖亦自图得荆州耳。

⑥晋武帝太康中封孙迪于汉中，更曰汉国。见《汉中志》（卷二6章之注②）。故《常志》每称汉中为汉国。吕淑，惟见《常志》。旧刻各本皆作"吕毅叔、伟德"。而《目录》皆作"清重、长水校尉吕淑，字伟德"。无异文。故当如廖本改从《目录》。旧刻"别举秀才"。别举二字不可解。既立同时人，则当举秀才于晋初。晋初已置梁州。汉中为州治，三巴、涪陵、广汉、梓潼皆梁州郡，选举正常。州字旧写作三刀（刕），易混为别。兹迳改作"州举"。晋有员外散骑常侍，员外散骑侍郎。无员外常侍。"员外"，正额以外，不常供职之官也。"员外散骑常侍"，以别于"通直散骑常侍"，旧文省散骑二字，作"员外常侍"也。

十八

常骞，字季慎，蜀郡江原人也。祖父竺，字代文，南广太守，侍中。父伟，字公然，阆中令①。骞治《毛诗》、《三礼》，以清尚知名。州辟部从事，主簿。郡请功曹。察孝廉。萍乡令。以选为国王侍郎。出为绵竹令。国王归之，复入为郎中令。

从王起义张、吴、何、王、浙、石本有兵字。他旧本无。有功，封关内史②。时蜀乱，民皆流在荆湘，徙湘东太守。疾病，未拜卒。年六十八③。骞性汎元丰、钱廖本作汎，他各本作泛。爱敦敬，廖本注云："当衍"，意谓敦属下句。兹以敦敬属上句。友宗族。当官修理，恕以抚物，好咨问，动必谦让。州、乡以为仪范。

二州清官见述者，先有宜都太守犍为唐定义业，陇西太守巴西冯山、休翊，百后骞云④。

案：以上，《常骞传》，附西晋益梁二州清官，凡二百零六字。

【注释】

①《南中志》："南广郡，蜀延熙中置，以蜀郡常竺为太守。蜀朝召竺入为侍中，巴西令狐衷代之。"与此相应。蜀汉时，江原常颀以州从事行部南中至牂柯，为朱褒所害。常竺由南广首任太守入为侍中。常勖为郫令。常伟为阆中令，常忌为什邡、雒令。忌父闳，汉中、广汉太守。勖父高，青州广县令（参看本卷5章之注①），祖父员，牂柯、永昌太守。常洽，侍中、长水校尉，则又在后汉时。故晋初常氏之族益盛矣。

②此节所谓"王"，皆谓成都王颖。"国王侍郎"，谓在邺之王府官。"出为绵竹令"，自邺出也。"国王归之"，颖复召还之也。"起义"谓起兵讨篡帝位之赵王伦。

③"去官"，辞去魏郡太守，求还蜀也。故朝廷为之转任新都内史。晋太始二年，以故广汉为新都、广汉二郡。新都郡治雒，太康末，置蜀王国，新都郡改新都内史，骞为首任内史，永嘉中省。见《蜀志》。蜀民流徙荆湘，自太安元年始，广汉流民初尚流滞三巴，至永嘉四年始尽入荆湘，而流民李骧等已与土著冲突，作乱于乐乡。巴氏苻成隗文等亦作乱宜都。其明年，杜弢遂据湘州（参看《弢传》及《大同志》9章）。骞之授湘东太守当在永嘉初岁。"未拜卒。年六十八。"则当生于蜀汉延熙初岁。蜀亡时仅二十岁左右，出仕全在晋世也。

④唐定、冯山，不著《目录》，别无考见。"见述者"，谓见称述者。

十九

常宽，字泰恭，骞族弟郫令勖弟子也。父廓，字敬业，以明经著称，早亡。宽依上各传例当有。阖门广学，治《毛诗》、《三礼》、《春秋》、《尚书》，尤耽意《大易》。博涉《史》、《汉》，强识多闻，而谦虚清素，与俗殊务①。郡命功曹及察孝廉，不就。州辟主簿，别驾。举刺史罗尚秀才，为侍御史②。除繁令，随民此下，钱、张、刘、吴、何、李、《函》、王、浙、石本并有安字。元丰与廖本无。无者是。县零陵③。以举，将丧去官④。湘州叛乱，乃南入交州⑤。【及】交元丰与廖本作及。其他各本作交。作交是。州刺史陶咸表为长史，固辞，不之职。虽流离交城，衣【敝】弊元丰以来各旧本皆作弊。廖本改敝。今按：弊、敝古通，当依旧本。褊袍，冠皮冠，乘牛往来，独颖当作犹。鸠合经籍，研精著述。依元丰本作亦。其他各本书作依。孟【阳】杨各旧本作杨。廖本独作阳。未详所据。当依旧本。宗、卢师矩著《典言》五篇⑥，撰《蜀后志》，及《后贤传》。续陈寿《耆旧》，作《梁益篇》⑦。王谟本与清人读《常志》者，率于《蜀后志》、《后贤传》与《梁益篇》三处点断。今考不然。别于注释说明。元帝践祚，嘉其德行洁白，拜武平太守。民悦其政。元丰本此下空十四字位。以荣贵非志，在官三年，去职。寻梁硕作乱，得免难。卒于交州⑧。凡所著述，诗、赋、论、议二十余篇。子长生，字彭祖，亦有学行。州主簿，资中令，治中从事。早亡⑨。时元丰本作事。蜀郡太守巴西黄容，亦好述作，著《家元丰本作加。训》，《梁州巴纪》，《姓族》，《左传钞》，凡数十篇。汉嘉太守蜀郡杜龚敬修，亦著《蜀后志》【及】此及字当衍。志赵廞、李特叛乱之事及丧纪礼式，后生有取焉⑩。

案：以上，常宽父子合传，附同时好著述者黄容、杜龚二人，共三百二十字。

【注释】

①依前柳隐、常勖、何随、王化、杜轸、任熙、王长文、寿良、何攀、李毅、费立、常骞诸传例，"阎门广学"上当有宽字领起。盖旧钞脱，当补。顾广圻校稿云："《大易》，即《易》也。《蜀郡士女》严平注解有专精《大易》，与此可互证。"后文言宽流离困顿中犹"鸠合经籍，研精著述，即此所谓"与俗殊务"也。

②侍御史，御史台属官。台有中丞一员，主历。下有十三曹，各置侍御史主之（《晋书·职官志》）。亦亲近天子之官。罗尚时，成都王颖执政，朝官轻滥，不似武帝时。

③"随民县零陵"，谓繁县民流居零陵者多，因设侨县以理之。李埴加字作"随民安县"，乃后世习用语，非晋时已如此。当依元丰本，去安字。《大同志》永嘉元年，"时益州民流移在荆、湘州及越嶲、牂柯，尚施置郡县，就民所在。"可与此互证。顾广圻校稿批眉上云"此谓侨治"。江左桥立郡县，此其滥觞也。

④"以举"，谓已察举，以、已字古通。罗尚前察宽孝廉，此则湘州重察举之也。"将丧去官"，谓宽适丁母丧，遂奉丧去官也（父廓已早亡）。

⑤零陵在湘南。湘州乱自乐乡、宜都起。永嘉五年乃陷衡阳。则宽入交州，当在永嘉五年以后。

⑥孟杨宗、卢师矩，当是晋初二人名字。宽依其所著书体例撰《典言》五篇也。顾广圻校稿，批此六字上云"未详"。《隋书·经籍志》不载《典言》，则与孟、卢之书并久佚也。

⑦《隋书·经籍志》有："《蜀志》一卷，东京武平太守常宽著。"列地理书，与《山海经》为类。"东京"显是"东晋"字讹。"地理书"则非传记，盖谯周先有《巴志》、《蜀志》（一作《巴记》、《蜀记》），常宽续蜀地一卷为《蜀后志》。常璩《蜀志》颇采之也。《后贤传》，当为史传体。常璩本篇曰《后贤志》显有所因袭。"续陈寿《耆旧》"五字，可以上属《后贤传》为句，谓续陈寿《耆旧传》，附写为一卷，别称为《后贤传》也。亦可下属于"作《梁益篇》"为句，谓依寿《耆旧传》体列作《续传》，别称《梁益篇》也。王

谟江西刻本，即于《蜀后志》，《后贤传》，《梁益篇》三处点断。丁国钧《补晋书艺文志》云："《续益部耆旧传》二卷（常宽），谨案，见《隋志》，旧脱撰人名。家大人曰：'《华阳国志》言常宽续陈寿《耆旧传》，作《梁益篇》，即此书。'今为补名列人。《新唐·志》有：《益州耆旧杂传记》二卷，亦此书也。"文廷式《补晋书艺文志》曰："常宽《续益部耆旧传》二卷。《华阳国志》：'常宽续陈寿《耆旧》，作《梁益篇》。'《隋志》无撰人姓名。"吴士鉴《补晋书经籍志》云："常宽《梁益篇》。《华阳国志》称：常宽续陈寿，作《梁益篇》。按，《隋志》有《续益部耆旧传》二卷，《唐志》有《益州耆旧杂传记》二卷，不著撰人，盖即常宽之书。"黄逢元《补晋书艺文志》云："《续益部耆旧传》二卷，常宽撰。见《隋志》，脱撰人。元案：《华阳国志·常宽传》云：'宽续陈寿《耆旧传》，作《梁益篇》'，当即是书。"诸说从同，皆谓《常志》之《梁益篇》即《隋志》之《续益部耆旧传》二卷。亦同以"续陈寿《耆旧》作《梁益篇》"为句。书已散佚无征，似当诸人之说断读。然可疑者尚多：《隋志》《唐志》，只作益部、益州，无《梁益篇》含义。上述四家说虽雷同，仍无确据，一也。陈寿《耆旧》，为列传体，今尚多有引文可证。与宽所作《后贤传》名称适相承应。则以"撰《后贤传》续陈寿《耆旧》"为句，语法亦顺。谓宽撰《蜀后志》以续谯周之《蜀志》，撰《后贤传》以续陈寿之《耆旧传》，别作《梁益篇》以记两州有晋以来杂事，为三书，撰，有资料依凭之谓也。作，无资料依凭，但记所见闻："自我作故"之谓。为说亦自成立，二也。上文《后贤志·总序》云："族祖武平府君，愍其若斯，乃操简援翰，拾其遗阙，然但言三蜀，巴汉未列。又务在举善，不必珍异。关之《耆旧》，竹素宜阐。"夫言巴汉未列，则宽所续《耆旧》，无梁州人士明颖。安可以"续陈寿《耆旧》作《梁益篇》为句？观常璩《后贤十八人赞传》，三蜀人士，多有虚美溢誉，不符实际，显为采自宽说，与"但言三蜀"，"务在举善"相应。巴汉则惟文立陈寿二人有传，其传文颇与三蜀诸人传文形格异。汉中则惟附载吕淑一人而已。此尤足证常宽《续耆旧》无巴汉人物。不得混《梁益篇》为一书。三也。细为推敲，可知上举丁、文、吴、黄四家所引《常志》，皆由习用王谟本圈点而误。王本圈点太半错谬，实不足遵。兹于志、传、篇三字句读，并辨订其理据如此。

⑧宽以永嘉五年（三一一）入交州。作武平太守三年，梁硕之乱后卒，凡在交州十一年也。梁硕，晋新昌太守，元帝永昌元年（三二二）十月起兵反，见《晋书·元帝纪》太宁元年五月，"梁硕攻陷交州，刺史王谅死之"。六月，"平南将军陶侃遣参军高宝攻梁硕，斩之"（《明帝纪》）。宽卒当在是年。

⑨资中，永嘉元年已没于李雄。则常长生为资中令与治中从事皆在罗尚时。卒于永嘉以前，或在流徙途中。

⑩黄容、杜龚惟见《常志》。《目录》不载，未知其县贯。应皆著书于流离中者。杜龚见《大同志序》（卷八1章之注③）。

二十

谯登，字慎明，巴西西充国人，谯周孙也。【仲】伯各旧本均作伯，兹依《三国志》改。父熙，察孝廉，本部旧各本皆作郡，廖本独作部。部字是。大中正，沔阳令①。叔父同，字彦绍，少知名，拒州郡之命。梁元丰本作严。州刺史寿良与东羌校尉何攀贡之三司及大将军幕府。为尚书郎，除锡令。亦有为作传者②。登少以公亮义烈闻。郡命功曹，州辟主簿，别驾从事。领阴平太守。郡五官，素大姓，豪擅，侵凌羌、晋，登诛之，郡中皆肃。后以李特作乱，本郡没寇，父贤依《三国志·谯周传》补。为李雄巴西太守马脱张、吴、何、王、石本作晚。下同。所杀③。乃东诣镇南刘公请兵。时中原乱，守公三年，不能得兵。表拜扬烈将军、梓潼元丰本作橦。下同。内史，使合义募。【登凡】于文，二字当衍。募钱写本脱此三字。巴蜀流士，得二千人④。【镇】平当作平，前屡见。下文亦作平。西此下，钱、张、刘、吴、何、李、《函》、王、浙、石本有将军二字。元丰与廖本无。盖李㞦所加。罗尚以已字通。退住巴郡，登从尚索益军讨雄，不得。乃往元丰本作住。攻宕渠，斩脱，食其肝，巴西贼破，复诣尚求军。尚参佐多以必无利；登愤恚，数凌折之。又加责于尚，尚但下之而已。会罗羡杀雄太尉李离，举梓潼来降，登迳进涪城。雄自攻登，为登所破⑤。而尚将张罗进屯犍为之合水，文硕杀雄太宰李国，以巴西降。罗遣军掠广汉，破雄叔父骧，虏其妻子，募人斫雄头，贼以向元丰本作尚。困⑥。而尚本参佐恨登之见矜侮，不供其军食。益州刺史皮素至巴东，敕平西送故遣将张顺、杨显救登。至垫江，素遇害，顺、张、吴、何、王、浙、石本无顺字。显还⑦。雄知登乏食，遣骧致攻。兵穷士饿，誓死不退。众亦饿死而无去者。永嘉【三】《大同志》作五年，是。五年，为骧所生得，舆钱、廖本作舆。他各本作与。登登字当衍。致雄。言辞慷慨，涕泣歔欷，无服降臣折情，雄乃杀之⑧囚其军士，皆以为奴虏，畀兵士。而连阴雨百余日，雄中以登为枉，而所领无辜，怒气感天。雄当有雄字。下赦，出登军士湮没者⑨。初，尚之在成都也，与雄攻战，郫令犍为张昕钦明，每摧破雄。雄众《函海》本无众字。惮张、吴、何、王、石本作战。之。而救助不能并心，为雄所杀。雄常言："罗尚将均如张昕辈，吾族早无遗矣⑩。"时牙门左汜元丰本作记。下三字同。亦有战功，尚不能益其兵谷，汜恚恨，以母丧归。尚累召，不往。尚怒曰："微左汜，当不灭贼乎？"遂杀之。雄闻汜死，大小相贺⑪。登同郡县李高，亦有武干，平吴时，与牙门将处前，获孙皓，封县侯，官至金城、雁门太守⑫。

案：以上，《谯周传》，附张昕、左汜、李高事，六百十四字。盖常璩入江左后补入，犹未补赞也。其传文颇与以上诸传小异。一味夸述忠义，掩其惭德。以罗尚为镇西，永嘉五年为三年，常氏照录，未作校订。附传三人亦然。如李高，已见《大同志》泰始四年，《常志》此传亦未通合，盖暮年颓惰，苟依成文搪塞而已。

【注释】

①《三国志·谯周传》云："周三子，熙、贤、同。"又云："周长子熙。熙子秀，字元彦。"《常志》此传旧刻

作"仲父熙"。显为伯字之误。兹改正。"大中正",州官,郡则但有中正。州亦称部。旧刻误作"本郡大中正",应误。廖本改郡作部,当遵。谯熙《后贤目录》未收。盖仕在蜀汉世也。《先贤·目录》亦未收,德业犹微也。

② 《三国志》又云:"少子同,颇好周业,亦以忠笃质素为行。举孝廉,除锡令。东宫洗马召,不就。"与此可互补。《目录》云:"令德,锡令谯同,字彦绍。周子,见《周传》。"谓《三国志·谯周传》也。寿良作梁州刺史在太康初岁,何攀为东羌校尉在惠帝元康安,二者不同时,不可能同贡举登。应是寿良贡之三司,何攀贡之大将军幕府,《常志》合言之(前多有此例)。元康九年,梁王肜为大将军录尚书事。攀之贡登,当在此年。若然,则攀是年犹为东羌校尉,与前《攀传》亦合。"亦有为作传者",则璩曾见同传,但不取,仅为附传于此,明取舍之严也。

③ "本郡没寇",谓太安元年,李特击败衙博援军,梓潼不守,"巴西郡丞毛植、五官襄班举郡降时"(《大同志》)。登父贤为李雄将马脱所杀,则又当在太安二年(三〇三),李雄与李离袭破孙阜"宋岱病卒垫江,(荆)州军退"(同上引)雄军再占西巴之时。登父贤,应是响荆州军,逐李氏委官者,故荆州军退而被杀也。时登犹在阴平任内。阴平至永嘉六年(三一二)八月,"阴平都尉董冲逐太守王鉴,以郡叛降李雄"(《怀帝纪》)始陷。王鉴,盖即继谯登为太守者。

④ 镇南刘公,谓镇南将军都督荆州诸军事、南蛮校尉、荆州刺史刘弘。《晋书》卷六十六有传。平张昌后,"进拜侍中、镇南大将军,开府,仪同三司。"永兴三年(三〇六),"卒于襄阳"。登诣弘请兵,盖在永兴元年(三〇四),自阴平入汉中沿流至襄阳。守弘三年,至弘卒,终不得助,乃率所自募之巴蜀流民二千还巴向罗尚请兵。

⑤ 罗尚于永兴元年正月退守江阳,冬移屯巴郡,仍领平西将军、西夷校尉、益州刺史三府事。永嘉二年(三〇八),"加散骑常侍、都督三州,进爵夷陵侯"(《大同志》),专讨李雄。登之入巴,当在永嘉元年时。时王澄继弘为荆州都督,"日夜纵酒不亲庶务"(《通鉴》卷八十六),故去之也。马脱为雄巴西太守而在宕渠者,时巴西治阆中,雄以太宰李国(雄姑表弟)驻守,而宕渠、宣汉写远,逼晋军,故命太守驻宕渠也。登进袭宕渠,斩马脱,当在永嘉二、三年间。传云:"巴西贼破",即谓斩巴西太守马脱。《通鉴》永嘉三年云:"登进攻宕渠,斩马脱,食其肝。会梓潼降,登进据涪城。雄自攻之,为登所败。"显依《常志》。荀琦、罗羕等杀李离以梓潼郡叛降罗尚,在永嘉三年冬。登受朝命为"梓潼内史",既与罗尚不合,遂乘时行伸梓潼职权,进据涪城。涪城本梓潼郡属县(郡治梓潼县)。荀琦等降尚不降登,登不能入郡,故驻涪县,据要津以扼雄。诚可谓勇。然内失罗尚支援,亦不可得梓潼之助,独当大敌,其必致困败,可以预见。

⑥ 参看《大同志》永嘉四年(卷八8章之注⑱)。

⑦ "勒平西送故遣将张顺、杨显救登"者,谓勒平西将军府(罗尚旧领三府之一)资送素前所遣进援涪城之将张、杨二人。时素虽未到巴,已奉朝命领三府事。故得先行此勒也。平西府已遵敕送遣二将,甫至垫江,素已于巴郡遇害(参看《大同志》8章之注㉑),巴郡乱,张、杨援涪军复折还也。

⑧ 登穷蹙中,曾以李骧子寿送还骧乞缓兵,见《李特雄期寿势志》,永嘉四年。城破在永嘉五年春正月乙亥,《晋书》本纪、《通鉴》并与《大同志》合。此传作"三年",显然字误。登城陷不死,受骧舆送,"言辞慷慨",世族骄凌之气不敛耳。《晋书·忠义传》不收谯登,非无故也。

⑨ "雄中",谓李雄朝廷上下。"以登为枉",谓登有降意也。否则孤军犯抗若干年,城破被俘,何以为枉?

⑩张昕事为此见。疑亦张翼之族。时蜀地主军孱弱,惟犍为地主军尚敢战,其社会进入封建经济犹未久故也。

⑪左汜事亦惟此见。

⑫李高,《大同志》两见。泰始四年"军士王富有罪逃匿,密结亡命刑徒,得数百人,自称诸葛都护。起临邛,转侵江原。江原方略吏李高、间术缚富,送州,刺史童策斩之。"(参看卷八2章之注⑧)。咸宁五年,王濬"以典军从事张任、赵明、李高、徐兆为牙门。"盖高以擒王富功进州职,此时以典军从事为牙门将也。

二十一

侯馥,字世明,江阳人也。察孝廉,平西参军。元丰本此下空五字位。无阙字。他各本皆有小阙字。钱、李本阙字下更空七格。刘、《函》本更空四格。张、吴、何、王、浙、石本阙字下不空格。廖本注云:"旧空四字,校云阙。"今按元丰格补四字。从至巴,尚薨后,此下,廖本有注云:"按,薨上当有李毅二字。"顾观光校勘记遂作"李毅薨后",并注云:"原脱李毅二字。依廖校补。"今按:下文"薨后巴郡乱",则明指罗尚也。与上文"平西"义连。言平西,则指罗尚也。罗尚死后,巴郡乃乱,馥避地入牂柯。受王逊参军职与李毅之死无关。兹别补四字。巴郡乱,辟廖本作辟,他旧本皆作避。义通。地入牂柯①。各本牂柯字异,已前注。宁州刺史王逊领张、吴、何、王、浙、石本作镇。平西将军,复取为参军。逊议欲迁牂柯太守谢恕为涪陵太守,出屯巴郡之枳口。表馥为江阳太守,往江阳之沘元丰本作沘。刘、李本同。他各本皆作泚。源,抚恤蛮獠,【克】规旧各本作克,兹改作规。复江【陵】阳,元丰本作阳,是。廖及他各本皆作陵,谬。说详注释。【请】清廖本注云:"当作清。"兹迳改。通长江②。雄征东大将军李恭已在江阳。馥元丰本无馥字,他各本并有。招降夷獠,修缮舟舰,为进取调。张、吴、何、王、浙、石本作计,与《何攀传》同。预白逊请军,移恕俱出涪陵,"不能自前"。四字,请军乃移文中语也。恭举众攻馥。众寡不敌,为恭所破【获】。获字旧有,当衍。生虏馥,送雄③。雄下廷尉责。此下廖本注云:"当有脱。"今按,但当断句。下少馥字也。曰:"事君,有死无贰,其次,破家与此与字动词,非介词。国。今从不死,又无益国,灰没其分。守心而已,无他【愿】顾元丰与廖、浙本作愿,钱、张、刘、吴、何、函、王本作顾。李本作硕。石印本空位。当作顾。望。"雄必欲屈之,使馥同郡人张迎晓元丰与廖本此下无喻字。他各本有喻之。馥怒骂迎曰:"【吾】卿于文,当作卿。等国亡不能存,大难不能死,低眉海内,何面目相见也。且王宁州,治乱才也,以吾有桑梓之耻,故远上尚书,遣吾讨贼。受命之日,实忘刘本作亡。寝食。但裁船未辨,请军未至,牵揣不及,为他所先。当灭身陨碎,以谢不及,冀上不负日月,下不愧王侯。指逊。吾岂苟生,如卿儿女之人乎？"迎还白雄。雄义而赦之④。时雄众寇所获犍为太守建宁魏纪，汉国太守梓潼文【琰】琰，廖本有讳阙笔，他各本无。巴郡太守巴西黄龛，涪陵太守巴西赵彧，永昌谢俊，牂柯文猛，皆区区稽颡，无如馥者。数年卒⑤。

案：以上《侯馥传》，无赞，旧存三百七十四字，颇有脱误。《晋书》与《通鉴》皆不言馥事，无可资以校订。惟按本书《南中志》《大同志》与《李特雄期寿势志》（省曰《李志》），知馥系永嘉五年进兵沘源，被擒在当年或次年耳。

【注释】

①平西将军，罗尚为益州刺史时加官，尚领三府之一。传言"平西参军"，谓罗尚平西府之参军也。尚于太安二年冬弃成都，由牛鞞水东下江阳，必有为之向导者。馥江阳人，当与同行。尚驻江阳一年，于永兴元年（三〇四）冬移屯巴郡。永嘉五年（三一一）七月死。晋廷命长沙太守皮素为益州刺史兼西夷校尉、扬烈将军，领平西军。尚子宇犹领平西军使人刺杀素。建平都暴重讨杀宇，巴郡大乱，事具《大同志》。宁州刺史李毅自太安二年五苓夷与群蛮叛乱，困守孤城四年乃死，其女秀及子钊相继持城至永嘉四年（三一〇），王逊乃至（见《南中志》）。《常志》此传旧刻"龛后"上阙四五字，廖本注以为是李毅龛后巴郡乱，殊失考。兹补"从至巴，尚"四字，依元丰本阙四格补。谓馥从罗尚至巴。尚龛后巴郡乱，馥避地牂柯也。

②《大同志》与《晋书·王逊传》并谓晋朝廷"以逊为南夷校尉、宁州刺史"，不言平西将军。由《常志》此传，知逊曾加平西将军，惟当在逊到任平定五苓夷后。盖逊初受命时罗尚犹在。迨尚卒而逊有绩，乃以平西将军移加之，而皮素为扬烈将军。此等细节，史文未详具耳。逊既为平西，即当有规复益州之责。先已表李钊为朱提太守，治南广，盖以规取犍为郡地也。此又表侯馥为江阳太守，进屯沘源，规取江阳郡地。迁谢恕为涪陵太守，出屯把口，规取巴郡地。于时巴东尚为晋地。若果得犍为之僰道，与江阳、巴郡，则长江水道通，可由荆州溯江以济宁州粮械，资其兵力以复益州。故曰"清通长江"。综核地理形势与史志旧文，逊之本谋当如此。馥与谢恕同时受命，故传文连述。李钊受命在先，又别为一路，与馥尚无联系，故传文不及也。明乎此，乃可以校订原刻误字。旧刻自嘉泰本以来皆作"克复江陵"。夫江陵为荆州重镇，从未沦陷，何谓克复。元丰本作"江阳"，于地理形势及下文并合。是嘉泰本误审阳为陵，而明清诸家未之觉也。当改作"江阳"。惟江阳亦于永嘉五年（三一一）为李雄所据。《大同志》是年云："雄众攻僰道，走犍为太守魏纪，杀江阳太守姚袭。"于时晋廷虽仍以张翼之孙张启为江阳太守，实寄居于巴，曾于永嘉六年杀刺史王异，自行三府事。见《大同志》。建兴元年，西夷校尉蔺维，率益州残民，自涪陵浮船出枳，"欲下巴东。遂为雄将李恭、费黑所破获"（《大同志》）。则雄此时已得巴郡，东至枳矣。又《李志》，永嘉五年，李雄以李恭为征东将军南蛮校尉，则李恭长驻江阳迄未他去。与此传云"雄征东大将军李恭已在江阳"符合。永嘉五年，为李雄屯粮已足，大举四出略地年度，北至汉中，西至汉嘉，南僰道，江阳，东至巴与涪陵，皆入版图。王逊之图规复，但欲"清通长江"，亦势所必然。江阳既已为雄所据，而传述逊之策划，既当但云规复，不得即云克复，故与陵字请字一同改正。把口、沘阳，旧籍均无可考。由此文，以

地理形势推之，变可得其大体位置：谢恕自牂柯出兵为涪陵太守而屯于"巴郡之把口"，则其地在巴、涪、牂柯之间为一交通要道可知。必当是今綦江县南，松坎至三江口间某地，地属于巴，而便于与馥并力也。"沘源"、"泚源"字亦难定。河南南阳地区有沘水，《后汉书·光武纪》："汉军与甄阜梁丘赐战于沘水。"一本作"泚水"。二字易混，自古已然。沘读如此，泚读如此。江阳附近今地名无与二音接近者，故不能定。然其地位在今茅台与赤水间之赤河（古安乐水）沿岸则可定。此处始可有舟楫通于江阳也。

③馥裁船未成，已为李恭破获，其时间亦当在永五六年间。

④由馥诸语，知此传为常璩所撰，非晋地人为之。李雄为政宽大，待敌俘多不杀。馥虽不降，亦无谯登骄矜气度，故不死，在蜀数年乃卒。常璩盖当从之游谈，访南中事，知其如此。然刻本颇有讹讹，兹并改正。

⑤魏纪、黄龛，并见《大同志》，其被获俱在永嘉五年。文谈当同年，汉国即汉中，亦当是年为雄所得也。涪陵太守义阳向沈建兴元年卒，见《大同志》。赵弼当是其继任者，兰维出枳被获后，涪陵亦必入于李雄，则其被掳，亦当在建兴初也。谢俊、文猛未详。李钊、王载夫妇亦降雄，常氏此传不引，盖犹有为贤者讳之义。

二十二

撰元丰、《函海》本作赞。曰：文王多士，才不同用①。孔门七十，科此下，张、吴、何、王、浙、石本有"行相"二字。张本"科行相揆"四字作双行不字。吴、何诸本皆大字。元丰、钱、刘、李、《函》、廖本并无。廖本注云："旧阙二字。"盖所据季振宜家本科下有二空位也。顾观光校勘记作"科行相揆"，又复注云："宋本行相二字空格。此以意补，不可从。"今按，何义门过录之元丰本，原无二字。自张佳胤始疑其脱并补二字。廖本虽斥张补为非，而仍疑有脱。皆谬。揆百行②。殊涂贵于一致③。兹依宋椠旧文句读。说在注释。若斯诸子，或挺珪璋之质，或苞旧各本作苞。乾隆翻刻何允中本作抱。顾观光"校勘记"亦作抱。瑚琏之器，或耽儒墨之业，或韬王佐之略，潜则泥蟠，跃则龙飞，挥翮扬芳，流光遐纪，实西土之珍彦，圣晋之多士也④；徒以生处限外，服膺日浅，负荷荣显，未充其能；⑤假使植干华宇，振条神区，德行自有长短⑥。然三赵、两李、张、何之轨，其有及之者乎⑦？谯登、侯馥，忠规奋烈，美志不遂，哀哉⑧！

【五公】各本皆有此下三行。此二字，元丰、张、吴、何、王、浙、石本顶格。钱写本低三格。刘、李、《函》本低四格。石本三行并为一行。【司空何武　司空赵武　太尉赵谦　司徒赵温　司空张皓】元丰、钱、刘、李本作浩。他各本作皓。以上二十二字，各旧本皆有。在此，不伦不类。盖晋宋以后传钞者利用卷末空地摘诸前传以备忘。非《常志》固有。常氏自造《目录》，作"公七人"，非五公也。

案：以上，《后贤志》结语百四十三字。旧刻误附"五公"三行二十二字，当删。常璩在江左抑郁骚怨，既撰此书，屡有不平之语。此篇尤为露骨。

【注释】

①《诗·大雅·文王》："思皇多士,生此王国。"又云："济济多士,文王以宁。"

②《史记·孔子世家》："家子三千人,身通六艺者七十有二人。"《孟子·公孙丑章》："如七十子之服孔子也。"七十,就成数言。孔门分德行、言语、政事、文学四科,又以文、行、忠、信为四教。"科揆百行",谓四科包括百行,与"才不同用"为对。"士有百行"(《诗·卫风·氓》郑笺),故才用不同。百行不能出于四科,故曰科揆百行也。张佳胤改作"科行相揆"仍是以四科、百行相缀为义。而割"百行殊涂"为句,既重行字,又使"殊涂","一致"句成叠床,未为胜解。故不取。仍依宋椠旧文。

③《易击辞》："《易》曰:憧憧往来,朋从尔思。子曰:天下何思何虑。天下同归而殊涂,一致而百虑。"《史记·太史公自序》云:"《易大传》天下一致而百虑,同归而殊涂。夫阴阳、儒、墨、名、法、道德,皆务为治者也。"常氏借此诸义,用"殊涂贵于一致"约束上文。言百行、百虑,发于殊涂,可贵在于同归于治道。苟其有益于治,则才行虽殊,亦可贵也。

④综论此篇二十人才德行业,结于"圣晋之多士",应照上文。字义已详《蜀志》与《先贤志》注。

⑤自叹蜀士才用不尽。"限外",谓山河限隔之外,与"徼外"、"域外"含义有别。"服膺",谓"服事天子"。膺,受也。谓事晋之日浅。"负荷",言职任。"荣显",言爵秩。

⑥"植干华宇",喻生长华夏。"振条",谓枝条敷荣,与"植干"对应。"神区",犹言"神州",亦指华夏。结语深慨边鄙人物之屈抑。

⑦"三赵",戒、谦、温,"两李",邰、固,"张、何",谓张皓、何武,《目录》所谓七公也。然字以下,意实以魏晋世蜀人不至公位为憾。文则责蜀士莫能绍前公之轨者。

⑧谯登、侯馥别作结语,又俱脱赞,明是居江左时所加者。

原附 益梁宁三州先汉以来士女目录①

---

① 吴本无末二字。何、王、石本作《序志》。在前。

常道将集

（张、吴本无此行。何、王、石本为《序志》之次行。作"晋常璩著"。）

一

高尚，逸民【严】庄刘、李本作庄，他各本作严。遵，字君平。元丰本字与县贯间空格，皆大字。下同。（成都人也①。）元丰本末四字单行小字。钱、刘、李本同。张、吴、何、王、廖、石本作双行小字。兹进为大字，并加圆括弧以示区别。下同。张、吴、何、李、王、浙、石本无也字。

高尚，逸民林间，字公《函海》注云："翁字之误。"孺。（临邛廖本作邛，他本作卭人。杨《函海》、王、石本作扬。雄师之。见《方言》②。）

德行，治中从事李弘，字仲元。（成都人也③。）张、刘、吴、何、李、王本无也字。元丰、钱、《函》、廖本有。此下各也字同。

德行，给事黄门侍郎杨《函》、王、石本作扬。下同。雄，字子云。（成都人也④。）雄《自序》云"郫人"。

【文学】，二字，各旧本有，然当衍。神童杨乌。（雄子也。七岁预父《玄》文，九岁卒⑤。）雄字以下，钱本写作单行小字。

文学，吴、何、王、石本无此二字，下二目同。侍中元丰本作郎，他各本作中。扬元丰与《函海》本作杨。州刺史张宽，字叔文。（成都人。始受文翁遣，东受《七经》，还以教授者⑥。）

文学，中郎将司马相如，字长卿。（成都人也⑦。）

文学，谏议大夫王褒，字子渊。（资中人也⑧。）资中属犍为郡，常氏此与《先贤赞》并列入蜀郡。旧刻各本无异。盖宣元时资中尚未划入犍为，故褒为郡蜀人也。

文学，旧各本脱品题二字。承上，当有文学二字，说在注释。尚书郎杨【壮】庄。李本依《汉书》改作庄。（成都人也。见杨子《方言》⑨。）

美秀，中郎将何霸，钱写作霸。字翁君。（郫人也⑩。）

执正，旧各本作政，廖本改作正。下同。大【中】旧各本有中字。兹依《汉书》本传删。司空，

861

汜乡侯何武，字君公。（霸弟。以忠正为三公。王莽欲篡位，惮而杀之⑪。）

□□，原脱品题，当是政事二字。颍川太守保显。（武弟也。兄弟五人，皆在《汉书》。《汉书》云："武兄弟五人皆为郡吏。郡县敬惮之。"二人失名。武子况嗣武侯。王莽时废⑫。）张、吴、何、王、石本，于上二十一字注文外，又有"在《武传》中"四字，他各本无。盖张佳胤加注也。

□□，原脱品题。《史》《汉》入《佞幸传》。黄门侍郎当作上大夫。说在注释。邓通。（蜀人，当作南安人。孝文时为侍郎，《函海》作侍中。甚有宠⑬。）张、吴、何、王、石本于原注十二字外，更有"无传"二字。

□□，原脱品题当补"货殖"二字。卓王孙。（临邛人。见【食】《货【志】殖传》。《常志》原误。旧刻各本同。《史》《汉》并在《货殖传》。兹改。姑仍旧列于执正目下⑭。）张、吴、何、王、石本更有"无传"字。

政事，左卫护军陈立，字少迁。（临邛人。《函海》本有也字，他本无。历元丰本无历字。牂柯各本作字不同，已前注。巴郡、天水三郡太守，治为天下最⑮。）

节士，太刘、李本误作人。中大夫章明，字公孺。（【新】繁人也⑯。）元丰、钱、廖本有新字，当衍。他各本无。汉晋《地志》无新繁，只繁县。

节士，吴、何、王、石本无此二字。尚书郎侯刚，元丰、钱、刘、李、《函》本作冈。字直廖本作直，他各本作宣。兹依廖本。孟。（【新】繁人也⑰。）顾观光校勘记云："俗本删首二字。直误宣。"今按：吴、何、王、石本凡品题字同上目文者皆删省。宋明本俱作宣孟。

节士，尚书郎王嘉，字公卿。（江原人也⑱。）

节士，美阳令王皓，字子离。（江原人也⑲。）

右十九人张、吴、何、王、浙、石本作二十人。但仍只十九目。在前汉。

（其侍郎 田仪⑳、杨【德】得元丰、钱、《函》、廖本作德。他各本及《蜀志总序》与《史》、《汉》之《司马相如传》皆作得。意，无善事在中也㉑。）

知士，知读如智。博士罗衍，字伯纪。（成都人也㉒。）

德政，益州太守王阜，字世公。（成都人也㉓。）

□□，当承上为德政二字。长沙太守任循，字伯度。（成都人也。少失父。后为长沙，父流离远屈长沙，为郡五官。父母识知。是事在精通也㉔。）张、吴、何、王、石本更有"无传"二字。

公亮，大司农、司隶校尉任昉，字文始。（循子也㉕。）

□□，当承上有公亮字。徐州刺史任恺，字文悌。（昉弟也㉖。）张、吴、何、王、石本更有"无传"。

文学，校书郎杨终，字子山。（成都人也㉗。）元丰本无此目。钱、刘、李本同。张、吴、何、《函》、王、浙、石本有此目，列张霸后。张本有文学字。他本无。兹依廖本。

文学，侍中、【汉】五更张霸，字伯饶。谥曰文父。（成都人也㉘。）

□□，聘士张楷，字公超。（文父子也㉙。）张、吴、何、王、石本作"文公子，无传"五字。双行小字。下四目亦有"无传"二字。不更注。

□□，聘士张光超，旧刻各本皆此三字名。盖失其名，用其字。（公超弟也㉚。）

□□，尚书张陵，字处冲。（公超子也。自陵之后，世有大官㉛。）

义士，赵定。（成都人。以延仁赴义、济穷恤乏为业㉜。）

保贵，太尉、司徒、司空、特进、厨亭文侯赵戒，字志伯。（定子㉝。）各本皆无也字。

文学，国师、太常、袭厨亭侯依《后汉书》本传补。赵典，字仲经。（戒第二子也㉞。）

忠亮，太尉、司徒、郫【惠】忠侯《先贤志》与《后汉书》本作"忠侯"。赵谦，字彦信。（戒孙也。其子孙袭厨元丰及张、吴、何、王、浙、石本作爵。亭侯，不显㉟。）

道德，司徒、司空、江南亭侯依《先贤志》及《后汉书》本传补。赵温，字子柔。（谦弟。自是后，世有二千石㊱。）

义烈，侍中、长水校尉常洽，字茂尼。（江原元丰本作源。人也。见《赵温传》㊲。）

道德，侍御史常翊，字孟元。（江原元丰本作源。人。在赵太尉公《耆旧传》㊳。）

述作，谒者仆射何英，字叔俊。（郫人也。作《汉德春秋》㊴。）

经治，犍为属国何汶，字景由。张、吴、何、王、浙、石本由作田。（英孙也㊵。）

高士，杨由，字哀侯，（成都人也。见《后汉·方术传》㊶。）

笃受，高士侯祈，张、吴、何、王、浙、石本作祚，顾愉三校云："当作祈。"字升伯。（繁人。各本此目不作新繁。文父杨序刘、李本作厚。弟子㊷。）张、吴、何、王、石本更有"无传"二字。

笃爱，吴、何、王、石本无此二字。博士杨班，元丰、钱、刘、李、《函》本作珏。张、吴、何、王、廖、石本作班。《函海》注云："惠校改班。"字仲桓。（成都人也。廖本有也字。他各本无。何苌弟子㊸。）

笃爱，原脱品题，当是承上省。兹补。公府辟士罗衡，字仲伯。（郫人。亦苌弟子也㊹。）张、吴、何、王、石本有"无传"二字。

至孝，孝廉禽坚，字孟由。（成都人也㊺。）

推贤，美阳令柳宗，字伯骞。（成都人也㊻。）

求次方㊼。王仲曾㊽。张叔辽㊾。殷知孙㊿。此四人，元丰本与钱本相互间空一格，共一行。张、刘、李、《函》本亦为一行，相互间空二格。廖同他各本各顶格为一目（石印本《目录》一律空一格连写）。（并蜀人，伯骞所拔，皆至钱、刘、李、《函》、张、吴、何、王、浙、石各本皆作致。兹依廖本。郡守，失其官名。）

863

匡正，治中从事张充，字伯春。（江原人也㊾。）

匡正，司空辟士李凭，张、吴、何、王、浙、石本作凢。古今字。字孟元。（江原人也㊿。）

猛略，部从事杨竦，字子恭。（成都人也㉝。子统，为二千石，失其官㉞。）今考得其为蜀郡西部都尉，有残碑在芦山县。

守宪，治中从事依蜀郡士女赞注文补。陈湛，字子伯。（成都人也㉟。）

节士，仲【旱】昱廖本误，据刘本等改。（成都人也㊱。）

高士，王广。（皓子也。父为公孙述所聘，自刎。广逃匿。述破后，郡及州命、察举，皆不往。曰："吾不能复元丰本作报。仇，元丰与廖本作仇，钱、刘、李、《函》本作辨。张、吴、何、王、浙、石本作仇。敢元丰本作取。当世荣利元丰、钱、刘、李、《函》、廖本作利。张、吴、何、王、浙、石本作科。顾观光云："俗本利误科。"也耶㊼？"刘、李本作耶，他各本作也。于此，也字亦当读如耶。张、吴、何、王、石本又有"无传"字。

仁义，志士任末，字叔本。（繁人也㊳。）

烈士，严道主簿李磬，字文寺。（严道人也㊴。）考磬死时，严道已属汉嘉郡。《常志》旧撰赞注已误入蜀郡。此目当移。

义烈，郡功曹史朱普，字伯禽。（广都人也㊵。）

德惠，原脱品题，兹依《蜀志》文补。巴郡太守朱辰，字元燕。（广都人也㊶。）张、吴、何、王、石本有"无传"字。

述作，汉中太守郑廑，字伯邑。（临邛人也。作《耆旧传》㊷。）张、吴、何、王、石本有"无传"字。

右四十当作三十六。说在注释。人，【驰名】元丰、钱、张、刘、李、《函》、廖本作驰名。吴、何、王、浙、石本改作一在字。盖屠龙所改。在后汉。（尚书郎张俊，失其行事，不载㊸。学士吴、何、王、浙、石本脱士字。张宁，见《朱仓传》㊹。）以上十九字，为常氏原书自注文。元丰以来各刻本，皆以《目录》中自注文作小字，双行，或单行。与元丰本所录旧校语及张佳胤加注语连辍不分。兹已进常氏原注为大字，削张氏加注语入校注内。其元丰刻前之旧校文仍全保存，惟冠以"旧校云"三字为区别。旧校云："朱仓字云卿，见下目。什邡人，传未详。"元丰本脱原校见字下《朱仓传》三字。明、清刻、写本并有。浙本已刻，又依元丰本产三字，连"见"字于"朱仓字云卿"，混于旧校。廖本加"旧校云"三字。省旧校文首一"朱"字。

□□，原脱品题。疑是"术艺"二字。大鸿胪何宗，字彦英。（郫人也㊺。）

□□，双柏长何双，字汉偶。（宗子㊻。）旧校云："双柏乃建宁郡属县也。"张、吴、何、王、石本更有"无传"二字。

颖逸，广汉、犍为太守何祗，字君肃。（郫人也㊼。）

忠勤，辅汉将军张裔，字君嗣。（成都人也㊽。）

玄寂，太常杜琼，字伯瑜。（成都人也㊾。）

□□，原脱品题字。侍中常竺，字代文。（江原人依《常骞传》补。在《耆旧传》㉑。）张、吴、何、王、石本有"本志无传"四字。

□□，南安将军张表，字伯达。（成都人也㉒。伯父肃，当有"字君矫"三字。广汉太守㉓。父松元丰以来各本作兄松。顾广圻校稿云："裴松之《马忠传》注引《华阳国志》云：'表，张松子。'然则兄当作父。"廖本依以迳改作"父松"。字子乔，州牧刘璋别驾从事㉓。）张、吴、何、王、石本更有"无传"二字。

□□，永昌太守王伉。（成都人。见《蜀书》㉔。）张、吴、何、王、石本更有"无传"二字。

右八人，在刘氏世。

五更张霸夫人司马敬司。（成都人也㉕。）

公乘会妇张氏。（广都人也㉖。）

犍为杨凤珪妻陈助陈。依《蜀郡士女赞注》补。（临邛人也㉗。）

广汉便敬宾妇常元常。（江原人，广都令常良女也㉘。）张、吴、何、王、浙、石本无也字。《函海》有小注云："李本无此行，惠校补之，而云落一人。"

殷氏妇常靡常。（江原人，常仲山元丰本作"常常侍"。他各本皆作仲山，盖李至依赞注改正也。女也㉙。）张、吴、何、王、浙、石本无也字。下同。

赵侯夫人常纪常。（江原人，常常侍女㉚。）此目各本皆无也字。足知各注语中也字乃后人所增。

景奇妻罗贡罗。依《赞注》补罗字。（郫人罗倩女也㉛。）

赵宪妻何玹何。依《赞注》补。（郫人也㉜。）

朱叔贤李本脱贤字。妻张昭仪。（繁人也㉝。）

广柔长姚超二女姚妣、饶。（郫人也㉞。）

广汉王遵妻张叔纪。（霸女孙也㉟。）

右十一人十一目，十二人也。列女。刘、李、廖本作列女。他各本并作烈女。

右蜀郡士女七十四人。（六十三人士，十一人女㊱。）末九字，旧刻皆作双行小字。兹进为大字。后各郡同。

案：以上，《蜀郡两汉三国士女总目》。常璩旧撰《蜀汉书》，及《先贤》、《后贤总赞》各一卷。入江左后，更撰《华阳国志》，除于作赞诸人各注其行事为小传外，更辑此《目录》以补赞述所未及。除有赞者皆当入目外，所补无赞者一百二十余人。原作附录，不在序目之内。《新唐书·艺文志》称"《华阳国志》十三卷"。即缘以此录作为一卷也。常氏原排位置，当在《后贤志》下，《序志》之前，以副补充《先》《后贤志》之义。但不作为正卷，故亦不入序目也。适因《序志》卷短，历世传钞成书者，皆以此附卷合并于《序志》卷为一册。（钱谷写本《巴志》十五叶，《汉中志》十一叶，《蜀志》十九叶，《后贤志》二十五叶。《序志》合《目录》二十六叶）或列在《序志》前，或列在《序志》后。元丰刻本列《序志》后，嘉泰与明、清刻本多遵之。惟何允中刻《汉魏业书》本，以此卷列《序志》前，并冒以《序志》标题，而反于《序志》标题作《序志·后语》，盖因所得底本系以此附卷列《序志》前，合为一册，误缘序目无《士女目录》，仅有"述《序志》第十二"而妄改其称也。元丰与明清刻本，各卷标题前，皆有"《华阳国志》卷第几"一行，惟此卷无之，但以《梁益宁三州先汉以来士女目录》为题，于《序志》卷终后，另页起缮。至《目录》卷终，乃标"《华阳国志》卷第十二终"一行，如他十一卷例。此为旧刻以此两卷并为一卷之验。兹仍别为二卷，并以此卷附于《先》《后贤志》下，以符常氏初志。增"《华阳国志》原附录一卷"一行，俾与其他各卷相称。

常氏原撰《目录》，规格似表。各目皆先品题二字，或已定，或因仍上目品题字，或尚未定。是为首栏。次栏为官位，或仅举其最高秩，或连举数官。有封爵者列其封爵。未仕者不著官们。故其字数多少不一。又次栏乃姓名。又次栏为字，或谥号。失字者阙之。又次栏为县贯，已属分郡叙列，故但著县贯也。县贯不详者亦阙之。最末栏为自注，属于"备考"性质。旧钞旧刻，人各为目，破栏连书，由各栏字数多少、有无不同，表格遂破坏，有如散文。亦复有于县贯栏增也字者，以县贯与原注通为小字注文者。又有赘入校注文字者，混乱不清。兹还采表格精神，用读点分栏，进小字为大字，庶反常氏原制。其品题原未定者留二空格，以□□志之，或缘据成文补二字，或拟二字夹注，保存首栏规制，为一读。官位与姓名两栏，一般习惯连读，兹亦并为一读，以其易区别，不待加点也。县贯栏以下皆进为大字，惟依元丰旧刻加一空位以与上各栏区别，保存旧刻小字与大字间分限也。县贯与备考亦连书之，遵旧刻也。惟将旧校注文剔入夹注，不使与原注相乱。

常氏编造此《目录》时，亦未精细审核，每有错误。如王褒，资中人，当入犍为郡；李磬，严道人，当入汉嘉郡，而赞与目皆入蜀郡，又或名字及官位与他各卷文歧互不合。或叙次先后与史载时次未当。后钞写者，及刻行者又每各以其意增损移易之。致各本目数与叙次不尽相同，或实际人数与传钞之结数不合。凡此种种，非不可以逐一校正整齐之；然惧或未审当，转增纷乱。兹但依廖本条次，参酌其他各本，逐目校订，其当移、当补、当删、当改处，悉以注语出之，不动原目。仍另作补目一篇以充实之。庶览者能自订正之耳。注释以人为主，凡常氏原本录有姓名之人，无论有目无目，或仅附目，或仅附注，皆作一注释番号，附考其行事，注出参考资料以便寻索。其资料已于《先贤》《后贤》两志及他各卷文中征引者，则附记他卷注文番号，不更引其文。计凡蜀郡士女入赞者士四十三人，女十二人。此录所收，士女共七十四目，具名者八十五人。

【注释】

①庄遵君平，详见《先贤志》2章之注①。

②林闾，同上2章之注④。原注云"见《方言》"者，谓扬雄《方言》载雄《答刘歆书》。今存。已前引。

③李弘，同上2章之注②。

④扬雄，同上2章之注③。

⑤扬乌，同上注。今按"神童"，已为扬乌之品题字，乌九岁卒，自"预《玄文》"外，无著述可称，安得冒以"文学"品题？常氏《先贤志》，仅以十六字附乌于雄赞注。又其生卒皆远在张宽之后，而此目次于雄下，张宽之上；于法：雄贤于宽，叙其上也岂，乌之德业亦贤于宽哉？但明其为附目而已。或且仅为雄目之注文，后人进之于目，遂承上冒用"文学"字者妄矣。兹删正。

⑥张宽，详卷十2章之注⑥。宽生于文帝时，卒于武帝之世，为蜀人入仕之最早者，君平、林闾、李弘、扬雄皆前汉末叶人而叙于宽与相如之前。足见常氏叙次，首重德行，次乃文学，又次政事。次乃节义等一行可称之士。最后列女。大体亦分时间段落，如前汉、后汉、三国，或更后汉为数段，其各时段中叙次之法必属如此。惟各时段类别中诸人，则又略依生卒时次。其不类与失次者，非附目，即传写讹乱可知矣。如以上德行四人，君平最长，林闾次之。李弘又次之，扬雄最幼。此于《法言》《方言》所载有关诸人言议即可推验。扬乌，则附目也。文学四人中，张宽最长，相如次之，杨庄为晚。皆武帝时人。王褒宣帝时人，则最后也。而目次庄在褒后者，后人乱之也。

⑦司马相如，详卷十2章之注⑦。

⑧王褒，同上2章之注⑧。

⑨杨庄，原注云"见杨子《方言》"者，《方言》载扬雄《答刘子骏书》云："雄始能草文，先作《县邸铭》、《王佴颂》、《阶闼铭》及《成都城四隅铭》。蜀人有杨庄者为郎，诵之于成帝。成帝好之，以为似相如。雄遂以此得外见。"其事亦见《西京杂记》。并作"杨庄"。此作壮者，古书庄、装、壮字每通用。如本书《蜀志》之蜀侯相陈壮，《史记》作庄作壮不一。《国语》："赵简子问贤人，得壮驰兹"（《晋语》）。即庄姓，作壮。《说文》："壮，大也。"段注："《方言》，凡人之大谓之奘，或谓之壮。"寻《说文》之例，当云大士也。故下云从士。盖浅人删士字（按所引《方言》，在《方言》一）。又《说文·草部》："庄，上讳。"段注："其说解当曰草大也。从草，壮声……壮训大，故庄训草大。古书庄、壮多通用。引伸为凡壮盛精严

之义。《论语》：'临之以庄。'苞咸曰：'庄，严也。'是也。"杨庄官至尚书郎，能诵扬雄文于成帝。成帝，好文学之君。则庄亦好学能文之士可知。其品题当承上为"文学"二字。旧时钞写者填于扬乌而不填于此目，失常氏原旨矣。盖扬乌，世人竞传，浅人亦知之。杨庄事仅见《方言》，浅人不读《方言》，遂莫能详其行事。常氏原录为表格式，凡承上品题者，下同，则空格不著字。钞者或填之（如上之"高尚"），或不填（如张、吴诸本，凡同上品题字皆脱）。此目，浅人不敢填，而误填于扬乌。当删补。

⑩何霸，详卷十２章之注⑱。

⑪何武，同上２章之注⑤。

⑫何显，附见于《汉书》卷八十六《何武传》者凡二事，皆足证其人持正远不及武。然尚能纳善，非悍然为恶之一般贵势者比。同武仕在京师，周旋于卿大夫间，谙习世务。其为颖川，政事当亦不恶。《常志》既为列目，当有品题，然必非承上执正二字。疑与后目之陈立同，为政事二字。往时传钞者误上目之执正为"执政"，遂并以此目之政事为承上之执政而援例空之。廖本改上目执政为执正，甚是。而于此目则未能补也。《汉书·何武传》云："莽欲厌众意，令武子况嗣为侯。谥武曰刺侯。莽篡位，免况为庶人。"元始三年武自杀，至莽篡位仅六年（公元三一九年），况又无事迹可称述，《目录》不收，兹亦不注。亦犹武弟兄五人中，霸、武、显外，虽载《汉书》，无足称举也。

⑬邓通，《史记》与《汉书》并入《佞幸传》。文帝，在汉为贤君。邓通虽受宠，庸碌无恶行。《汉书·佞幸传》云："孝文时，士人则邓通。"又云："通无他技能，不能有所荐达。"盖其人宠遇过公卿而谨慎自守，不能荐士，故士流以此訾之耳。《常志》收之入目，当有品题。其品题，当不至仍用"佞幸"字，亦不至承上作"执正"或"政事"字。设就其一善言之，则当为"谨身"二字。取《汉书》"独自谨身以媚上而已"句，以为事君之道当如此也。又通初为"黄头郎"，"官至上大夫"。旧刻《常志》所标官位不曰上大夫而曰"黄门侍郎"，盖误。黄门侍郎，东汉乃有，见《宋书·百官志》。文帝时，郎中令属官有大夫、郎、谒者。"大夫掌议论。有太中大夫，中大夫，谏大夫。"郎有议郎、中郎、侍郎、郎中。皆见《前汉·百官表》。其太中大夫，"秩比千石"，即上大夫也。疑《常志》此目。非据《汉书》，而系依用《犍为耆旧传》。《犍为耆旧》撰于汉末，不以通为佞幸，而误以其官为黄门侍郎也。再《史》《汉》均谓通"蜀郡南安人"，南安于武帝置犍为郡时（建元六年），自蜀郡割归犍为，在通死后。故此目但称蜀人，省县贯"南安"字。此种书法，与王褒之直称资中人，李磬之直称严道人不同。又可疑此目非常氏所固有。或后世人传钞中加。抑或为宋时"旧校"者所加。当存疑，待考。

⑭卓王孙，见《史记》《汉书》之《货殖传》。《食货志》无之。此目原注"见《食货志》"，已谬。续云"姑仍旧列于执正目下"，显然非常氏旧文。疑此目与邓通皆后人所加。"姑仍旧"句，则又宋时旧校者所加也。常璩全书忽视经济资料，鄙夷货殖人物。《蜀郡·目录》不收罗裒，即不至于独收卓王孙。此疑之。虽然。常氏《蜀志》"临邛县"，已连叙"侍郎邓通"，"民卓王孙"与"陈立"三人。此亦邓通、卓王孙、陈立联目。按常氏《目录》成例言之，则似原目固当有邓卓二人。《食货志》乃《货殖传》之误。"姑仍旧"一句乃后人所加也。云"姑仍旧"，则旧固已有，但可疑其与三何不类耳。

⑮陈立，详卷十２章之注⑩，及《南中志序》。

⑯章明，详卷十２章之注㉟。

⑰侯刚，同上２章之注㊲。

⑱王嘉，同上之注㊳。

⑲王皓，同上之注㊱。

⑳田仪，见《方言》载刘子骏《与雄书》："五官中郎将田仪，与官婢陈徵、骆驿等私通，盗刷越巾事。"又雄答书："田仪与雄同乡里，幼稚为邻，长相更视。觑动精采，似不为非者。故举至日，雄之任也。不意淫迹汙暴于官朝。今举者怀报而低眉，任者含声而冤舌。知人之德，尧犹病诸，雄何惭焉。"《后汉书·董卓传》："主簿田仪及卓仓头前赴其尸。布又杀之。"章怀注云："《九州春秋》：仪字作景。"此当是后汉末叶另一田仪，非蜀人。此田仪，乃成、哀时蜀人也。

㉑杨得意，武帝时人。《史》、《汉》之《司马相如传》云："蜀人杨得意为狗监，侍上。上读《子虚赋》而善之，曰：'朕独不得与此人同时哉？'得意曰：'臣邑人司马相如自言为此赋。'上惊，乃召问相如。"本书《蜀志·序》："其次杨壮、何显、得意之徒，恂恂焉。"字并作得。元丰、《函海》、廖本此目作德，为讹。"无善事在中"，谓二人皆居中枢而无善称，故不为列目也。

㉒罗衍，详卷十2章之注㊴。

㉓王阜，同上之注⑪。

㉔任循，同上之注⑰。

㉕任昉，同上。

㉖任恺，同上。

㉗杨终，同上之注⑨。旧刻或脱此目，或列张霸目后。顾广圻校稿（用吴琯本为底本）批云："当有。"又云："当移其次。"盖谓终，明帝时人，不当列于张霸之后，且又隔断霸父子祖孙也。廖本从而移在霸前。当符常氏原局。

㉘张霸，详卷十2章之注⑫。

㉙张楷，《常志》无赞。《后汉书》卷六十六有传三百二十五字。谓其："通《严氏春秋》《古文尚书》，门徒常百人。宾客慕之，自父党宿儒，偕造门焉。车马填街，徒从无所止。……司隶举茂才，除长陵令，不至官。隐居弘农山中。学者随之，所居成市。后华阴山南遂有公超市。"又谓其："性好道术，能作五里雾。"曾缘此入狱。"建和三年，诏安车备礼聘之。辞以笃疾，不行。年七十，终于家。"大抵《东观汉史》无《楷传》，仅附名于父《霸传》。陈寿《益部耆旧》同。故《常志》亦无赞注。范晔盖得楷事于《谢承书》（《太平御览》卷十五及卷一百九十一并引谢承《后汉书》张公超事）语多夸诞，不足尽信也。张佳胤增注"无传"二字，实谓《先贤志》无传。未知《范史》之有传也。

㉚张光超，见《先贤·蜀郡列女司马敬司赞注》，及《广汉人士冯颢赞注》。皆称字，失其名。汉魏人多有兄弟命字同一字者，如马氏五常，荀氏三龙，在蜀则如巴西李氏三南，龚氏二德，广汉王氏四远，其例甚多。霸诸子盖皆字以超，公超、光超最知名耳。

㉛张陵，《后汉书》卷六十六附《张霸传》："元嘉中，岁首朝贺。大将军梁冀带剑入省，陵呵叱之，令出。敕羽林、虎贲夺冀剑。冀跪谢。陵不应。即劾奏冀，请廷尉论罪。有诏以一岁俸赎。"其事，《常志》不著。此目亦无品题，盖所据《益部耆旧》未载陵事，但著其名与官位。《范史》乃从《谢承书》得之。《太平御览》卷二百十二引《谢承书》载此事。又《范史》并有陵弟《玄传》。云"字处虚。深沈有才略。以时乱，不仕。司空张温数以礼辟，不能致。中平二年，温以车骑将军出征凉州贼边章等。将行，玄自田庐被褐带索要说温"。以"引兵还屯都亭，以次剪除中官"。温谢不能，而秘之。遂去隐鲁阳山中。后为董卓所迫，强起赴职。至轮氏病死。《常志》不为列目。盖张霸葬河南梁县，其子孙一支世居河南，为撰《蜀

869

耆旧》者所不知。惟后妻敬司子光超一支在蜀。常氏但知公超一支在河南者"世有大官",而不能详其行事也。

㉜赵定,见《先贤·赵戒赞注》:"父定,以游侠称。"此云"延仕赴义,济穷恤乏",状游侠也。《范史》不载。

㉝赵戒,详卷十2章之注⑳。

㉞赵典,同上之注⑬。

㉟赵谦,同上之注㉑。厨亭侯赵戒,袭侯者赵典。谦为典兄子,典无后,故以谦子孙袭厨亭侯也。谦子宁,还蜀,撰《乡俗记》,见《蜀志·蜀郡序》(卷三11章之注④)。《目录》失之。

㊱赵温,详卷十2章之注㉒。赵温"从车驾都许"。建安十三年卒,年七十二。(《后汉书》本传)。则其子孙世居中州,"世有二千石",当属魏官,不在蜀,故不能详也。

㊲常洽,详卷十2章之注㉓。原注云"见《赵温传》"。查《后汉书·温传》无常洽事。当是《益部耆旧·赵温传》有之。

㊳常朔。惟此见。原注"在赵太尉公《耆旧传》",谓赵谦所撰《蜀耆旧传》也(见《后贤志·陈寿传》)。谦初平元年为太尉。三年卒。则其书所述之常朔,应是献帝以前人,当在常洽前。未知常氏原叙次如此,抑是传钞者移之。

㊴何英,详卷十2章之注⑭。

㊵何汶,同上之注⑮。

㊶杨由,同上之注⑯。原注"见《后汉·方术传》",谓《东观记》之《方术传》也(谢承《后汉书》亦有《方术传》)。范晔《后汉书·方术传》承用《东观》与《谢承书》者为多,适有《杨由传》。由与窦宪、廉范同时,则明章时人也。《目录》叙次于此,盖缘《先贤志》"何杨"合赞,保汶后汉人,因汶而次也。自此以下诸人,时次亦多与实际不合,则常氏亦未逐一细考,因其名爵不显,颇有率意信手之失也。

㊷侯祈,见《先贤·杨序赞注》。

㊸杨班,《先贤志》与罗衡合赞。见卷十2章之注㉗。

㊹罗衡,《先贤志》与杨班同赞,曰"遗爱在民",则其品题当同为"笃爱"二字。兹补。

㊺禽坚,详卷十2章之注㉚。

㊻柳宗,同上之注⑲。

㊼求次方,与以下三人一目,为柳宗目之附目。廖本分作四目,非。

㊽王仲曾,同上注。

㊾张叔辽,同上注。

㊿殷知孙,同上注。知,读如智,成都人,见《常麋常赞注》。

(51)张充,同上2章之注㉕。

(52)李凭,同上之注㉖。

(53)杨竦,同上之注㉔。

㊴杨统,官蜀郡属国都尉,在分置汉嘉郡前。今芦山县姜维庙前有汉碑残石,存穿以上。碑冠"□□都尉杨公之铭"双行大字。碑阴掾属官吏姓名一列,经考系杨统作蜀郡属国都尉,卒于任后,属吏所立颂德碑。详载《康导月刊》第四卷第六、七期合刊《芦册汉石图考》一文。

(55)陈湛，《先贤志》有赞注述及官位（卷十 2 章之注㉙）。此目脱之，当补。

(56)仲昱，详卷十 2 章之注㉛。原赞注附见汶江尉严季后，《目录》未收，疑是巴西阆中人，不当入蜀郡。而《巴郡士女》亦未收也。

(57)王广，惟见此目。《后汉书》卷一百十一《李业传》附王皓王嘉事云："及公孙述称帝，遣使征皓、嘉。恐不至，遂先系其妻子。……王皓先自刎，以首付使者。述怒，遂诛其家属。"《常志先贤赞注》亦同。然则王广在收系皓妻子时先脱逸也。常氏亦江原人，故能详其事迹如此。

(58)任末，详卷十 2 章之注㉜。

(59)李磬，同上之注㉞。严道属汉嘉郡当移。常氏原赞误系蜀郡，目亦沿误。

(60)朱普，详卷十 2 章之注㉝。

(61)朱辰，《先贤志》无赞注，别详《蜀志》"广都县"条（卷三 12 章之注㉘）。

(62)郑廑，《先贤志》无赞注。别详《序志》1 章之注⑤。

(63)张俊，见《先贤志·益梁二州人士》综述文（卷十 13 章之注③）

(64)张宁，原注云"见《朱仓传》"者，《广汉士女朱仓赞注》云："受学于蜀郡张宁。"盖《益部耆旧·朱仓传》中原语如此。旧校者已知朱仓字云卿，在下目（谓《广汉士女》目），而云"传未详"者，谓未见《益部耆旧》之《朱仓传》，非谓《广汉士女赞注》。顾观光"校勘记"云："《朱仓传》明见《广汉士女》，何云未详耶?"盖未知前人不谓赞注为传也。

(65)何宗，详卷十 2 章之注㊵。

(66)何双，同上。

(67)何祗，同上之注㊶

(68)张裔，同上之注㊷

(69)杜琼，同上之注㊸。

(70)常竺，附见于《后贤志·常骞传》（卷十一 18 章之注①）。盖江原人也。蜀延熙中，竺为首任南广太守。后召入为侍中，见《南中志》。原注"在耆旧传"者，谓陈寿撰之《益部耆旧传》。

(71)张表，本书见《南中志》（卷四 4 章之注③）。《三国志》见《杨戏传》与《马忠传》。裴松之注云："《益部耆旧传》曰：'张表，肃子也。'《华阳国志》云：'表，张松子。'未详。"今按：表盖肃之子，为松后者。肃以告密于刘璋，杀弟松，为刘先主所恨，废黜不用。松无子，先主以表承其嗣。表亦好学，知名早达。始与杨戏齐名，"后至尚书、庲降都督、后将军。先戏没"（《杨戏传》）。其在南，清望踰马忠。威风、称绩不及忠（《马忠传》）。

(72)张肃，见《刘二牧志》（卷五 5 章）。裴松之《三国志·先主传》注，引《益部耆旧杂记》曰："张肃有威仪，容貌甚伟。"（章怀《后汉书·刘焉传》注引同）肃字"君矫"，见上《二牧志》注⑮。

(73)张松，见《三国志》之《二牧传》与《先主传》。本书卷五与《后汉书》卷一百五《刘焉传》。裴松之注引《益部耆旧杂记》曰："松为人短小、放荡，不治节操。然识达精果，有才干。刘璋遣诣曹公。曹公不甚礼松。主簿杨修深器之，白公辟松。不纳。修以公所撰兵书示松。松宴饮之间一看，便暗诵。修以此益奇之。"章怀《刘焉传》注引作《益部耆旧传》，文同。惟一看句省作"一省便能暗诵"。今按：《益部耆旧》，陈寿撰。《益部耆旧杂记》，未详何人所撰，在寿后。本二书。后人每相混乱，至唐，遂皆云陈寿撰矣。常璩修《华阳国志》时，尚未见《益部耆旧杂记》。此由《先贤志》与《目录》皆未收王嗣、常播、卫继三

㉔王伉，《三国志·蜀书·吕凯传》云："吴遥署（雍）闿为永昌太守。永昌既在益州之西，道路壅塞，与蜀隔绝。而郡太守改易。凯与府丞蜀郡王伉帅厉士民，闭境拒闿。……亮至南上表曰：'永昌郡吏吕凯、府丞王伉等，执忠绝域，十年有余……'王伉亦封亭侯，为永昌太守。"裴注引《蜀世谱》曰："李雄破宁州，诸吕不肯附，举郡固守。王伉等亦守正节。"原注"见《蜀书》"，即谓《三国志》之《蜀书》十五卷（一作《蜀志》）。

㉕司马敬司，本姓司马，名敬司。事迹在卷十 3 章之注①。

㉖公乘会妻张氏，同上之注③。

㉗陈助陈，同上之注④。

㉘常元常，同上之注⑤。

㉙常靡常，同上之注⑥。

㉚常纪常，同上之注⑦。

㉛罗贡罗，同上之注⑧。原《赞注》云："贡罗，郫罗倩女。"则本姓罗，名贡罗，女子连姓为名，如司马敬司与常氏三女之例。名中罗字不可省。故补。

㉜何玹何，同上 3 章之注⑨。玹何为名，字不可省。

㉝张昭仪，同上之注⑩。

㉞姚超二女，同上之注⑪。《蜀志·总序》《蜀郡列女赞注》，与此目皆作"姚超二女"。赞云："二姚见灵。"注云："二女誓不辱，乃以衣连腰自沈。"则一目二人也。其名，赞注与此皆作"姚妣饶"三字者，盖姚妣、姚饶，省一姚字。

㉟张叔纪，详卷十 3 章之注②。

㊱以上，常璩所造《蜀郡·先贤士女目录》，截至季汉世止，凡收录人名八十六。（列女各目中男子不计。姚超二女作二人）旧刻列为七十五目（六十四目士，十一目女）。杨竦子统，张表伯父肃，父松，及前汉之田仪，杨得意，后汉之张俊、张宁，皆见附注。柳宗荐拔之王仲曾、求次方、张叔辽、殷知孙四人为附目，一目四人。姚超二女，为一目二人，故凡八十六人。此就现存各本异同以推常氏原目之数字也。其中惟刘氏世士八目十人，全郡列女十一目十二人，各本皆合。若两汉世，则各本分歧颇大。如元丰本，与钱、刘、李、《函》、廖本，前汉皆作十九人。张、吴、何诸本人目无增，而结数作"二十八"。后汉，则元丰与钱本皆无杨终一目，张公超、光超弟兄共为一目，柳宗所推四人共为一目，计凡三十目，三十九人，而小结作四十人。刘、张以下各本有杨终目，张光超为一目。求次方等四人或共为一目或各为一目。小结数为四十人，亦即四十目或三十七目。再以四小结数合计，元丰诸本 19+40+8+12，当为七十九人，张、吴诸本前汉二十，则更当为八十人。乃其全郡总计数，皆为"七十四人，六十三人士，十一人女"。以"十一人女"句推，则是以一目为一人，应为"七十四目"，作"人"非也。而此七十四目者，又系以元丰本少杨终一目计之。明、清诸本皆遵元丰本旧数，未敢依实目校改也。夫杨终既已有赞，不能无目。元丰本脱杨终，必非常氏之旧。又李邈亦《先贤》有赞，而各本皆脱之，则各本总数亦皆无合于常氏旧目者。即如今世各本皆以杨乌为一目，且加品题文学字。求次方四人，无官位，无字号、县贯及品题，亦皆列为目，且或各为一目；原展等九人亦然。张光超无行事可举，元丰、钱本附兄公超成目，他各本单为一

872

目。凡此皆有以前目注文剔出成目之嫌。或由原有脱目而结数未变,历世钞刻者剔出诸人成目以实之耳。张吴各本,谓前汉为"二十人",而实仅十九目、十九人。此数之误,亦必有因。查《前汉书·儒林传》有"蜀人赵宾,好《小数书》,后为《易》,饰《易》文。以为箕子明夷,阴阳气亡箕子。箕子者,万物方荄兹也。宾持论巧慧,《易》家不能难。皆曰:'非古法也。'云:'受孟喜,喜为名之。'后宾死,莫能持其好"。夫宾能发挥《孟氏易》,阐演新义,"《易》家莫能难",则亦前汉之硕儒也。常氏何得不收,而反以九岁夭折之童子扬乌滥为正目?疑《常志》原目有"文学,赵宾",传钞者以宾"非古法",比于哀章,斥为狂妄而削之,乃以扬雄目注文中童子乌升填于"文学"目。张、吴二家,或曾见旧写本有以赵宾、扬乌同列,作二十人者。仍依他本剔宾,存乌,并仍其结数为"二十"也。凡此种种,皆可判断今刻《目录》非常氏之旧。其各小结数与总结数亦皆元丰刻前"旧校"者所标之数,常氏旧本或无此诸数字也。兹为尊重旧刻,因循诸本而注其疑点如此。庶览者不复胶执于一本之文,亦不迷离于各本参差之数云。

兹就旧刻人目与附注人物名贯,列为县籍分布表,以见两汉三国时蜀郡各县人文发展之情况,藉明其封建社会成熟之程度,庶便于推究各县封建经济发展之概况也。

两汉三国蜀郡封建人物县贯分布表:

(以《目录》所著人物为限。有赞无目者亦未收)

时代\县名	成都	临邛	郫	繁	江原	广都	改隶县			县籍不明	总计
							资中	南安	严道		
前汉世	7	3	3	2	2	0	1	1	0	2	21
后汉世	22	1	3	2	5	2	—	—	1	5	41
刘氏世	6	0	2	0	1	0	—	—	—	—	9
列　女	2	1	4	1	3	1					12
合　计	37	5	12	5	11	3	3			7	83

［注］大抵,成都人文最盛,由首邑,兼以大县,得风气先,产业最盛故也。临邛与郫秦时与成都同为重镇,前汉人物相当。然郫近成都,文化较高,所产为文学政事人物。临邛边邑,本以商业兴,汉武行口筭,均输后,商矿业浸衰,人文遂一蹶不振。而郫则能承乏勿替焉。江原大县,又为常璩里,蒐讨人物忒详尽,故其人数多于郫繁、广都,非由文化特高也。

二

明略,渡元丰、钱、张、刘、李、《函》、廖本作渡。吴、何、王、浙、石本作汉。**沔侯范目。(阆中人也**①**。)** 张、吴、何、王、石本更有"以下士女,虽间见《巴志》中,然俱无传"十四字小注。元丰、钱、刘、李、《函》、廖本无。浙本原有,复刬去。盖张佳胤所加。张佳胤据元丰本。于此小注,可知元丰本已无《巴郡士女赞注》矣。

【文学】此二字,疑是传钞者衍。洛下闳以天算治历见称,非究经艺文章者。聘士二字当为品题。**聘士,洛下闳**,旧刻各本作宏。《函海》注云:"巴志作闳"。廖本改作闳。**字长公。(阆中人也**②**。)**

玄宋明各本作玄。清避改元。下同。始，侍御史任文孙。（阆中人也③。）

文学，司空掾任文公。（文孙【弟】子依《后汉书》改。也④。）

先生，胥宋、明旧刻皆作胥。廖本作胥。古今字。君安。（见《春秋谷梁依《先贤志》文补。顾广圻校稿亦批"谷梁"二字。传》首⑤。）

□□，原脱品题。下例同。京兆尹徐诵，字子产。（阆中人也⑥。）

忠正，侍中谯隆，字伯司。（阆中人也⑦。）

高清，太中大夫谯（玄），字君黄。（阆中人也⑧。）

洁白，尚书郎谯【英】瑛。各旧本皆作瑛。廖本独作英。（玄子也。以《易》授孝明帝⑨。）

□□，公车令赵玤，字孙明。（阆中人也⑩。）

□□，公府掾赵毅，字仲都。（玤子也⑪。）

□□，公车令张、吴、何、王、石本无令字。浙本挤补。臧太伯。元丰本作白。（宕渠人【也】。见《玤传》⑫。）

俟元丰、张、刘、李、廖本作俟。他各本作儁。才，凉州刺史赵宏，宋明本亦作宏。字温柔。（阆中人也⑬。）

右十三人，前汉。吴、何、王、浙、石本作"在前汉"。他本无在字。

政事，扬元丰、《函海》本作杨。廖及他各本作扬。州刺史严刘、李本作庄。遵，字王元丰与浙本作正。下同。思。（阆中人也⑭。）

□□，徐州【牧】刺史依《巴志》改。严羽，字子翼。（王思子也⑮。）

□□，长安令王伟卿。（王思友，见《王思传》⑯。）此目各本皆无也字。

政事，大司农玄贺，字文和。（宕渠人也⑰。）

将略，大鸿胪庞雄，字宣孟。（宕渠人也⑱。）

政事，幽州刺史冯焕。（宕渠人也⑲。）

明略，使持节、车骑将军冯绲，字鸿卿。（焕子⑳。）元丰、刘、李、《函》本此下有"宕渠人也"四字。张、吴、何、王、浙、石本同，但无也字。钱写本与廖本无。承上目当删此诸字。

□□，降虏《后汉书》作校。尉冯【元】允，各本作元。《后汉书》作允。按其字，当作允。字公信。（绲弟㉑。）

□□，尚书郎冯遵，字文衡。（【元】允子㉒。）

政事，司隶校尉陈禅，字纪山。（安汉人也㉓。）

□□，汉中太守陈澄。（禅子㉔。）《函海》注云："李本，子误字字。"

□□，别驾从事陈实，《后汉书·陈禅传》作"曾孙宝"。字盛先。（澄孙也。与王文表为友㉕。）刘本此注，澄误登，"王文表"脱文字。

思防，治中从事依《后汉书》当作北宫卫士令。杨仕，字文义。（阆中人也㉖。）

志士，荆州刺史龚调，字叔侯。（安汉人也㉗。）

忠贞，魏郡太守赵晏，字平促。（安汉人也㉘。）

筹画，益州太守李颙，字德印。（垫江人也。见按下目例当补。《汉书》及《巴《函海》本此下有志字。他本无。耆旧传》㉙。）张、吴、何、王、浙、石本，传字作也。

□□，汝南太守谒焕，字阙。元丰及廖本"字阙"二字作大字。钱、张、刘、李、《函》本"阙"作小字，连注文。吴、何、王、浙、石本无此二字。下同。（江州人也。吴、何、王、浙、石本作"垫江人"，当误。见《汝南记》㉚。）旧各本作纪。廖本独作记。

□□，度辽将军、桂阳太守然《函海》注云："《巴志》作李。"温，字阙。（江州人。见《巴耆旧传》。）㉛

美化，越巂太守张翕，字叔阳。（安汉人也㉜。）

□□，越巂太守张璊。（翕子也。太守王堂察举孝廉㉝。）钱、《函》本王字作三。《函海》并注云："刘、吴、何、李本三字作王。"

至孝，上蔡令赵邵，字泰伯。（阆中人也㉞。）

孝子，严永㉟。元丰本此下空三格按写"名儒陈髦"，依次下同。钱写本空二格，张本空一格。他各本提行。依次下同。

名儒，陈髦㊱。

隐士，黄错㊲。（右三人，巴元丰本作邑。钱写本作已。郡太守王堂所进，失其官位。见《堂传》。）张、刘、李本此注另行大字。他各本小字双行。

□□，巴郡太守龚杨，张、吴、何、王、浙、石本作阳。字阙。（垫江人㊳。）此下八人各本俱无也字。

□□，茂才孟彪。（江州人。右并王文表荐㊴。）元丰与廖本荐字上无所字。他各本有。此目当移在黎景下，王澹前。其注文"右并王文表荐"六字，当移在王澹目。旧钞者讹乱也。说在注释。

□□，日南太守黎景，字阙。（垫江人㊵。）此目当在孟彪前。

□□，茂才王淡。（阆中人也。右并王文表荐，见《文表传》㊶。）各本文表上无王字。常为上文有"王文表"之证。

文学，【掾】荆州刺史龚策。《函海》注云："《巴志》作荣。"（垫江人㊷。）

□□，桂阳太守李温。（宕渠人㊸。）

□□，户曹掾赵芬。（宕渠人㊹。）

□□，上庸《函海》注云："《巴志》作谷。"太守陈宏。元丰与廖及他清代刻本俱作宏，不加讳号。

钱、张、刘、吴本作弘。（安汉人。见《巴纪》(45)。）何、王、石三本作《巴志》。

忠义，宕渠主簿曲庾。（宕渠人也(46)。）

忠义，吴、何、王、石本无此二字。浙本挤补。宕渠主簿冯湛。（宕渠人也(47)。）

烈士，郝伯都。（阆中人也(48)。）

右三十【九】五元丰、钱、刘、李、廖本作九。他各本作五。《函海》注云："元作九。"人在吴、何本有在字。元丰、钱、张、刘、李、《函》、廖本无。浙本原有，又剜空。后汉。（司隶校尉程乌等，失其事，不录(49)。）十二字各本双行小字。

义烈，江阳太守程畿，字季默。（阆中人也(50)。）

□□，程祁，字公弘。（畿子也(51)。）

□□，杨汰，字季儒。（巴郡人(52)。）旧各本此文小字，下空格连韩俨。同样又连黎韬，三人一行。廖本皆提行。

□□，韩俨。（巴西人(53)。）

□□，黎韬。（巴西人。三人见《杨文然传》(54)。）

壮烈，将军严颜。（临江人。元丰、钱、刘、李、《函》本有也字。廖及他本无。见《张飞传》(55)。）

玄贞，元丰、廖、浙三本作贞。他各本作真或真。征士周舒，字叔布。（阆中人也(56)。）

文学，儒林校尉周群，字仲直。（舒子也(57)。）

□□，博士周巨。（群子也(58)。）

雅重，车骑将军、育阳景侯黄权，字公衡。（阆中人。在魏。仪同三司(59)。）顾广圻校稿云："按，车骑将军、育阳景侯，此人魏事。"

□□，尚书郎黄崇。（权子也(60)。）

勇壮，折冲将军、西陵太守甘宁，字兴霸。（临江人。仕吴(61)。）

政事，镇南大将军、元丰本无军字。彭乡亭侯元丰本无亭字。马忠，字德信。（阆中人也(62)。）

将略，镇北大将军、安汉侯王平，字子均。（宕渠人(63)。）

果壮，左将军、宕渠侯勾扶，旧各本作句扶，廖本作勾。字孝兴（汉昌人【也】。见《王平传》(64)。）元丰本无王字。

将略，荡寇将军、关内侯张嶷，字伯岐。（南充国人也(65)。）

□□，尚书仆射姚伷，字子绪。（阆中人。见《杨【义】羲刘、李、《函》本作仪。他各本作义。俱讹，当作羲。传》，《诸葛亮廖本有亮字。他各本无。故事》也(66)。）后九字，元丰本无。他各本并有。盖李垕所加。顾广圻校稿云："见陈寿《辅臣赞注》。在马勋马参下。延熙五年卒，在所赞之后。"

□□，别驾从事马勋，字盛衡。（阆中人。见《季汉辅臣【传】赞》⑰。）元丰与钱写本辅字作轴。何、王、浙、石本脱季字。又末字，各本皆作传。当作赞。兹改。

□□，尚书马参，《三国志》作齐。字承伯。（阆中人。见《蜀书》⑱。）各本注文同作"见《蜀书》"。顾广圻校稿批云"《辅臣赞》"。

□□，越嶲太守龚禄，字德绪。（安汉人⑲。父谌，犍为太守，见《巴纪》⑳。）

□□，镇军将军龚皦，字德光。（禄弟也㉑。）顾广圻校稿眉批云："今《辅臣赞注》作衡著非。当依此订。"谓皦字是也。

□□，征士谯岍，字荣始。（西充国人也。周父㉒。）

渊通，散骑常侍、城阳《蜀志》作阳城。亭侯谯周，字允南。（岍子。在元丰本无在字。刘氏光禄大夫㉓。）

右二十三人在刘氏三国之世。

贞烈，马妙祈吴、何、王、浙、石本作祁。妻义。（贞烈㉔）。元丰、钱、刘、李、《函》、浙本侧注"贞烈"二字。其下空四格或二格接下二人。张、廖二本"贞烈"二字比肩。各本皆每行列女二人。惟廖本人皆提行。兹按："贞烈"为品题字，例在目首。当移。下二人同。

贞烈，赵【云】曼《巴志》作曼，《御览》引《益部耆旧传》作蔓。君妻华。（贞烈）㉕。

贞烈，王元愦妻姬。（贞烈㉖。）（以廖本作以。他各本作已。上皆阆中人。）《益部耆旧传》云：华西充国人。

节烈，赵瑨妻姬。（节烈）（宕渠人㉗。）

□□，当承上作节烈。下同。童女赵英。（瑨女㉘。）

□□，赵万妻娥。（宕渠人㉙。）

□□，耿秉妾行。（安汉人㉚。）

□□，鲜尼母姜。（安汉人㉛。）

右八人列女。刘、李、廖本作列女。他各本作烈女。

右巴郡，凡士女七十【八】九元丰、钱、张、刘、李、《函》、廖本作八，吴、何、王、浙、石本作九。当作九。人。（七十一旧各本作七十，吴、何、王、浙、石本作七十一。人士。八人女。）

案：以上，《三巴士女总目》，犹称巴郡，用两汉旧名也。《先贤志·巴郡士女赞注》全阙，赖存此目，尚可知其人物轮廓。大抵巴西两汉人物最盛，巴郡次之，巴东与涪陵则未有称举。巴西如宕渠、汉昌之偏僻，亦不乏人。巴郡则垫江多于江州。此紫土邱陵区农业已经发达，封建经济已渐成熟，而川东褶曲地区尚形落后之验也。《目录》所举七十九人，多不见于正史者，因而传钞诸人未易加以窜乱。各本文字一致，当是常氏原目如此。然，分段小结数字，乃不尽合。元丰本前汉只三十五目，而云"三十九人"。顾广圻校稿云："前《目录》当有脱，凡四人。"设如顾说，前汉有四脱目，则全郡总数当为八十三人。而元丰及他各本，郡总人数只七十八人。又如前汉未有脱目，实只三十五人，则郡总数亦当为七十九人，皆与所刻总数不合。惟吴、何五本不用旧数，全依实际列目计算，目与结数相合。尝推旧刻各本结数与实际列目不符之原因，盖元丰本前汉结数中讹五为九。刻工不足于二横，则五讹为九矣。郡总数中又讹九为八。九不足于一横则讹为八矣。嘉泰、刘、张各本，尊重旧刻，明知其与实目不合而不敢易。沿讹相承，下及《函》、廖，未有注明，则实疏于检核，非矜慎也。吴何本虽后出，录数合于实际。兹依以改正文，作"凡士女七十九"，"七十一人士"。凡此七十九目，目各一人，合附见之龚谌，及未入目之程乌，共八十一人。

【注释】

①范目，惟见本书《巴志》。他书展转引据，咸出于此。(《晋书·乐志》述《巴渝舞》，讹为"范因")

②洛下闳，《史记》《汉书》作"落下闳"。桓谭《新论》与《晋书》作"洛下黄闳"。兹汇列其有关资料如下。

《史记·历书》：

"至今上即位，招致方士唐都，分其天部。而巴落下闳运算转历，然后日辰之度与夏正同。乃改元，更官号，封泰山。"《集解》："徐广曰：陈术云：征士巴郡落下闳也。"《索隐》："姚氏案：《益部耆旧传》云：闳字长公，明晓天文，隐于落下。武帝征，待诏太史。于地中转浑天，改《颛顼历》作《太初历》。拜侍中，不受。"

《汉书·律历志》：

至武帝元封七年，汉兴百二岁矣。太中大夫公孙卿、壶遂、太史令司马迁等言："历纪坏废，宜改正朔。"……遂诏卿、遂、迁，与侍郎尊、大典星射姓等议造《汉历》。乃定东西，立晷仪，下漏刻，以追二十八宿，相距于四方，举终以定朔晦分至，躔离弦望。乃以前历上元泰初四千六百一十七岁至于元封七年，复得阏逢摄提格之岁，中冬十一月甲子朔旦冬至，日月在建星，太岁在子。已得太初本星度新正。姓等奏："不能为算。愿募治历者更造密度，各自增减，以造《汉太初历》。"乃选治历邓平，及长乐司马可，酒泉候宜君，侍郎尊及与民间治历者，凡二十余人；方士唐都、巴郡落下闳与焉。都分天部，而闳运算转历。其法以律起历，曰："律容一龠，积八十一寸，则一日之分也，与长相终。律长九寸，百七十一分而终复。三复而得甲子。夫律，阴阳九六，爻象所从出也。故黄钟纪元气之谓律。律，法也，莫不取法焉。"

与邓平所治同。于是皆观新星，度日月行，更以算推，如闳、平法。法，一月之日二十九日八十一分日之四十三。先借半日，名曰阳历；不借，名曰阴历。所谓阳历者，先朔月生；阴历者，朔而后月生。平曰："阳历朔皆先旦月生，以朝诸侯王群臣，便。"乃诏选用邓平所造八十一分律历，罢废尤疏远者十七家。复使校历律昏明。宦者淳于陵渠复覆《太初历》。晦、朔、弦、望皆最密，日月如合璧，五星如连珠。陵渠奏状，遂用邓平历。以平为太史丞。（颜师古曰："姓落下，名闳。"）

《太平御览》卷一《天部》，引桓谭《新论》曰：

扬子云好天文，问之于落下黄闳，以浑天之说。闳曰："我少能作其事，但随尺寸法度，殊不晓达其意（张澍《蜀典》引作义）。后稍稍益愈。到今七十，乃甫适知。已又老且死矣。（《北堂书钞》卷百三十《仪师部》文同，惟事字以下省作"不晓达其意，今七十始知其理。"）今我儿子爱学（张澍引作"受业"）作之，亦当复如我年乃晓知。已又且复死焉。"其言可悲、可笑也。

张澍《蜀典》，据《史记索隐》引《益部耆旧传》"隐洛下"句，驳颜师古注谓：

颜师古以为姓洛下名闳，误矣。历世相沿，莫知其非。林宝、郑樵辈遂增洛下一姓，直是目不视书者。《晋书》云："落下黄闳。"《益部耆旧传》："巴郡洛下闳，改《颛顼历》为《太初》，云：后八百年差一日。"又《华阳国志》叙陈寿云："寿遂卒洛下"，则洛下之为阆中地无疑。

今按：落下闳，寳民之最先进化，能用汉文研究天算历法者也。"落下"，为其族支系名称之译字，故作落、作洛不一。颜师古云"姓洛下"不误。阆中无落下地名。"（陈）寿遂卒洛下"，谓晋都洛阳，非阆中地。张澍之说实误。洛下闳又称黄闳者，似由闳造历成后，辞侍中归，缘汉习为姓曰黄，盖取黄钟正历之义。子孙遂为黄姓。《巴志》，阆中大姓有三狐五马蒲赵任黄严是也。扬雄年七十一，天凤五年卒，见《汉书》本传，则生于宣帝甘露元年也。上距太初造历为五十年。设洛下闳二十参预造历，则当雄生时，已满七十。设其四十参预造历，则满七十后二十年扬雄乃生。然则桓谭《新论》所云雄问天文于洛下闳者亦妄矣。又《晋书·律历志》无"洛下黄闳"文，未知张澍所据。大抵张氏所引多从类书，未核检本文，亦未细校审实，故往往有误。

历法，后造者恒胜于前。故《太初历》胜于《颛顼历》，《景初历》又精于《太初历》。《晋书》卷十八载："魏尚书郎杨伟表曰：'……至武帝元封七年始乃悟其缪焉。于是改正朔，更历数，使大才通人更造《太初历》，校中、朔所差，以正闰分，课中星，得度，以考疏密。以建寅之月为正朔。以黄钟之月为历初。其历斗分太多，后遂疏阔，至元和二年，复用《四分历》。施而行之，至于今日，考察日蚀，率常在晦。是则斗分太多，故先密后疏而不可用也。……臣之所建《景初历》，法数则约要，施用则近密，治之则省功，学之则易知。'……"（《晋书》此文采自沈约《宋书》）景初元年，公元二三七年也。其事《三国志》不载，沈约《宋书》载之。《晋书》又转载之，并详其法。大抵亦依于洛下闳之术，但较精详耳。太初元年（前一〇四）至是，凡三百四十一年。《太初历》实只行用百八十九年。《太初历》元用丁丑，至章帝，改从《四分历》，元用庚申。(见《宋书》卷十二《律历志》引《蔡邕议》)至魏明帝时，"尚书郎杨伟制《景初历》，施用至于晋宋"(《宋书·律历志》)。宋何承天又制《元嘉历》，得诏颁行。故"八百年差一日"之说，不可验矣。

③任文孙，《后汉书》卷一百十二，《方术上·任文公传》云："父文孙，明晓天官风星秘要。文公少修父术。"

④任文公，同上《方术传》：哀帝时为州从事。"辟司空掾，平帝即位，称疾归家。"此目亦称司空掾，当与《范史》同出于《益部耆旧》，而云"文孙弟"，不作父子。盖传钞者因名同有一"文"字而改也。"任文"，当是賨语族支旧名译为汉字，与"洛下"同，为复姓。《范史》以"文孙"、"文公"为名，亦误。任文公后裔改为单姓曰任，《巴志》阆中大姓有"任、黄、严"是也。此亦由洛下之改姓黄也。《太平御览》卷四百三十二引《华阳国志》载任文公事。已辑附《巴郡士女》。《御览》卷五十一，二百六十五，及七百五十七又凡三引《益部耆旧传》载任文公事。可知《益部耆旧》载其父子事颇详也。

⑤胥君安，常氏原注"见《春秋传》首"。顾广圻校稿批补"谷梁"二字，据《先贤志》文也。(卷十13章之注②)张澍《蜀典》卷十一下"胥氏"云："《华阳国志》：《春秋谷梁传》首叙曰：成帝时议立《三传》博士，巴郡胥君安独驳《左传》不祖圣人，以儒学典雅称于孝成。"其末九字，《常志》所无，张氏以意增之。查今本《春秋谷梁传》，无此叙文。当是刘歆《七略·六艺略·谷梁之部》有此叙述语。故曰"《谷梁传》首叙"。班固《艺文志》略之，今无可检订矣。

⑥徐诵，《北堂书钞》卷九十八《太平御览》卷六百十六，并引《华阳国志》传其事。顾观光辑入《校勘记》，已录在《先贤志·巴郡士女》。

⑦谯隆，见《巴郡士女》卷，顾观光辑录之《艺文类聚》卷四十八与《太平御览》六百十六两条。

⑧谯玄，见《巴志·总序》(卷一6章之注②)。《后汉书》卷一百十一有传。略谓成帝永始二年对策，为议郎，后迁太常丞，以弟服去官。平帝元始元年应举对策，再为议郎。迁中散大夫。四年，为绣衣使者，持节，与太仆任恽等分行天下，所至专行诛赏。事未及终而王莽居摄。于是纵使者车，变易姓名，间窜归家隐遁。公孙述称帝，连聘，不诣，偪之以药，受欲饮。其子乞赎，免。建武十一年卒。明年，天下平定，弟庆以状诣阙自陈。光武美之，策诏本郡祠以中牢，敕所在还玄家钱。

⑨谯瑛，《后汉书·谯玄传》云："玄子瑛泣血叩头于太守曰：方今国家东有严敌，兵师四方，国用军资或不常充足，愿奉家钱千万(《巴志》作八百万)以赎父死。太守为请。述听许之。……瑛善说《易》，以授显宗，为北宫卫士令。"(章怀太子注引《汉官仪》曰："北宫卫士令一人，秩六百石。")《常志》此云"尚书郎，品题"洁白"，当更有事迹在《耆旧传》。

⑩赵瑆，张澍《蜀典》卷二引《益部耆旧传》曰："赵瑆少好游侠。行部(案：当是行学之讹)，带剑过亭长。亭长谯之。叹曰：'无大志，故为竖吏所轻耳。'于是解剑挂壁，曰：'瑆不乘缁车、佩绶，不复佩剑。'因之京师，诣太学受业。治《春秋》。变行厉操，名德远称。除野王令，乃解剑，佩之官。"张氏不可能见《益部耆旧传》，未详转引何书，当亦出于类书也。

⑪赵毅，瑆子。别无考见。

⑫臧太伯，原注云"见《瑆传》"，未知是《东观记》有《赵瑆传》，或《益部耆旧》之《赵耆传》。盖以其与耆同郡复同官，故附及之。其文久佚。

⑬赵宏，《嘉庆四川通志》卷一百四十七《保宁府人物》云："赵宏，阆中人。尝游长安，益州刺史王尊奇

之。仕至凉州刺史。"注云："谨从《四川旧通志》录出。"所云《四川旧通志》，当系指明嘉靖修之《四川通志》（乾隆《四川通志》甚略，仅四十卷，亦全采《嘉靖旧志》之文）审其文，似亦自类书引得。又历经删削，失其重要部分。如"尝游长安"下，必有脱文。夫王尊为益州刺史，宏益州人，如言行有足奇者，刺史自当于行部时得之，何待出游长安乃奇之哉？查《汉书》卷七十六《王尊传》，元帝时为益州刺史，成帝时"守京辅都尉，行京兆尹事"，"迁光禄大夫，守京兆尹"。班固谓其"文武自将，所在必发，诡谲不经，好为大言"。疑赵毅系成帝时游长安亦以强毅、大言，治盗之说王尊，为尊所奇，推荐入仕，官至凉州刺史，以隽才称也。云"益州刺史王尊"者，称其元帝时旧官，明毅为其旧时部民之关系也。《巴志·总序》云："其德操仁义，文学政干，若洛下闳、任文公、冯鸿卿、庞宜孟、玄文和、赵温柔、龚升侯、杨文义等，播名立事、言行表世者，不胜次载者也。"冯绲、庞雄、玄贺、龚调、杨仁皆后汉人，赵宏前汉人，杂叙于后汉人中，若可疑。然玄贺早于冯绲，亦叙绲后。足知其为信手举列，不足以先后疑也。

⑭严遵，见《巴志·总序》（卷一 6 章之注④）。张澍《蜀典》谓遵当作迈，引《太平御览》云："《益部耆旧传》云：严迈为扬州刺史，行部，闻道旁女子器声不哀。问所哭者谁。对曰：夫遭烧死。迈勅吏舁尸到，与语讫，语吏云：死人自道不烧死。乃摄妇人。令人守尸云：当有枉。吏白有蝇聚头所。迈令发视，得铁锥贯顶。考问。以淫杀夫。"凡三见迈名，以为："志沿讹作严遵，非也。遵字君平。迈字王思。"今按：《太平广记》卷二七一《精察类》亦引《益部耆旧传》记此事，其名凡三见，皆作遵。且文较精简，如："问之。亡夫烧死。遵敕吏舁尸到，令人守之。曰：当有物往。更日，有蝇聚头所。"（余同）乃似陈寿文。《御览》为窜改文，未足遵也。至蜀人君平，本当作庄遵（说在《先贤志》注）。与阆中严遵不混。后世写本，从《汉书》讳庄为严，乃混。《御览》竟别作迈以为区别，张氏欲取以易常文，殊谬。《蜀典》又云："干令升《搜神记》亦纪此事。"今查通行本《搜神记》，无此条。设果有之，其字亦当作遵。遵与王思有联义，迈则否也。《蜀典》同条又云："妻张叔纪，其子名羽。"尤谬。张叔纪"适广汉王遵。""生子商，海内名士。"商字文表，刘璋时为蜀郡太守，《先贤志》叠载甚明。何可误王遵为阆中之严遵王思？即此，已可见其采用资料之粗疏与荒唐，无足取矣。

⑮严羽，惟见《常志》。

⑯王伟卿，云"见《王思传》"者，当指《益部耆旧》之《严遵传》。称字，失其名贯，则传中著字当不多，仅以同郡，附见也。

⑰玄贺，亦见《巴志·总序》及《宕渠郡》。《东观汉记》有传。今辑存残文四十二字云："元贺字文宏。迁邺令，政化大行。为九江太守。行县，赍持干粮，但就温汤而已。临去日，百姓扶车叩马，啼泣随之。"《后汉书》卷七十一附《第五伦传》，言伦为宕渠令时，贺为乡佐。"后为九江、沛郡太守，以清洁称。所在化行。终于大司农。"王象之《舆地纪胜》据《渠州图经》载有《华阳国志·贺赞》之注文，已辑在《先贤·巴郡士女》卷。

⑱庞雄，亦见《巴志·总序》及《宕渠郡》文。与《先贤志·巴郡士女》辑文。《后汉书》无传，杂见于卷五《安帝纪》，卷七十七《梁慬传》与《法雄传》，卷一百十九《南匈奴传》。后汉中叶骁将也。

⑲冯焕，行事见《后汉书》卷六十八《冯绲传》。墓在今渠县之土溪场之赵家坪，神道、石阙犹存。宋洪适《隶释》卷十三载其文云："故尚书侍郎，河南京令，豫州、幽州刺史冯使君神道。"又有"冯焕残碑阴"三十九字，存焕故吏姓名十余人"其间有贯颍川、汝南、陈国者，皆豫州旧部也"（洪氏文）。《常志》与

《范书》但著其"幽州刺史",是卒时官也。《舆地纪胜》从《渠州图经》收列《华阳国志·宕渠人物》文,有绲无焕。可知《常志·巴郡士女赞》不及焕。

⑳冯绲,《后汉书》卷六十八有传,谓:"家富好施,赈赴穷急。……举孝廉,七迁为广汉属国都尉。征拜御史中丞。顺帝末,以绲持节督扬州诸郡军事,与中郎将滕抚击破群贼。迁陇西太守……辽东太守。征拜京兆尹。转司隶校尉。所在立威刑。迁廷尉,太常。时长沙蛮寇益阳,屯聚久久,至延熹五年,众转盛;而零陵蛮复反,应之。……荆南皆没。于是拜绲为车骑将军,将兵十余万讨之。"诏策有"进赴之宜、权时之策,将军一之。出郊之事,不复内御"语。《常志》于此题称"使持节",不见《范史》。查两汉,权时置持节督军御史,事竟罢之。"使持节"之称始终晋代,三国以前所无(说在《宋书·百官志》)。此目云"使持节",盖用晋时官称以明绲之专制阃外,非谓汉所有官称也。绲平荆州还,长沙贼复起,策免车骑将军。"顷之,拜将作大匠,转河南尹。"为中官诽章所诬,"与司隶校尉李膺、大司农刘祐俱输左校。""后拜屯骑校尉。复为廷尉,卒于官。"《隶释》卷七有《车骑将军冯绲碑》,并载其文云:"君讳绲,字皇卿,幽州君之元子也。少耽学问,习父业,治《春秋严》《韩诗》《仓氏》,兼律大杜。弱冠,诏除郎。还更仕郡,历诸曹史、督邮、主簿、五官掾,功曹。举孝廉。除右郎中,蜀郡广都长。遭直荒乱,以德绥抚,政化流行。到官四载,功称显著,郡察廉吏,州举尤异。迁槾为武阳令。诛疾强豪,以公去官。部广汉、别驾、治中从事。辟司空府,侍御史,御史中丞。督使徐、扬二州讨贼。范容、朱生、徐凤、马勉、张婴等坐迫州郡进兵正法。复辟司徒府,廷尉左监正,治书侍御史,广汉属国都尉,陇西太守。坐问吏辜(辜,即罪字)旬不分,去官。以羌骇励,为四府所衷(推),复家拜陇西太守。上病(命)辟同产弟征议郎。复治书侍御史,尚书,辽东太守,廷尉,太常,车骑将军。南征五溪蛮夷黄加少、高相、法氏、赵伯、潘鸿等,斩首万级,没溺以千数,降者十万人,收遗賨布三十万匹。不费官财,振旅还师。临当受封,以譖(谗)言奏河内大守。中常侍左琯弟坐逊位,拜将作大匠,河南尹。复拜廷尉。衷荆州刺史李隗、南阳太守成晋、太原太守刘瓆不宜以重论。坐正法作左校。后诏书特贯,拜屯骑校尉。复廷尉。奏中臣子弟不宜典牧州郡,获过左右,逊位。永康元年十二月薨。一要金紫,十二银艾,七墨绶(此下原提行)。将军体清守约,既来归葬,遗令:'坟茔取藏刑(形)而已,不造祠堂。可谓履真者矣。恐后人不能纪知官所更历,故刊石表绩,以悆来世。孝桓皇帝以命将军讨此强夷,有桓桓烈口之姿,因谥为桓。"其官历颇与《范史》传文不同,当以此碑为正。本书《巴志·宕渠郡》云:"绲、温各葬所在(任),常以三月,二子之灵还乡里。"则绲墓当在雒阳,不当在宕渠。《同治渠县志·古迹》云:"汉车骑将军冯公碑:县北三里龙骧山济远庙前,嘉庆十七年,寺僧因除瓦砾,掘得古碑,字迹俱存,惟断处缺数字。系宋崇宁间州牧张禀摹刻汉碑额篆文字,隶书。先是,寺僧锄园,掘得敕渠州,汉故车骑将军加封惠应王诰牒石刻。"又引《碑目考》云:"汉车骑将军冯绲墓在大竹古賨城双石阙西南一丈三尺。"按《碑目考》所云:"双石阙,在今渠县北土溪场之赵家坪。"其双阙盖绲父冯焕神道碑前之双阙也。焕死幽州狱中,事白,汉廷赐钱归葬。绲既贵,为之建阙与神道碑于此。其帝绲墓,当是衣冠墓,弟允为之立碑也。

㉑马元,《后汉书》附《绲传》,作允,云:"绲弟允,清白,有孝行。能理《尚书》,善推步之术。拜降虏校尉。终于家。"今按:字公信,与允义相协,与元字不应。当以《范史》为正。后汉校尉为京师官,都尉为州郡官,秩皆比二千石。降虏宜是都尉,非校尉。此则当以从《常志》。又章怀《后汉书》注引《谢承书》曰:"绲子鸾,举孝廉,除郎中。"常氏《目录》未收。

㉒冯遵,惟此见。疑《耆旧》附《冯允传》。

㉓陈禅,《后汉书》卷八十一有传。其为汉中太守,亦见本书《汉中志·总序》(参看卷二3章之注⑤)。更由左冯翊入拜谏议大夫,以反对庭试掸国眩人事被劾,左转为玄菟候城障尉。朝廷多讼之,京师人为之歌谣。歌载在《巴志》(卷一6章之注③)。追拜禅辽东太守。"顺帝即位,迁司隶校尉。明年卒于官",则永建元年卒也。当叙在冯绲前,冯焕后。《常志》于此目,依族姓或县贯汇列,不全拘乎时次。

㉔陈澄,亦见《汉中志》。《后汉书》附《陈禅传》。云:"子澄,有清名,官至汉中太守。"

㉕陈实,"与王文表为友",亦见《先贤志·王商赞注》。则刘二牧时人也。自永建元年禅卒,至兴平元年刘焉卒,中间凡六十九年,当阅三代,《常志》作澄孙,合。《范史》云:"禅曾孙宝,亦刚壮有禅风,为州别驾从事,显名州里。"宝字当为实字之讹。

㉖杨仁,《后汉书》卷一百九《儒林下》有传。建武中,仕郡为功曹。举孝廉,除郎。"太常上仁经中博士。仁自以为年未五十,不应旧科,上府让选。显宗特诏补此宫卫士令。"(《太平御览》卷三百五十二《兵部》八三《戟上》,引司马彪《续汉书》曰:"杨仁,字文义,巴郡人。显宗时,诏补北宫卫士,及帝崩,时诸马贵盛,各争欲入宫,仁被甲持戟,严勒门卫,莫敢轻进者。肃宗既立,诸马共谮仁,上知其忠,愈善之。")章帝即位后,"拜什邡令。……行兄丧去官。后辟司徒桓虞府。……后为阆中令,卒于官"。《常志》此目官位作"治中从事",不言北官、什邡与阆中。查汉制,守、令避本籍。仁,阆中人,为阆中令,与后文垫江龚扬,以巴郡人为巴郡太守,皆特例也。《范史》所叙历官翔致,必有所据。合《续汉书》文参之。仁可能至阆中令。《常志》官位当误。

㉗龚调、升侯,亦见《巴志·总序》。别无考。

㉘赵晏,惟此见。

㉙李颙,见《南中志·总序》(卷四2章之注⑬),《后汉书·西南夷传》采之(文同)。颙卒于益州太守任,继任者景毅,在李膺被诛时(建宁二年),《常志》《范史》并有明文。然则颙卒在桓帝末,灵帝初也。原注云:"见《汉书》及《巴耆旧》。"此《汉书》指东观诸人续修之《汉书》,今云《东观汉记》。《巴耆旧》未知何人所作。

㉚谒焕,为汝南太守,见《后汉书》卷一百十二,《方术·廖扶传》,云:"太守谒焕,先为诸生,从扶学。后临郡,未到,先遣吏修门人之礼。又欲擢扶子弟。固不肯。"盖取材于《汝南先贤记》(扶,汝南平舆人)。《常志》此云:"见《汝南记》",亦当是《汝南先贤记》之省称。

㉛然温,《函海》本校注误以《巴志·宕渠郡》之桂阳太守李温与建议分巴之垫江李温混为一人。查然为江州县十一大姓之一,见《巴志》。常氏此目,注云见《巴耆旧传》。则不当是"李温"。《函海》注误。张澍《蜀典·然氏目》引《水经注·潜水》云:"县有车骑将军冯绲、桂阳太守然温冢,二子之灵常以三月还乡,汉水暴涨。"查王氏合校《水经注》本,作"李温",无作"然温"冢者。疑清初旧有《水经注》本误作然温,《函海》沿之误也。

㉜张禽,《先贤志·巴郡士女》有辑文。《后汉书》见《西南夷·邛都传》。常氏《蜀志·越嶲郡》亦著张禽政化,为《范史》所据,今本适在阙页中。已补。可互参。

㉝张璊,受王堂察举,见《巴志·总序》及《先贤·广汉王堂赞注》。《后汉书》见《西南夷·邛都传》,字作湍(参《巴郡士女赞注》辑补文)。

㉞赵邵,惟见于此。

㉟严永,王堂所学士,后至大位,与张璊等同见《巴志·总序》与《王堂赞注》。时在安帝永初中。

㊱陈髦，同上注。

㊲黄错，同上注。原注云“见《堂传》”，谓《益部耆旧·王堂传》也。

㊳龚扬，见《巴志》“垫江县”，与同县赵敏皆“以令德为巴郡太守”。垫江属巴郡，龚、赵以本郡人为本郡太守，非例。然如范晔《后汉书·杨仁传》，谓其以阆中人为阆中令。则后汉在少数民族地区，似曾特开此例也。再，《巴志》以龚扬、赵敏并举，所《目录》单举龚扬者，盖缘扬与孟彪并为王文表举士，故连书之。赵敏或非王文表所举士，然既与扬同县、同官，亦有“令德”，例不当阙；而阙之者，似由从赵韪叛璋，故与韪并绌。韪叛璋前，以征东中郎将驻军于朐䏰，建议分巴，布置党羽于郡县间。赵敏盖其所举巴郡太守。从叛而败，死非其正，故乡人称其令德，常氏缘而书之。《目录》不收叛上作乱者，故不书也。

㊴孟彪，原注“右并王文表所荐”者，《广汉士女·王商赞注》云：“荐致名士安汉赵韪、及陈实、盛先，垫江龚扬、赵敏、黎景，阆中王淡，江州孟彪，皆至州右职、郡守。”《目录》不列韪、敏，除以叛见诎外，无他可解。

㊵黎景，见上注，当叙列孟彪前，次巴郡太守龚扬，俾茂才孟彪与王淡相接。此《常志》目录例也。

㊶王淡，同见上注。上注“右并王文表荐”句，当系此目，始与《王商赞注》相应。本目原注“见《文表传》”，省王字，亦其上文为“右并王文表荐”之证。

㊷龚策，当作“龚荣”。《巴志·总序》有建议分巴之郡掾龚荣，垫江县有“以俊才为荆州刺史”之龚荣。常氏此目无荆州刺史龚荣而有文学掾龚策，亦垫江人。策字一写作荣，易与荣字混，传钞者误写耳。非惟策字误，官位亦误。《巴志·总序》中，建议分巴者，“郡文学掾宕渠赵芬，掾弘农冯尤、垫江龚荣、王祈、李温，……。”是龚荣为郡掾，非“文学掾”，文学掾郡只一人，当时是赵芬。荣与李温皆由郡掾至刺史、太守，不当以掾作官位。测常氏原文当为：“文学，荆州刺史龚荣。垫江人。”传钞脱官位，后人缘《巴志·总序》龚荣连接赵芬，于品题“文学”下增掾字为官位，又误策字也。

㊸李温，《巴志·总序·分巴议》中诸人之一，时为郡掾，县贯垫江。《宕渠郡》又有“桂阳太守李温”，盖温本宕渠县人。宕渠赴巴郡必由水道经垫江，故于垫江置有别业，为跨籍也。由郡掾入仕，终于桂阳太守。葬于桂阳。诸史不载其行事，惟据《常志》各卷文推其如此。张澍《蜀典》以宕渠李温为然温，误。已前注。

㊹赵芬，《巴志·分巴议》作“文学掾宕渠赵芬”，为一郡绅耆领衔。盖诸郡掾中齿、德最高者。此作“户曹掾”。当是由文学转户曹，卒于户曹任也。

㊺陈宏，原注“见《巴记》”，谓谯周之《巴纪》，一作《巴记》，其书久佚，今不得验。由此注，足知陈寿《益部耆旧》无《宏传》。

㊻曲庚，见王象之《舆地纪胜》引《渠州图经》。已录入《先贤·巴郡士女赞注》辑文。

㊼冯湛，同上注。皆张修黄巾军所杀也。

㊽郝伯都，见《北堂书钞》引《华阳国志》。已录入《先贤·巴郡士女赞注》辑文。

㊾程乌，见《公孙述志》。参看卷五 3 章之注⑦。与李育同事公孙述。光武灭述，以二人“本有才干，擢而用之”。此目收程乌，不及育。盖乌巴人，育汉中人也。疑乌为程畿祖辈，阆中人。

㊿程畿事见《刘二牧志》（卷五 5 章之注③）及《先主志》（卷六 7 章之注⑩）。《三国志》在《杨戏传·辅臣赞注》。

(51)程祁，见《三国志·杨戏传》。云戏“少与巴西程祁公弘，巴郡杨汰季儒，蜀郡张表伯达并知名。戏每推祁为冠首。丞相亮深识之”，“祁、汰各早死”。其《辅臣赞》云：“公弘后生。卓尔奇精。夭命二十。悼恨未呈。”《辅臣赞注》又有程畿子郁，为巴西郡吏（本书《二牧志》同），当是祁兄。仕郡于刘璋时，祁当是畿季子，与杨戏司时。

(52)杨汰，见司上《杨戏传》，无赞。

(53)韩俨，亦见《杨戏传》。传云：“笃于旧故，居诚存厚。与巴西韩俨、黎韬童幼相亲厚，后俨痼疾废顿，韬无行见捐，戏经纪振恤，恩好如初。”

(54)黎韬，见上注。“无行见捐”乃亦收列，常氏重《三国志》文故也。《杨文然传》谓《三国志·杨戏传》也。戏武阳人，而多与巴西人士童幼相好，当是此诸巴西人童幼长于成都。如程畿，先为江阳太守。“先主领益州牧，辟为从事祭酒”，则家于成都矣。俨、韬之父，当亦仕居在成都者，但失其名耳。《南中志》有永昌太守巴郡黎彪，疑是韬父。

(55)严颜，见《三国志·张飞传》及本书《二牧志》。

(56)周舒，见《三国志·周群传》。参看本书卷六 5 章之注⑬。

(57)周群，《三国志》有传（《蜀书》）。亦见本书《先主志》（卷六 5 章之注⑬）。

(58)周巨，《三国·周群传》云：“群卒，子巨颇传其术。”参看《先主志》6 章之注③。

(59)黄权，《三国志·蜀书》有传。亦见本书《巴西郡序》（卷一 16 章）与《先主志》（卷六 7 章之注⑥及注⑪）。权降魏，“有司执法，白收权妻子。先主曰：‘孤负黄权，权不负孤也。’待之如初。”“文帝善之，拜为镇南将军，封育阳侯，加侍中。使之陪乘。”“后领益州刺史，徙占河南。”“景初三年（蜀延熙二年），迁权车骑将军，仪同三司，明年卒。谥曰景侯。子邕嗣，邕无子，绝。权留蜀子崇，为尚书郎。……”此目官位皆举魏授者。晋承魏有三下，又权官位入魏为最高故也。

(60)黄崇，见《三国志·黄权传》。战死绵竹，亦见本书《后主志》（卷七 7 章之注⑨）。

(61)甘宁，《三国志》卷五十五（《吴书》）有传。蜀人仕吴，此目所举为吴官，故注“仁吴”二字（参看《巴志》“临江县”注）。蜀人仕吴者，尚有李异、刘阿。说详《先主志》7 章之注④及注⑫。

(62)马忠，《三国志》有传（《蜀书》）。一见本书《南中志》与《后主志》。

(63)王平，同上有传。《魏志》屡作何平，初从外家姓何。后复本姓也。（见卷七 5 章之注㉔）传中又有“将军张休、李盛”与“黄袭”，本书《后主志》作：“裨将军军巴西王平及张沐、李盛、黄袭。”疑沐、盛、袭皆巴西人，与平同为裨将者。说在卷七 2 章之注⑩。

(64)勾扶，见《王平传》。裴注：“句，古侯反。”则当读如荀，今别其字作勾。作句者读如矩。今则同作句，有二音也。本书句扶事见《后主志》延熙十一年（卷七 5 章之注㉓）。《三国志·魏书·郭淮传》《陈泰传》，又《邓艾传》与《蜀·姜维传》，屡见句安其人，为蜀将军，与李韶（《魏书》作歆）守陇西翅上。延熙十二年，姜维自陇西败退，翅孤县，降于魏。后从邓艾伐蜀。盖亦汉昌句姓也（参看卷七 5 章之注㉗）。

(65)张嶷，《三国志·蜀书》有传。本书见《蜀志·越嶲郡》及《后主志》建兴十四年（卷七 4 章之注⑥）及延熙三年（4 章之注㉓）。

(66)姚伷，见《三国志·杨戏传·辅臣赞注》，附“马盛衡、马承伯”赞注后，无赞，延熙十四年时伷犹在故也。注云：“勋、齐皆以才干自显见归，信于州党不如姚伷。伷字子绪，亦阆中人。先主定益州后，为功曹书佐。建兴元年为广汉太守。丞相亮北驻汉中，辟为掾。并进文武之士。亮称曰：忠益者莫大于进人，进人者各务其所向。今姚掾并存刚柔,以广文武之用,可谓博雅矣。愿诸掾各希此事,以属其望。迁为参军。亮卒,稍迁为尚书仆射。时人服其真诚笃粹。延熙五年卒,在作赞之后。"

⑥⑦马勋,《三国志·杨戏传·季汉辅臣》有赞云:"盛衡、承伯,言藏言时。"陈寿注:"盛衡名勋。承伯名齐(参字讹)。皆巴西阆中人也。勋,刘璋时为州书佐。先主定蜀,辟为左将军属。后转州别驾从事卒。齐(参)为太守张飞功曹,飞贡之先主,为尚书郎。建兴中,从事,丞相掾,迁广汉太守。复为飞参军。亮卒,为尚书。"

⑥⑧马参,《三国志》作齐,见同上注。齐字,古文作叁。参字,古文作叁,故易混。字承伯,则当以参字为正。《广韵》:"参,承也。"足证。

⑥⑨龚禄,亦见《季汉辅臣赞注》。云:"德绪名禄,巴西安汉人也。先主定益州,为郡从事,牙门将。建兴三年,为越嶲太守,随丞相亮南征,为蛮夷所害。时年三十一。弟衡,景耀中为领军。"

⑦⑩龚谌,《三国志》无见,《目录》未收,仅附此注。疑是因附赵韪叛乱败死,与垫江之巴郡太守赵敏同,不为列目也。龚禄至先主定益州后乃仕,足资侧证。

⑦①龚皦,依顾广圻校注,即《辅臣赞注》之龚禄弟衡。设其然,则校得今本《三国志》又一错字。皦,字同皎。《诗·王风·大车》:"谓予不信,有如皦日。"《经典释文》:"皦又作皎。"字德光,与皦义协,于衡无连义。又《辅臣赞注》衡为领军。常氏此目作"镇军将军。"孟琰,《目录》称"领军"。《诸葛亮集》:"亮上事曰:'臣先进孟琰据武功水东。'"则凡将军、牙门,率军一队独立作战者皆得称领军也。

⑦②谯岍,《三国志》附《谯周传》,云:"父岍,字荣始。治尚书,兼通诸经及图纬。州、郡辟请,皆不应。州就假师友从事。"本书见《巴志·巴西郡序》。

⑦③谯周,《三国志》有传。此目官位皆晋世授。故原注补"刘氏光禄大夫"字。

⑦④马妙祈妻义,见《巴志·总序》(卷一6章之注⑥)。《太平御览》卷四百四十一引《益部耆旧传》曰:"巴三贞者,巴郡阆中马妙新(祈)妻姬,西充国王元愤妻姬,皆阆中人也。阆中赵蔓君妻华,西充国人也。姬早失夫,介然守操。中平五年,黄巾余类延益州,贼帅赵播据阆中城,拘迫衣冠,令人(人)妇女为质。义、姬、华等随比入城。后贼类乘势,攻破阆中,时人或死或奔,家室相失。义、姬、华随类出城走。传闻后贼或拘略妇女。于是三自度,穷迫,恐不免于据逼,乃相与自沈水而死。乡党闻之,莫不感伤,号曰三贞。"其说较《巴志》为翔实可据(参看《巴志》注)。此条引文,不但可以纠正常氏《巴志》记述三贞时间与事态之错误,且又补出黄巾据蜀时期《三国志》与《华阳国志》未载之事实。文中"贼帅赵播",曾见于本《二牧志》,云:"中平元年,凉州黄巾逆贼马相、赵祗等聚众绵竹,杀县令李升。聚疲役之民,一二日中得数千人。遣王饶、赵播等进攻雒城,杀刺史俭,并下蜀郡、犍为。旬月之间,破坏三郡。相自称天子。"是赵播为黄巾马相属下之悍将,连破广汉、蜀郡、犍为三郡者也。当时益州黄巾分两部,其一为张修领导盘踞巴郡、汉中,恪奉张鲁道旨,只据乡村,不占城池,虽破巴郡亦弃而不居之黄巾。一为凉州人马相领导,利用益州刺史郤俭苛暴,民怨积深,旬日之间攻占三郡地面,占有城池,自称天子之黄巾。其分野界在嘉陵江一线。故葭萌、阆中、安汉、垫江沿江一线及他边远地为当时封建残余势力集居之地。中平五年,贾龙等自青衣率叟军反攻马相,迎刘焉于荆州界。马相称帝,非张陵制,为道徒所非,莫肯相助,故迅速奔溃。赵播盖败退阆中,欲依巴汉黄巾。由与张修不合,未许救助,故阆中寻为贾龙等军所破。迎刘焉之路乃通也。两部黄巾皆与地主阶层为敌,而马相主张和缓,企图利用,因以失败。故赵播在阆中,对地主世族,质其妇女而使用其人。于妇女不欺凌侮辱。贾龙等之地主军与叟军,则

纪律不良，拘略妇女。故三女闻后贼至，遂先自沈也。《耆旧》所云"贼类争势"，谓贾龙等地主军首领（如王咸李权等刘焉所诛者），初亦降附马相，后复攻灭相，皆为贼也。常璩《巴志》误为"广汉、汉中羌"者，以贾龙主力为青衣之叟兵，属羌同类（《樊敏碑》亦曰青羌），而误也。其"永初中"时间之误，则后人因"羌乱"二字而妄改，《巴志》原文或不如此，或已缘前人传说而误。《耆旧传》出于巴西陈寿，寿又多取材谯周，周则西充国人，目击其事，固当较《常志》可信。

⑦⑤同上注。云当作曼，《巴志》作蔓。

⑦⑥同上注。义、华、姬，皆汉时已有姓氏。此注与《益部耆旧》同，不明著其为姓或名。可疑为姓氏字。然难定。当时女子固亦多有名姬者。蜀郡女子多以姓连名为字。巴郡女子无此习。已嫁则从夫姓，故祇具单名耶？

⑦⑦赵瑷妻姬，王象之《舆地纪胜·渠州人物》有此一条，采自《华阳国志》，当即《常志·巴郡士女赞》注文也。已录入《先贤志·巴郡士女》。

⑦⑧童女赵英，同上注，母女自杀舍中，"时英方十三岁"，故曰童女。

⑦⑨赵万妻娥，同上注引佚文。娥为名，以此可定前三贞之义、姬、华亦名也。

⑧⑩耿秉妾行，行亦名也。姜诗妻名庞行，见《后汉书》。

⑧①鲜尼母姜，此姜又是姓。行与姜事迹无考。按前六人事迹言，亦当是缘黄巾军至畏怯自杀者。以上，凡著于《巴郡士女目录》者，共八十一人，其县籍分布如下表：

时代＼地方	巴西诸县						巴郡			巴东	县籍不明		总计
	阆中	西充国	南充国	安汉	宕渠	汉昌	江州	垫江	临江		巴郡		（三巴合计）
前汉世	11	⊗	⊗	0	1		0	0	0	⊗	1		13
后汉世	6	0	0	8	10		3	4	0	⊗	5		36
刘氏世	11	2	1	3	1	1	0	0	2	0	巴郡 1	巴西 2	24
列女	3	0	0	2	3	0	0	0	0	0	0	0	8
合计	31	2	1	13	15	1	3	4	2	0	9		81

由上表，可见两汉三国巴地封建人物分布，主要为沿嘉陵、巴渠与长江一线。而川北紫土邱陵地区又远胜于川东褶襞区。川北紫土邱陵区，在石器时代，实为一片森林。进入铁器时代，牛挽铁犁以后农地突然开展，加上充沛的雨量，农业兴盛，人民衣食丰裕，礼教大兴。沿江汉族居民，白易进入封建社会，即如此区土著之賨民，自楚汉之际亦即已逐渐融合于汉族，并吸收封建文化。阆中为巴国最后之国都，亦即巴郡最先之郡治，故其开化为尤早，自前汉至刘氏世迄未衰落。宕渠、安汉，则后汉时始渐发达，迄刘氏世，名将尤多，盖皆賨民之进化者也。垫江以下，则惟沿江汉户进入封建社会，亦多肥遯不仕。大抵求富于商，不以咕哗求贵。其江外山区，则为板楯（亦賨民同类）居之，尚徘徊于奴隶社会向封建社会过渡阶段。汉末之三巴夷王，即其代表人物，则常氏《目录》所不收者也。巴东竟无一人。然如扶嘉、扶徐，皆确为巴东人，但《常志》未录著耳（二扶另详《补三州士女目录》）。

三

道德，三老杨统，字仲通。（新都人也①。曾祖仲【绩】续，元丰、钱、刘、李、《函》本作续。张、吴、何、王、廖、浙、石本作绩。当作续，说在注释。祁令②。父春卿，为公孙述将③。）

□□，原无品题。光禄大夫杨博，字仲达。（统长子④。）张、吴、何、王、石本有"无传"字。

文学，侍中杨序，元丰以来各本皆作序。惟刘、李本作厚。《函海》注云："惠校改序。下二行同。"字仲桓。谥曰文父。（博弟⑤。）

高士，寇欢，字文仪。（绵竹人，序弟子也⑥。）张、吴、何、王、石本有"见《序传》"三字。

高士，吴、何、王、石本无此二字。昭约，字节宰。（雒人也。各本皆有此也字。序弟子。二人见《序传》⑦。）各本文同。

术艺，使持节、交州牧杨宣，字君纬。（什邡人⑧。）

学士，严象。（广汉人，宣弟子也⑨。）张、吴、何、王、石本有"附《宣传》"三字。下目同。

大儒，赵翘。（广汉人，宣弟子也⑩。）

□□，据《后汉书》当是"清节"二字。乌丸校尉郭坚，元丰本坚字不明。刘、李作登。他各本并作坚。《函海》注云："刘、李本作登。惠校（谓惠栋）改坚。"字阙。元丰与廖本有此二大字。他本无。（雒人也⑪。）元丰本无此注。他各本有。张、吴、何、王、石本无也字。别有"无传"二字。浙本原亦有，刓去迹存。

善绩，司隶校尉郭贺，字乔卿。（坚孙⑫。）《函海》注去："刘、李本亦作坚。"明上目登字讹。元丰、钱、刘、李、廖本此目次"郭坚。"张、吴、何、《函》、王、石本间有镡、蔡二条。

□□，光禄大夫、侍中、卫尉镡显，字子诵。（郪人⑬。）元丰与钱、刘、李本无此与下蔡弓二目。张、吴、何、《函》、王、石本有，在二郭目间。顾广圻校云："当有，当移。"

□□，庐江太守蔡弓，字子骞。（雒人⑭。）同上注。

善绩，元丰、钱、张、刘、吴、何、李、《函》、王、浙、石各本此目次"善绩郭贺"目下。当承上品题字。永昌太守郑纯，字长伯。（郪人也⑮。）

文学，高士王祐，元丰本作佑，他各本作祐。字平仲。（郪人也⑯。弟灌，字当作濩。《先贤赞注》作获。有文才，【而】元丰、钱、刘、李、《函》、廖本有，张、吴、何、王、浙、石本无。不悉行事也⑰。）张、刘、吴、何、李、王、石本无两也字。

文才，乐安相李尤，字伯仁。（雒人也⑱。）

□□，当承上有文才字。尚书郎李充。（尤孙也⑲。）

文才，东观郎李胜，字茂通。（雒人也。见《尤传》⑳。）《函海》注云："原本无见字。刘、吴、何、李本无也字，有见字。"今按：张、王、浙、石本亦同。

公亮，将作大匠翟酺，字张、吴、何、王、石本无字字。子超。（雒人㉑。）

明廉，侍御史，洛阳令王涣，字稚子。（郪人㉒。）元丰与钱本无此与下王堂目。张、吴、何、李、《函》、王、浙、石本有，在段翳目下。

□□，司隶校尉王堂，字敬伯。（郪人㉓。）注同上。顾广圻校云："当有，当移。"此依廖本次序。

聘士，王稚，字叔起。谥曰宪文。元丰与张、吴、何、王、石作父。【雒人】，旧各本无。惟廖本有。当衍。堂少子㉔。）

堂长子博。（失官位㉕。）元丰、钱、张、刘、李、《函》、廖本同此文。吴、何、王、浙、石本则但题"王博"二字，小注："堂长子，失官位，无传。"又张本"失官位"注下亦有"无传"二字。

博子遵。（亦失官位㉖。）同上注，皆无品题、官位与字、贯。实当并入上目注语。旧列为目。缘元丰、钱、张、刘、李、《函》、廖皆如此作目，亦惟遵之。全郡目次久乱，未易釐正。

善绩，蜀郡太守王高，字文表。（遵子也㉗。）

亢烈，辟元丰本作高。他各本作辟。士段恭，元丰本作公。他各本作恭。字节英。（新都人也㉘。）钱本此目在段翳下，张江上。刘、李、《函》本在冯颢下，张江上。张、吴、何、王、浙、石本在王堂下马颢上。此依元丰与廖本。

隐士，夫子段翳，字元章。（新都人也㉙。）钱本此目在王商下，段恭上。刘、李、《函》本在王商下，王涣上。各《汉魏业书》本同。此依元丰、张、吴、廖本。

隐士，冯信，字季诚。（郪人㉚。）元丰与钱写本无此目。刘、张、吴、李、《函》本此目在王遵后，王商前。各《汉魏业书》本同。此依廖本。

□□，越巂太守冯元丰本无此目，他各本有，并作马。廖本改作冯。颢，字叔宰。（郪人㉛。）上二人，各本同无也字。此目刘、李、《函》本在王堂下，段恭上。张、吴、何、王、浙、石本在段恭下，张江上。此依廖本。

【武威太守、南阳折侯张江。雒人㉜。】此目当删，说在注释。

□□，郁林太守折国。（江四世孙，因封国改姓折㉝。）

高士，折象，张、吴与各《汉魏业书》本作像。字国式。（国【之】子也㉞。）元丰与钱、刘、李、《函》、廖本有"之、也"字。张、吴与各《汉魏业书》本无。

□□，疑有"安贫"二字。治中祭酒朱仓，字云卿。（什邡张、吴及《汉魏业书》本作郁。人㉟。）各本无也字。下二目同。

政事，牂元丰、刘、李、《函》、廖本作牂。他各本作牂。柯元丰、钱、刘、《函》、廖本作柯。他各本作牱。太守刘宠，字世信。（绵竹人㊱。）

孝子，江阳、符长姜诗，字士游。（雒人㊲。）

阴德，郿令王忳，字少林。元丰本作休。（新都人也㊳。）

□□，交州【牧】刺史《先贤志·羊期赞注》作“交州刺史”。羊元丰本作阳。甚。（郪人也㊴。）张、吴及《汉魏丛书》本更有“无传”二字。

推让，野王令羊期，字仲魚。（甚子㊵。）

文学，侍中董元丰本作童。扶，字茂安。（绵竹人。杨厚各本此字作厚。不同前作序。下目同。弟子也㊶。）

文学，聘士任安，字定祖。（绵竹人。亦厚弟子㊷。）

高让，义士杜真，字孟宗。（绵竹人㊸。）

精诚，五官谅辅，字汉儒。（新都人㊹。）

义士，杨宽，字叔仲。（新都人㊺。）父斌㊻，兄混，皆有证明君事，（失其官位㊼。）此上连六人，各本无也字。

义士，张钳，字子安。（广汉人也㊽。）

烈士，贾栩，字元集。（什邡人也㊾。）

节士，宁叔，宁茂泰。（广汉人也㊿。）

忠义，绵竹主簿韩揆，字伯彦。（绵竹人(51)。）元丰与钱、张、吴、何、王、浙、石本皆无此三字。刘、李、《函》、廖本有。

壮童，左乔云。（绵竹人(52)。）元丰与钱本此下连下五人，各间二空格。张本同，只空一格。共占二行。此与汝敦目一行。余三人一行。刘、李、《函》本此与下目汝敦各占一行。余三人一行，各间一格。他各本与廖本同各占一行。

孝廉汝敦元丰本作郭。（新都人(53)。）

周干。（广汉人(54)。）张、吴、何、王、浙、石本更有“无传”字。此下三人，当依元丰、钱、张、刘、李、《函》本为一行。但空格。兹依廖本不改。

彭勰。（广汉人(55)。）同上有“无传”二字。

古朴。（【广汉】）德阳依《蜀志》文改。说详注释。人。右三人，儒学文才，见《蜀志》及《王商传》(56)。）张、吴、何、《函》、王、石本有“及《王商传》”四字。他本无。《函海》注云：“刘、李本无右三人。”

方术，太医丞郭玉，字通直。（新都人(57)。）元丰与钱、张、刘、吴、何、李、《函》、王、浙、石本无此三字。顾广圻校云“新都人”。廖本有。

原附　益梁宁三州先汉以来士女目录

右五《函海》作三。十二人驰名依前后例，"驰名"二字当作"在"字。汉世。

□□，各本失品题。疑原叙秦宓下承文才字。经钞移，遂失之。别驾从事李朝，字永元丰本作季。南。（郪人也㊾。）此上，当有李邈一目。

□□，丞相西曹掾李邵，字伟南。（朝弟也㊿。）永伟二字与《先贤·广汉士女赞注》文同，与《三国志·季汉辅臣》互异。已前注辨。廖本于《先贤赞注》无所辨订。于此目乃有注文辨之。以为"此及《广汉士女赞》注解皆互误永伟二字"。其说无取。（参卷十注）

文才，大司农秦宓，字子敕。（绵竹人㊿。）

□□，原脱品题。益州太守王士，字义强。（郪人也。祐依杨树达说移。子【祐】。）元丰本作"王佑从弟也"。钱、张、吴、何、李、《函》、王、浙、石各本同，佑作祐。张、吴、何、王、浙、石本无也字。惟廖本作"子祐"。顾广圻校稿云："当作商从弟也，子祐。"廖本依改也。杨树达《积微居金石小学论业·后汉王堂世系考》判祐为士之父，堂之孙。其说云："《祐传》不言祐为堂之后。然《目录》王士下云：子祐。按《目录》例，皆言某子某弟，无言子某，弟某者。且《目录》别祐于汉世。而士、甫则在刘氏及二牧时，尤可证子祐为祐子之误倒。士既为商之弟（《李王四子赞》："文表诸弟也。"足证）。则祐为堂之孙明矣。"今按：杨说可据。盖原钞祐下脱"子，文表"三字。接"从弟也"为句。顾校作"子祐"二字。廖本依改，非。文表从弟也㊿。依下目补文表二字。"从弟也"三字系元丰以来各本旧文，廖本删之。

□□，别驾从事王甫，字国山。（士从弟也㊿。）旧各本并作"文表弟也"。顾广圻校云："当作士从弟也，（见）《辅臣赞注》。"廖本依改。今按《辅臣赞注》"义彊名士，广汉郪人，国山从兄也。"是顾校所据。又《辅臣赞》，"国山休风"注："国山名甫，广汉郪人也。……为绵竹令，还为荆州议曹从事。随先主征吴，军败于秭归，遇害。子祐，有父风。官至尚书右选郎。"顾广圻校上目"子祐"二字，若即据此，亦误。此明言王甫子，非士子也。虽然，甫、士从兄弟，则皆当为祐子侄，孙名不当袭祖。疑子祐字当作祜或佑。

优游，特进、太常、关内侯镡承，字公文。（郪人㊿。）

才俊，元丰、刘、李、廖本作俊，他各本作儁。江阳太守彭羕，字永年。（广汉人㊿。）

忠谋，元丰本作烈。从事郑度。（绵竹人也。见【刘璋】《法正传》㊿。）

忠烈，从事王累。（新都人也。见《刘璋传》㊿。）

鲠直，丞相参军、安汉将军李邈，字汉南。（郪人。）依《先贤赞》补。

右九人在刘氏世及二牧时。顾广圻校稿云："按，赞第四十六李邈《目录》脱。"原校王累目有删除号，又复存之。盖拟改未改也。

【聘士】二字当衍。任安已另有目。任安母姚。（绵竹人也㊿。）

姜诗妻庞行。（雒人也㊿。）

姜嫄，字义旧。（绵竹人也。狄道长姜穆女张本讹作文。吴、何、王、石本从之俱讹。司马雅妻㊿。）

廖伯妻阴纪配。（广汉人也㊿。）

便敬妻王和。（新都人也⑦。）

李珥，元丰本作玤。字进娥。（郪人，李氏女，冯季宰妻也⑫。）

王辅妻彭非。（广汉人也⑬。）

李平，字正流。（广汉李元女，杨文妻⑭。）

袁张本误作表，吴、何、王、浙、石本沿误。稚妻相乌。（德阳人也⑮。）

王上妻袁福。（德阳人也⑯。）钱、刘、李本无此目。张本在相乌目行，间三格。元丰、吴、何、《函》、王、浙、廖本单行。

汝李本作洪。敦妻。（失吴、《函》二本作夫。姓，不知何县人也⑰。）元丰、钱、张、刘、吴、何、《函》、王、浙、石本并作"不知何郡县人也"。张、吴、何、王、浙、石本无也字。廖本无郡字。

右十一人列女刘、李、廖本作列女。他各本并作烈女。

右广汉郡凡士女七十二人。（六十一人士，十一人女⑱。）各本文同。

案：以上广汉郡两汉及刘氏世士女七十二人目录。其《先贤志》有赞注者五十七人，无赞者只十五人，附传者三人，共凡具名者七十五人。旧刻多有讹乱，颇失常氏原目本貌。惟总人数"七十二"三字，各本皆同，似无人窜改，故尚可以清厘，得其仿佛也。

【注释】

①杨统，已详《先贤志·广汉士女赞注》（卷十5章之注③）。

②杨仲续，见《后汉书》卷六十《杨厚传》章怀注引《益部耆旧传》，字作续。统年九十，安帝末叶卒，则当生于建武之世，其曾祖，应是前汉宣元时人。仲续，当是字，失其名。祁县，属太原郡。疑常氏此句取材于《杨序（或杨统）家传》。

③杨春卿为公孙述将，《后汉书·杨厚（序）传》载。当亦是称字。

④杨博，惟此见。疑《益部耆旧》附见《杨统传》，常氏采之也。

⑤杨序，见卷十5章之注⑤。《后汉书》作杨厚，卷六十有传。

⑥寇欢，名见《先贤志·杨序赞注》。《后汉书》不载。

⑦昭约，同上注。"二人见《序传》"，谓《益部耆旧·杨序传》，或当时别有《杨序家传》单行。

⑧杨宣，见《先贤志·广汉士女赞注》（卷十5章之首）。

⑨严象，见《杨宣赞注》。

⑩赵翘，同上注。

⑪郭坚，《后汉书》卷五十六《郭贺传》云："祖父坚，伯父游君，并修清节，不仕王莽。"此云："乌桓校尉。"《范史》所略也。

⑫郭贺，见《先贤志·广汉士女赞注》（卷十5章之注⑪）。

⑬镡显，同上《赞注》。(卷十 5 章之注⑫)。

⑭蔡弓，同上《赞注》(卷十 5 章之注⑬)。

⑮郑纯，同上《赞注》(同上之注②)。

⑯王祐，同上《赞注》(同上之注④)。

⑰王灌，同上《赞注》作获。字当作濩，说见卷十 4 章之注④。

⑱李尤，见《先贤志·广汉士女赞注》(同上之注⑮)。

⑲李充，《李尤赞注》云："孙充，有文才。"不云尚书郎。应是《益部耆旧·李尤传》载充官。

⑳李胜，见《先贤志·士女赞注》(与尤同赞)。

㉑翟酺，见《先贤志·士女赞注》(卷十 5 章注⑩)。

㉒王涣，同上《赞注》。《后汉书》卷一百六《循吏》有传。并有"父顺，安定太守"，及"以涣子石为郎中"句，《目录》未收，应是所据资料与《范史》所据不同。

㉓王堂，同上《赞注》。参看卷十 5 章之注⑧。

㉔王稚，同上有《赞注》。参看同上注⑯。《后汉书》卷六十一《王堂传》云："子稚，清行不仕。"又《梓潼列女文季姜赞注》云："敬伯前夫人有子博，女纪、流二人。季姜生康、稚、芝，女始、示。凡前后八子。"则王稚为堂第三子。少子名芝。此目作"堂少子"，《赞注》作"堂幼子"。杨树达《后汉王堂世系考》云："《目录》：雒人，雒字误。少子，少子是。传作幼子，幼字误。缘稚尚有弟芝也。"

㉕王博，见《梓潼·文季姜赞注》。杨树达云："博好写书，则固好学之士也。"

㉖王遵，见《蜀郡列女·张叔纪赞注》。按博与遵，皆无品题，官位，字与行事，不当成为单目。疑原连王稚目注文，作"堂长子博。博子遵"。后人升为目，赘"失官位"字。堂子稚名最高，未仕。疑博与遵亦皆未仕，本无官位。

㉗王商，《先贤志》有赞注。参看卷十 5 章注⑳。

㉘段恭，同上有赞注。在同章注㉒。

㉙段翳，《先贤志》有赞注。参见同章之注⑥。

㉚冯信，同上有赞注。参见同章注⑰。前汉末人，不当叙此。盖因与下目冯颢同县，连及之（上二目新都二段亦然）。元丰本与钱谷写本无此目，盖叙不在此，备移而复失之也。

㉛冯颢，同上有赞注。参见注⑨。

㉜张江，见《广汉·折像赞注》。《后汉书》卷一百十二《折像传》，亦云："其先张江者，封折侯。曾孙国，为郁林太守，徙广汉，因封氏焉。"较《赞注》多"徙广汉"三字，若其可据，则江非广汉人也。且传张江为像四世祖，则前汉人也。疑未当为蜀人。常氏此目作"雒人"为难信。

㉝折国，见《折像赞注》，及《后汉书·折像传》，雒巨富也。

㉞折象，《赞注》与《后汉书》俱作像，字通。参看卷十 5 章之注㉗。

㉟朱仓，有赞注。参看卷十 5 章之注㉖。赞曰"云卿安贫"，品题疑是"安贫"二字。

㊱刘宠，有赞注，同上之注㉑。

㊲姜诗，有赞注。同上之注㉓。

㊳王忳，同上之注㉔。

㊴羊甚，见《广汉·羊期赞注》。

㊵羊期，同上赞注（卷十 4 章之注㉕）。

㊶董扶，与任安同赞。参看上之注⑱。

㊷任安，同上之注⑲。

㊸杜真，有赞注。参看上之注㉘。

㊹谅辅，同上之注㉙。

㊺杨宽，同上之注㉜。

㊻杨斌，宽父。同上注。

㊼杨混，宽兄。同上注。

㊽张钳，同上之注㉞。

㊾贾栩，同上之注㉟。

㊿宁叔，同上之注㉝。

㈤韩揆，同上之注㉚。

㈤左乔云，同上之注㉛。

㈤汝敦事，见其妻赞注。在本郡末。

㈤周干，见《蜀郡列女·张叔纪赞注》。

㈤彭勰，同上。

㈤古朴，同上。注云"见《蜀志》"者，陈寿《三国志·蜀八·秦宓传》：夏侯纂为广汉太守"将功曹古朴、主簿王普，厨膳即宓第宴谈，宓卧如故。纂问朴曰：'至于贵州养生之具实绝余州余。不知士人何如余州也。'朴对曰：'乃自先汉以来，其爵位者或不如余州耳。至于著作，为世师式，不负于余州也。严君平见黄、老，作《指归》；扬雄见《易》，作《太玄》；见《论语》，作《法言》；司马相如为武帝制《封禅》之文；于今天下所共闻也。'……。"《蜀志》当即指此。又本书《蜀志·广汉郡》、"德阳县"云："太守夏侯慕时，古濮为功曹。"濮与朴音同，可通用，纂与慕，形近易讹。功曹与《秦宓传》同，当是一人，传钞致讹。然则《蜀志》亦可指本书之第三卷也。《蜀郡列女·张叔纪赞注》云（卷十3章之注②）："子商，海内名士。广汉周干、古朴、彭勰，汉中祝龟，为作颂曰"云云。是朴与周、彭皆广汉郡人，不必即为广汉县人。古朴为广流郡之德阳县人，可因《蜀志》文定。其原注与周、彭之同作"广汉人"者，盖亦缘《张叔纪赞注》举其郡贯，非县名可知。夫诸人既列《广汉士女目录》，则必为广汉郡人，何待于注。他目亦皆只注县，无注郡之例。以此疑此三目之"广汉人"，皆后人因《张叔纪赞注》文加，非《常志》所有。且三人当同为一目，如蜀郡求次方、王仲曾等四人之例（如元丰、钱、张本式），因旧本目次讹乱，兼有残阙。吴、何、廖本乃分为三目以凑五十二目之数也。虽然，由于此郡目次旧已紊乱，改正甚难。兹惟依廖本录之，存此注以待考订，不必迳改。惟古朴，德阳人，甚确，则必当改符《蜀志》。又张、吴诸本原注"见《蜀志》"下，又有"及《王商传》"四字，元丰与钱、刘、李本无之。嘉泰本是否有，未易定。反复思之，此四字决非张佳胤所能加，盖元丰以前旧本所有。《函海》本依据红豆齐钞宋本，故亦有之。或是何义门过录元丰本偶脱之耳。王商在《三国志》与《后汉书》皆无传，仅附见《二牧志》与《王堂传》十余字耳。常氏《先贤志·王堂传》与《王商传》皆不著此三人。但在各卷中盛称道商。王文表为"海内名士"，屡见不一。足见晋世人曾见《王商传》颇详致，或是《益部耆旧传》，或是单行之《王文表传》。此则惟唐以前人见之，宋人已不及见，更非张佳胤所能拟及。是故他目中张、吴诸本所溢注文如

894

“无传”等，可判为张佳胤增，此四字则当判为常氏原注也。四字总括三人，“见《蜀志》”则专指古朴一人。因其同目合注故不分耳。缘此，补廖本“及《王商传》”四字。

(57)郭玉，《先贤志》有赞。参看卷十5章之注㉟。

(58)李朝，《先贤志》与弟邵及王士、王甫合赞。详卷十5章之注㊳。

(59)李邵，同上之注㊴。

(60)秦宓，《三国志·蜀书》有传，本书《先贤志》有“赞注”。参看卷十5章之注㊲。

(61)王士，同上之注㊵。

(62)王甫，同上之注㊶。

(63)镡承，《三国志·蜀书》附见《孟光传》。本书《先贤志》有“赞注”（同上之注㊷）。

(64)彭羕，《三国志》有传。本书有赞注（同上之注㊻）。

(65)郑度，本书有赞注（同上之注㊹）。又见卷五《刘二牧志》。《三国志》见《法正传》，《二牧传》与《后汉书》卷一百五《刘焉父子传》并不载。常氏引《汉书》与《三国志》多云某传。此目注“见《刘璋传》”四字，当是“见《法正传》”之误，或是传钞者因下目讹也。如其两目俱作“见《刘璋传》”，按常氏《目录》例，必并为一注曰“二人同见《刘璋传》”，无连书同文例。兹故改正。

(66)王累，见《三国志·二牧·刘璋传》（《后汉书》卷一百五同）。本书有赞注（同上5章之注㊸）。

(67)任安母姚，有赞注。参看6章之注①。

(68)庞行，同上之注②。

(69)姜嫔，字义旧，同上之注③。

(70)殷纪配，同上之注④。

(71)王和，同上之注⑥。

(72)李珥，字进娥，同上之注⑦。

(73)彭非，同上之注⑤。

(74)李平，字正流，同上之注⑧。

(75)相乌，同上之注⑨。

(76)袁福，同上之注⑩。

(77)汝敦妻，同上之注⑪。

(78)凡广汉士女入目者，旧刻各本同为总数七十二人。计两汉五十一，刘氏世九，列女十一。按廖本为七十二目，附见于目者五人（列女附见者不计）。然王博、王遵，实当为附著，周干、彭勰，亦当并入古朴一目。张江非广汉郡人。剔出五目，则实只六十七目而已。元丰与钱谷写本又皆无镡显、蔡弓，与王涣、王堂、冯颢、冯信及李邈，皆《先贤志》有赞者而亦失之。他各本虽有前六目，亦皆竟失李邈。其他叙次紊乱之处颇多。以此推测：实缘旧校者粗心，丧脱有赞者七目，乃升王博、王遵、周干、彭勰四人，阑入张江一人以补之。尚阙二人。除张江旧已误入外，或是补入汝敦。汝敦原附其妻以传，犹之姚超、姜穆、朱叔贤、司马雅之属，例不当列目，而广汉郡独有汝敦，元丰以来各旧本皆列在左乔云下，周干、彭勰之前，其为与周、彭强列为目以足七十二人数，可以想见。常氏原目面貌，打乱已久，不可规复，兹除依《先贤赞》补李邈删张江外，一切以旧刻入目人为断。分别依其县贯，制为《两汉三国广汉郡士女县籍分布表》，以见其时各地文化发概况：

时代\地区	雒县	新都	绵竹	什邡	五城	郪县	广流	德阳	失县	总计
两汉	12	14	7	3	0	14	7	0		57
三国	0	1	2	0	0	5	1	0		9
女	1	1	2	0	0	1	3	2	1	11
合计	13	16	11	3	0	20	11	2	1	77

此广汉郡八县中，雒、新、绵、什为成都平原区，五、郪、广、德为涪江下游紫土丘陵区，蜀汉时曾依以划分东、西广汉郡。晋初犹为广汉（东）、新都（西）二郡。两汉（主要是后汉）人物，西部则新都最盛，雒县次之，显与接近成都与否有密切关系。东部则郪县最盛，广汉次之，几可与西部相当，此为后汉时蜀地封建经济已经大向紫土丘陵地区推进之证，三国数十年中，郪县人物尤为突出（尚有《李严传》所载之高胜、马秦未采入目）。是为盐、矿生产各业已在郪、广一带大兴大盛，地方富力大于西部平原地区之验。此乃无文之史，惟借此诸封建人物时代分布情形而得推知之者也。

四

知术，光禄大夫、关内侯王延世，字长叔。（资中人①。）各本皆无也字。

□□，扬州刺史杨莽，字翁君。（武阳人。见《何霸传》②。）各本文同。

忠壮，复汉将军朱遵，字孝仲。（武阳人也③。）

隐遯，合浦太守费贻，字奉君。（南安人也④。）元丰本、廖本此目在任永上，他各本在任下。

隐知，征士任永，字君业。（僰道人也⑤。）

精密，上党太守赵松，字君【乔】桥。元丰、张、吴、何、王、廖、石本作乔。钱、刘、李、《函》本同赞注作桥。（武阳人也⑥。）

文学，城门校尉董钧，字文伯。（资中人⑦。）

秀颖，司隶校尉杨涣，字孟文。（武阳人。见《犍为耆旧传》⑧。）

□□，汉中太守杨文方。何、李、王、浙、石本误作芳。下仍作方。（涣子⑨。《函海》本作"涣字仲颖"四字。文方子张、吴、何、王、石本脱子字。颖伯，冀州刺史⑩。仲颖，二千石；失其行事⑪。）张、吴、何、王、卢、石本更有"无传"字。

政事，司隶校尉杨準，字伯邳。（文方兄子，太守、太尉李固举之⑫。）

清秀，大司空张皓，字叔钱、《函》本作升。明。（武阳人也⑬。）

正直，光禄大夫、广陵太守张纲，字文纪。（皓子也⑭。）

□□，郎中张植。（纲子也⑮。）元丰与钱本纲作冈。下空二格按张续。

□□，尚书张续。（植弟也⑯。）此下，元丰与钱本亦提行。

□□，豫州【牧】刺史当作刺史，说在注释。张方，字公始。（续弟也⑰。）

正直，司隶校尉赵旐，字子元丰本作文。弯。（资中人也⑱。）

□□，别驾从事王元。（武阳人，刺史张乔时。见《杨统传》⑲。）元丰、钱、刘、李、廖本作博。他各本作簿。又有"无传"二字浙本剜空作传。

义士，公车令杜抚，字叔和。（资中人也⑳。）

义士，吴、何、王、石本无此二字，浙本挤补。新都令赵敦，元丰本作郭。字建侯。（武阳人也㉑。）

孝士，尚书郎隗相，字叔通。（僰道人也㉒。）

信士，旧各本无。兹依《蜀志》文补。吕孟。旧各本及《先贤志》只吕孟二字。惟《蜀志》文有贞字。（南安人。不详其事㉓。）

孝子，吴顺，字叔和。（僰道人也㉔。）

学士，韩子方。（僰道人。张贞之师㉕。）张、吴、何、王、浙、石本删之字。又更有"无传"字。

学士，谢褒。《张钳赞注》写作衰。（南安人㉖。）钱、刘、张、吴、何、李、《函》、王、石本更有"见《张钳传》"四字。盖李㴶所增。元丰、廖本无。浙本原有复剜去。

右二十四人在汉世。各本文同。

政事，蜀郡太守、关内侯杨洪，字秀休。（武阳人㉗。）

固吴、何、王、浙、石本作直。率，谏议大夫费诗，字公举。（南安人㉘。）

忠正，车骑将军、都亭侯张翼，字伯恭。（武阳人。纲后也㉙。）张、吴、何、王、浙、石本无"武阳人"及也字。更有"子徽，见《寿良传》"六字，浙本剜去六字。

文学，五官中郎将【伍】五顾广圻校稿云："《蜀志》在《杜微传》，作五。"兹改。梁，字德山。（南安人㉚。）此上当补广汉太守五方一目。说详注释。

文才，射声校尉杨【义】义《函海》注云："《三国志》作戏。"今按字当作义，通戏。字文然。（武阳人㉛。）

右五人在刘氏世。（从事贾龙，元丰本作能。不悉其事，不录㉜。）

【汉中太守】杨文方妻阳姬。（武阳人也㉝。）

相登妻周度。（僰道人也㉞。）

曹【敬】禁，元丰、钱、刘、李、《函》、浙本作禁。张、吴、何、王、廖、石作敬。字敬姬。（南安人，周纪妻也㉟。）

程贞【玦】玦，元丰与廖、浙本作玦。钱本作玟。《函海》作玟。张、刘、吴、何、李、王、石本作玦。字琼元丰、钱、《函》、浙本作瑗。玉。《函海》作王。（牛鞞人，资中张惟妻也㊱。）

尹仲让妻韩姜。（僰道人也㊲。）

仪元丰本作义。成妻谢姬。（南安人也㊳。）

赵媛姜。何、王、石本误作妻。（资中人，【赵】各本旧有。当衍。说在注释。盛道妻也㊴。）

张贞妻黄帛。（僰道人也㊵。）

杨进。（武阳人，广汉王元丰本作中。博妻㊶。）刘、李、《函》三本此目列阳姬目之前。《函海》注云："刘、李本在第一。"益移前刻也。

右九人列女。张、吴、何、王、浙、石本作烈女。

右犍为郡士女凡三十八人。（二十九人士，九人女㊷。）

案：以上犍为郡士女，凡三十八目，具名者四十一人，附见者仅三人，各本俱同。士二十九目三十二人中，二十一人有赞。女九目九人皆有赞。犍为郡自有《耆旧传》，在《益部耆旧》外，常氏得之，故能搜罗较备，后人莫能易之也。

【注释】

①王延世，《先贤志·犍为士女》有赞注。参看卷十7章之注①。

②杨莽，见《赞注》（卷十7章之注⑦）。

③朱遵，见《蜀志·犍为郡》及《先贤·赞注》（同上之注⑬）。

④费贻，同上《赞注》（同上之注⑧）。

⑤任永，同上《赞注》（同上之注⑨）。

⑥赵松，见《赞注》（同上之注⑪）。

⑦董钧，见《赞注》（同上之注②）。

⑧杨涣，见《赞注》及《隶释·石门颂》（并详卷十7章之注⑤）。原注云"见《犍为耆旧传》"，则《益部耆旧》所未收。晋时，《石门颂》未为人知，故《常志》虽有《涣赞》，而事不能详也。

⑨杨文方，见本郡《列女·阳姬赞注》（卷十8章之注②）。系称字，失其名。

⑩杨颖伯，名弼，"举孝廉，西鄂长，伯母忧去官。复举孝廉，尚书侍郎，迁左丞。冀州刺史。太医令，下邳相。"见《隶释·杨淮碑》（宋绍兴中出土）。详卷十7章之注⑥。

⑪杨仲颖，惟见此。失名（由颖伯名弼可以推知）。

⑫杨隼即杨淮，淮亦当读如隼。详见卷十7章之注⑥。

⑬张皓，见《赞注》（同上之注③）。裴松之《三国志·张翼传》注引作浩。

⑭张纲，见《赞注》（同上之注⑫）。

⑮张植，惟此见。今按：张纲建康元年（一四四）卒于广陵太守任，年三十六，则三子并当幼。汉廷"下诏

原附　益梁宁三州先汉以来士女目录

褒扬，除一子为郎"，见《续汉书》。当是除其长子。而《后汉书》卷八十六《纲传》云："拜纲子续为郎中。"郎官分中郎、侍郎、郎中三级，"为郎"，当即是郎中，则《后汉书》误植为续也。当以《常志》为正。常氏此目，盖据《犍为耆旧传》。或植亦早卒，汉廷复以续为郎，官至尚书也。

⑯张续，附见《张纲赞注》。

⑰张方，亦附见《张纲赞注》。后汉改刺史为州牧，在灵帝中平时。首任豫州牧为太仆黄琬，见《后汉书·刘焉传》。琬任至董卓专政时乃征为司空，见《后汉书》卷九十一《琬传》。时在初平末，上距建康已近七十年。方为纲少子，纲卒时，当有十岁左右，则不得继黄琬为豫州牧甚明。应是方曾于灵帝时为豫州刺史，献帝时人或魏晋间人纪其行事，援新名以方旧职，称为州牧，犹后世称知州为"牧"也。刺史秩六百石，州牧秩在二千石上，史文当仍实称，故改刺史。

⑱赵旂，见《赞注》（同上注④）。

⑲王元，惟此见。云"刺史张乔时"，谓为张乔之别驾从事也。张乔，《后汉书》无传，见卷一百十六《卭都夷传》。安帝元初中为益州刺史，颇著贤声。《常志》屡称之（分见《巴志》《蜀志》《南中志》与《先贤志》）。双注云"见《杨统传》"，当指《益部耆旧·杨统传》。章怀太子注《后汉书·杨厚传》引《益部耆旧·杨统传》，截举其先人事迹，不及统事，今无可取证。

⑳杜抚，见《赞注》（同上之注⑩）。

㉑赵敦，见《赞注》（同上之注⑭）。

㉒隗相，见《赞注》（同上之注⑮），及《蜀志》"僰道县"文。

㉓吕孟贞，见《蜀志》"南安县文。"又《先贤志》撰曰："犍为吕孟，有托孤之节。"无贞字。此目亦贞字。应是《蜀志》衍，本书虽三见，其事竟无可考。

㉔吴顺，见《赞注》（卷十7章之注⑯）。及"僰道县"文。

㉕韩子方，见《先贤·列女·黄帛赞注》。

㉖谢裒，见《先贤·广汉张钳赞注》（卷十5章之注㉞）。此目作襃，钱写本作襃。哀、襃、裒、褒字古皆读蒲侯切，通用。后自别为音义。

㉗杨洪《三国志》有传。本书《先贤志》有赞注（卷十7章之注⑰）。按廖本《先贤志·杨洪赞注》下注云："旧此下空十三行。"谓所据季氏写宋本《杨洪赞注》"忠清公亮，甚信任之"下有空行十三也。今所得何义门过录元丰本，系在吴琯本上朱书，吴本已连刻《伍梁赞注》。其他钱、刘《函海》本皆依嘉泰刻本者，亦并无此注。张佳胤本同。设季氏所据为元丰本，则杨洪、伍梁间当脱有一至三人。其人疑有五方。另详伍梁目注。

㉘费诗，同上有传，有赞注（注⑲）。

㉙张翼，同上有传，赞注（注㉑）。

㉚伍梁，《三国志》作五梁。附见《蜀书·杜微传》云："丞相亮为益州牧，选迎皆妙简旧德。以秦宓为别驾；五梁为功曹，微为主簿。……五梁者，字德山，犍为南安人也。以儒学节操称。从议郎迁谏议大夫，五官中郎将。"常氏《先贤·伍梁赞注》（卷十7章之⑱），仅三十字，内容全同《陈志》而更略，此目亦然，则非另有所依据也。然则伍字固当作五。《赞注》与此作伍，皆讹耳。伍姓周秦已有。五姓则汉以后始有。在姓氏中，未可通假。故改。又按：《常志》屡见广汉太守五方其人。杨粲、伯邳为司隶校尉时所举士也。见后《犍为列女·阳姬赞注》。其在广汉，为郡人马闰章所言，郡吏杨宽证之，得理。见《广汉

杨宽赞注》。为节妇李正流图像，见《广汉列女赞注》。张澍《蜀典》卷十二《五氏》云："丞相诸葛亮功曹五梁，犍为人，以节操见称，后迁谏议大夫，五官中郎将。梁为方之后也。"所据为《杜微传》，未参《常志·赞注》与《目录》，故不疑"伍字"。然循其说而细思之，觉五方实犍为人，为《益部耆旧》所固有。《先贤·犍为杨洪赞注》下原阙之十三行，即《五梁赞注》也。其理由为：（一）五方不见正史，而《常志》屡引之，意皆以为贤。然究亦无何奇行硕德，固当为前代正史所不收。然则舍《耆旧传》，常氏亦不得详其琐事如此。（二）阳姬以一老妇人迎养在司隶校尉署中，何以能识幼年之五方，劝侄弼舍老成而举之。此必方以乡人在京，素为阳姬所知。亦弼所欲举而难决，姬饶魄力，遂为弼绝断之耳。司隶校尉所举，当为司隶属司七郡民，及天下人之居京师者。故方可能由蜀人在京师，故得为司隶所举。初犹避嫌不能定，由阳姬旧时处理赵宜事为时所称，故弼以就断之。"老者""幼者"，不过司隶人与犍为人之异文，五方与赵宜为犍为与广汉太守于阳姬在时，则见举时亦非"幼矣，盖耆旧五方传不愿显示乡土关系，别称以老、幼耳。合上《耆旧》为常氏所据理由三条，未别查《姓氏书》，已可判五方为犍为郡人，常氏旧有赞注在伍梁前。其他或尚阙有人。另一推断为：《常志》于五方无赞，但附《伍梁赞》传其行事。若此者，则五梁赞注必不只三十字，而当与五方事文共占十三行。今行本之《伍梁赞注》三十字，乃旧时钞校者取《三国志》与《目录》文所补，非常文之旧。盖旧钞本赞与注离（如《后贤志》例）。故旧钞注文虽脱十三行，五梁之赞文犹在。"旧校"者得以《杜微传》补此三十字。又改五为伍，以合《目录》。未知《目录》为讹字也。此种推断亦有理由两端：（一）全书赞注，一般在五十字以上，惟郭玉与此注文独窘。《常志》不重医术，《郭玉传》又是否有脱文，俱不置论。五梁事竟啬于《三国志》，岂《犍为耆旧》亦未载耶？常氏既得《犍为耆旧》，决不至如此为文。（二）"赞注"本以注解赞文，见《先贤总赞序》，乃此注交于"道以光时"句竟无关涉。又仅以"儒学雅尚"释"耽学"二字，与序语不合。其非常氏原注又可知。至于脱以字，致不成文理，尚不计列。兹仅就上推断，并依《三国志》改五字。不补五方，而著其当有于此。

㉛杨义，见《南中志·总序》（卷四3章之注⑰）。《三国志》有传，作杨戏。本书赞注依之。义、戏古字音同，通假。或陈氏因家讳改戏。《常志》本作义，传钞中误与赞注及此并讹作义也。参看卷十7章之注⑳。

㉜贾龙，见《三国志·二牧传》、本书卷五与《后汉书·刘焉传》（参看卷五4章之注⑧与注⑪。）犍为人，州部从事也。注云"不悉其事"，曹言也。盖《犍为耆旧》有之，常氏以其叛焉，与赵韪之叛璋同例，拟并削之，而难于与《犍为耆旧》立异，故附于此耳。

㉝阳姬，《先贤犍为·列女赞注》第二（8章之注②），杨文方为汉中太守已著于目，此不当赘。盖后人批注误入正文，当删。

㉞周度，同上《赞注》第三。

㉟曹敬姬，同上《赞注》第四。宋明旧本名作禁，张佳胤改作敬。今按：禁，承尊之器。《礼·礼器》："天子、诸侯之尊废禁，大夫、士棜、禁。此以下为贵也。"又《玉藻》："大夫侧尊用棜，士侧尊用禁。"下为高之对。谓天子、诸侯祭，尊不用棜、标承，大夫、士则用此二承器，支尊使高，以为敬也。棜无脚，犹不甚高。禁有脚，尊尤高，则敬之至也。是禁与敬有联义，为曹女名禁、字敬姬取义。《汉书》，元后父名禁，亦取荐尊之义。则曹女名禁不足异。张佳胤改以字为名，作敬，非也。

㊱和贞玦，同上《赞注》第五（8章之注⑥）。

㊲韩姜，同上《赞注》第六。

㊳谢姬，同上《赞注》第七。

㊴赵媛姜,同上《赞注》第八。

㊵黄帛,同上《赞注》第九。

㊶杨进,同上《赞注》第一。按时次,当叙在前。乃叙于末者。疑原脱,旧校者补之故也。

㊷以上,《犍为郡先贤目录》,士女三十八目。士二十九目,附见者三人,为三十二人。女九目,九人。共四十一人。旧刻各目与总数符合。然可疑者尚多:王褒、邓通当属本郡,《常志·赞注》《目录》并入蜀郡,一也。张植、张续、张方皆列目,而杨颖伯、仲颖仅附见,型类相当而处理不同,二也。《伍梁赞注》全取《三国志》而改字作伍。注赞不相应,三也。元丰本《伍梁赞》上脱十三行,显有脱阙。犍为周循为杨统师,见《后汉书·杨厚传》;程琼为蜀尚书,以德望称;见本书《后贤志·文立传》;与五方皆当人目,面目无之。四也。列女杨进,赞在首位而目居末位。其人为王堂长媳,当是安、顺时人,而叙列建安时人赵媛姜后,显为后人补辑,五也。由此五者推断,非常氏之疏,即已被传钞紊乱,增削改易不一,非其旧稿矣。兹即依据旧刻具名者四十一人制为县籍分布表如次:

时代\地名	武阳	南安	僰道	资中	牛鞞	县未详	合计
两汉	16	3	4	4	0	—	27
三国	3	2	0	0	0	—	5
列女	2	2	3	1	1	—	9
合计	21	7	7	5	1	—	41

就中,列女分布,各县差数不大。士人,则显然集中于武阳,南安、僰道资之,皆属岷江沿岸地区。牛鞞水地区,则次中在前汉为盛,若竟计入王褒,则无论数量、质量皆超过南安、犍为。入三国世,乃忽消沈,与其下游之江阳郡同为落后地区。此种迹象,甚值研究地方历史者注意。其地区人物与衰之原因,必然与其经济发展有一定关系。惜《常志》于经济方面无所阐述,他书亦无可资补注者。以此,尚未能推究得其原因也。

五

忠正,城阳中尉邓【先】公。元丰本先字不明(黑巴),钱,刘、李、《函》本作公。张佳胤公作先,吴、何、王、浙、石本遵之。《赞注》同。当作公,已前注。(**成固人也,景帝时①**。)元丰与刘、李、《函》本有也字,他本无。余同。

　　□□,原失品题字。**杨王孙。(成固人②。)** 此目,元丰与张本空二格接上目。钱本空一格。他各本提行。元丰、张、吴、何、王、浙、石本无"成固人"三字注。刘、李、《函》、廖本有。今按:既有赞注,则不当附著他目。当是旧脱品题与县贯矣。

致远,卫尉、博望侯张骞。(成固人。武帝时③。) 各本文同。

爽朗,张本作郎。**给事中张猛。(骞孙。元帝时④。)**

高尚，逸民郑子真。(褒有人，成帝时⑤。)

右。各本无此行。廖本独有。"阙"小字所阙当是"五人在前汉"五字。五人在前汉。

大儒，博士据《后汉书》补。李颉。元丰本李颉上有二空疤。(南郑人⑥。)张、吴、何、王、石本有"无传"二字。

文学，司徒李郃，字孟节。(颉子⑦。)

执正，太尉李固，字子坚。(郃子⑧。)

雅望，京兆尹李燮，字德公。(固少子⑨。)

□□，当有英玮二字品题。奉车都尉李历，字季子。(固从弟也⑩。)元丰本无也字。张、吴诸本同。廖与刘、李、《函海》本有。

善绩，司隶校尉李法，字伯度。(南郑人也⑪。)

□□，疑有"温良"二字品题。犍为太守赵宣，字子雅。(南郑人也⑫。)

德望，广汉太守赵瑶，字元珪。(宣子⑬。)

温雅，尚书赵琰，字稚珪。(瑶弟⑭。)

义壮，弘农太守陈纲，字仲卿。(成固何、王、石本作都。人也⑮。)

义烈，【从事】门下掾依《汉中志·总序》文改。陈调，字元化。(纲孙⑯。)

知思，巴郡太守陈雅，字伯台。(成固人⑰。)

□□，南郡太守程元丰本作陈。基，字稚丛。(南郑人也⑱。)张、吴、何、王、石本有"元传"二字。

□□，原无品题。大鸿胪刘巨公。(南郑人也。见《列刘、张、吴、何、王、浙、石本作烈。女传》⑲。)

□□，广汉属国都尉当有此二字。张泰，字伯彊。元丰本作疆。从弓。钱、刘、李、《函》、廖本作彊。张、吴、何、王、浙、石本作疆。(南郑人也⑳。)张、吴、何、王、石本有"元传"二字。

政事，度辽将军张亮则，《赞注》无亮字。字元修。(泰从弟㉑。)

恺悌，绵竹令阎宪，字孟度。(成固人也㉒。)

隐士，樊志张，(南郑人，钱、刘、李、《函》本此下有也字。见《征西元丰、钱、刘、李、《函》、廖本作西。张、吴、何、王、浙、石本作南。将军段颎元丰本二字作一空疤。张、吴、何、王、浙、石本颎作颖。传》㉓。)

尚志，聘士卫衡，字伯梁。(南郑人。樊志张弟子也㉔。)此条，张佳胤移于郑子真目后，李颉目前。吴、何、王石本遵之。浙本改从元丰、钱、刘、李、《函》、廖本，如此。

筹画，计曹史程刘、李本误祝。苞，字元道。(南郑人也㉕。)

文才，葭萌长祝龟，字元灵。(南郑人也㉖。)

义烈，郡主簿段崇，字礼高。(南郑人也㉗。)

义烈，功曹承上文省郡字。程信，字伯义。(南郑人也㉘。)

义烈，原承上省，旧各本遂脱，兹补。严栔㉙。李容㉚。陈【巴】已㉛。旧各本作已，惟廖本作巴。王宗㉜。李本作崇。姜济㉝。曹廉㉞。矩㉟。刘旌㊱。原展㊲。上九人，元丰本互空二格连书。钱、张、刘、李、《函海》本互空一格连书。吴、何、王、廖、浙本各提行顶格，兹依宋旧。又元丰与浙本原展下无字。廖本注小阙字。他各本皆注有"九人，太守郑广吏，见《段崇》《程信传》"十三字。盖嘉泰本有，李㞳所补也。郑广，张、吴、何、王、石本作郑廑。张佳胤所正也。

义烈，从事燕郐，字元侯。(南郑人也㊳。)

义烈，主簿赵嵩，字伯高。(南郑人也㊴。)

右三十八张、吴、何、王、浙、石本作九。又人下有在字。人后汉。实只三十四目，三十四人。

□□，陈术，字申伯。(历【二】三刘、李本作三，是。郡太守，见《蜀书》。撰《益部耆旧传》者㊵。)

右一人，张、吴、何、王、浙、石本此下有在字。刘氏之世。张、吴、何、王、浙、石本无之字。

李穆姜。(安众令程只妻，李法姊各旧本皆作姑，廖本依《赞注》改作姊。依《后汉书》，当作姊。也㊶。子基。)

刘泰瑛。(巨公女，杨矩妻㊷。)矩字，元丰、钱、刘、张、李、《函》本作拒。吴、何、王、浙、石本作相。廖本依《赞注》改作矩。

杜泰姬。(南郑人。犍为太守赵宣妻㊸。)

杨礼元丰本作礼。珪。(成固杨元珍女，陈省妻㊹。)

李文姬。(太尉固女，赵瑛元丰本作英。妻㊺。)

陈顺谦。(邓令曹宁妻，陈伯台从女也㊻。兄子陈规著书称之㊼。)

陈惠谦。顺谦妹，度辽将吴、何、王、浙、石本误作府。军张这则夫人㊽。

张礼元丰本作礼。修。南郑人，赵嵩妻㊾。

韩树南。(南郑人，赵子贱妻也㊿。)

右九人，列刘、李、廖本作列。他各本作烈。女。

右汉中郡士女凡五十人。元丰、钱、张、刘、李、《函》，廖本作五十人。吴、何、王、浙、石本作四十九人。(四十一人士，吴、何、王、浙、石本作"四十人士"。九人女㉕。)

案：以上汉中先贤士女，共四十九目，合严栔九人为一目则四十一目。有赞者三十四人。具名者五十人。其陈规一人，附见"列女陈顺谦目"，当自有目如刘巨公与程基例。旧刻失之。杨王孙已有赞注，而旧刻或以为附目，或虽立目而不具品题、字号与县贯，实不成目，盖旧钞已脱，后人但以在赞，补三字耳。此为元丰刻前，旧钞已失《常志》全貌之证。故汉世人数，与目不合，而各本记数亦有分歧。

【注释】

①邓公，《先贤志·汉中士女赞注》，（卷十9章注③）。姓邓名公，作"先"者非。

②杨王孙，同上《赞注》（同上之注⑥）。隋唐儒士坚持厚葬之礼，恶扬王孙，故删其目。后人亦但补三字存名，以应赞。非《常志》原目也。原目当有品题，与"成固人"字。

③张骞，事迹见《史记·大宛传》，《汉书》本传。本书《汉中志·总序》（卷二2章之注②）。及《先贤·汉中士女赞注》（卷十9章之注④）。

④张猛，见《先贤·汉中赞注》（同上之注⑤）。

⑤郑子真，名朴，见《三辅决录》。又《先贤·汉中赞注》之注①。

⑥李颉，《后汉书·李郃传》云："父颉，以儒学称。官至博士。"应是据《益部耆旧传》。本书惟此见，失官位。据补"博士"二字。

⑦李郃，《先贤·汉中赞注》第七。《后汉书》有传，在《方术上》。

⑧李固，同上赞第八。《后汉书》有传。

⑨李燮，同上赞十五。《后汉书》附《李固传》。

⑩李历，同上赞十八。赞云："季子英玮"，则英玮即其品题字也。

⑪李法，同上赞十四。《后汉书》卷七十八有传。

⑫赵宣，同上赞第十。又见《犍为·列女阳姬赞注》。本赞云："子雅温恭。"又注云："温良博雅。"则温恭，温良，或温雅皆其品题字也。

⑬赵瑶，同上赞十一。

⑭赵琰，与瑶合赞。

⑮陈纲，同上赞第十二。

⑯陈调，见《汉中志·总序》，为太守苏固门下掾。固为张修所杀，调聚宾客百余人攻修，皆战死。不言为"从事"及纲孙，但言成固人。此目云"纲孙"，疑据《汉中耆旧传》。"从事"二字必误。太守下官属不得有从事也。兹依《汉中志》改（参看卷二4章之注⑫。）

⑰陈雅，见卷十下注⑯。

⑱程基，见本郡《列女穆姜赞注》。

⑲刘巨公，见本郡《列女泰瑛赞注》。此目注云"见《列女传》"者，盖指皇甫谧所撰《列女传》。（《太平御览》卷四百五引）《常志·列女赞注》多据之。巨公附见《列女泰瑛传》，亦未详其行事。

⑳张泰，惟此见。"广汉属国"为行政区划名称，当连"都尉"二字乃成官位。应是旧钞脱之，兹补。行事无考，疑是附见于《汉中耆旧》之《张亮则传》也。

㉑张亮则，见卷十下注⑨。作张则。此目与后文《陈惠谦赞注》皆作"张亮则"。赞云"元修敦重，威惠实亮"疑缘此衍亮字。惟后汉人每有改名习，或元修有二名，当并存之。

㉒阎宪，同上赞第十六（9章之注⑰）。

㉓樊志张，《汉后书·方术下》有传："汉中南郑人也。博学多通，隐身不仕。尝游陇西。时破羌将军段颎出征西羌，请见志张。其夕，颎军为羌所围数重。因留军中，三日不得去。夜谓颎曰：东角角无复羌，宜乘虚引出。住百里，还师攻之，可以全胜。颎从之，果以破贼。……有诏特征。会病终。"又卷九十五《段颎传》云：延熹六年，羌寇转盛，"凉州几亡。冬，复以颎为护羌校尉……八年……夏，进军击当煎种于湟中，颎兵败，被围三日。用隐士樊志张策，潜师夜出。鸣鼓还战，大破之。首虏数千人。"此注言"见《征西将军段颎传》"，当是指灵帝时流行之《颎家传》，或《东观记》之《段颎传》。亦即《范史》所据也。（《范史》书颎为护羌将军，不作征西。又微不同）

㉔卫衡，详《汉中先贤赞注》第二（卷十9章之注②）。"樊志张"，赞注旧刻作樊季齐，误。已前注。

㉕程苞，同上赞十八（9章之注⑲）。亦见《巴志·总序》。

㉖祝龟，同上赞十九（9章之注⑳）。

㉗段崇，同上赞二十（9章之注㉑）。亦见《汉中志·总序》。

㉘程信，同上赞二十一（9章之注㉒）。

㉙严摯，见《汉中志·总序》（二十五冠盖子弟之一）。

㉚李容，同上。

㉛陈已，同上。

㉜王宗，同上（太守郑廑门下史）。

㉝姜济，同上（二十五冠盖子弟之一）。

㉞曹廉，同上。

㉟勾矩，同上。

㊱刘旌，同上。

㊲原展，同上（郑廑门下史），上九人又附见《汉先贤赞注》。

㊳燕邠，《汉中先贤赞》第二十二（9章之注㉓）。与赵嵩、陈调合赞（调已前列）。

㊴赵嵩，同上（9章之注㉔）。

㊵陈术，历三郡太守，谓新城、魏与、上庸三郡，见《三国志·李撰传》："时又有汉中陈术，字申伯，亦博学多闻，著《释问》七篇，《益部耆旧》及志。位历三郡太守。"《常志》不为作赞。但于《先贤志》"述汉中人士"句下注"其陈术字申伯，作《耆旧传》者也。失其行事。历新城、魏与、上庸三郡太守"二十七字。应是祝龟《汉中耆旧传》与陈寿《益部耆旧传》皆未收。盖祝龟以后人，其仕在魏也（三郡皆属于魏）。

㊶李穆姜，《先贤·汉中列女赞》第一（10章之注①）。赞注作"李法姊也"，此目注旧作"李法姑也"。廖本改作姊，是。姊字，易讹作姑。《后汉书·陈文矩妻传》："汉中陈文矩妻者，同郡李法之姊也，字穆姜，……。"云云：可证。又程只、常氏各本并同，而《范书》作"陈文矩"亦云"为安众令"，当是只字文矩。惟程、陈二字难定。当仍旧刻，待考。

㊷刘泰瑛，同上赞二（10章注②）。

㊸杜泰姬，同上赞三（10章注③）。

㊹杨礼珪，同上赞四（10章注④）

㊺李文姬，同上赞五（10章注⑤）。原注“赵瑛妻”，盖瑛字伯英，故《赞注》云“南郑赵伯英妻”。

㊻陈顺谦，同上赞六（10章注⑥）。

㊼陈规，同上赞注云：“兄子陈规著书叹述之。”所云“书”，谓其姑顺谦行述也。是规为成固人，陈雅、伯台之族，顺谦兄子，有文才，隐未仕也。顺谦又有兄子伯思，疑即规之兄。同赞注中，称名称字不同，当由所取资料来源不同，已前注。

㊽张惠谦，与顺谦合赞（10章注⑦）。

㊾张礼修，同上赞七（10章注⑧）。

㊿韩树南，同上赞八（10章注⑨）。

地名 时代	南郑	成固	褒中	其他各县	县籍不明	合计
前汉	0	4	1	0		5
后汉	30	5	0	0		35
三国	0	0	0	0	1	1
列女	6	3	0	0	0	9
合计	36	12	1	0	1	50

(51)以上五十人，就著于此目者言之。前汉人士五人，无可增省。列女九人，则计数可疑，如《杨礼珪赞注》中有长媳张惠英，度辽将军张亮则女，“亦有淑训，毋师之行者也”。按《常志·巴志》以童女赵英入目，《蜀志》以童子杨乌入目，苟有一德，目所必收。惠英虽不予赞，《目录》则当有矣。又陈规著书称述其姑顺谦。李固二子宪公、季公，亦有贤名，依犍为张植、张续例，似皆可入目。而目无之。则汉中一郡《目录》，非《常志》原稿，又可见矣。不惟《目录》面目已非，即分段记数与总数亦不合。总数五十人，除列女九人，刘氏世一人，前汉五人，所余当为三十五人。而各本或作三十八人，或作三十九人。设如仅如旧刻，以杨王孙，与严孳等九人各为一目计，亦只三十四人，合前后，蜀汉及列女十五人计，亦仅四十九人，不合五十之数。以此可判《目录》中实脱陈规也。兹合陈规为五十人计，其县籍分布：前汉人物集中于成固，汉后人物集中于汉中，褒中以西沔阳、蒲池诸县，兵燹频仍，文教不与耶？

六

忠义，镇远将军，义侯《赞注》及《后汉书·西南夷传》并作“成义侯”。文齐，字子奇。（梓潼人【也】。平帝用为益州太守，遂不服王莽，公孙述。光武嘉之①。）

□□，元脱品题。北海太守文忳。（齐子也②。）元丰本无此二字，别于空六格后有“梓潼人也”四字。他各本只此“齐子”二字。盖李𡌴所改也。

节士，李丛，字巨游。（梓潼人也③。）

□□，当承上作节士，说在8章注⑳。遂旧各本俱作遂。志古堂本误作道。久令李翚。（丛子④。）

政事，旧脱品题字，当有。益州太守景毅，字文坚。（梓潼人也。⑤）

【政事】有道，旧刻各本品题此四字，其政事二字与赞传不应。当是自上目误坠。诸生依赞文补。景鸾，元丰本全銮。字汉伯。（梓潼人也⑥。）

文学，孝廉杨充，字盛国。（梓潼人【也】⑦。）

壮烈，济阴相冠祺，字宰朝。（梓潼人也⑧。）

壮烈，童人李余。（涪人也⑨。）

义士，功曹张寿，字伯僖。钱、何、王、石本作禧。（涪人也⑩。）

义士，王晏，字叔博。（涪人也⑪。）

方士，李助，字翁君。（涪人也⑫。）

右十二人，吴、何、王、石本此下有在字。浙本剜空一格。汉世。

尚玄，谏议大夫杜微，字国辅。（涪人也⑬。）

（文学），元丰、钱、刘、李、《函》、廖本无品题字。张、吴、何、王、浙、石本有"文学"二字。李仁，字德贤。（涪人也⑭。）

□□，旧各本脱品题，当是承上文学字。太子仆射元丰本太子下黑巴一字。钱、刘、李《函》本作一仆字。张、吴、何、王、浙、石本作"中庶子"三字。廖本作"仆射"二字。李撰，钱、《函》本作巽。字钦仲。（仁子⑮。）

□□，当仍是上承"文学"二字。太子家令尹默，字思潜。（涪人也⑯。）

□□，丞相参军文恭，字仲宝。钱、《函》二本作贤。他各本皆作宝。（梓潼人也⑰。）

果锐，前监军、元丰本此下无大字，但有空位。他各本无大字，亦不空。廖本填大字。大将军司马李福，字孙德。（涪人也。见《诸葛何、王、石本有亮字。故事》《蜀书》⑱。）

右六人，吴、何、王、石本有在字，浙本剜去作空格。刘氏世。

文极，字季姜。（梓潼人。将作大匠王堂夫人也⑲。）钱、刘、李、《函》、廖本有也字。元丰及其他各本无。

巴郡虞显妻杜慈。（涪杜季女也⑳。）元丰、钱、刘、李、《函》廖本有也字。

郭孟妻杨敬。（涪杨文女也㉑。）元丰本无文字，有也字杨女也三字连。廖本同。钱本存空位。刘、李、《函》本有文、也字。张、吴诸本同元丰本。

右列元丰、钱、张、吴、何、王、浙、石本作烈。刘、李、廖本作列。女三人。

右梓潼郡士女此下何、王、浙、石本有凡字。二十一人。（十八人士，三人女㉒。）各本数同。

案：以上《梓潼先贤目录》共二十一目，二十一人，各本一致。有赞者十八人。

【注释】

①文齐，《梓潼先贤赞》第一（卷十11章之注①）。亦见《南中志·总序》（卷四2章之注④）、《后汉书·西南夷·滇传》。俱云："封成义侯。"此目无成字。查两县无成义县。疑但锡嘉名。然则成义侯与义侯孰是亦难定，姑两存之。

②文忱，同上《文齐赞注》云："子忱，有令德，为北海太守。"别无可考。

③李丛，同上赞第二（11章注②）。《后汉著》卷一百十一有传。

④李羣，同上《赞注》附见。

⑤景毅，同上赞第三，（11章注③）。又见《南中志·总序》。《后汉书·李膺传》附。

⑥景鸾，同上赞第五。（11章注⑤）。《后汉书》卷一百九有传。鸾以布衣终，品题不得云"政事"，"有道"乃其品题也。无官位，赞云"诸生之纯"，故补诸生二字，明无人爵也。其政事二字，显为上目景毅之品题字。景毅优于治剧，历任县令太守皆有声称。

⑦杨充，同上赞第四（11章注④）。

⑧寇祺，同上赞第八（11章注⑧）。

⑨李余，同上赞第七（11章注⑦）。

⑩张寿，同上赞第六（11章注⑥）。

⑪王晏，同上与寇祺同赞（11章注⑨）。

⑫李助，同上赞第九（11章注⑩）。

⑬杜微，《三国志》有传，本书《先贤·梓潼士女赞注》第十一（11章注⑫）。

⑭李仁，《三国志》附见《李撰传》。本书同上赞第十（11章注⑪）。

⑮李撰，《三国志》有传，本书同上赞第十三（11章注⑭）。

⑯尹默，《三国志》有传（与杜微、李撰同在《蜀志》十二）。本书赞第十二（11章注⑬）。

⑰文恭，见《李福赞注》。应是《益部耆旧·李福传》附著其行事。

⑱李福，《三国志》见《杨戏传·季汉辅臣赞注》。本书同上赞第十四（11章注⑮）。原注云："见《诸葛故事》《蜀书》"者，《辅臣赞注》所引《益部耆旧杂记》文（11章注⑯引），盖亦著于《诸葛故事》，皆陈寿所著书也。此《蜀著》，指王崇《蜀书》。

⑲文季姜，见《先贤·广汉列女赞》第一（12章注①）。《赞注》不云名极，目乃著之。

⑳杜慈，同上赞第二（12章注②）。

㉑杨进，同上赞第三（12章注③）。

㉒以上二十一人，各本无异，当是常氏原目。其县籍分布如下：

时代 \ 地名	梓潼	涪县	其他各县	县籍不明	合计
两汉世	8	4	0	—	12
刘氏世	1	5	0	—	6
列女	1	2	0	—	3

续表

时代＼地名	梓潼	涪县	其他各县	县籍不明	合计
合计	10	11	—	—	21

蜀先主初置梓潼郡，领梓潼、涪、汉寿（葭萌）、白水四旧县。又新置汉德县。五县中，涪最近蜀与广汉，多平原。梓潼次之，皆紫土丘陵，在汉世，辖境甚广。汉德以剑门关险重，割梓潼与葭萌增设，与白水皆小县，皆山地。葭萌在大河谷中，临巨津，曾为大将军费祎驻镇地。乃此二十一人仅出于梓潼与涪两县。其中，前汉无人，仅文齐生于前汉末叶而已。后汉梓潼人物尚多于涪一倍。三国时涪人大盛，梓潼衰矣。汉德以东竟无一人。就各个人物性能言：习政事者仅文齐、景毅二人。任军事者李福一人。通医方者李助一人。王章学术之士则景鸾、杨充、杜微、李撰父子与尹默多人，而李丛、景鸾、杜微皆坚拒出仕者。此其情致与西汉时蜀郡人物风习相似，为其地方经济发展落后于蜀地二百年之征。惟其人不乐仕，遁世逃名者多，常氏蒐讨亦未能备故也。

七

修慎，少府、太常、关内侯王谋，字元泰。元丰与张、吴、何、王、浙石本作元汉。钱、刘、李、《函》、廖本作元泰。盖李塈依《三国志》改。此为张本仅依元丰本一证。（汉嘉人也①。）

□□，原脱品题。云南太守张休②。廖本此下有小"阙"字。阙字与县贯也。

右二当作三。人，汉嘉人士。【在刘氏世。】下各目皆止于士字。则此四字当衍。或移注张休下。

文学，荆钱写作制。州刺史尹珍，字道真。（毋敛人也③。）《函海》本有注云："荆原作制。刘、吴、何、李本作荆。"今按，旧惟钱写本作制，笔误也。元丰以来刻本皆作荆。此为《函海》所据本系录钱本之证。

□□，巴郡太守傅宝，字纪图。（平夷人也④。）

【忠义，冠军将军、宁州刺史谢恕，字茂理。】（毋敛人也。）恕东晋人，不当列此。按《南中志》，当是尹贡。盖旧钞脱之而下云"三人"，旧校者妄移谢恕补之也。兹改正。

名德，彭城相尹贡，字□□。（夜郎人⑤。）

右三人，柯，本作字不同已前注。人士。在后汉。

忠义，大将军、朝侯祭酒锡光，字长冲⑥。廖本此下有小阙字。谓原阙县贯也。右一人，西城人士。

忠义，云南太守，阳迁亭侯吕凯，字季平。（不韦人也⑦。）

右一人，永昌人士。

义正，安汉将军、建宁太守李恢，字德昂。廖本此下有阙字。今按，《三国志》，恢俞元人也。兹补入。俞元人⑧。

□□，领军爨习⑨。廖本此下注小阙字，下二目同。

□□，御史中丞孟获⑩。

右三人，建宁人士。

□□，辅汉将军孟琰，字休明⑪。

右一人，朱提人士。

先泥和女络。（符人也⑫。）

右一人，列刘、李、廖本作列，他各本作列。女，江阳人。

大凡三州十三郡，自汉兴至三国之终，士女载传记者三百四何、王、浙、石本作五。十人。（二百九十三人士，四十七吴、何、王、浙、石本作五十二。人女⑬。）此数与各郡标目数及小计数皆不合。别于分注订之。廖本注云："按人数不合。盖传写多非其旧也。卷中前后各条皆仿此"。

案：以上七边郡士女目录及三州士女总计。江阳郡本在四川盆地以内，而人文落后，至仅先络一女子。其他，东三郡仅锡光一人，武都、阴平、巴东、涪陵、汶山、越巂、云南、兴古诸郡无一人。汉嘉郡如卫继，见《益部耆旧杂记》，皆未收，盖其所阙者多也。如樊敏、高颐，碑阙今存，官位德丛高于张休，亦未著录。其三州士女统计总数，与前各郡山计数不合，旧各本皆未校及。兹仍仅依旧列七郡十二人为注，并反复核算推求《常志》原来面目如下。

【注释】

①王谋，杨戏《季汉辅臣赞》云："光府修慎。"陈寿注云："王元泰名谋，汉嘉人也。有容止操行。刘璋时为巴郡太守，迁为州治中从事。先主定益州领牧，以为别驾，先主为汉中王，用荆楚宿士赖恭为太常，南阳黄柱为光禄勋，谋为少府。建兴初，赐爵关内侯。后代赖恭为太常。"此言谋在刘氏世为蜀人之最先贵达，能与荆楚名士比肩者。常目所据如此。

②张休，同上《辅臣赞注》云："汉大将军蒋琬问张休曰：'汉嘉前辈有王元泰，今谁继者？'休对曰：'至于元泰，州里无继，况鄙郡乎？'其见重如此。"体官云南太守，惟此见。

又按，蜀汉时汉嘉郡，为今芦山、天全、荥经、雅安、宝兴，汉源六县，芦山县为其文化中心区，王谋墓石兽犹存，今其地下发现汉砖著有年号者甚多。又有樊敏碑、阙，雅安有高颐碑、阙，岿然俱在。碑文存录于南宋以来金石书录。敏官巴郡太守，在王谋前。颐亦官云南、益州太守。张休与颐同时人，碑阙今犹未见，便以旧籍纪录其名，为常目收入。常氏未记碑，故不录樊、高也。又卫继严道人，已上注。三人并当入目。兹依旧刻，但移李磬，不补卫继等三人。

③尹珍，已详《南中志·牂柯郡》（卷四7章注⑦）。

④传宝，见同上注。

⑤尹贡，见同上注。谢恕，已详《南中志·总序》，当人晋世人《目录》。不当在此。

⑥锡光，见《汉中志·魏兴郡序》（详卷二7章注①）。《后汉书》附《任延传》。其人与文齐同时，在前汉已二千石，则西城旧乃高文化区也。西城县，今兴安，本汉中郡治，后乃移南郑。三国时蜀于西城立西城郡，入魏，改名魏兴郡。此云"西城人士"，就县贯言也。光在两汉间，实为汉中郡人。常氏不列之于汉中郡而于此别为西城，缘三国时称，又仅锡光一人。不收申耽、申仪（二人已详卷二）。此常氏之失也。

⑦吕凯，《三国志》有传。本书见《南中志·总序》及《永昌郡序》。凯子祥，后为晋南夷校尉，见《三国志·吕凯传》裴注引《蜀世谱》。元康末为永昌太守，见《南中志》。当补入晋世人目录。

⑧李恢，《三国志》有传。本书见《南中志·总序》。传云："子遗嗣。恢弟子球，羽林右部督，随诸葛瞻拒邓艾，临阵授命，死于绵竹。"按前诸郡《目录》例，当补"忠义，羽林右部督李球。恢弟子"及"嗣汉兴亭侯李遗"二目。

⑨爨习，见《南中志·总序》。

⑩孟获，同上注。

⑪孟琰，同上注。《诸葛亮集》："亮上事曰：臣先遣孟琰据武功水东。司马懿因水，以二十日出骑万人来攻琰营。臣作东桥。贼见桥垂成，便引兵退。"则孟琰实曾领军为亮作战也。

⑫先络，见《蜀志·江阳郡》"符县"文及注《后汉书·列女传》"孝女叔先雄"。《益部耆旧》与本书及《水经注》作先络。

⑬此项总数与士女分数符合，与各郡小计或实列目数皆不合。各郡小计数之总值，吴琯本为三五〇人，元丰与廖本为三四五人。他各本或同吴琯本，或同元丰本。兹算列各本、各郡歧互数字如下表：

		元丰本		吴本		廖本	
		原计数	实查数	原计数	实查数	原计数	实查数
蜀郡	前汉	19	20目 20人	20	19目 19人	19	19目 19人
	后汉	49	35 39	40	40 40	40	40 40
	刘氏世	8	8 8	8	8 8	8	8 8
	列女	11	11 12	11	11 12	11	11 12
	合计	78	79	79	79	78	79
	原总计	74（63士 11女）		79（68士 11女）		74（63士 11女）	
巴郡	前汉	13	13目 13人	13	13目 13人	13	13目 13人
	后汉	39	33 35	39	33 35	39	35 35
	刘氏世	23	21 23	23	21 23	23	23 23
	列女	8	8 8	8	8 8	8	8 8
	合计	83	79	83	79	83	79
	原总计	78（70士 8女）		79（71士 8女）		78（70士 8女）	

续表

		元丰本		吴本		廖本	
		原计数	实查数	原计数	实查数	原计数	实查数
广汉郡	汉世	52	43目 46人	52	52目 52人	52	52目 52人
	刘氏世	9	9 9	9	9 9	9	9 9
	列女	11	11 11	11	11 11	11	11 11
	合计	72	66	72	72	72	72
	原总计	72（61± 11女）		72（61± 11女）		72（61± 11女）	
犍为郡	汉世	22	22目 24人	24	24目 24人	24	24目 24人
	刘氏世	5	5 5	5	5 5	5	5 5
	列女	9	9 9	9	9 9	9	9 9
	合计	36	38	38	38	38	38
	原总计	38（29± 9女）		38（29± 9女）		38（29± 9女）	
汉中郡	汉世	38	30目 39人	39	39目 39人	38	39目 39人
	刘氏世	1	1 1	1	1 1	1	1 1
	列女	9	9 9	9	9 9	9	9 9
	合计	48	49	49	49	48	49
	原总计	50（41± 9女）		49（40± 9女）		50（41± 9女）	
梓潼郡	汉世	12	12目 12人	12	12目 12人	12	12目 12人
	刘氏世	6	6 6	6	6 6	6	6 6
	列女	3	3 3	3	3 3	3	3 3
	合计	21	21	21	21	21	21
	原总计	21（18± 3女）		21（18± 3女）		21（18± 3女）	
七边郡	合计	12	（11± 1女）	12	（11± 1女）	12	（11± 1女）
实查数合计		345人	292± 53女	350人	297± 53女	350女	297± 53女
卷末原总结人数		340人	293± 47女	350女	298± 52女	340人	293± 47女
实查与原选总结相差数		4	3 6	—	1 1	10	4 6

元丰本与廖本实列人数与卷末总计数皆不合。其最便于清理者莫如列女一栏。列女除巴郡与江阳二郡九人外，各皆有赞注，其当入目无可疑。至如巴郡之阆中三贞，著于《巴志·总序》；江阳先络，著于《蜀志·江阳郡》。又巴郡宕渠三女，见《舆地纪胜》所引《华阳国志》赞注文，其当入目无疑。不可考者惟安汉二女。然惟其无考，更足明其为常氏旧目所有，非后人所能妄加。然则诸郡列女当共为五十三人，不当为四十七人之数已甚明矣。以此推之，元丰与廖本卷末总结数误也。至于各郡人士，吴、廖二本列目实数全同。元丰本较少蜀郡杨终（钱、刘、李本同），广汉谭显，冯信，王涣，王堂，冯显，王累，皆《先贤》有赞者，其当入目可知。吴、廖本有此七人（张本同吴、廖本）。他各本多同。然则，

元丰本总计士数亦误矣。窃疑此注士女分数之误，不出两端：（一）元丰以前旧校本列女中亦有脱目。（二）旧校时所据本，已列士目二九三人，即以减总数所余四十七数为女，未细校核。否则此四十七数来源不可得解。可以情理按之：常氏原目，列女五十三人不当少。士数，则《先贤志》有赞者一百五十人。合七边郡十一士，为一百六十一人。加列女五十三，共为二百一十四人。自三百四十减此数，为一百二十六人，为无赞者入目之数。自张吴以来各本实际列目数为士二百九十七人，脱有赞之李邈。实列目中，有赞者一百四十九人。《常志》原目当有李邈，加李邈为二百九十八人。减有赞者一百五十，为一百四十八人。再加边郡十一人共一百五十九人，为张、吴本以来下及廖本无赞入目者之数。然则张、吴、函、廖诸本实际列目人数，多于常氏旧稿三十四人也，当补李邈一人。当削蜀郡杨乌，未成龄也。削杨壮，无行事，亦无品题，叙次亦可疑也。削邓通、卓王孙，《佞幸》、《货殖》皆封建士大夫所贬也。削何显，《常志》有贬词，无善称也。削求次方、王仲曾、张叔辽、殷知孙，失官名与行事，亦无品题与县贯，于《目录》例不合也。又当削巴郡"孝子严永、名儒陈髦、隐士黄错"，疑是自《王堂赞注》摘补也。削"韩俨、黎韬"，无行事、官位、字与品题也。削广汉王博、王遵，仅当附于王堂目也。削张江，非蜀人也。削汝敦、周干、彭魍、古朴，疑系自《列女赞注》摘出，无行事，官位与品题也。削犍为"郎中张植、尚书张续"，当附张纲目注也。削吕孟，"不详其事"，则不得为正目也。汉中削严孳至原展九人，但冠盖子弟战死，无他事迹，不合目例也。如此削去蜀郡九人，巴郡五人，广汉七人，犍为三人，汉中九人，共三十三人，增李邈为三十四，与常氏原稿人士实际符合矣。此种推断，或未即符常氏原《目录》实际。究竟旧刻各本数字歧互之处当作何解，尚待更进一步探索，兹故仍旧刻原字不改，但陈初步分析之意见如此。

八

公七人①。

大将此下，元丰、钱、张、吴、何、王、浙、石本有军字。二十二人②。

侯二十人③。

卿佐十四人④。

侍中七人⑤。

尚书五人⑥。

司隶校尉六人⑦。当作七人。说在注释。

京兆尹一人⑧。

州刺史十三刘本作二。人⑨。存目中有刺史及州牧十三人。然谢恕不当计入。只十二人。

郡守四十八人⑩。

国师三人⑪。

光禄大夫四人⑫。

尚书郎十二人⑬。

中【书】郎将、御史六人⑭。书字当衍。说在注释。

公车令、谏议、太中十一人⑮。

公府辟士八人⑯。

高士【一】十四人⑰。旧讹为一人。当作十四人。说在注释。

聘士七人⑱。

征士四刘本作十。人⑲。

节士【四】八人⑳。当作八人说在注释。

孝子六人㉑。当补，说详注释。下同。

博士四人㉒。

大儒二人㉓。

学士一人㉔。

方士一人㉕。

义士、烈士十一人㉖。

令长七人㉗。

治中、别驾、诸部从事十四人㉘。

郡吏十人㉙。

孝廉、茂才及县吏等十二人㉚。

童子三人㉛。

列刘、李、廖本作列，他各本作烈。女四十七人㉜。当作五十三人。然各旧本皆作四十七人。廖本有小注云："按人数不合。盖传写多非其旧也。卷中前后各条皆仿此。"

案：以上，常璩更从官位、性别统计二州士女列目人数。旧刻只存二十目，二百五十一人。棱上总计数少八十九人。然脱目甚多。兹补其目，而人数不可全定，缘见存诸目并非《常志》之旧，已如上注也。又，"侯二十人"，皆多有本官，分见各目，则上之"二百五十一人"又当剔兼封侯者。其他官位，《目录》中亦有重叠，殊难细别举出各目确数。兹依《目录》补列十三目并考订各目实际人数如后。

【注释】

①"公七人"者，蜀郡何武、赵戒、赵谦、赵温，犍为张皓，汉中李郃、李固。

② "大将二十二人"者,当有蜀郡陈立(左卫护军)、张裔(辅汉将军)、张表(安南将军)、巴郡冯绲(车骑将军)、严颜(将军)、然温(度辽将军)、甘宁(吴折卫将军)、马忠(镇南将军)、王平(镇北将军)、勾扶(左将军)、张嶷(汤寇将军)、龚禄(镇军将军)、黄权(魏车骑将军),广汉郭坚(乌桓校尉),犍为张翼(车骑将军),汉中张亮则(度辽将军),梓潼李福(前监军领大司马司马),西城锡光(大将军),建宁李恢(安汉将军)、孟琰(辅汉将军),皆无可疑。此外,则朱遵以郡功曹领兵抗公孙述,目称"复汉将军",似为后汉追赠,能否当"大将"称,有可疑。又杨竦率军平定一方大乱,目仅称"部从事",当在大将之列。疑大将二十二人中,当剔朱遵,入杨竦。

③ "侯二十人"者,巴郡范目、黄权、马忠、王平、张嶷、谯周,广汉镡承,犍为王延世、杨洪、张翼,汉中张骞,梓潼文齐,汉嘉王谋,永昌吕凯,合五公(何武、赵戒、赵谦、赵温、张皓皆封侯)为十九人。再加"折侯张江"为二十人。然谯周封侯在晋世,张江非蜀人,皆不当在此数。盖旧已误矣。于此,又可见常璩原目实已误列张江。

④ "卿佐十四人"者,蜀郡任昉(大司农)、赵典(太常)、何宗(大鸿胪)、杜琼(太常),巴郡玄贺(大司农)、庞雄(大鸿胪),广汉秦宓(大司农)、镡显(卫尉)、镡承(太常),汉中刘巨公(大鸿胪)、张骞(卫尉),汉嘉王谋(少府),凡卿十二人。合将作大匠翟辅(广汉)、城门校尉董钧(犍为)为十四人也。将作大匠与城门校尉,位次于卿,与执金吾、大长秋、太子太傅相当。故合称卿佐。又"长水校尉常洽","射声校尉杨义",亦与城门校尉相当,周群为"儒林校尉",疑亦长水、射声之类。是已溢出十四人外,为十七人矣。自董钧以下四人难定,故仍旧刻作十四人,待更细考。

⑤ "侍中七人",见于目者,蜀都张宽、张霸、常洽、常竺,巴郡谯隆,广汉杨序、镡显、董扶,凡八人,镡显重见卫尉与光禄大夫,当取卫尉,剔侍中。张宽又题扬州刺史,当取侍中,剔刺史。

⑥ "尚书五人",见于目者,蜀郡张陵,巴郡姚佃(尚书仆射)、马参,犍为张绩,汉中赵琰,正六人。

⑦ "司隶校尉六人",见于目者:蜀郡任昉,巴郡陈禅,广汉郭贺、王堂,犍为杨涣、杨隼、赵旗,已七人。王堂,元丰本脱,即元丰刻前旧校已脱,嘉泰刻始依赞注补。然则此云"司隶校尉六人"者,盖依元丰本数,非常文之旧也。《常志》旧本当作七人。

⑧ 巴郡目有"京兆尹徐涌",前汉人。前汉京尹,虽理一郡,中二千石秩也(《后汉·百官志》说)。更高于司隶校尉(司隶校尉比二千石)。此犹郡守之秩高于刺史也。旧刻未著此目。当补。

⑨ "刺史十三人"见于目者:蜀郡张宽(扬州)、任恺(徐州),巴郡赵宏(凉州)、严遵(扬州)、严羽(徐州)冯焕(幽州)、龚调(荆州),广汉杨宣(交州)、羊葚(交州),犍为杨莽(扬州)、张方(豫州),牂柯尹珍(荆州)、谢恕(宁州),正十三人。然谢恕东晋时人,不当列在"自汉兴至三国之终"人内。故实只刺史十二人。其中,张宽又为侍中,当取侍中,则又重一人也。又杨宽初为谏大夫,成帝时,更刺史为牧,秩二千石。权重于刺史(《百官志》)。宣持节为交州牧。"平帝时,命持为讲学大夫"(《赞注》),讲学大夫当为其最高爵秩,故赞交州亦曰"讲学冲邃"。而目则但言"交州牧",亦由其时州牧权重秩高故也。是此一州牧,又与其他刺史有别。

⑩ "郡守四十八人"见于目者:蜀郡何显、王阜、任循、朱辰、郑廑、何只、王伉,及求次方、王仲曾、张叔辽、殷知孙(四人原注云"皆至郡守",不能举其郡国),巴郡陈澄、张晏、李颙、谒焕、张禽、张瑞、龚扬、黎景、李温、陈宏、程畿、龚禄;广汉蔡弓、郑纯、李尤(乐安相)、王商、冯显、张江(?)、折国、刘宠、王士、彭兼,犍为费贻、赵松、杨文方、张纲,汉中赵瑶、陈纲、陈雅、程基、陈卫,梓潼文

恂、景毅、寇祺（济阴相），汉嘉张休，牂柯傅宝，（当去谢恕补尹贡，彭城相，亦郡守同也。）永昌吕凯，凡四十八人。然，何显、求次方、黎景、张江四人，皆不当列目（已前注）。王士、彭羕皆未至任而死，实只三十九人，合尹贡为四十人耳。而旧刻作四十八人，盖亦就张吴本以来实列《目录》清点之数也。

⑪ "国师三人"者，谓五列张霸、国师赵典与三老杨统也。

⑫ "光禄大夫四人"者，广汉杨博、镡显，犍为王延士、张纲。纲又重见郡守，镡显重见侍中、卫尉，皆不当计入此目。实当入此目者二人而已。

⑬ "尚书郎十二人"，著于《目录》者：蜀郡杨壮、侯刚、王嘉，巴郡冯遵、黄崇，犍为隗相，凡六人。此外有黄门侍郎杨雄、校书郎杨终、东观郎李胜、侍郎邓通、谯英、李充。疑合此为十二人也。

⑭ 旧刻"中书郎将、御史六人"。然《目录》中，中郎将有司马相如、何霸，侍御史有常翊、任文孙、王涣，又有五官中郎将伍梁、御史中丞孟获，已七人。"中书"无见。足知"书"定为衍文。"御史中丞"本御史大夫之丞，后为御史台率（《百官志》），秩千石，位在诸御史（六百石）上，当入卿佐，且孟获仅居室名，不当在此六人数内。

⑮ "公车令"，《目录》中有赵玭、臧太伯、杜抚三人。"谏议大夫"有王褒、费诗、杜微三人。"太中大夫"，有章明、谯玄二人。司空何武，《目录》亦有"太中"字，合之亦才九人。云"十一人"者，盖脱有"等"字。谓朝廷官如"谒者仆射何英、御史中丞孟获、领军霎习、郎中张植、太子仆射李撰，太子家令尹默、太医丞郭玉等不尽列举也。惟设果如此，则又不仅十一人。兹存此旧文，留备考订。"

⑯ "公府辟士八人"，见于《目录》者，有蜀郡罗衡、李凭（司空辟士），巴郡任文公（司空据）、赵毅（公府据），广汉段恭（辟士），才五人。外有"丞相府西曹掾李邵"、"丞相参军文恭"，皆诸葛亮辟用士，与公府辟士相当。然亦仅七人。盖《目录》文中旧有脱，或此八字讹也。

⑰ 旧作"高士一人"。然《目录》品题高士者，已有蜀郡杨由、侯祈、王广，巴郡寇权，昭约，广汉王祐、折象，凡七人。又有"高尚逸民"严遵（庄君平）、林间、郑子真三人皆高士之尤者。又有"隐士"黄错、段翳、冯信、樊志张四人，皆高蹈不仕者，则旧刻一字为十四之讹脱也。

⑱ "聘士七人"，见于《目录》者：蜀郡张楷、张光超，巴郡洛下闳，广汉王稚、任安，汉中冲卫，仅六人。盖缘旧刻广汉列女首目作"聘士任安母姚"，检点草率，误入聘士，遂为七人也。

⑲ "征士四人"，见于《目录》者仅巴郡周舒、谯岍，犍为任永三人。然如"隐士冯信"，《赞注》云："公车三征。"则亦征士也。疑冯信目原题为"征士"，傅钞时因上目段翳题作隐士而讹也。

⑳ "节士"，见于《目录》者：蜀郡章明、侯刚、王嘉、王皓、仲昱，广汉甯叔，梓潼李丛，已七人。又如"遂久令李颙"原无品题，当是承上"节士"字。《赞注》云："述耻杀善士、赐钱百万，子颙逃匿不受。"则固节士也。合此乃有八人。当是"四"字误。

㉑ 原《目录》有蜀郡"至孝禽坚"，巴郡"至孝上蔡令赵邵"、"孝子严永"、"孝子江阳符长姜诗"、"孝士尚书郎隗相"，"吴顺"，故当补"孝子六人"。剔严永，亦当有五人（皆有赞者）。

㉒ 《目录》蜀郡有"知士博士罗衍"、"笃爱博士杨班"，巴郡"博士周互"，又"先生脅君安"，亦当是博士也，故祉"博士四人"。

㉓ 《目录》有"大儒赵翘"《广汉》、"大儒李颉"《汉中》。补"大儒二人"。实则有官位诸人中多有大儒，此亦仅就在野言之耳。

㉔ 《目录》有"学士"严象、韩子方、谢褒三人。此外如"志士任末"、"先生脅君安"，实亦当在学士之列，

故补"学士五人"。

㉕"方士李助"。又太医丞郭玉与附见之涪翁,亦皆方士也。惟郭玉有官,涪翁不列目,故不计入。

㉖《目录》有"义士"赵定、杜真、杨宽、张钳、杜抚、张寿,凡六人。"烈士"李磐、赦伯都、贾栩,及"义烈"朱普、陈纲,凡五人。合为十一人也。杜抚重见公车令。

㉗《目录》有"美阳令王皓"、"柳宗"、"双栢长何双"、"长安令王伟卿"、"上蔡令赵邵"、"江阳符长姜诗"、"郿令王忳"、"野王令羊期"、"新都令赵敦"、"绵竹令阎宪"、"葭萌长祝龟"、"遂久令李翚",除王皓又见节士,赵邵姜诗又见孝子,赵敦又见义士,李翚见节士外,皆别无见,故补"令长七人"。

㉘《目录》有"治中从事"李弘、张充、杨仁、陈湛,"治中祭酒朱仓",及"别驾从事"陈实、马勋、李朝、王甫、王元,"从事"郑度、王累、陈调、燕邠,皆州府官属。合为十四人。凡泛称"从事",大抵皆"部从事"也。

㉙《目录》蜀郡有"郡功曹史朱普"、"严道主簿李磐",巴郡有"文学掾龚策"、"户曹掾赵芬"、"宕郡主簿"曲庚、冯湛,汉中有"计曹史程苞"、"主簿"段崇、赵嵩、"功曹程信",梓潼有"功曹张寿",除朱普、李磐别见义士外,有郡掾、史之属十人,统称"郡吏"。又广汉功曹古朴,见《三国志》。此目但与周干、彭勰同列名,疑周、彭二人亦郡吏也。

㉚《目录》有"孝廉禽坚",已入"孝子"。又有"孝廉汝敦"下承周干、彭勰、古朴三人,应皆曾察举孝廉或茂才者。又有"茂才孟彪"、"茂子王淡"。应皆州郡察名而无仕迹可考者。又有"忠义绵竹主簿韩揆",则县吏也。又巴郡有程祁、杨汰、韩俨、黎韬,皆无官位及品题,分类无法列入者。又犍为有"信士吕孟贞"(《蜀志》),而《目录》仅作"吕孟"二字。此皆难为分类者,合为一目,凡十二人也。

㉛《目录》蜀郡"杨乌",九岁死。广汉"壮童左乔云"、梓潼"壮烈童人李余"皆有赞注。乔云杀吏救父时年十三,后无所闻。李余杀身时亦年十三。故补"童子三人"一目。

㉜列女明著于蜀郡者十二人,有赞。巴郡八人,赞脱。广汉十一人,犍为九人,汉中九人,梓潼三人,皆有赞,合江阳之先络,为五十三人,而此分目只作"四十七人",显为误数。其致误之由不可解。疑元丰以前旧校本列目共只四十七目,然列女入赞者,除巴郡八人与江阳先络外,已四十四人,巴郡不当只三人有赞(至少当有七人)。盖旧校一误,后人不敢改,只吴琯本改作五十二人,何、王、浙、石本遵之。窃尝反复核算,此项分类目录,盖非常氏原有,盖自六朝传钞者陆绩增益,其数字亦陆绩改易,大抵皆依当时实际标目之数,率尔为之,亦未细校。兹仍旧目而按存目分别考订其数,增益其类,列举当系不当系之人,与重见于他目者如上。庶阅者易于检查清理。此列女一目,仍宋椠旧数,但注明其为误耳。

九

益梁宁三州三国【两晋】以来人士目录查校云:"添立《目录》。"

明略,大司农、西城公何攀,字惠兴。(郫人①。)李本司农二字作小字,西城误西城。

清秀,大长秋寿良,字文淑。(成都人也②。)张、刘、吴、何、李、王、浙、石本无也字。元丰、钱、《函》、廖本有。下删也字同。

果烈，西河元丰本误作"梁益二州"四字。太守柳元丰本误作刘。隐，刘、李本作纯。字休然（成都人也③。）

□□，原无品题。梁益二州都督杜祯，《函海》作桢。字文然。（成都人也④。）

□□，都督度支、巴东太守柳伸，字稚原。（成都人也⑤。）元丰及廖本作"字稚原"。他各本作"字雅厚"。《后贤志》同。

德行，江阳太守何随，字季业。（郫人⑥。）

令德，犍为太守杜轸，字超宗。（成都人也⑦。）

□□，犍为太守杜烈，字仲武。（轸弟⑧。）

□□，建宁太守杜良，字幼伦。（轸少弟⑨。）元丰、钱、张、刘、吴、何、李、《函》、王、浙、石本皆无注文三字。廖本独有。顾广圻依《轸传》补也。

□□，益州刺史杜毗，字长基。（轸子⑩。）二字注文惟廖本有。

德行，给事中任熙，字伯远。（成都人也⑪。）

□□，涪陵太守任蕃，字宪祖。（熙子⑫。）

义正，郫令常勖，字修业。（江原人也⑬。）

□□，州都常忌，字茂通。（勖从弟也⑭。）

令才，太史令高玩，字伯珍。（江原人也⑮。）

闳元丰、钱、刘、李、《函》本作温。张、吴、何、王、廖作闳。才，湘东太守常骞，字季慎。元丰本作季祯。他各本作季慎。（江原人也⑯。）按《后贤志》，当作魏郡太守、材官将军、关内侯。只题湘东太守非。

述作，武平太守常宽，字泰恭。（骞从弟也⑰。）

□□，使持节、西夷祥尉张岐，《后贤志》作峻。字绍茂。（成都人也⑱。）

□□，征西将军、西夷校尉、益州刺史王异，字彦明。（成都人也⑲。）

勇略，雍州刺史、南中郎将、重安开国侯李阳，字叔文。张、吴、何、王、浙、石本作文叔。（郫人⑳。）

□□，征虏将军、广汉、梓潼太守杨谦，字令志。（成都人也㉑。）

右二十【二】一原只二十一人。人，蜀都人，在元丰本无，他各本有。晋世。

强济，少府、成都威侯李毅，字允刚。张、吴、何、王、石本作纲。（郪人㉒。）

□□，西夷校尉李钊，字世康。（毅子㉓。）

仁让，汉嘉太守司马胜之，字兴先。（绵竹人㉔。）

德义，梓潼太守王化，字伯远。（郪人，文表系㉕。）

□□，巴东太过王振，字仲远。（化弟也㉖。）

□□，作唐令王岱，字季远。（振弟也㉗。）

述作，蜀郡太守王崇，字幼远。（岱弟也㉘。）

素隐，中书郎王长文，元丰本文字作空格。字德㒞。（郪人也㉙。）

□□，建宁太守段旧各本作耿。廖本依《后贤志》作段。容，字宗仲。（广汉人也㉚。）

右九人，广汉人，在晋世。

□□，原脱品题。汉元丰本作广。中太守李宓，元丰本宓字作空格。字令伯。（武阳人【也】㉛。）元丰本无武阳二字，作一空位。

□□，汶山元丰本山字作密。太守李赐，字宗硕。（宓元丰本作密。证上目空疤亦作密。汶下密字为误移填字。子也㉜。）

□□，太傅参军李兴，字隽硕。钱写本作隽头。他各本作隽硕。（赐弟也㉝。）张、刘、吴、何、李、王、石本作赐子。误。

□□，广汉太守张【征】，微，当作微，已前注。字建兴。（翼子也㉞。）

□□，谯国内史费缉，字文平。（南安人。二子见《寿良传》㉟。）

执义，卫阳太守《后贤志》作"内史"。杨邠，字岐之。（武阳人㊱。）

清正，李本作清义。尚书费立，字建熙。（南安人㊲。）

右七人，犍为人，在晋世。各本文同。

□□，原脱品题。卫尉文立，字广休。（临江人也㊳。）

□□，武陵旧各本误作武阳。廖本改。太守杨【崇】宗。旧各本作杨守。廖本作崇。按《巴志》当作宗。（临江人也㊴。）

□□，牂廖本外各本作牂。柯张、吴、何、诸本作牁。太守毛楚。（枳人㊵。）

右三人，巴郡人元丰本无此人字。李本人下有士字。在晋世。

述作，太子中庶子陈寿，字承祚。（安汉人㊶。）

□□，骠骑府掾陈莅，张、吴、何、王、浙、石本作莅，下同。字叔度。（寿兄子㊷。）

□□，上廉令陈符，字长信。元丰本作"长性"。钱、张、刘、吴、何、李、《函》、王、浙、石本作"长住"。廖本作信。（寿兄子㊸。）按《后贤志·陈寿赞传》文，符为莅兄，当叙列莅前。

□□，建宁太守陈阶，字达之。钱、刘、李、《函》本作芝。（莅从依《陈寿赞传》补。弟㊹。）

正直，汉中太守阎赞，字续伯。吴、何、王、石本作"阎绩伯"。脱、误。（安汉人㊺。）吴、何、王、石本作"安人"二字。浙本原同吴何本。挤补作"阎赞"字，又脱"伯"、"汉"二字。

卓略，长水校慰、荆州刺史张奕，元丰本作弈。字希祖。（南充国人㊻。）

令德，锡令谯同，字彦绍。（周子。见《周传》㊼。）旧各本此目在谯登目下。廖本移在前。是。

义烈，扬烈将军、梓潼风史谯登，字顺明[48]。（周孙。）

右八人，巴西人士，在晋世。

清重，长水校尉吕元丰本作李。淑，字伟德[49]。廖本此下有小字阙，阙县贯也，下同。

右一人，汉中人。

□□，广汉太守李骧，字叔元丰本作淑。龙。（福子[50]。）

右一人，梓潼人。

忠义，江阳太守侯馥，字世明[51]。廖本注有小阙字，阙县贯也。上各目亦多有阙县贯者，旧本皆无阙字。此处旧各本亦无阙字。廖本衍。

右一人，江阳人。

三州后贤五十一人。并前贤，三百九十一人。元丰本五十下无一字。然前贤依上文为三百四十人。合之不得为三百九十一人。当仍作后贤五十一人。

案：以上，《后贤目录》，所录皆仕于晋世者。原标题为《益梁宁三州三国、两晋以来人目录》十五字（刘李本无“目录”二字，只十三字），显非常氏原题。常氏原书但称“刘氏世”，不曰三国。又江东帝号，上承洛阳，固只曰“大晋”，犹之光武、刘备之但称汉。此当时社会习语之自然也。“西汉”、“东汉”、“蜀汉”、“季汉”与“西晋”、“东晋”，“两汉”、“两晋”，皆后世史家所命之名，非当时所已有之称谓也。旧刻“添立目录”四字，疑为元丰刻前旧校者所加。然《目录》五十一人中，如李阳、杨谦，皆《常志》各卷所无。其事，今亦仅见于《晋书·帝纪》，则其为《常志》原有而非后人所能补续者可知。兹故仍依宋椠录列，并为注其所出。

【注释】

①何攀，《后贤志》赞、传第十三（卷十一 14 章）、《晋书》卷四十五有传。

②寿良，《后贤志》赞、传第十二（参看卷十一 13 章）。

③柳隐，《后贤志》赞、传第二（参看卷十一 3 章）。

④杜祯，附见《柳隐传》（参看卷十一 3 章注③、④）。

⑤柳伸，同上附见（同上之注⑤、⑥、⑦）。

⑥何随，《后贤》赞、传第五（同上 6 章）。

⑦杜轸，同上赞、传第九（同 10 章）、《晋书》卷九十《良吏》有传。

⑧杜烈，附见《杜轸传》（10 章注⑦）。

⑨杜良，同上附见（10 章注⑧）。

⑩杜毗，同上附见（10 章注⑨）。

⑪任熙，《后贤》赞、传第十（卷十一 11 章）。

⑫任蕃，附见《任熙传》（同上 11 章注③）。

⑬常勖，《后贤》赞、传第四（卷十一 5 章）。

⑭常忌，附见《常勖传》（同上之注④、⑤、⑥）。

⑮高玩，附见《李宓传》（卷十一 9 章注⑰）。

⑯常骞，《后贤》赞、传第十七（同上 18 章）。

⑰常宽，《后贤》赞、传第十八（同上 19 章）。

⑱张岐，《后贤》李毅赞、传附见，作"蜀郡张岐"（参看卷十一 15 章注⑫）。

⑲王异，事迹见《大同志》永嘉五、六两年（卷八 9 章）。

⑳李阳，《后贤志》不见。《晋书·成帝纪》：咸和二年，苏峻反。三年陷京师。九月"庚午，陶侃使督护杨谦攻峻于石头。温峤、庾亮阵于白石。竟陵太守李阳距贼南偏。峻轻骑出战，坠马，斩之。众遂大溃。贼党复立峻弟逸为帅。"四年二月"丙戌，诸军攻石头。李阳与苏逸战于柤浦，阳军败，建威长史滕含以锐卒击之。逸等大败。又卷一百《苏峻传》："逸为李汤所执，斩于车骑府营。"李汤当是"李阳"之讹。阳封重安开国侯，盖以此功。重安，衡阳属县也。又《成帝纪》咸和七年七月："太尉陶侃遣子西平参军斌与南中郎将桓宣攻石勒将郭敬，破之。克樊城。竟陵太守李阳拔新野、襄阳，因而戍之。"阳之加雍州刺史，疑在此时。又咸康五年："九月，石季龙将夔安、李农陷沔南，张貉陷邾城，因寇江夏，义阳征虏将军毛宝、西阳太守樊俊、义阳太守郑进并死之。夔安等进围石城，竟陵太守李阳距战，破之，斩首五千余级，安乃退。"此外无见。大抵李阳为蜀流民东徙荆湘者，从陶侃立功至竟陵太守，封侯。常璩入江左时，其人尚在，故璩列目于此而无赞与传也。

㉑杨谦，《后贤志》亦无见，《晋书·帝纪》屡见之。《成帝纪》咸和三年："陶侃使督护杨谦攻峻于石头。"《康帝纪》建元二年："九月，巴东太守杨谦击李势将申阳，走之。获其将乐高。"《穆帝纪》永和三年四月："丁巳，邓定、隗文复入据成都，征虏将军杨谦弃涪城，退保德阳。"又："十二月，振威护军萧敬文害征虏将军杨谦，攻涪城，陷之，遂取巴西，通于汉中。"（至八年，萧敬文为益州刺史，周抚讨灭）盖亦蜀人流入荆湘为陶侃用者。

㉒李毅，《后贤志》赞、传第十四（卷十一 15 章）。《晋书》附见《王濬传》。

㉓李钊，附见《李毅传》（同上之注⑩），又见《南中志》及《李志》。

㉔司马胜之，《后贤》赞、传第三（卷十一 4 章）。

㉕王化，《后贤》赞传第六（卷十一 7 章）。

㉖王振，附见《王化传》。

㉗王岱，同上附见（卷十一 7 章注⑥）。

㉘王崇，同上附见。又见《刘后主志》及《大同志》。

㉙王长文，《后贤》赞、传第十一（卷十一 12 章）、《晋书》卷八十二有传。

㉚段容，附见《后贤志·常勖传》（卷十一 5 章注⑦）。

㉛李宓，《后贤》赞、传第八（卷十一 9 章）。

㉜李赐，附见《宓传》（同上之注⑭）。

㉝李兴，同上附见（同上之注⑮）。

㉞张征，当作“张微”。附见《后贤志·寿良传》（卷十一 13 章注⑧）。

㉟费缉，同上附见（同上之注⑨）。

㊱杨邠，《后贤志》赞、传第十五（卷十一 16 章）。

㊲费立，《后贤志》赞、传第十六（卷十一 17 章）。

㊳文立，《后贤志》赞、传第一（卷十一 2 章）。

㊴杨崇，附见《文立传》（同上之注⑫）。崇当作宗，见本书《巴志》及《晋书·唐彬传》。

㊵毛楚，附见《文立传》（同上之注⑫）。

㊶陈寿，《后贤志》赞、传第七（卷十一 8 章）、《晋书》卷八十二有传。

㊷陈莅，附见《陈寿传》（同上之注⑨）。

㊸陈符，同上注。符为莅兄，当叙在莅前，旧误在后。

㊹陈阶，同上注。

㊺阎赞，本书无赞。《晋书》卷四十八有传云：“字绩伯，巴西安汉人也。祖圃，为张鲁功曹，劝鲁降魏。封平乐乡侯。父璞嗣爵，仕吴，至牂牁太守。缵讹居河南新安。”是缵实中原生，新安人。只其祖与父是巴西安汉人，《目录》乃未收之。传又云：“为太传杨骏舍人，转安复令。骏之诛也，缵弃官归，要骏故主簿潘岳，掾崔基等共葬之……骏从弟模告武陵王淡，将表杀造意者。众咸惧，填冢而逃。缵独以家财成墓，葬骏而去。……河间王颙引为西戎校尉司马。有功，封平乐乡侯。愍怀太子之废也，缵舆棺诣阙上书理太子之冤（传载全文，《通鉴》节载）。……书御，不省……皇太孙立，缵复上疏，……朝廷善其忠烈，擢为汉中太守。……缵不护细行而慷慨好大节，卒于官，时年五十九。”大概缵因袭封平乐乡侯，故所至称其祖籍。常氏至江左，知其人，收入《目录》。又：“缵五子皆开朗有才力。长子亨，为辽西太守。”郡属王浚，不得之官。依青州刺史荀晞，以数切谏，为晞所害。

㊻张奕，附见《后贤志·李毅传》（卷十一 15 章注⑫）。

㊼谯同，附见《后贤·谯登传》（卷十一 20 章注②）。同传附见同兄沔阳令谯熙，《目录》未收。

㊽谯登，《后贤志》有传无赞（卷十一 20 章）。

㊾吕淑，附见《后贤·费立传》。作“汉国吕淑”（卷十一 17 章注⑥）。

㊿李骧，附见《后贤·陈寿传》（卷十一 8 章注⑩）。《晋书》卷九十，附《良吏·杜轸传》。

(51)侯馥，《后贤志》有传无赞（卷十一 21 章）。

十

撰曰：元丰与《函海》本作“赞曰”。凡此人士，或见《汉书》[①]，或载《耆旧》[②]，或见《郡纪》[③]，或在《三国书》[④]，并取其钱、张、刘、吴、何、李、《函》、王、浙、石本有其字，元丰、廖本无。秀异，表之斯篇。其洪元丰、张、吴、何、《函》、王、廖、浙、石本作洪。钱、刘、李本作弘。伐弘元丰本作弘，《函》、廖本作宏。钱写本作洪。张、刘、吴、何、王、浙、石本并作张。当作张。显者，张、吴、何、王、浙、石本无者字。并钱、刘、李本作生。**附载者，齐之**⑤；**其但见名字**，钱、刘、张、吴、何、《函》、王、石本作目。元丰、廖、浙本作字。**而不详其行故，或以已字同。有传**，钱、刘、张、吴、何、李、《函》、王、浙、石本皆作"或有以传"。廖本改正。**元珍善，阙**元丰本善阙二字倒。**之**⑥；以副直浙本误作真。**文，为实**元丰本作宝。**录矣**。

案：以上《益梁宁三州先汉以来士女目录》总结七十余字，阐明其材料依据与去取之法。各本多有异字。盖传钞者每多率意改写，后人或以为不然而又改易之。元丰以来刻本亦正如此。

【注释】

①此言《汉书》，实包班固所撰《汉书》与《东观汉记》言之。本书卷五："公孙述、刘二牧、二主之废兴存亡，《汉书》《国志》固以详矣。"卷十一下"但依《汉书》《国志》，陈君所载，凡士女二百四十八人而已。"与此之《汉书》与《耆旧》《郡纪》《三国书》并称，皆明以《汉书》包两汉正史言之，足证。查《史通·正史篇》云：

在汉中兴，明帝始诏班固与睢阳令陈宗、长陵令尹敏、司隶从事孟异，作《世祖本纪》，并撰功臣及新市、平林、公孙述事、作列传、载记二十八篇。自是以来，春秋考纪亦以焕炳，而忠臣义士莫之撰勒。于是又诏史官调者仆射刘珍，及谏议大夫李尤，杂作《纪》《表》《名臣》《节士》《儒林》《外戚》诸传，起自建武，讫乎永初。事丛垂尽，而珍、尤继卒。复命侍中伏无忌，与谏议大夫黄景，作《诸王》《王子》《功臣》《恩泽侯表》《南单于》《西羌传》《地理志》。至元嘉元年，复令太中大夫边昭、大军营司马崔实、议郎朱穆、曹寿，杂作《孝穆》《崇》（当作献穆、孝崇）二皇及《顺烈皇后传》，又增《外戚传》，入安思等后，《儒林传》入崔篆诸人。实、寿又与议郎延笃杂作《百官表》，顺帝功臣《孙程》、《郭愿》及《郑众》《蔡伦》等传，凡百十有四篇，号曰《汉记》。熹平中，光禄大夫马日䃅、议郎蔡邕、杨彪、卢植著作东观，接续《纪传》之可成者。

盖自班固等所撰《世祖本纪》,《功臣列传》，新市、平林、公孙述等《载记》，当时固称《汉书》，下迄刘珍、李尤。伏无忌、黄景、边韶诸人所续皆然。自崔实、曹寿、延笃等乃别纂一百十四篇，号曰《汉记》。《隋唐·经籍志》有"《东观汉记》一百四十三卷，起光武记注至灵帝，长水校尉刘珍等撰"云者，乃梁陈以后人用崔实等书名，合东观诸人及马日䃅、蔡邕等所撰集为书，非晋世已有此称也。即如《蔡邕传》："乞黥首刖足，继成《汉史》"（袁宏《后汉记》，司马光《通鉴》并同），亦尚不用《汉记》之称。至吴，武陵太守谢承，因东观诸人撰述，著"《后汉书》一百三十卷"；晋，秘书监司马彪撰"《续汉书》八十三卷"；少府卿华峤撰"《后汉书》九十七卷"；秘书监袁山松撰"《后汉书》九十五卷"；宋，太子詹事范晔撰"《后汉书》九十七卷，《赞论》四卷"（并依《隋·经籍志》文），皆只于"汉书"上加后或绩字以别于前汉。惟晋散骑常侍薛莹撰"《后汉记》一百卷"称记，兴崔实等同，今其书不传一语，难定其为正史或编年。要与崔实等所撰之《汉记》皆非行世之书。(袁宏《后汉纪序》，称其所会诸书，有"《汉记》《谢承书》《司马彪书》《华峤书》《谢沈书》《汉山阳公记》《汉灵献起居注》《汉名臣奏》、帝及诸郡《耆旧》、《先贤传》"，亦不及《后汉记》)由是知晋世一般人固只称《东观记》为《汉书》，不曰《汉记》也。

②《耆旧》，谓陈寿《益部耆旧》与祝龟《汉中耆旧》、失名《巴耆旧》与《犍为耆旧传》。

③《郡纪》，谓扬雄《蜀纪》，与谯周《巴纪》，《蜀纪》(一作《巴记》《蜀记》)之类。

④《三国书》，谓陈寿《三国志》分《魏晋》《蜀书》《吴书》及所据王沈《魏晋》，韦曜《吴书》、王崇《蜀书》之类。

⑤洪伐，已详卷十１章注⑬。此云"洪伐张显者"，谓上列诸书之有列传者。弘字是张字讹。此云"附载者"，谓上举诸书未有列传，仅附见于列传或论述者。"齐之"，谓旧只附见者亦与具列传者同著于目。

⑥"但见名字而不详其行故"者，如求次方、王仲曾之类。"已有传无珍善"者，谓如《汉书·货殖传》有罗裒，《巴耆旧》有李邈，《目录》皆未收，以其无"珍善"可称也。"珍善"实指其自所定之选择标隼，忠孝、行谊、文章、著述、政化、任侠之类。

序志①（卷十二）

---
① 何、王、石本以《三州士女目录》为《序志》，列在前，此篇题为《序志后语》，列其后。又元丰、钱、廖本此下有"常璩道将"字。

一

　　巴蜀，厥初开国，载在书籍①。或因文纬，或见史记②。外远隐没，实多疎略。及周之世，侯伯擅威，虽与牧野之师，希同盟要之会③。而秦资其富，用兼天下。汉祖阶之，元丰本脱之字。奄有四海④。此下，廖本注云："当有脱文。"今按：衍下八字耳。汉改梁曰益，魏分益为梁，晋又分益为宁，前四卷丛经明著，此无庸赘。于文亦当迳接相如君平句。【梁益及晋分益为宁。】司马相如、严刘、李本作庄。君平、杨刘、李本作扬。子云、阳成子玄、郑伯邑、尹彭城、谯常侍、任给事等，各集传记以作本纪，略举其隅⑤。其次圣、称贤、仁人、志士，言为世范、行为表则者，名注元丰与廖本作注。他各本俱作挂。史录，而陈承祚别为《耆旧》，始汉及魏，焕乎可观。然三州土地不复悉载⑥。《地里志》颇言山水，历宋、明本皆作歷。清刻本避讳作歴。然今已通用代暦字。代转久，郡县分建，地名改易，于以居然；辨物知方，犹未详备⑦。于时汉张、吴、何、王、浙、石本此下小注云"一本无汉字"。他本无此注。晋方隆，官司星列，提封图簿，岁集司空。故人君学士，荫高堂、医帷幕，旧各本作幨。廖本作幕。足综物土，不必待《本纪》矣⑧。曩遭厄运，函夏滔【堙】湮，元丰、钱、刘、张、李、《函》、浙本作堙。吴、何、王、石本作垔。按文义，当作湮。李氏据蜀；兵连战结，三州倾坠，生民殄尽，府庭化为狐狸之窟，城郭蔚为熊罴之宿，宅游雉鹿，田棲虎豹，平原鲜麦黍之苗，千里蔑鸡狗《函海》本作猫。之乡，丘城芜邑，莫有名者⑨。嗟乎三州，近为荒裔！桑梓之域，旷为长野，反侧惟之，心若焚灼。惧益遐弃，城陴靡闻；元丰本作问。迺考诸旧纪，先宿所传，并《南裔志》，验以《汉书》，取其近是，及自所闻，以著【斯】于篇⑩。旧刻作斯，细审文义，是于字误。说详注释。又略言公孙述、《蜀书》、咸熙以来丧乱之事⑪，约取耆旧士女英彦⑫，【又】各本并有。当衍。肇自开辟，终乎永三年，凡十二篇，按下文当作十二篇，然旧各本并无二字。盖《蜀汉书序志》旧文也。

号曰《华阳国记》⑬。元丰、钱、张、刘、李、廖本作记。吴、何、《函》、王、浙、石本作志。夫书契有五善：达道义，章法戒，《函海》本此下有空位，并注云："刘、吴、何、李本接写，无空位。"通古今，表功勋，而后旌贤能⑭。恨琚才短，少无远及，不早援翰执素。广访博咨；流离困瘵，方资腐帛于颠墙之下，求余光于灰尘之中，劘灭者多，故【虽】元丰与廖本有虽字。他各本无。当衍。有所阙；《涵海》本作封，并注云："刘本作卦，李本作缺，吴、何本作阙。"今按：刘本阙字俗写，非从卦。封字字书无。犹愈于遗忘焉⑮。

案：以上叙本书著述缘起。此前当有大量文字自述其身世志丛，如《史记·自序》，《汉书·叙传》之例。常氏在蜀撰《蜀汉书》时所必有。入江左后，乃删去也。他处亦当有所增削，以协新书内容（如"综其理数"以下大段议论）。亦尚有偶仍旧文，忘于删改者（如"凡十篇"忘补二字）。由于删削量大，故在十二卷中，为文最少，全只千九百二十余字，仅相当以前各卷三分之一。存文凡分五大段，此为首段，四百八十字。兹略释其文义之尤艰晦者。

【注释】

①此"书籍"，指《尚书·牧誓》"庸蜀羌髳"，与《汲冢周书·王会解》"巴人以比翼鸟"，"蜀人以文翰"之类。《冢冢周书》，在晋人，认为《尚书》之逸篇。《尚书》，旧但曰《书》，为"六经"之一。"六经"一称"六籍"，故此"经籍"，实指《书经》，非如后世作群籍之泛称。或谓古称史文曰书，故春秋十二国史曰十二国宝书，"书籍"即"史籍"也，亦通。

②"文纬"，泛指各纬书。纬书皆托附于"七经"（"六经"加《孝经》），故一称"七纬"。汉儒解《论语》"博学于文"之文，为《诗》《书》六艺之文，即谓"六经"之文。故七纬一称"文纬"。"或因文纬"者，如《巴志》引《洛书》曰，《蜀志》引《河图括地象》曰之类。此"史纪"二字，为史官纪录文字之通称。《逸周书》有"史记解"，所记皆周以前古国兴亡事。《司马迁书》虽以《史记》为名，然其《孔子世家》犹云："乃因'史记'作《春秋》。"则"史记"之名，固不专指《司马迁书》也。常氏此处所指，为《左传》《国策》《竹书纪年》《世本》《太史公书》《蜀王本纪》之类。不言《尚书》而言"书籍"，不言或出于史官，而言"史纪"，皆缘文人积飞，务为晦惑以自矜异，借以为迷乱俗流、压服通人之会俩耳。

③"侯伯"，指齐桓、晋文、秦穆、楚庄、吴夫差、越句践诸霸者。伯、霸字通。王室卑微后，霸者以兵力威服诸侯，名为尊王。宝以尊己故封建史家皆"崇王道"、"绌霸者"。常氏此文，意味巴蜀人但尊王室，故与牧野之师；卑视霸丛，故希同盟要之会。

④司马错说秦惠王曰："蜀有桀纣之乱，其国富饶，得其布帛金银，足给军用。"《货殖列传》言：巴寡妇清，擅丹穴之利数世，家亦不訾。"始皇以为贞妇而客之，为筑女怀清台。"皆秦资巴蜀之富用兼天下之证。汉祖资巴蜀以灭项羽，已详《巴志》、《汉中志》两卷。

⑤此举先于常氏撰《蜀本纪》者八人。司马相如，称名，《史记》《汉书》《先贤志》并有传，皆未言其作

《蜀本纪》(《先贤·君平赞注》亦然)。今按:"本纪",谓按年次记述之史文也。属某人则可曰某人本纪,属某地、某国则可曰某地某国本纪。扬雄《蜀本纪》,属地之本纪也。亦犹《史记》之有《秦本纪》也。亦非扬雄创之,雄亦不过集前人记载之有年月者荟萃为之。相如博识,明悉蜀地掌故;如其本传说武帝云:"邛筰冉駹者,近蜀,道易通。异时尝通为郡县矣,至汉兴而罢。"此其说,为司马迁所未及也。又如:其《上林赋》中,有"蜀石黄软,水玉磊砢","庸旄、貘、犛,沈牛、麈、麋"等巴蜀物产,与"巴俞、宋蔡,淮南干遮,文成颠歌"等益州故事。至于"朝冉、从駹,定筰、存邛,略斯榆、举苞蒲","关沫若,徼牂柯,镂零山,梁孙原"等汉代故事之烂熟,皆足明其谙习巴蜀掌故,宜别有所纂述而未入于史传者。扬雄《蜀本纪》或曾序录之,故常氏能举此名也。严君平当作庄君平,已详《先贤志》注。《汉书》谓君平"博览无不通,依严周之旨著书十余万言"。疑苌弘、彭祖为蜀人,及孔子师苌弘之说,即其所演。扬雄,本姓杨,故历世书传往往作杨雄,未足为讹。雄撰《蜀本纪》(俗称《蜀王本纪》),今虽轶,现存古籍中转引者犹多。《问经堂丛书》有辑本。阳城子玄,即阳城衡。张澍《蜀典》卷十一,引《桓谭新论》云:"阳城子张,名衡,蜀郡人,与吾俱为讲学祭酒。及寝疾,预买棺椁,多下绵绣。立被发冢。"(《问经堂》辑本,据《太平御览》卷八十五《布帛部》文作"阳城子姓张名衡",衍姓字。又作"王翁与吾俱为讲学祭酒",衍王翁二字)又曰:"《风俗通》云:汉有谏议大夫阳城公衡。所云阳城公衡,即阳城衡也。"查王充《论衡·对作篇》云:"汉家极笔墨之林。书论之造,汉家尤多。阳城子张作《乐》,杨子云造《玄》,二经发于台下,读于阙掖,卓绝惊耳。不述而作,材拟圣人。"又《超奇篇》云:"阳城子长作《乐经》杨子云作《太玄经》,造于助思,极窅冥之深,非庶几之才不能成也。"是阳城子张亦作"子长"。《常志》作"子玄",疑玄是长子讹。再查《后汉书·班固传》:"武帝时,司马迁著《史记》,自太初以后,阙而不录。后好事者颇或缀集时事,然多鄙俗,不足以踵继其书。"李贤注:"好事者,谓杨雄、刘歆、阳城衡、褚少孙、史孝山之徒也。"清刻殿本有考证一条云:"何焯校本,引《史通》云:其后刘向,向子歆,及诸好事者若冯商、卫衡、扬雄、史岑、梁审、肆仁、晋冯、段肃、金丹、冯衍、韦融、萧奋、刘恂等相次撰续,迄于哀平间,犹名《史记》。"(今本《史通》无此条)是阳城衡亦作卫衡也。《常志·汉中士女赞注》:"卫衡字伯梁,南郑人。"与董扶、任安同时,显与哀平间之阳城衡为二人。《史通》之"卫衡",当从章怀注作"阳城衡",即撰《乐经》者。衡与扬雄同郡、同时、同仕终于长安、同好著作、同续《史记》,则同有蜀事撰述为可能。郑廑,《三州士女目录》云:"述作,汉中太守郑廑,字伯邑,临邛人,作《耆旧传》"。又《后贤志·陈寿传》云:"益部自建武后,蜀郡郑伯邑、太尉赵彦信、及汉中陈申伯、祝元灵,广汉王文表,皆以博学恰闻作《巴蜀耆旧传》。"十此,又谓其"作本纪",盖二书也。又《汉中志》谓安帝永初四年,太守郑廑死于羌乱,《后汉书·安帝纪》与《西羌传》皆作郑勤。而《常志·汉中士女·段崇赞注》作"太守河间郑廑。是后汉时汉中太守有两郑廑,一河间人,死于羌乱,一蜀郡临邛人,著《巴蜀耆旧》与《蜀本纪》者是也。尹彭城即牂柯郡夜郎县人尹贡。官至彭城相。失其字,故以官称。参看《南中志》7 章之注⑦。谯常侍,谓散骑常侍谯周。周著述极富,其属于地方史者有:《蜀本纪》,见《三国志·秦宓传》注引,又《史记秦本纪》正义引,又《文选·王元长三月三日曲水诗序》注引。《三巴记》,刘昭《郡国志》注屡引。《益州志》,《文选·蜀都赋》注引。《巴蜀异物志》,省称《异物志》,《文选·蜀都赋》注,《鹏鸟赋》注并引。《史记》及《汉书》周勃、贾谊两传注亦引。此外如《古史考》《五经然否论》等,皆有辑本。任给事谓给事中任熙,见上 11 章。以上八人所作《本纪》,惟扬雄所辑完备,曾传于世。谯周绩之,常氏巴、汉、蜀南中志等四篇大抵遵其体裁。

⑥此言陈寿撰《益部耆旧传》,专志人物,不及其他。然益部三州,不收宁州人物。益梁诸边郡,亦无收著。故曰:"三州土地不复悉载。"常氏《先》、《后贤志》亦无凭增补,但于《目录》称辑存之也。

⑦此言《汉书·地理志》虽为地理佳书,历世至晋,地名沿革变动已大。前人所撰本纪虽记地理,多仍沿汉旧名,未协"辨物知方"之义。故当别撰地志以济之,"居然",安定,停滞,凝固不变之义。《易·未济卦》:"君子以慎辨物居方。"《观卦》:"君子以省方、观民、设教。"物,万物也。方,四方也,"知方",即省方之义。

⑧"于时",谓相如至承祚诸人之时,郡县图籍,无不上缴,存于司空府档,研究天下郡国利病者,可以坐而得之,不必赖于地方史志。此为前人所撰《蜀本纪》不详地理沿革作解,亦即为本书首四篇体例明义。"提封",颜师古《汉书·地理志》注:"提封者,大举其封疆也。"今按:此言"担封图簿",明指郡县图簿。图,地图。簿,册籍。惟郡县有图簿。徼外之地,羁縻之属,不可能有图簿。《汉书·地理志》:"提封田一万万四千五百一十三万六千四百五顷。其一万万二百五十二万八千八百八十九顷邑居、道路、山川、林泽,群不可垦。其三千二百二十九万九百四十七顷可垦、不可垦。定垦田八百二十七万五百三十六顷。"(万位以下数字不合,应有误)其"提封田"为郡县土地面积之总称可知。提,举也。封,封疆,即谓已置郡县之地。"综物土",谓掌握土地事物情况,与"辨物知方"同义。"综"字本义为机杼控丝之具,引申为综揽,犹今言掌握也。

⑨"函夏",谓整个中原。"滔湎"谓为胡虏陷没。此以"函夏滔湎"为李氏据蜀之原因,"兵连战结"为"三州"涂炭,"生民歼尽"之原因,又为城市邱垆,邑聚荒芜之原因。"名"存也。《邓通传》:"不名一钱。"谓一钱不得有也。此处言城邑荒芜废日久,则后人不识,无以名之也。

⑩"荒裔",谓荒服四裔。汉魏人咸谓四夷为华夏帝王之裔,故亦谓之四裔。"桑梓之域",谓先民树艺之地。《诗·小弁》:"惟桑与梓,必恭敬止。""旷",空也,荒无物也。《孟子》:"旷安宅而弗居",与旷土义通。"反侧",寝不安貌,出《诗·关雎》。"遐弃"出《诗·汝坟》。此谓三州近为荒裔,久将更为华夏士大夫所遗忘。迺,乃,古今字。"旧纪",谓上八家之《本纪》。《南裔志》,非指一书,大抵包括史、汉《西南夷传》,杨终《哀牢传》,《续汉书·南蛮传》(范晔《后汉书》所据,见《史通·正史篇》),魏完《南中志》(《蜀都赋》注引),失名《南中八郡志》(《北堂书钞》及《太平御览》屡引),《南中八郡异物志》(《御览》卷九百二十四引)之类。常氏统言之为《南裔志》也。此节"斯篇"二字,实指《巴志》《汉志》《蜀志》《南中志》四卷,文意甚明。其"斯"字,盖于字之讹。旧传钞者误讹,历世校勘诸家未之觉也。作"著于篇",与下文不相犯。作"著斯篇",则擅全书之名,与下二句相犯矣。兹改正。

⑪此言卷五至卷九,霸史之部五篇。"公孙述"事有班固撰传,及后汉诸家补益文,常氏更参以"自所闻",故不举书。《蜀书》,谓陈寿《三国志·蜀书》之部与王崇《蜀书》。包括本书《刘二牧志》《先主志》《后主志》。《三国·蜀书》本称《蜀书》。见《后贤志·寿传》。"咸熙以来丧乱之事",指《大同志》与《李特雄期寿势志》两卷。

⑫此言卷十至卷十一两篇及《三州士女目录》。

⑬此综全书内容言之。按下《序目》,为十二篇。而自元丰以来刻本皆作"十篇",莫为校改者。盖历世钞、刻皆恪遵常氏原文,存此异字,以明矜慎态度。由此异字,是以考订常氏历次撰述因革、承替过程:今按:《隋书·经籍志》有"《汉之书》十卷"、"《华阳国志》十二卷"。《唐书·经籍志》为"《华阳国志》三卷"、"《蜀李书》九卷"。《新唐书·艺文志》为"《华阳国志》十三卷,又《汉之书》十卷,《蜀李书》九

卷"。《宋史·艺文志》，则别史类有"常璩《华阳国志》十卷"，霸史类又有"《华阳国志》十二卷"。《通典》谓："常璩撰《汉书》十卷，入晋秘阁，改为《蜀李书》。璩又撰《华阳国志》，具记李氏兴灭。"未言卷数。《通志·艺文略》云："《华阳国志》十二卷，晋常璩撰，以巴汉风俗及公孙述以后据蜀者各为之志。《汉之书》十卷，常璩撰。《蜀李书》九卷。"综观各文，宋元及其以前人所见常璩撰著之书，卷帙内容，可以知矣。盖璩在蜀为史官时，为李寿撰有"《蜀汉书》十卷"，寄与石虎。北人别称之为《汉之书》。《通典》又单称曰《汉书》。汉，李寿所改国号也。沿用《汉书》旧名，体例应相似。又必然加蜀字以与班固《汉书》区别。故其书入江左后，改曰《蜀李书》，不承认其绍汉统也，藏之"秘阁"，禁流行也。不毁，保存史料也。削为九卷，删《序志》一卷也（或当常氏写上此书时已删）。在蜀原著，当是十卷。约可估为《益、梁、宁三州志》三卷，咸熙以前史记一卷，《李特·雄·期·寿本纪》三卷，李氏诸宗及异姓大臣传记二卷，《序志》自述其家世与诸常传记一卷。其晋秘阁所传"《蜀李书》九卷"，唐宋间复出，与北方流传之"《汉之书》十卷"并存。故《新唐志》与《通志》并收之。实一书，写本异耳。《宋史·艺文志》别史之"《华阳国志》十卷"显与霸史之"《华阳国志》十二卷"内容不同。疑别史之《华阳国志》，为《华阳国记》之讹。正即《蜀汉书》之别称。与此《序志》之《华阳国记》十篇正合。盖常氏撰《蜀汉书》时，原有此别称。入晋后，未便用《汉书》字，曾题其自所藏底本为《华阳国记》，宋时亦曾出世，收入内库，被讹为《华阳国志》也。至于在江左所改撰者，则为本篇所序之十二卷无疑。《新唐志》作十三卷者，以《三州士女目录》别为一卷也。《旧唐志》作"三卷"者，脱十字也。由是推断，足见此篇《序志》，多有仍用《蜀汉书》旧《序志》文之处，未及改易篇目数字与《华阳国记》旧称，亦缘年老疏忽，未反覆自校故耳（《华阳国记》，《水经注》卷三十三引作《华阳记》）。

⑭书契五善，说出荀悦《汉纪》。其卷一云："夫立典有五志焉：一曰达道义。二曰章法式。三曰通古今。四曰著功勋。五曰表贤能。"常氏取其说而易其字。惟"法式"与"法戒"，文义出入颇大。法式，贤者之懿行、善规。法戒，善恶对比所取鉴。通上下文衡之，《常志》为长，戒与式，汉魏时常多混，如蜀将陈式，一作陈戒（参看卷七2章之注⑱）。疑《汉纪》式字为讹。

⑮《说文》："故，使为之也。"徐锴曰："使之也。"在此篇，当以"剸灭者多，故有所阙"为句。续言：虽有所阙，"犹愈于遗忘焉"。并为一句，则省"虽有所阙"字。若上自"剸灭者多"断句，则下当以"虽有所阙，犹愈于遗忘焉"为句。故与虽字，皆承上启下之词，非上有所兼承，则不当并用。而此上文可以"剸灭者多"一语作结，非有所兼承。足知元丰本"故虽"二字聊举为有衍文。当是吕刻所据钞本衍虽字，嘉泰以来各本无虽字，或缘有别钞本参订，当遵。廖本犹依元丰本改，为非。

二

《蜀纪》言："三皇乘只车出谷口。"秦宓曰："今之斜谷也。"及武王伐纣，蜀亦从行。《史记》：周贞王之十六年，秦厉公城南郑。此谷道之通久矣。而说者以为蜀王因石牛始通，不然也①。《本纪》既以炳明，而世俗间横刘本作撗。有为蜀传者，言蜀王、蚕丛之间周回三千岁。又云：荆人鳖灵死，尸化西上，张、刘、吴、何、李、王、浙、石本作土。后为蜀帝。周苌弘之血，变成碧珠。杜宇之魄，化为子鹃。又言：蜀椎髻左衽，元丰与钱写本作袵。未知书，文翁始如书学②。案张、吴、何、王、石本作按。《蜀纪》："帝居房心，决事参伐。"《秦宓传》引作"天帝布治房心，决政参伐。"参伐元丰、钱、刘、李、函、廖本重参伐字。张、吴、何、王、浙、石本不重。则蜀分野，言蜀元丰本无蜀字。在帝议政之方，帝不议政，则王气流于西；故元丰本无故字。周失纪纲，而蜀先王；七国皆王，蜀又称帝。此则蚕丛自王，杜宇自帝，皆周之叔世，安得三千岁③？且太素资元丰本作咨。始，有生必死。死，终物也。自古以来，未闻死者能更生；当世或遇有之，则为怪异，子所不言，况能为帝王乎④？碧珠出不一处，地之相距动数千里，一人之血岂能致此⑤？子鹃鸟，今云是巂，张、吴、何、王、浙、石本作巂，下同。或曰巂周，此下，各本皆有本注云："今按《说文》云：蜀王望帝姚其相妻。惭，亡去，为子巂鸟。故蜀人闻子巂鸣（元丰与廖本无鸣字。他各本有），皆起云望帝。巂，户圭切。所言舆《蜀志》所述相似。《尔雅》亦云：巂周，子巂鸟也，出蜀中。"元蜀本此注末有七空格。四海有之，何必在蜀⑥？昔唐帝万国时雍，虞舜光宅八表，大禹功济九州，后稷封殖天下，井田之制，庠序之教，由来远矣。此下，元丰本有"以礼"二字。孔子此下，钱、刘、张、吴、何、李、《函》、王、浙、石本皆有曰字。元丰与廖本无。曰："述而不作，信而好古，窃比于我老彭。"则彭祖本生蜀，为殷太史。夫人为国史，作为圣则，仟自上世，见称在昔；及周之末，服事先秦，首为郡县；虽滨戎夷，亦有冠冕，故《蜀纪》曰"大人之乡，方大之国"也；至于汉兴，反当荒服而无书学乎⑦？《汉书》曰："郡国之有文学，因文翁始。"若然，翁以前，齐鲁当无文学哉⑧？汉末时，汉中祝元灵，性滑稽，用州牧刘焉谈调之末，与蜀士燕胥，聊著翰墨，当时以为极欢，后人有以为惑。恐此之类，必起于元灵之由也⑨。惟智者辨其不然，幸也。"必起"以下十七字，及下文"综其理数"四字，元丰本无。他各本有。又此下，各旧本连写。兹分章另起。

案：以上第二大段，驳当时世俗所传关于蜀事之五种谬说。为常璩史识高于一般俗流之处。然其所据以驳谬说者，如《蜀纪》等，本身即多为谬妄无实之陈文，在今日视之，正如以盲斥盲，尚有待于明眼者为之订正也。

【注释】

①"蜀纪"，指扬雄之《蜀本纪》。亦曰《蜀记》。晋宋时，此书犹存，常璩与裴松之并曾引用。《三国志·秦宓传》：宓语广汉太守夏侯纂曰："民请为明府陈其《本纪》。蜀有汶阜之山，江出其腹，帝以会昌，神以建福。……禹生石纽，今之汶山郡是也。……天帝布治房心，决政参伐。参伐则益州分野。三皇乘只车出谷口，今之斜谷是也。"裴注："《蜀记》曰：'三皇乘只车出谷口。'未详宓所由知为斜谷也。"或疑谯周有《巴记》《蜀记》。裴注所引为谯周书。由常氏此文证之，乃扬雄《蜀纪》文也。且周为秦宓弟子，宓此所

引，惟当是扬雄书，不得为周之《蜀记》。"三皇"，为过去史家施于邈古时代执政者之统称，原不实指何人。《尚书纬》有《河图三五历》者，指为天皇、地皇、人皇，亦泛称也。《尚书大传》，谓"遂人以火纪，阳尊，故托遂皇于天。伏羲以人事纪，故托羲皇于人。神农悉地力，种谷蔬，故托农皇于地。"《白虎通》以燧人、伏羲、神农为三皇。《春秋运斗枢》则以伏羲、女娲、神农为三皇，唐司马贞《三皇本纪》因之。孔安国《尚书序》，皇甫谧《帝王世纪》并以伏羲、神农、黄帝为三皇，盖取《易系辞》古史起于包羲之羲。扬雄《蜀纪》所言三皇，盖从黄帝之说。世称贡帝始作舟车。故言乘只车出谷口者，必非神农以上人也。只车，旧无解释。今按：《史记·孔子世家》赞："余只回留之不能去。"《索隐》云："只，敬也。言只敬迟回不能去之。有本一作低回，义亦通。"然则所谓只车，当可读如低车，与"高车"相对。谓山道险窄，只能用小轮低车，辅以人扶，若辇，敬慎而行，故亦曰只车也。秦宓谓谷口即斜谷，盖据《汉书》王贡两龚鲍传，其序文中有"谷口郑子真"一语。子贞居褒，正斜谷南口也（参看《汉中士女赞注》）。道家之书，每言黄帝入蜀问道于青城之广成子。今青城山有"轩皇台"。其说难信。然秦岭山谷，在原始社会时已有通道，则属必然。缘原始社会，尤以旧石器时代，人类活动地带在森林山地，惟江河与沼泽能阻之。进入农丛时代以后，山岭密林乃为人类往来障碍。又须待交通发达到一定程度后，乃再向山岭辟路。"三皇"时代，历史之旧石器时代也。谓三皇时斜谷道路已通，合于历史法则之说也。谓三皇乘只车出谷口，则谬于历史法则之说。常氏此说，虽据扬雄、秦宓，仍非足以征信者也。惟所引《尚书·牧誓》之"蜀"，与《史记·秦本纪》之"城南郑"以驳"石牛道"说，甚是。参看《蜀志》3章之注⑨。

②横，逆于理也。此言《蜀本纪》所无，而世俗横造之，下举五事皆是。然则此五事皆扬雄《蜀本纪》所不言。世人辑本犹或有之者，皆误辑也。

③"房心"，"参伐"，并星宿名，已注在《巴志》1章与《蜀志》2章。"参伐则蜀分野"，为秦宓解释《蜀记》语，见《三国志·宓传》。"言蜀在帝议政之方"以下，又常氏发挥秦宓之意，而以蜀先称王、称帝为之证验者。并借此以证蚕丛、杜宇皆在东周之世（叔世），不得相去三千岁。今按：自杜宇上溯至蚕丛开国，以社会发展之一般规律估计，当为旧石器时代至新石器末期，三千岁只能更多，不至更少。原估计者为谁，出于何书，今未能详，大抵出于蜀地历法家，如洛下闳等，或秦汉间方士者流之纬书。其估计亦有一定之方法依据，非常璩所知。璩但因相传蚕丛王目纵，而魏晋时所见羌地石棺，传为"纵目人冢"，遂谓蚕丛为周代蜀王。不足取也。参看《蜀志》2章之注②、③。

④"太素"，谓初有人类之时。《列子·天瑞篇》："夫有形生于无形，则天地安从生。故曰：有太易，有太初，有太始，有太素。"此谓混沌初开，由不见气质而渐有气质（太初），而始有生物（太始），至初有人类（太始），初有文化（太素），颇与近世科学推论符合。常璩此言自有人类，即有生死。"终物"，谓一事体之结束。物作事物解。谓一事物阶段结束，将转化为另种事物。故人死亦曰"物化"，一曰"物故"。此其说，亦颇合于科学意义。惟以下又以"子所不语"之怪，即不可能为帝王，仍是迂儒之论，殊不能驳倒鳖灵尸化之说。参看《蜀志》2章之注⑩。

⑤苌弘血化为碧之说，首见于《庄子·外物篇》。其文云："苌弘死于蜀，埋其血，三年，化为碧。"谓其血化为碧耳，非谓天下之碧皆弘血所化也。常璩此处所驳，不与庄子之说相应。盖别有缘庄子说，发展为天下碧珠皆弘血所化，竟有呼碧珠为"苌弘血"之世俗谬语，常氏从而驳之。常氏盖未读《庄子》，不知其有此文。故书中古人，收列彭祖、尹吉甫、巴蔓子，而不及苌弘也。苌弘事，《左传》昭十一年至哀三年几于各年皆见，但言其为周大夫，不言蜀人。言蜀人者惟《庄子》。大抵其人富有学识，通晓术数，仕于

宗周，与刘文公友善。欲以方术为周振饬纪纲，为晋之执政所恶，协使周王杀之，世咸以为冤，因而有传其仙化者。《左传》无仙化之说。哀三年云："刘氏、范氏世为婚姻。苌弘事刘文公，故周与范氏。赵鞅以为讨。六月癸卯，周人杀苌弘。"《国语·周语》略同。《淮南·氾论训》："苌弘，周室之执数者也，天地之气、日月之行、风雨之变、律历之数，无所不能，然而不自知车裂而死。……故苌弘知天道而不知人事。"《史记·天官书》："昔之传天数者，周室史佚、苌弘。"又《封禅书》："苌弘以方事周灵王。诸侯莫朝周，周力少。苌弘乃明鬼神事，设貍首。貍首者，射诸侯之不来者。依物怪，欲以致诸侯。诸侯不从，而晋人执杀苌弘。"《汉书·艺文志》，"阴阳家"有"《苌弘》十五篇。"秦汉时人所传苌弘事如此。晋人王子年著《拾遗记》，其《周灵王篇》，言苌弘为灵王招致神仙异人。有容成子者谏王。王乃疎苌弘而求正谏之士。王又得玉人、石镜，苌弘言为圣德所招，"周人以苌弘幸媚而杀之。流血成石，或言成碧，不见其尸矣。"宋人林虋著《庄子口义》，有云："苌弘被放归蜀，刳肠而死。蜀人以匰藏其血，三年化为碧玉。"《仙传拾遗》云："周末，杀苌弘于蜀，其血碧色，入地化为碧玉，数里路土皆青色。今蜀有青泥坊，即弘死处。"（并张澍《蜀典》引）此魏晋以下人所传苌弘事，益诞妄矣。常璩与王子年约略同时，所闻大抵相似，故以弘为"幸媚"而黜之，不收入志，并于此驳"化碧"之说也。

⑥子鹃鸟，今曰杜鹃，即缘相传为杜宇所化，始有此种也。常氏以"四海有之"一语驳倒。关于鹃鸟及鳖周，已详卷三 2 章之注⑭。碧石为无生物，亦四海有之，然非苌弘死后乃有。鹃鸟为生物，亦非杜宇死后乃有，然人传为杜宇死后乃有，故常氏驳化碧之说不应题，驳化鹃之说应题。然在今日视之，固皆不值一驳之谬说也。

⑦此驳文翁以前蜀无文学（书学）之说，所举理由有五：一、举《尚书·尧典》："允恭克让，光被四表，格于上下，……协和万邦，移民于变时雍。"证巴蜀在唐虞时已与中原同在"万国时雍"之列，已有庠序之教。孔安国《古文尚书序》："昔在帝尧，聪明文思，光宅天下。"光宅与光被同义。天下与四表、八表（四表加四隅）同义。《常志》移光宅八表于舜者，伏生所传《今文尚书》以《尧典》《舜典》合为一篇，谓尧舜同体故也。二、举禹制九州，封殖天下，证梁州之域亦当有井田之制，与庠序之教。"功济"，谓禹导九州之水，瀹畎浍，则三壤，定九级之田与五服之赋，为井田法所依据。陆贾《新书·道基篇》："后稷乃列封疆，画畔界，以分土地之所宜。"为常氏"后稷封殖天下"所据。三、引《论语》"窃比于我老彭"文，证孔子著述，取法于蜀人彭祖。则孔子以前蜀地文化已高可知。彭祖家于彭蒙，见《蜀志·犍为郡序》（卷三15章之注⑧）。为殷太史，出《世本》。"伦自上世"，贡葛洪《神仙传》。"作为圣则"，谓其著作为孔子所取法。四、举秦灭巴蜀，为郡县，在三十六郡之先，证蜀、巴成为内地之早，必由其文化已高。为郡县必有图籍，非文化已高则图籍无凭建立也。五、举《蜀纪》"大人之乡"二语，证蜀中早有书学。《易·乾卦》："大人者，与天地合其德，与日月合其明，与四时合其序，与鬼神合其吉凶，先天而天弗违，后天奉天时。"《论语·季氏》："君子有三畏：畏天命，畏大人，畏圣人之言。"何晏《集解》："大人，即圣人与天地合德者。"

⑧此举《汉书·文翁传》文"至武帝时，乃令天下郡国皆立学校官。自文翁为之始云"句，证汉之郡置"学官"（学校官），始于文翁，非郡国之有文化（书学）始于文翁。齐鲁之置学官，始于武帝时，更晚于蜀。若谓蜀置学样官后始有"文学"（书学，或文化）则文翁以前，齐鲁亦尚无"文学"耶？综上述理由，惟此条最有力。盖世俗所传：蜀至文翁时"始知书学"，所据亦惟《文翁传》。病在误解传文，以学样官之设为始知书学也。前此五驳，皆征引不足尽信之古文，以证蜀已早有文化，说服力犹未大。蜀之早有文化，

当用昌意降居若水，娶蜀山氏女，禹生石纽，启生涂山，苌弘蜀人，洛下闳历法，李冰盐井，王延世治水技艺，及诸地下发掘物证实之。常氏未能及此，亦由时代所局限也。

⑨祝龟字元灵，行事见《汉中士女赞注》。其中"通博荡达"句，与此文相应，犹云博识而好标新立异，哗众取宠，不循矩度，若淳于髡、东方朔之流也。常璩于此，疑诸说起祝龟谈调戏语，不必即定为祝龟之说，或由后人发展龟时戏论所造，故曰："恐此之类，必起于元灵之由。"谓由元灵起也。"谈调"，谓谈笑、调侃，非庄重语，"末"，谓卑行、末枝，非端正也。"燕胥"，谓朋侪燕私笑乐，摒弃威仪之集会。燕与晏通，又作安适解，胥本义为蟹肉，借作孱软无威之义。

三

综其理数①，或以为西土险旧各本并作崄。廖本作险。固，襟元丰、钱、刘、张、李、《函》本皆作衿。吴、何、王、廖、浙、石本作襟。带易守，世乱先违，道治后服，若吴楚然。【固】故旧各本作故，廖本独作固。当讹。▲逋逃必萃，奸钱、刘、李、《函》本作奸。雄窥觎②。盖帝王者统天理物，必居土中，德元丰本作得。膺命运③。非可资能恃险，以干常乱纪。虽饕窃名号，终于绝宗殄祀。何者？天命不可以诈诡而邀，神器不可以侥幸而取也④。是以四岳，张、吴、何、王、浙、石本作狱。三涂、阳城、太室，九州之险，而不一姓。冀之北土，马之所产，古无兴钱写作典。国⑤。夫恃险凭危，不阶历数，而能传国垂世，所未有也。故公孙、刘氏，以古以、已二字通用。败于前，而诸李踵之，覆亡于后。天人之际，存亡之术，当读如数。二字古通。可以为永鉴也⑥。千运犯历，破家丧国，可以为京观也。今齐之《国志》，贯于一揆，同见一臣，所以防狂狡，杜奸萌，以崇《春秋》【败】贬顾广圻校稿改败作贬。廖本注云当作贬。▲绝之道也⑦。而显贤能，著治乱，亦以为奖劝也⑧。

案：以上第三段，论地险不足恃，天命不可逆，斥公孙、刘氏、李氏割据为奸狂之鉴：自是亡国大夫论述故国史事照例当有之文章。

【注释】

①"理"，言事物必然之辙。"数"，言造物发变之道。"理数"，即昔人所谓"天数"，"气数"，"定数"。用此句领起此章结论。

②"或以为"，托为他人之说，而不能指其人，实常氏自设之论也。"襟带"，言山水回护，如人衣之有襟，(衿字通)腰之有带。《史记·春申君传》："襟以东山之险，带以曲河之利。"此用其典。"世乱先违，道治后服"二语，由公孙、刘、李陈迹得之。后世云"天下未乱蜀先乱，天下已治蜀未治"，缘此文义也。

"若吴楚然"句，盖常璩讽刺东晋朝廷亦割据之雄也。吴、楚并跨长江，无险固外障，不可与蜀之险阻比似。又当时为晋朝廷根据地，尤未可与蜀似。于文，亦可不有此语，而竟有之者，若非北方传钞者所加，即当是璩不堪江左臣工鄙薄，为此忿激之语。就下文"必居土中"一语推断，当以后才为合。"逋逃"，犯法逃亡者，窥觎，今日觊觎，不正之当之希冀也。惟其地险而远，故为逋逃所萃，奸雄所觎。

③《易·乾卦》："大哉乾元，万物资始。乃统天。"常氏依此，造"王者统天理物"句。理，治也。《尚书·召诰》："王来绍上帝，自服于土中。"服，居也。谓周王承绍天帝，当营洛邑，宅于天下之中也。西晋都洛阳，故璩用此典，以讽江左偏安之局。"命运"，谓天命五德相代之运，汉、魏、晋世历数家惟心绝谬之说也（参看卷五2章之注⑦）。膺，当也。《尚书·武成》："诞膺天命，以抚方夏。"

④"干常乱纪"，谓犯天常（伦常），破坏人纪（法纪）。恃其才能险阻，称帝称王。"饕"，贪食也，引伸为贪得非分。"神器"，谓帝王之位。《老子》："将欲取天下而为之，吾见其不得已。天下神器，不可为也。"此用其义。

⑤此出《左传》昭四年，司马侯劝晋侯许楚使语。晋侯曰："晋有三不殆，其何敌之有？国险而多马，齐、楚多难。有是三者，何乡而不济？"司马侯对曰："恃险与马，而虞邻国之难，是三殆也。四岳、三涂，阳城、大室、荆山、中南，九州之险也，是不一姓。冀之北土，马之所生，无兴国焉。恃险与马，不可以为固也，从古以然。"嶽、岳、大、太，古字音、义并通。"四嶽"，四方之大山，即五岳除嵩高外，岱、衡、华、恒四山。"三涂"，指洛阳附近三险隘要道，即北之太行，西之崤函，南之辕辕。"阳城"，山名，即今南登封县东北之五虎岭，属嵩高山脉。"太室"，嵩山之别名。嵩山二峰，东峰太室，为主峰。西峰少室，并称嵩岳。中原平旷，昔人以能限制车行者为至险，故其言如此。荆山在湖北，中南即钟南，秦岭之主峰，在陕西，《常志》略之。"冀之北土"，今内蒙草原是也，简称冀北。产良马。故曰"伯乐一过冀北之野而马群遂空"，谓其无马不良，皆经伯乐选去也。司马侯云："从古以然。"常氏移古字于"无兴国"上为句。明史家行文，一字不能苟也。

⑥"阶"，亦凭借之义，《汉书·异姓诸侯王表》："汉无尺土之阶，由一剑之任，五载而成帝业。""历数"，谓天命运行之数。《尚书·大禹谟》："天之历数在汝躬。"《孟子》："尧曰：咨尔舜，天之历数在尔躬……舜亦以命禹。""天人"，谓天意与人心。《尚书·泰誓》："天视自我民视，天听自我民听。"又云："民之所欲，天必从之。"班彪《王命论》："往者王莽作逆，汉祚中缺，天人致诛，六合相灭。"常氏此谓：天人予夺之间，存身、灭族之道，事例具在；降者存身，刘璋、刘禅、李势是，逆者灭族，公孙述、延岑等是，可以永为世鉴，故著于篇也。

⑦"京观"，谓败敌后，收其尸丛理为阜，示后世武功也。《左传》宣十二年，叙邲之战，晋师已败，潘党谓楚王曰："君盍筑武军而收晋尸，以为京观。臣闻克敌，必示子孙，以无忘武功。"杜预注武军云："筑军营以张武功。"注京观云："积尸，封土其上。"《汉书》卷八十四《翟方进传》：王莽既平刘信、翟义，"诏曰：盖闻，古者伐不敬，取其鲸鲵，筑武军封，以为大戮。于是乎有京观，以惩淫慝。"（颜师古注误为"《左传》载楚庄王之辞。"）今按：武军，谓筑营垒如军营而空之，就其壁，填敌尸而封以土，乃名京观。京，大也。观，土阜如阙，可登览也，亦具鉴戒之义。《常志》"京观"句，似与上文"干常乱纪"，"绝宗殄祀"、"以为永鉴"之义重复，有反复再三于亡国之痛意味。细核文义，殊又不然。盖仅以此句为叙列李氏始末之理由，当别与"齐之《国志》"，"以崇《春秋》贬绝之道"句为一小节，故无嫌其与上文重复也。

《国志》，谓陈寿《三国志》。《三国志》载先、后主事用本纪体，《常志》于李雄等志亦分年别月，如本纪体，畏以此得祸，故预为之说曰"齐之《国志》，贯于一揆，同见不臣。""以崇《春秋》贬绝之义。"《汉书·扬雄传·赞》："诸儒或讥以为雄非圣人而作经，犹春秋吴楚之君僭号称王，盖诛、绝之罪也。"注引"刘敞曰：绝，读如《春秋》贬绝之绝。"今按：古人言《春秋》者，夸称孔子行文褒贬义例。传有而经不书者，谓孔子绝之。书于经者，谓孔子褒之、贬之。贬亦云是"笔诛"。故"诛、绝"，亦即"贬、绝"也。常氏言：书僭伪事，系法《春秋》贬绝之义。旧刻误为"败绝"，当依顾广圻校改。

⑧此回顾书契五善"矜贤能"、"章法戒"等句，借以说明编入《先贤》《后贤》二志意义。"著治乱"亦即以章法戒也。"著治乱"贯穿全书，为行文之便，合置于此。

四

其序曰：

先王经略，万国剖分。厥甸巴、梁，式象县钱写本作縣。他各本作縣。古字通。辰①。九牧旧各本作俊，惟廖本作牧。述职、贡赋元丰、与廖、浙本作贡赋，他各本皆作赋政。以均②。佐周毙纣，相汉亡秦，实繁其民，世载其后③。述《巴志》第一。

维天有汉，鉴亦有光，实司群望，表我华阳④。炎刘是应，洪祚攸长⑤。顾广圻校稿云：下疑脱去。廖本注云："按此下当有脱文。"今按：此十二目文，长短原不一。一般四十字。此条较少十六字，先主志多十六字，后主等志多八字。非有衍脱也。述《汉中志》第二。

井络启耀，文昌契符⑥。芒芒旧各本皆作茫。廖本独作芒，义可通。禹迹，钱、张、刘、李、《函海》本作绩。廖及他各本作迹。画为九州。功冒普天，率土以休⑦。光灵遐照，庆祚爽流。邦家济济，世德球球⑧。述《蜀志》第三。

蠢尔南域，在彼要荒。汉武德振，蛮貊钱写本作貊。是攘。开州列郡，幽裔来王⑨。柔远能迩，实须才良。甄德表刘本表字空，李本作勿。失，以明纪纲⑩。述《南中志》第四。

赤德中微，巨猾干篡。白虏乘衅，致民涂炭⑪。爰迄灵献，皇极不建，牧后失图，钱写误作国。英雄迭进。顾广圻校稿于进字，志疑号。未作订正。今按：当读如荐。说在注释。覆车齐轨，蒙此艰难⑫。述《公孙述、刘二牧志》第五。

政去王室，权流三杰⑬。廖本作三杰。刘、李本作二杰。他各本皆作二桀。瓜分天壤，宰割民物。舍彼信顺，任此智计。大道既隐，诡诈竞设。并钱写作并。以豪特，钱写作恃。何、王、石本作恃。力争当世⑭。居正虑明，名号绝替。身兼万乘，籍同列国⑮。述《刘先主志》第六。

乾坤混始，树君立王，天工人代，万邦是望。明不二日，地不重王。元丰、刘、李、浙本作重皇。张、吴、何、《函》、王、石本作二皇。廖本作重王。苟非其器，穷高必亢⑯。蒙蒙后主，弗虑弗臧，负乘致寇，世丛以丧⑰。述《刘后主志》第七。

阳升三九，品物始亨⑱。帝纮失振，任非其良。赵倡何、王、浙、石本作昌。祸阶，乱是用长⑲。罗州播荡，朱刘、李本作未。旌莫元丰与刘本作其。他各本并作莫。亢⑳。皮、张不造，戎丑攸行㉑。哀哀黎元，元丰与廖本作藜元，钱、张、刘、李、《函海》作冗黎、吴、何、王、浙、石本作元黎。顾张、吴、何、王、浙、石本误作硕。瞻靡望㉒。述《大同志》第八。

素精南飘，天何、王、石本作大。维弛纲㉓。薨薨刘李本作薣薣。特流，肆其豺狼。荡、雄纂承，歼我益梁。牧守颠摧，黔首【卒】辛元丰、钱、张、刘、吴、何、李、《函海》并作辛，独廖本作卒，当讹。尝。三州毁旷，悠然以荒㉔。络结王网，元丰、廖本作罔。钱、刘、李、《函》作网。张、吴、何、王、浙、石本作网。民亦流亡㉕。述《李特雄期寿势刘李本无势字。志》第九。

华岳降精，江汉吐灵，济济多士，命世克生。德为世儁，张、吴、何、《函》、王、浙、石本作隽。干为时贞。略举士女，表诸贤明。世济其美，不陨其名㉖。述《先贤士女总赞论》第十。各本文同。《函海》注云："刘、吴、何、李本亦作论。"盖疑论字有误。缘卷十标题无论字也。

皇皇大晋，下土是覆，化赡元丰与廖、浙本作赡，他各本作淡。教洽，李本作治。诞兹彦茂㉗。峨峨俊乂，亹亹英秀。如岳之崇，如兰之臭。经德秉哲，绰然有裕㉘。述《后贤志》第十一。

博考行故，总厥旧闻㉙。班序州部，区别山川㉚。宪章成败㉛，旌昭钱写作照。仁贤㉜。抑绌虚妄，纠钱、张、吴、何、王、浙、石本作斜，正谬言。显善惩恶，以杜未然㉝。述《序志》第十二。

案：以上，叙十二篇目。自司马迁以下汉、魏、晋人著书者，例有如此一篇，用四字韵语序其篇目内容、旨趣。务在典雅，力摹上古语言。兹仅略阐其意，其语义易知及无关宏旨者，皆不细注详释。

【注释】

①"经略"，谓经营天下，即《周礼》"体国经野"之义。《禹贡》："五百里甸服。"谓距帝都五百里内已治田畴，画井里，甸服之人，自诩为先进之民，称曰"诸夏"。地曰"禹甸"。迄来周时，夏族范围扩大，故《周礼·职方氏》之"甸服"，延至王畿千五百里以内。"方千里曰王畿。其外五百里曰侯服。其外五百里曰甸服。"畿甸皆称"诸夏"矣。常氏于此，取《周礼》说，以巴、梁为甸服。巴，指巴地。梁，指《禹贡》梁州。"悬辰"，谓天文分野。已详《巴志》2章。

②《周礼·职方氏》:"王设其牧。制其职,各以其所能。制其贡,各以其所有。"言州各有牧,有贡斌之制也。舜十有二州,有十二牧。《禹贡》九州,则夏当有九牧。《禹贡》九州,各言其贡、赋。常氏此取其说。

③此谓巴人参与牧野之师,与賨人佐汉高祖定三秦。言巴土人力雄厚,亦世有杰出人物。

④首二句,《诗·小雅·大东》成文,谓天上银河。"群望",谓九州之名山大川。《尚书·舜典》:"望于山川。"又"岁二月东巡守,至于岱宗,柴,望秩于山川。""五月南巡守,至于南岳,如岱礼。八月西巡守,至于西岳,如初。十有一月朔巡守,至于北岳,如西礼。"是即谓四方山川,皆行望祭。故曰"群望"也。常氏此言天上银汉,司群望之神;地上汉水,为华阳之表。表,标志也。

⑤刘邦以火德王,故曰"炎刘";兴于汉中,萧何曰:"语曰天汉,其名甚美。"常氏谓其上应天文,故能统一中夏,传世外远也。

⑥"井络",已详《蜀志》1章之注⑧。"文昌",星名,在北斗魁前,近紫微座,凡六星,作半月形,见《星经》(《史记·天官书》同)。在二十八宿以外,不预"分野"之列,与"井柳""舆鬼"无关联。此云"文昌契符",承井络为句,疑"文昌"是"会昌"之讹。《蜀志》已引《河图括地象》曰:"岷山之精为井络,帝以会昌,神以建福。"或曰:文昌六星,接近房心,帝所居也。"帝居房心,决事参伐。参伐则益州分野"(见上文),则文昌亦与蜀郡之"多斑彩文章"(《蜀志》文)有关,故曰"文昌契符"也。亦自成理。或曰:梓潼本蜀地。志言:"有善板祠,一曰恶子。"即今所谓文昌帝君祠,为司禄命之神,与《天官书》称文昌六星中有"司命""司禄"之名相应。序志"文昌契符"指出。然常氏以梓潼入《汉中志》,此则述《蜀志》之词,不当牵及梓潼。且常氏于梓潼固未言善板祠为文昌祠。是文昌帝君之说,晋时无有。凡此皆封建时代妖谬之说,不足详定,但推究其文义如此。

⑦此言禹生于蜀,平治水土,功德冠天下。芒芒,远、大貌。《诗·商颂·玄鸟》:"殷宅土芒芒。"魏晋以来,通作茫茫字。左思《魏都赋》:"茫茫终古。"亦广大悠远之义。廖本改旧刻从古经,究为胜处。"冒",冠也。《左传》昭七年,《孟子·万章上》,并引《诗》云:"普天之下,莫非王土。率土之滨,莫非王臣。"常氏此用其义。

⑧此言蜀地人物,上应天星,奕世蔚盛。"光灵",指星宿。"庆祚",在此作福祚解,即"帝以会昌,神以建福"之义。"爽流",流行不滞也。"济济",众盛貌。"济济多士",屡见于《诗·小雅·南山有台》:"乐只君子,邦家之基。""邦家之光",亦喻多士足以兴国也。"球球",美玉联续貌《诗·大雅·下武》:"世德作求。"又,《商颂·长发》:"受小球大球,为下国缀旒。"此云"球球",即用"缀旒"之义。言蜀中如成都、赵氏、郫、何氏、江原、常氏等族,世德相承如缀旒,即《蜀志》:"搢绅邵右之畴比肩而进,世载其美"之义。

⑨《诗·大雅·采芑》颂方叔南征事,有云"蠢尔蛮荆"。《尔雅·释训》:"蠢,不逊也,"《左传》僖四年:"桓公救中国而攘夷狄。"常氏此言南中本南夷之国,三代为要荒之服。汉武帝始攘蛮貊,关郡县,化边裔为华夏。幽,远也。裔,夷也。来王,归义、向化也。

⑩此言治理边裔,尤须循良才干之士。苟失其人,必致叛乱。常氏《南中志》多述官吏贤劣之文,以验得失,明纪纲。"柔远能迩",用《尚书》原文,《舜典》《顾命》《文侯之命》并有。《中庸》:"柔远人,则四方归之。"

⑪"赤德",谓汉以火德王,色尚赤。"巨猾",指王莽。"白虏",指公孙述自称白帝。

⑫此言刘焉父子,与公孙述同轨,致一方人民蒙难。"皇极",出《洪范》,已前注。"进"字,一般读即刃切,音晋,与上韵不协。今按:进与荐字义可通。《礼·儒行》:"推贤而进远之。"进字即当读如荐。又《列子·汤问篇》:"王荐而问之。"荐亦当读如进。是古代不惟荐与进义通,音亦正同,故义能相假也。《儒行》《汤问》,实皆秦汉间士流所造,其读进字音必如荐。由常璩此文,又可知晋时仍读如荐。读即刃切,始于《唐韵》,非古音也。

⑬"二杰",谓曹操与刘备。不及孙权者,操与备皆以兴扶汉室作号召,权则但图割据,与"政去王室"句不相应。操亦曾语备曰:"天下英雄,惟使君与操,本初之徒不足数也。"举袁绍而不及袁术诸人,亦缘绍亦以扶汉号召也。廖本以天下三分,遂改二作三,甚非。就文体言,赞先主,不当以天下三分为主题。惟先主之割据,对曹氏而有也,故不能不并及曹氏,于孙氏则不当及。或言"二桀",谓董卓与曹操相继专权也。故张佳胤本作杰,不作桀。此说亦非。《诗·卫风·伯兮》:"邦之桀兮。"桀,谓人物特出者,与杰同义。由夏末帝用此名号,遂具恶义。常氏不至并称操卓为桀。

⑭此亦就刘备与曹操争权角力言之。并斥其皆任智计,尚诡诈;谓"同德则量力",备力较小,而不能以信顺大道胜曹氏,故得地亦较少也。

⑮"居正",谓刘备承汉正统。"虑明",谓备能行明王之政。《尚书·周官》:"明王立政,不惟其官,惟其人。"常氏此言备能用诸葛亮等人也。"绝替",谓曹丕篡汉而后刘备称帝,名号甚顺。替,犹承也。末句,讥备号承汉帝而地仅同于列国,由德不足以胜曹氏。籍,图籍,载地与民者。

⑯此言为君之不易。明下文,后主非其才。首句言,初有人类,即有"君"、"王"为人群首领。此惟心史家之谬说,而常氏胶执之。在今日,不值诠述。《尚书·皋陶谟》:"无旷庶官,天工,人其代之。"谓君与百官,皆天之所设,天不能自行其职,故以人代之。故居其位者,当仰体天心以副人望。《礼纪·曾子问》:"孔子曰:天无二日,土无二王。"《孟子·万章上》:"孔子曰:天无二日,民无二王。"常氏于此再改其词作:"明不二日,地不重皇。"王、皇同义,避重上文王字,故作皇。元丰等旧本不误。廖本改作王,非。若王字不可易,则宁用《礼记》旧文,他各字改易皆非也。"亢",悔也。《易·乾卦》:"亢龙有悔。"常氏此言:苟位非其才,则名号愈高,祸悔亦愈大。

⑰此言后主才德不称其位,必然亡国。"蒙蒙",细雨昏晦貌。"虑"谓虑政,即《尚书·说命中》"虑善而后动"之义。"臧",臧否之省文。《诗·大雅·抑》:"未知臧否。"《左传》隐十一年:"师出臧否亦如之",皆辨识人物之善恶。《易·系辞》:"子曰:作《易》者,其知盗乎。《易》曰:负且乘,致寇至。负也者,小人之事也。乘也者,君子之器也。小人而乘君子之器,盗思夺之矣。"常氏以喻刘禅之亡国。

⑱"三九",在此,倒"九三"为义。《易·乾卦》:"乾,元亨利贞。初九,潜龙勿用。九二,见龙在田,利见大人。九三,君子终日乾乾,夕惕若厉,无咎。"象曰:"潜龙勿用,阳在下也。见龙在田,德施普也。终日乾乾,反复道也。"《文言》曰:"初九曰潜龙勿用,何谓也。子曰:龙德而隐者也。……九二曰见龙在田,利见大人,何谓也。子曰:龙德而正中者也。"常氏借此以喻晋室之兴,谓宣帝(司马懿)仁魏,"阳在下也。"文帝(司马师)已得其位而不享其名,"龙德而正中者也"。武帝受禅,已正名位,忧勤惕厉,为"阳升三九"也。"品物始亨",承《易》文"元亨利贞"而言。孔颖达集汉儒诸说释"元亨利贞"云:"言此卦之德,有纯阳之性,自然能以阳气始生万物,而得元始亨通。能使物类和谐,各有其利。又能使物坚固贞正,得终。"即此品物如亨之义。

⑲此言武帝后,晋政不纲,赵廞据蜀作乱。"纮",本义为冠之系带与编罄之绳,此借为纪纲之义。"祸阶",

犹言祸梯，厉阶。《史记·赵世家》："毋为祸梯。"《诗·大雅·卬》："妇有长舌，维厉之阶。"皆谓祸乱之阶梯。"长"，读如滋长之长。言赵廞倡之，乱遂滋长。

⑳"罗州"，谓益州刺史罗尚。"朱旄"，谓其所拥之节。《周礼·地官》掌节："道路用旌节。"注："今使者所拥节是也。""尢"，亦亢龙有悔之义。"莫尢"大亢也。莫有大义，《庄子》"广莫之野"注："莫，大也。"

㉑"皮张"，谓皮素、张罗。皆相承领三府事者。"戎丑攸行"，用《诗·大雅·县》之成语。《尔雅·释天》："乃立冢土，戎丑攸行，起大事，动大众，必先有事于社而后出，谓之宜。"丑，类也。《大雅》原谓军民共营，此则借为罗尚以下各任，同于一丘之貉，连续不振，每况愈下也。

㉒"黎元"与"黎民"同义。黎，黑色；元，首也；谓不冠不帻之劳动人民也。"顾瞻"者，《诗·桧风·匪风》："顾瞻周道"，《毛序》云："小国政乱，忧及祸难而思周道也。"常氏借言蜀民思晋初之治。此元丰旧本文义也。李㞞改作冗黎，亦通。冗，字本作宂，散乱杂沓貌，引伸为流离失所之民。《后汉书·光武纪》建武元年诏："更始破败，弃城逃走，妻子裸袒，流宂道路。"李㞞盖取其义，以指巴蜀流离之民。张佳胤又改作元黎，皆不知旧文黎元允当。

㉓此言雍州齐万年之乱，并陇流民入蜀，晋朝廷不能制也。素，白色。"素精"喻西方之人也。《易·系辞》："精气为物，游魂为变。""天维"，犹言天纲，昔人设想以为天帝所以控制人事者，此借以为朝廷之纲纪。

㉔《诗·齐风·鸡鸣》："虫飞薨薨。"常氏于比借言李特弟兄之徒虽微，而众盛也。因系入晋后成书，故不能不为诬斥之词，曰"肆其豺狼"，曰"歼我益梁"也。"黔首"，与黎元同义。"辛尝"，即含辛茹苦之义。为协韵倒。"三州"，益、梁、宁。"旷"亦荒也。

㉕"王纲"，与王纲同义。《诗·大雅·朴棫》："勉勉我王，纪纲四方。"《郑笺》："我王，谓文王也。以网罟喻为政，张之为网，理之为纪。"常氏此言：李雄经营国家，建立国纪，而民已流亡，国土空虚。云"亦"，有不乐受其统治之意。入晋后成书，欲赞颂李雄而不可，否认其政绩亦不可，故特为此狡猾之词。罔，古网字。

㉖《诗·大雅·崧高》："崧（《礼·孔子间居》引作嵩）高惟岳，峻极于天。惟岳降神，生甫及申。维申及甫，维周之翰。"缘是，昔人甚信山精水灵降生为人之说。常氏前已屡言之。"济济多士"，用《诗》成语（《大雅·文王》《周颂·清庙》）。"命世"，犹云名世，谓名高于世也。《孟子·公孙丑章》："五百年必有王者兴，其间必有名世者。"《李陵答苏武书》："贾谊、亚夫之徒，皆信命世之才，抱将相之具。"颜师古释"亡命"云："命者名也。"（《张耳陈余传》注）丁，能事也《易·乾卦·文言》曰："贞者事之干也。……贞固足以干事。"言君子才德贞固，为王者所重。《论衡·语增篇》："夫三公鼎足之臣，王者之贞干也。"常氏取此义以赞蜀士。"世济其美"，犹《汉中志》云"奕世论道"，《蜀志》云"世载其美"，《先贤志》云"奕世载美"（并已前注）。

㉗"皇皇"，大貌。《诗·鲁颂·閟宫》："皇皇后帝。"赡与淡义通，《荀子·王制篇》："物不能淡则必争。"与此皆赡给之义。李㞞改作淡，与洽字形协，义无所异。兹遵元丰本。彦，谓彦士，即贤士。茂，谓茂士，即才士，故曰茂才。

㉘"峨峨"，崇高貌。"亹亹"，勤勉貌，《诗·大雅·文王》："亹亹文王。"又《崧高》："亹亹申伯。""通于鼻者谓之臭"（孔颖达《月令·疏》），犹今云"气味"也，兼美恶之义。今人称美者为香，恶者为臭。《六经》文字多称香气为臭。《易·系辞》："同心之言，其臭如兰。"常氏此用其语。"经德秉哲"，用《尚书·

酒诰》成语。经与秉，皆动词，犹言立德持智也。《孟子·尽心章》："经德不回，非以干禄也。"《左传》昭二年，简子誓于众曰："二三子顺天明，从君命，经德义，除诟耻，在此行也。"皆立德行义之谓。绰，宽也。有裕，有余饶也。《诗·小雅·角弓》："此令兄弟，绰绰有裕。"《孟子·公孙丑章》："则吾进退岂不绰绰然有余裕哉。"此用其语，明蜀士之出、处裕如也。

㉙"行故"，犹行事也。陈寿《季汉辅臣赞注》每云："失其行事，故不为传。"常氏不用"行事"字，于《后贤志序》曰："虽行故坠没。"此云"传考行故"，与陈寿所云"行事"含义相当，皆谓前人自纪或新友所撰之传记，包括其生平行迹与言论著述者也。故与事字义通。《易·系辞》："通幽明之故。"孔颖达疏："故，谓事也。"《尚书·微子之命》："旧有令闻。"谓人民传述其旧德也。常氏此以"行故"包举文字记载，以"旧闻"包举民间传说，综括全书依据之资料。

㉚此言《巴志》《汉中志》《蜀志》《南中志》共四卷。

㉛此言霸史五卷。"宪章"，犹上云"章法戒"也。

㉜此言《先贤志》《后贤志》二卷。

㉝此复综举其著书旨趣。

五

撰曰：元丰、钱、李、廖本无此二字。张、吴、何、王、石本有。刘、《函》、浙本作"赞曰"。按前各卷成例，当有。驷牡骙骙，万马龙飞。陶然斯犹，阜会京吴、何、王、石本讹作景。畿①。麇钱、刘、张、吴、何、李、函、王、浙、石本作麇。元丰与廖本作麇。获西狩，元丰、钱、张、吴、何、《函》、王、浙、石本作守。刘、李、廖本作狩。鹿从东麓②。郇伯劳之。旬不接何、王、浙、石本作从。辰③。尝兹珍嘉，甘心庶畿④。【中】忠依《左传》改。为令德，一行可师⑤。瑱李本作瑰。玮俶钱写本作偶。傥，贵韬光晖⑥。钱、张、吴、何、王、浙、石本作辉。据【冲】中元丰本不明。钱、刘、李、廖本作冲。张、吴、何、《函》、王、浙、石本作中。体正，平揖宣尼⑦。【道】导廖本作道。他各本皆作导。以礼乐，教洽化齐⑧。本讷刚毅，有威有怀⑨。锵锵宫县，钱写本作悬。磬筦谐谐。金奏石拊，降福孔皆⑩。综钱、张、吴本作摠。刘、李、何、《函》、王、浙、石本作総。独廖本作综。括道检，緫廖本作総。他各本作摠，作総同上。觉幽微⑪。选贤与能，人远乎哉⑫。何、王本此下空二格，有"后语终"三字。

案：《常志》每卷末必有"撰曰"百余字，总结全篇义旨，语皆自造。此篇《序志》，又是全书总结，仍为此"撰曰"一章，抒其未尽之意，文体特异。骤观之，闪灼不可捉摸。细审，盖系集旧籍成语组成，凡二十八句，一百一十二字。截取于六经者约近半数，篇章皆可查得。其他取于汉魏人著述者，偎惭慵昏，不可尽得。且其原书或已亡佚，又无详查出典之必要。兹但寻其意指，通其郁塞，明其牢骚怏悒发愤著书之情，完成校注最末一篑之功而已。

【注释】

① 首四句，言京师为人物荟萃之地，四方贤俊士夫咸乐赴之。"驷牡骙骙"，用《诗经》成语（《小雅·采薇》《六月》，《大雅·桑柔》《烝民》并有）。本作四牡。言贵者之车，驾四牡马，丞驰之状。驷亦四马之义，故可通假。"万马龙飞"，则不只一驷也。"龙飞"，状马驰之速，亦用《易·乾卦》"飞龙在天，利见大人"之义。大人，指天子。《周礼·庾人》："马八尺以上为龙。"故古人恒以龙喻马。蜀亡时，石氏擒赵，慕容氏据燕，拓跋氏据代，张氏据西凉，而苻氏亦兴起于秦。晋虽偏安江左，于时桓温当国，方图统一，故各国皆有使节在晋，诸州方镇亦常使人奔驰于建业与州部之间。常璩从李势东徙，适逢其会，故首为此语。"陶然斯犹"，喻来京师者心境之乐。《礼纪·檀弓》，子游曰："人喜则斯陶。陶斯咏。咏斯犹。犹斯舞。舞斯愠。愠斯戚。戚斯叹。叹斯辟。辟斯踊矣。"（郑注云："犹当为摇，谓身动摇也。"）盖汉魏人已有截改为"陶然斯犹"，以形容得意忘形情态者。常氏用之，尤取《檀弓》原语，有乐极生悲之义，以喻其失望于晋之心情。"阜会京畿"，是言四方物资荟萃之义。

② 次二句言李势降晋，身随故君徙居江左。《春秋》哀十四年，"西狩获麟"，此倒西狩以协韵。狩、守二字古通用。《公羊传》云："有以告者曰：有麕而角者。孔子曰：孰为来哉！孰为来哉！反袂拭面，涕沾袍。……吾道穷矣。春秋何以始乎隐，祖之所逮闻也。……何以终乎哀十四年，曰备矣。"常氏用此语，表面为赞晋之西征得蜀，里实自喻其著此书"绝笔于永和三年"之犹孔子作《春秋》，绝笔于获麟。"鹿从东麋"句，未知出自何书。常氏用此，盖借鹿为"秦失其鹿，天下共逐"（《汉书·蒯通传》语）之鹿，以喻李氏权位归于东晋。《六韬》，太公谓文王曰："取天下若逐野鹿。"是其义也。麋与湄字古通。《诗·小雅·巧言》："彼何人斯，居河之麋。"《毛传》："水草交谓之麋。"《尔雅》文同，而字作湄，盖齐鲁韩三家字有作湄者。东晋都建康，在江水之湄，故以"鹿从东湄"喻之。辞义隐蔽而意殊恶虐。封建文士狂妄自大，每有以文字贾祸者，璩则更集成言以自遁，皆缘意有不平而不敢斥言，故有此狡猾也。

③ "郇伯劳之"，《诗·曹风·下泉》之卒章原句。原谓四国诸侯入朝周王，王则命郇伯燕享以劳之。郇伯，文王之子郇侯，世为王室卿士者，实有其人。常氏借用《诗》语，表示李势入朝时，晋穆帝曾命世族大臣宴劳，封归义侯。璩以蜀散骑常侍从，得与其礼，故用此语。实则周、晋异制，语不贴切。惟属集古成语为文，则切合也。《下泉》诗有"芃芃黍苗，阴雨膏之"，及："念彼周京"，"念彼京帅"等句，用意在颂扬周王能体恤下国诸侯，使人怀念。而李势君臣入朝后，为江左世族所藐，从臣李福、李权、谯献之与璩等十余人皆无官禄，虽蜀中邓定、隗文、王誓、王润、萧敬文、李金银、李弘等连续叛乱，阅三十年未能宁定（参看第九卷 5 章注⑪至⑬)，晋室迄无重用蜀降人以倾李势旧臣之意。此与晋初灭蜀重用仕蜀旧臣"以倾吴会"（参看《文立传》）作风迥不相同。常璩初劝势降，亦曾自以谯周之动自况。既入晋而失望至此，为其发愤改写《华阳国志》主因。此章前十句痛诉东徙之初愿。自此联起，即转入失望以后情绪矣。"旬不接辰"，《春秋纬·斗历枢》文。常氏用以喻降人之触罚。"旬"，谓甲乙丙丁戊己庚辛壬癸，十天干一周为"浃旬"。"辰"，谓子丑至戌亥十二地支，一周为"浃辰"。《左传》昭九年"辰在子卯"，襄二十七年，"辰在申"。盖十干旧只称旬，十二支旧只称辰。历法干支配合，六十为一周。甲与子一遇后，周内不

复更会，句数短于辰故也。常氏用此以喻蜀人之不得与江左世族比似也。

④"尝兹珍嘉"一联，未详所出，其义则可知。盖唯得至京师受燕劳，为尝美味。冀有所遇，初无不愿。《诗·卫风·伯兮》："愿言思伯，甘心首疾。"郑玄笺云："思伯心不能已，如人心嗜欲所贪口味不能绝也。"又，《齐风·鸡鸣》："甘与子同梦。"皆甘愿之意。"庶几"者，未得而冀其可得之词。常氏自谓其功在劝降，冀获谯周之赏，为痴；借句吐其悔吝之情也。

⑤《左传》成十年，"郑伯讨立君者，戊申，杀叔申、叔禽。君子曰：忠为令德，非其人犹不可，况不令乎？"又昭十年："昭子语诸大夫曰：为人子，不可不慎哉。昔庆封亡，子尾多受邑，而稍致诸君，君以为忠而甚宠之。……忠为令德，其子弗能任，罪犹及之难。"两皆春秋末叶人论事君之义。忠字不可易。旧刻此作"中为令德"者，盖传钞字讹。常氏此联，自赞其劝李势降晋为忠，以入晋不仕为自比谯周，虽劝降，不受晋官爵也。或谓：忠与中古有通义。马融《忠经》"忠者，中也。"常氏此下屡称中正、中和之德，于此应是借中为义，非用左氏原文。细审其说，不然。下文有"据中体正"，则此不当改中字（韵文当避重字）。况本是《左传》原文乎？马融《忠经·广为章》云："忠则必正。"《广至理章》云："故得人心和平。"常氏此文下云"据中体正"，亦正是缘忠字一义而发。其用左氏原文为无可疑矣。"一行可师"句，不详所出。《诗·卫风·氓篇》："士之耽兮，犹可说也。"《郑笺》云："士有百行，可以功过相除。"盖秦汉诸子已先有士有百行，一行可师之语。常氏用之，以明能守忠德者即已为贤之义。

⑥《晋书·郄诜传》："博学多才，瓌伟倜傥，不拘细行。州郡礼命，并不应。泰始中，诏天下举贤良直言之士，太守文立举诜应选。……累迁雍州刺史。……威严明断，甚得四方声誉。卒于官。"《晋书》虽唐初敕撰，所据则晋人干宝、徐广、虞预、王隐、陆机等已成之纪传，又资次于私家之行状碑铭。郄诜为武帝时人，蜀人文立所举，以封策第一，誉在四方，常氏当得其行故，但以其为济阴人，不合入此志耳。其传中"瓌伟倜傥"句，亦是秦汉碑传旧已有之成语，故常氏引用。字作"瓌玮俶傥"者，瓌与瓌，玮与伟，俶与倜，皆汉魏人通用字。瓌玮，以玉质喻人之品德与文章。俶傥，喻人丽脱不羁之性格。"贵韬光辉"，未详所出，要当是汉魏间人传记中语。时学人好清谈，尚肥遁。便如郄诜，初亦遁世者。后既人仕，至雍州，武帝于东堂会送，问诜曰：卿自以为何如？诜对语不逊，几以得祸（详《诜传》）。常氏此联，虽集汉人成语，盖亦由诜传有以启之。

⑦"据中体正"一联，亦不知引何书。但知其义出于《易·节卦》。《节卦》："象曰，节亨。刚柔分而刚得中。苦节不可贞，其道穷也。悦以得险，当位以节，中正以通。"《论语》："志于道，据于德，依于仁，游于艺。"《左传》襄九年，穆姜曰："体仁足以长人。"盖汉人碑铭已有据中体正之语，以赞守节之士。常璩从李势东徙时，蜀中旧臣邓定、隗文等方与晋军搏斗，常氏知事不可为，劝势降。其江左失意著书时，蜀人犹假名李氏以抗晋师。璩盖以"苦节"喻之，而自喻为"甘节"。《节卦》九五："象曰，甘节之吉，居位中也。"上六，象曰："苦节贞，凶，其道穷也。"贞，固也。谓国亡而犹苦守忠节，为凶，而自从李势入朝为得中正之义。全是谯周劝降一套思想。在封建社会中，此种思想，为壮勇者诟斥。故常氏纡回隐蔽，用他人成语以达其意，欲令当时士夫神会之而壮勇之士不解耳。亦是承上"忠为令德"而言。兼绾俶傥韬晖之义。"平揖宣尼"，盖汉末人赞颂马融语。汉平帝时，王莽追谥孔子为"褒成宣尼公"。至唐太宗，又尊称孔子为宣父。玄宗时更追谥为"文宣王"。故后汉、魏、晋人皆称孔子为宣尼。儒家所传之《孝经》，谓是孔子所说。孔子虽有"臣事君以忠"之语著在鲁论，时亦仅释忠为诚实而已，与"为人谋而不忠乎"之忠同义。"六经"中，亦无教忠之文。忠于其君之教，始终东周以来，至汉而盛。马融创为《忠

经》十八章，全部摹拟《孝经》。故誉者谓为平揖宣尼。平揖，谓才德可及，能抗礼如平辈也。常氏引此，亦自谓忠而甘节，得孔子"中庸"之道。《易·乾卦》："文言曰：见龙在田，利见大人，何谓也。子曰：龙德而正中者也。"谓有人君之德而绌在下位，居学正中，则孔子为"素王"他人能体中正之德，亦即宣纪之俦。封建文士，失意愈甚则恣妄益狂。司马迁自比周公、孔子、孟轲，扬雄作《太玄》以拟《易》，《法言》以拟《论语》，常璩自未能免此陋志。以上，"甘心庶几"以前十句一韵，自表其从李势东徙时心情。"忠为令德"至此六句为一韵，妄饰其失意为守忠节之德，自我陶醉。

⑧"道以礼乐"，用《孝经》"导之以礼乐而民和睦"句，道与导字古通用。去之字，俾成四字句。昔人引书常法如此，集成语为文尤所难免。《尚书·毕命》："道洽政治，泽润生民。"《论语·为政》："道之以政，齐之以刑，民免而无耻。道之以德，齐之以礼，有耻且格。"盖旧有人综合诸义为"政洽化齐"句者。常氏引用，承上段意，谓圣人虽不在位，亦能宣扬礼教文德，整齐民俗，成素王之丛。以明其著书之旨，协于"龙德而正中"之义也。齐字发音有多种，沈约编入五韵（齐、霁、支、佳、铣）。在此当读如侪，扬雄所谓"侪男女使莫相违"是也。《齐民要术》即当读为侪民，取民俗齐一之义。此处齐，与怀、谐、皆为韵。

⑨《论语》："刚毅木讷近仁。"此引，倒二字以协韵律。常氏所取，尤重在刚德，仍承用《节卦》"刚得中"，与《乾卦》"刚健中正，纯粹清也"之义。又《渐卦》："刚异乎中正而志行。"常氏好《易》，屡引其说，兹实反覆于"忠者中也"及"刚健中正"之义以自况，而易其韵者，上韵饰为肥遯自安之节，此韵貌为宣扬政化之宜，实质仍是泄其发愤著书之意。闪烁多方，以避时忌，而又不能自抑其牢骚，此封建士大夫之所以为封建士大夫也。《管子·形势篇》："且怀且威，则君道备矣。"此云"有威有怀"盖古本《管子》且字作有。谓为政者当有威可畏，有德可怀。此与刚毅木讷四德不甚相适，而聊用之者，知是集成语为文，非自造语，故如此强合也。

⑩此四句，承"道以礼乐"句为言，实以宣扬礼乐、万著书之义，意取化移风俗，非真谓乐奏之事。"宫县"，天子之乐。县，读如悬。《周礼·春官小胥》："正乐县之位。王，宫县。诸侯，轩县。乡、大夫，判县。士，特县。"注："郑司农云：宫县，四面悬。轩悬，去其一面。判县，又去其一面。特县，又去其一面。"谓周制，编钟、编磬之属列悬方法分别阶级。"锵锵"，鸣声。《诗》："八鸾锵锵。"（《烝民》《韩奕》）佩玉声也。《左传》昭二十二年："凤皇于飞，和鸣锵锵。"鸟鸣声也。《周颂·执竞》："磬筦锵锵。"乐器声也。又《诗·烝民》："八鸾喈喈。"此云磬筦谐谐者，谐为喈之借字，不用《诗》原语者，汉人文已有"锵锵宫县"与"磬筦谐谐"一语。"金奏"，谓众乐合奏，以钟节之。《周礼·春官钟师》："掌金奏。"又《镈师》："掌金奏之鼓。"《左传》，成十二年："为地室而悬焉。却至将登，金奏作于下。"郑玄云："击金以为奏乐之节。"是也。《尚书》："夔曰：予击石拊石，百兽率舞。"（《舜典》《益稷》同）"降福孔皆"《周颂·丰年》文。由此句是成文，知上三句亦是成文。

⑪"总括道检"荀悦《汉纪》文（未检订）。道谓先王为政之法。检，谓当时行事之宜。《荀子·儒效篇》："礼者，所以为群臣尺寸寻丈检式。"故道检与"道楑"、"道度"同义，《孟子·梁惠王篇》："狗彘食人食而不检。"《离娄篇》："上无道楑也，下无法守也，朝不信道，工不信度，君子犯义，小人犯刑，国之所存者幸也。"故赞撰史鉴者为总括道检。"总揽幽微"，未知所引书，要亦是赞颂著作者之词。扬雄《解难》："若夫闳言崇议，幽微之涂，盖难与览者同也。"是自颂其《太玄》之语，亦"幽微"一语所自出。又其《法言·序目》云："诞章乖离，诸子圆微。"宋祁曰："《法官》微作徽。吴秘注云：图，谋也。徽，美

也。"今按：微与徽，古通用字。《诗·豳风·东山》："勿士衔枚。"《毛传》云："士，事。枚，微也。"胡承珙《诗后笺》曰："训枚为徽也。……徽、微，古字通，故传作微。"是也。盖幽微与"幽明"同义，为陷与显之对称。《易·击辞》："仰以观于天文，俯以察于地理，是故知幽明之故。"王弼注："幽明者，有形无形之象。"《乐记》："明则有礼乐，幽则有鬼神。"《尚书·舜典》："黜陟幽明。"则又以善恶为幽明矣，史家彰善瘅恶，故曰总揽幽微也。《集韵》言当避重字，而此连用总字，连用二语最切贴，不可易原字。旧刻者乃易一字为揔或综耳。

⑫"选贤与能"，为《礼运》原句。"人远乎哉"，用《论语·述而篇》原句。本作"仁远乎哉，我欲仁，斯仁至矣。"谓欲行仁义，则仁义至。此改作人者，古人与仁字通用。《易·系》："何以守位？曰仁。"《礼运》："祖庙，所以本仁也。"郑玄注：引《易·系》，谓仁通作人。《释文》亦云："仁，本亦作人。"《论语·雍也篇》："井有仁焉。"亦当训人。刘熙《释名》："人，仁也。仁生物也。"皆人仁互通之义。故常氏以前已经有人写《论语》文作人。或常氏故易字，以上禽"选贤与能"之义。要其意在于恨晋室不能抚用蜀人，为其发愤著书之由。或曰：常氏此撰，虽全用成语，亦每句改易一字。如：四牡作驷。陶咏作然。麟获作麈。东湄作糜。忠为令德作中。瑰伟作玮。光辉作晖。道以礼乐作导之类。此以仁作人，是其一例。此说似是，其实不然。古籍历世传写，入宋乃有雕板。雕板已行，各本尚多音讹形讹之字，则传钞时代之易别讹可知矣。然则其引用旧文者，安得尽与今本相同。况常氏以"刚毅木讷"为木讷刚毅，则其引文亦不恪遵原书又可知。但其意不自造而已。易仁为人，明是切上句文义，则又非《论语》仁义之解矣。自"导以礼乐"至此一韵，综言著书之旨，在于追踪素王。不平而鸣，牢骚显然。

附录一 旧刊序跋

一、宋元丰成都刻本吕大防序

华阳国志序钱写本无。他各本有。何、王、浙、石本作"《华阳国志》引"。并与张、吴本行下有"吕大防微仲撰"六字。

　　先王之制,自二十五家之间,书其恭敏任恤,张、吴、何、王、石本作恤,等而上之。或月书其学行,或岁考其道德。故民之贤能衺恶,其吏无不与知之者焉。汉魏以还,井地废而王政阙,刘、张二本作缺。然犹时有所考察旌劝;而州都中正之职,尚修张、吴、何、王、石本作修。于郡张、吴、何、本作群。刘、李、《函》、王、卢、石本作郡。国,乡间士女之行,多见于史官。隋唐急事缓政,此制遂废而不举。潜德隐行,非野史纪述,则悉无见于时。民日益漓,刘本作散。李本作傲,俗日益卑,此有志之士所为叹惜也。晋常璩作《华阳国志》,于一方人物,丁宁反覆,如恐有遗。虽蛮髦之民,井臼之妇,苟有可纪,皆著于书。且云:得之陈寿所为《耆旧传》。按寿尝为郡中正,故能著述若此之详。自先汉至晋初,踰四百岁,士女可书者四百人,亦可谓众矣。复自何、王、卢、石本作至。晋初至于周显德,仅七百岁,而史所纪者无几人。忠魂义骨与尘埃野马同没于丘原者盖亦多矣。岂不重可叹息哉!此书虽繁富,不及承祚之精微,然议论忠笃,乐道人之善。蜀记之可观,未有过于此者。镂行于刘、李本作诸。世,庶有益于风教云。宋元丰戊午秋日,吕大防微仲撰。张、吴本作"戊申秋日序",宋六字移在题下。何本同,又省序字。顾广圻校稿云:"元丰无戊申。戊午,元年也。庚申,三年也。"《函海》注云:"吴本始有宋元丰戊申秋日序八字。"查张佳胤本已作此八字,不自吴琯始。

二、宋嘉泰邛州刻本李䵻序

（吴、何、王诸本无。）

重刊华阳国志序元丰吕序，此本当有。张、刘、李诸本即系依此本录出也。张本行下有"宋丹棱李䵻叔廑撰"八字。

古者封建五等诸侯，国皆有史以记事。后世罢封建为郡县，然亦必有图志以具述。盖以疆域既殊，风俗各异，山川有险要厄塞之当备，郡邑有废置割隶之不常；至于一士行、一民之谣，皆有不可没张本作殁。者；顾非笔之于书，则不能也。《周官·职方氏》，张本无氏字。掌天下之地图，辨其邦图都鄙，夷蛮闽貊，五戎六狄之人民，与其财用之数要。张本无要字。至于九谷之所宜，六畜之所产，亦未尝不占毕而纪其详。况夫环数千里之地，刘本作坠。分城置邑，殆踰数十。中间时异事变，往往裂为偏方霸张本作霸。国。其理乱得失，盖有系天下大数，安可使放绝而无闻乎？此晋常璩《华阳国志》之作所以有补于史家者流也。予尝考其书，部分区别，各有条理。其指归有三焉：首述巴、蜀、汉中、南中之风土。次列公孙述、刘二牧、蜀二主之兴废，及晋太康之混一，以迄于特、雄、寿、势之僭窃。继之以两汉以来先后贤人、《梁益宁三州士女总赞》，钱写作揔赞。《序志》终焉。就其三者之间，于一方人物尤致深意。虽侏儽之氓、贱俚之妇，苟有可取，在所不弃。此尤足以弘宣风教，使善恶知所惩劝；岂但屑屑于山川物产，以资广见异闻而已乎？本朝元丰间，吕汲公守成都，尝刊是书以广其传；而载祀祀字古写。荒忽，刓缺愈多，观者莫晓所谓。张本无"所谓"二字。予每患此久矣。假守临邛，官居有暇，盖尝博访善本，以证其误，而莫之或得。因摭两汉史、陈寿《蜀书》《益部耆旧传》互相参订，以决所疑。凡一事而先后失序、本末舛逆者，则考而正之。一意而词旨重复、句读错杂者，则刊而去之。设或字误而文理明白者，则因而全之。其他刘本作它。旁搜远取，求通于义者又非一端。凡此皆有明验，可信不诬者。若其无所考据，则亦不敢臆决，姑阙之以俟能者。然较以旧本之谬，大约十得五六矣。锓木既具。辄叙所以，冠于篇者。好古博雅、与我同志者，愿无以夏五、郭公之义而律之。嘉泰甲子季夏朔，眉丹棱李䵻钱写作塈。叔廑甫谨序。张本作"嘉泰甲子季夏朔日序。"钱谷写本此序多作古体字。盖至原刻多作古字，钱已多改今字。今存刻本则惟一祀字未改也。此外，各本别写字尚多，此依廖本，凡义通者皆不更注。

三、明嘉靖甲子成都刻本杨经序

重刻华阳国志序

　　始余宦游蜀中，考古览胜，瞻依礼殿，徘徊卜肆，登文翁讲堂，访子云玄亭，风烈犹存，慨然窃慕乡久之。壬戌岁剖符西土，景行先哲，博征文献。政余谈及是书，鲜有知者。乃刘子出家藏一帙视之，因托之校正，谋诸同知温子训、推官宋子守约，将梓传焉。夫璩本蜀人，罹蜀险艰，愤诸李僭乱，爰本《蜀汉纪》、《南裔志》《耆旧传》诸籍，勒成此书。此其志自儗良史，其文古。其事核，其意深远，可谓晋之《乘》、蜀之《梼杌》，盖自信传后无疑矣。在宋，吕汲公守成都、李叔廑守临邛，尝刻之。历世绵邈，士人罕见。兹编行，海内流观，无劳传写，亦文范之嘉话也。昔中郎秘帐隐《论衡》，辩才凿楹藏《禊帖》，天下大器浅中、狭度久矣，贻诮后人也。稽于众征协恭之谊，传于人，慰同好之心　传于远，阐作者之意。一举而众善集，君子是以乐观厥成已。三阅月，梓人告成事　漫书数语，以引简端，以纪岁月云尔。明嘉靖甲子岁、季春朔，赐同进士出身、中宪大夫、知成都府事，前南京吏部稽勋司郎中、昆明后学杨经谨序。

注：

　　录自四川省图书馆藏原刻本，有漫漶残阙字，依《函海》本补，字下加▲号区别。原刻每行十六字。又，刘本原刻此序大字，冠首。次李㙊序。又次乃昌序。又次为目录，正文。

四、同前书刘大昌后序

华阳国志后序

　　《华阳国志》十二卷，晋常璩道将所撰也。璩仕晋当为蜀。为散骑常侍。平生著作有《汉之书》、《蜀平记》、《蜀汉故事》。三书录《隋志》误。三书散逸，所传仅此。藏书家亦不多得。兹编旧录，间有疑误，尝参互考订。稽之《范史》列传，并注中所引，幸获什一。阙者仍旧，久藏笥中，献之郡斋，受命校正。爰命梓人。谨申言于后曰：道将故江原人，以蜀人谭蜀事，其言之亲切固宜。及观纪李氏之乱，娓娓不厌，其有隐忧乎，可深长思矣。按序述体裁，依仿迁史。至列《先贤目录》，复仿佛靖节《四八目》。或者晋人文字类然，非相假借尔。其自序曰《华阳国记》，后人易记为志，唯以郡乘目之。不知其直欲追古作者，立一家言，雄视百世。肇自开辟，终晋永和，其间王道霸略，炳若丹青，骏功鸿伐，县诸日月。四子讲德，五袴兴谣，清芬袭人，勋庸照世。江汉炳灵，世载其英，仰止思齐，流声实于两间，作楷杭于百代。修文翁文，讲武侯武，安内攘外，美哉，成迹具在也。或曰《璩志》云：国必有史，表成著败，以明劝惩。案而索之，奸雄窃命，禅受假名，何以为劝。秉义弗祚，特流并称，何以示惩。玄德帝胄，英名盖世，何谓名微，受诏讨贼，名正言顺，何以书杀。去许奔徐，意在安刘，何以书叛。孔明王佐，乃诋以宋襄求霸。云长大节，顾诬以乞纳宜录妻。至操击先主，书征。髦杀于昭，书卒。凡此大纲，关系非细，隼以《春秋》之法，未免舛驳之讥。夫秉公心者无类，具朗鉴者无疑。承祚心衔宿憾，口肆丑辞，将以疵蜀佐魏，百世之下，公论可讵掩乎？璩采获《寿书》，择之不精，堕于疑网。此作者之瑕疵，致识者之指点。君子考古论世。悬鉴以照物，执衡以取裁，雌黄皂白，孰从而匿之。欧阳子曰：后世苟不公，至今无圣贤。自公论出而良知不昧，是非始定，君子所以恃以不恐矣。乡也愚过导江，登青城山，望白云谿，山川之奇，乃生异人。璩苦心著述，世传其书，郡志逸其名，惜矣！士有抱独行于当年，俟知己于异世，发潜德之幽光，览遗文于蠹简，重可为永叹也。书成，敬述所闻，就正有道。甲子仲春，成都后学刘大昌谨书。

本府吏张尧誉写。

注：

录自嘉靖原刻本。大字，每面八行，行十六字，在书最末，字完好。刘自称为"称正"，实未校正宋刻一处，徒以八股文，堆砌成言，痛骂陈寿一番，非有可取，后世刊本亦无收录之者。因其版本可贵，亦照原文写附，仍正其讹字。

五、明嘉靖蒲州刻本张佳胤序

（惟张本有。）

刻华阳国志序_{前有吕、李二序。}　　明铜梁张佳胤撰

叙曰：华阳，故梁州域。《禹贡》曰，"华阳黑水惟梁州"，凡纪梁益者得称华阳云。夫华阳，奠位坤方，应当井络。《山海经》谓：西南有巴国，太皞历后照，是为巴人。虞帝建十二牧，梁州其一。夏禹生石纽，神功配天。自"岷山导江，东别为沱"，至今蜀称江水沇涎者犹云江沱。故文王化被江汉，而《江有沱》篇首乎《二

南》。武王《牧誓》，先及庸蜀。周王责晋，以巴濮为吾南土。见诸《诗》《书》经传，班班可稽。《蜀纪》曰，"大人之乡，方大之国"，非耶？余生长巴水之上，每览西南大都，究极地象，鉴以往牒，足破胶言，左思所谓"江汉炳灵，世载其英"，信矣。洎西土遐邈，周衰，负险，不修职贡，风化凌迟。史神家不能穷源三五，征以坟素，率喜谈异，相沿为夸，遂谓蜀自秦始预中夏，自汉始兴文教。汉史轻信，何以训哉。若其表章伦则，据证前经，罗括物灵，当乎文质，则晋常璩一书，非兹邦之珍翰哉。按：璩字道将，本江原望族，仕为散骑常侍。丁时衰乱，艰难故都。诱势归王，卒违忠告。爰惧文献湮弃，劝戒亡经，取从祖常宽恭所为《梁益篇》《蜀后志》《后贤传》三书，综揽未备，发愤兴文。又取陈承祚《蜀书》《耆旧传》，杜敬修《蜀后志》，参以祝元灵、陈申伯《续耆旧》，黄容《梁州巴纪》，并《南裔志》，征所耳目，辨方核实，起自上世，终于永和，表著成败，弘铺传赞，凡十二卷，号曰《华阳国记》，心亦勤矣。其所反复不辍，要在扬休士行，阐泄阴教。无问遐贱，各极标张。至其证三皇谷车之始，本帝事参伐之应，考丛宇王蜀之故，辨苌碧杜鸟之诬，发殷彭述信之论，岂特了决前盲，抑以裨资经史。孰谓只益风教，精微不及陈氏书哉？是书完。元丰间，吕微仲大防授刻成都。嘉泰间，李叔廛至再刻临邛。当其时，书已缺漏，洎据《晋·载记》辑《李氏志》以补旧逸。平循共见，已谢璩书。然，不愈于遗忘哉？余往岁薄游江原，遵常氏之故墟，痛先民之如在。因愤汉以来地理诸典，仅存类目，使往行嘉言沈沦略尽。即时乘纷纷言，岂一家忆乎！益感道将之作，擅西土之绝典也。顾前刻损逸，垂四百年，作者之功，几同灰烬。余旧得钞本于澶渊晁君石太史家，篇章所存，缺脱十五。后舣舟江阳，与成都杨用修夜谈里中文献，因请所藏璩志旧本，录之笥中。数年，余以罪谪陈蔡间矣。迩又得副本于大梁朱灌甫氏。交互取质，鱼亥稍明。今守蒲坂，退食既暇，采撷史志。或参证明讹，或附注钩深，或循体隼制。独于疑阙不能臆笔。爰付梓人，用章淹废。惟巴郡士女，传赞并逸。异代仰风，遐哉邈矣！则夫穷购秘典，博猎群言，扬宿德既泯之光，绍斯志千载之丛，曰吾邦人，有重任哉。

嘉靖癸亥五日序。嘉靖四十二年癸亥，公元一五六三年。

六、嘉靖蒲州刻本张四维序

华阳国志序　　　明蒲坂张四维撰

晋常璩《华阳国志》十二卷，所言梁益之故详矣。观其考贯方舆，章显材哲，足以剖析疑诬，翼赞人伦，有味乎其言之也。璩本翰墨世家，目睹李氏僭乱之祸，故述方志，于其废兴分合之际，得失之原，每较详焉。大较主乎宣播王灵、同一书轨，使遐御者调凫绥之宜，雄据者息窥觎之衅，此其著作之本意焉尔。宋元丰、嘉泰间，一再刻于成都、临邛。迄今且四百载，故世鲜传本。余每见纪传中所称引此书，往往雅伉可喜，思睹其全，而未获也。迩者，巴郡肖甫张侯，以祠部郎出守吾蒲，政适民和，无废不举；念是书，蜀之旧也，迺采摭史传，参校同异，缉而梓之郡斋。中间传录积久，豕亥增讹，苟意所未融，则存疑示信。盖当嘉泰再梓之际，已称缺漏，虽云颇加是正，第恐转失本真，故侯慎之也。余尝览《艺文志》《四库书目》《崇文总目》诸书，每惜古作者之志湮郁不传于代。即篇同有存，遇之者鲜。遇又鲜能传之，故逸佚寖众尔。侯初释褐，守滑台，刻《越绝书》，今复校刻是集，古籍之不亡，谓不于好古博雅之君子有赖哉。嘉靖甲子元日序。<small>嘉靖甲子，四十三年也。《明史》卷十七。</small>

七、张佳胤江原常氏士女目录跋语

佳胤曰：江原常氏代有明德，故大姓也。道将立志仅书其半，岂以私亲自嫌哉。夫岷渎委灵，哲乂作则，俶资国器，寸璧是尊。今考出士女共十九人，自立目录。又见道将承源家学，修辞有经，斯龙门世丛，良史称材。间行实详略不侔，然英名遗烈垂在竹素，庶几尚友遐心，蓍龟孔迩者矣。

注：

录自吴琯《古今逸史》本"《附江原常氏》《士女目录》"，吴本几于全用张本旧文，而删去张序，掩为己作。（卷一题下，为"晋常璩著。明吴琯校"双行八字。）惟此篇保存"张佳胤辑录"与其跋语。

八、吴琯古今逸史校刻华阳国志凡例

校刻华阳国志凡例

一、志字脱误，据史传证易。余仍阙疑，统贻强闻之士。

一、《先贤志》遗第二卷《巴郡士女》，计七十八人传赞，故旧逸也。宋李叔虚校刻，曾未指出。今考明阙之，庶备搜补。

一、《后贤志》以赞冠篇首，始次第列传。今取《先贤士女志》隼其例，成一家体。

一、志传中文，较史传多省窜，至不可解，或地理名与史传异者，名注引明之。

一、《三州士女目录》，人多遗逸，本列传中表出。

一、考常氏士女，共得十九人，璩书未尽及之。特录出附在卷末。

注：

此件明明是张佳胤蒲州刻本的原文，吴琯剽掠归己，是当时书估无耻的积习使然。张本原刻难得，赖此蛛丝马迹，存其一斑。

九、明天启丙寅李一公重刻华阳国志序

余鄙拙无似，出守成都，自分无补地方。维兹胜境，号称天府，访古寻幽，于夙志颇慊。而征文考献亦长吏者事，政暇时时取蜀乘披阅之；惜其文错出不雅驯。后乃得常道将所著《华阳国志》读之。其文古，其事核，其义例深严，足备劝惩，昭法戒，駸駸良史才也。盖道将生长蜀国多事之秋，目击诸李之僭乱，有愤心焉。其元本蚕、鱼，推崇昭烈，搜括巴汉风土之详，良士贤女之懿烁，勒之编简，井井有条，而论赞所垂往往详略得体，殆非苟作者；即质之《周官·职方氏》所掌，不知何如，而以较于《蜀梼杌》《南裔志》《耆旧传》诸籍，或亦可称备所未备矣。虽然，山川如故，建置代殊，风会日流，江河莫返。由唐宋以暨昭代，金、碧割隶于滇池，郧、襄分属于荆郢（楚），梁、庸别籍于关陇，其间机宜品局，已非复汉、晋之旧。然而，虞君之雄，米斗之妖，巴苴之衅，碧血之惨，在在有之。身世道之责者，不免附剑阁而忧切，望瞿、巫而心凛。如李青莲之歌蜀道云："所守或匪亲，化为豺与狼。"原刻如此。而杜少陵寓蜀最久，发为吟咏，非致警于西山寇盗，则咸怀于云安杜鹃，其亦与道将之意义互相发明乎。璩之言曰："防狂狡，杜奸萌，以崇《春秋》败绝之道，而显贤能，著治乱，亦以为奖劝也。"数语其蔽全书之旨矣。且江汉炳灵，井络垂芒（曜），风淳俗厚。所云巴，则"有先民之流"，蜀，则"君子精敏，小人鬼黠"，盖已隐隐寄慨焉。若乃诡变丛生，民萌转促，金矢不胜其谳决，井里不救于萧条，斯亦长民者之责也。盖坤维之应，不患斑彩之不盛，正惧文已盛而质尽漓。精爽之扬，不患物产之不饶，正惧用物多而生趣薄。则夫拊循呕噢，保厘西南，俾蚕、鱼、昭烈之壤，不终为奸雄僭窃者所觊觎，而小民犹得保其"旨酒嘉谷"之养，遂其"好古乐道"之风者，岂伊异人任哉，岂伊异人任哉。嗟嗟！今昔之流易虽不尽同，而理乱之倚伏未始或异。借今当斯世而有文翁、武侯其人者，能举全蜀之士民而甄陶衽席之，即谓古道至今存可也！余之校仇是书而付之剞劂也，岂仅仅以山川物产之奇丽，备掌故者之采择已邪？工竟，次第其语以为《重刻华阳国志序》。时天启六年丙寅岁，孟春之吉，古繁姑孰李一公撰。

注：

李刻原本未见。此序录自《函海》。姑孰，今安徽当涂县，与繁昌皆古繁国地。一公，明史无传，《当涂志》或《安徽通志》可能有其小传。未检。其人盖曾细读《常志》而喜者。八股文味十足。但言之有物，较杨经一叙差胜。

十、同前书范汝梓序

天启丙寅，余奉玺书恤蜀。抵成都。成都守李公，重锓《华阳国志》，属余叙。余曰：公叙已悉，余何言。亡已，则鬯厥旨尔。晋常道将之述此《志》也，其有《春秋》之思乎！华阳黑水，《禹贡》为梁，汉武更为益。梁言其强，益言其扼（厄）。峨剑岘霄，江峡赑雷。坤宫上游，其气郁幽。尝稽两汉史、陈寿《蜀书》《益部耆旧传》《古今集记》《蜀梼杌》，历世割据之既（祸）变，蛮獠叛服中国，戎索羁縻得失，大氐无百年无事，岂非阻塞足恃，物力足怙，声名文物虽垺邹鲁，而番夷碉砦错杂，嗜乱喜祸，微风动摇，辄生心乎？道将生逢不若，伤三州倾坠，生民歼尽，著为此《志》，述巴、蜀、汉、南，述公孙述、刘二牧，述大同，述李特、雄、期、寿、势，述先贤士女、后贤；郑子称"志昉《尔雅》，贵详事实"。刘子称"表征盛衰，殷监兴废"，泂兼之矣。至云干运犯历，破家丧国，狂狡奸萌，败纪之道，一《志》之中三致意焉，其有《春秋》之思乎！我明御纪，蜀亦屡蠢弗靖，如载（戴）、寿、彭、赵、蓝、骆、张、焦、薛、蔡，洎（杨）应龙之动烦剿汤，越兹蔺贼，屠渝、围省，烬灭城戍，虔刘黔赤；叄（幸）天棱遐震，秉钺运筹，持斧借箸，藩枲连帅，一乃心力，以克奠（戡）定。不然，西南之忧伊于胡底。今锐喙虽耆，帽虮尚繁。牛角舣根，恐有横发。其亡其亡，剂雷其方，医用其良，所为绸缪蕴崇，以除牙（芽）蘖而清荒憬，正烦贮思。道将云："牧后失图，英雄迭进。"又云："柔远能迩，实须良才。"此今日鉴蜀之急剂矣。李公介严靖肃，挚挚播民之和，惩憝销弭，心同道将，爰锓此志，可谓政先其大者。假令绘成都贤守于大慈寺阁乎，文翁、张君游、第五伯鱼、廉叔度诸公之后，当绘李公一像也。钦差四川恤刑刑部贵州清吏司主事甬东范汝梓撰。

注：

同上自《函海》抄出。用典烦琐，颂谀李氏，于版本源流殆无关涉。原刊多用别字。略加校订和标点。如载、寿、彭以下至蔡十字，皆四川起事抗明的首领姓氏。合播州杨应龙、兰州奢崇明，为十二起。缘与《常志》无关，皆不注释。

十一、四川省图书馆藏函海本华阳国志卷九李志张佳胤跋语

张佳胤曰：常璩《华阳国志》目录及《序志》，皆云"述《李特雄期寿势志》"，则先（势）固有志也。今诸本皆无之。意者传写脱漏，因循不录，遂失之尔。今本诸《通鉴》所述，参以《载记》所书，续成《势志》，用补其阙，以俟后博洽君子云。又，史载散骑常侍璩□劝李势降桓温。璩必作此志者。因续记此云。

注：

李调元作直隶通永道时，纂辑《华阳国志》等古籍，及自己杂著，共凡一百五十七种，刻为丛书，名曰《函海》。干隆四十七年刻于通州。所辑《华阳国志》，用苏州朱氏藏惠定宇校订本。更用刘、李、吴本及何允中《汉魏丛书》本校勘，实未得张佳胤蒲州刻本。而此云"张佳胤曰"者，盖依惠定宇或其他人校批字所加。其人则曾及见蒲州原刻者也。

其实，此按语系李至邛州版已有，见于刘大昌刻本与钱叔宝钞本。张佳胤蒲州刻本仍之。本无"佳胤曰"字。吴琯本亦无，何允中《汉魏丛书》本乃有。清之初世，蜀士人烟几绝，书籍燹灭，宋明蜀刻存于江、淮、河域者极少；即张刻亦不流行，惟吴琯、何允中所刻本泛滥。书估剽掠冒名，妄肆窜乱，形迹至为显著。吴琯纂蒲州本凡例，已如上条。何允中未见蜀刻，徒从吴琯，用蒲州刻之残本，遂谓此按语出自张氏，而妄以其名冒之。李调元未见邛州李刻，亦即据以为实耶？抑惠定宇批校，因未见蜀刻而有此语耶？考订版本源流，当据版本原刻推断。兹因未见张刻全貌，姑存此以待来者。并附《函海后序》以备参验。

▍附▍ 李调元函海后序

古无以数人之书合为一编而别题一总名者。惟《隋志》载地理书一百四十九卷，注曰："陆澄合《山海经》以来一百六十家以为此书。澄本之外，其旧书并多零失。见存别部自行者惟四十二家。"又载《地记》二百五十二卷，注曰："梁任昉增陆澄之书以为此记。其所增旧书亦多零失。见存别部行者惟十二家。"是为丛书之祖。然犹一家言也。左圭《百川学海》出，始兼袭诸家杂记。至明而卷帙益繁。而《汉魏丛书》《津逮秘书》，近日《知不足齐丛书》皆于各家著作，全录其书，荟为一集。其或于丛书略加节取，则如《说郛》《稗海》《艺圃搜奇》

《纪录汇编》之类。其或附己书于说部丛书末者，则如《秘籍》《彝门广牍》之类皆是也。余所刻《函海》，书共三十集。其十六集，皆古人丛书也。而己书亦附焉，盖用后体制也。小卷不记。总全卷共一百五十种书。始于戊戌春，迄于壬寅冬，阅五年而成。予在通永道，遭事去官。板片零散，又半在梓人林姓家，以镌资未楚，居奇不发。时余获罪在保阳臬司狱，方将远戍万里，万暇及此。自料此书不能缉完矣。会予姻亲永定观察南部陈公韫山讳琮者枉过通廨视予儿女，见板片零落，慨然曰："此雨村不朽丛也。奈何使之中弃乎？"问其故，立出三百金交予弟检讨鼎元墨庄，使购板归。适予亦荷总制袁清恪公保奏，得赎回通。因完公羁留之暇，修成此书，凡有校仇，责之余季墨庄。其去取，予独任之。时虽前序云：成于壬寅冬，实成于甲辰春。其所以获成，实韫山力也。善不可没，因为叙其颠末于后云。

十二、函海华阳国志附录

《晋书·李势载记》："大司马桓温率水军伐势，至成都城下，纵火烧其大城诸门。势众惶惧，无复固志。其中书监王瑕、散骑常侍常璩等劝势降。"

崔鸿《十六国春秋·蜀录》："常璩字道将，蜀成都人，少好学，著《华阳国志》十篇，序开辟以来，迄于李势，皆有条理云。"

《隋唐·经籍志·史·霸史》："《汉之书》十卷，常璩撰。《华阳国志》十二卷常璩撰①。（梁有《平蜀记》十卷，《蜀汉伪官故事》一卷，亡）"

《古今正史·十六国春秋篇》："蜀初号曰成。后改称汉。李势散骑（常侍）常璩撰《汉书》十卷，后入晋秘阁，改为《蜀李书》。璩又撰《华阳国志》，具记李氏兴灭②。"

《旧唐书·经籍志·乙部·史录·伪史类》："《华阳国志》三卷，常璩撰。《蜀李书》九卷，常璩撰。"

《（新）唐书·艺文志·乙部·史录·伪史类》："常璩《华阳国志》十三卷。又《汉之书》十卷。《蜀李书》九卷③。"

《宋史·艺文志·史类·别史类》："常璩《华阳国志》十卷。"《霸史类》："常璩《华阳国志》十二卷。"

晁公武《郡斋读书志·史部·伪史类》："《华阳国志》十二卷，晋常璩撰。华阳，梁州地也。纪汉以来巴、蜀人物。吕微仲跋云：'汉至晋初四百载间，士女可书四百人，亦可谓盛矣。复自晋至周显德，仅七百岁，而史所纪者无几人。忠魂义骨，与尘埃同没，何可胜数。岂不重可叹哉。'"

郑樵《通志·艺文略·史类·霸史》："《华阳国志》十二卷，晋常璩撰，以巴汉风俗及公孙以后据蜀者各为之志。《汉志书》十卷，常璩撰。《蜀李书》九卷。"

陈振孙《直斋书录解题·杂史类》："《华阳国志》二十卷，晋（当作蜀）散骑常侍蜀郡常璩道将撰，志巴蜀地理、风俗、人物，及公孙述、刘焉、刘璋，（蜀）先、后主，以及李特等事迹。末卷《叙志》云：'肇自开辟，终乎永和三年。'"

王应麟《玉海·艺文·杂史》："《唐·艺文志·艺部·史录》，其类十三。三曰伪史类。《华阳国志》至《三十国春秋》，一十七家，二十七部，五百四十二卷。"

马端临《文献通考·经籍考·史·伪史·霸史》："《华阳国志》十二卷。一作二十卷。"

刘知几《史通·杂述篇》："史氏流别，殊途并骛。推而为论，其流有十焉。九曰地理书。九州土宇，万国山川，物产殊宜，风化异俗。如各志其本国，足以明此一方。若盛宏之《荆州记》，常璩《华阳国志》，辛氏《三秦》，罗含《湘中》，此之谓地理书者也。"

杨慎《丹铅录》卷二地志曰："地志诸家，予独爱常璩《华阳国志》。次之，则盛宏之《荆州记》。"

焦竑《国史经籍志·史类·霸史》："《华阳国志》十二卷，晋常璩。《汉书》十卷，常璩。《蜀李书》九卷。"

陶珽《重辑说郛》弓（卷）第五十八："《西州后贤志》，常璩。《梓潼士女志》常璩。《汉中士女志》常璩①。"

岁庚午（干隆十五年），还淳方朴山先生主徽州紫阳书院讲席，言《华阳国志》有足本，令瑶田求索于歙之藏书家，而不可得也。今于□□京师见之。而吾友丁小山与陈竹厂诸君，广求宋明以来诸刻，互相校勘，成此善本。余借读之，卒丛，因跋数言于简末，以归小山。惜朴山先生不及见也！乾隆戊戌（四十三年），七月朔，歙浦程瑶田⑤。

《华阳国志》十二卷，较俗本（指当时江南流行的吴、何本）多卷十上、中二卷。盖书贾仅知挨次卷数刊刻，未审第十卷内复分上中下三卷耳。是本，苏郡朱文游所藏，有惠氏钤印，为红豆斋旧物。乾隆戊戌仲秋，金榜并识⑥。

此本得之丁小山，为从来未见之足本。新安程晋芳鱼门书以相闻。较之《汉魏丛书》（此指何允中本），几多一半，考校精详，博雅典核。小山以余蜀人，此《志》为蜀诸南之祖，割爱以贻。余合诸志参之，益深服膺，因梓而行之。其偏旁字画，悉照丹棱李氏宋本，不妄改一字。有与诸刻不全者，则分注于下，至各家刻《华阳国志》，体例各不同，究以李叔厪为定本。故卷首仍用《李序》，以各序附于卷末云。干隆辛丑（四十六年）十一月中浣，绵州李调元雨村识于□直隶通永道署之心如水斋⑦。

注：

① 此十六字，原作上句的小注。是撰此《经籍志》者，知旧有此二书为璩撰，但至隋唐间已亡轶。
② "古今正史"原是杜佑《通典》与刘知几《史通》语。"散骑常侍"四字不可截割。李氏误据何人伪本，与《史通》分列？又脱此常侍二字。列《隋书》下、《旧唐书》前，不误。只当补此二字。
③ 刘昫《唐书》未善，欧阳修、宋祁等更撰《新唐书》。《新书》大行后，乃称《刘书》为《旧唐书》。李刻已称《刘书》为《旧唐书》而反称《新书》为《唐书》。当是缮刻误脱新字。
④ 以上十六条，依《函海》《华阳国志》单行本录出，系李调元所辑著录《华阳国志》的旧文。
⑤ 和瑶田，字易畴，安徽歙县人，干隆三十九年举人。嘉庆十九卒。博学不仕，著有《九谷考》，见称于时。
⑥ 金榜，字蕊中，亦歙县人。乾隆二十九年举人，三十七年状元。授翰林院修撰，未仕外任。卒于家。"红豆斋"，惠定宇父子藏书处。"程晋芳"字鱼门，江苏扬州人，盐商而好儒，购书五万卷，招致名士校勘。介绍丁小山售此书者，丁小山，即丁杰，浙江归安人，乾隆四十六年进士。为学长于校雠，与余姚卢文弨齐名，所著有小酉山房文集。嘉庆十二年卒，年七十。《函海》又有李鼎元绵州改刻本，与汉州乐道斋刻巾箱本，及其他抽刻《华阳国志》单行本，于此书俱遵通州原刻。
⑦ 此三条与前十六条连镌，系李调元购得丁小山藏本时与其友好赏玩时跋语。

十三、汉魏丛书江西本华阳国志王谟跋

右常璩《华阳国志》十二卷。《史通》云："璩为李氏散骑常侍，撰《汉书》十卷。后入晋秘阁，改为《蜀书》。璩又撰《华阳国志》，具记李氏兴灭。"今考本《志》十二卷，前四卷述巴、蜀、汉中、南中地理沿革；中五卷述公孙氏、李氏僭窃，以及刘氏偏安事迹；末三卷述梁、益、宁三州汉、晋以来士女，非专记李氏兴灭也。故《史通》又与盛氏《荆州记》、辛氏《三秦记》同入地理书，而自隋、唐志及《通考》，皆以之入霸史，伪史。总之，不离乎杂史者才近是。本《志》多采前人传记，要自具有史家三长。谟尝读左太冲《蜀都赋》："碧山芊宏之血，乌生杜宇之魄。"李太白《蜀道难》谓："四万八千岁，不与秦塞通人烟。"辄疑其山川风气幽昧诡怪，大异中土。道将乃独能援经据典，辨析群言，以壹之于中和，而文之以雅驯；非学识兼至，能如是乎？惜乎偏方短祚，无以展其著作之才，故不得（与陈寿同）称良史。《蜀书》既已亡矣，《国矣》亦复残缺。今本《李志》乃前明蜀人张佳允所

补。其第十卷《先贤论赞》，又仅存汉中、梓潼二方士女，而巴、蜀、广汉、犍为诸郡士女传皆阙焉。中间名次前后，复多倒乱；此又后人传写脱误，非本书乘驳也。往时，阁学翁覃溪先生提学江右，尝为谟言"家有《华阳国志》全本"，惜本携入行篋，无凭抄补。今故只乃原本校刻。惟丛书旧编载籍，今入别史。汝上王谟识。

注：

此王谟初辑《汉魏丛书》，对《华阳国志》一种的跋语。明明说他只采用的何允中旧编《汉魏丛书》的《华阳国志》。虽知翁覃溪家有完本（亦只能蜀刻的李䔢原本），未得抄补。

顾此江西本《汉魏丛书》，亦于嘉、道、咸、同间屡经翻刻，抽换善本，其《华阳国志》一种，我所见光绪时刻，已经改用要李䔢本的内容了。何时改用蜀刻，未见明文。

十四、清嘉庆甲戌南京刻题襟馆本廖寅序

唐已前方志存者甚少，惟《三辅黄图》及晋常璩《华阳国志》最古。《三辅黄图》为宋人增乱。《华阳国志》明刻本俱缺卷十之上中两卷，近时始有补完本，（今按：此语未当。蜀刻不全缺，只张、吴、何本缺之耳）而皆舛误不可读。予家益土，今搜讨古迹，莫先于此《志》。求善本不得。前十余年，由中州叶令擢守京江，唐刺史仲冕告予，谓阳湖孙观察星衍有季氏振宜家所录宋嘉泰四年李䔢刻本。拟即借刊。后以右迁观察至豫章，未遂其愿。及再来江淮，司转运之事，官阁余暇，披阅此书，因借数本合校之，又参以书传所引旧文，订定讹错。按李䔢序称："凡一事而先后失序、本末舛逆者，则考而正之。一意而词旨重复、句读错杂者，则刊而去之。设或字误而文理明白，则因而全之。"是其本已经䔢删改。故《蜀志》汶山郡与越巂郡误连。而少汶山属县及汉嘉郡。《士女赞》少巴郡第二。又《三国志》注引此书有李宓《陈情表》，而今本无之。此类悉加补正（按：其刻本并未补正）。或附按语，以念学者。虽元丰间吕汲公大防所刻本不可得见，无以全复常氏旧观，其视䔢本，则固有过之无不及矣。元和顾茂才广圻，是正诸书，是称审密，竭半岁之力，为予督工开雕，故能精致古雅，不灭宋元佳刻。孙观察雅好流传古书，又见近世修志者空无故实，慨古地理书多放佚，尝欲刊行旧本以备一方掌故，先校刊《三辅黄图》《长安志》于关中；又刊《建康志》于江左；每惜浙中未将干道、咸淳临安两志付梓；又因修志松江，先刊杨潜《云闲志》。今此书成于晋、魏之间，古字古义，尤足证佐经史，后有修滇蜀方志者，据以为典则，诚艺林之盛事也。其书称"华阳"者，晋代

梁、益、宁三州，故《禹贡》梁州之域，为今四川省及云南，并陕西、汉中迤南之境。按《禹贡》"华阳黑水惟梁州"，《注疏》以华为华岳。恐此华在迤东，阳为荆州，非梁州。《秦本纪》武公元年："伐彭戏氏，至于华山下，居平阳封宫。"《正义》曰："封宫，在岐州平阳城内也。"则此华山在岐州之北，其南正值梁益，与太华不同。黑水，据《括地志》云："源出梁州成固县西北太山"，亦与三危之黑水殊异。说经者误以此为滇池之黑水；又谓泸水，皆误。然常氏书以此为名，而未记载、辨析。惟《蜀志》云："五岳则华山表其阳。"特用补其义云。嘉庆十九年，岁在甲戌清明节，前两淮都转盐运司使、邻水廖寅序。

注：

    曾见《顾广圻文集》有代廖寅序。与此文多所出入。应是顾秋碧为廖寅捉刀，改窜顾千里序稿付印。说在前言《清中叶刻本与其校勘工作》，廖寅生平详见道光《邻水县志·艺文篇》载甘家斌所作传。廖寅南京刻《华阳国志》（题襟馆本），经人剽取转刻者甚多，其著者，有邻水李氏《益州佳史》本，湖南艺文局《汉魏丛书》本，上海隐修堂《龙溪精舍丛书》本，成都志古堂翻刻本，后二种皆附有顾观光《校勘记》。其他如《二酉山房》本，《四部备要》本，和邻水李氏悔过斋补刻本，并详前言《华阳国志版本源流图》。

十五、北京图书馆藏顾广圻校批本前四卷中的重要题记（附说明）

"癸亥十月，重读一过，颇有点窜（窜）处。后之得此□□□之。涧蘋记。"（行书双行书，在吴琯本首页标题"华阳国志卷第一"行下）

"广圻按：自此至凡统郡一十一，县五十八，是总序。十一郡者，蜀郡、巴郡、广汉郡、犍为郡、汉中郡、梓潼郡、牂柯郡、西城、永昌、建宁、朱提也。"（在《巴志》首页栏外，上方。其下有小楷娟秀字批"不然"二字，似顾秋碧书）

"广圻按：此谓巴 、巴东二、涪陵二、巴西四、宕渠五，汉中六，梓潼七也。"（在第一页下第五行"分益州巴汉七郡"句上）

"十二明甚。"（在同页第七行眉上，指"凡统郡一十一"句。其旁又有小楷批"不然"字）

"广圻按：当提行另起。"（在同页第八行眉上。指"洛书曰"句）

"广圻按：当云统郡一十二。巴郡、巴东郡、涪陵郡、巴西郡、宕渠郡、汉中郡、魏兴郡、上庸郡、新城郡、梓潼郡、武都郡、阴平郡、县五十八者，不数省。"（在同页前条文后。"省"谓如乐城、常安、宣汉县）

"严遵。《目录》作正思。"

"《目录》，徐州牧严羽，字子翼，王思子。"（以上两条在五页下第二行与五行眉上。系为"严王思"与"其子徐州刺史"二处作注）

"遗疑匪。与悴韵。"（在六页三行眉上，系为刺史李盛诗"邻人以言遗"句作注）

"冯琨、庞雄、玄贺、赵宏、龚调（《目录》作壮误）、杨化。"（六人平列，在同上第七至九行上。为"冯鸿乡、庞宣孟、玄文和、赵温柔、龚升侯、杨文义"六人作注）

"广圻按：疑即宣汉冯湛。见《目录》。"（在第七页上第五行眉上。系为"宏农冯尤"句作校注。今按：钱谷抄朱本，此"弘农冯尤"上有掾字。则非三巴人冯湛而为弘农人冯尤之作掾于巴郡者。顾氏此校误）

"广圻按：枳是县。下脱史名。"（在七页下第七页眉上。盖以"户曹史枳"句下有脱。今按"史枳亦自可成姓名。此校与上条皆不必有。是顾氏不参版本之失。"）

"《续汉志》注引有明月峡、广德屿者是也。"（在十二页第一行"临江苏"眉上。并用帝注改"枳东西百里"之西为四字。又"接朐忍"上添东字。类此之校注还多。已取入正文者从略）

"巴郡七　江州　枳　平都省　垫江　乐城省　常安省

巴乐郡

涪陵郡

巴西郡

宕渠郡　宕渠　汉昌　宣汉"（此五行，五郡名平列，在《巴志》十六页后的空行间。盖顾氏初步整理吴本郡县之文。"巴郡"下有小"七字"。又下空格，递缮七县名。三"省"字，亦是小字。中三郡无属县。因原本明白不误）

"刘昭注此作《巴汉志》。"（在吴本卷第二《汉中志》第一页眉栏综上）

"李郃、李固、陈雅、李历、陈弱，字申伯。"（在《汉中志》第二页眉上，为"司徒李公"、"太传子坚"与"陈伯台、李季子、申伯之徒"三句校注。所资掾者为本书《士女目录》。以下类此者不更录）

"广圻按，此当误衍一县。"（在《汉中志》第六页上"上庸县郡治"行眉上，谓上文云"属县五"，而此下更有北巫、安乐、武陵、安富、微阳，五县。又因吴本原注有"《晋书》上庸郡有上庸、无安乐"十一字，故判云"误衍一县"。指安乐县也）

"当有四字。今脱。"（在《汉中志》八页第八行眉上，指新城郡。又勒去，更批云："当有四至，今脱。广圻按，当云郡治今脱。"则谓"房陵县"下亦有脱文也）

"依《晋志》有剑阁县。必汉德一县误分。"（在《汉中志》九页"广汉县，德阳县，有剑阁道"的一行眉上，又将"依《晋志》有剑阁县"七字圈删，楷书旁批："桓温所置，此不得有。"似顾槐三所加）

"汉中郡　南郑　沔阳　褒中　城固　蒲池　西乡

魏兴郡　西城　锡　安康　兴晋　郧乡　洵阳

上庸郡　上庸　北巫　安乐（加圈删）　武陵　安富　微阳

新城郡　房陵　沶乡　昌魏　绥阳

梓潼郡　梓潼　涪　晋寿　白水　广汉　德阳

武都郡　下辨　武都　上禄　故道　河池　泉街　沮　平乐　修城　嘉陵

阴平郡　阴平　甸氏　武平　刚氏"（此七行在《汉中志》十二页末空行内，平列要。是顾氏整理汉中郡县初稿）

"《国策》《史记》作陈庄。"（在卷第三《蜀志》第四页第十二行"以陈壮为相"句眉上）

"依《水经》，有脱文。"（在《蜀志》五页四行"又有龙坝池"行上）

"广圻按：当云亦曰笮桥。依《水经》为是。"（在《蜀志》九页十六行"夷里桥上曰笮桥"眉上。并改上作亦字。向觉明藏顾氏原校本只此十四字。北大图书馆藏顾校本，于其下更有"笮，夷也。又按：当是郫氏数昇仙道数永平耳"十七字。应是顾氏癸酉再读时添）

"广圻按：此校语误入正文。"（在《蜀志》十页第六行眉上。当是指"作石室，一作玉堂"句）

"广圻按：有脱。后屡云四姓。"（在《蜀志》十一页第九行眉上。"有脱"指刘庞"复为成都"句。有其指示符号。后句指第十行"大姓有柳、杜、张、赵、郭、杨氏"句之大姓当作"四姓"。有其行间帝批"四"字可证。然《常志》亦屡有"大姓"语。此解未足遵）

"广圻按：脱茂字。蔡茂在《大同志·赞》，又《士女赞》。"（在《蜀志》十三页第五行眉上。指吴本"有刘感、孙宾、蔡、陈宠"句脱茂字）

"广圻按：尘，见《广韵》注。"（指十四页第六行原刻"麇尾"之麇字）

"广圻按：当作乑，见《士女赞》及《目录》。"（指同页"彭乂"之乂字。又同行，"晋世"下，行间批"广圻按：中有脱文"七字）

"蒙，当作冢。彭冢，见《水经注》卅三。"（在十五页六行眉上。所指为"彭祖冢其彭蒙"句。向达家藏顾校本无此眉批。又同行上文，原刻"西接广汉"句，顾就原件圈广字，补嘉，作"汉嘉"字。并有"癸酉校定"四小字批在其下。明是癸酉十月重读后所加）

广圻按：王延世资中人，此有错简。"（在十六页十七行眉上。指"先有王延世……少种稻之地"三十六字不当接"江阳郡"）

"广圻按：衍二字。犍为郡云：东接江阳。广汉郡去：东接巴郡。"（在十七页，第二行眉上。指江阳郡四至，原刻"西接广汉犍为"句，广汉二字当衍。加有圈删号）

"广圻按：此当云符有先络、僰道帛，求其夫父、无有偶。络、帛为韵，父、偶为韵也。"（在十八页首二行眉上。又勒去原本"无有其偶者矣"句下夹注之按语二十字。旁批"《士女赞注》无张字并者矣"。又第三行下空处，有"西楚僰道四字未详"。盖未见宋明蜀中刻本，但就吴、何本推断之失）

"宋白《续通典》茂州下注引《华阳国志》云：'宣帝地节三年，武都白马羌反，使骆武平定之。文山吏民诣武自讼：一岁再度更赋至重，边人贫苦，无以供给，求省郡。遂罢汶山郡，复置都尉。'今自文山吏民以下皆无之，盖又非宋白所见之本矣。因字下缺叶，金修撰榜援《寰宇记》及《续通典》所引《华阳国志》，知因字下乃妄属。"(此条原已写在《蜀志》第十八页眉上，又朱字写在《蜀志》末白叶上。盖顾氏前后两次批语，皆已看出《蜀志·汶山郡》第九行因字以下接于越嶲郡之谬矣)

"汶山郡属县不载。汶山、升迁、都安、广易、兴乐、平康、蚕陵、广柔。"

"尚有汉嘉郡地，属县不载。汉嘉、徙易、严道、旄牛。"(以上三条，皆在《蜀志》十八页下页上方栏外，下方栏外亦有批字殆满。因拍照未及全文，仅各行首字，不录。又该页第十九行"杀苏祈邑君冬逢"句，旁批"广圻按，即苏示"六字。这是顾校远胜前人之处。是他才开始看出李㙆所谓整理吕刻刓缺之谬)

"《李志》有四部斯叟。《索隐》曰：'《华阳国志》云：邛都县有四部斯叟也。'"(在吴本《蜀志》十九页第七行"又有四部斯儿"句眉上。并于行间斯儿字侧批一叟字。乃如眉批)

"《续汉志》注引：河有唪嵩山，又有温水穴，冬夏常热。"又圈去原批一条云："此当改小司马所引，在阙中，非此处也。"(并在十九页八九行眉上。谓引《续汉志》注当改用《史记索隐》引文。应是癸酉重读时批)

"未详。疑堂乡县也。"(在十八页十六七行"住狼县"眉上)

"当依《水经》云：'有县子胎铜，以羊祠之则可取。'"(在二十页首行"河中有铜舩"眉上，顾校于《水经注》恒省云《水经》)

"广圻按：青蛉属云南郡。"(在三缝县"渡泸行青蛉眉上")

"此段多误。"(在"右益州"眉上。系指十八页"拜越嶲太守"句以下大段。行间夹批小字甚多，未录)

"广圻按，当作三州三十二郡。"(十八页十七行眉上。谓原刻"蜀于是有州四，十二郡"句当如此改。其赞曰文后空行有《蜀志》各郡县目录，亦如巴、汉中志。照录如下，再合《南中志》郡县，即是此数)

"蜀郡：成都、郫、繁、江原、临邛、广都。"

"广汉郡：雒、绵竹、什邡、新都、五城、郪、广汉、德阳。"

"犍为郡：武阳、南安、僰道、牛鞞、资中。"

"江阳郡：江阳、汉安、符、新乐。"

"文山郡。"

"《水经注》卅六：'沫水，东北与青衣水会。《华阳国记》曰：二水于汉嘉郡东合为一川。以下亦谓之为青衣水。'"(此条盖为说明上五郡外犹有"汉嘉郡"存者。是顾氏初校时批字。未及越嶲郡。其后亦未补出。但加批有"此前《续汉志》引'通于汉川有金，民洗取之'"十六字，则当是校《汉中志》梓潼郡、晋寿县语，误批于此。又顾氏就旧刻本上校批，每有引据较繁，各当页栏内处不能容者，亦别批于卷末白行内。例如下条，即在末叶)

"欧公《集古录》跋，引颜有意《益州学馆庙堂记》引《华阳国志》：'文翁为蜀郡守，造学堂，作石室，一名玉堂。安帝永和间，火为灾，堂及寺□□皆焚毁。惟石室独存。至和帝兴平元年，太守高眹于玉堂下复造一石室。为周公礼殿。'其文与此小异。盖此书传写既久，复经不学者删节，已非有意当日所见之本矣。赖有此记，知高眹为者。"（此条应是《蜀志》十页上，"此校语误入正文"条补注。别写在此）

"此在《后汉书》。"（批在《南中志》第二页十七行"怨诉竹王非血气所生，求立后嗣"句眉上）

"此必有误。"（在三页七行"何霸为中郎将"眉上。有指示符号）

"《三国志》作高定。"（在四页十六行"高定元"句眉上）

"广圻按：七字句。东汉人语每如此。"（在同页十九行，"张府君如瓠壶"三句上）

"在建宁郡。"（指六页首行，李恢"移治昧县。分建宁、越嶲置云南郡"等句）

"广圻按：此报字之误。"（指七页十六行"有为官所法，夷或为执仇"之执字。廖刻本迳改报字。今按：宋明各本执不误。执仇待报，与"杀人报仇"含义有别。否则官吏执法，皆当为夷所杀矣）

"五岑。癸酉。"（在八页三行"走依遑耶五茶夷帅"眉上。癸酉，顾氏"重读"时订也。又第十页九行"五茶"句上，亦批此四字）

"广圻按：后作遏。"（谓十页十四行"李易"字）

"愍。癸酉。"（指十二页五行"晋元帝"字元当作愍）

"《水经》卅六云：今夷人名曰雍无梁林。梁、夷言马也。"（在十三页，十七行眉上）

"广圻按：建宁有新定，无兴迁。"（在"平乐郡"行上。又有"愍癸酉"字，仍指建兴是愍帝年号）

"广圻按：平乐四县，全脱去。"（在十四页三行眉上）

"广圻按：即背字。"（指十五页九行，"陪龙坐"之陪字。同页"永昌郡"上，有"秋碧按：事见《风俗通义》"九字。秋碧，即顾槐三。由此可知此本确是廖寅购得供二顾校批之本）

"不韦与《水经》卅七不同。"（在十五页十八行眉上）

"帛叠、蚵虫，皆见《后汉书》。"（在十六页末行眉上）

"《郡国志》引作同。"（在十七页十一行"有周永"句侧。又改次行"南里昆"作涪里县，眉批云."涪，《魏志》文。"）

"广圻按：脱属县三。"（指第十八页河阳郡）

"广圻按：脱属邑数。"（在同页梁水郡眉上）

"广圻按：十一，疑七字误分。"（在同页"兴古郡"眉上）

"《晋书·陶璜传》。"（在十九页三行眉上）

"广圻按：当有脱。"（在二十一页第四行上。指"遥为之援"句下有脱文。书有符号。顾氏对《南中志》除引旧籍指出异文引、无其他贡献。著字寥寥如此。卷末空行，亦录有郡名表及县数，无县名。于属县数确

者，加小圈。其式如下）

"牂柯郡　四。

平夷郡　二。

夜郎郡　二。

晋宁郡　七。

〇建宁郡　十三。

平乐郡　四。

朱提郡　五。

南广郡　四。

〇永昌郡　八。

云南郡　七。

河阳郡　四。

梁水郡

兴古郡　七。

西平郡　三。"（顾千里又有《梁益宁三州郡县表》，经廖寅改名为《补华阳国志三州郡县目录》，攘为己作，刻入题襟馆本。实亦只此《常志》三州郡县的综合，别无所发明。不予宋录）

十六、向觉明家藏何校顾批华阳国志考略

（一）向觉明家藏顾广圻校批《华阳国志》后八卷是顾校真迹。其配补之前四卷，是过录何焯校校之元丰本。

向觉明（达）先生家藏有朱墨两校本《华阳国志》十二卷。承徐中舒先生代为借得。其前四卷，较后八卷短十一毫米，又无顾广圻墨校字，只于吴琯本上用黯朱批字行间。其朱字与北大图书馆藏之顾圻校本前四卷的朱字一部分相同。如：（1）避宋哲宗以前庙讳。凡遇弘、匡、胤、炅、恒、祯、顼等字，皆于其侧朱书同样的字而缺最末一笔，(作匡、层、夛、烜、顼)，对哲宗以下帝名（如煦、佶、构、眘等字）则无朱批缺笔字。这显然是校录元丰本异字。（2）有些古今通用字，无校改必要的，亦皆朱批异字其旁。如吴本《汉中志》"元和二年，羌复来。巴郡板楯救之"句的救字，旁朱批一"捄"字。又其下"说固守扞御寇之术"句，扞字旁朱批一"捍"字。他如吴本的许多"铁"字，皆朱校作"铁"字；许多万字、余字，皆朱校作"万"字、"余"字；许多"牂柯"字，皆朱校为"牂柯"字。——校批，通体无遗。甚至改得

反转不通，如：《蜀志》许多地名"雒"字（洛之别体），悉朱校作"頜"字（額之别体）。又"惠王二十七年仪与若城成都"句，朱校"与"字旁作"于"字；《南中志》"雄遣叔父骧破越嶲，伐宁州"句，朱校"伐"字作"代"，都是反转校改得不通了。其字皆与北大图书馆藏的顾校前四卷朱字部分相同。（顾校亦有朱字，但字体与文格俱易与元丰本字区别）由此，可以判断这配补四卷，为雍干时人从何焯校出的元丰本过录的朱校字。因为何焯校书总是照录旧本文字，丝毫不苟。而且元丰本在元明世已不见于坊肆，内府藏书或可能有。何焯在内府校书数十年，有可能得见其书，并有可能用当时坊肆流行的吴琯本携入内府校批。张佳胤自称其获见元丰本，有可能；但他或没有时间在内府校录全本；故其所刻蒲州本只偶有元丰本字而不能如此全面。杨升庵（慎）号称得读皇戚秘籍，然其谈《华阳国志》未尝及元丰本。钱叔宝（谷）手写《华阳国志》，亦只是李㙦嘉泰年刻之邛州本，亦当未见元丰本。此皆明代已元丰本在坊肆间与收藏家中之证，亦即何焯此校本之所以为可贵也。然此四卷朱校字，皆系用的坊肆售之黯色朱，而何焯校元丰本是用内府的鲜洁上品朱；故亦可知此前四卷配补本只是雍干时人过录何焯校本，而不是何焯手校本。何焯手校本（即鲜朱校录的元丰本），实即廖寅交与顾广圻核校的底本，顾氏即就其上朱墨批写者也。

顾氏批写真迹本全十二卷，如何分散为前四卷与后八卷，分别落于北大图书馆与向觉明家保存，无由知其经过，但可由两处所藏朱字皆有元丰本校字而知。我所据前四卷真迹系照片，朱字鲜黯难分，因得向氏藏本前四卷配补本之朱字对校，而行审定其与后八卷为同有何焯校元丰本之朱字。我在前四卷中迳称"元丰本"的校语，即据此配补四卷本朱字所定。

（二）向觉明藏的顾校《华阳国志》后八卷，是顾千里在何义门校元丰本之上的双重校本，惟其第五卷首的何焯题记六十四字，疑是书商伪造。

向氏藏本第五卷首白扉页上有五行六十四小字云：

华阳国志十二卷初阅见其讹谬甚（首行十四字）

多疑非善本及以新刻对校乃知（次行十三字）

后来妄加窜定有使人笑来者此（三行十三字）

本尚存旧刻之真而出于钱叔（四行十二字）

实家亦可信也康熙己丑焯记（末行十二字）

此记是否出于何焯，可疑之点甚多。（1）何焯若有题记，当在《巴志》扉页，不能在第五卷首白叶上。若谓当时何氏所校只此后八卷，则如上举前四卷之元丰本朱校字从何而来？由于北大图书馆藏之前四卷与向氏家藏的后八卷皆是顾校批于何校元丰本上的双重真迹，即可知何校元丰本原是十二卷全本，决不只是后八卷残本。即可知写于第五卷首的"焯记"非何焯真迹。（2）就文格分析，亦非何焯语气。何焯，清史馆雍干间已有专传（《清史稿》与《先正事略》亦俱有传），称其"所见宋元旧椠，一一记其异同。又工于楷法，蝇头朱字粲然盈帙"。故何氏手校本甚易识别。其文亦特具风格，字字皆可落实。而此所谓"焯记"，率多模棱悬空，无可落实。例如首句"《华阳国志》十二卷"，凡行世的《华阳国志》各版本，莫不是十二卷，此所云者究指何种版本的十二卷，不能落实。况此记只绾后八卷，并非十二卷全本；即如所指是吴琯本亦不得为"十二卷"。是为可疑者一。何焯时《华阳国志》刻本已有宋刻两种，明刻四种，康熙时并无新刻本。而此所云"新刻"与"旧刻"，善本与"非善本"者究何所指？若谓吴本"讹谬甚多，疑非善本"耶，则用与"对校"之新刻者为元丰本，能得谓为"新刻"耶？反之谓新刻为吴琯本，旧刻元丰本为"非善本"耶，则又何得为"后来妄加窜定"？何焯何能毫无版本常识如此！而谓其"出于钱叔宝家"，明嘉靖年的钱叔宝家，竟能收藏到三百年后的顾广圻手校本，而由二百年后的何焯为之题记，岂不令人齿冷！（3）就书法分析：我过录向氏藏本时，虽未拍照，亦曾摹拟其笔势过录此六十四字。何焯所书为科举大卷楷法，从不苟且。此记虽亦用鲜洁朱作蝇头小楷，乃是废科举时上海流行兼用隶、真、何、草四体融合的海派书法（例如陶濬宣的书法），这种书法是康熙年所没有的，更不是何焯的字。以此，可定其为光宣间上海书估得顾校后八卷，伪造欺世之作。

此六十四字所占页面甚小，同叶有顾广圻行书大字云："重校华阳国志引用书目。癸亥十月涧蘋记。"所列书名十四种，分三列。第一列"《史记》，《汉书》，《后汉书》，《三国志》，《晋书》，《宋书》，《史记索隐》"。第二列"《水经注》，《通典》，《元和郡县志》，《太平寰宇记》"。第三列"《文选注》，《世说注》，《通鉴考异》"。逐列退缩，以避藏书家图章。盖顾氏施校前世亦珍视何焯手校，先有鉴识图章多块，顾氏素不注意版本，未予重视也。

此何焯题记六十字虽伪，其后八卷之鲜朱字为何焯校元丰本字则真实可信，以下略举其证验。

（三）向藏顾校第五卷以下有何校元丰本朱字的证验

（1）首页"《华阳国志》卷第五"（顶格）下节别行低一字写"《公孙述刘二牧志》"。用朱勒去"晋常璩著"、"明吴琯校"两行八字。表示对校两本款式的不同。

（2）二页首行，"为赤眉贼所败"句下，旁加两小朱圆圈，表示宋椠此处空二格后,乃刘"建武元年"句。

(3) 同页二行,"梦人谓己曰公孙系",孙字旁朱书"子"字,表示宋椠此字作子。又六行"功曹李熊",的熊字侧,朱写一"雄"字。七行"十层赤楼帛兰"之帛字旁,朱写一"射"字。又十七行"受以承相"句,承字旁朱写一"丞"字。皆当是用宋元丰刻本校吴琯本异字。如此之类甚多,皆已收录入校补本。此下不更一一举。

(4) 凡吴琯本双行夹注小字,皆朱勒。表示宋刻无之。如二页十八行"按《后汉书》曰"以下双行小字,至三页十三行"按《后汉》本传……复如此矣"之类是。惟二页"公孙系"以下"《后汉》作八厶子系"七小子夹注不勒。足知宋椠所固有。盖吕大防校语也。

(5) 朱校吴本,有许多字改来反转不通。如上举3条的李熊,改作雄,即与《后汉书》不合。又如七页四行"屯阆中御鲁"的阆字,朱标作"郎"。同页十行"不义之事"句,朱标义字作"羲"。十页八行"何者之谈,阿谁为失"句,朱标何字于阿字旁。十一页十六行"迁璋于南郡之公安"句朱标"江"字在公字侧作江安。皆只能是表示吕刻异字。若竟照改,便反转不通了。何焯岂能不通至此。即其他任何校书的人也不会作如此不通的窜改。唯何焯校书,才是如此尊重异本原字。从而可以定此为何氏校本之证。又如有些吴本原字,与朱校异本字,本可通用的,朱校亦皆认真地写出该本异字来。这也是何义门校勘的风格。例如卷五二页九行,"置铁钱官"句,铁字旁,朱标"铁"字。四页五行,"募兵得伍千余人"句,伍字旁朱标"五"字。同页十行。"日中饥"句饥字侧标饥字。八页十四行,"欲以客宾待之"句,于客宾侧,朱标"宾客"二字。同页十六行,"璋一无所纳"句,于一字旁朱标"壹"字。十一页三行"牵去砍头"句,砍字旁朱标"斫"字。如此之类甚多,颇似其人谬妄无聊,改古字为今字(如铁)。又改今字为古字(如壹),或颠倒同义字(如宾客),皆属多事,并无足取。不知此正是何义门校书矜慎,毫厘不苟的特点。为考版本者必须重视之处。其字与嘉泰以来刻本每多不同,即可证其所据为元丰本也。

(6) 向藏此本中,又多有用朱圈删字,亦表示为宋椠所无。如卷五六页八行,"焉意渐盛"句,渐字上加朱圈。示吕本无渐字。又卷六《刘先主志》第三行,"父弘早亡。先主幼孤,其母贩履、织席自业"句,朱圈早亡二字。又于其侧再划两小圆朱圈。其所表示,为吕刻本于"父弘"下空两格。无"早亡"二字。如此之类,对于审订旧文,大有好处。查钱写李㙫本亦作"焉意盛",《函海》本同,而小注云"此下何本有渐字",足见渐字乃张佳胤所加,吴何本遵之,《常志》原所无也。就文义言，"焉意盛"实较"焉意渐盛"为佳，夫上文既已言刘焉"阴图异计"矣，兹又已平定任歧、贾龙反抗之师，则当僭意更盛，何得为"渐盛"乎？《函海》、《先主志》，"父弘"下小注云："刘、吴、何、李本作宏。"又次"早亡"二字下小注云："此下刘、吴、何、李本下无空位。"足见"早亡"二字，是李㙇就吕刻空位添补字，吕刻所无，即常璩原文亦不应有，有则与下句"先主幼孤"文义重复矣。《三国志·先主传》云："先主祖雄，父弘。世仕州郡。雄举孝廉，官至东郡范令。先主少孤，与母贩履、织席为丛。"未言刘弘何官，而迳言"先主少孤"，则弘早卒未仕可知。正因未仕，所以家贫至于"贩履织席"。也正"世仕州郡"至弘而止之义，所以刘备虽贫而意气摄人。陈寿号称"良史"，行文精简，省言刘弘早卒而早卒之意自见。不言刘弘未仕，而未仕之意自见。常璩用《陈志》为文，于弘下加有字句，取在通俗易解，亦只可能于弘下加"未仕"二字，以明上文"世仕州郡"至弘而止之义；不应再加"早卒"二字，致与下文"幼孤"重复。由于吕大防所据本二字漫漶，刻本作空二格。张佳胤以八股科名，未治古文，遂妄补"早亡"二字。何义门得元丰原刻校之，圈去"早亡"还为空位两格。这是他专门注重版本这一优点的一个例证。类似此例之处甚多，就不悉举了。只此一例，亦即可知何焯所据为吕大防刻本，和这一校本的价值之高了。

（7）向藏此本，朱改吴本之字极多，不可胜举。其改最多者，为卷六《刘先主志》。从第七页第六行"权遣使"三字起，一直勒去三十五行，至第九页首行"先主遂领益州牧"句，凡六百七十字。另用朱字二百九十改写。合全卷所改一百余处，共三百余字中，此连续删改部分占有四分之三。核所朱改文，皆宋刻及刘、函、廖、顾诸本所有；所汈去文，则皆唯吴、何诸被称为"俗本"者乃有。以此可知是张佳胤所改窜，宋刻固不然也。

宋刻今可证验者惟钱谷影写本与刘大昌本，皆是依据邛州原本。吕大防本已不可得。此所朱校各字与行款，又与邛州李㙇刻及李一公刻本不同，则其为依据元丰吕刻可无疑矣。

只就此三十五行论：所改朱字，全是钱谷写本所有，亦康熙时北京残存的刘大昌、李一公本所有（刘本现在北大图书馆，李本即武英聚珍版本所据），应为何焯所见。乃亦一一楷书全文二百九十字于勒去行间，何不以"另见某本"一句代之，而乃不厌其烦如此？又此卷改吴本獮字为"蹶"（五页十三行）；彊字为"强"（同页十五行）；崄字为"险"（二十行）；棄字为"弃"（六页十四、十六两行）；餐字作"湌"（九页十四行）；糾字作"紏"（十四页三行）；秭归作"姊"（十五页四行、五行、七行、十二行）；杰字作"桀"（十七页二行）之类，几如是不知古今字变的多余劳动。甚至如十三页八行，改"洛书实号命"为"洛实书号命"；十五页十七行，改"后追已至为"以至；又十六页十行改"是为太宗"之宗为"中"字，则是改通语成不通。如此之例，他卷亦不少。惟亦改出佳字甚多。如改"张飞翼德"为益德（卷六一页十九行，六页十八行，十二页十行）；改"柳柱"为"柳柱"（二页三行）；改"高堂尉"为高唐尉（同页四行）；改"麋竺"为麇竺（三页七行）；改"令关羽入益州"为"下益阳"（十页三行）；改"君马何駃"为"何驶"（十一页八行、九行）；改"图曹仕于樊城"之图作"围"（十二页二行）；改"羽美须髯"之须为"鬓"（同页十二行）；改："举兵拒守"之兵为"郡"（十六页八行）；改"元儒汉祚"之元为"克"（十七页六行），全书如此佳改亦甚多。应皆只是机械地依据元丰本改，非如他人之意为改窜。此何校可贵处也。

以上七点说明向达（觉明）所藏，是何焯用内府朱砂将宋吕大防元丰刻本校录于吴琯刻《古今逸史》本《华阳国志》残卷上的真迹。其可珍处，尚在于保存了吕刻的形貌。这也并非认为吕刻就是正确的。自晋永和至宋元丰，已经九百三十年，《常志》被传钞窜乱若干次了。吕氏所得，并善本，除已全阙《巴郡士女赞传》外，错、讹、衍、脱字句亦多。但不至如张佳胤之自作聪明、信手妄改耳。元丰至今又已九百余年，窜刻纷纷、展转诱误。纷庞诸刻，实皆自元丰本一源所出，而元丰本久绝于世，无凭订！甚至明刻如张佳胤蒲州刻本亦不可得，仅赖吴琯《古今逸史》本存其形骸。《四部丛刊》影印之钱叔宝钞本，与明代的刘大昌刻本，亦保存得嘉泰邛州本原貌。张佳胤自称得元丰本，乃与钱、刘本大异。至乾嘉世，通儒辈出，始识张、吴、何本之谬，訾为"俗本"。然因元丰旧刻绝迹，莫有能知"俗本"之所以为谬者。尤可怪在：何焯校存之元丰本真迹，人亦不识，至于已入名校雠家孙星衍、顾广圻、顾槐三之手，亦不之识，涂批其上满纸。又至于书估得其后八卷残幅，已知其为何焯校真迹矣，而不能售，再伪造何焯题记以欺世，而后展转入藏向家。向觉明先生极其珍视，初未愿借出，由徐中舒先生介绍恳请，乃因谢国桢先生赴川大讲学之便携致，约定讲学完毕携回。还书时，余曾建议用原件拍照，分朱、赤者、墨三色套印行世。值十年混乱，未克如愿。其愿此宝物重光于世也。

十七、向藏本之顾批及其他乾嘉名流题记

此八卷中，除何焯用内府朱工楷真书和符号部分鲜明易辨外，又有用市售下品朱批校文字与符号相混。其色黯淡，笔带行草，粗大，非何焯原有甚明。而与顾广

圻墨校笔致和款式正同。可以估定为顾广圻先后多次批校真迹。其证如下：

（1）卷五，三页，十八行"自是莫有言者"之下，鲜朱有两小方圈，表示当空二格。其上眉墨批"当连"二字，行书。此外无字。显然是顾广圻谓朱校空格于文未合。未知原校人与其校例所致。

（2）鲜朱校无额批，黯朱校与墨校则额批甚多，皆顾氏笔迹，且有明文属于顾校之证。例如：卷七、（《刘后主志》）十九页十二行，王崇论后主"外拔四屯之奇将"句，淡朱尽△号于屯字旁，而于额上批云："屯当作七，《东都赋》曰：授钺四七。"并双行小注其下云："丁卯五月得此一条。"此为顾氏初样最得意处真迹甚明。又同页十四行"内无骨肉之谋"句，骨肉二字旁黯朱书"胥附"二字，额上有行书墨批"胥附见《诗》"四字。胥即今胥字。"见《诗》"谓《小雅·角弓》"兄弟婚姻，无胥远矣。"胥读如疏，与《大雅》"余曰有疏附"同义。此应是顾氏初校认为"骨肉"字当作"胥附"，为廖寅或其友人所不解，询之，乃又用墨批此四字。皆足为两种朱校分别出于何顾二氏与顾氏曾多次校批之证。钱谷写本字作"骨附"，足见李㙔刻本亦讹胥为骨。张、吴、何本更讹作"骨肉"。顾广圻乃校还王崇原字。这是顾氏校书的最大优点。何焯只顾版本，不问文义，顾氏只顾文义，不问版本。皆有偏废之憾。今此书会两长于一册，使长短相补，美满无憾，亦校雠界之快事。

（3）又，卷八《大同志》十一页二行，"而绵竹降，涪陵民药绅、杜阿应尚"句，药字侧鲜朱楷写一"乐"字。其上额先有黯朱行书批："本涪陵民而降于绵竹也。赤祖在绵竹"十五字。又有墨批"《通鉴》是药字"五字，在此十五字旁（即第一行上方）。显然，乐字是何据元丰本改之异字。额上十五朱字，是顾千里初校时体会"绵竹降涪陵民"文意，并指出上文"赤祖"为体会线索。其旁五墨字，则是其后重校时所得，以指旧校药为乐未是。这也是何、顾二校各自为政，与顾前后校汇于一处的证验。如此之类还多。

（4）又卷九（《李特、雄、期、寿、势志》）一页十七行上，"乃将民入郪王城食谷芋"句上，先有黯朱批"王当作五。郪县、五城县，皆属广汉。癸亥十月，千里校"二十字。复用墨圈，而另墨批云："《通鉴》太安二年注引宋白：郪王城基址见在。然则郪旧有此名耳。癸酉三月。"二十九字。又复有"郪、五城，又见《蜀后主志》。意以前说为长。宋白恐未足据"二十一朱字，未注年月。按笔迹，亦当出顾氏手。是顾氏既已肯定"郪王城"当作"郪、五城"。十年后重校，又自推翻前说，更从宋白。又阅时，复自疑而两存之。其矜慎之处，至足钦佩（何焯此处无校迹）。如此之类亦多。大体皆采入本书校注中，不一一举。

(5) 顾氏不问版本，但凭淹博古笈，校得佳字甚多。其得意时，每自标注名字、年月于校语下。如"广圻按"（卷五的七页，六卷四页，七卷十页，十五页八卷五页，十二页，十五页，直至十二卷尚有三处），"涧苹校定"（七卷五页，九卷六页，十二页）；"癸亥十月，千里"（八卷十九页）；"癸酉三月"（见上条）；"癸酉"（十卷三页）；"癸亥十月"（十卷八页）；"癸酉五月得此条"（十一卷十一页，谓吴本"太子中庶子"句下"傅从后"的傅从字"当作转徙。指愍怀太子废后，自金镛城徙许也"）；与"癸酉五月得此"（十一卷十八页，谓吴本第十三行"曩日失策江陵"句"当作西陵，指羊祜救西陵，督步阐为陆抗所败也"）。如此诸处，渊雅博通，精辟深透，而着字不多，实为从来校勘家所仅有，无怪其能名驰全国也。

(6) 顾校真迹，未自著名字、年月者更多于上条十倍。由其字体、文体和格式，极易分辨。最后在吴本"附江原常氏《士女目录》"和"张佳胤辑录"两行额上批云："坏《华阳国志》者张佳允也"十字。又于其第二十行"便敬宾妇常元常"条之上常字画×，批其眉上云："不通至此"。足见其识力和气魄。他原不注意版本，目中固无张佳胤，徒因吴刻依张本有此附篇，与所辑"女三人"之不通，乃判断蓝本与张佳胤刻有关而下前条判语，竟与张、吴本有关各方面史实符合。是亦其识力可钦之处。

(7) 觉明向氏所藏此本，除已镕合何焯、顾广圻两大名校外，又复参有顾槐三校批。明著"秋碧按"字者一处（未署名者不计）。又复有李调元、段玉裁及未署名等人题记，皆小字细书于脚栏外。因与校注无关，不录。举此以见此八卷明刻底本，自何焯校后，经阅人物之多。

十八、四库全书总目提要史部载记类华阳国志

《华阳国志》十二卷，附录一卷，晋常璩撰。璩字道将，江原人，李势时官至散骑常侍，《晋书》载劝势降桓温者即璩，盖亦谯周之流也。《隋书·经籍志·霸史类》中，载璩撰《汉之书》十卷，《华阳国志》十二卷。《汉之书》，《唐志》尚著录，今已久佚。惟《华阳国志》存，卷数与《隋志》《唐志》相合。《新唐志》作十三卷，疑传写误也。其书所述，始于开辟，终于永和三年。首为《巴志》，次《汉中志》，次《蜀志》，次《南中志》，次《公孙、刘二牧志》，次《刘先主志》，次《刘后主志》，次《大同志》。大同者，记汉晋平蜀之后事也。次《李特雄期寿势志》，次《先贤士女总赞论》，次《后贤志》，次《序志》，次《三州士女目录》。宋元丰中，吕大防尝刻于成都，大防自为之序。又有嘉泰甲子李㙅序，称：吕刻刓阙，观者莫晓所谓。尝博访善本以证其误而莫之或得，因撅两汉史、陈寿《蜀书》、《益部耆旧传》

互相参订，以决定疑。凡一事而前后失序，本末舛迕者，则考正之。一意而词旨重复、句读错杂者，则刊而去之。又第九卷末有玺附记，称：《李势志》传写脱漏，续成以补其阙。则是书又于残阙之余，李玺为之补缀窜易，非尽璩之旧矣。玺刻本世亦不传。今所传者惟影写本。又有何镗《汉魏丛书》、吴琯《古今逸史》及明何宇度所刻三本。何吴二家之本，多张佳允所补《江原常氏士女志》一卷，而佚去《蜀中士女》以下至《犍为士女》共二卷。盖玺本第十卷分上中下，镗等仅刻其下卷也。又唯《后贤志》中二十人有赞，其余并阙。玺本则蜀郡、广汉、犍为、汉中、梓潼士女一百九十四人有赞。宇度本亦同。盖明人刻书，好以意为删削，新本既行，旧本渐泯，原书遂不可睹。宇度之本，从玺本录出，此二卷偶存，亦天幸也，惟玺本以序志置于末，而宇度本升于简端。考《玺序》称：首述巴蜀南中之风土。次列公孙述、刘二牧、蜀二主之兴废，及晋太康之混一，以迄于特、雄、寿、势之僭窃。以西汉以来赞后贤人，《梁·益·宁三州士女总赞》《序志》终焉。则《序志》本在后，宇度不知古例，始误移之。又《总赞》相续成文，《玺序》亦与《序志》并称，宜别为一篇，而玺本亦割冠各传之首，殊不可解，殆如毛公之移《诗序》，李鼎祚之分《序卦传》乎。今姑从玺本录之，而附著其改窜之非如右。其张佳允所续常氏士女十九人，亦并从何镗、吴琯二本录入，以补璩之遗焉。

注：

此文不著撰进人名，谬误连翩。因其出于馆阁，无人敢议。谬论既镌行，浅尝无议者据为典实，展转欺误，其害更甚于书估。除关于版本方面，前已驳斥外，既仅就文字分析，亦不成为学者之言。例如云："玺刻本世亦不传。"今成都省图书馆，北京图书馆均尚存有刘刻足本与清《函海》本，廖寅本，皆传其全文，内府应亦有之。武英殿聚珍版用的李一公本，亦是承用邛州本文字。此公乃不之觉。而谓"唯影写本"传，又云"今姑从玺本录之"，则武英殿本《华阳国志》应大流行。何以中华书局之《四部备要》，商务书馆之《四部丛刊》均未录用此"玺本录出"之嘉泰本，而另采用明、清人的写本、刻本？苟非此徒出以空言。即所据并非宋刻之影写本而为世所笑斥可知已。

此文之陋，还不止于未能广征博览，徒执一二篇序言推断，这谬后世；更还在于捕风捉影，采用谣传以为实据。如何镗本并未刊行，而据后人序言以为已经刊行。并如见其书者，竟有"镗等仅刻其下卷也"之断语。又如何宇度只刻《益部谈资》，而此提要竟屡言其刊《华阳国志》，至五次之多，曰"何宇度所刊"，曰"何吴本"，曰"宇度本亦同"，曰"宇度本升于简端"，曰"宇度本不知古例"，皆如确见其书。核其所言，则皆何允中所刻《汉魏丛书》版的《华阳国志》所具。其为误传何允中为何宇度甚明。而乃凿凿然连言之。谬陋到令人骇怪，尤可笑在：张佳胤辑录之《江原常氏士女目录》，被万历年间吴琯收入其《古今逸史》可也，何镗所纂"汉魏丛书"何能收入？而此公竟云："亦并从何镗、吴琯二本录入。"岂非"宋版《康熙字典》"之谓乎？

十九、章宗瀛校四库全书考证史部华阳国志

《华阳国志》　晋常璩撰

卷一

《巴志》："武王既克殷封其宗姬于巴。"原本封讹以。又："巴国分远，故于盟会希与。"原本阙与字。并据何允中本改补。

汉末政衰条："丛丛仰前修。"原本前讹有。据何本改。

江州县、郡治条："故世谓江州堕林粉也。"原本林作休。据何本改。

临江县："枳东四百里接朐忍。"原来四讹西。据何本改。

朐忍县条："山有大小石城并灵寿木、盐井、灵龟。"原本并讹势。据何本改。

涪陵郡条："世号灵义出涪陵县郡治。"原有阙。出字，据何本补。

卷二

《汉中志》："罽宾、明珠、玳瑁。"原本宾讹宝，据《汉书》改。

南郑县·郡治条："大姓李、程、赵氏。"原本赵讹公。据何本改。

刘先主条："又遣副军中郎将刘封乘沔水会达。"原本脱封字，据《蜀志》增。

蜀平条："去洛一千七百里。"原本脱里字，据何本增。

卷十上

《先贤士女总赞论》："迁京兆尹，侍中，长水校尉。"原本长，讹张，据《后汉书》改。

注：

《聚珍版丛书》，干隆原刻未见。此件录自同治七年福建重刻本，有布政使邓廷柟序，其中《华阳国志》系用李一公刻本。章宗瀛仅用何允中本对校。仅此数条，亦多反转改成错字之处。足见干嘉学者对于校勘工作，仍多不能免于幼稚。

二十、山右丛书耿氏万卷精华楼藏书记卷四十 史部九载记类华阳国志丛记两种

一

《山右丛书》，山西省文献委员会编。所见为"初编"，凡三十种，共一百册。其《万卷精华楼藏书记》，百四十六卷，凡三十三册（第十三册至第四十五册），灵石县耿文光撰。首《万卷精华楼藏书丛记稿序》，谓："创始于光绪五年七月，断乎于十四年三月，凡九阅寒暑，四易稿而成。"自注"初蒐录书名、卷数、撰人名氏、如胡刻《四库附存书目》之例。次稿略著版本，节录序跋，如《天一阁书目》之例。三稿略辨版本，如《书目答问》之例。有所见及，于三稿中横批侧注，……并各家书目，参互考订，以成是编。时代之先后，沿须订正。"末署"光绪十一年岁己酉，二月十五日，灵石耿文光字斗垣、一字酉山、别号苏溪渔隐撰。"他所藏书，分为经史子集四部，凡四十五类，先制有编制规格。兹摘录其《华阳国志》部分如下（如原式。加标点。原有双行小夹注，兹改用括弧夹注）：

《华阳国志》十二卷

晋常璩撰

《函海》本李调元依影宋本校刊。前有嘉泰甲子李𡎐（古字墅）叔崖重刊序。……先汉以来《士女目录》，在《序志》后。明有何镗《汉魏丛书》、吴琯《古今逸史》及何宇度所刻三本。佚去卷十之上中①。

李氏序曰：古者封建五等诸侯国，皆有史以记事，……《总赞》序终焉。（按：《总赞》为一篇，韵语相承。不知谁氏冠于各名之上。）就其三者之间，于一方人物尤致深意，……而律之。（叔崖序见于宋本。因全录之。叔崖刊本已亡，今所传者惟抄本。）

按，《华阳国志》第九卷（何本无此三字。）及《序志》皆云"述《李特雄期寿势志》"……因续记此云。（此李𡎐所记，在第九卷末。势志为李𡎐所补无疑。明本以此记为张佳允语，误甚。又雨村有刊书跋，本书不载，因录于后。）李氏跋曰："《华阳国志》十二卷，较俗本多卷十中、下，盖书估仅知挨次卷数刊刻，未审中下即在第十卷内复分中下二卷耳。是本，苏郡朱文游所藏，有惠氏钤印，为红豆斋旧物。干隆戊戌仲秋，修撰金榜得此本于丁小山，篇从来未见之足本。新安程晋芳鱼门书以相闻……故卷首仍用李序，以各序附于卷末云（"录于《童山文集》第十三卷"②。）

文光按：《函海》一百五十卷，惟此一种为精校之本。其余不足依据。本欲补《知不足斋丛书》所未备，而卤莽从事，未能相抗。升庵所著与自著者居其半，大抵

皆随手钞录，难称著书。……今藏书家亦不甚重。

宋李㙓（㙾）所刊《华阳国志》第十卷分上中下，惜其刻本不传。《函海》所刻即李㙾本而第十卷无上中下之名，不知何故。又，《蜀郡士女赞》第一，五十五人；《广汉郡士女赞》第三，五十七人；《犍为士女赞》第四，三十人；《汉中士女赞》第五，四十四人；《梓潼士女赞》第六，十八人。赞第二，显有阙文。总赞人数共二百四十八人。后贤二十人，合二百六十八人，而今止二百五人；阙数分明。序云足本，殆未必然③。

《拜经楼藏书题跋记》："《华阳国志》刻本，向阙卷十中二子卷。乾隆癸丑，先君借卢抱经学士本补钞，并校。又，卷八，永康八年'诏征廞为大长秋'一篇下，补'永宁元年春正月廞遣万余人断北道次绵竹'以下四叶。其余字句脱误、异同，补正处甚多。按程大昌《演繁露》云：'后汉传赞、注：梁州北距华山之阳，南距黑水，故常璩叙蜀事谓之《华阳国志》也。'"

注：

① 耿氏自订书例，为："先撰人姓名，次板本，次解题，次录叙跋，次采本书要语，次集诸家论说。"此二十九字，是其考订版本，采用《四部提要》语。盖以此为已足，未知其疏误也。

② 今按：《函海》原刻无之。续刻本即已有矣。《童山文集》合金榜《题记》入李雨村《自跋》，本无不可。因而与《函海》《跋语》微异。于此，亦足见耿氏未见续刻本。而其蒐讨之勤，与曾见续刻本无异。

③《巴郡士女赞》兴汉嘉郡，及汶山、越嶲两郡部分文字，自元丰本已阙。言"足本"者，亦不过对吴、何本言。此老未考。但云"殆未必然"，亦过于审慎。

二

以上为耿文光对《函海》本《华阳国志》的丛记。以下为所藏第二种《华阳国志》，系卢绍弓整理成之张佳胤本。（顶格、空格、夹注，款式同前）

华阳国志十二卷

晋常璩撰

明嘉靖本　　张嘉允利。前有宋元丰戊申吕大防徽中序。次目录。十卷以下差谬过甚，卢召弓先生按《自序》重订。末附江原常氏《士女志》一卷，张佳允补。①

卢氏校张本　　乾隆二十二年丁丑，二月卢文弨校。卷十缺上中二卷，但存下卷。今补足。先《总赞》，次《士女传》。蜀中士女为上卷。《巴郡士女》，宋本已阙。《广汉·犍为士女》为中卷。《汉中·梓潼士女》为下卷。

吕氏序曰："先王之制……庶有益于风教云②。"（"据《吕序》，则张本亦出于宋本而不及李本远甚。")乾隆五十五年，冬十有二月，访卢弓父先生于杭州新桥之抱经常，借其手校足本《华阳国志》以归。次年七月，寓震泽，以此本对校一过。海宁陈鳣记。

卢氏记曰："按《魏书·崔鸿传》云，'常璩所撰李氏据蜀时书，寻访不获。久思陈奏，乞敕缘边求采'云云。然则，元魏时已阙此卷。抑不知璩本有录无书，不补可也。又按其子子元云：'正光三年购访始得。'是有此卷。"（此条在第九卷）

佳允案：常璩《三州士女目录》，《巴郡士女》范目以下一十八人，当列蜀郡后为第二卷。今按本志赞传并阙，岂称全典哉。自宋吕大防、李㙦二刻已无闻矣。先民往则，宜垂竹素。强识之士不重有感耶③！（此条在第十卷《蜀郡士妻女赞》后）

佳允曰：江原常氏，代有明德。……今考出士女共十九人。又见道将承源家学，良史称材，常友遐心，著龟孔迩④。（"《常氏士女志》。"）

嘉庆十四年十二月既望，寓中吴上津桥石泉古舍，检阅是书，重校一过。鳣记。

"华阳黑水为梁州。""周文为伯，西有九国。""武王克商，……故吴楚及巴皆曰子。""按《巴国图经》，其地周万余里。""汉中郡本附庸国。周赧王二年，秦惠文王置郡。因水名也⑤。""宁州晋泰始六年初置。蜀之南中诸郡，皆夷越之地。"

"《大同志》者，《蜀后志》书其大同及其丧乱。"

"司马相如、严君平、杨子云、阳城子元、郑伯邑、尹彭城、谯常侍、住给事等各集传记以作《本纪》，略举其隅。而陈君承祚别为《耆旧》……终乎永和三年，凡十篇，号曰《华阳国志》。"

文光案：《华阳国志》十二卷，陈仲鱼以卢氏校本录于张本之上端，楷朱书。后有识语。不知何以归于吾家。予欲以此本付梓，忽见赞中一条，至"名齐吴王"止。张本旁注下有阙文。卢校云："名齐吴玉耳。非阙文也。"乍读之，疑王字是玉字之讹。名齐吴王，实不成句。因取《函海》本对勘之，果是吴玉，校注云："或作王。"（"偶见张刻《御览》引《后汉书·方卫传》'吴玉善医'。后阅毛本《后汉书》乃是郭玉。校书如扫落叶，此条尤当细考。"）玉下空四字，实为阙文。而卢校反逊《函海》之刻，遂置之。精校如召弓先生，不免臆度之词。他可知矣。时又得王玉二字之误于沈括《补笔谈》，因录于左：

自古言楚襄王梦与神女遇。以《楚词》考之，似未然。《高唐赋》序云："昔者先王尝游高唐……"。则"其夜王寝，梦与神女遇"者，王字乃玉字耳。明日"以白玉"者，以白王也。王与玉字误书之耳。⑥

文光案：《补笔谈》第四卷，皆考证之文。此其中之一条。依沈说读之，文理甚顺，可发千古之疑。又《齐论语》有《门王》《知道》二篇，以问王为"问玉"。此亦王玉二字之当辨者也。

　　考证家宏征博引，不虽于取而难于弃。故蔓延如《五礼通考》，采及天文。《学海堂经解》，多收算学。虽嗜奇者割爱诚难，而按之体例不免疵累。予有所得，即写于书目之额上行间。有与本书无涉者，弃之可惜，遂并存之。昔金陵盛仲交家多藏书，前后附叶上必有字，或记书所从来，或记他事，往往盈幅，皆有钤记。常熟赵定宇阅《旧唐书》，每卷末必有朱字数行……文光记。

注：

①此"自序"二字谓常氏《序志》篇"其序曰……述巴志第一，……汉中志第二……序志第十二"之次第。不以《序志》列于篇首。即是卢文弨批校用的底本。

　　卢文弨，字召弓，浙江余姚人，乾隆十七年进士。作过广东、湖南两任提学使，便乞养归家，专心著述。有《抱经堂集》三十四卷刊行。兴当时汉学家戴震、段玉裁等友善，特嗜校书。所校《逸周书》《孟子音义》《荀子》《吕氏春秋》、贾谊《新书》《韩诗外传》《春秋繁露》《方言》《白虎通》《独断》《经异释文》诸书刊行，世称善本。对于史类涉猎不多。所得《华阳国志》版本，仅属张、吴、何本，未见蜀刻。故其校语不及《函海》之精。惟张佳胤刻本，世不流行，独此批注本保存其原刻形制，斯可贵也。此下"卢氏校张本"标题，亦非更有别本。只谓卢召弓校批文字言之。

②此条只录张本中吕大防《序》。已前引，故节删之。

③此条与后"嘉庆十四年"一条，为程鱼门两次校阅的《题记》。在张本末页空白处。

④此耿氏录张氏原《跋语》，兴上下两条皆其自订体例中"次录序跋"之例。

⑤自此条起，至下"司马相如"条，皆"次采本书要语"之例。以下退二格"文光案"云云，才是耿氏自己的批语。中间又还夹有他自注语。

⑥原赋载在《文选》，世所恒见，故删节。"其夜王寝"句，在《神女赋》。原云"楚襄王与宋玉游于云梦之浦，使玉赋高唐之事。其夜王寝"。沈括谓此句王字当作玉，即作赋者，文感神女。其下"王异之"当作"玉异之"。"明日以白玉"，当作"以白王"。以下王玉二字俱当互易。至"复见所梦，王曰状何如也？玉曰茂矣！笑矣"之王玉两字乃不误。其说甚有见地。但与《常志》"名齐吴玉"之考释无关，故耿氏下文又有"弃之可惜，遂并存之"之案语。

　　今按，何焯校元丰本，钱谷写李㙫邛州本，与刘大昌、本一公本，皆作"名齐郭玉"。即吴琯本亦作"郭玉"。不知何以耿见卢校张本乃作"吴玉"。应是张本妄改郭字，而误谓"下月阙文"，卢氏未见宋刻，直以文意推之（谓无阙文）。耿氏只据《函海》初刻本校得玉字，未曾注意到郭字，亦是疏谬。《郭玉传》在《后汉书》。吴普名见《三国志》，皆后汉良医，应为讹郭为吴的原因。至于王玉两字，古盖通用，不值考也。

二十一、悔过齐重刻题襟馆本华阳国志陶濬宣题记

扉页底精刻:"廖氏题襟馆原本光绪庚寅十月板归邻水李氏悔过齐　陶濬宣题记"二十七字。

第四册末,有陶题记手迹精镌,全文如下:

《华阳国志》成于魏晋之间,古方志最为完善,而明以来无善本。吕汲公刻,世莫见者。邻水廖氏是书,据宋李叔虞本斠栞(刊)。元和顾先生为之宷(审)订,旁引旧文,多所补正。自谓"不减宋元佳刻"。海内珍之。粤燹以还,久乏传本。不期此本尚在人间,展转至予。中有脱板及漫漶虫蚀者五十余篇。为补刻完竣。时予校经广州南园,今南海令李铁船同年微庸,为廖都转邑人,且有连,欲得是以存乡邦文献。因举板归之。垂六七十年,转徙一万余里,楚弓获反,完好如昨,亦艺林胜事也。《廖序》以干道、咸淳临安二志当时未刻为恨。今并刻于吾浙,而明越、吴兴宋元各志亦先后削青矣。顾先生刊定是书,足称审密,唯卷弟三越寯郡下有佚文一百五字,据《御览》所引,足资校补,坿(附)录于后。光绪庚寅十一月,会(稽)陶(濬)宣记。

张翕,字子阳,巴郡人,为平阴郡,布衣疏(蔬)食,俭以化民。自乘二马之官。久之,一马死,一马病,翕曰:"吾将步行矣。"夷汉甚安其惠爱。在官十九年卒。(原有小字双行注"《后汉书·邛都夷传》作在郡十七年卒")百姓号慕,送葬者千数。天子嗟叹,赐钱十万,为立祠堂。后太守数烦扰,夷人叛乱。翕子端(原注"当作湍"),方察孝廉,天子起家拜越寯太守,迎者如云。《太平御览》卷六十引《华阳国志》。

注:

庚寅,光绪十六年(一八九〇)。陶濬宣书法甚佳,多作别体字,时在沪上颇有名气。此刻遵其墨迹,甚精。正文,则皆廖刻之旧。李铁船购运其板回邻水,印行转少。原"且有连"下有脱字。引《御览》之平阴郡当作阴平郡。其下亦当有脱(脱转越寯字)皆未校。此题记,可补顾广圻所未及。较顾观光所校勘之丰富引证,则毫毛与舆薪之比也。

二十二、顾观光华阳国志校勘记

清代校勘《华阳国志》的著作,这是别开生面的一派。其特点在于广泛征引,务求博洽,为未来研习《常志》者提出深入的路向。全文约三万字,已有《武林丛书》本,存古书局单行本,《龙谿精舍》与《志古堂》两种《华阳国志》附录本流传。此不全录。只录其《巴志》前十行,以见一般。

卷一　《巴志》（括弧内字为原校语,小字双行）。

历夏殷周（廖刻本云:"当作历虞、夏、殷。脱虞字,衍周字。"）甄其宝利（惠校"货利"）迄于秦帝（迄,原误起,宋本不误,后凡依本补正者,并不著）元康六年广汉益州（廖云:巴汉七郡者,巴一,巴东二,涪陵三,巴西四,宕渠五,汉中六,梓潼七也。所广益者,武都八,阴平九,新城十,上庸十一,魏兴十二）前徒倒戈（原脱前徒二字）

封其宗姬于巴（宋本"以其宗姬封于巴"）给客橙蓉（宋本发。廖云栓当衍。发当作蓉,即橙字）竹木之贵者（宋本贵作瓆）彼牺惟泽（牺原误仪）令闻令望（宋本闻作闻。）蜀王弟苴私亲于巴（廖云苴下当有侯字）分其地为三十一县（宋本脱去三十二字,俗本改一为二,廖校遂欲删去此字,皆失考也。今依路史太昊纪注补正）白虎为害自秦蜀巴汉患之（此处有脱文,《御览》三百四十八有:"一白虎常从群游巴蜀伤害千余人。"又四百八十,《书钞》百二十五,并节引）邑万家（《御览》两引,邑上并有赏字）于是夷朐忍廖仲……

注:

仅此十行,已可见他遵用廖刻题襟馆本原校之处最多。或称"廖刻"或"廖校"、"廖云"。竟未知其为顾千里校语。又屡称其所据之本为"宋本"。皆属未考版本之误。但如:据《路史》注语订"分其地为三十一县",则已突过前人。是为其广征博引之功。实则此文字早见于《汉书·高帝纪》,只学人未注意耳。

其他各卷如此之例,可取者,悉已收入本书校、注文中。其平凡无足取者未收。其沿误者亦已随文考订。录此十行示例外,即不更录。

唐百川《校勘笺》,现存四川省图书馆。功勤似顾观光,而渊洽不逮。兹不录附。

二十三、傅增湘藏园群书题记续集卷一
校明刘大昌刻本华阳国志跋

《华阳国志》一书,自廖氏题襟馆本刊行后,世之读者,意谓可无遗憾。以原书为顾千里所手校,要为订正可传也。然余曩见同年邓孝先太史所藏顾氏校本,为付刊后所重勘。所据为常熟冯氏空居阁本。其校语溢出刊本者至多。保山吴佩伯曾假

临一本，今尚寄寒斋中。余每披阅及之。卷中多识其疑误，而改订之处乃绝少。录所见冯本外仅有钱磬室写本、何义门校本而已，于明代嘉靖以前旧刻似未寓目也。顷北平馆中，新收得嘉靖甲子刘大昌刻本，极为罕见。因从赵君斐云许假归，以廖刻对勘一过。自八月二十二日起，至十月二十三十止，凡两阅月，仅乃讫功。行止不常，丹铅屡辍，良用自恧。然全书订正之字多至四百有奇，咸前人所未发，又殊自憙矣。兹举前数卷最胜之处言之。

如卷一"树有荔支"，支不误芰第二叶。"仪贪巴道之富"，不作巴苴。（三。省原有第、叶二字下同）"取商于之地"，不脱之字。"曰虎历四郡"，曰不误白。"从高祖定秦有功"，秦不误乱（均四）"此武王伐纣之歌也"，此不误比（五）。"家中无可与"，与不误为（六）。"凉州羌反，入汉中"，脱反字。"贫者无以自支"，支不误久（均七）。"严子农代为都督。农解后"，二农字不误丰（十一）。"胸忍徐虑"，虑不误惠（十三）。"大破之，阐、咨退"。不脱阐字（十三）。"人多戆勇"，不脱多字（十五）。"李雄，宕渠之厮伍"，厮不误斯。

卷二佳字，如"上昭于天"，昭不误照（一）。"文秀暐晔"，晔不作玮（二）。"姜济、陈巳"，巳不误巴。"不得过，过多云鬼病之"。不脱下过字。"学道永信者"，永不误未。"其供通限出五斗米"，通不误道。"张修攻固城"，城不作成（均四，下叶城同）"鲁益骄恣。璋怒"，不脱璋怒二字。"皆以祭酒为治民"，不脱民字（均四）。"大姓李、程、赵氏"，程不作郑（五）。"更始即祚"，祚不作位（六）。"诸军足办"，办不误辨（十一）。"梓潼郡"，潼不误橦（九，下同）。"秦州遂荒无晋民"。州不误川，晋不误留（十二）。

卷三佳字，如："故多斑彩文章"。斑不作班（一）。"鱼凫王田于湔山"，不脱鱼凫二字（二）。"天奉我矣"。奉不作承（三）。"王哀念之"，不脱念字（三）。"歌龙归之曲"。龙不作陇（三）。"司马错等因取苴与巴焉"。焉字不脱（四）。"玉帛戋戋乎梁益之乡"。戋戋二字不误践（八）。"英辩博通"，辩不误辨（九）。"则有元常、元化、程玦"，玦不误瑛（九）。"火井江有火井"。上火字不误文（十二）。"拔雒城，援襄阳"，不脱拔字，援不误拔（十四）。"汉时，任安定祖"，不脱安字（十四）。"省桥梁三津"，不脱梁字（十六）。"有王乔、彭祖祠"，乔不误桥（十七）。"孝子吴顺养母"，养不误俸（十七）。

卷四佳字，如："发运兴役，费甚多"，不脱兴字（二）。"方为先主问代"，为不误亡（四）。"柔远能迩"，迩不误尔（六）。"破坏郡县，役吏民"。役不误殁（九）。"人但焦草炙鼠为命"。焦不误樵（九）。"逊使使督护云南姚岳"，不脱下使字（十）。"少

"威仪"，仪不误棱（十一）。"学图纬，通三才"，才不误材（十一）。"升麻县"，升不误牧（下文即云"山出好升麻"，十四）。"俗妖巫，惑禁忌"。不脱惑字（十六）。"天所贵也"，所不误之（十六）。"度兰沧水"，沧不误仓（下同，十七）。"谓诸耆老曰"，不脱诸字（十六）。"大姓陈、赵、谢、杨氏"，不脱谢字（十六）。此皆廖校所遗其他诸卷尚多，不能悉举也。

又廖氏所附校语，有引据史传以证本书之误。今以刘本勘之，多与之合。如卷五，"以功曹李雄为大司徒"（二），廖校云："雄当作熊，见《后汉书》。"此本正作李熊。卷六，"先主还解"（四），廖校云："沛下不当有解。即今廨字。"此本正作廨。"不可背之，立劾"（四），廖校云："之下当有要当二字。"今本正有此二字。"尽封其物"（五），廖校云："尽上当有羽字。"今本正有羽字。卷八"地名观坂，上自观下"（三），廖校云："当作自上。"今本正作自上。"广汉太守张微"（八），廖校云："《后贤志》《目录》皆作征。"今本正作征字。卷十"同穴斋定"（二十三），廖校云："误，未详。本或作窆字。"又，"蜀谷二石"（二十三），廖校云："误。未详。本或作蜀。"今本正作窆蜀字。凡此，皆廖氏所疑，而未敢遽为订正者；今得此本，若合符契。益可恍然矣。至如人名之舛失，如祝苞，祝不误程。贾栩，栩不误栩。杨厚，厚不误序。贞玦，玦不误瑛。皆见于卷十中《赞贤士女》，所关至钜。赖有此刻足以正其差误。校竟为之忻快无已！

夫《常志》自元丰间吕微仲始刻于成都。嘉泰间李叔虘再刻于临邛。然李氏授梓时已言其多所缺漏。迄明以来，并此临邛补葺之本亦绝迹于天壤，惟恃诸家传钞延此坠绪。据刘氏《后跋》言："笥中所藏，出于旧录。只取《范史》订正十一，献之郡斋。"则当时未睹宋椠可知。尤可异者，杨经守成都，以此书授梓在嘉靖甲子。而张佳胤有张四维《序》，亦署嘉靖甲子元日。以数百年来埋郁不传之籍，而一年之中有两刻本，且皆出于蜀人之手。书之显晦，信有时耶？张氏蒲州所刻，观其《自序》，乃"得抄本于澶渊晁太史家，嗣在江阳假得杨用修本。又在大梁假得朱灌甫本，交互取质，参证脱讹"。余库中亦藏弃是本，取以对勘，凡刘本改正之字，张本一一皆具。可知二公校订之精审，视后世所传恶钞迥然大异。宋本既不可得见，得此嘉靖初元善刻，据以纠正流俗之失，虽与天水旧椠等量齐观可耳。

然余窃有未解者，闻廖氏题襟馆开雕此书，本出孙渊如之手，而顾千里为之一一经理，以成其事。孙氏既富于收藏，顾氏夙精于校勘，宜其尽罗众本，择善而从，借杀青之役以竟扫叶之功。今观其书，夺讹盈幅，转不若李氏《函海》之较为审慎精严也。盖雨村所据以付梓者为钱叔宝写本，而又得此刘大昌本，及天启李一公本，考订其异同；而廖氏刻本时，不特嘉靖张、刘二本及天启李氏本均不及见，即李氏《函海》本亦似未经寓目，殊不可解。右方所举前四卷异文，检视《函海》本，均注其异同于本字下。千里若见及之，必不至略而不采也。昔黄荛圃校书，多兼收众本，一书手勘至于再三，不惮其烦，所谓"遇本即较"也。余为之进一解曰：凡校书之法，切勿笃信前人。世人偶得名家校刊之书，辄笃守其本，谓已决无罅漏。岂知异钞祕笈，海内方迭出不穷，吾辈览玩所及，或为昔人耳目所未经；刻意寻求，往往后来居上，正不必耆于前贤而自画也。

此本半叶十行，行二十字，白口，四周双阑。前有嘉靖甲子知成都府昆明杨经序。后有大昌自序。钤有"尊生父修绠图书"白文印。又"准"字朱文印。遍检各书，自李雨村引校外，诸家均不著录，洵可云罕秘矣。至张氏蒲州刻本，则并雨村亦未之见也。余昔年曾得抱经楼藏本，缺第十一卷，嗣与友人易得完帙，今宝藏于双鉴楼中，异时当更取以覆勘之（注）。

注：

傅沅叔先生，名增湘，四川江安县人，清光绪年进士。民国六年任教育部长。其次年，余与凌敏璜、刘运筹三人因揭发农学院安福系秘密组织，被校长金邦正开除，经全校师生罢课呼控。先生派员查核，定我等无罪，由部挂牌恢复学籍，并解散特务组织，更换校长。学潮弭平。次年，五四运动爆发。先生去职后，以校勘典籍自娱。收藏既富，鉴识精辟，海内外收藏家每有新获，必先求先生鉴定。以此收入，颐养晚年。其《群书题记》中，关于《华阳国志》者，仅此一篇，谨录全文（原连缮，兹酌为分段提行）。'后来居上'，"切勿笃信前人"之教，足为校勘不刊名言。敬附此数行致景。

先生此文，仅谈刘本佳字，符合《函海》本与显千里校廖寅刻本诸胜。特指出函海本优于廖本，皆砭陋矫俗之卓见。惜其未得见何义门与顾千里原校，致误以顾氏成绩加于廖寅。又复未见宋刻，过信刘本，有误为佳字处，是则先生所遗憾者也。

附录二 莫与俦著作两篇

一、牂牁考

汉武帝元鼎六年，置牂牁郡。郡所以名，《华阳国志》谓："楚威王（原注："《汉书》注引作楚襄王。"此下凡引原注，皆加括弧与引号）遣将庄蹻泝沅水，出且兰以伐夜郎。植牂柯系船，留王滇池。以系船，因名且兰为牂牁国。"《后汉·西南夷传》云："楚顷襄王遣庄豪泝沅伐夜郎。军至且兰，椓船于岸而步战。以且兰有椓船牂牁处，乃改其名为牂牁。"而说在二家以前者，《汉志·牂牁郡》注引应劭曰："牂牁江也。"考《史》《汉》《西南夷传》，谓"牂牁江广数里，出番禺城下"。又谓："夜郎者，临牂牁江，广百余步，足以行船。"又谓："夜郎精兵可得十万。浮船牂牁，出不意，此制越一奇。"《汉书·武帝纪》谓："元鼎五年，遣驰义侯遗别将巴蜀罪人，发夜郎兵，下牂牁江，咸会番禺。"是牂牁江实在夜郎，而椓船牂牁名国者乃且兰。其可疑者一。且马、班并言庄蹻循江。常、范乃云泝沅。可疑者二。而郦道元《水经注·温水》云："豚水东迳牂牁郡且兰县，谓之牂牁水。水广数里。县临江上，故且兰侯国也。一名头兰，牂牁郡治也。楚将庄蹻泝沅伐夜郎，椓牂牁系船，因名且兰为牂牁。"盖已不得其解，姑主常、范，而移班、马夜郎之牂牁江以就之，非有实据。即读管子书，乃知常、范并误。郦氏改班、马以就常、范，又误中生误。《小匡篇》云："桓公曰：余乘车之会九，兵车之会三，九合诸侯，一匡天下，南至吴、越、巴、牂牁、厤、不庾、雕题、黑齿、荆夷之国，莫违寡人之命。"注："皆南夷国号。"然则桓公定霸时，南夷已有牂牁矣。庄蹻在后约四百年，安得其时始改名？常氏盖漫记传闻之辞，范氏固未深考，不知即与《史》《汉》乖异也。意牂柯有国之始，必犹不自齐桓时，当与雕题、黑齿，周初即著号荒服。且以吴、越、巴、荆并称，其国必大。今其疆宇大略已不可得闻。而据《史》《汉》"牂牁江广数里，出番禺城下"，及"夜郎临牂柯江，广百余步"推之，首尾二千余里皆得牂柯之名，则其国当自夜郎、且兰直接南海，能约束群小国，如秦西呕（同瓯）、汉南越之比，恐汉牂牁一郡不足以尽其地也。春秋以后，此国遂微，而西呕、夜郎、滇争相雄长。故《史》《汉》言西南诸君以什数者，皆不及牂牁。盖已降于夜郎"旁小邑"中，惟江水于旧国之名无所改称耳。逮约置吏夜郎，又诛且兰，平南夷以立郡，而不取最大之夜郎为名，岂不以牂牁为最古且大之国欤？惟牂牁本系船之称，师古以释郡名。《说文》："弋，橜也。"《尔雅》："橜，谓之杙。"《三国志常林传》注引《魏略》云："遣船兵于岘山东斫牂牁材。"《太平御览》引《浔阳记》，载陶桓公牂牁成杨树。又引《豫章记》载聂友用樟木作牂柯，遂成树。又引《异物志》云："牂牁者，系船筏皆是也。"其取以名国者，《水经注》又云："牂牁，亦江中两山名也。"引左思《吴都赋》云："吐浪牂牁"者。……（"今左赋无此文，岂在初稿删削中邪？"）《通鉴》注引《后汉志》注亦云："牂牁，江中名（石）山"（"今《后汉志》注亦无"）意：国境内江中必有其山，似系船之牂牁，故取之。特今未详所在耳。《北堂书钞》引《异物志》云："有一山在海内，小而高，似系船筏，俗人谓之越王牂牁。远望甚小而高，不似山，近望之高数丈，有为牂牁，在海中。"是其类矣。至牂牁二字，《汉书》凡数十见，牂并从眉爿、柯并从木。《唐汉·志》《元和郡县志》同。牁有从爿作柯者，《史记》《后汉书》及《补汉志》《三国志》也。《三国志》牂从牛，作牂。《隋志》同。晋、宋、齐三书志二字并从牛，作牂牁。《华阳国志》牁亦从牛。船杙之名，或用戕哦（当作牂牁，原刻讹）。《玉篇》弋部云："牂，子郎切，系船大弋也。"又"牂牁郡，亦作牂。""牁，各何切。"牂牁即牂牁也。《广韵》七歌云："牁，所以系舟。"又"牂牁，郡名。牁，陆云上同。"（"牁，本作牂，误。"）十一唐云："牂，牂牁。亦作牂。"（"牂，本并作戕。"）"牁，又或作牁。"《广雅·释宫》云："牂牁，杙也。"牁，又或书作牁。《佩觿》云："牁，各何翻，地名。"校者曰："《玉篇》作牁。又作牁。牂牁，即牂牁也。"今按：船杙、郡名，并当以《汉书》牂牁为正。牁因牂从爿而别。牂牁愈不知所从。盖同爿而误牛。牂牁又因杙增制。戕、牁，笔小异。牁又牁之别。皆向壁虚造之书也。牂读如《诗》"其叶牂牂"，《尔雅》"太岁在午曰敦牂"之牂。柯，读如《记·礼器》"不改柯易叶"之柯。牂有壮大之义。柯犹大木枝之谓。牂柯者，言杙牂样壮大如枝柯也。刘球《隶韵》，娄机《汉隶字源》，唐、歌两韵并有牂柯字，云出《李翊碑》。考洪适《隶释》载《翊碑》，有云："牂柯太守曾孙。"是二韵即以郡名两字分入。据汉人所书，亦作牂柯为正之一征。而《广韵》《集韵》以击舟专属之牁，而以柯为"通作"。娄氏于柯下更列牁文，而以柯击其下，云"即牁"，皆已不知柯为正字也（注）。

（录自莫氏文集。标点分段）

注：

莫与德，字犹人，一字杰夫，贵州独山人。明时其先世以军官征苗入黔，家焉。至其高祖如爵，犹官游击。此下乃治文学。至与俦，中嘉庆三年举人。明年乙未，成进士。六年，散馆知茂州，徙盐源县知县。举治行卓异，政以大成。充甲子科乡试同考官，以父忧去职，遂以母年七十余，请终养。侍母十四年。终丧起复，请改教职。选遵义府学教授。以经史励士。门人郑珍与其第五子友芝，并为西南硕儒。道光二十一年七月二十二卒官，年七十九。葬遵义县东青田山。所著有《二南近说》四卷，《仁本事韵》二卷，诗文杂稿散佚，经友芝蒐为四卷，称《先文贞公诗文集》。友芝又别记其言行为《过庭碎录》十二卷，合刊。此为其文集之一篇。又有《庄𫏋考》，《汉且兰县故地考》，《独山江即汉毋敛刚水考》，《毋敛先贤考》等篇，皆博采经史典籍，考订乡邦掌故，精核独到，一洗前人之陋。非惟边荒昔贤所未能，即中原耆宿亦罕有也。

只如此篇，考订方法，即已与近代历史地理研究的科学方法近似。其可称者有数点：一曰：蒐讨原材料的广泛深入，几于关涉牂柯二字的典笈全已收入，然后全面分析，创立结论。与率尔操觚，随心妄立者回然异趣。二曰：循名求实，追根到底，尊重原始资料，辨订传说发展衍变之迹。故能尊马班而抑常范，深特现代科学考订之道。三曰：分析文义，深入骨里，从其内在联系，取得卓越见解。不苟同于浅尝肤受，不切实际之言。而敢于创立新说，为后世开展考察研究者开辟道路。例如此文，从"夜耶临牂柯江"的广百余步，与番禺外的牂柯江"广数里"，而判其源远流长，断言"恐汉牂柯一郡尚不足以尽其地"。又因沉水不经番禺下，而判断"牂柯江实在夜耶。椓船牂柯名国者乃且兰"，不容相混。故虽未能即定牂柯江为滇、黔、桂、奥之西江，亦已为西江的研究定限，凡说为入江入沉之水者即不复能成立。此其为功于西南史地之探索至伟，谓其为西南史地研究的科学方法开派亦可也。

文集流行未广，知其名而实未见其全文者甚多。故以全篇采入附录，为踏实研究地方史地者示范。非谓其已解决关于牂柯的一切问题也。

关于牂柯实义的探索，尚有待于研究民族语言工作者的努力。我姑先提一条线索，即肯定其为古夜耶语，或原是水中石山，如滟滪、离堆文义。华人译用其音，故无定字。系船杙与"越王牂柯"，皆中土之人人入黔后编造。汉代沅江通航至黄平，遂有庄𫏋系船之妄耳。再妄言之，则有从弋之新字，甚至作戓、作戨，去夜郎本语愈远矣。

夜郎语，今已不传。然可从《常志》之"竹王"，与"夜耶庄王墓"等夜郎人语推知一二。竹、庄皆与牂柯音近。昔人未能会通，歧别录音成字耳。竹节浮见之说，又是录"竹王"之称而造。庄竹同部音。夫夜郎尚无文字，更无谥法，则"庄王"之称何自来乎？其皆为"牂柯王"之语变可知矣。《水经注》说头兰即且兰，亦是毫无依据之谬说，莫氏亦引录之，亦是辨订旧文之失。此则创说新义者所难免也。

二、庄𫏋考

楚将庄𫏋，将军（兵）循江上，略巴黔中以西，降夜郎，定滇池，以属楚。今贵州黎平、镇远、思州、铜仁诸府有武陵郡、镡也、无阳、辰阳诸县地，即有秦、楚黔中地。思南一府，有汉巴郡、涪陵县地，即有秦、楚巴地。然则，诸府倚西州县，以西余府，即皆其兵威所属。间摭其事，考而一之。

《史记·西南夷传》:"始楚威王时,使将军庄蹻将兵,循江上略巴、蜀、黔中以西。庄蹻者,楚庄王苗裔也。蹻至滇池,地(池)方三百里,帝平地肥饶数千里。以兵威定属楚。欲归报,会秦击夺楚巴、黔中郡,道塞不能通。因还以其众王滇,变服从其俗以长之。"《汉书》同。《后汉书·西南夷传》:"初,楚顷襄王时,遣将庄豪,从沅水伐夜郎。军至且兰,椓船于岸而步战。即灭夜郎,因留王滇池。以且兰有椓船牂柯处,乃改其名为牂柯。"《通典·边防三》:"史、汉皆云楚威王时,使庄蹻略巴、黔以西。蹻至滇池,欲归,会夺楚巴、黔中,因以其众王滇。后十余岁秦灭。楚自威王后,怀王立三十年,至顷襄王之二十二年,秦昭襄王遣兵攻楚,取巫黔中。《后汉史》则云顷襄王时庄豪王滇。豪即蹻也。若蹻自威王时将兵略地,属秦陷巫、黔中,道塞不通,凡经五十二年。岂得如此淹久。或恐《史记》谬误,班生因习便通。范氏所记详考,为正。又蹻王滇后十五年,顷襄王卒。考烈王二十五年,幽王十年,负刍五年而楚灭。后十五年秦亡。凡七十年,何故云蹻王滇后十余年而秦亡也。"《太平寰宇记》、《文献通考》皆袭其说。今按:秦昭襄王三十年,蜀守若伐楚,取巫郡及江南,为黔中郡,见《史记·本纪》。又《六国表》:楚,顷襄王二十二年,"秦拔我巫、黔中郡。"并当周赧王三十八年。杜氏以《史》《汉》威王时为非,《后书》顷襄王时为正,说是。《汉书》注引《华阳国志》亦云:"顷襄王时。"今本仍作威王,则亦误本也《荀子·议兵篇》:"齐之田单,楚之庄蹻,秦之商鞅,燕之缪虮,是皆世俗之所谓善用兵者也。是其巧拙、强弱未有以相君者也。若其道,一也。"又云:"楚兵殆于垂沙,唐蔑死,庄蹻起,楚分为三四。是岂无坚甲利兵也(音耶)?其所以统之者非其道也。"杨倞注引《史记索隐》曰:"庄蹻,楚将,言其起为乱后,楚遂分为四。"又引《韩子》曰:"楚王欲伐越。杜子曰,臣患能见百步而不能自见其睫。王之兵败于秦晋,庄蹻为盗境内吏不能禁,而欲伐越,此智之如目也。蹻初为盗,后为楚将。"杨氏所引,在《韩非·喻老篇》,云欲伐越者,楚庄王。《商子·弱民篇》:"唐蔑死于垂涉("沙、涉,形声相近"),庄蹻发于内,楚分为五。"(垂涉之事,商鞅死已久。当是后人袭《荀子》搀入书中。)《韩诗外传》曰:"楚兵殆于垂沙,唐子死,庄蹻起,楚分为三四。"("元作方为二四,今改。")《史记·补礼书》:"楚兵殆于垂沙,唐昧("蔑、昧,音同。")死,庄蹻起,楚分而为四。"参三书之文,略与《荀》同,皆言唐蔑死,庄蹻起而楚分。考《史记·楚世家》及《六国表》,"秦与齐、韩共攻楚,杀楚将唐昧,取重邱而去。"在楚怀王二十八年。二十九年,"秦取楚襄城。"三十年,"怀王入秦。秦取楚八城。"顷襄王元年,"秦取楚析,及十五城。"楚分为三四即谓此。是庄蹻之伐夜郎取滇,当以《后汉》

顷襄王时为确之明证也。至韩非谓楚庄王欲伐越，而杜子举庄蹻为盗境内以止之庄，怀之讹也。庄王称霸事具《春秋传》及《史记》，安有丧地秦晋之事。唯怀王十七年与战丹阳，"秦大败我军、斩甲士八万，虏我大将军、裨将军七十余人，遂取汉中之郡。"怀王乃悉国兵复袭秦，战于蓝田。大败楚军。"韩魏闻楚之固，乃南袭楚，至于邓。楚闲，乃引兵归。二十年，昭雎又有"王虽取地于越，不足以刷耻"之语，在《史记·楚世家》。可见欲伐越而言丧于秦晋，即指十七年事。其为怀王之误无疑也。盖庄蹻在怀王时为盗。至顷襄时起而为将。故杨倞曰："蹻初为盗，后为将"也。蹻之略地南中，确年无可见。意只在顷襄王二十年前后。三代用兵，未有淹久至三四年之外者。特无征，未敢定耳。而《困学纪闻》引贾生吊屈原曰："谓跖、蹻廉。"注："楚之大盗曰庄蹻。"又引韩非语，谓"蹻盖在庄王时。庄王苗裔王滇，又一蹻，名氏与盗同。"此特就《史记》《韩非》为说，未加钩稽，殊难取信。又考《吕氏春秋·介立篇云》："庄蹻之暴郢也。"注："庄蹻，楚成王之大盗。"又《异用篇》："砥与企足得饴，以开闭取楗也。"注："跖，盗跖。企足，庄蹻也。皆大盗人名也。以饴取楗牡，开人府藏，取人财物也。"高诱独以蹻为成王时，与诸家异。盖用《史记》"威王时"转写讹为耳。故《淮南子·主术训》，"分明以示之，则蹠蹻之奸止。"注云："蹻，庄蹻，楚威王之将军，能为大盗。"仍作威王，可证也。至《后书》之豪，《吕览》之企足，与诸书之蹻，虽颇歧出，实无三人。豪、蹻音近。企足近蹻之切音。且《后书》复有"滇王庄蹻之后"之语。吕氏《介立》，亦仍书作蹻。而郭青螺《庄蹻考》(注)，必以王滇之蹻为非盗。谓"迁、固既讹顷襄为威王，又恶知不误豪为蹻。当从范氏庄豪为正，马氏豪即蹻之说为非。"此特以正德间云南欲祠蹻，因"谓跖蹻廉兮"，李奇注"蹻，楚之大盗"故，不果。思曲为之护。不足辨也。《范书》谓"灭夜郎"，《华阳国志》谓"降夜郎。"降者是。灭，则安有"汉孰与大"者哉。班、马"泝江定滇"，范氏"泝沅克夜郎"，常亦同范。道可兼通，事堪并举，更无他证即当两存也。至杜氏谓《史》《汉》云："蹻王滇后十余年秦灭。"且为之算年以质其误。考《史》、《汉》言蹻"王滇。"继言"秦时通五尺道"，于此国"置吏"，"十余岁秦灭。"十余岁，谓通道、置吏至秦亡之年，非谓王滇至秦亡之年。杜氏检核偶未审。乐氏、马氏亦因习便书，疏矣。

注：

郭子章，号青螺，明隆庆进士，官贵州巡抚，平杨应龙之乱者。博学多能，著术甚富。其《庄蹻考》今已无传。附述于此。

跋

本书初稿，曾先后经冯汉骥、蒙文通、刘运寿、吕子方（今均已故）、徐中舒诸先生审核提示实贵意见。十年浩劫中，第一稿留在川大历史系，第二稿保存于四川省图书馆，幸免损失。复经平武张秀熟先生，详细校阅第三稿，批注近百条之多，勉励备至。更承川大校长康乃尔同志商派唐嘉宏先生协助整理。上海古籍出版社索观许为印行，并校出原稿疏误之处，统此致谢。

任乃强
一九八四年三月记，时年九十